经典教材与考研真题解析视频课程（图书）

1. 视频课程（图书）

部分经济类经典教材高清视频课程（图书）：

1. 高鸿业《西方经济学（微观部分）》【教材精讲＋考研真题解析】视频课程【30小时高清视频光盘】
2. 高鸿业《西方经济学（宏观部分）》【教材精讲＋考研真题解析】视频课程【30小时高清视频光盘】
3. 平狄克《微观经济学》【教材精讲＋考研真题解析】视频课程【32小时高清视频光盘】
4. 曼昆《宏观经济学》【教材精讲＋考研真题解析】视频课程【30小时高清视频光盘】
5. 多恩布什《宏观经济学》【教材精讲＋考研真题解析】视频课程【40小时高清视频光盘】

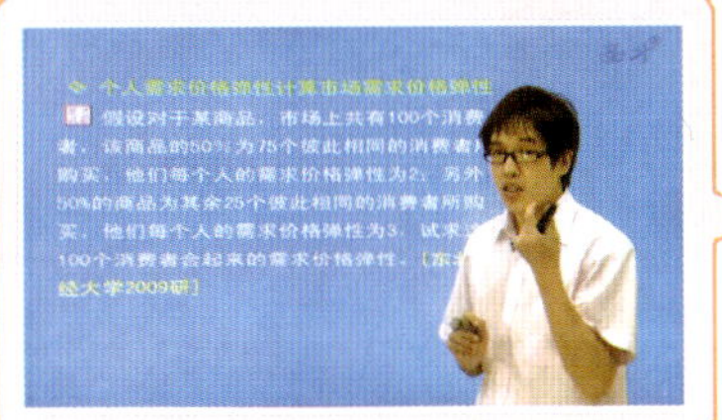

高鸿业《西方经济学（微观部分）》
【教材精讲+考研真题解析】
【30小时高清视频】
视频内容
· 开篇导读及本书点评（1小时）
· 教材精讲，解读重难点（24小时）
· 名校考研真题名师精讲及点评（5小时）
视频特色
· 教材编委与辅导名师倾力打造
· 课程精心设计、讲义精雕细琢
· 高清视频，真实体验影院视觉效果
教师：吴汉洪 郑炳
中国石化出版社
ISBN 978-7-900287-00-7

产品内容：

1. 开篇导读及本书点评（1小时高清视频）
2. 教材精讲，解读重难点（24小时高清视频）
3. 名校考研真题名师精讲及点评（5小时高清视频）
4. 最新名校考研真题视频课程，可免费升级获得

产品特色：

1. 教材编委与考研实力派名师倾力打造课程
2. 辅导讲义精心设计，质量上乘、内容翔实
3. 高清视频，如临其境，体验影院视觉效果
4. 免费下载试用，免费自动升级到最新版本

2. 看视频，做真题—名校考研真题解析视频课程（图书）

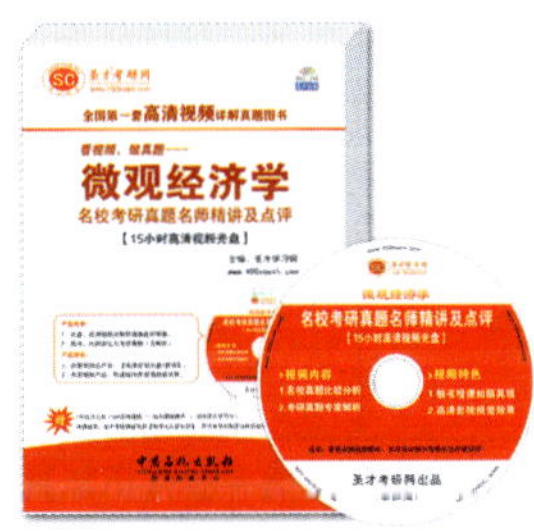

内容：1. 比较历年真题，总结命题规律（2小时）
2. 高清视频解析历年考研真题（18小时）
3. 最新考研真题高清视频，可免费升级获得

特色：1. 全部真题不仅有纸版答案，还有高清视频讲解
2. 名校名师独家授课，详细解读每道考研试题
3. 高清视频，如临其境，真实体验影院视觉效果
4. 视频免费下载试用，可免费自动升级到最新版本

部分经济类名校考研真题视频详解图书：

1. 看视频，做真题—微观经济学名校考研真题名师精讲及点评【15小时高清视频光盘】
2. 看视频，做真题—宏观经济学名校考研真题名师精讲及点评【15小时高清视频光盘】
3. 看视频，做真题—政治经济学名校考研真题名师精讲及点评【15小时高清视频光盘】
4. 北京大学光华管理学院考研内部讲义与历年真题解析【20小时高清视频光盘】
5. 中国人民大学802经济学综合考研内部讲义与历年真题解析【30小时高清视频光盘】

更多视频课程（图书），登录圣才考研网（www.100exam.com）。

全国热线：4006-123-191（24小时），18001260132（24小时）；咨询QQ：474400084（早8～晚24点）

经济类图书目录

购书享受大礼包增值服务【100元网授班＋20元真题模考＋20元圣才学习卡】

一、考研考博专业课辅导系列

① 考研

1. 西方经济学（微观部分）考研真题与典型题详解（第10版）
2. 西方经济学（宏观部分）考研真题与典型题详解（第10版）
3. 政治经济学考研真题与典型题详解（第8版）
4. 微观经济学考研强化班内部讲义（精华版）—要点精编、考题透析及名师点评【赠高清视频光盘】
5. 宏观经济学考研强化班内部讲义（精华版）—要点精编、考题透析及名师点评【赠高清视频光盘】
6. 北京大学光华管理学院考研内部讲义与历年真题解析【20小时高清视频光盘】
7. 清华大学经济管理学院考研内部讲义与历年真题解析【20小时高清视频光盘】
8. 中国人民大学802经济学综合考研内部讲义与历年真题解析【30小时高清视频光盘】

② 考博

1. 考博专业课真题与难题详解—微观经济学（第4版）
2. 考博专业课真题与难题详解—宏观经济学（第4版）

二、经济类经典教材辅导大系列

① 微观经济学

1. 高鸿业《西方经济学（微观部分）》（第5版）笔记和课后习题（含考研真题）详解
2. 高鸿业《西方经济学（微观部分）》名校考研真题详解（第2版）
3. 高鸿业《西方经济学（微观部分）》【教材精讲＋考研真题解析】视频课程（30小时高清视频光盘）
4. 曼昆《经济学原理（微观经济学分册）》（第5版）笔记和课后习题（含考研真题）详解
5. 平狄克《微观经济学》（第7版）笔记和课后习题详解
6. 平狄克《微观经济学》名校考研真题详解（第2版）
7. 范里安《微观经济学：现代观点》（第7、8版）笔记和课后习题详解（第2版）
8. 范里安《微观经济学：现代观点》名校考研真题详解（第2版）
9. 范里安《微观经济学：现代观点》【教材精讲＋考研真题解析】视频课程（40小时高清视频光盘）
10. 萨缪尔森《微观经济学》（第19版）笔记和课后习题（含考研真题）详解
11. 斯蒂格利茨《经济学（上册）》（第4版）笔记和课后习题（含考研真题）详解
12. 尹伯成《微观经济学简明教程》笔记和课后习题（含考研真题）详解
13. 范里安《微观经济学（高级教程）》（第3版）课后习题和强化习题详解
14. 帕金《微观经济学》（第8版）笔记和课后习题（含考研真题）详解
15. 平新乔《微观经济学十八讲》课后习题和强化习题详解（第2版）
16. 尼科尔森《微观经济理论-基本原理与扩展》（第9版）笔记和课后习题详解

② 宏观经济学

1. 高鸿业《西方经济学（宏观部分）》（第5版）笔记和课后习题（含考研真题）详解
2. 高鸿业《西方经济学（宏观部分）》名校考研真题详解（第2版）
3. 曼昆《经济学原理（宏观经济学分册）》（第5版）笔记和课后习题（含考研真题）详解
4. 曼昆《宏观经济学》（第6、7版）笔记和课后习题详解
5. 曼昆《宏观经济学》名校考研真题详解（第2版）
6. 曼昆《宏观经济学》【教材精讲+考研真题解析】视频课程（30小时高清视频光盘）
7. 多恩布什《宏观经济学》（第10版）笔记和课后习题详解
8. 多恩布什《宏观经济学》名校考研真题详解
9. 多恩布什《宏观经济学》【教材精讲+考研真题解析】视频课程（38小时高清视频光盘）
10. 萨缪尔森《宏观经济学》（第19版）笔记和课后习题（含考研真题）详解
11. 斯蒂格利茨《经济学（下册）》（第4版）笔记和课后习题（含考研真题）详解
12. 尹伯成《宏观经济学简明教程》笔记和课后习题（含考研真题）详解
13. 罗默《高级宏观经济学》（第3版）课后习题详解
14. 帕金《宏观经济学》（第8版）笔记和课后习题（含考研真题）详解
15. 布兰查德《宏观经济学》（第4版）笔记和课后习题详解
16. 萨克斯《全球视角的宏观经济学》笔记和课后习题详解
17. 巴罗《宏观经济学》（第5版）笔记和课后习题详解
18. 巴罗《宏观经济学：现代观点》笔记和课后习题（含考研真题）详解

③ 政治经济学

1. 逄锦聚《政治经济学》（第4版）笔记和课后习题（含考研真题）详解
2. 逄锦聚《政治经济学》名校考研真题详解（第2版）
3. 宋涛《政治经济学教程》（第9版）笔记和课后习题详解
4. 吴树青《政治经济学（资本主义部分）》笔记和考研真题详解
5. 吴树青《政治经济学（社会主义部分）》笔记和考研真题详解

国内外经典教材习题详解系列·经济类

多恩布什《宏观经济学》（第10版）笔记和课后习题详解

主编：圣才学习网

www. 100xuexi. com

中国石化出版社

内 容 提 要

本书是多恩布什《宏观经济学》(第10版)的学习辅导书。本书基本遵循第10版的章目编排，共分21章，每章由两部分组成：第一部分为复习笔记，总结本章的重难点内容；第二部分是课(章)后习题详解，对第6、7、8和10版的所有习题都进行了详细的分析和解答。

圣才考研网(www.100exam.com)提供全国所有高校各个专业的考研考博辅导班(保过班、面授班、网授班等)、多恩布什《宏观经济学》等国内外经典教材名师讲堂(详细介绍参见本书书前彩页)。购书享受大礼包增值服务【100元网授班+20元真题模考+20元圣才学习卡】。本书特别适用于参加研究生入学考试指定考研参考书目为多恩布什《宏观经济学》的考生，也可供各大院校学习宏观经济学的师生参考。

图书在版编目(CIP)数据

多恩布什《宏观经济学》(第10版)笔记和课后习题详解/圣才学习网主编.—北京:中国石化出版社,2010.5(2013.8重印)
(国内外经典教材辅导系列)
ISBN 978-7-5114-0408-4

Ⅰ.①多… Ⅱ.①圣… Ⅲ.①宏观经济学-高等学校-教学参考资料 Ⅳ.①F015

中国版本图书馆CIP数据核字(2010)第077022号

中国石化出版社出版发行

地址:北京市东城区安定门外大街58号
邮编:100011 电话:(010)84271850
读者服务部电话:(010)84289974
http://www.sinopec-press.com
E-mail:press@sinopec.com.cn
北京富生印刷厂印刷
全国各地新华书店经销

*

787×1092毫米 16开本 28.75印张 676千字
2010年5月第1版 2013年8月第3次印刷
定价:56.00元

《国内外经典教材辅导系列》

编　委　会

序　言

我国各大院校一般都把国内外通用的权威教科书作为本科生和研究生学习专业课程的参考教材，这些教材甚至被很多考试(特别是硕士和博士入学考试)和培训项目作为指定参考书。为了帮助读者更好地学习专业课，我们有针对性地编著了一套与国内外教材配套的复习资料，并提供配套的名师讲堂和题库。

多恩布什的《宏观经济学》是世界上最受欢迎的标准中级宏观经济学教材之一。作为该教材的配套辅导书，本书具有以下几个方面的特点：

1. 整理名校笔记，浓缩内容精华。本书每章的复习笔记对本章的重点难点进行了整理，并参考了国内名校名师讲授多恩布什《宏观经济学》的课堂笔记，因此，本书的内容几乎浓缩了经典教材的知识精华。

2. 解析课后习题，改编重点习题。本书参考国外教材的英文答案和相关资料对每章的习题进行了详细的分析和解答(对第10版的所有课后习题都进行了解答)。为了强化对重要知识的理解，部分章节增加了对原书重点内容改编而成的习题和答案，并对相关重要知识点进行了延伸和归纳。

3. 补充相关要点，强化专业知识。一般来说，国外英文教材的中译本不太符合中国学生的思维习惯，有些语言的表述不清或条理性不强而给学习带来了不便，因此，对每章复习笔记的一些重要知识点和一些习题的解答，我们在不违背原书原意的基础上结合其他相关经典教材进行了必要的整理和分析。

4. 采用中英对照，强化专业英语。为了更好地学习经济学专业英语和深刻理解每一道习题的原意，课后的习题一般采用了中英对照的方式；而参考答案采用中文解答，这样便于读者更好地掌握考点，以获得较好的复习效果。

与本书相配套，圣才考研网提供多恩布什《宏观经济学》网授精讲班【教材精讲+考研真题串讲】、经典教材与考研真题解析视频课程(图书)、配套题库(详细介绍参见本书书前彩页)。

要深深牢记：考研不同一般考试，概念题(名词解释)要当作简答题来回答，简答题要当作论述题来解答，而论述题的答案要像是论文，多答不扣分。有的论述题的答案简直就是一份优秀的论文(其实很多考研真题就是选自一篇专题论文)，完全需要当作论文来回答！

圣才考研网(www.100exam.com)是圣才学习网旗下的考研考博专业网站，提供全国所有院校各个专业的考研考博辅导班【保过班、一对一辅导、网授精讲班、题库、光盘、视频课程(图书)等】、经济类国内外经典教材名师讲堂、考研题库(免费下载，免费升级)、全套资料(历年真题及答案、笔记讲义等)、考研教辅图书等。购书享受大礼包增值服务【100元网授班+20元真题模考+20元圣才学习卡】。

考研辅导：www.100exam.com(圣才考研网)

资格考试：www.100xuexi.com(圣才学习网)

圣才学习网编辑部

目 录

第 1 篇 导论与国民收入核算

第 2 篇 增长、总供给与总需求，以及政策

第 3 篇 首要的几个模型

第1篇　导论与国民收入核算

第1章　导　论

1.1　复习笔记

1. 宏观经济学

宏观经济学主要讨论总体经济的运行，具体包括：

经济增长问题——收入、就业机会的变化；

经济波动问题——失业问题，通货膨胀问题；

经济政策——政府能否、以及如何干预经济，改善经济的运行。

2. 三类宏观经济模型

三类宏观经济模型有：经济增长模型；长期总供给—总需求模型；短期总供给—总需求模型(后两者属于经济波动模型)。

(1)经济增长模型

主要解释：经济增长的源泉；各国经济增长率差异的原因；经济起飞的原因；分析投入的积累和技术进步如何导致生活水平的提高。

(2)经济波动模型：总供给—总需求模型(如图1－1所示)

总供给—总需求模型解释物价水平与产出的决定与波动。

总供给水平：现有资源和技术条件下，经济能够生产的产出量。

总供给曲线(*AS*)：对于每一个给定的价格水平，企业所愿意提供的产量。

总需求水平：是对消费品、新投资、政府采购以及净出口水平需求的总和。

总需求曲线(*AD*)：当商品市场和货币市场同时处于均衡状态时，相对于每一个既定价格水平的总需求水平或产量水平。

①长期总供给—总需求模型(如图1－2所示)

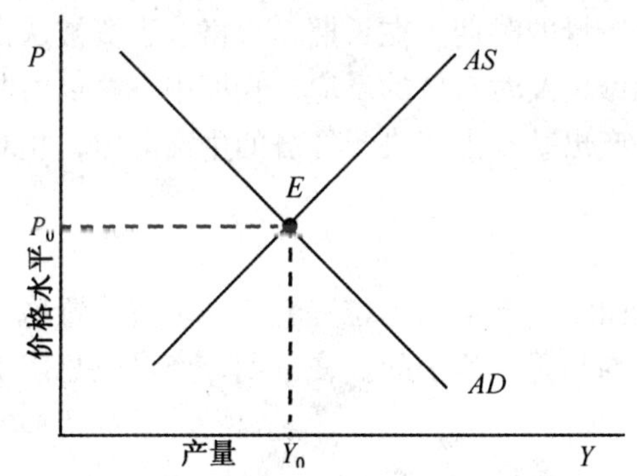

图1－1　总供给—总需求模型

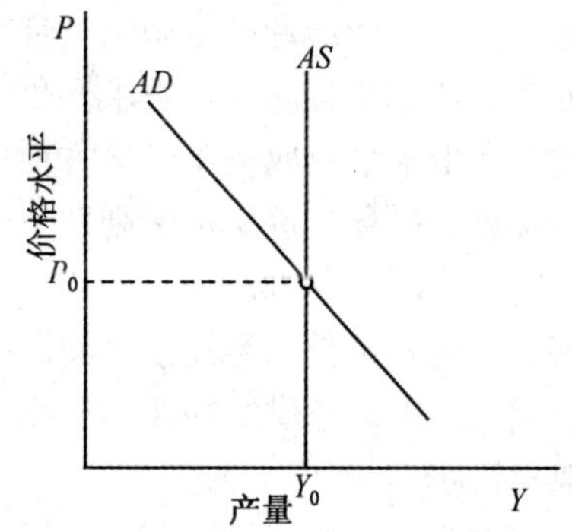

图1－2　长期总供给—总需求模型

特点：总供给水平由生产能力决定，与价格水平无关；长期总供给曲线是垂直的；长期总供给曲线位置取决于生产能力。

结论：在长期总供给—总需求模型中，均衡产出取决于生产能力，而价格水平取决于总供给与总需求的作用。很高的通货膨胀率一般是由总需求的变化引起的。

历史教训：20 世纪 30 年代的世界性经济大萧条

1929 年 10 月 24 日、29 日连续经历“黑色星期三”和“黑色星期二”，道琼斯工业平均指数下跌 29.5%。随后，一场股市危机逐渐蔓延，演变成世界性经济危机。到 1933 年，美国国内产出总量比 1929 年下降 30%，而失业率从 1929 年的 3.5%上升到 1933 年的 25%，而且在整个 30 年代平均失业率达到 18%。

②短期总供给—总需求模型（如图 1－3 所示）

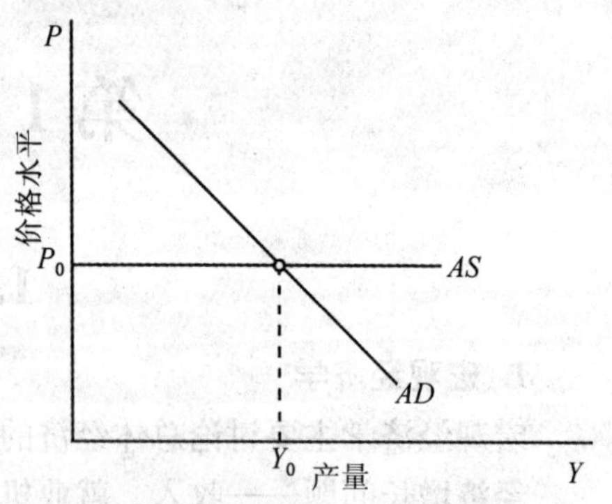

图 1－3　短期总供给—总需求模型

短期中，总供给曲线是平坦的。短期总供给曲线的价格水平固定于供给曲线与纵轴的交点，形成对照的是产量可取任何值。短期总供给—总需求模型的基本假定是短期的产量水平不影响价格。由此可见，在短期中，产量只取决于总需求，而价格不受产量水平的影响。

1.2　课后习题详解

说明：在许多中文译本中，Key Terms、Conceptual 和 Technical 一般译为“关键词或关键术语”、“概念题”和“技术题”，不看习题的具体内容，相信大多数人难以理解其含义，为了更好地符合中国人的考试习惯，下面采用在研究生入学考试试题中常用的分类：概念题、简答题和分析题。其他章节不再说明。

一、概念题

1. 特长期（very long run）

答：特长期指很多年或者几十年的一段时期，在该时期内可以忽略经济中的短期波动而只关注生产能力的增长，因为诸如失业率的上升和下降在长时期内会相互抵消而趋向平均化。在特长期内，最值得关注的是整个经济的平均增长速度，而经济中的特长期行为也是增长理论研究的重点，经济增长理论就是试图解释很多年或者几十年内经济的平均增长速度。

2. 长期（long run）

答：长期指生产者可以调整全部生产要素数量的时期。在长期，价格、工资被认为具有充分的伸缩性，并且能够对需求和供给的变化做出及时有效的反应；长期中，总供给曲线是垂直的，产出水平只取决于供给方面的因素。产出基本上取决于经济的生产能力，相对于经济所能提供的产量，价格水平则取决于需求水平。

3. 中期（medium run）

答：中期介于长期和短期之间，指总供给曲线处于从水平位置翘起到垂直位置这一过程所处的时期。中期总供给曲线的斜率介于水平的与垂直的中间。在中期，产量受总需求和价格的双重影响。

4. 短期（short run）

答：短期指厂商来不及调整全部生产要素的数量，至少有一种生产要素的数量是固定不变的时期。通常认为劳动要素的数量在短期是可变的，资本要素的数量在短期不变。在短期，价格、工资缺乏伸缩性，往往在某一预先决定了的水平上保持不变。短期中总供给曲线是平坦的，该曲线价格水平固定于供给曲线触及纵轴之点，形成对照的是产量可取任何值。所以在短期中，产量只取决于总需求，价格不受产量水平的影响。

5. 增长理论（growth theory）

答：增长理论，即经济增长理论，指研究国民经济长期增长问题的理论。经济增长是一国在一定时期内国内生产总值或国民收入的增长，即总产出量的增加。战后经济增长理论的发展经历了三个主要时期：

第一个时期是50年代，这一时期的研究主要是建立各种经济增长模型。其发展主要经过了三个阶段：哈罗德—多马模型、新古典经济增长模型和内生增长模型。

第二个时期是60年代，这一时期的研究主要是对影响经济增长的各种因素进行定量分析，寻求促进经济增长的途径。

第三个时期是70年代之后，这一时期研究的侧重点是经济增长的极限。20世纪80年代中期以来，西方经济增长理论有了新发展，这一时期的典型特征是把经济增长的技术因素看成是经济内部选择的结果。

6. 总供给—总需求模型（aggregate supply - aggregate demand model）

答：总供给—总需求模型是把总需求与总供给结合在一起来分析国民收入与价格水平的决定及其变动的国民收入决定模型。

在图1－4中，横轴代表国民收入（Y），纵轴代表价格水平（P），AD_1代表原来的总需求曲线，AS_1代表短期总供给曲线，AS_2代表长期总供给曲线。最初，经济在E_1点时实现了均衡，均衡的国民收入为Y_1，均衡的价格水平为P_1。这时E_1点又在长期总供给曲线AS_2上，所以，Y_1代表充分就业的国民收入水平。在短期内，政府通过扩张性的财政政策或货币政策，增加了总需求，从而使总需求曲线从AD_1向右上方平行地移动到了AD_2。AD_2与短期总供给曲线AS_1相交于E_2。这样，总需求的增加使国民收入水平从Y_1增加到Y_2，价格水平从P_1上升到P_2。但是，价格的上升必然引起工资增加，总供给减少，短期总供给曲线从AS_1向左上方平行移动到AS_3，AS_3与AD_2相交于E_3。这样，国民收入水平从Y_2减少到Y_3，价格水平从P_2上升到P_3。在长期中，总供给曲线是一条垂直线（AS_2）。AD_2与AS_2相交于E_4，国民收入水平为充分就业的国民收入Y_1，而价格水平上升到P_4。这一模型是用总需求来说明国民收入决定的收入—支出模型的发展。它说明，总需求与总供给对决定国民收入与价格水平都有重要的作用，因此，应该同时运用需求管理与供给管理的政策。

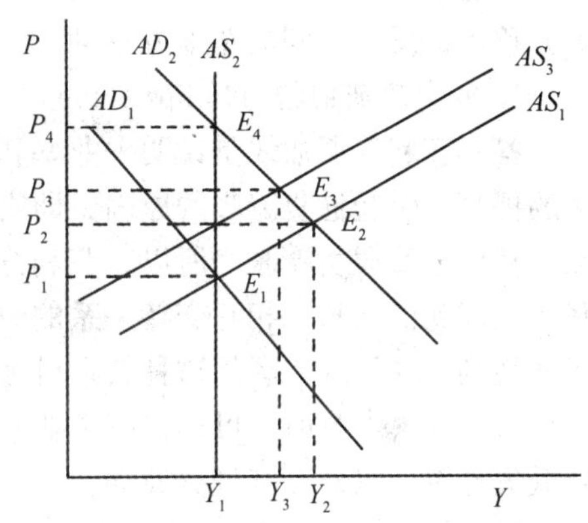

图1－4　总供给—总需求模型

7. 总供给曲线（aggregate supply curve）

答：总供给曲线表示一系列价格总水平下经济提供的产出量，总供给函数AS可以表示为：$Y=AS(P)$。由于短期内工资等要素价格保持不变，价格总水平提高引起厂商供给量的增加，从而使得经济中商品和劳务的总额增加。随着价格总水平的提高，由于劳动供给保持不变，而劳动需求随之增加，因而均衡就业量增加，并最终导致总供给量增加，即短期总供给曲线是一条向右上方倾斜的曲线。总供给曲线最初随着价格总水平提高而平缓上升，但当价格总水平上升到一定程度之后，总供给曲线在潜在产出水平附近接近于一条垂直的直线。

8. 总需求曲线(aggregate demand curve)

答：总需求曲线表示产品市场和货币市场同时达到均衡时价格水平与国民收入间的依存关系的曲线。总需求指整个经济社会在每一个价格水平下对产品和劳务的需求总量，它由消费需求、投资需求、政府支出和国外需求构成。在其他条件不变的情况下，当价格水平提高时，国民收入水平就下降；当价格水平下降时，国民收入水平就上升。总需求曲线向下倾斜，其机制在于：当价格水平上升时，将会同时打破产品市场和货币市场上的均衡。在货币市场上，价格水平上升导致实际货币供给下降，从而使 *LM* 曲线向左移动，均衡利率水平上升，国民收入水平下降。在产品市场上，一方面由于利率水平上升造成投资需求下降(即利率效应)，总需求随之下降；另一方面，价格水平的上升还导致人们的财富和实际收入水平下降以及本国出口产品相对价格的提高从而使人们的消费需求下降，本国的出口也会减少，国外需求减少，进口增加。这样，随着价格水平的上升，总需求水平就会下降。

总需求曲线的斜率反映价格水平变动一定幅度使国民收入(或均衡支出水平)变动多少。*IS* 曲线斜率不变时，*LM* 曲线越陡，则 *LM* 移动时收入变动就越大，从而 *AD* 曲线越平缓；相反，*LM* 曲线斜率不变时，*IS* 曲线越平缓(即投资需求对利率变动越敏感或边际消费倾向越大)，则 *LM* 曲线移动时收入变动越大，从而 *AD* 曲线也越平缓。

政府采取扩张性财政政策(如扩大政府支出)或扩张性货币政策都会使总需求曲线向右上方移动；反之，则向左下方移动。

9. 菲利普斯曲线(Phillips curve)

答：菲利普斯曲线是说明失业率和货币工资率之间交替变动关系的一条曲线。货币工资率的提高是引起通货膨胀的原因，即货币工资率的增加超过劳动生产率的增加会引起物价上涨，从而导致通货膨胀。所以，菲利普斯曲线又成为当代经济学家用以表示失业率和通货膨胀率之间此消彼长、相互交替关系的曲线，即认为：失业率高，通胀率就低；失业率低，通胀率就高；并认为二者间这种关系可为政府进行总需求管理提供一份可供选择的菜单，即通胀率或失业率太高时，可用提高失业率的紧缩政策或提高通胀率的扩张政策来降低通胀率或降低失业率，以免经济过分波动。

10. 增长率(growth rate)

答：增长率也称增长速度，是反映一定时期经济发展水平变化程度的动态指标，也是反映一个国家经济是否具有活力的基本指标。经济增长率是末期国民生产总值与基期国民生产总值的比较。

以末期现行价格计算末期 GNP，得出的增长率是名义经济增长率。以不变价格(即基期价格)计算末期 GNP，得出的增长率是实际经济增长率。在度量经济增长时，一般都采用实际经济增长率。

11. 经济周期(business cycle)

答：经济周期又称经济波动或国民收入波动，指总体经济活动的扩张和收缩交替反复出现的过程。现代经济学中关于经济周期的论述一般是指经济增长率的上升和下降的交替过程，而不是经济总量的增加和减少。一个完整的经济周期包括繁荣、衰退、萧条、复苏(也可以称为扩张、持平、收缩、复苏)四个阶段。在繁荣阶段，经济活动全面扩张，不断达到新的高峰。在衰退阶段，经济短时间内保持均衡后出现紧缩的趋势。在萧条阶段，经济出现急剧的收缩和下降，很快从活动量的最高点下降到最低点。在复苏阶段，经济从最低点恢复并逐渐上升到先前的活动量高度，进入繁荣。衡量经济周期处于什么阶段，主要依据国民生产总值、工业生产指数、就业和收入、价格指数、利息率等综合经济活动指标的波动。经济周期的类型按照其频率、幅度、持续时间的不同，可以划分为短周期、中周期、长周期三类。对经济周期的形成原因有很多解释，其中比较有影响的主要是纯货币理论、投资过度论、消费不足论、资本边际效率崩溃论、资本存量调整论和创新论。

12. 实际 GDP 的趋势线(trend path of real GDP)

答：实际 GDP 的趋势线是当生产要素被充分利用时，GDP 所经历进程的轨迹。图 1－5 中的灰线表明了实际 GDP 的趋势进程。随着时间的推移，注意到由于两个原因使 GDP 发生了变化：一方面，可得到的资源更多了，人口规模增加，厂商使用机械或者修建工厂，土地得到改良以利种植，新产品和新生产方法被发明和被采用，增加了知识存量；另一方面，资源可获得性的增加也容许经济生产出更多的商品和服务，产量水平终于出现了上升趋势。

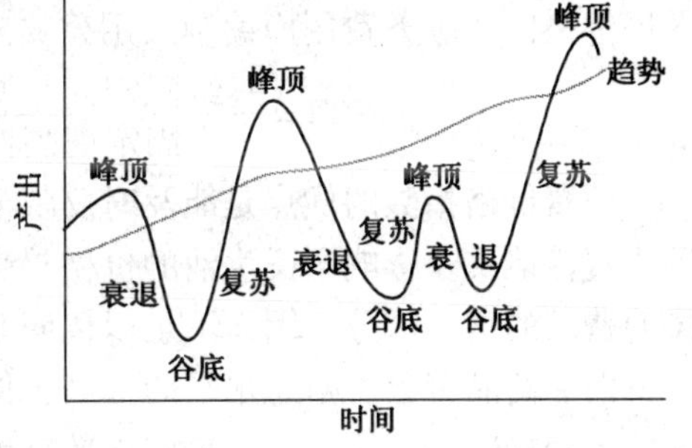

图 1－5　实际 GDP 的趋势线

13. 产出缺口(output gap)

答：产出缺口是指实际产量与经济中现有资源得到充分利用时所能生产的产量之间的差额，即实际产出增长率与自然增长率之间的差距。自然经济增长率又称潜在经济增长率，是指在通货膨胀率等于常数——既不趋于加速、也不趋于减速的情况下的真实经济增长率。

大量的证据表明，当实际产出高于潜在产出时，通货膨胀率较高；而实际产出低于潜在产出时，通货膨胀率较低。因此，政策制定者常常用产出缺口来判断经济的景气程度，并将其作为制订政策的依据之一。宏观经济的学者也常常用产出缺口的变化来描绘经济周期的变动。

14. 潜在产出(potential output)

答：潜在产出指在现有资本和技术条件下，经济社会的潜在就业量所能生产的产量，即：

$$Y^* = f(N^*, \bar{K})$$

上式中，N^* 为潜在就业量；Y^* 即为潜在产出。因为潜在就业量不受价格水平等宏观经济变量的影响，所以潜在产出也不受价格水平等经济变量的影响，也被视为一个外生变量。当一个经济社会的生产达到了其潜在产出时，意味着该经济社会较充分地利用了现有的经济资源。

15. 通货膨胀(inflation)

答：通货膨胀指经济社会中一定时期商品和劳务的货币价格水平持续和显著地上涨。需要注意以下几点：(1)“商品和劳务”不包括金融资产；(2)货币价格指用货币表示的价格，而非用其他商品表示；(3)价格总水平，而不是某种特定商品的价格；(4)持续上涨，表现为一种趋势。通货膨胀的程度通常用通货膨胀率来衡量。

通货膨胀根据不同的标准可以划分为不同的类型。根据通货膨胀发生的原因可以分为需求拉动通货膨胀、成本推动通货膨胀、结构性通货膨胀；按照价格上升的速度可以分为温和的通货膨胀、奔腾的通货膨胀、超级通货膨胀；按照对价格影响的差别分为平衡的通货膨胀、非平衡的通货膨胀；按照人们的预期程度可以分为未预期到的通货膨胀、预期到的通货膨胀。

通货膨胀的经济影响主要有三个方面：(1)通货膨胀的再分配效应。它降低固定收入阶层的实际收入水平；通货膨胀对储蓄者不利，在债务人和债权人之间发生收入再分配的作用。(2)通货膨胀的产出效应。在短期，需求拉动的通货膨胀可促进产出水平的提高；成本推动的通货膨胀却会导致产出水平的下降。(3)通货膨胀对就业的影响效应。需求拉动通货膨胀会刺激就业、减少失业；在通常情况下，成本推动的通货膨胀会减少就业。

16. 消费价格指数(Consumer Price Index，CPI)

答：消费价格指数也称零售物价指数和生活费用指数，是反映消费品(包括劳务)价格水平变动状况的一种价格指数，一般用加权平均法来编制。它根据若干种主要日用消费品的零售价格以及服务费用而编制，用公式来表示即为：

$$CPI = \frac{\text{一组固定商品按当期价格计算的价值}}{\text{一组固定商品按基期价格计算的价值}} \times 100(\%)$$

消费价格指数的优点是能及时反映消费品供给与需求的对比关系，资料容易搜集，能够迅速直接地反映影响居民生活的价格趋势。其缺点是范围较窄，只包括社会最终产品中的居民消费品的这一部分，因而不足以说明全面的情况。例如品质的改善可能带来一部分消费品价格而非商品劳务价格总水平的提高，但消费价格指数不能准确地表明这一点，因而有夸大物价上涨幅度的可能。消费价格指数是用来衡量通货膨胀和通货紧缩程度的指标之一。

二、问答题

使用总供求模型解释产出和价格是如何决定的。在长期内，产出是变化的还是不变的呢？假如总需求曲线保持不变，随着时间的推移，我们能够推论出价格行为吗？

Using the aggregate supply - aggregate demand model explain how output and prices are determined. Will output vary or stay fixed in the long run? Suppose the aggregate demand curve were to remain fixed: What can we infer about the behavior of prices over time?

答：在解释产出和价格是如何决定时，通常可以用 *AS* - *AD* 模型解决。但是必须首先明确所考虑的时间是怎样的。

垂直的 *AS* 曲线描述的是长期的情况，产出只由供给曲线决定而价格是由需求和供给水平共同决定。水平的 *AS* 曲线描述的是短期的情形，此时产出由总需求决定，价格是固定不变的。向上倾斜的 *AS* 曲线描述的是中期情形，总供给和总需求的波动会影响生产能力和价格水平既定不变条件下的实际产量。

AD - *AS* 模型是对现实世界的非常简单的陈述，它无法描述所有居民和经济中的企业行为。在这个框架内，总需求变动对产量和价格的的影响在很大程度上取决于 *AS* 曲线的斜率。应该记住，当潜在产出能力提升时，长期 *AS* 曲线会逐年向右移动。因此，即使在 *AD* 曲线固定不变时，价格水平也会随着时间的推移而下降。

三、技术与分析题

假定实际产出是1200 亿美元，潜在(充分就业)的产出是1560 亿美元。在该假设的经济中产出缺口是多少？在你估计的产出缺口基础上，你预计失业水平比正常水平高还是低呢？

答：产出缺口被定义为实际 GDP 和潜在 GDP 的差额。因此在该假设的经济中产出缺口为 360 亿美元(=1560 - 1200)。预计失业水平比正常水平高。

第2章　国民收入核算

2.1　复习笔记

1. 国内生产总值

(1)国内生产总值(Gross Domestic Product，GDP)

GDP指在一定时期内，一国生产的所有最终产品和服务的市场价值总量。

GDP等于在一国生产的最终产品与服务上的总支出。

GDP等于一个经济体中所有要素的总收入。

(2)与国内生产总值相关的几个概念

①国民生产总值(Gross National Product，GNP)

GNP指一国国民所有的生产要素生产的最终产品的市场价值总量，强调国民性(GDP强调地域性)。

GNP =GDP-外国居民在国内获得的收入+本国居民在外国获得的收入
　　=GDP-外国居民在国内获得的净收入

②国民生产净值(Net National Product，NNP)

在实物形态上，国民生产净值是社会总产品扣除已消耗掉的生产资料后的全部消费资料和用于扩大再生产及增加后备的那部分生产资料。在价值形态上，国民生产净值等于国民生产总值(GNP)与资本折旧之差，即NNP=GNP-折旧。

③国内生产净值(Net Domestic Product，NDP)

NDP是指一个国家(地区)在一定时期内所有常住单位生产活动的净增加值。

NDP=GDP-折旧

④国民收入(National Income，NI)

NI=NNP-企业间接税

⑤个人收入(Personal Income，PI)

PI=NI-企业利润(企业所得税+红利+企业留利)+股东红利-社会保障税+政府、企业对个人的转移支付+个人利息收入(包含净利息)-净利息(已经包含在企业要素支出中)

⑥个人可支配收入(Disposable Personal Income，DI)

DI=PI-个人所得税

2. 支出与需求构成

(1)对国内产出的需求

对国内产出的总需求是由四部分构成的：①家庭的消费支出(C)；②企业与家庭的投资支出(I)；③政府(联邦、州及地方)采购商品与服务(G)；④净出口(NX)。

(2)基本的国民收入核算恒等式为：$Y=E=C+I+G+NX$

①消费：指居民在购买产品与服务时所形成的开支。

按支出性质分为：非耐用品(食品、服装、娱乐等)、耐用品(电视机、冰箱、家具等)。

注意：购买房地产不计入消费，而是列入投资。购买房屋，用于出租获得租金收入，是一种投资行为。购买自住房实际上产生隐性租金收入，也按投资算。

②政府采购：指政府使用财政资金对最终产品与服务的购买，比如基础设施投资、军火采购、公务员工资支出等。

注意：转移支付不属于政府采购，它仅仅是收入的再分配，不涉及产品与服务的买卖。

③投资：指非政府个体国内总投资，物质资本存量的增加，包括房屋建设、机器采购、办公楼建设、增加存货等，但不包括购买债券、股票等。

④净出口：本国出口量减去进口量，是国外居民对国内产出的净需求。

3. 一些重要的恒等式

(1)收入(Y)＝支出(E)

(2)简单的两部门经济

①居民＋企业(没有政府与进出口)

②总收入用途的构成 $Y=C$(消费)$+S$(储蓄)

③总支出的构成 $E=C$(消费)$+I$(投资)

恒等式： $S=I$

(3)三部门经济

①引入政府

收入：税收 TA

支出：政府采购(G)＋转移支付(TR)

财政盈余：$TA-TR-G$——政府储蓄

②可支配收入： $YD=Y-TA+TR$

可支配收入的分配： $YD=C+S$

③总支出构成： $E=C+I+G$

$$Y=TA-TR+YD=E$$

④国民收入恒等式： $S+TA-G-TR=I$

(4)四部门经济

①可支配收入： $YD=Y-TA+TR$

可支配收入的分配： $YD=C+S$

②总支出构成： $E=C+I+G+NX$

③国民收入恒等式： $S+TA-G-TR-NX=I$

$$S-I=(G+TR-TA)+NX$$

4. GDP 核算

(1)GDP 核算原则

①最终产品和服务

最终产品是指投入最终使用、而不作为再出售或作为中间品与原材料投入国内当期生产过程中的产品。强调最终产品，目的在于避免重复计算。

②市场价格原则

给出了一个统一的计量尺度，给出了居民对不同商品的相对重要性的评价。价格是消费者对商品的边际支付意愿。

③流量原则

流量指标是指一个时间段上所发生的量，存量是指一个时点上所拥有的量。流量是存量的改变量。

注意：那些只改变存量分配的经济活动就不计入 GDP。比如：张三买进 10 万元大众公司的股票；大众公司发行 1 亿股票，用于新生产基地建设。

(2)GDP 核算中存在的问题

GDP 并不是一个完美的福利度量指标，甚至不能准确度量经济的产出水平。在计量经济产出或福利方面，GDP 数据远不完善。其存在的问题有：

①许多经济活动并不进入市场。如政府提供的产品与服务(国防、警察等)、家庭劳动、志愿者服务等。

②地下经济：市场经济活动并不都进入政府统计范围。如非法的活动(赌博、毒品交易等)；避税原因(现金交易，避开政府税务系统，免交增值税、所得税等)；政府统计遗漏(菜市场里面的交易计入 GDP，菜市场外面马路上的交易不计入 GDP)。

③价格不能准确度量质量提高所增加的福利。如：电脑技术的进步，但同时价格却下降了，企业生产一台电脑，给消费者带来的福利提高了，但是它所创造的 GDP 却下降了。

④市场价格不能反映生产活动对社会造成的外部性。如对环境的破坏(污染)。

⑤由于不同国家产品结构和市场价格的差异，两国国民收入指标难以进行精确比较。例如，由于 GDP 中包含有劳务，两个国家虽然可以拥有相同的 GDP，但一个生产粮食，一个生产轿车，显然，两国的物质生活水平不一样。

鉴于以上问题，西方经济学家从不同的角度加以修正，提出经济净福利、物质生活质量指数等计算方法和指标。近年来，经济学家试图采用“扩充国民收入账户”(augmented national accounts)来修正国民收入衡量的缺陷。其中一项加项为地下经济，但不是所有的地下经济都是加项，例如，医生、保姆、农民的地下活动应计入加项，而赌博、贩毒等地下经济则不计入。另一个减项为环境的破坏。

5. 通货膨胀与价格指数

(1)GDP 核算　　$GDP_t = \sum P_i Q_i$

(2)名义 GDP：以当期价格计算当期 GDP。

名义 GDP 变化的因素：实际产出的变化；价格的变化。

(3)实际 GDP

①以不变价格核算每年的 GDP。一般以某一年的价格作为基期价格。

②排除了价格变化因素对 GDP 的影响，真实反映了经济活动规模的变化。

(4)通货膨胀率

通货膨胀率是物价的变化率，物价水平是以前通货膨胀的积累。如以 P_{t-1} 代表去年的物价水平，P_t 代表现在的物价水平，则过去一年的通货膨胀率就可写成：

$$\pi = \frac{P_t - P_{t-1}}{P_{t-1}}$$

其中，π 代表通货膨胀率。相对应，现在的物价水平等于按通货膨胀率校正的去年物价水平：

$$P_t = P_{t-1} + \pi \times P_{t-1}$$

(5)价格指数

任何一个价格指数都不是完美无缺的。三种主要价格指数是 GDP 紧缩指数、消费价格指数、生产价格指数。

①GDP 紧缩指数(GDP Deflator)

GDP 紧缩指数是在给定的一年中，名义 GDP 与该年实际 GDP 的比率。由于紧缩指数以经济中生产的全部商品为计算基础，所以，它是一个有广泛基础的物价指数，经常用来计量通货膨胀。

GDP 紧缩指数 = 名义 GDP/实际 GDP

②消费价格指数(Consumer Price Index，CPI)

消费价格指数也称零售物价指数和生活费用指数，是反映消费品(包括劳务)价格水平变动状况的一种价格指数，一般用加权平均法来编制。

消费价格指数的优点是能及时反映消费品供给与需求的对比关系，资料容易搜集，能够迅速直接地反映影响居民生活的价格趋势。其缺点是范围较窄，只包括社会最终产品中的居民消费品的这一部分，因而不足以说明全面的情况。

③生产价格指数(Producer Price Index，PPI)

生产价格指数也称为出厂价格指数，反映全部工业产品出厂价格水平的变动趋势和变动程度的重要指标。生产价格指数的计算公式为：

$$I = \sum kW / \sum W$$

其中，k 代表产品的个体价格指数；W 为权数。

④CPI 与 GDP 紧缩指数的不同

首先，GDP 紧缩指数度量了所有最终产品与服务的价格，而 CPI 只是包含了其中一部分。

其次，新产品与服务的出现以及产出结构的变化都会反映在 GDP 紧缩指数中，但是，由于计算 CPI 的一篮子商品与加权系数保持相对不变，不能及时反映新产品的出现以及消费结构的变化。

第三，GDP 紧缩指数值度量国内生产的产品与服务的价格水平，并不包含进口商品与服务的价格。而 CPI 计量的消费品中包含了进口部分。

⑤PPI 与 CPI 的区别

首先，覆盖的范围不同。例如 PPI 包括原料与半成品。

其次，PPI 是设计用来计量批发销售系统早期阶段的价格。CPI 计量城市居民实际支付的价格(即处于零售水平的价格)，PPI 是由最初的重要商业交易水平的价格构成的。

6. 失业

失业率(unemployment rate)是指失去工作的、正在找工作的、或期望摆脱失业状态的人占劳动力的比率。由于没有工作的人生活困难，也由于在失业率较高的时候找工作更为困难，所以，失业率是衡量经济状况好坏程度的一个重要指标。

7. 利率(Interest Rate)

名义利率指包括了物价变动的利息率，是与“实际利率”相对而言的。

实际利率指物价不变、从而货币购买力不变的条件下的利息率。

美国经济学家费雪首次在其《利息理论》一书中提出以货币和以实际财物计量利率的观点。一般物价总水平存在变动的趋势，在计算实际利率时，就必须扣除名义利率中的物价上涨率。实际利率的计算公式为：实际利率 = 名义利率 - 物价上涨率。

8. 汇率

汇率(exchange rate)是指外国通货的价格，分为浮动和固定两种：(1)汇率浮动(float)，意味着汇价是由供给和需求决定的；(2)汇率固定，一般通过将该国货币和美元之间按照固定的比率进行交换，进而固定其汇率值。

2.2　课后习题详解

一、概念题

1. 国内生产总值(gross domestic product，GDP)

答：国内生产总值指一个国家(地区)领土范围内，本国(地区)居民和外国居民在一定时期内所生产和提供的最终使用的产品和劳务的价值。GDP 一般通过支出法和收入法两种方法进行核算。用支出法计算的国内生产总值等于消费、投资、政府支出和净出口之和；用收入法计算的国内生产总值等于工资、利息、租金、利润、间接税和企业转移支付和折旧之和。GDP 是一国范围内生产的最终产品的市场价值，因此是一个地域概念，而与此相联系的国民生产总值(GNP)则是一个国民概念，是指某国国民所拥有的全部生产要素所生产的最终产品的市场价值。

2. 生产要素(factors of production)

答：生产要素指为进行生产和服务活动而投入的各种经济资源。通常将生产要素分为两大类：中间生产要素(或者叫中间产品)和原始生产要素。

原始生产要素的所有者是消费者，消费者提供要素的目的是为了实现效用最大化。在经济学中原始生产要素包括以下四种：

(1)劳动：人类在生产活动中所付出的体力或智力的活动是所有生产要素中最能动的因素，劳动者是劳动这一生产要素的基本所有者。

(2)资本：人类生产出来又用于生产中的经济货物，包括机器、厂房、工具等生产资料。从企业的角度看，既包括有形的资产，也包括无形资产，如商标、信誉和专利权等。通常货币资本并不计入生产要素中去。

(3)土地：包括土地、河流、森林、矿藏、野生生物等一切的自然资源，它们得自于大自然的恩赐，是最稀缺的经济资源。

(4)企业家才能：综合运用其他生产要素进行生产、革新、从事企业组织和经营管理的能力，以及创新和冒险精神。

中间生产要素指厂商生产出来又投入到生产过程中去的产品，这类要素的所有者是厂商，厂商提供中间生产要素的目的是实现利润最大化。对某一个企业来说是中间产品的东西，对另一个企业来讲可能就是产品。比如，钢铁对于汽车厂来讲是中间产品，但它对于钢铁厂来讲就是产品。

3. 要素报酬(factor payments)

答：要素报酬指按生产要素的贡献所取得的相应的收入。这些收入通常表现为利息、利润、地租或租金及工资。人们的收入来源于生产要素报酬，即资本的报酬、劳动的报酬和其他资源如土地的报酬。经济增长方式则决定了各种生产要素在生产过程中的比例或贡献份额，从而决定了要素报酬的构成。要素报酬具有递减规律，即在技术给定和其他要素投入不变的情况下，连续将可变要素的投入增加到一定的数量之后，边际产量将会出现递减现象。

4. 生产函数(production function)

答：生产函数表示在一定时期内，在技术水平不变的情况下，生产中所使用的各种生产要素的数量与所能生产的最大产量之间的关系。生产函数按生产者能否变动全部要素投入为标准划分为短期生产函数和长期生产函数。短期是指厂商来不及调整全部生产要素的数量，至少有一种生产要素的数量是固定不变的情况，通常认为劳动要素的数量在短期是可变的，资本要素的数量在短期不变。长期是指生产者可以调整全部生产要素数量的情况。

5. 国内私人总投资(gross private domestic investment)

答：国内私人总投资指个人或企业增加或替换资本资产(包括厂房和住宅建筑、购买机器设备以及存货)的支出。投资可分为固定资产投资和存货投资两大类。固定资产投资是用来增加新厂房、新设备、营业用建筑物以及住宅建筑物的支出，“固定”这个说法是表示这类投资品将长期存在并使用。投资是一定时期增加到资本存量中的新的资本流量，而资本存量则是经济社会在某一时点上的资本总量。在总投资中，有一部分用于补偿旧资本的消耗，这部分投资是用来重置资本设备的，称为重置投资。总投资减去重置投资称为净投资。用支出法计算 GNP 时的投资，指的是总投资。存货投资指的是企业持有的存货价值的增加(或减少)，其数值等于年末存货价值减去年初存货价值，存货投资可以是正数，也可以是负数。

6. 人力资本(human capital)

答：人力资本指为了提高劳动者的文化技术水平和劳动素质而用于劳动者身上的投资，是无形资本，它与物质资本(有形资本)共同构成了经济增长因素中的投资。人力资本在经济增长中的作用越来越重要，其自身不仅能形成递增的收益还能使相关的劳动和资本也产生递增的收益，从而使得整个经济的规模收益是递增的。

7. 耐用品(durable goods)

答：耐用品指商品会持续使用一段时间(超过 3 年)，而在此期间其所提供的服务流也是持续不断的商品。耐用品一般是不易耗损的商品，如汽车、飞机等重工业产品和制造业资本，其他诸如电器用品等亦包含在内。耐用品和非耐用品是两大类不同类型的消费品。其区别是，耐用品的购买尽管是一个消费决策，却更多地具有投资决策的特点。买这些商品是因为它将在许多年中为自己提供服务，如买食品，几天可以把它吃完，而一台彩电却可以持续使用多年。

8. 总/净投资(gross/net investment)

答：总投资是一定时期增加到资本存量中的新的资本流量，而资本存量则是经济社会在某一时点上的资本总量。在总投资中，有一部分用于补偿旧资本的消耗，这部分投资是用来重置资本设备的，称为重置投资或折旧。

总投资减去重置投资称为净投资，通常为资本存量的增量。用支出法计算 GNP 时的投资，指的是总投资。当总投资等于折旧额时，社会的总投资全部为重置投资。这时，投资形成的新资本只够补偿折旧部分，社会固定资产总量没有增长。只有当总投资大于当年的折旧时，才有净投资。净投资可以增加社会固定资产的总量。反过来可以说，要增加社会固定资产的价值总量，必须有净投资。

9. 净出口(net exports)

答：净出口指出口与进口的差额。用 X 表示出口，用 M 表示进口，则 $(X-M)$ 就是净出口。进口应从本国总购买中减去，因为进口表示收入流到国外，同时也不是用于购买本国产品的支出；出口则应加进本国总购买量之中，因为出口表示收入从外国流入，是用于购买本国产品的支出。因此，净出口应计入总支出，它可能是正值，也可能是负值。

10. 国民收入(national income，NI)

答：国民收入指一个国家一年内用于生产的各种生产要素所得到的全部收入，即工资、利润、利息和地租的货币值之和。它与 GDP 的关系为：GDP - 折旧 - 间接税 = NI。国民收入是进行宏观分析的关键，因为宏观经济学研究的是整个社会的经济活动，是以社会总体的经济行为及其后果为研究对象。

11. 国民生产总值(gross national product，GNP)

答：国民生产总值指某国国民所拥有的全部生产要素所生产的最终产品的市场价值，是本国常住居民生产的最终产品市场价值的总和，即无论劳动力和其他生产要素处于国内还是国外，只要是本国国民生产的产品和劳务的价值都要计入国民生产总值。这项综合经济指标未扣除生产过程中资本损耗的折旧费用，所以称为"总值"。国民生产总值包含的只是最终产品和劳务，不计算生产中耗费掉的中间产品的价值。

国民生产总值可以用当年的全部支出总和或用全部收入总和计算。从支出方面计算，包括以下四项：①个人消费支出总额；②私人国内投资总额；③政府购买产品和劳务总额；④货物与劳务输出净额。从收入方面计算，主要包括：工资、利息、地租、利润和折旧。国民生产总值是衡量一个国家的物质产品和劳务的生产总值的综合经济指标，是度量一国经济发展状况的尺度，也是衡量一国经济增长程度的标准。

12. 国内生产净值(net domestic product，NDP)

答：国内生产净值是指一个国家(地区)在一定时期内所有常住单位生产活动的净增加值。它是国内生产总值扣除同期固定资产折旧(或固定资本消耗)之后的净额。

13. 折旧(depreciation)

答：折旧是固定资产折旧的简称，是固定资产在使用过程中因损耗而转移到产品中的那部分价值的一种补偿方式。固定资产以实物形态在生产中被长期使用，而它的价值按其磨损程度一部分、一部分地转移到新产品之中去。为了保证再生产的顺利进行，必须把这部分转移的价值从销售收入中提取出来，并以货币的形态积累起来，以备将来用于固定资产的更新。引起折旧的主要原因有：①磨损，即因使用某项资产而造成的价值损失；②自然力的作用，即朽烂与腐蚀；③陈旧过时。

一项资产每年的折旧费取决于它的原始购置价格、预计的使用寿命和估计的残余价值。折旧费被摊入产品成本。计算折旧有许多方法。通常使用的方法是直线法，即把折旧看成是一种时间函数，以此项的原始成本减去剩余价值，再按其全部使用年限加以平均来计算每年的折旧费。摊在生产成本中的折旧费，随着产品的销售得到补偿。

14. 投资(investment)

答：投资指为获取预期收益而投入资金或资源的经济活动。预期收益主要指经济收益，也包括社会收益。投入的资金(资本)可以是货币资本，也可以是实物资本或其他资源。由于各种资源都可以折算成一定的货币价值量，所以，投资最一般的表现形式就是投入货币资金。投资作为一个客观经济范畴，具有数量上的集合性、机遇上的选择性、空间上的流动性、产业上的转移性、收益上的风险性和周期上的长期性等特点。

西方国家通常把包含了折旧费的投资称为总投资，扣除了折旧费的投资称为净投资。总投资总是大于零，它与国民生产总值(GNP)关系密切，总投资加上消费品总和等于国民生产总值。净投资与国民生产净值(NNP)关系密切，净投资加上消费品总和等于国民生产净值。除以上三种分类方法外，还可按经营目标的不同分为经济性投资与政策性投资；按投资主体的不同，可分为政府投资、公司投资和私人投资；按投资来源的国别不同，可分为国内投资和国外投资等。投资对社会经济发展具有极其重要的作用，在宏观上它通过乘数效应和加速数效应直接影响国民经济增长的速度、效益和稳定；在微观上它贯穿企业发展的全过程，是企业发展的主要推动力量。

15. 储蓄(saving)

答：储蓄指个人可支配收入中用于消费支出后所剩余的部分。储蓄是西方宏观经济学中的一个重要概念，也是凯恩斯收入与就业理论的重要概念之一。但是，储蓄是一个不容易确定的概念，无论从它的来源还是作用方面看，均没有准确的数量限制。储蓄可能是正数，也可能是负数。当可支配收入大于最终的消费支出时，储蓄值为正数；反之，则为负数。储蓄包括政府机构储蓄、企业储蓄和个人及家庭储蓄三种。政府机构的储蓄没有一定的动机。企业储蓄的动机则是为了再投资或获取利息，影响企业储蓄的主要因素是投资的边际效率。个人及家庭储蓄的原因主要包括为不测事件建立储备金、为自己的老年积累基金、为保护自己的家属或为了其他某一具体目的等。个人或家庭储蓄为商业资本提供了部分来源。影响个人及家庭储蓄水平的主要因素包括收入的多少、人们对未来收入的预期以及利息率的高低等。

16. 政府预算赤字(government budget deficit)

答：政府预算赤字指在编制预算时就出现的预算支出大于预算收入的差额。之所以会出现预算赤字，有许多原因，有的是为了刺激经济发展而降低税率或增加政府支出，有的则因为政府管理不当而引起大量的逃税或过分浪费。当一个国家财政赤字累积过高时，就好像一家公司背负的债务过多一样，对国家的长期经济发展而言，并不是一件好事，对于该国货币亦属长期的利空，且日后为了要解决财政赤字只有靠减少政府支出或增加税收，这两项措施，对于经济或社会的稳定都有不良的影响。一国财政赤字若加大，该国货币会下跌；反之，若财政赤字缩小，表示该国经济良好，该国货币会上扬。

17. 最终/中间产品(final/intermediate goods)

答：最终产品指在核算期内不需要再继续加工、可直接供社会投资和消费的产品和劳务。可供投资的产品包括机械设备、型钢等；可供消费的产品包括食品、服装、日用品等。

中间产品指在核算期间需进一步加工、目前还不能作为社会投资和消费的产品和劳务，包括各种原材料、燃料和动力。例如，服装是最终产品，可以直接消费，但用于服装生产的原材料，如棉布、棉纱等产品就不是最终产品而是中间产品。必须说明的是某些产品，如煤炭、棉纱等，在核算期间没有参与生产而是以库存形式滞留在生产环节以外的这些产品应理解为社会最终产品。

18. 增加值(value added)

答：增加值指产品在特定生产阶段附加的价值。例如，棉纺织业的增加值就是纺织品的出厂价值减去它们在加工时所使用的原棉和其他材料的价值。换言之，增加值等于纺织业各项生产要素的开支，即支付的劳动工资加上利润、利息、资本折旧以及建筑物和土地的租金。

19. 校正的 GNP(adjusted GNP)

答：校正的 GNP 指以具有不变购买力的货币单位衡量的国民生产总值。为了消除价格变动对国民生产总值的影响，一般是以某一年为基期，以该年的价格为不变价格，然后用物价指数来矫正名义国民生产总值，计算出实际国民生产总值。由于通货膨胀或通货紧缩会提高或降低物价水平，因而会使货币的购买力随物价的波动而发生变化。实际国民生产总值能准确地反映产量的变动情况。一般来说，在通货膨胀的情况下，实际国民生产总值小于按当年价格计算的国民生产总值；在通货紧缩的情况下，实际国民生产总值大于按当年价格计算的国民生产总值。

20. 消费支出(consumption spending)

答: 消费支出指消费者用于满足家庭日常生活消费需要的全部支出。包括食品、衣着、家庭设备用品及服务、医疗保健、交通和通讯、娱乐教育文化服务、居住、杂项商品和服务等八大类。

21. 政府采购(government purchases)

答: 政府采购亦称“公共采购”,指市场经济国家为加强对政府公共支出的管理,规定各级政府及所属机构在购买执行其职能所需的货物、工程或服务时,必须以公开竞争性招标采购的方式进行购买。政府采购是采购政策、采购程序、采购过程和采购管理的总称。

政府采购主要有以下特点:①政府采购主体是依靠国家预算资金运作的政府机关、事业单位、社会团体等;②政府采购是非商业性、非盈利性的购买行为;③政府采购以公开竞争招标的方式进行;④政府采购方式多样,范围广泛。政府采购有利于加强对公共支出资金的管理。竞争招标方式使政府能在购买到较好的产品服务的前提下,尽可能节约资金,也可以避免采购中的腐败行为。

22. 转移支付(transfer payments)

答: 转移支付指政府或企业的一种并非为购买本年的商品和劳务而作的支付。它包括对非营利组织的慈善捐款、消费者呆账、农产品价格补贴、公债利息等政府与企业支出的一笔款项。这笔款项在西方国家不计算在国民生产总值中,其原因在于这笔款项的支付不是为了购买商品和劳务,所以将其称作转移支付,有时也称转让性支付。转移支付是政府财政预算的一个组成部分。财政盈余等于税收减去政府在物品与劳务上的开支与转移支付之和后的余额。

转移支付又分政府的转移支付和企业的转移支付。(1)政府的转移支付大多数带有福利支出性质,等于把政府的财政收入又通过上述支付还给本人,因而也有人认为政府的转移支付是负税收。政府转移支付的作用是重新分配收入,即把收入的一部分由就业者转向失业者,从城市居民转向农民。(2)企业的转移支付通常是通过捐款与赠款进行的,如公司对于下属非营利组织的赠款。由于它也不是直接用来购买当年的商品和劳务,因此,这种款项也被认为是转移支付。

23. 政府支出(government expenditure)

答: 政府支出,又称公共支出,指政府为履行其职能而支出的一切费用的总和。换句话说,政府支出也就是政府行为的成本。西方财政经济学家认为,国家的经济活动属于“公共部门经济学”,国家是满足社会共同需要的“公共产品”的提供者,国家为提供公共产品而花费的所有费用即为政府的公共支出。在此基础上形成了两种观点:一是“狭义的公共支出”,即通过政府预算提供的公共产品、公共服务所形成的支出;另一种是“广义的公共支出”,即包括出于政府的政策和法规而导致的私有部门增加的支出。在西方,公共财政对经济的影响作用主要表现在公共支出上,政府干预、调节经济的职能也主要通过公共支出来实现。公共支出的数额反映着政府介入社会经济生活的规模和深度,也反映着公共财政在社会经济中的地位。在理论上,公共支出通常分为以下几类:按照经济性质不同,可分为购买性支出(purchase payment)和转移性支出(transfer payment);按照目的性不同,可分为预防性支出(precautionary expenditures)和创造性支出(creative expenditures);按照政府对公共支出的控制能力不同,可分为可控制性支出和不可控制性支出;按照受益范围不同,可分为一般利益支出和特殊利益支出。

24. 实际/名义 GDP(real/nominal GDP)

答:实际 GDP 指用从前某一年作为基期的价格计算出来的全部最终产品(物品和劳务)的市场价值。它衡量在两个不同时期经济中的物质产量的变化,以相同的价格或不变金额来计算两个时期所生产的所有产品的价值。在国民收入账户中,以 2006 年的价格作为基期来计算实际 GDP,意味着在计算实际 GDP 时,用现期的物质产量乘以 2006 年的价格,便可得到以 2006 年价格出售的现期产出的价值。

名义 GDP 指用生产物品和劳务的当年价格计算的全部最终产品的市场价值。例如,2006 年的名义 GDP 是以 2006 年的市场价格计算的当年所生产的产品价值,2008 年的名义 GDP 是以 2008 年的市场价格计算的在那一年所生产的产品价值。名义 GDP 的高低受价格因素的影响,利用名义 GDP 可能会高估或者低估实际的生产率。

二者之间的关系式为:实际 GDP = 名义 GDP ÷ GDP 紧缩指数。

25. 通货膨胀(inflation)

答:通货膨胀最初指因纸币发行量超过商品流通中的实际需要量而引起的货币贬值现象。纸币流通规律表明,纸币发行量不能超过它象征地代表的金银货币量,一旦超过了这个量,纸币就要贬值,物价就要上涨,从而出现通货膨胀。通货膨胀只有在纸币流通的条件下才会出现,在金银货币流通的条件下不会出现这种现象。因为金银货币本身具有价值,具有贮藏手段的职能,可以自发地调节流通中的货币量,使它同商品流通所需要的货币量相适应。而在纸币流通的条件下,因为纸币本身不具有价值,它只是代表金银货币的符号,不能作为贮藏手段,因此,纸币的发行量如果超过了商品流通中所需要的数量,此时,流通中的纸币量比流通中所需要的金银货币量增加了,货币就会贬值,这就是通货膨胀。在宏观经济学中,通货膨胀主要是指价格和工资的普遍上涨。

26. 通货紧缩(deflation)

答:通货紧缩指因流通中货币供应量小于需求量而导致一般物价水平的持续下跌。通货紧缩从本质上来说是一种货币现象,它在实体经济中的根源是总需求对总供给的偏离,或现实经济增长率对潜在经济增长率的偏离。当总需求持续小于总供给,或现实经济增长率持续低于潜在经济增长率时,则会出现通货紧缩现象。

通货紧缩是一种实体经济现象。它通常与经济衰退相伴随,表现为投机机会相对减少和投资的边际收益下降,由此造成银行信用紧缩,货币供应量增长持续下降,信贷增长乏力,消费和投资需求减少,企业普遍开工不足,非自愿失业增加,收入增长速度持续放慢,各个市场普遍低迷。同时,通货紧缩也是一种普遍的经济现象。

27. GDP 紧缩(平减)指数(GDP deflator)

答:GDP 紧缩(平减)指数是名义的 GDP 和实际的 GDP 的比率。名义的国内生产总值是用生产物品和劳务的当年价格计算的全部最终产品的市场价值。实际的国内生产总值是用从前某一年作为基期的价格计算出来的全部最终产品的市场价值。用公式表示为:

$$\text{国内生产总值平减指数} = \frac{\text{按报告期价格计算的国内生产总值}}{\text{按基期价格计算的当期国内生产总值}}$$

该指数用来衡量在基年和所有考察的年度之间发生的价格变化,这个指数与消费者价格指数不同,因为它的权数随不同商品所占的份额的改变而改变。因为 GDP 平减指数是以涉及经济中所生产的全部产品的计算为基础的,所以它是一个用来衡量通货膨胀状况的具有广泛基础的价格指数。

GDP 平减指数的优点是范围广泛，能比较准确地反映一般物价水平的变动趋向。缺点是资料较难搜集，需要对未在市场上发生交易的商品和劳务进行换算，并且可能受到价格结构因素的影响。

28. 消费价格指数(Consumer Price Index，CPI)

答：消费价格指数也称零售物价指数和生活费用指数，是反映消费品(包括劳务)价格水平变动状况的一种价格指数，一般用加权平均法来编制。它根据若干种主要日用消费品的零售价格以及服务费用而编制，用公式来表示即为：

$$CPI = \frac{\text{一组固定商品按当期价格计算的价值}}{\text{一组固定商品按基期价格计算的价值}} \times 100$$

消费价格指数的优点是能及时反映消费品供给与需求的对比关系，资料容易搜集，能够迅速直接地反映影响居民生活的价格趋势。其缺点是范围较窄，只包括社会最终产品中的居民消费品的这一部分，因而不足以说明全面的情况。例如品质的改善可能带来一部分消费品价格而非商品劳务价格总水平的提高，但消费价格指数不能准确地表明这一点，因而有夸大物价上涨幅度的可能。消费价格指数是用来衡量通货膨胀和通货紧缩程度的指标之一。

29. 生产价格指数(Producer Price Index，PPI)

答：生产价格指数指建立在生产中所使用的商品的市场篮子基础上的价格指数。由于生产价格指数和消费价格指数处于经济运行和商品周转的不同环节上，生产价格指数的变化常常早于消费价格指数的变化，因此，监测生产价格指数的变化，可以及早发现价格变化的动态。

30. 名义利率(Nominal Interest Rate)

答：名义利率指包括了物价变动的利息率，是与“实际利率”相对而言的。现实的经济生活中物价水平具有不稳定性，并且物价水平的上涨是一种普遍的趋势。划分名义利率和实际利率的理论意义在于其提供了分析通货膨胀条件下利率变动的工具。在经济管理中，能操作的是名义利率，但对经济关系产生实质影响的是实际利率。名义利率大概的计算公式为：

$$r = \pi + P$$

其中，r 为名义利率，π 为实际利率，P 为借贷期内物价的变动率。由于通货膨胀还会使利息部分贬值，考虑到这一点，名义利率还应作向上的调整。这样，名义利率的计算公式可以写成：

$$r = (1 + \pi)(1 + P) - 1$$

需要提醒的是，名义利率适应通货膨胀的变化而变化并非同步。由于人们对价格变化的预期往往滞后于通货膨胀的变化，所以相对于通货膨胀率的变化，名义利率的变化也往往有滞后的特点。但这不是绝对的。

31. 实际利率(real interest rate)

答：实际利率指物价不变，从而货币购买力不变的条件下的利息率，它是与“名义利率”相对而言的。例如，假定某年度物价没有变化，甲从乙处取得 1 年期的 1 万元贷款，年利息额 500 元，实际利率就是 5%。美国经济学家费雪首次在其《利息理论》一书中提出以货币和以实际财物计量利率的观点。一般物价总水平存在变动的趋势，在计算实际利率时，就必须扣除名义利率中的物价上涨率。实际利率的计算公式为：

$$\text{实际利率} = \text{名义利率} - \text{物价上涨率}$$

应该着重指出的是，名义利率适应通货膨胀的变化而变化，但并非是同步的，从而现实中人们必然以预期的物价上涨率来代替公式中的物价上涨率，否则实际利率的测算往往呈现滞后的问题，但这样同时也使得实际利率水平带有较大的主观性。

二、简答题

1. 如果政府雇佣失业工人，他们曾领取 *TR* 美元的失业救济金，现在他们作为政府雇员支取 *TR* 美元，不做任何工作，GDP 会发生什么情况？请解释。

What would happen to GDP if the government hired unemployed workers, who had been receiving amount $ *TR* in unemployment benefits, as government employees and now paid them $ *TR* to do nothing? Explain.

答：国内生产总值指一个国家(地区)领土范围内，本国(地区)居民和外国居民在一定时期内所生产和提供的最终使用的产品和劳务的价值。GDP 一般通过支出法和收入法两种方法进行核算。其核算的理论基础是总产出等于总收入，总产出等于总支出。用支出法计算的国内生产总值等于消费、投资、政府支出和净出口之和；用收入法计算的国内生产总值等于工资、利息、租金、利润、间接税和企业转移支付和折旧之和。

根据等式 $C+I+G+NX\equiv Y\equiv C+S+TA-TR$，本题可以从两个角度分析：

(1)从支出法核算角度看：C、I、NX 保持不变，由于转移支付 TR 美元变成了政府对劳务的购买即政府支出增加，使得 G 增加了 TR 美元，GDP 会由于 G 的增加而增加。

(2)从收入法核算角度看：以前是转移支付 TR 美元，现在政府改变政策，不进行转移支付了，在 C、S、TA 保持不变的情况下，$C+S+TA-TR$ 变成了 $C+S+TA$，所以 GDP 增加了。

注意：本题从两个角度中的任意一个进行回答都可以。

2. 在国民收入账户中，以下情况之间有什么不同：

(1)厂商为某经理购买轿车，与厂商支付给经理额外收入，由她自己购买轿车；

(2)雇佣你的配偶(收拾房屋)，而不是无偿地要他或她担任此工作；

(3)你决定购买一辆美国车，而不是购买德国车。

In the national income accounts, what is the difference between:

(1) A firm's buying an auto for an executive and the firm's paying the executive additional income to buy the automobile herself?

(2) Your hiring your spouse (who takes care of the house) rather than having him or her do the work without pay?

(3) You deciding to buy an American car rather than a German car?

答：对国民收入(以 GDP 为例)的核算可用支出法和收入法，支出法指经济社会(指一个国家或一个地区)在一定时期内消费、投资、政府购买以及净出口这几方面支出的总和。公式如下：

$$GDP=C+I+G+(X-M)$$

收入法即用要素收入亦即企业生产成本核算国内生产总价值。严格说来，最终产品市场价值除了生产要素收入构成的成本，还有间接税、折旧、公司未分配利润等内容。公式如下：

$$GDP=工资+利息+租金+利润+间接税和企业转移支付+折旧$$

(1)从支出法核算的角度看：厂商给总经理买车，应视为投资支出，计入 I；厂商支付给总经理额外收入，然后总经理拿额外收入买车是消费支出，应计入 C。

(2)配偶做无报酬的工作，虽然提供了劳务，但没有通过市场交换，所以不会计入GDP；雇佣配偶收拾房子，该工资收入将计入GDP，使得GDP增加。

(3)个人(题目中的个人是美国人)买美国车，应计入消费C，从而使GDP增加；买德国车会使净出口($NX = X - M$)下降，从而使GDP减少。

3. GDP与GNP有什么区别？用于计算收入/产量是否一个比另一个更好呢？为什么？

What is the difference between GDP and GNP? Is one a better measure of income/output than the other? Why?

答：(1)GNP与GDP的区别

GNP指在一定时期内一国或地区的国民所拥有的生产要素所生产的全部最终产品(物品和劳务)的市场价值的总和。它是本国国民生产的最终产品市场价值的总和，是一个国民概念，即无论劳动力和其他生产要素处于国内还是国外，只要是本国国民生产的产品和劳务，其价值都计入国民生产总值。

GDP指一定时期内一国或地区所拥有的生产要素所生产的全部最终产品(物品和劳务)的市场价值的总和。它是一国范围内生产的最终产品，是一个地域概念。

两者的区别：国内生产总值是“领土”概念，国民生产总值是“生产要素”概念；国内生产总值是“生产”概念，国民生产总值是“收入”概念。在经济封闭的国家或地区，国民生产总值等于国内生产总值；在经济开放的国家或地区，国民生产总值等于国内生产总值加上国外净要素收入。

两者的关系可以表示为：GNP = GDP + [本国生产要素在其他国家获得的收入(投资利润、劳务收入) - 外国生产要素从本国获得的收入]

(2)使用GDP比使用GNP用于计量产出会更好一些，原因如下：

①世界上大多数国家都采用GDP作为计量指标，这样使得统计口径一致，便于国际间进行比较；

②由于国外净收入的数据不足，GDP比较容易衡量；

③相对于GNP而言，GDP是对经济中就业潜力的一个较好的衡量指标。

由于美国经济中GDP和GNP的差异非常小，所以在分析美国经济时，使用这两种的任何一个指标，造成的差异都不会大。但对于其他有些国家的经济来说，这个差别是相当大的，因此，使用GDP作为衡量指标会更好。

4. NDP指的是什么？用于计量产量，它与GDP孰优孰劣？请解释。

What is NDP? Is it a better or worse measure of output than GDP? Explain.

答：(1)NDP的含义

国内生产净值NDP指国内生产总值扣除了生产过程中的资本消耗即折旧以后的价值，NDP等于GDP减去折旧。国内生产净值包括生产税净额、营业盈余和劳动者报酬，上述三者基本上能反映最终的成果和服务在国家、集体和个人之间的分配关系。

(2)NDP与GDP的比较

在计量产量时，如果目的是计算一国产品的净产出量，使用NDP要优于使用GDP。这是因为折旧衡量的是在生产过程中消耗掉、又不得不重置的资本价值。因此，NDP近似于衡量一定时期内经济中所生产的产量的净值——生产产品的总价值减去资本在生产过程中所消耗掉的资本量的价值。在典型情况下，折旧大约是GDP的11%，即NDP通常大约是GDP的89%。

5. 实际 GDP 的增加经常解释为福利的增加，这种解释有什么问题？你认为哪一种是其最大的问题，为什么？

Increases in real GDP are often interpreted as increases in welfare. What are some problems with this interpretation? Which do you think is the biggest problem with it, and why?

答：(1)实际 GDP 的增加经常解释为福利的增加，这种解释存在问题，因为 GDP 远没有完善地计量经济产量或福利，具体存在三个方面的问题：

第一，实际 GDP 存在低估。由于 GDP 强调的是“市场价值的总和”，无市场价值的物品被排除，在市场不健全的情况下，有些该计入的未计入。如妇女的家务劳动、志愿者提供的义务劳动等。妇女加入劳动力队伍的人数大增，增加了正式 GDP 的数字，但却并未抵消家庭生产减少的削减。如正式计量收费性日托的价值，但照看自己孩子的价值却为零。

第二，实际 GDP 只计算最终产品的市场价值，而没有考虑生产该产品造成的社会成本。计算为增加 GDP 的一些活动，实际上是利用资源避免或遏制诸如犯罪或危害国家安全的事情发生，同时，引起环境污染和破坏的事情均未从账户中排除，这一现象在发展中国家尤为突出。

第三，实际 GDP 反映的只是产品数量，无法反映产品的质量改进。计算机的情况尤其是这样，质量显著改进，价格却大幅下降。这种情况几乎涉及到所有的商品，为了反映质量改进，国民收入核算企图进行调整，但这项任务并不简单，尤其是当发明新产品或新款式时，更不容易。

如果抛开这几个方面的限制，实际 GDP 在某种程度上确实可以解释为社会福利的增加。

(2)其中第二个方面的问题是最大的问题，因为在发展中国家片面追求发展的速度，结果对社会资源的可持续发展所带来的是灾难性的危害，例如印度尼西亚的报告指出，正确核算环境破坏，应该在近年来计量出的经济增长率中减去 3%。正由于此，近年来人们就提出了“绿色 GDP”这一概念，即在核算 GDP 时，应该减去破坏环境所带来的成本。

6. CPI 与 PPI 都计量价格水平，它们有何区别？什么时候你会选择其中的一个而不选择另一个？

The CPI and PPI are both measures of the price level. How are they different, and when might you prefer one of these measures over the other?

答：(1)CPI 与 PPI 的区别

消费价格指数(CPI)也称零售物价指数和生活费用指数，是反映消费品(包括劳务)价格水平变动状况的一种价格指数，一般用加权平均法来编制。生产价格指数(PPI)指建立在生产中所使用的商品的市场篮子基础上的价格指数。

PPI 与 CPI 的区别在于：①所包括的范围不同：CPI 主要包括日用消费品；PPI 包括原料和半成品。②PPI 被设计为对销售过程中开始阶段的价格的度量，而 CPI 衡量的是城市居民实际支付的价格，也即零售价格。

(2)两者选择其一的情形

当关注的是消费品价格波动或通货膨胀问题时，使用 CPI 来度量；当关注的是经济周期问题或市场价格波动预期时，应该使用 PPI 来度量。这是因为 PPI 是一种相对可变的价格指数，并且是经常发出一般价格水平或 CPI 变化信号的价格指数，有时在后两者出现变化之前就会发出信号。有鉴于此，PPI 特别是其某些子指数，如“敏感材料”指数作为经济周期的指标，决策者应给予密切的关注。

7. GDP 紧缩指数指的是什么？它与消费价格指数和生产价格指数有何区别？在什么情况下，它计量价格比 CPI 和 PPI 更有用？

What is the GDP deflator, and how does it differ from the consumer and producer price indexes? Under what circumstances might it be a more useful measure of price than the CPI and PPI?

答：(1)GDP 紧缩指数的含义

GDP 紧缩指数是一个关于通货膨胀的衡量指标，它是给定年份的名义 GDP 与该年实际 GDP 之间的比率。紧缩指数计量基期年度和现期年度之间发生的价格变化。GDP 紧缩指数以经济活动中生产的全部商品和服务为计算基础，所以它是一个经常用来计量通货膨胀的具有广泛基础的物价指数。

(2)GDP 紧缩指数与消费价格指数和生产价格指数的区别

GDP 紧缩指数与 CPI 和 PPI 存在三个方面的不同：第一，GDP 紧缩指数计量的商品范围远比 CPI 和 PPI 广泛。其次，CPI 和 PPI 计量的是一篮子给定的商品，年复一年没有变动，但 GDP 紧缩指数所计量的一篮子商品，年年有所不同。有可能某些商品和服务消费者已经不再消费而是用其他替代品，但 CPI 和 PPI 却还要计量，反映不出变化，而 GDP 紧缩指数则能反映。第三，CPI 和 PPI 直接包括进口价格，而 GDP 紧缩指数只包括在国内生产的产品的价格。

(3)GDP 紧缩指数计量价格比 CPI 和 PPI 更有用的情景

当需要考察国内生产总值(增加值)的实际水平(如实际总量规模等)，以及需要核算国内生产总值(增加值)的实际发展水平(如实际发展速度、实际增长速度或发展指数等)，或者需要考察一个国家(或地区)物价变动的总水平时，GDP 紧缩指数计量价格比 CPI 和 PPI 更有用。

8. 如果你在早上醒来，并且发现一夜之间名义 GDP 增加一倍，在你开始庆祝之前，你需要核实的统计资料是什么？为什么？

If you woke up in the morning and found that nominal GDP had doubled overnight, what statistic would you need to check before you began to celebrate? Why?

答：最先核实是的统计资料就是 GDP 紧缩指数变动多少。原因如下：

(1)名义 GDP 指用生产物品和劳务的当年价格计算的全部最终产品的市场价值。例如，2000 年的名义 GDP 是以 2000 年的市场价格计算的当年所生产的产品价值，2003 年的名义 GDP 是以 2003 年的市场价格计算的在那一年所生产的产品价值。名义 GDP 的高低受价格因素的影响，利用名义 GDP 可能会高估或者低估实际的生产率。

(2)名义 GDP 发生变化的原因有两个：第一是物质产量的变化，第二是市场价格的变化。一夜之间名义 GDP 增加一倍，可能的原因有两个：一是物质产量翻了一番，二是物价翻了一番。第一种情况不太可能在一夜之间实现，所以，在开始庆祝之前，最先核实的统计资料就是物价是否大幅上涨，即 GDP 紧缩指数变动多少，进而考察实际 GDP 的变动。如果名义 GDP 和 GDP 紧缩指数都增加一倍，那么实际 GDP 保持不变。

9. 假如你有一项一年后归还的 100 美元的贷款。如果这笔贷款是按照名义利率支付说明的，当通货膨胀率高于该年内的预期通货膨胀率时，你是高兴还是伤心呢？如果贷款是以实际利率说明的，将会如何呢？

Suppose you make a loan of $100 that will be repaid to you in 1 year. If the loan is denominated in terms of a nominal interest rate, are you happy or sad if inflation is higher than expected during the year? What if the loan instead had been denominated in terms of a real return?

答：(1)当贷款是按名义利率说明时，通货膨胀率高于该年内的预期通货膨胀率，贷款人会伤心。因为该笔贷款实际收益率由于通货膨胀率高于该年内的预期通货膨胀率而下降。例如，一年期贷款的名义利率为7%，而预期的通货膨胀率为3%，那么预期实际收益率为4%。如果实际通货膨胀率为4%，则实际收益率为3%，实际收益下降。

(2)当贷款是以实际利率说明时，通货膨胀率高于该年内的预期通货膨胀率，贷款人将不会遭受损失。因为实际收益率不会随着实际通货膨胀率的变化而变化，不用担心损失。

三、计算与分析题

1. 在表2-1的经济假设中，用2000年价格计算实际GDP的变动。利用同一数据但以2006年的价格计算2000-2006年实际GDP的变动。你的回答应该证明，用来计算实际GDP使用的价格确实影响增长率的计算，但通常影响不太大。

表2-1 实际的和名义的GDP的举例 （单位：美元）

	2000年名义GDP	2006年名义GDP	2006年实际GDP*
啤酒	1瓶×1(单价)=1	2瓶×2(单价)=4	2瓶×1(单价)=2
保龄球游戏	1次×0.50(单价)=0.5	3次×0.75(单价)=2.25	3次×0.50(单价)=1.5
	1.50	6.25	3.50

解：(1)如果用2000年的价格计算实际GDP的变动，计算结果如下：

(2006年的实际GDP-2000年的实际GDP)/2000年的实际GDP=(3.5-1.5)/1.5×100%=133%

(2)若用2006年的价格计算实际GDP的变动，计算结果如下：

2000年的名义GDP=1×1+1×0.5=1.50

2000年的实际GDP=1×2+1×0.75=2.75

2006年的实际GDP=2×2+3×0.75=6.25

此时GDP的增长率$=\frac{6.25-2.75}{2.75}\times 100\%=127\%$

所以，采用不同的价格为计算标准会影响增长率，127%不同于以2000年价格为基期所计算的GDP的增长率133%，但影响不大，只相差6%。

2. 从国民收入核算中证明：

(1)(当转移保持不变)增加税收必然意味着净出口、政府采购或者储蓄-投资平衡的改变。

(2)个人可支配收入的增加必然意味着消费或储蓄的增加。

(3)消费和储蓄两者的增加必然意味着可支配收入的增加。

[对(2)与(3)两者都假定家庭没有利息支付，也没有对外国人的转移支付。]

答：(1)根据等式$S-I\equiv(G+TR-TA)+NX$可知，当转移支付TR不变，且税收TA增加时，则G、NX、$S-I$中至少有一个肯定会发生变化：政府采购G增加，净出口NX增加，或储蓄与投资差额$S-I$减少。

(2)由等式$YD\equiv C+S$，个人可支配收入YD增加时，则C、S中至少有一个增加。

(3)根据$C+S\equiv YD$可知：消费和储蓄的同时增加必然意味着可支配收入的增加。

3. 表 2－2 是来自一个假设国家的国民收入账户的信息：

表 2－2　一国国民收入账户信息　（单位：美元）

GDP	6000
总投资	800
净投资	200
消费	4000
政府对商品和劳务的购买	1100
政府预算盈余	30

下列项目的值各是多少？

(1) NDP

(2) 净出口

(3) 政府税收减转移支付

(4) 个人可支配收入

(5) 个人储蓄

答：(1) NDP(国内生产净值)

NDP = GDP − 折旧 = GDP −（总投资 − 净投资）= 6000 −（800 − 200）= 5400(美元)。

(2)净出口 NX = 出口 − 进口

又 GDP = $Y = C + I + G + NX$，从而 NX = GDP − $C - I - G$ = 6000 − 4000 − 800 − 1100 = 100(美元)。

(3)政府税收减转移支付为 $TA - TR$，而政府预算盈余 $BS = TA - G - TR$，所以 $TA - TR = BS + G$。因此政府税收减转移支付为 $TA - TR = 30 + 1100 = 1130$(美元)。

(4)个人可支配收入 $YD = C + S = Y - (TA - TR)$

而政府预算盈余 $BS = TA - G - TR$，所以 $TA - TR = BS + G$。故个人可支配收入 $YD = Y - (BS + G) = 5400 - (30 + 1100) = 4270$(美元)。(其中 Y = NDP)

(5)个人储蓄

由 $YD = C + S$ 得 $S = YD - C = 4270 - 4000 = 270$(美元)。

4. 假定 GDP 是 6000 美元，个人可支配收入是 5100 美元，政府预算赤字是 200 美元，消费是 3800 美元，外贸赤字是 100 美元。

(1) 储蓄 S 是多大？

(2) 投资 I 是多大？

(3) 政府支出是多大？

解：(1)根据等式 $YD \equiv C + S$，则个人储蓄 $S = YD - C = 5100 - 3800 = 1300$(美元)。

(2)由方程 $S - I = (G + TR - TA) + NX$，得 $I = S - (G + TR - TA) - NX = 1300 - 200 - (-100) = 1200$(美元)。

(3)方法一：由 $Y = C + I + G + NX$，得 $G = Y - C - I - NX = 6000 - 3800 - 1200 - (-100) = 1100$(美元)。

方法二：由 $YD = Y - TA + TR$，得 $TA - TR = Y - YD$。同时 $BS = TA - TR - G$，所以 $G = (TA - TR) - BS = (Y - YD) - BS = (6000 - 5100) - (-200) = 1100$(美元)。

5. 如果对一个国家的劳动的支付总额是 60 亿美元，对其资本的支付是 20 亿美元，利润为零，产出水平是多少？

答：根据教材中的方程(2)，可以得出总产出的计算公式：

产出水平 Y = 劳动报酬 + 资本报酬 + 利润 = 60 + 20 + 0 = 80(亿美元)。

6. 设想一个经济只是由面包师和为其提供原材料的人所组成。假如该经济的生产情况如下：100 万块面包(每块售价 2 美元)；120 万磅面粉(每磅售价 1 美元)；酵母、糖和盐各 10 万磅(混合售价每磅 1 美元)。面粉、酵母、糖和盐只卖给面包师，而面包师只用它们生产面包。

(1)该经济总产出的价值(例如，名义 GDP)是多少？

(2)当面包师将这些材料转变为面包时，增加到面粉、酵母、糖和盐上面的增加值是多少？

答：(1)名义 GDP 定义为一个国家当前生产的最终产品与服务的市场价值，所以可以直接计算最终产品(面包)的价值，即名义 GDP = 100 × 2 = 200(万美元)。

(2)各种原材料的初始价值 = 120 × 1 + (10 + 10 + 10) × 1 = 150(万美元)。又因为名义 GDP 可以用每一步生产产品的增加值来计算，并且第一步的增加值为 150(万美元)，所以增加到面粉、酵母、糖和盐上面的增加值是 50 万美元(= 200 - 150)。

7. 假定一个国家在一年的时间里 CPI 从 2.1 增加到 2.3。利用这一情况计算当年的通货膨胀率。CPI 为什么可以夸大通货膨胀率？

答：CPI 从 2.1 增加到 2.3 时，通货膨胀率 = (2.3 - 2.1)/2.1 = 0.095 = 9.5%。在用 CPI 计算通货膨胀率时用的是一篮子固定的商品和服务，但篮子中商品和服务的不变的权重不能反映相对价格上涨而引起的消费者对商品的替代行为，仍然以原来的权重来计算将提高 CPI 的数值，夸大通货膨胀率。

8. 假定你买了 100 美元第二年到期的政府债券。如果全年的通货膨胀率是 4%，而债券承诺 3%的实际收益率，你将得到多少名义利息？

答：因为实际利率为名义利率减通货膨胀率，所以名义利率为实际利率(实际收益率)加上通货膨胀率，即为：$i = r + \pi = 3\% + 4\% = 7\%$。所以名义利息为：100 × 7% = 7(美元)。

附录：下列为第 6 版第 2 章属于本章的习题，在第 10 版中已被删除，现补录如下，仅供参考！

1. 解释以下的术语：(1)增加的价值，(2)存货投资，(3)GDP 平减指数，(4)可支配的个人收入。

答：(1)增加的价值是指每一步生产过程所增加的产品价值。换句话说，产出价值减去中间品购买的价值。

(2)存货投资是指工厂增加的任何存货，不管是意愿的还是非意愿的，都被计入存货投资。

(3)GDP 平减指数是在给定的一年中，名义 GDP 与实际 GDP 的比率。它以经济中生产的全部商品为计算基础，所以是一个有广泛基础的物价指数，经常用来计量通货膨胀。

(4)可支配的个人收入是指居民可用于支出或储蓄的数量，等于收入加上转移支付，再减去税收。即：$YD = Y + TR - TA$。

2. 下面是关于 GNP、GDP 和 NDP 的讨论。

(1)在 1991 年，美国的 GDP 是 56775 亿美元；GNP 是 56949 亿美元。为什么两者之间存在着一个差额？

(2)在 1991 年，美国的 GDP 是 56775 亿美元；NDP 是 50514 亿美元。解释这一个差额。作为 GDP 的一部分的 1991 年的差额具有什么特征？

答：(1)GDP 是既定时期内一国所生产的全部最终产品(商品和服务)的市场价值。GNP

是指既定时期内一国国民所拥有的全部生产要素所生产的最终产品(商品和服务)的市场价值。所以 GDP 是一个地域概念，而 GNP 是一个国民概念。因为在 1991 年美国国民的海外收入大于外国国民在美国的收入，所以 GNP 比 GDP 大 174 亿美元。

(2)NDP 是 GDP 减去折旧。在 1991 年，折旧为 6261 亿美元，即占 GDP 的 11%。它与过去十年的差不多，但要高于二十世纪六、七十年代。

3. 这是一个关于价格指数的问题。考虑一个只有三种商品进入 CPI 的简单的经济，这三种商品是：食品、住房和娱乐。假定居民户在基年，譬如 1987 年以当时的价格消费以下的数量：

表 2－3　CPI 数据

	数量	价格(美元/单位)	支出额(美元)
食物	5	14	70
住房	3	10	30
娱乐	4	5	20
总计			120

(1)定义消费价格指数。

(2)假设定义 CPI 的商品篮子如表 2－3 所给定。如果 1994 年的价格为：食品每单位 30 美元；住房每单位 20 美元；娱乐每单位 6 美元。计算 1994 年的 CPI。

(3)说明相对于基年的 CPI 变化是所有单个价格变化的加权平均数，这些权数是由基年中各种商品的支出份额所给定的。

答：(1)消费价格指数(CPI)：是用来比较具有固定构成的一篮子商品和服务的本年度的成本和基年的成本的价格指数。

(2)1994 年的费用 $E(94)=5\times30+3\times20+4\times6=234$(美元)。1987 年的费用 $E(87)=120$(美元)。所以 1994 年的 $\text{CPI}=[E(94)/E(87)]\times100=195$。

$$(3)\ \text{CPI}(1)-\text{CPI}(0)=\frac{\sum p_1^i q_0^i}{\sum p_0^i q_0^i}\times100-100=\frac{(\sum p_1^i q_0^i-\sum p_0^i q_0^i)}{\sum p_0^i q_0^i}\times100$$

$$=\frac{\left[\sum\left(\frac{p_1^i-p_0^i}{p_0^i}\right)p_0^i q_0^i\right]}{\sum p_0^i q_0^i}\times100=\sum\left[\left(\frac{p_1^i-p_0^i}{p_0^i}\right)\frac{p_0^i q_0^i}{\sum p_0^i q_0^i}\right]\times100$$

由上面的公式可以看出，相对于基年的 CPI 变化是所有单个价格变化的加权平均数，这些权数是由基年中各种商品的支出份额所给定的。

4. 利用附录 2－2 和以下 1991 年的 GDP 数据(单位：10 亿美元)：

GDP＝5678　　间接税＝474

GNP＝5696　　其他(净值)＝－1

NDP＝5051

并利用表 2－4，回答以下问题：

(1)什么是折旧和国民收入?

(2)为什么从 NDP 中扣除间接税可得国民收入?

说明：题目中提到的附录 2－2 陈述了由 GDP 出发计算个人可支配收入水平所需要的步骤。这些调整的必要性来自于五个原因：GDP 和 GNP 之间的差额，它反映了在国外获取的净收入；折旧；转移支付；税收和补贴；以及保留一些利润和向居民进行一些转移支付的企业部门的存在。第一步是由 GDP 到 GNP，计算出在国外获取的收入。第二步是由 GNP 到 NNP，即由“总的”到“净的”，其目的在于反映折旧。因此 NNP 等于 GNP 减去折旧。表2－4总结了以下的由 NNP 到个人可支配收入的步骤：

表 2－4　1991 年 GDP 和个人可支配收入　　（单位：10 亿美元）

	国内生产总值		5 677.5
加	来自国外的要素净支付	17.4	
等于	国民生产总值		5 694.9
减	资本消耗扣除	626.1	
等于	国民生产净值		5 068.8
减	间接税	475.2	
	其他(净值)	49.4	
等于	国民收入		4 544.2
减	公司利润	346.3	
	社会保障缴款	528.8	
加	政府和企业向个人的转移支付	771.1	
	利息调整	251.1	
	红利	137.0	
等于	个人收入		4 828.3
减	个人税和非税支付	618.7	
等于	个人可支配收入		4 209.6

资料来源：Survey of Current Business

答：(1)折旧 $D = \text{GDP} - \text{NDP} = 5678 - 5051 = 627$(10 亿美元)

国民收入 Y = NDP－间接税－其他(净值) = 5051－474－(－1) = 4578(10 亿美元)。

(2)这里可以近似的看成 NDP = NNP，所以从 NDP 中扣除间接税相当于从 NNP 中扣除间接税；另一方面由于间接税是一种课于商品和劳务的税收，易于转嫁，使得其在私人收入和政府收入里被双重计算了。间接税没有形成要素所有者收入，而是政府的收入，所以要从 NNP 中扣除，这就是从 NDP 中扣除间接税可得国民收入的理由。

5. 说明一个支出大于其收入的国家必然会有对外收支赤字。

答：对商品和服务的总需求的主要部分是消费(C)、投资(I)、政府购买(G)和净出口(NX)。如果花费在消费、投资和政府购买的支出费用大于国民收入(Y)，那么，根据国民收入的定义 $Y = C + I + G + NX = C + I + G + (X - Q)$，净出口($NX = X - Q$)必须为负，即进口 Q 超过出口 X，存在对外收支赤字。

第3章　增长与积累

3.1　复习笔记

一、增长核算

1. 增长核算概念

增长核算是经济学中解释经济增长的一套理论，该理论主要是对经济增长源泉进行衡量。一个经济中的国民总收入可以用多种要素建模来解释。在一个简单的模型中主要是资本、劳动力和技术。这里，国民总收入的增长由资本的增长、劳动力的增长以及所采用的技术水平的提升来解释。国民收入水平、资本存量和劳动力的大小可以通过经济统计来估算。这样数理模型就可以由劳动力、资本和一个余值来解释国民收入水平。

2. 增长核算方程

(1)方程

$$\Delta Y/Y=[(1-\theta)\times\Delta N/N]+(\theta\times\Delta K/K)+\Delta A/A$$

产出增长=(劳动份额×劳动增长)+(资本份额×资本增长)+技术进步

其中：$(1-\theta)$和θ分别代表收入中劳动获得的份额和收入中资本获得的份额。

(2)含义

①劳动和资本各自的贡献量等于它们各自的增长率乘以该投入在收入中所占份额。

②$\Delta A/A$称之为技术进步或全要素生产率增长的技术进步速度，是在所有投入不变的情况下，由于生产方法改进所导致的产出增加的数额。

(3)增长核算方程的人均形式

$$\Delta y/y=\theta\times\Delta k/k+\Delta A/A$$

其中$y\equiv Y/N$，$k\equiv K/N$，分别表示人均产出和人均资本。

二、增长理论：新古典增长模型

新古典增长理论将注意力集中于资本积累以及它与储蓄决策等的联系方面。美国经济学家罗伯特·索洛提出了新古典增长模型。生产函数$y=f(k)$是人均产出与资本—劳动比率之间的关系。如图3　1所示。

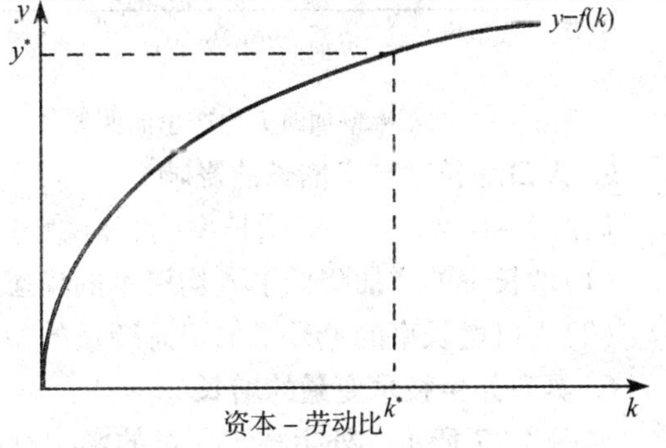

图3－1　新古典增长理论中的生产函数

1. 模型的基本假定

(1)社会储蓄函数为$S=sY$，其中s为储蓄率。

(2)劳动增长率n不变。

(3)全社会只有一种产品；劳动与资本可以相互替代。

(4)资本的边际产品递减；生产规模报酬不变。

(5)完全竞争市场，工资率和利润率分别等于劳动与资本的边际生产力。

2. 基本方程

在上述假定条件下，索洛推导出新古典增长模型的基本方程为：

$$\Delta k = sy - (n + d)k$$

式中 k 为人均资本，s 为储蓄率，y 为人均产出，n 为人口增长率，d 为资本的折旧率。从而 sy 为社会的人均储蓄，$(n+d)k$ 为新增劳动力所配备的资本数量和资本折旧，称为资本的广化(即意味着为每一个新生的工人提供平均数量的资本存量)；Δk 为人均资本的增加，称为资本的深化(即意味着每一个工人占有的资本存量上升)。因而新古典增长模型的基本方程可以表述为：

资本的深化 = 人均储蓄 - 资本的广化

3. 稳态分析

(1)稳态的原理

稳态指的是一种长期均衡的状态。当人均收入与人均资本不变时，经济就处于稳定状态。人均收入与人均资本的稳态值 y^* 和 k^* 就是向新工人提供资本和重置损耗机器所必需的投资与经济产生的储蓄相等时的值。

(2)稳态的条件

$\Delta k = 0$，并且在 y^* 和 k^* 的值满足 $sy^* = sf(k^*) = (n+d)k^*$

稳态增长率：$\Delta Y/Y = \Delta K/K = \Delta N/N = n$，如图 3 - 2所示。

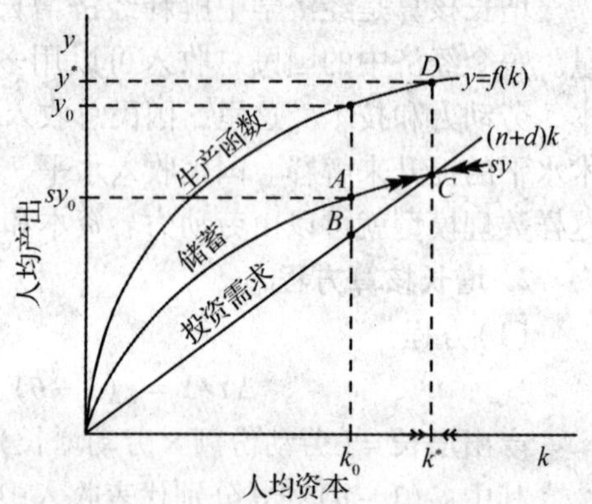

图 3 - 2　稳态时的图解

4. 储蓄率对产出增长的影响

如图 3 - 3、图 3 - 4 和图 3 - 5 所示，储蓄率的增加不影响稳态增长率，但是能够提高收入的稳态水平。

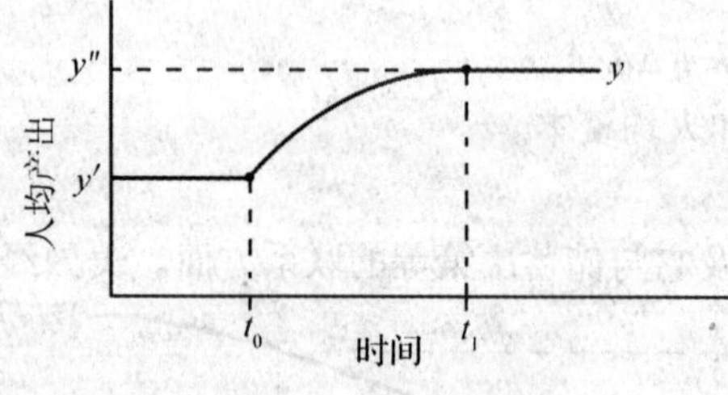

图 3 - 3　储蓄率增加时人均产出的调整

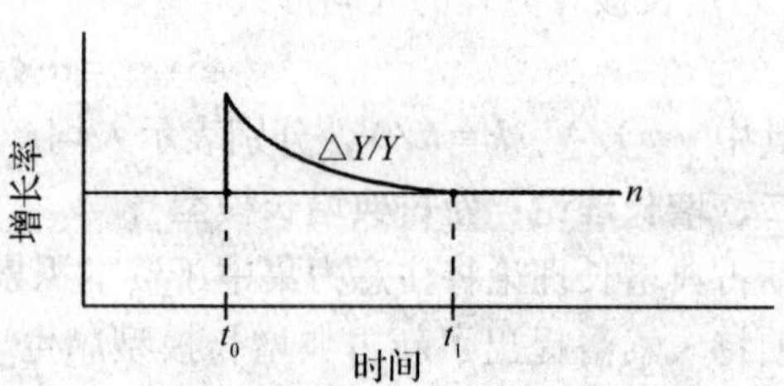

图 3 - 4　储蓄率增加时产出增长率的调整

5. 人口增长对产出增长的影响

如图 3 - 6 所示，人口增长率提高对稳态产出的影响有：

(1)增长率的增加降低了人均资本的稳态水平，进而降低了人均产出的稳态水平。

(2)人口增长率的上升增加了总产量的稳态增长率。

6. 具有外生技术变量的增长

如图 3 - 7 所示，外生技术变革的影响有：

(1)外生技术水平的提高引起生产函数和储蓄曲线的上升，从而在更高的人均产出与更

高的人均资本处达到新的稳态。、

(2)人均产出增长率和总产出增长率稳定于$n+g$，独立于储蓄率。

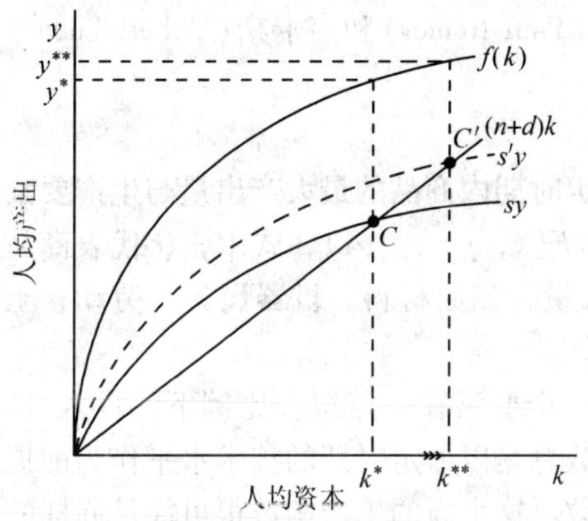

图3－5　储蓄率提高对稳态产出的影响

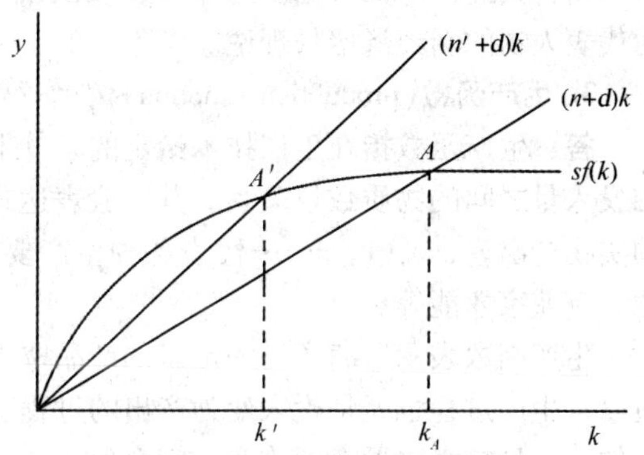

图3－6　人口增长率提高对稳态产出的影响

7. 新古典增长理论的结论

(1)稳态中的产出增长率是外生的；在这种情况下它等于n，独立于储蓄率s。

(2)尽管储蓄率的增加不影响稳态增长率，但通过提高资本—产出比率可以提高稳态收入水平。

(3)产量的稳态增长率保持外生。稳态的人均收入增长率由技术进步率决定。总产出的稳态增长率是技术进步率和人口增长率之和。

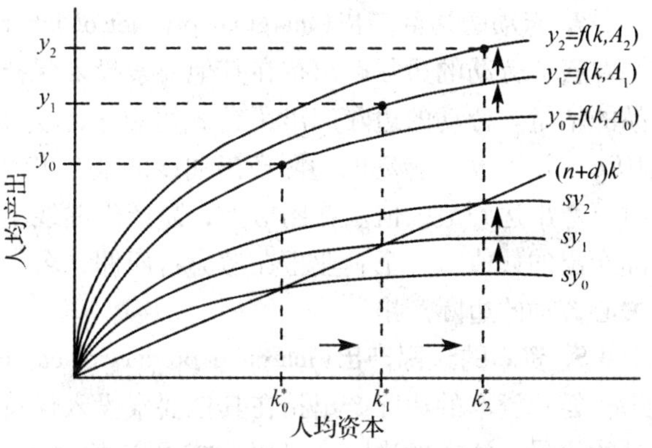

图3－7　外生技术变革的影响

(4)趋同是新古典理论的最后判断：如果两国人口增长率、储蓄率和生产函数相同，那么它们最终将达到相同的收入水平。如果两个国家之间有着不同的储蓄率，那么它们会在稳态中达到不同的收入水平，但是如果它们的技术进步率和人口增长率相同，那么它们的稳态增长率也将相同。

3.2　课后习题详解

一、概念题

1. 增长核算(growth accounting)

答：增长核算是经济学中解释经济增长的一套理论，该理论主要是对经济增长源泉进行衡量。一国经济中的国民总收入可以用多种要素建模来解释。在一个简单的模型中主要是资本、劳动力和技术。这里，国民总收入的增长由资本的增长、劳动力的增长以及所采用的技术的提升来解释。国民收入水平、资本存量和劳动力的大小可以通过经济统计来估算。这样数理模型就可以由劳动力、资本和一个余值来解释国民收入水平。这个余值被称为“全要素生产率”(Total Factor Productivity)，用来解释没有被资本和劳动投入水平变化所解释的部分。这个全要素生产率通常被用来衡量所采用的技术的水平，有时也称为“索洛余值”(Solow Residual)。

2. 增长理论(growth theory)

答：增长理论指试图解释生产为什么在一定时期内会增长，并且证实影响这种增长率的要素的理论。由于经济增长一直是经济学研究的焦点之一，理论流派众多，从亚当·斯密和大卫·李嘉图为代表的古典经济理论到哈罗德－多马经济增长模型，再到索洛含技术进步因素的新古典经济增长理论。近年来，又出现了以罗默(Paul Romer)和卢卡斯(Robert Lucas)为代表人物的新经济增长理论。

3. 生产函数(production function)

答：生产函数指在生产技术给定的条件下，在一定时期内商品的最大产出量与生产要素的投入量之间的物质数量关系。其一般表达式为：$Q=F(x, y, z\cdots\cdots)$，式中，Q 代表商品的实物产出量，x，y，$z\cdots\cdots$代表各种生产要素的投入量，如原材料、机器设备、劳动、土地、企业家才能等。

生产函数表示厂商产出一定量的产品取决于不同生产要素在一定组合比例下的投入量。所以，生产过程也就是投入变为产出的过程。生产函数总是以一定时期的技术水平作为前提条件，一旦技术水平有了改变，就会形成新的生产函数。这个新的生产函数很可能从同样的投入量中产出更大的产量，但也有可能从既定的投入量中产出较少的产量。

4. 劳动的边际产出(marginal product of labor，MPL)

答：劳动的边际产出指在其他要素投入保持不变的情况下，增加一单位劳动所获得的产品的增量。劳动的边际产出用公式可以表示为 $MPL=\Delta TP/\Delta L$，当劳动的增加量非常小时，$MPL=\mathrm{d}TP/\mathrm{d}L$。劳动的边际产出曲线的变化趋势是倒 U 型的，这就意味着当边际产出为零时总产出达到最大值。在图形上，总产出曲线上各点切线的斜率值，就是各劳动投入量上边际产出的数值。一个企业主在考虑再雇佣一名工人时，在劳动的平均产出和边际产出中他更关心劳动的边际产出。

5. 资本的边际产出(marginal product of capital，MPK)

答：资本的边际产出指在其他要素投入保持不变的情况下，增加一单位资本所获得的产品的增量。资本的边际产出用公式可以表示为 $MPK=\Delta TP/\Delta K$，当资本的增加量非常小时，$MPK=\mathrm{d}TP/\mathrm{d}K$。和劳动的边际产出一样，资本的边际产出曲线的变化趋势也是倒 U 型的，这就意味着当边际产出为零时总产出达到最大值。

6. 增长核算方程(growth accounting equation)

答：增长核算方程用生产函数说明技术进步与经济增长的关系，描述了在规模收益不变的情况下，技术、劳动和资本对于产出的贡献情况。已知生产函数为 $y=AF(N, K)$，对其两边取自然对数，全微分后得：$\Delta y/y=\alpha\times\Delta N/N+\beta\times\Delta K/K+\Delta A/A$，即产出增长＝(劳动份额×劳动增长)＋(资本份额×资本增长)＋技术进步。这里，α、β 分别是劳动和资本对于产出的弹性。

7. 柯布－道格拉斯生产函数(Cobb-Douglas Production Function)

答：柯布－道格拉斯生产函数是由美国的数学家柯布和经济学家道格拉斯提出来的生产函数。该生产函数的一般形式为：$Q=AL^{\alpha}K^{\beta}$，式中，Q 代表产量，L 和 K 分别代表劳动和资本，A、α 和 β 为三个参数，且 $0<\alpha$，$\beta<1$。

柯布－道格拉斯生产函数中的参数 α 和 β 的经济含义是：α 和 β 分别表示劳动和资本在生产过程中的相对重要性，α 为劳动所得在总产量中所占的份额，β 为资本所得在总产量中所占的份额。

另外，如果 $\alpha+\beta=1$，则生产为规模报酬不变的；如果 $\alpha+\beta<1$，生产为规模报酬递减；$\alpha+\beta>1$，则生产为规模报酬递增。

8. 人均 GDP(GDP per capita)

答：人均 GDP 即人均国内生产总值，是以某地区一定时期国内生产总值(现价)除以同时期平均人口所得出的结果。GDP 衡量的是一个国家的经济总量，人均 GDP 评价的是一个国家的富裕程度。在经济学界，人们更多地用人均 GDP 作为划分经济发展阶段的重要指标。

9. 资本—劳动比率(capital-labor ratio)

答：资本—劳动比率又称为人均资本或资本装备率，指每个工人使用的可获得的资本的数量。资本—劳动比率的变化路径在技术层面也反映了资本深化的进程及其速度，是厂商对生产技术(投资)的选择结果。

10. 边际产出递减(diminishing marginal product)

答：边际产出递减指在厂商的厂房、机器设备等资本投入不变的情况下，随着可变投入量的增加，劳动的边际产量一开始是递增的，但当劳动投入量增加到一定程度之后，其边际产量就会递减，直到出现负数。这是一个普遍的规律，在技术给定和其他要素投入不变的情况下，连续增加 1 单位某一种要素所带来的产量的增量迟早会出现下降(即使在开始阶段可能会上升)，这就是边际产出递减规律。出现边际产出递减规律的主要原因是，随着可变投入的不断增加，不变投入和可变投入的组合比例变得愈来愈不合理。当可变投入较少的时候，不变投入显得相对较多，此时增加可变投入可以使要素组合比例趋向合理从而提高产量的增量；而当可变投入与不变投入的组合达到最有效率的那一点以后，再增加可变投入，就使可变投入相对于不变投入来说显得太多，从而使产出的增加量递减。边际产出递减规律是有条件的：①以技术不变为前提；②以其他生产要素固定不变，只有一种生产要素的变动为前提；③在可变要素增加到一定程度之后才出现；④假定所有的可变投入要素是同质的，即所有劳动者在操作技术、劳动积极性等各个方面都没有差异。

11. 趋同(convergence)

答：趋同指如果两个国家人口增长率、储蓄率和生产函数相同，则它们最终将达到相同的收入水平的一种现象。新古典增长理论预言，具有相同的储蓄率、相同的人口增长率并得到相同的技术的诸经济出现绝对的趋同。进而，如果国与国之间储蓄率不同，它们在稳态中将达到不同的收入水平，但如果它们的技术进步率和人口增长率相同，它们的稳态增长率也将相同。

12. 全要素生产率(total factor productivity)

答：全要素生产率指生产活动在一定时间内的效率，它一般的含义为资源(包括人力、物力、财力)开发利用的效率。从经济增长的角度来说，生产率与资本、劳动等要素投入都贡献于经济的增长。从效率角度考察，生产率等同于一定时间内国民经济中产出与各种资源要素总投入的比值。从本质上讲，它反映的则是一个国家(地区)为了摆脱贫困、落后和发展经济在一定时期里表现出来的能力和努力程度，是技术进步对经济发展作用的综合反映。

20 世纪 50 年代，诺贝尔经济学奖获得者索洛(Solow)提出了具有规模报酬不变特性的总量生产函数和增长方程，形成了现在通常所说的生产率(全要素生产率)含义，并把它归结为是由技术进步而产生的。按照他的理论，全要素生产率等于产出增长率与资本增长率和劳动增长率加权之差。

13. 索洛剩余(Solow residual)

答：索洛剩余指实际劳动生产率与模型预测值之间的差额，它是对全要素生产率的一种衡量。经济增长归因于不同投资的贡献，无法归因于要素投入的剩余部分被认为是技术进步的贡献，这被称为索洛剩余。在生产函数为规模报酬不变的条件下，劳动和资本的边际产量等于各自的实际报酬，这意味着总产出正好分为劳动的份额和资本的份额。劳动份额 $SL=(F_L L)/Y$，资本份额 $SK=(F_K K)/Y$，且 $SL+SK=1$。经过简单变换就有：$\Delta Y/Y=\Delta A/A+SL\Delta L/L+SK\Delta K/K$。

上述公式表明，收入的增长率($\Delta Y/Y$)等于以下三项之和：第一，技术进步率($\Delta A/A$)；第二，劳动投入增长率($\Delta L/L$)乘以劳动在总产量中的份额(SL)；第三，资本投入增长率($\Delta K/K$)乘以资本在总产量中的份额(SK)。技术进步率通常称之为全要素生产率，表示在所有投入不变的条件下，由于生产方式改进导致的产出增加量，换句话说，用相同要素投入得到更多产出时，意味着全部要素的生产率提高了。技术进步率 $\Delta A/A$ 就是索洛剩余，反映了技术进步对经济增长的贡献度。

14. 人力资本(human capital)

答：人力资本指为了提高劳动者的文化技术水平和劳动素质而投到劳动者身上的投资，是无形资本，它与物质资本(有形资本)共同构成了经济增长因素中的投资。人力资本在经济增长中的作用越来越重要，其自身不仅能形成递增的收益还能使相关的劳动和资本也产生递增的收益，从而使得整个经济的规模收益是递增的。

15. 新古典增长理论(neoclassical growth theory)

答：新古典增长理论指以美国经济学家索洛为代表提出的经济增长理论。该理论讨论了资本增长率$\frac{\Delta K}{K}$、劳动力增长率$\frac{\Delta L}{L}$以及储蓄倾向 s 变动对经济增长的影响。新古典经济增长模型认为，假定不存在技术进步($\frac{\Delta A}{A}=0$)，劳动增长率$\frac{\Delta L}{L}$与人口增长率 n 一致且保持不变($\frac{\Delta L}{L}=n$)，要使人均收入不变，就必须保持人均资本量不变。这也就是说，在人口增长条件下，维持人均收入不下降，资本增长率等于人口增长率，便达到了经济的稳定状态。

新古典经济增长模型包括四个基本假设条件：①全社会只有一种产品；②劳动与资本可以相互替代，即资本—产出比可以变动；③资本或劳动的边际生产力递减，但规模报酬不变；④完全竞争市场，工资率和利润率分别等于劳动与资本的边际生产力。

16. 稳态均衡(steady-state equilibrium)

答：稳态均衡指当经济体系的均衡状态遭到暂时破坏时，依靠其自身的力量最终还会恢复到原来正常状态的一种均衡状态。其特点是一个经济体系的均衡状态，在制约它的各种外部条件发生变动时，会使该经济体系产生脱离均衡状态的运动，但是，经济体系内部又同时会自动地产生一种力量，这种力量使体系中的各种变量重新恢复到原来的均衡状态。例如，当某一商品的供给曲线在均衡点的斜率大于需求曲线的斜率时，脱离均衡状态的波动幅度会自动逐渐缩小以至消失，并最终停留在原均衡点上，这就是阐述动态均衡的蛛网理论所描述的收敛型蛛网情况。

二、简答题

1. 生产函数提供什么信息?

What information does a production function provide?

答：生产函数指在生产技术给定的条件下，在一定时期内商品的最大产出量与生产要素的投入量之间的物质数量关系。在宏观经济学中，生产函数提供了以下信息：

(1)可以使用生产函数来研究增长的两个来源，生产函数提供了投入和产出间的数量关系。一般而言，生产函数是实际用于生产的劳动量(N)、资本量(K)的投入和技术水平(A)与整个经济的产出量(Y)之间的函数关系，记为$Y=AF(K, N)$。这说明，产出增长是通过增加要素投入以及通过技术改进导致的生产率提高和生产能力更强的劳动大军实现的。

(2)生产函数反映的是与既定生产要素投入量相联系的最大产出。而且产出取决于要素投入和技术水平，技术水平(A)越高，给定水平的投入所生产的产量就越多。

(3)生产函数说明了资本与劳动两种生产要素可以连续变动，而且可以相互替代。

(4)更多的投入意味着更高的产出，即劳动的边际产品 MPL 和资本的边际产品 MPK 都是正的。

(5)把生产函数加以变形，就可以分析生产要素和生产率提高对产出增长的贡献。

2. 索洛增长模型能否有助于解释趋同现象？

Can the Solow growth model help to explain the phenomenon of convergence?

答：趋同指如果两个国家人口增长率、储蓄率和生产函数相同，则这两个国家最终将达到相同的收入水平。索洛增长模型能解释趋同现象，原因如下：

索洛增长模型的公式为：$\Delta k=sy-(n+d)\times k$。式中，$k$ 为人均资本，s 为储蓄率，y 为人均产量($y=f(k)$)，n 为劳动力的增长率，d 为资本的折旧率。从而 sy 为社会的人均储蓄，$(n+d)k$ 为新增劳动力所配备的资本数量和资本折旧，称为资本广化(即意味着为每一个新生的工人提供平均数量的资本存量)；Δk 为人均资本的增加，称为资本深化(即意味着每个工人占有的资本存量上升)。因而索洛新古典增长模型的基本方程又可表述为：资本深化＝人均储蓄－资本广化。

当经济处于长期均衡状态即稳态时，人均资本达到均衡值并维持在均衡水平不变，即 $\Delta k=0$；在忽略了技术变化的条件下，人均产量也达到稳定状态，k 和 y 达到一个持久性的水平。稳态的条件：$sy=(n+d)\times k$，即 $\Delta k=0$。

因此，如果两个国家的人口增长率、储蓄率和生产函数相同，它们最终人均收入水平和稳态增长率也将相同。

3. 考虑一个忽略自然资源存量的生产函数。何种情况下这种忽略确实会产生严重后果？

Consider a production function that omits the stock of natural resources. When, if ever, will this omission have serious consequences?

答：按照现代西方经济学的理论，在分析生产函数时，常常假定自然资源(主要是土地、矿山、森林等资源)是不变的，主要分析劳动力、资本和技术的作用。例如柯布—道格拉斯生产函数，该生产函数的一般形式为：$Q=AL^{\alpha}L^{\beta}$，式中，Q 代表产量，L 和 K 分别代表劳动和资本，A、α 和 β 为三个参数，且 $0<\alpha$，$\beta<1$。

生产函数和其后的方程忽略了大量的资本和劳动以外的投入。在某些特定的时间和场合下，资本和劳动以外的投入可能会起很大的作用。自然资源与人力资本就是其他两种重要的投入。忽略自然资源存量的生产函数不能准确预测自然资源存量的显著变化对一国经济表现的影响。例如，当发现新的石油储量或一种全新资源对产出水平有较大影响时，这种生产函数是不能预测的。

美国早期繁荣在很大程度上归因于该国有充足而肥沃的土地，与美国开发西部大致同一时间的俄国东部的开发，对俄国的经济的增长也有相似的贡献。所以，经济增长模型不能忽视自然资源存量这个因素。

4. 在标准生产函数 $Y=F(K, N)$ 的范围内，K 代表实物资本，N 代表非熟练劳动，如果将索洛剩余($\Delta A/A$)解释为“技术进步”，我们将犯错误。除了技术进步之外，对剩余还可作什么理解呢？你将如何扩展模型来消除这个问题？

If, in the context of a standard production function, $Y=F(K, N)$, where K represents physical capital and N represents raw labor, we were to interpret the Solow residual ($\Delta A/A$) as “technological progress”, we would be in error. What, besides technological progress, would this residual catch? How could you expand the model to eliminate this problem?

答：如果只将索洛剩余解释为“技术进步”，将会忽略人力资本(即熟练劳动)对产出的重要影响。此时的索洛剩余还应包括人力资本(H)对产出增长率的重要影响。为了消除这种影响可以把人力资本(H)加入到生产函数中。则生产函数就变为：

$$Y=F(K, N, H)=A\times N^a\times K^b\times H^c\text{，其中 } a+b+c=1\text{。}$$

此时产出增长率可以用下面的式子表达：

$$\Delta Y/Y=\Delta A/A+a\times(\Delta N/N)+b\times(\Delta K/K)+c\times(\Delta H/H)$$

此时索洛剩余不仅包括技术进步因素所带来了产出贡献，还包括了人力资本因素所带来的产出贡献。

5. 图 3－8 提供了对索洛增长模型的基本说明。对此进行说明，要审慎解释储蓄线和投资需求线的含义。为什么稳态出现在它们的交汇处？

Figure 3－8 is a basic illustration of the Solow growth model. Interpret it, being careful to explain the meaning of the saving and investment requirement lines. Why does the steady state occur where they cross?

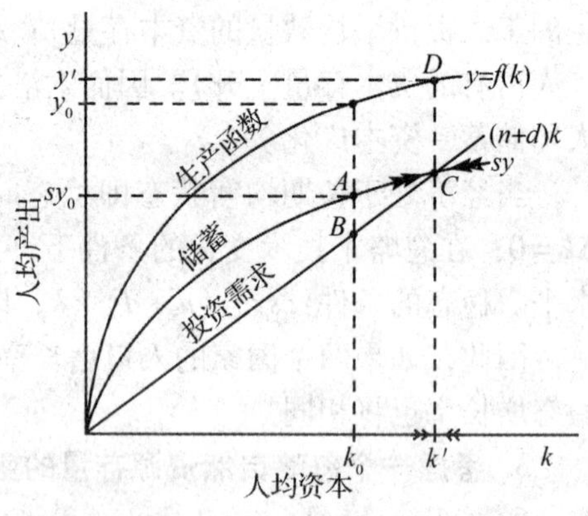

图 3－8　稳态产出与投资

答：(1)索洛增长模型的公式为：$\Delta k=sy-(n+d)\times k$。式中 k 为人均资本，s 为储蓄率，y 为人均产量($y=f(k)$)，n 为劳动力的增长率，d 为资本的折旧率。sy 为社会的人均储蓄，即图 3－8 中的储蓄线；$(n+d)\times k$ 为新增劳动力所配备的资本数量和资本折旧，称为资本广化(即意味着为每一个新生的工人提供平均数量的资本存量)，即图 3－8 中的投资线；Δk 为人均资本的增加，称为资本深化(即意味着每个工人占有的资本存量上升)。因而索洛新古典增长模型的基本方程又可表述为：资本深化＝人均储蓄－资本广化。

(2)当经济处于长期均衡状态即稳态时，人均资本达到均衡值并维持在均衡水平不变，即 $\Delta k=0$；在忽略了技术变化的条件下，人均产量也达到稳定状态，k 和 y 达到一个持久性的水平。稳态的条件：$sy=(n+d)\times k$，即 $\Delta k=0$。

(3)交点 C 所对应的人均资本为 k'，人均产量为 y'，这时人均储蓄恰好等于资本广化的需要，即 $sy'=(n+d)\times k'$，人均储蓄恰好能够为不断增长的人口提供资本(设备)和替换折旧资本而不会引起人均资本的变化。

在 C 点以左，$sf(k)$ 曲线比 $(n+d)\times k$ 线高，这表明储蓄高于资本广化的需要。结果，当经济运行在 C 点左侧时，就存在着资本深化。资本深化意味着每个工人占有的资本存量上升，即 $\Delta k>0$。因此，在 C 点以左，经济中的人均资本 k 有上升的趋势，如横轴上的箭头所示。随着时间推移，k 向 k' 逼近，最终用于资本广化所需的资本数量增加到这样一点，即 k' 点，在这一点上，所有的储蓄都仅用于保持人均资本 k 不变，经济达到稳定状态。在 C 点以右，情况正好相反，人均储蓄不能满足资本广化的需要，这时有 $\Delta k<0$。所以，在 C 点以右，人均资本 k 有下降的趋势，如图中横轴上的箭头所示。

因此，只有在 C 点经济才能达到稳态。其中储蓄函数 $sy = sf(k)$，假定储蓄是收入的一个固定部分。投资需求，即 $(n+d) \times k$ 线，表示为保持固定的资本—劳动比率 (k) 所必须的投资量。

6. 决定人均产出稳态增长率的因素有哪些？还有什么其他因素会影响短期产出增长率呢？

What factors determine the growth rate of steady-state per capital output? Are there other factors that could affect the growth rate of output in the short run?

答：(1)长期人口增长率 $n = (\Delta N/N)$ 决定了人均产出稳态增长率。新古典增长理论虽然假定劳动力按一个不变的比率 n 增长，但当把 n 作为参数时，就可以说明人口增长对产量增长的影响。如图 3－9 所示。

图 3－9 中，经济最初位于 A 点的稳态均衡。现在假定人口增长率从 n 增加到 n'，则图中的 $(n+d)k$ 线便移动到 $(n'+d)k$ 线，这时，新的稳态均衡为 A' 点。比较 A' 点与 A 点，可知，人口增长率的增加降低了人均资本的稳态水平(从原来的 k_A 减少到 k')，进而降低了人均产量的稳态水平。这是从新古典增长理论得出的又一重要结论。西方学者进一步指出，因为人口增长率上升产生的人均产量下降正是许多发展中国家面临的问题。两个有着相同储蓄率的国家仅仅由于其中一个国家比另一个国家的人口增长率高，就可以有非常不同的人均收入水平。

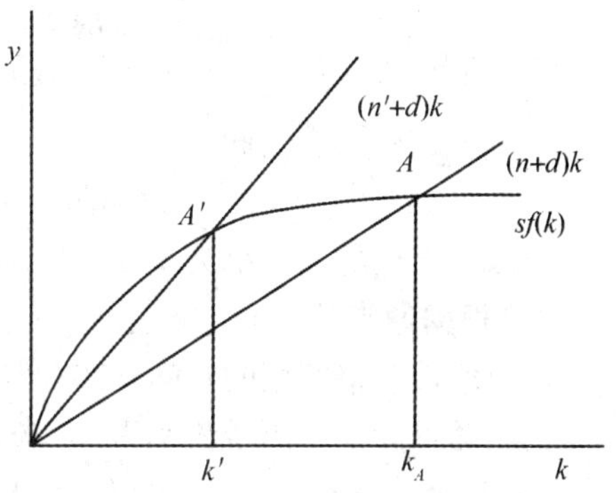

图 3－9　人口增长的影响

对人口增长进行比较静态分析的另一个重要结论是，人口增长率的上升增加了人均产出的稳态增长率，而储蓄率的增加不能影响到稳态增长率，但确实能提高收入的稳态水平。也就是说储蓄率的增加只有水平效应，绝没有增长效应。

(2)在短期内，储蓄率、技术进步和折旧率会对短期产出增长率产生影响。储蓄率的上升和技术进步会提高短期产出增长率，而折旧率的上升会引起短期产出增长率的下降。

7. 20 世纪 90 年代中期以来，美国经济在劳动生产率(用 Y/N 来定义)方面出现了一次变动浪潮，以方程(2)对此次浪潮可以给出一些什么样的可能的解释？

说明：题中提到的方程(2)为：

$$\Delta Y/Y = [(1-\theta) \times \Delta N/N] + (\theta \times \Delta K/K) + \Delta A/A$$

产出增长 =(劳动份额 × 劳动增长) +(资本份额 × 资本增长) + 技术进步

Since the mid－1990s, the U. S. economy has undergone a surge in labor productivity, given by Y/N. What are some possible explanations given by equation (2) for this surge?

答：劳动生产率定义为 Y/N，即产出 (Y) 与劳动投入 (N) 的比率。如果产出的增长快于劳动投入的增长，就会带来劳动生产率的迅速提高。20 世纪 90 年代中期以来 GDP 快速增长，美国经历了一次这样的劳动生产率的急剧变动。

美国劳动生产率的巨大变化可以由方程(2)中的两方面因素来加以解释。一方面为新技术的引进和现有技术更高的利用效率，即 $\Delta A/A$ 的快速增加。许多人认为对计算机技术的投资和应用的增加刺激了经济增长。另一方面，全球竞争的加剧迫使许多工厂通过重组生产和削减一些工作来降低成本，即 $\Delta N/N$ 增长放慢。这样，产出大量增长的同时，工作增长率却相对比较低，这就最终造成了劳动生产率的提高。(也应该注意到更高的熟练劳动力也有助于劳动生产率的提高。因为如果工人更加熟练，同样数量的工人能生产更多的产出。)

三、计算与分析题

1. 一个仅有两个生产要素的简单场景中，假设资本在收入中占的份额是0.4，劳动力的份额是0.6。资本和劳动的年增长率分别是6%和2%。假定没有技术进步。

(1)产出增长率是多少?

(2)产出增加一倍要多长时间?

(3)假定技术进步率为2%。重新计算(1)与(2)两问题。

答：(1)根据教材中公式(2)可知：产出的增长率=(劳动增长率×劳动力份额)+(资本增长率×资本份额)+技术进步增长率，即：

$$\Delta Y/Y=(1-\theta)(\Delta N/N)+\theta(\Delta K/K)+\Delta A/A$$

其中 $1-\theta$ 是劳动力 N 所占的份额，θ 是资本 K 所占的份额，由于假设不存在技术进步因素，故 $\Delta A/A=0$，因此：

$$\Delta Y/Y=0.6\times2\%+0.4\times6\%=1.2\%+2.4\%=3.6\%$$

所以，产出的增长率为3.6%。

(2)根据通常的"70规则"：

产出增加1倍所用的时间=70/产出增长率

由上题可知，产出增长率为3.6%，产出增加1倍所需的时间=70/3.6=19.44(年)。

(3)据公式 $\Delta Y/Y=(1-\theta)(\Delta N/N)+\theta(\Delta K/K)+\Delta A/A$ 可知，其他条件不变，$\Delta A/A=2\%$，代入公式可得产出增长率：

$$\Delta Y/Y=0.6\times2\%+0.4\times6\%+2\%=5.6\%$$

则产出增加1倍所需时间=70/5.6=12.5(年)。

2. 假定产出每年增长3%，资本与劳动力的收入份额分别是0.3和0.7。

(1)如果劳动力与资本每年都增长1%，那么全部要素生产率增长是多少?

(2)若劳动力与资本存量均固定不变将会是什么结果?

答：(1)根据教材中公式(2) $\Delta Y/Y=(1-\theta)(\Delta N/N)+\theta(\Delta K/K)+\Delta A/A$，可知：

$$\begin{aligned}\Delta A/A&=\Delta Y/Y-\{(1-\theta)(\Delta N/N)+\theta(\Delta K/K)\}\\&=3\%-[(0.7\times1\%)+(0.3\times1\%)]\\&=2\%\end{aligned}$$

(2)若劳动力与资本存量均固定不变并且产出增长3%，那么所有的增长要归因于全部要素生产率的增长，即为 $\Delta A/A=3\%$。

3. 再假定资本与劳动力的份额分别是0.3和0.7。

(1)资本存量增长10%对产出有何影响?

(2)劳动力数量扩大10%有何影响?

(3)如果劳动力的增加完全归因于人口增长，由此引起产出增长会对人民福利有影响吗?

(4)如果劳动力的增长归因于妇女涌入工作场所，结果又将会怎样？

答：(1)根据公式 $\Delta Y/Y=(1-\theta)(\Delta N/N)+\theta(\Delta K/K)+\Delta A/A$ 可知，其他条件不变，$\Delta K/K=10\%$，代入公式可得产出增长率：

$$\Delta Y/Y=0.3\times10\%+0.7\times0+0=3\%$$

(2)根据公式 $\Delta Y/Y=(1-\theta)(\Delta N/N)+\theta(\Delta K/K)+\Delta A/A$ 可知，其他条件不变，$\Delta N/N=10\%$，代入公式可得产出增长率：

$$\Delta Y/Y=0.3\times0+0.7\times10\%+0=7\%$$

(3)如果产出以 $\Delta Y/Y=7\%$ 增长是由于劳动力以 $\Delta N/N=10\%$ 增长，并且劳动力的增长完全是由于人口的增长，那么人均产出就会下降并且人们的福利也会下降。

$$\Delta y/y=\Delta Y/Y-\Delta N/N=7\%-10\%=-3\%$$

(4)如果劳动力的增长归因于妇女涌入工作场所，那么总人口就没有增加而人均产出将增加7%，因此人们的福利就会上升。

4. 假定一次地震摧毁1/4的资本存量。讨论经济的调整过程，并利用图3－10显示短期与长期增长会发生什么情况。

说明：如果储蓄率提高，稳态的资本—劳动比率也将提高。

答：(1)如图3－11所示，以人均表示的生产函数为 $y=f(k)$。储蓄函数为 $sy=sf(k)$，显示了在每一资本—劳动比率上被储蓄的那部分收入 sy。直线 $(n+d)\times k$ 表示为保证资本—劳动比率固定不变而要求的投资额。在二者相交处经济达到稳态。假设在地震发生之前经济处于稳态，人均资本是 k^*，并假设地震没有影响人们的储蓄行为。

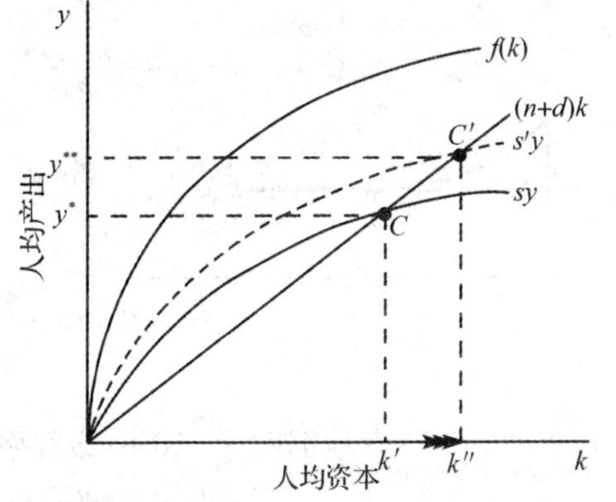

图3－10　储蓄率的提高移动了稳态

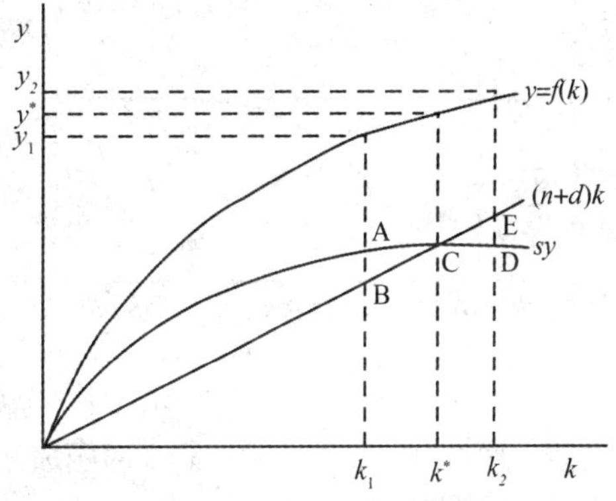

图3－11　经济的调整过程

当地震摧毁了1/4的资本存量和不到1/4的劳动力时，资本—劳动比率就会从 k^* 下降到 k_1，资本产出从 y^* 下降到 y_1。现在储蓄超过投资需求，即 $sy_1>(d+n)\times k_1$，资本存量和资本产出水平将会再次增长到稳态 k^*。

当地震摧毁了1/4的资本存量和比1/4更多的劳动力时，资本—劳动比率就会从 k^* 上升到 k_2，资本产出从 y^* 上升到 y_2。现在储蓄少于投资需求，即 $sy_2<(d+n)\times k_2$，资本—劳动比率和人均产出水平将会再次下降到稳态 k^*。

地震正好摧毁了1/4的资本存量和劳动力，稳态还会继续维持，即资本—劳动比率和资本产出不会发生变化。

(2)如果地震严重到影响人们的储蓄行为，那么储蓄线就会上下移动。这要依赖于储蓄率的增长或下降。如果人们更多地储蓄，则将有更多的投资用于灾后的重建，储蓄函数将向上移动。如图 3－12 所示，储蓄函数将向上移动至 $s'y$，若与直线 $(n+d)\times k$ 交于 C' 点，重新达到稳态，此时资本—劳动比上升到 k^{**}，人均产出增至 y^{**}。

如果人们认为人生短暂，从而决定快乐地生活，他们就会减少储蓄。这样就会使储蓄率下降，储蓄函数下降到 $s''y$。此时与直线 $(n+d)\times k$ 交于 C'' 点，重新达到稳态，那么资本—劳动比率下降到 k^{***}，人均产量下降到 y^{***}。具体情况如图 3－12 所示。

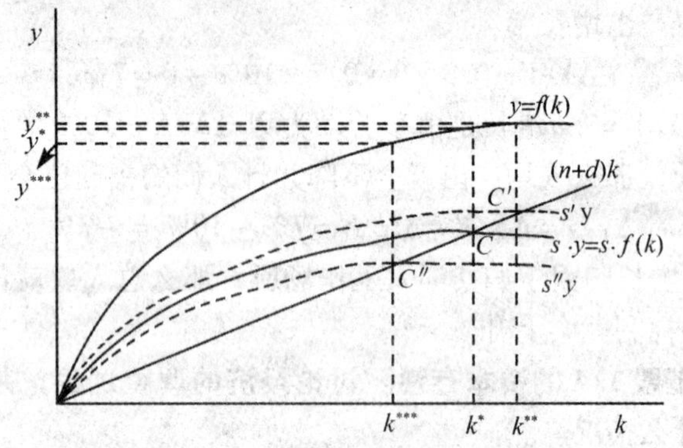

图 3－12　短期与长期增长的情况

5. 假定人口增长率有所提高：

(1) 以图形表示，这会如何影响人均产出的增长率和短期以及长期的总产出增长率？(提示：使用如图 3－10 的图解)

(2) 描绘该变化后的人均收入与人均资本存量的时间路径。(提示：使用如图 3－13 的图解)

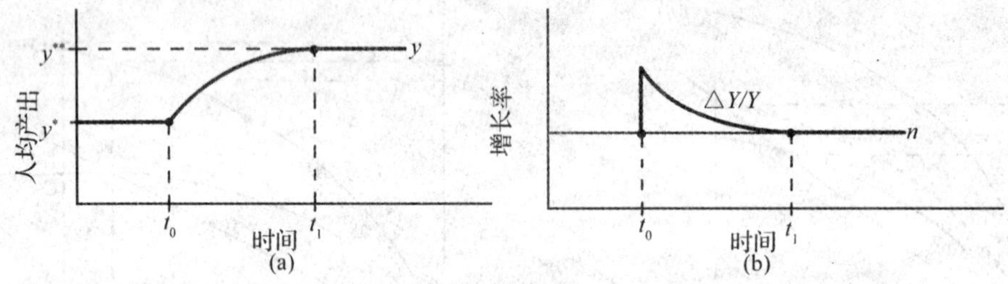

图 3－13　调整到新的稳态均衡

说明：图中 3－13 中(a)、(b)两图表示人均产出与产出增长率根据图 3－10 中储蓄率的提高进行的调整。

答：(1) 人口增长率(n)的提高会影响到投资需求，投资线 $(n+d)\times k$ 将会更陡。伴随着人口的增长就会要求更多的储蓄以使新工人拥有其他人已有的资本数量。由曲线 sy 与直线 $(n_1+d)\times k$ 相交决定的新的最优资本—劳动比率会使人均产出(y)下降。因此，在短期会有一个负的增长率。然而在长期中，由新的更高的人口增长率决定的稳态产出增长率将会增长。如图 3－14 所示。

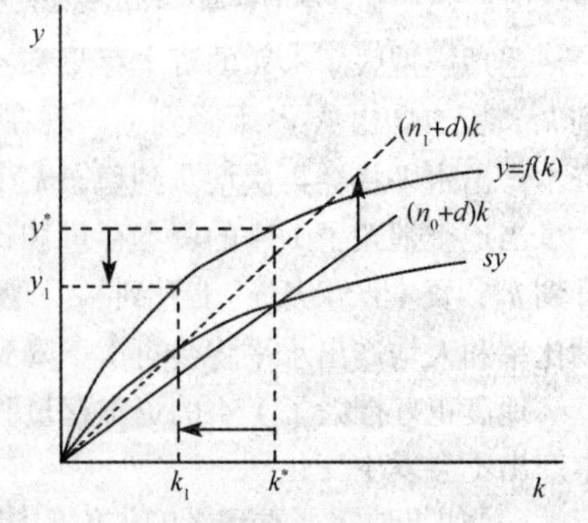

图 3－14　人口增长率的影响

(2) 从人均产出水平为 y^* 的稳态开始，人口增长率的增长将使资本—劳动比率从 k^* 下降到 k_1。人均产出将会以一个持续的递减速度下降到一个新的稳态水平，即 y_1。产出增长率将会逐渐调整到新的更高水平 n_1。如图 3－15 和图 3－16 所示。

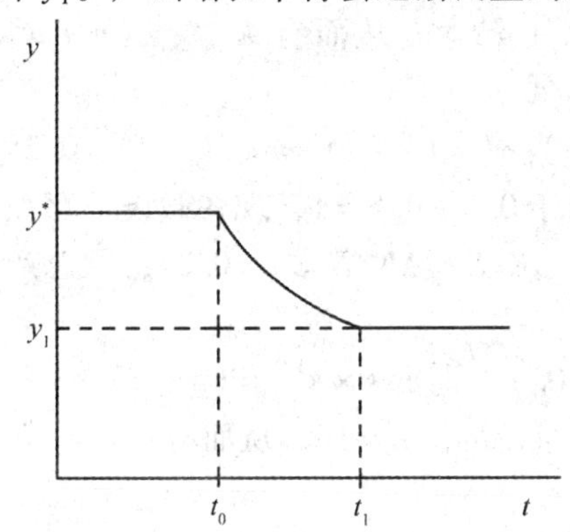

图 3－15　人均收入的时间路径

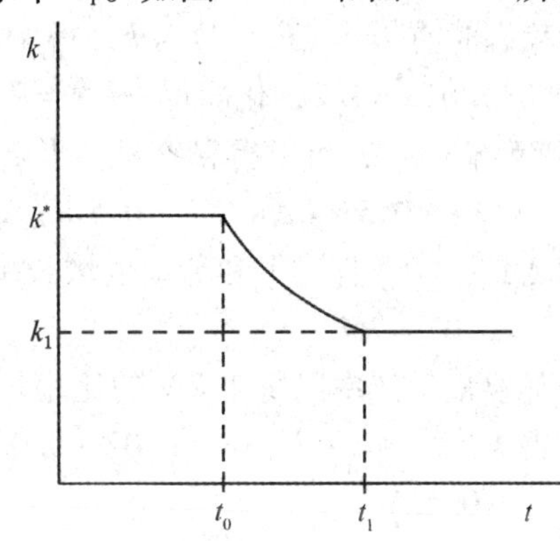

图 3－16　人口增长率增长对资本－劳动比率的影响

6. 考虑一个形式为 $Y=AF(K, N, Z)$ 的生产函数，其中 Z 是对用于生产中自然资源的量度。假定生产函数的规模报酬不变，要素边际报酬递减。

(1) 资本与劳动力均出现增长，而 Z 固定不变，人均产出有何变化？

(2) 技术进步(A)的增长，再考虑(1)。

(3) 在 20 世纪 70 年代，人们害怕自然资源耗尽会限制增长，请用(1)、(2)的答案来讨论这种看法。

答：(1)设存在着如下形式的一种生产函数：$Y=A\times F(K, N, Z)=A\times K^a\times N^b\times Z^c$，从而得 $\Delta Y/Y=\Delta A/A+a\times(\Delta K/K)+b\times(\Delta N/N)+c\times(\Delta Z/Z)$，由于 $a+b+c=1$，现在假设不存在技术进步，即 $\Delta A/A=0$，且资本和劳动的增长率相同，即 $\Delta K/K=\Delta N/N=n$。如果资源固定不变，即可知 $\Delta Z/Z=0$，那么产出的增长率将是：

$$\Delta Y/Y=a\times n+b\times n=(a+b)\times n$$

由此可知，由于 $a+b+c=1$，$a+b<1$，产出的增长率将小于 n，因此，人均产量将下降。

(2)如果存在技术进步因素，即如果 $\Delta A/A>0$，那么产出的增长率将会变大，即 $\Delta Y/Y=\Delta A/A+(a+b)\times n$。如果 $\Delta A/A>c$，那么产出的增长率将会大于 n，从而人均产量将会增加。

(3)如果自然资源的供给保持不变，那么产出的增长率将小于人口的增长率，从而可以预期当自然资源耗尽时，增长率就会受到限制。然而，如果技术进步的增长率非常大，即使自然资源的供给保持不变，产出的增长率也仍会大于人口的增长率。

7. 考虑如下方程：$Y=K^{0.5}(AN)^{0.5}$，其中人口与劳动数量均以 $n=0.07$ 的速度增长。资本存量的折旧率是 $d=0.03$，A 标准化为 1。

(1) 资本与劳动的收入份额是多少？

(2) 生产函数的形式是什么？

(3) $s=20\%$，测定 k 和 y 的稳态值。

(4) 稳态的人均产出增长率是多少？总产出增长率是多少？如果全部要素生产率以每年 2% 的比率增长($g=0.02$)，结果会怎样？

答：(1)因为生产函数为 $Y=K^{1/2}\times(A\times N)^{1/2}$，并且 A 标准化为 1，可得 $Y=K^{1/2}\times N^{1/2}$。由此可见资本与劳动的收入份额均为 50%。

(2)生产函数的形式是柯布－道格拉斯生产函数(C－D 函数)。

(3) $Y=K^{1/2}N^{1/2}$两边除以 N，得 $Y/N=K^{1/2}\times N^{-1/2}$，即 $y=k^{1/2}$。

因为稳态时有 $sy=(n+d)\times k$，得 $s\times k^{1/2}=(n+d)\times k$ 从而有 $k^{-1/2}=(n+d)/s=(0.07+0.03)/0.2=1/2$，化简得：$k^{1/2}=2=y$，即 $k=4$ 。

(4)因为 $y=k^{1/2}$，可以得稳态的人均产出增长率为 $y'=(k^{*1/2})'=0.5k^{*-1/2}=0.25$。因为 $\Delta Y/Y=\Delta A/A+0.5\times(\Delta K/K)+0.5\times(\Delta N/N)$，由于 $0.5+0.5=1$，现在假设不存在技术进步，即 $\Delta A/A=0$，且资本和劳动的增长率相同，即 $\Delta K/K=\Delta N/N=n=0.07$，则总产出增长率 $\Delta Y/Y=0.07=7\%$。

若全部要素生产率以每年 2% 的比率增长($g=0.02$)，则把 $s\times k^{1/2}=(n+d)\times k$ 的 s 移到右边，得 $k^{-1/2}=(n+d)/s=(0.02+0.03)/0.2=1/4$，可得 $k=16$，从而有：$y'=(k^{*1/2})'=0.5k^{*-1/2}=0.125$。

$$\Delta Y/Y=\Delta A/A+0.5\times(\Delta K/K)+0.5\times(\Delta N/N)=0.02。$$

8. 假定技术水平固定不变，然后跃升至一个更高的恒定水平。

(1)如果保持资本—劳动比率不变，技术的跃升如何影响人均产出？

(2)显示新的稳态均衡。人均储蓄和资本—劳动比率有什么变化？人均产出有什么变化？

(3)画出向新的稳态调整的时间路径。在转变过程中，投资比率上升了吗？如果是这样的，这种影响是暂时的吗？

答：(1)如果存在技术进步，在资本—劳动比率保持不变的情况下，人均产出将会增加。函数 $y=f(k)$ 将会增加为 $y=g(k)$，从而储蓄函数将会从 $sf(k)$ 增加为 $sg(k)$。

(2)如果 k 固定不变，由 $sg(k)>sf(k)$ 可以推导出 $g(k)>f(k)$，$sg(k)$ 曲线和 $(d+n)\times k$ 直线的交点肯定会在一个更高水平的 k 点上。从而，在新的稳态均衡状态下，人均储蓄将会增加，资本—劳动比率将会变大，人均产出也将会增加。如图 3－17 所示。

(3)如果存在技术进步，储蓄水平和投资比率都将上升，直到资本—劳动比率达到一个最佳的新的更高的水平。为了达到更高水平的最佳资本—劳动比率，必须进行更多的投资，从而资本投资比率将会在转变过程中上升。

新的稳态调整的时间路径如图 3－18 所示。

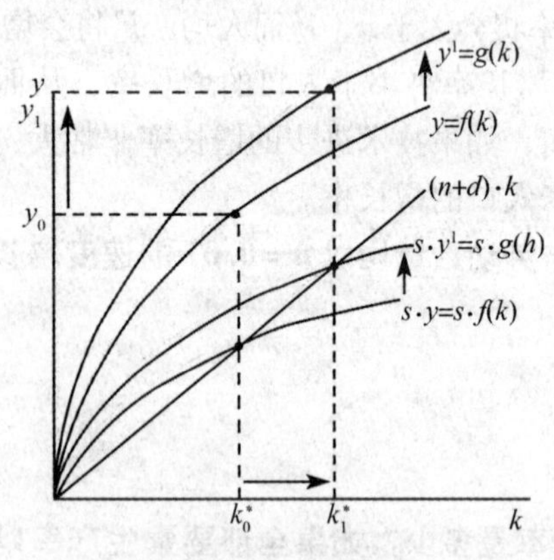

图 3－17　稳态均衡

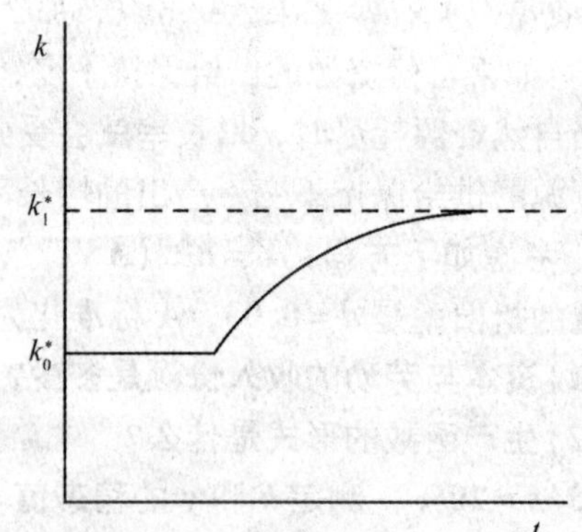

图 3－18　新的稳态调整的时间路径

9. 对于柯布－道格拉斯生产函数 $Y=AK^{\theta}N^{1-\theta}$，证明 $1-\theta$ 是劳动的收入份额。(提示：劳动的收入份额是收入的一部分，是劳动的收入 MPL $\times N$ 除以总收入的商。)

答：柯布－道格拉斯生产函数是由美国的数学家柯布和经济学家道格拉斯提出来的生产

函数。对于柯布－道格拉斯生产函数：$Y=AK^{\theta}N^{1-\theta}$，式中 Y 代表产量，N 和 K 分别代表劳动和资本，A 和 θ 为两个参数，且 $0<\theta<1$。

劳动的边际产出为：$MPN=\Delta Y/\Delta N=(1-\theta)\times A\times N^{-\theta}\times K^{\theta}=(1-\theta)\times A\times N^{1-\theta}\times K^{\theta}/N=(1-\theta)\times(Y/N)$。

可以得劳动的收入份额为：$(MPN\times N)/Y=(1-\theta)\times(Y/N)\times(N/Y)=1-\theta$。

附录：下列为第 6 版属于本章的习题，在第 10 版中已被删除，现补录如下，仅供参考！

1. 下列政府活动中的哪一种对长期增长率有影响？

(1) 货币政策；

(2) 劳动力市场政策；

(3) 教育和研究政策；

(4) 财政政策；

(5) 人口控制计划。

并解释它们怎样产生影响。

答：货币政策、劳动力市场政策和财政政策不会影响长期增长率，而教育和研究政策和人口控制计划会对长期增长率产生影响。具体来讲：

(1) 货币政策可能影响短期的实际产出和长期的通货膨胀率，但不会影响长期的增长率。通过影响储蓄与投资，它可以影响人均 GDP 水平，但不会影响 GDP 的增长率。

(2) 劳动力市场政策可能影响劳动力的参与率进而影响短期的产出，但是除非人力资本的数量提高，否则长期的增长率将不会受到影响。

(3) 支持教育和研究的政策会增加人力资本和技术进步率，最终影响长期增长率。

(4) 财政政策可能对产出有一些短期的影响。供给学派的经济学家建议的削减所得税税率和鼓励投资被用来刺激工作，储蓄和投资。这将影响潜在产出水平而不是产出的增长率。任何被用来实现更高技术进步率的政策，例如投资税减免，可能潜在地影响长期的经济增长。

(5) 人口控制计划将影响到人口增长率，从而影响稳态增长水平。例如，在人口增长率过快的发展中国家，所有可获得资源必须用来抚养和教育人们，从而只剩下有限的资源来投资能够增加资本产出并提高生活水平的新的资本设备。

2. 自从 1973 年以来，大多数工业化国家的生产率增长率急剧下降。请列出导致这次下降的一些因素，并请讨论为什么生产率增长率的下降是一个严重的问题。

答：(1) 导致生产率增长率下降的因素

自从 1973 年以来，大多数工业化国家的生产率增长率急剧下降主要是由于以下因素导致：创新率的下降；要素生产率的下降（由于劳动力年龄－技能组合的恶化和快速的劳动力增长）；石油价格的上涨；政府管制增加；不能体现在 GDP 中的为治理污染和防范犯罪的投资增加。

(2) 生产率增长率的下降是一个严重问题的原因

生产率增长率的下降可能对将来的生活标准有重要的影响，因为将来的人均 GDP 水平严重地依赖于当前的生产率增长率。因此判断生产率增长率的下降到底是主要由于石油价格上涨而引起的暂时现象，还是更加持久的现象，是非常重要的。

3. 评价这一观点："储蓄率不能影响经济中的产量增长。经济中的产量增长是由劳动投入和技术进步所决定的。"（提示：你可以运用内生增长模型）

答：该观点的表述不科学。具体原因如下：

(1)新古典增长模型认为储蓄率的变化将会影响到长期的人均资本和人均产出水平，对产出增长率只会造成暂时的影响，但长期不会有影响。长期的产出增长率只会受技术进步和劳动增长变化的影响，并且可能也受诸如能源价格等其他生产因素变化的影响。

(2)然而，内生增长理论假设稳态产出增长率将受可积累的生产要素变化的影响。因此储蓄率的增加将加快资本存量的提高，并且在这种情况下，产出增长率会随着储蓄率的增加而增加。

4. 方程(3)把人力资本作为一种独立的生产要素。(在这种情况下，N 应该视作未经培训的劳动力。)请利用方程(3)推导出类似于方程(2)的增长核算方程。

说明：题中提到的方程(2)和方程(3)分别为：

$$\Delta Y/Y=[(1-\theta)\times \Delta N/N]+(\theta\times \Delta K/K)+\Delta A/A \quad (2)$$

产出增长 =(劳动份额×劳动增长)+(资本份额×资本增长)+技术进步

$$Y=AF(K,\ H,\ N) \quad (3)$$

答：方程(3)是包括人力资本(H)的生产函数。如果它是柯布—道格拉斯生产函数，可以得 $Y=F(K,\ H,\ N)=A\times K^a\times H^b\times N^c$，其中 $a+b+c=1$。从中可以推导出：

$\Delta Y=(Y/A)\times \Delta A+a\times Y/K\times \Delta K+b\times (Y/H)\times \Delta H+c\times (Y/N)\times \Delta N$

在此方程两边除以 Y 就可以得到类似于方程(2)的增长核算方程，即：

$\Delta Y/Y=\Delta A/A+a\times (\Delta K/K)+b\times (\Delta H/H)+c\times (\Delta N/N)$

5. (1)请利用表3-1前两行的数据，计算印度要花多久，人均收入才能达到美国的水平。

(2)印度赶上韩国要多久?

请解释你为何相信或不相信这些答案。

表3-1 相比较的人均收入水平

	美国	日本	韩国	巴西	墨西哥	印度
人均 GNP(以1990年美元计算)	21790	25430	5400	2680	2490	350
增长率(1965-1990年，每年百分比)	1.7	4.1	7.1	3.3	2.8	1.9
以ICP方法计算的人均GDP(以1990年美元计算)	21360	16950	7190	4780	5980	1150
以ICP方法计算的相对于美国的比例	100	78	33	22	27	5

资料来源：World Bank，World Development Report，1992，表1和表30。

答：(1)在表3-1中可以看出美国的人均GNP是21790美元，增长率为1.7%，韩国的人均GNP是5400美元，增长率为7.1%，印度的人均GNP是350美元，增长率为1.9%。

由于印度的增长率只是比美国稍微高一点，并且美国的人均收入是印度的62倍，所以印度要达到美国的生活标准要花费很长的时间。

假设需要用 t 年，则 $21790\times(1+0.017)^t=350\times(1+0.019)^t$，化简得 $21790/350=(1.019/1.017)^t$，因此 $t=\ln(62.257)/\ln(1.002)=2068$(年)。

因此，印度要花2000多年才能赶上美国。

(2)因为韩国的增长率比印度大，所以印度将永远也赶不上韩国。

(3)表3-1中的增长率是过去25年的平均增长率。这些增长率会由于技术进步或更多的人力资本的投资而变化。不可能预测一个国家要花多长时间才能赶上另一个国家的生活水平。新增长理论认为通过规模报酬递增，人力资本的积累和技术进步可以影响长期稳态增长。但它们并没有预测起始于不同资本存量水平的不同国家间的收入水平会趋同。然而到目前为止的经验证据意味着有条件的趋同，即更高的投资对增长的影响是暂时性的，只是导致了更高的人均收入而不是更高的产出增长率。国家间趋同的稳态依赖于投资占 GDP 的份额，政府支出占 GDP 的份额和人力资本的投资速度。

6. 运用长期增长的新古典模型，把政府部门考虑进去。假定所得税税率为 t，相应地，人均储蓄等于 $s(1-t)y$。政府把其税收收入全花在公共消费上。

(1)利用图 3－19 来探讨税率上升对稳态产量水平和人均资本的影响。

(2)画图表示人均资本、人均产量和产量增长率的时间路径。

(3)请讨论下面观点："为提高产量增长率，公共部门不得不运用预算盈余去释放出资源以用于投资。"

说明： 储蓄函数显示了在每一资本—劳动比率上被储蓄的那部分收入 sy。直线 $(d+n)\times k$ 表示了为保证资本—劳动比率固定不变而要求的投资额。当资本—劳动比率较低时，储蓄超过要求的投资额，人均产量因此上升。与之相反，在高的资本—劳动比率上，储蓄小于要求的投资额，人均资本下降。稳态的资本—劳动比率是 k^*，此时储蓄正好足以保持资本—劳动比率固定不变。

答：(1)如果征收所得税，人均储蓄变为 $s\times(1-t)\times y$，并且最优的资本—劳动比率 k^* 会下降，因为相关的储蓄函数下移，与投资需求线更早地相交。在旧的稳态有 $sy_0=(n+d)\times k$，得 $k_0^*=(s\times y_0)/(n+d)$。在新稳态有 $s\times(1-t)\times y_1=(n+d)\times k$，得 $k_1^*=[s\times(1-t)\times y_1]/(n+d)$。税率 t 的任何增长都会减少资本—劳动比率 k^*。如图 3－20 所示。

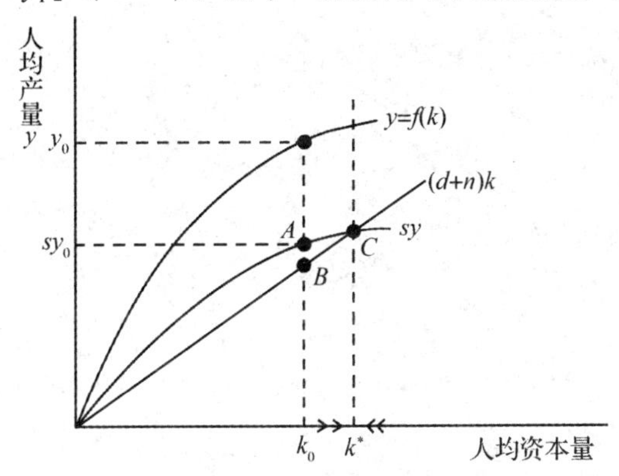

图 3－19　储蓄、投资和资本积累

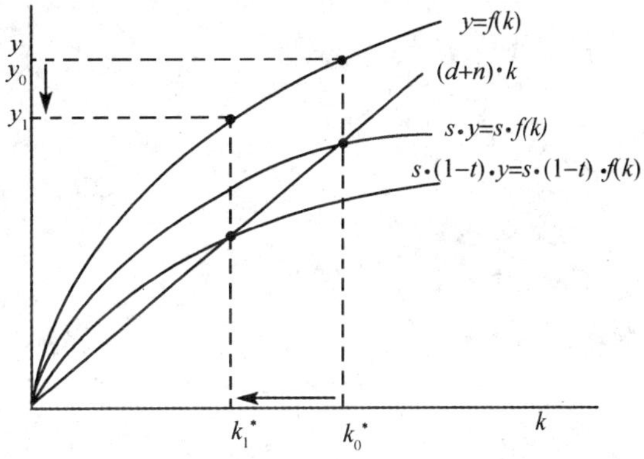

图 3－20　税率上升对稳态均衡的影响

(2)因为税率增加，人均资本存量会缓慢下降到新的最优水平，人均产量也会同样变化。虽然产量增长率在刚开始会下降，但会缓慢上升，最终回到初始水平。如图 3－21 所示。

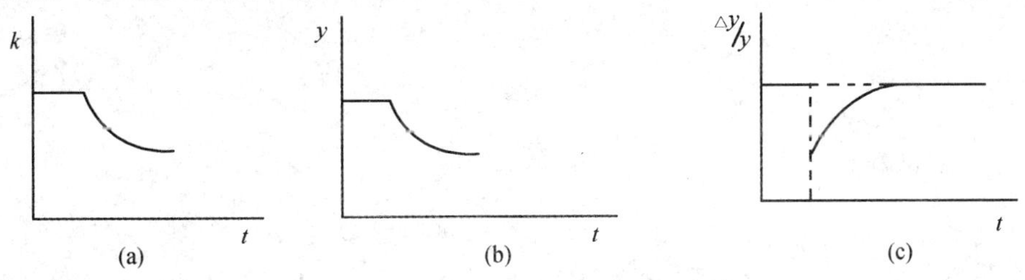

图 3－21　税率增加的影响

(a)税率增加对人均资本的影响，(b)税率增加对人均产出的影响，(c)税率增加对产出增长率的影响

(3)如果政府达到预算盈余(替代预算赤字)，国家储蓄就会增加并且有更多的可用资金

进行投资。如果投资和资本积累率比较高，那么产量增长率至少可以暂时性地增长并会提高人均产量水平。除非假设是一个内生增长模型，长期增长率将不会改变，因为它仅仅取决于人口增长和技术进步。

7. 本章以两大问题开始。第一，是什么决定了长期中的产量增长率？第二，低收入国家最终会赶上甚至超过高收入国家吗？你认为答案是什么？

答：(1)长期的产量增长率取决于人口增长率和技术进步率。根据新古典增长理论，储蓄率的增加不能影响到稳态增长率，但确实能提高收入的稳态水平。也就是说储蓄率的增加只有水平效应，没有增长效应。通过对人口增长进行比较静态分析得出的另一个重要结论是，人口增长率的上升增加了总产量的稳态增长率。在考虑到技术进步后，新古典增长模型可以解释一些国家生活水平的持续提高。一旦经济处于稳定状态，人均产出的增长率只取决于技术进步的比率。换句话说，根据新古典增长理论，只有技术进步才能解释生活水平(即人均产出)的长期上升。

在短期，一国的增长率可以通过对设备、基础设施和人力资本的投资来影响。

(2)不可能预测低收入国家能否成功地赶上高收入国家的生活水平。经验证据表明了缓慢的"有条件的趋同"，即更高的投资水平只有暂时性的正面影响，导致更高的人均收入水平而不是更高的增长率。国家间趋同的稳态依赖于投资占 GDP 的份额，政府支出占 GDP 的份额和人力资本的投资速度。但是这个趋同的过程是极其缓慢的。

第4章 增长与政策

4.1 复习笔记

1. 内生增长理论

内生增长理论是指罗默、卢卡斯等经济学家提出的，用规模收益递增和内生技术进步来说明一个国家长期经济增长和各国增长率差异的一种经济增长理论。该理论试图将增长率解释为社会决策的函数，特别是储蓄率的函数。修改新古典增长模型中假定的生产函数的形状，在一定程度上就会出现容许自我持续的(即内生的)增长。

(1)基本假设

①社会储蓄函数为$S=sY$，其中s为储蓄率；

②劳动增长率n不变；

③资本的边际产品不变；

④存在外部经济且外部报酬相当大；

⑤技术进步是内生要素，技术与总体经济中每个工人的资本水平成正比例，$A=\alpha K/N=\alpha k$，并假定技术属于劳动增加型。

(2)基本方程

在上述假定下，推导出内生增长模型的人均产出增长率的基本公式为：

$$\Delta y/y=\Delta k/k=g=sy/k-(n+d)=s\alpha-(n+d)$$

由公式可知，内生增长模型中人均产出增长率是$s\alpha-(n+d)$。高储蓄率产生高增长率。高人口增长率与高折旧率导致低增长率，如图4-1所示。

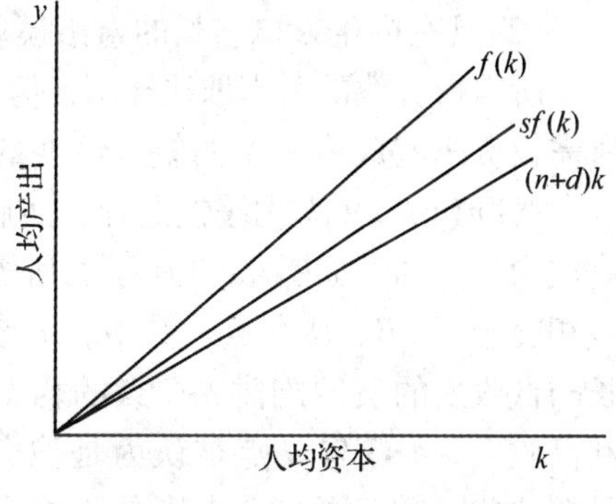

图4-1 内生增长的图解

(3)内生增长模型的结论

①内生增长理论依赖于可积累要素的规模报酬不变，以产生持续增长；

②作为内生增长理论基础的微观经济学强调，当厂商不能获取某些投资收益时，社会报酬与私人报酬有差异；

③技术进步率取决于储蓄，特别是致力于人力资本的储蓄；

④储蓄率的增长在提高产出水平的同时也提高产出增长率，即储蓄的增加会导致产出持续增长；

⑤内生增长理论在解释增长率的国际差异方面并不是很重要。

2. 增长陷阱与两部门模型

两部门模型指一种用来解释一个无增长与高增长国家并存的世界的模型，它既能容纳无增长、低收入的均衡，也能包含正增长、高收入的均衡。换言之，它是一个结合新古典增长与内生增长原理的模型。

(1)假定条件

经济中存在两种投资机会，一种是投资于实物资本，边际产出递减(如新古典增长理论)的，另一种是投资于类似于人力资本，边际产出不变(如内生增长理论)的。生产函数将从曲线的一个部分开始，并以向上倾斜的直线而告结束，如图4-2所示的$f(k)$。

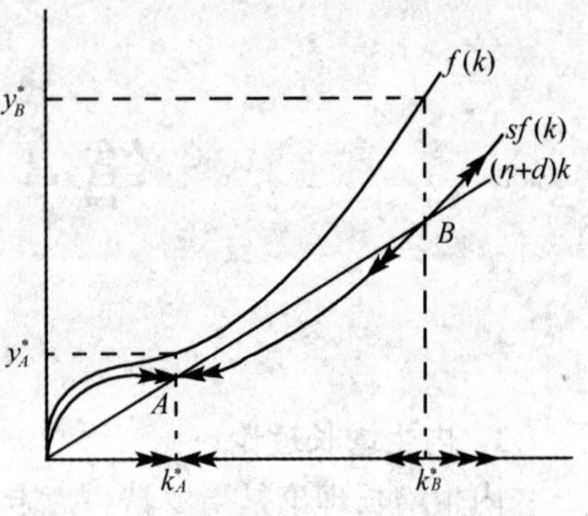

图4-2　稳态与持续增长的选择

(2)原理说明

如图4-2所示，该模型在A点处于“新古典增长均衡”，向右达到B点，其行为就像内生增长模型一样。在低收入与低资本水平，必需的投资线和储蓄线相交于新古典区域(A点)，导致无增长稳态。在高收入和高资本水平(越过B点)，储蓄线在投资线之上，导致持续增长。

(3)增长陷阱的含义

由于投资有两个途径，所以社会不仅要选择总投资，还必须对两种投资的分配做出选择。将投资引向科研与开发等方向将带来经济的持续增长；将投资引向实物资本的方向在短期内可能有较高的产出水平，但却以较低的长期增长为代价。

3. 增长政策

(1)人口增长

在相当大的收入范围内，人口增长本身又取决于收入水平。在当代，极端贫穷的国家出生率非常高，死亡率也非常高，结果是中等程度的高人口增长。当收入上升时，死亡率下降(尤其是通过婴儿死亡率的下降)，人口增长也会上升。在收入极高时，出生率下降，接近于人口的零增长(ZPG)。

(2)具有内生人口增长的索洛模型的简单形式

所需投资线的斜率取决于n，但由于n不再固定，所需投资线就成为一条曲线。可变的人口增长的所需投资线$[n(y)+d]k$先缓慢上升，然后急剧上升，并最终成为平直的。如图4-3所示，所需投资线与储蓄曲线相交于A、B、C三点。其中，A点是一个高人口增长与低收入的贫困陷阱，C点的均衡具有低人口增长和高收入，A点与C点被认为是稳定均衡，因为经济是向这些点移动的。B点则是不稳定均衡，因为经济趋向于离开B点。

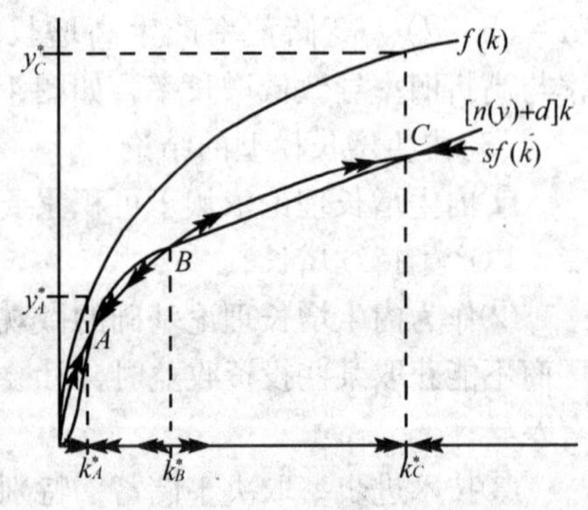

图4-3　贫困陷阱

(3)如何走出贫困陷阱

①如果某个国家能够给经济一个“大的推动”，使收入越过B点，则经济自身将完成向高收入的C点移动的其余路径。

②一国如果将储蓄线上移，或将必需投资线下移，使它们不在A、B点处相交，就能有效地消除低收入陷阱。提高储蓄率或提高生产率都能提高储蓄线。人口控制政策可降低必需投资线。

4. 黄金律的资本存量

黄金律的资本存量指使稳态人均消费C^*达到最大时的稳态人均资本量，稳态消费C^*等

于稳态收入 $y^* = f(k^*)$ 减去稳态投资 $(n+d)k^*$：

$$C^* = f(k^*) - (n+d)k^*$$

当边际资本的增加所产生的额外产出恰好补偿所增加的必须投资时，稳态消费 C^* 最大。黄金律的资本存量所需条件可以用方程表示为：

$$MPK(k^{**}) = (n+d)$$

(1)从黄金律可知，在稳态时如果一个经济中人均资本高于黄金律水平，则可通过消费掉一部分资本使人均资本下降到黄金律水平，就能够提高人均消费水平。

(2)如果一个经济拥有的人均资本低于黄金律水平，则该经济能够提高人均消费的途径是缩减消费，增加储蓄，直到人均资本达到黄金律水平。

4.2　课后习题详解

一、概念题

1. 内生增长理论(endogenous growth theory)

答：内生增长理论指用规模收益递增和内生技术进步来说明一国长期经济增长和各国增长率差异的一种经济增长理论。该理论与新古典增长理论不同，内生增长理论认为经济的长期增长依赖于储蓄率和其他因素，而不仅仅依赖于劳动力的增长率。其重要特征就是试图使增长率内生化。根据其依赖的基本假定条件的差异可以将内生增长理论分为完全竞争条件下的内生增长模型和垄断竞争条件下的内生增长模型。按照完全竞争条件下的内生增长模型，使稳态增长率内生化的两条基本途径就是：①将技术进步率内生化；②如果被积累的生产要素有固定报酬，那么可以通过某种方式使稳态增长率被要素的积累所影响。

2. 规模报酬递增(increasing returns to scale)

答：规模报酬递增指产量增加的比例大于各种生产要素增加的比例。设生产函数为 $Q = f(L, K)$，则当劳动和资本投入量同时增大 λ 倍时，产量为 $aQ = f(\lambda L, \lambda K)$，$a > \lambda$ 表示产量增加的幅度要大于要素投入的增长幅度。

规模报酬递增的生产函数，总产量曲线凸向右下方，表示产量的增加幅度大于要素投入量的增加幅度，如图 4－4 所示。

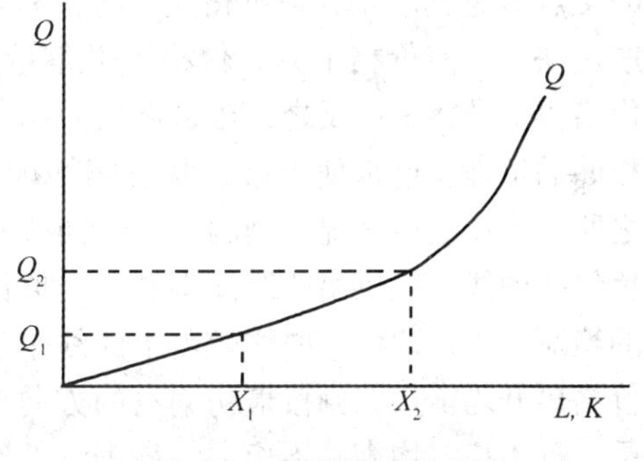

图 4－4　规模报酬递增

图 4－4 中，横轴表示劳动 L 和资本投入量 K，纵轴表示产量 Q，曲线 OQ 为总产量曲线。当各种要素投入量由 X_1 增加到 X_2 时，引起产量由 Q_1 增加到 Q_2，要素投入量增加了一倍，而产量的增加大于一倍。

产生规模报酬递增的主要原因是企业生产规模扩大所带来的生产效率的提高。它可以表现为：生产规模扩大以后，企业能够利用更先进的技术和机器设备等生产要素，而较小规模的企业可能无法利用这样的技术和生产要素。随着对较多的人力和机器的使用，企业内部的生产分工能够更加合理和专业化。此外，人数较多的技术培训和具有一定规模的生产经营管理也可以节省成本。

3. 绝对趋同(absolute convergence)

答：绝对趋同指不论各国的其他特征如何，穷国的人均收入增长倾向于比富国更快的假说。从理论上说，经济趋同可分为“绝对趋同”和“条件趋同”两种，但实证研究证明绝对趋同并不存在，而无论是在理论上，还是在现实世界中，条件趋同都是客观存在的现象。

4. 条件趋同(conditional convergence)

答：条件趋同指实际人均GDP的起始水平相对于长期或稳态位置越低，则增长率越快的一种理论。实际人均GDP的起始水平越低则增长率越快的这一性质是报酬递减规律作用的结果。而趋同之所以是有条件的，是由于各国经济条件不同所致的稳态增长水平不同。稳态水平依赖于储蓄率、人口增长率、生产函数的性质以及政府政策和人力资本初始存量上的差异——正是这些差异导致各国经济增长巨大的差异。当这些差异被排除时，各国经济将趋于收敛到相同的稳态，这就是条件趋同理论，也称作“条件收敛”(conditional convergence)。

5. 稳定均衡(stable equilibrium)

答：稳定均衡指如果经济体系的均衡状态遭到暂时破坏时，依靠其自身的力量最终还会恢复到原来所处的均衡状态的一种均衡。其特点是一个经济体系的均衡状态，在制约它的各种外部条件发生变动时，会使该经济体系产生脱离均衡状态的运动，但是，经济体系内部又同时会自动地产生一种力量，这种力量使体系中的各种变量重新恢复到原来的均衡状态。例如，当某一商品的供给曲线在均衡点的斜率大于需求曲线的斜率时，脱离均衡状态的波动幅度会自动逐渐缩小以至消失，并最终停留在原均衡点上，这就是阐述动态均衡的蛛网理论所描述的收敛型蛛网情况。

6. 不稳定的均衡(unstable equilibrium)

答：不稳定的均衡指如果经济体系的均衡状态遭到暂时破坏，依靠其自身的力量最终无法恢复到原来所处的均衡状态的一种均衡。

如图4－5所示，市场在需求曲线D和供给曲线S的交点E达到均衡，当价格上升时，需求大于供给，形成短缺，驱使价格上升；价格上升继续导致供不应求，价格再上升；……反之，当价格从E点开始下降时，是相同的道理。这都使得市场状态离均衡点E越来越远。之所以造成上述情况，是因为供给曲线和需求曲线同为负斜率曲线，且供给曲线斜率的绝对值比需求曲线斜率的绝对值小，即供给曲线较需求曲线平坦。这时，一旦价格离开均衡点，则按最初偏离的方向越偏越远。这就是一种不稳定均衡。不稳定均衡表示的经济含义是，如果价格低于均衡价格，供给者将其过剩产品竞相抛售，价格越低，相对过剩越多，竞相抛售的恐慌心理越严重。反之，如果价格高于均衡价格，这时反而供不应求，供给者出现惜售心理，待价而沽，价格越高，惜售心理越严重。

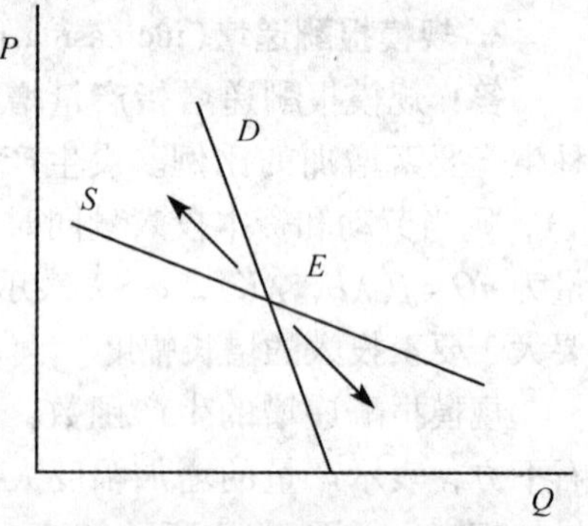

图4－5　不稳定的均衡

二、简答题

1. 什么是内生增长？内生增长模型与第三章中介绍的新古典增长模型有何不同？

What is endogenous growth? How do endogenous growth models differ from the neoclassical growth models presented in Chapter 3?

答：(1)内生增长理论指罗默、卢卡斯等经济学家提出的，用规模报酬递增和内生技术进步说明一国长期经济增长和各国经济增长率差异的经济增长理论。内生增长理论认为通过政策可以影响一国的储蓄率和与投资对应成比例的GDP从而达到经济增长。其重要特征就是试图使增长率内生化。根据其依赖的基本假定条件的差异可以将内生增长模型分为完全竞争条件下的内生增长模型和垄断竞争条件下的内生增长模型。按照完全竞争条件下的内生增长模型，使稳态增长率内生化的两条基本途径就是：①将技术进步内生化；②如果可以被积累的生产要素有固定报酬，那么可以通过某种方式使稳态增长率被要素的积累所影响。

(2)内生增长模型与新古典增长模型的不同主要有以下几点：

①假设条件不同。内生增长模型假定规模收益递增和技术进步内生化；而新古典增长模型假定劳动力按一个不变的比率 n 增长，而且生产的规模报酬不变。

②理论构成不同。内生增长理论虽然被称为一个理论，但并不像新古典增长理论那样有一个为多数经济学家所共同接受的基本理论模型。确切地讲，内生增长理论是一些持相同或类似观点的经济学家提出的诸多增长模型组成的松散集合体。构成内生增长理论的各种模型之间既存在明显的差别，同时又包含一些有别于其他增长理论并体现内生增长理论特色的基本思想。

③得出的结论不同。内生增长模型认为经济的长期增长依赖于储蓄率和其他因素，而不仅仅依赖于劳动力的增长率，其重要特征就是试图使增长率内生化，有更高储蓄率的国家有更高的长期增长并且政府可以通过执行影响储蓄率的政策来影响长期增长。而新古典增长模型认为只有通过技术进步来达到长期的经济增长并且储蓄率的变化只能起短期作用。

内生增长理论所强调的规模收益递增、外溢效应、专业化、人力资本积累等，是对传统经济增长理论的重大突破。它不仅较好地解释了一些经济增长事实，而且其丰富的政策内涵对各国经济长期增长政策的制定和运用也有一定的参考价值。但不可否认，内生增长理论在理论框架、生产函数、分析方法等方面仍存在一些缺陷与不足，有待于进一步发展与完善。

2. 本章中的简单内生增长模型，其资本边际产品不变的假定，为什么不能像传统微观经济学推理所暗示的那样，产生单独一家大厂商统治该经济的局面？

Why doesn't the constant marginal product of capital assumed in this chapter's simple model of endogenous growth create a situation in which a single large firm dominates the economy, as traditional microeconomic reasoning would suggest?

答：资本边际产品不变的简单内生增长模型意味着把所有要素都考虑在内之后是规模收益递增的，这可能导致一家大厂商统治该经济的局面。然而，这个模型忽略了除内部回报之外的外部资本回报的可能性。增加投资不仅会带来更大、更有效的资本存量，而且会产生新的工作思路和工作方式，而这很容易被其他厂商所学习。所以，该单一厂商不可能获得所增加产出的所有收益，也就不会产生单独一家大厂商统治该经济的局面。

3. 在第三章扼要说明的新古典增长模型与本章所概述的基本内生增长模型之间，对相关于产出水平与产出增长率的储蓄增长的含义有何不同？

How do the implications of an increase in saving with regard to both the level and the growth rate of output differ between the neoclassical growth model outlined in Chapter 3 and the basic endogenous growth model outlined in this chapter.

答：新古典增长模型认为只有通过技术进步来达到长期的经济增长，并且储蓄率的变化只能起短期作用，储蓄率的提高并不能使长期的产出增长率增加。

内生增长模型认为经济的长期增长依赖于储蓄率和其他因素，而不仅仅依赖于劳动力的增长率，其重要特征就是试图使增长率内生化，有更高储蓄率的国家有更高的长期增长并且政府可以通过执行影响储蓄率的政策来影响长期增长。

4.（任选题）

(1)本章指出的是，哪些种类的资本投资，对解释长期均衡增长最为有用？

(2)讨论下列各种政府计划的长期增长潜力：

①投资税收减免；

②研究与开发的补贴与资助；

③意在增加储蓄的政策；

④增加初等教育的资金。

(Optional)

(1) What sorts of capital investment does this chapter suggest are most useful for explaining long-run equilibrium growth?

(2) Discuss the long-run growth potential of each of the following government program

①Investment tax credits

②R&D subsidies and grants

③Policies intended to increase saving

④Increased funding for primary education

答：(1)经济学家认为，一般的人力资本投资和研究与开发的物质投资对解释长期均衡增长最为有用。人力资本是通过花费一定的资源而投资于人自身的、最终体现为凝结于人自身的一定技能、体能、知识和认识水平的总和，人力资本投资是提高人力资本存量的根本途径。研究与开发的物质投资有助于提高和培养人的创新能力，是人力资本投资的一种形式，或者说有人力资本投资的性质。

(2)①投资税收减免可以刺激投资，将投资引向科研与开发，从而可能通过实现更高的技术进步率来潜在影响长期的经济增长。

②研究与开发的补贴与资助导致的技术进步会带来对社会和私人回报的增长。它们对刺激经济长期增长非常有效。

③根据内生增长理论，意在提高储蓄的政策将提高长期的产出增长率，然而缺乏足够的实证经验。

④增加初等教育的资金会提高对社会和私人的回报，并且对刺激长期的经济增长有非常重要的意义。

5. 新古典增长模型预言的绝对趋同与有条件趋同之间有何差异？经验上，正在发生的似乎是哪一种？

What is the difference between absolute and conditional convergence, as predicted by the neo-classical growth model? Which seems to be occurring, empirically?

答：(1)绝对趋同认为：具有相同的储蓄率和人口增长率的国家，如果能得到相同的技术，将会达到相同的稳态。有条件趋同认为：具有相同的技术和人口增长率而储蓄率不同的国家将会达到不同产出水平的稳态，但有相同的经济增长率。有条件的趋同是对储蓄率不同的经济所作的预测，即根据索洛增长图形的预测，稳态收入会不同，但增长率最终将相等。

在绝对趋同中，不同国家间的收入差异的程度在减少，而有条件趋同则反映了一种当所有相关的可变因素不尽相同时收入差别趋于缩小的趋势。

(2)经验上，正在发生的似乎是不同国家间的有条件的趋同。将有条件的趋同与内生增长理论关于高储蓄率导致高增长率的预言相比较，罗伯特·巴罗(Robert Barro)在其一系列论文中已指出，虽然投资较多的国家趋向于增长较快，但高投资对增长的影响看来是暂时性的：投资较高的国家将最终达到较高人均收入的稳态，而不是较高增长率的稳态。这意味着这些国家的趋同确实是有条件的。因此，尽管内生增长理论在解释技术上居领先地位的国家的增长时也许十分重要，但在解释增长率的国际差异方面却不太重要。

6. 内生增长理论能解释增长率的国际差异吗？如果能，如何解释？如果不能，它有助于解释什么？

Can endogenous growth theory help explain international differences in growth rates? If so, how? If not, what can it help explain?

答：内生增长理论不能解释增长率的国际差异。原因如下：

(1)新经济增长理论指用规模收益递增和内生技术进步来说明一国长期经济增长和各国增长率差异而展开的研究成果的总称。新增长理论最重要的特征是试图使增长率内生化，因而又称为内生增长理论。

(2)内生增长理论认为稳态的产出增长率受累积的产品要素的速率(即资本存量积累的速率)的影响。储蓄率的增长会提高资本存量积累的速率，这将会提高产出增长率。这种提法对于解释拥有一流技术、高度发展的国家的增长率非常重要，然而它不能解释更加贫穷的国家间经济增长率的不同。对于这些国家有条件的趋同看起来更合适。

7. 假定一个社会能对实物资本与人力资本这两类资本进行投资。那么，对投资分配的选择如何影响其长期增长潜力？

Suppose a society can invest in two types of capital-physical and human. How can its choice regarding the distribution of investment affect its long-term growth potential?

答：(1)实物资本与人力资本的区别

人力资本是相对于物质资本而言的一个概念，是通过花费一定的资源投资于人自身的、最终体现为凝结于人自身的一定技能、体能、知识和认识水平的总和。

人力资本与物质资本的区别在于：其一，人力资本体现在人身上，不能像物质资本那样可以转移或转让；其二，人力资本不能像物质资本那样折旧；其三，物质资本投资的收益只能是货币或与货币相关的物质，而人力资本投资除可带来货币收益外还可带来心理收益和社会收益；其四，物质资本投资成本直接由投资费用构成，人力资本投资除了直接成本外还有机会成本；其五，物质资本投资直接由投资者决定，人力资本投资可由本人决定，也可由父母、家人或单位组织决定；最后，从投资风险角度看，人力资本投资风险不如物质资本投资风险明显，因为人力资本收益是多元的。

(2)投资分配的选择对长期增长潜力的影响

进行实物资本投资将会在短期产生更高的资本存量和产出水平，但对长期的经济增长是不利的，除非有明显的外部资本回报。进行人力资本投资是一个比较好的战略，人力资本投资是提高人力资本存量的根本途径，它将产生高的回报并且能导致长期经济增长率的提高。

8. (1)再一次考虑具有稳态人均产出水平的新古典模型。假定一个社会能选择其人口增长率。这个选择如何影响其稳态人均产出？这样一种政策能否有助于该国避免落入贫困陷阱？

(2)现在假定我们有一个内生增长模型。较低的人口增长率如何影响社会的长期增长潜力？

(1)Consider once more the neoclassical model with a steady-state level of per capita output.

Suppose a society can choose its rate of population growth. How can this choice affect the steady-state per capita output? Could such a policy help the country avoid falling into a poverty trap?

(2) Now suppose we have an endogenous growth model. How will a lower population growth rate affect the society's long-term growth potential?

答：(1)如果一个社会能选择较低的人口增长率，那么它可以减少投资需求，同时增加稳态的产出水平。有了较低的人口增长率就有可能通过较少的投资花费水平而达到一个更高的资本产出水平。因此执行可控制的人口政策将会是避免所谓的贫困陷阱的有效方法。

(2)假设有一个内生增长模型，包含资本、劳动的生产函数为 $Y = F(K, AN)$，其关键假定是，更优越的技术是资本投资的副产品，即假定技术与总体经济中每个工人的资本水平成正比例，$A = a \times K/N = a \times k$，并假定技术属于劳动增加型，因此生产函数为 $Y = F(K, AN)$。此时技术增长已经内生化，取决于资本的增长 $\Delta A/A = \Delta K/K - \Delta N/N = \Delta k/k$。将其代入 GDP 增长方程，得 $g = \Delta y/y = \theta \times \Delta k/k + (1-\theta) \times \Delta A/A = \theta \times \Delta k/k + (1-\theta) \times \Delta k/k = \Delta k/k$，即 $g = \Delta y/y = \Delta k/k$，说明产出与资本以相同速率增长。由于 y/k 的分子与分母增长率相同，因此 y/k 是常数，将生产函数除以 K 并简化，可得出该常数：$y/k = F(K, AN)/K = F(K/K, AN/K) = F(1, a) = a$，由于资本积累方程可写为 $\Delta y/y = \Delta k/k = g = sy/k - (n + \mathrm{d})$，代入 $y/k = a$，得 $\Delta y/y = \Delta k/k = g = sy/k - (n + \mathrm{d}) = sa - (n + \mathrm{d})$。人均 GDP 增长率是 $sa - (n + \mathrm{d})$。高储蓄率产生高增长率，高人口增长率和高折旧率导致低增长率。因此较低的人口增长率将会提高长期的人均 GDP 增长率。

9. 新古典增长模型与内生增长模型的哪些要素有助于我们解释那些称之为“亚洲四小龙”的国家与地区的惊人增长？

说明：题中提到的“亚洲四小龙”的国家与地区是指香港地区、新加坡、韩国和台湾地区。它们的经济增长率曾非常引人注目，它们的增长速度使它们从世界上最贫穷国家和地区的行列转变为与富裕的工业国收入水平相当的国家和地区。它们已经成为世界其他地方有效发展的范例。

What elements of neoclassical and endogenous growth models can help us explain the remarkable growth of the group of countries known as the Asian Tigers?

答：(1)新古典增长模型认为只有技术进步和人口的增长才能影响长期的经济增长，储蓄率的提高并不能使长期的产出增长率增加。内生增长模型认为经济的长期增长依赖于储蓄率和人力资本、研究和开发支出、知识外溢等因素，而不仅仅依赖于劳动力的增长率，其重要特征就是试图使增长率内生化，有更高储蓄率的国家有更高的长期增长，并且政府可以通过执行影响储蓄率和提高人口素质的政策来影响长期增长。

(2)在 1966 – 1990 年间，“亚洲四小龙”(香港地区、新加坡、韩国和台湾地区)经历了高速的经济发展，是因为它们都采取了提高人口素质和增加储蓄率的政策。而这些政策措施和内生增长模型所建议的政策是一致的。另外，这些国家的劳动力数量不断增长，尤其是妇女加入劳动力的比例在提高，而这与新古典增长模型的推论是相同的。

10. 无论是工业化程度较高还是较低的国家，其人均产出的潜力都是无限的吗？试解释之。

Does growth in per capita output, among both more and less industrialized countries, have the potential to increase indefinitely? Explain.

答：对于人均产出的潜力是否无限这个问题存在着许多争议，没有明确的答案。因为人类面临的自然资源越来越少，环境问题也越来越严重，这是无限增长的一大限制。增长极限论认为，影响人类社会经济增长的主要因素有5个，即人口增长、粮食供应、资本投资、环境污染和资源耗竭。这5个因素的共同特点在于：它们都按指数增长，即按一定的百分比递增。麦多斯等人建立的世界模型得出的结论是：1970年以后，人口和工业仍维持着指数增长，但迅速减少的资源将成为约束条件使工业化不得不放慢速度。工业化达到最高点后，人口和污染还会继续增长。但由于食物与医药缺乏引起死亡率上升，最后人口增长停止，人类社会将在2100年之前崩溃。

然而，如果技术进步持续不断的发生并且对智力资源有着科学合理的管理，那么可以确信经济增长将会持续一段很长的时间。增长极限论的世界模型结论是否正确，取决于所选择的基本经济关系是否恰当，估计的参数是否正确。例如，有的学者根据麦多斯等人的世界模型，假定自1970年起，自然资源发现(包括回收)率每年增长2%，控制污染的技术能力每年增长2%，粮食产量每年增长2%，按照这样的假定，改变了模型结构时，计算机计算的结果表明，产量和人口增长都不受限制，崩溃永远不会发生。

所以，无论是工业化程度较高还是较低的国家，其人均产出的潜力是否无限都没有明确的答案。

三、计算与分析题

1. 考虑一个两部门增长模型，存在两种投资机会，一种是边际产出递减的，另一种是边际产出不变的。(提示：参考图4-6)

(1)这个问题的生产函数看起来像什么样的?

(2)描绘这个模型的一组均衡点的特点。人均产出在任何均衡点都是非零增长吗?

(3)这个模型能否有助于我们解释哪些是严格的新古典增长模型和内生增长模型所不能解释的事情呢?

说明：图4-6中的生产函数可以对无增长国家与高增长国家并存的世界做出解释。

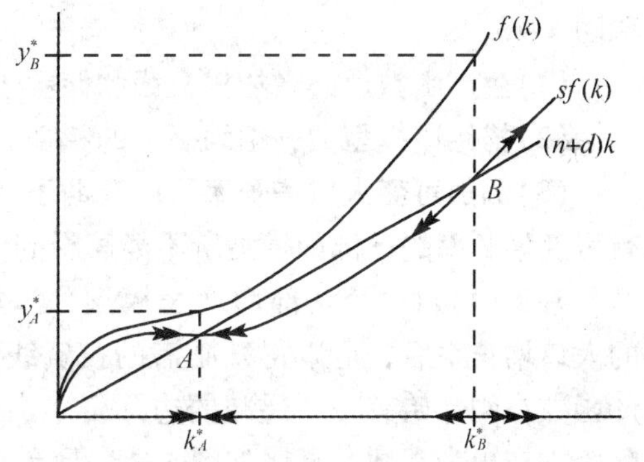

图4-6　稳态与持续增长之间的选择

答：(1)在均衡点A之前，资本的边际产出是递减的，所以此时所对应的生产函数像新古典增长模型(外生增长模型)的生产函数；而在均衡点A之后，资本的边际产品是逐渐递增的，边际产出曲线向右上方倾斜，所以此时所对应的生产函数像内生增长模型的生产函数。

(2)均衡点A是一个稳定的低收入稳态均衡。任何背离此点的经济将最终调整到相同的稳态产出水平点，即会回到此点。均衡点B是一个非稳定的高收入稳态均衡点。任何背离此点的经济将不会回到此点。如果资本—劳动比率下降则会到达低收入稳态均衡点，反之则会持续地发展。因此并不是人均产出在任何均衡点都是非零增长。

(3)该模型解释了无增长和低收入国家与持续增长和高收入国家并存的现象，而这种现象正是严格的新古典增长模型和内生增长模型所不能解释的。无增长和低收入国家可能投资了大量的实物资本产生了短期的经济增长，但却以长期增长为代价。而持续增长和高收入国家则投资了大量的人力资本，从而产生了显著的社会回报。

2. 现假定我们有一个一部门模型，它具有可变的人口增长率。(提示：参考图4-7)

(1)这个模型的必需的投资线看起来像什么样的?

(2)描绘一组均衡点的特征，一定要讨论其稳定性。人均产出在任一均衡点都是非零增长吗?

(3)假定你的国家处于“贫困陷阱”中最低人均产出水平的均衡点上。这个国家可采取什么行动，使其向收入更高的点移动?

说明: 在这个具有两种稳态均衡的模型中，高人口增长率导致低人均收入水平。

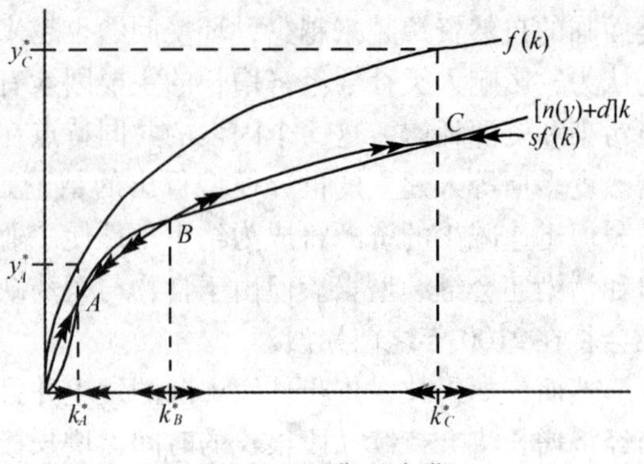

图4－7 贫困陷阱

答: (1)如果人口增长是内生变量，即国家可以通过政府政策影响人口增长率，这样投资需求线将不再是直线，此时的形状如图4－7所示。(此时模型为一部门模型且有可变的人口增长率)

(2)均衡点A是一个稳定的均衡点。它处于低收入和高人口增长的状态，意味着此时国家处于贫困陷阱。均衡点B是一个非稳定的均衡点，它处于中等收入和低人口增长的状态。均衡点C是一个稳定的均衡点，它处于高收入和低人口增长的状态。三个均衡点都不能持续增长，因此人均产出在任何均衡点都是非零增长。

(3)首先，可用一些方法使资本—劳动比率超过均衡点B的水平。这些方法可能是举借外债或寻求外商直接投资。其次，可以增加储蓄率。这样就会使储蓄函数不再与投资需求曲线相交于类似A或B这样的均衡点。再次，可以通过有计划的人口政策来降低人口增长率。这样投资需求就会下降，从而不再与储蓄函数相交于类似A或B这样的均衡点。

3. 假定你对一个两部门增长模型，添加一个可变的人口增长率。(提示：结合图4－4和图4－5)

(1)生产函数、必需的投资线和储蓄线像什么样的?

(2)描绘该模型的一组均衡点的特征。人均产出在任一均衡点都是非零增长吗?

(3)添加可变人口增长率可以有助于你解释，具有固定增长率的简单二部门模型，或具有可变增长率的一部门模型所不能解释的任何事情吗?

答: (1)对一个两部门增长模型，添加一个可变的人口增长率后，可以得知必需的投资线为曲线，生产函数在刚开始有一个递减的边际资本产出，然后边际资本产出为常数。具体如图4－8所示。(储蓄函数的形状与生产函数类似)

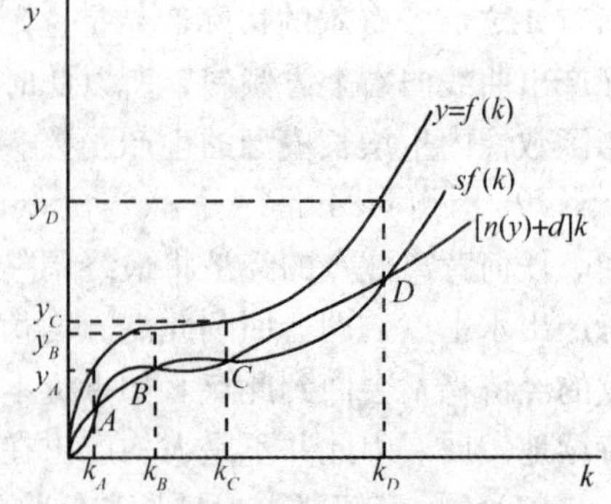

图4－8 两部门增长模型在添加一个可变的人口增长率后的情形

(2)储蓄函数与投资需求有四个交点。均衡点A是一个稳定的低收入稳态均衡点。任何背离此点的经济将最终调整到相同的稳态产出水平和资本产出比，即会回到此点。均衡点B是一个非稳定的低收入的均衡点。任何背离此点的经济将不会回到原点。如果资本—劳动比率下降则会到达低收入稳态均衡点A，反之如果资本—劳动比率上升则会到达较高收入稳态均衡点C。均衡点C是一个稳定的中等收入稳态均衡点。任何背离此点的经济将最终调整到相同的稳态产出水平和资本产出比，即会回到此点。均衡点 D 是一个非稳定的高收入均衡点。任何背离此点的经济将不会回到原点。如果资本—劳动比下降则会到达较低收入稳态均衡点 C，反之如果资本—劳动比率上升则会持续地发展。在任一均衡点上人均产出达到稳定状态，保持不变，但总产量的增长率与劳动力增长率相等。

(3)此模型包含了前面讨论的两个模型，并且有更强的解释力。但上面的画图分析太复杂，它可能对引入如此复杂的问题没有作用。

4. 考虑一个经济，其生产函数为 $Y=K^{\theta}(AN)^{1-\theta}$，同时，$A=4K/N$。假定其储蓄率为 0.1，人口增长率为 0.02，平均折旧率为 0.03，$\theta=0.5$。

(1)将生产函数化为 $Y=a\times k$。a 为多少?

(2)模型中产出增长率与资本增长率各是多少?

(3)解释 a。当我们假定劳动增加型的技术 A，正比例于每个人的资本水平时，我们真正的意思是什么?

(4)是什么因素使它成为一个内生增长模型?

答：(1)因为生产函数为 $Y=K^{\theta}\times(AN)^{(1-\theta)}$，其中 $A=4K/N$，$\theta=0.5$，得 $Y=2K$，

$$a=y/k=Y/K=2。$$

(2)因为 $a=2$，所以产出增长率为：$g=s\times a-(n+\mathrm{d})=15\%$。由于产出增长率与资本增长率相等，则可知二者均为 15%。

(3)a 代表资本边际产出。当假定劳动增加型的技术 A，正比例于每个人的资本水平 k 时，这就意味着技术水平依赖于每个工人所拥有的资本数量。

(4)在该模型中，因为资本边际产出 $a=2$ 为常数，即资本边际产出不变，所以它就成为一个内生增长模型。

附录：下列为第 8 版属于本章的习题，在第 10 版中已被删除，现补录如下，仅供参考!

1. (东欧国家)处于从社会主义制度向资本主义制度转变中的经济已经经历了，并在一些情况下正在经历着痛苦的，也许是暂时的产出和生活标准的下降。产量下降的因素是什么?新古典或内生增长模型的理论能否有助于解释它们?

答：GDP 和生活标准的下降很大程度上是由于市场混乱无序，缺少对财产或负债的适当分配，并伴随着不发达的银行金融体系。另外它们还要大规模的替换那些过时的生产技术。同时还要建立大量的法律法规适应新的经济发展模式。

所以，在从计划经济向自由市场经济的转变过程中，不能简单地用新古典或内生增长模型来解释东欧国家所经历的产出和生活标准的下降。

2. 考虑一个经济，其生产特征为新古典函数 $Y=K^{0.5}N^{0.5}$。再假定储蓄率为 0.1，人口增长率为 0.02，平均折旧率为 0.03。

(1)以人均形式写出这个函数，并求出 k 和 y 的稳态值。

(2)K 为稳态值的情况下，资本比在黄金律水平时是多是少?

(3)确定该模型中，什么样的储蓄率将产生黄金律水平的资本?

(4)在这个新古典增长模型范围内，一国会有太多的储蓄吗?

答：(1)$Y=K^{1/2}N^{1/2}$ 两边除以 N，得 $Y/N=(K/N)^{1/2}$，即 $y=k^{1/2}$。稳态时 $\Delta y/y=\Delta k/k=g=sy/k-(n+d)=0$ 则 $k=s\times y/(n+d)=s\times k^{1/2}/(n+d)$，化简得 $k^{1/2}=s/(n+d)$，即 $y^*=s/(n+d)=0.1/(0.02+0.03)=2$。所以 $k^*=s\times y^*/(n+d)=0.1\times 2/(0.02+0.03)=4$。

(2)稳态消费等于稳态收入减去稳态投资，即 $c^*=f(k^*)-(n+d)\times k^*$。黄金律的基

本内容是：若使稳态人均消费达到最大，稳态人均资本量的选择应使资本的边际产品等于 $n+d$。因此，$c=k^{1/2}-(n+d)\times k$，对 k 求导得 $(\Delta c/\Delta k)=(1/2)\times k^{-1/2}-(n+d)=0$，即 $k^{-1/2}=2\times(n+d)=2\times(0.02+0.03)=0.1$，化简得 $k^{1/2}=10$，即 $k=100$。因为 $k^{*}=4<100$，因此稳态时的资本少于黄金律水平要求的资本。

(3) $k=s\times y/(n+d)=s\times k^{1/2}/(n+d)$ 化简得 $s=k^{1/2}\times(n+d)=0.5$，即储蓄率为50%时才能产生黄金律水平的资本。

(4) 如果有比黄金律水平所建议的资本还要多，就会储蓄太多，从而不能有最优的消费量。

第5章　总供给与总需求

5.1　复习笔记

一、总供给曲线

1. 总供给曲线的概述

(1)总供给和总供给曲线的含义

总供给是指一国的全体厂商在现行的价格、生产能力和总成本既定的条件下，愿意而且能够生产和销售的产品数量。

总供给曲线是指用来表示经济中所生产的最终产品和服务的总量与价格水平之间的关系的曲线，是总供给函数的几何形式。一般地，生产总水平与价格总水平变化方向相同，也就是说总供给曲线是向右上方延伸的。短期 *AS* 曲线是水平的(凯恩斯总供给曲线)；长期 *AS* 曲线是垂直的(古典总供给曲线)，图 5－1 表示这两种极端情况。

图 5－1(a)中，水平的凯恩斯总供给曲线意味着，在现行价格水平上，将供给任何数量的产品。

图 5－1(b)中，垂直的古典总供给曲线基于这样一个假定，即劳动市场总是处于充分就业状态，从而产量也总是处于相对应的 Y^* 水平。

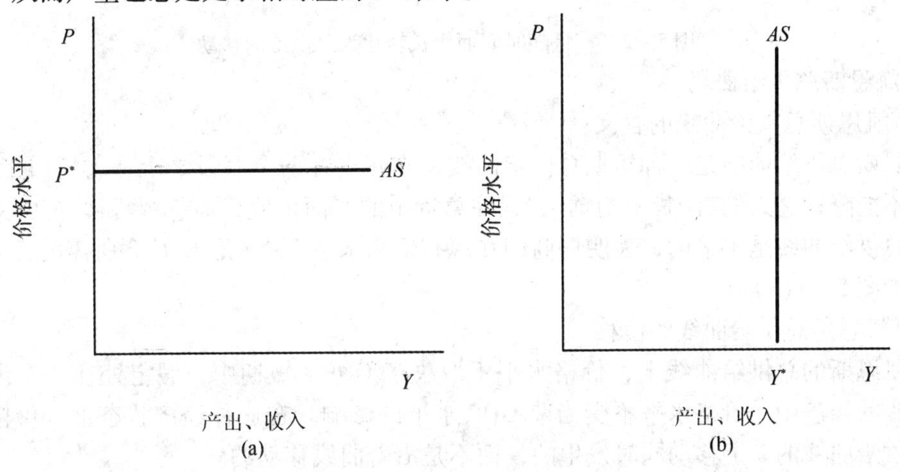

图 5－1　凯恩斯总供给曲线和古典总供给曲线

(2)短期和长期的总供给曲线的政策含义

①在短期内，随着总需求的不同，经济可以处于萧条或高涨的状态。此时，政府可以通过调整总需求使得经济位于充分就业的产出水平。

②在长期中，经济保持在潜在产出水平，需求管理政策不能改变国民收入，只能改变价格总水平。

2. 古典总供给曲线

(1)古典总供给曲线的含义

古典总供给曲线又称长期总供给曲线。根据西方的经济学，在长期中，经济的就业水平并不随着价格的变动而变动，而总是处于充分就业的状态。此时，总供给曲线为一条垂直线，其原因在于工资的充分弹性或劳动市场的充分竞争性。劳动市场的充分竞争性保证了劳动市场经常处于均衡位置，即充分就业状态。劳动的供求主要受实际工资的影响，在名义工资既定时，价格变动将引起实际工资变动，从而导致劳动市场非均衡，或劳动供大于求、或劳动求大于供。由于充分竞争性，非均衡将导致名义工资变动，直至重新回到均衡位置。如图5－1(b)所示。

(2)古典总供给曲线的位移

对应于劳动力充分就业状态的产量水平叫做潜在的GDP(Y^*)。当经济积聚资源并出现技术进步时，潜在GDP将随时间推移而增长，因而古典总供给曲线的位置将随时间而逐渐右移，如图5－2所示。而潜在GDP的变动并不取决于价格水平，某一特定年份的潜在GDP水平，主要由增长理论模型决定。

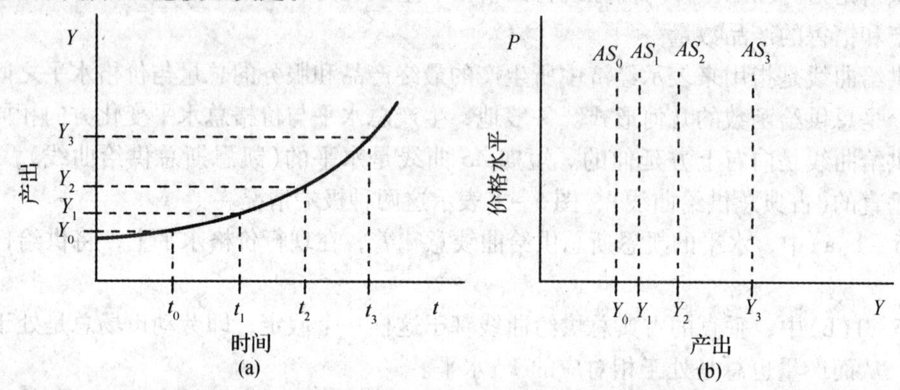

图5－2　产量随时间而增长转化为总供给的移动

3. 凯恩斯总供给曲线

(1)凯恩斯总供给曲线的含义

凯恩斯总供给曲线是一种短期总供给曲线，它建立在两个假设之上：①货币工资刚性，只能升不能降；②人们有“货币幻觉”，只注意货币的票面价值，而忽视货币的实际购买力。凯恩斯总供给曲线是水平的，表明厂商们在现有价格水平上愿意供给社会所需的任何数量的商品。如图5－1(a)所示。

(2)凯恩斯总供给曲线的位移

在凯恩斯的总供给曲线上，价格水平不取决于GDP。短期中，假定处在一个没有预期通货膨胀的经济中，价格水平不受当前GDP水平的影响。在这种经济状态下，价格上涨是随着总供给曲线的向上移动同时发生的，而不是沿着曲线移动的。

4. 摩擦性失业和自然失业率

(1)摩擦性失业

摩擦性失业指由劳动力市场供求信息的不完善以及劳动力在异地之间的流动成本所引起的失业。摩擦性失业是劳动力在正常流动过程中所产生的失业。在一个动态经济中，劳动力市场总是处于流动状态，各行业、各部门和各地区之间劳动需求的变动是经常发生的。摩擦性失业量的大小取决于劳动力流动性的大小和寻找工作所需要的时间。由于在动态经济中，劳动力的流动是正常的，所以摩擦性失业的存在也是正常的。

(2)自然失业率

自然失业率指在没有货币因素干扰的情况下，让劳动市场和商品市场供求力量自发起作用时，总供给和总需求处于均衡状态时的失业率。所谓没有货币因素干扰，指的是失业率的高低与通货膨胀的高低之间不存在替代关系。自然失业率是在充分就业水平和相应的充分就业(或潜在的)的产出水平 Y^* 上存在的与之相联系的失业水平。自然失业率取决于经济中的结构性和摩擦性的因素，取决于劳动市场的组织状况、人口组成、失业者寻找工作的能力和愿望、现有工作的类型、经济结构的变动、新加入劳动者队伍的人数等众多因素。

二、价格调整机制

1. 调整过程

价格调整机制指价格随时间推移而上升或下降，进而调节市场供求的作用机制，如图5－3和图5－4所示。总供给曲线描述了经济中的价格调整机制，总供给曲线可以表示为方程：

$$P_{t+1}=P_t[1+\lambda(Y-Y^*)]$$

其中，P_{t+1}是下期价格水平，P_t 是本期价格水平，Y^* 是潜在产出，价格调整速度由参数 λ 控制。如果 λ 越大，则总供给曲线运动的越快，即总供给曲线能在相当短的时间内发生逆时针旋转，即总供给方的调整机制就会使经济相当快的回到潜在产出水平；如果 λ 非常小，则价格调整非常慢，就需要运用总需求政策来加快这一调整过程。

(1)如果产出高于潜在产出，价格将上涨，而且下期价格将高于本期，并且价格将随着时间持续的上涨，直到产出回到潜在水平为止；

(2)如果产出低于潜在产出，价格将下降，而且下期价格将低于本期，并且价格将随时间持续的下跌，直到产出回到潜在产出水平为止；

(3)只有当产出水平等于潜在产出时，下期价格才会等于本期价格水平。

图5－3(a)、(b)是对同一价格调整过程的不同描述方法。(a)表明价格运动的动态过程；(b)表明在某一给定时间消逝之后的快照情况。

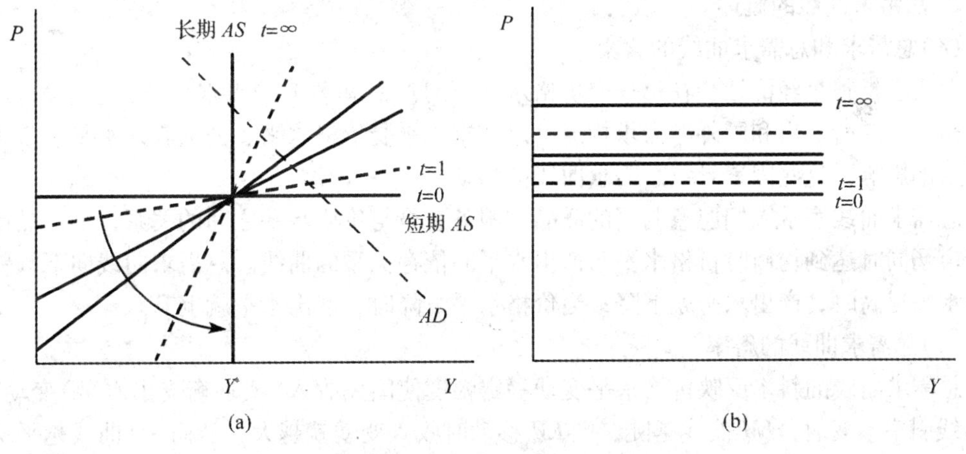

图5－3　价格动态调整过程

2. 结论

(1)总供给曲线越平坦，产出与就业变动对当期价格的影响就越小。如果价格对失业变动的反应较小，则图5－3中的总供给曲线将非常平坦。上面方程中的系数 λ 能够表示这种产出－价格变动的关系。

(2)短期总供给曲线的位置取决于价格水平。在 $P_{t+1}=P_t$ 时，该曲线通过充分就业的产出水平 Y^*。更高的产出水平意味着过度就业，因此下期价格水平将高于本期的。与此相反，当失业较高时，下期价格水平将低于本期的。

(3)短期总供给曲线随时间推移而移动。如果产出水平保持在充分就业的产出水平 Y^* 之上，价格将随时间推移而持续上涨，如图 5-4 所示。

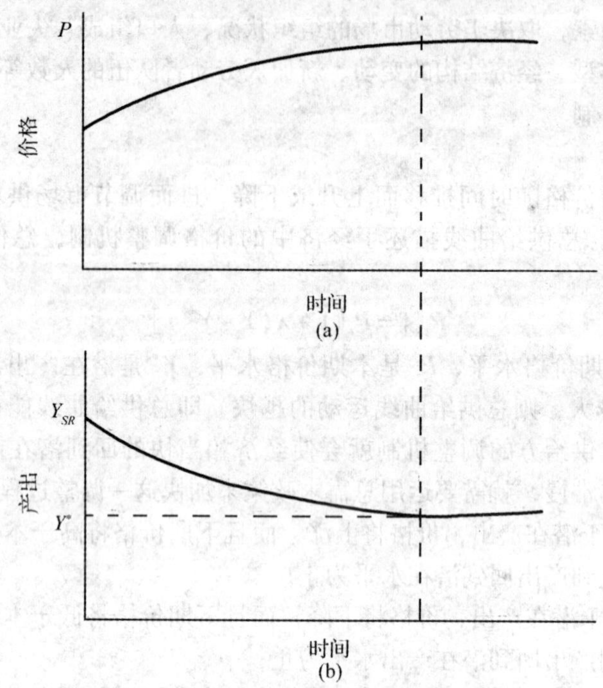

图 5-4　价格水平与产出的调整路径

三、总需求曲线

1. 总需求曲线的概述

(1)总需求和总需求曲线的含义

总需求指整个经济社会在每一个价格水平下对产品和劳务的需求总量，它由消费需求、投资需求、政府支出和国外净需求构成。总需求水平受价格水平、公众收入水平、政策变量等因素的影响，这些因素导致总需求曲线的移动。

总需求曲线表示人们愿意购买的商品和服务总量与价格水平之间的关系，是产品市场和货币市场同时达到均衡时价格水平与产出水平间依存关系的曲线。总需求曲线向下倾斜，当价格水平提高时，产出水平就下降；当价格水平下降时，产出水平就上升。

(2)总需求曲线的斜率

总需求曲线的斜率反映价格水平变动一定幅度使国民收入(或均衡支出水平)变动多少。*IS* 曲线斜率不变时，*LM* 曲线越陡，则 *LM* 移动时收入变动就越大，从而 *AD* 曲线越平缓；相反，*LM* 曲线斜率不变时，*IS* 曲线越平缓(即投资需求对利率变动越敏感或边际消费倾向越大)，则 *LM* 曲线移动时收入变动越大，从而 *AD* 曲线也越平缓。

(3)总需求曲线的位移

总需求曲线代表商品市场和货币市场的同时均衡。商品市场的扩张(比如说，由消费信贷的增加或者扩张性的财政政策所引起)会向右上方移动总需求曲线。扩张性的货币政策同样也会使总需求曲线向右上方移动；反之，则向左下方移动。消费者与投资者的信心也影响总需求曲线：当信心增强时，*AD* 曲线向右移动；当信心削弱时，*AD* 曲线向左移动。图5-5

就表示了总需求曲线的这种移动，名义货币存量的增加会按照名义货币增加的相应比例来向上移动 *AD* 曲线。

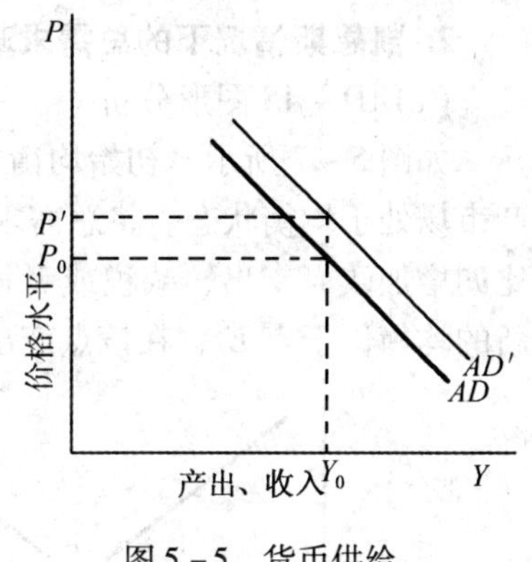

图 5-5　货币供给增加使总需求上移

2. 产出与价格之间的总需求关系

产出与价格之间的总需求关系的关键是，总需求取决于实际货币供给。实际货币供给是中央银行和银行体系提供的货币的价值。如果将名义货币供给写作 $\overline{M}$，价格水平写作 P，实际货币供给就可以写作 $\overline{M}/P$。当 $\overline{M}/P$ 上升时，利率下降，投资增加，引起总需求全面上升。类似的，降低 $\overline{M}/P$ 将使投资减少，总需求全面下降。

对于给定的名义货币供给量 $\overline{M}$ 而言，高价格意味着低实际货币供给 $\overline{M}/P$。显然，价格高意味着供应的货币数量的价值降低了。其结果是，高价格水平意味着低水平的总需求，低价格水平意味着高水平的总需求。因此总需求曲线是向下倾斜的。

3. 总需求曲线的代数方法解释

根据货币数量论，一年中花费的美元总数量，即名义 GDP，就是 $P \times Y$。把每年 1 美元的换手次数称为流通速度，用 V 表示。如果中央银行供给 M 美元，那么：

$$M \times V = P \times Y \tag{5.1}$$

假定 V 不变，那么，公式(5.1)就可以转化为总需求曲线。

(1)对于总需求曲线右下倾斜的解释

根据公式(5.1)，由于货币供给量不变，Y 的任何增加都必定被价格的下降所抵消，反之，情况则相反。给定 *AD* 的向下倾斜，产出和价格之间就是反向变动关系。货币供给的增加在任何给定的 Y 值情况下，都会向上移动 *AD* 曲线。

(2)对于总需求曲线位移幅度的解释

如图 5-5 和公式(5.1)所示，名义货币存量的增加会按照名义货币增加的相应比例来向上移动 *AD* 曲线。假定图形中 $\overline{M}_0$ 对应 *AD* 曲线，而 P_0 的值对应于产出 Y_0。假定 M 增加 10% 达到 $\overline{M}'(=1.1 \times \overline{M})$，这就将总需求曲线向右上方移动到 AD'。相应于 Y_0 的 P 的值必须恰好是 $P' = (1.1 \times P_0)$。在 P 的这个值上，新的实际货币供给等于原来的实际货币供给 $[\overline{M}'/P' = (1.1 \times \overline{M}_0)/(1.1 \times \overline{P}_0) = \overline{M}_0/P_0]$。方程(5.1)的左边发生变化，所以，右边也必定发生相应变化。

三、不同供给假定下的总需求政策

1. 总供给曲线和总需求曲线共同决定均衡产出和均衡价格

总供给(*AS*)曲线描述了对各个给定的价格水平厂商所愿意提供的产出。因为价格越高，厂商越愿意供给更多的产出，因此一般情况下，*AS* 曲线向上倾斜。总需求(*AD*)曲线显示出商品市场与货币市场同时处于均衡状态下的价格水平与产出水平的结合。一般情况下，*AD* 曲线向下倾斜，这是因为较高的价格会降低已供给的货币的价值，从而降低对产出的需求。*AD* 曲线与 *AS* 曲线的交点 *E* 决定了均衡产出水平 Y_0 和均衡价格水平 P_0，其中任何一条曲线的移动都会引起价格水平与产出水平的变化，如图 5-6 所示。

2. 凯恩斯情况下的总需求政策

(1)$AD-AS$ 图形分析

如图 5-7 所示，初始均衡在点 E，AS 与 AD 相交于该点，在这个点上，商品市场与资产市场处于均衡状态。将总需求曲线与凯恩斯总供给曲线结合在一起，总需求的一次增大，比如增加政府支出、减税或者增加货币供给，使得 AD 向右上方移动，从 AD 移动到 AD'。新的均衡位于点 E'，在该点产出增加了，但均衡价格水平不变。

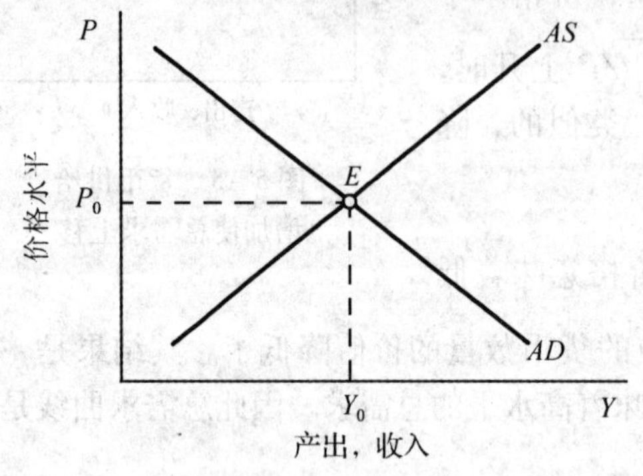

图 5-6 总供给与总需求

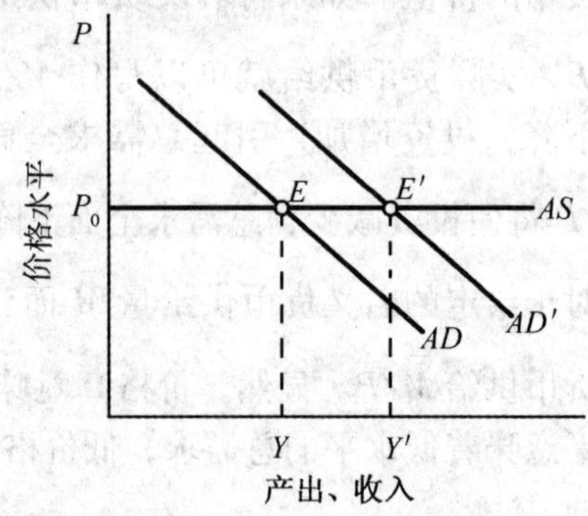

图 5-7 总需求的扩张：凯恩斯情况

(2)结论

在凯恩斯总供给假定下，由于总供给曲线具有完全弹性，在既定价格水平下，厂商愿意供给任何产出量，此时增加总需求的作用仅仅是增加产出与就业，价格不受影响。

3. 古典情况下的总需求政策

(1)$AD-AS$ 图形分析

如图 5-8 所示，总供给曲线是 AS，均衡最初位于点 E。根据假定——企业在任何价格水平都将供给充分就业的产出水平，点 E 处在充分就业状态上。

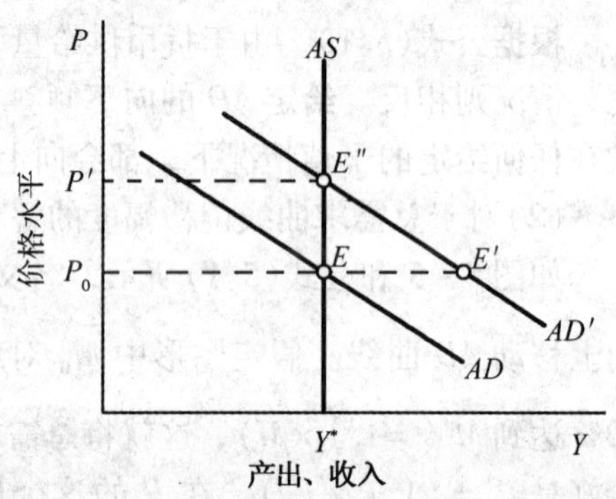

图 5-8 总需求的扩张：古典情况

①扩张的财政政策(增加政府支出)使总需求曲线从 AD 移动到 AD'，在价格水平 P_0 上，对产品的需求上升，但企业不能得到劳动力来扩大产量，产量供给无法适应需求的增加。由于企业试图雇佣更多的工人，因而会提高工资和生产成本。这样，企业就必须为其产品索取较高的价格。

②价格上涨，降低了实际货币存量水平，并引起支出的减少，经济将沿 AD'，向上推进，直至价格上升到足够高的水平，实际货币存量降到足够低的水平，使支出减少到与充分就业产出相一致的水平，即价格水平升至 P'。在点 E''，总需求在更高的价格水平上，再次与总供给相等。

(2)结论

在古典情况下，在充分就业的产出水平上，总供给曲线是垂直的。无论价格水平怎样变化，厂商都将供给 Y^* 水平的产量。现在价格水平不再是给定的，而是取决于供求的相互作用。在此情况下，给定完全无弹性的供给，增加总需求的政策仅引起价格水平上升，但产出无变化。

四、供给学派的经济学

1. 供给学派经济学的主要观点

"供给学派经济学"一词指的是这样一种思想，该思想认为降低税率使人们更有积极性去工作，这种激励作用将使总供给极大地增加，以致税收收入总额会上升而不是下降。

2. 税率降低对总供求的影响

(1)降低税率对总供给和总需求都有影响，但影响幅度不同

实施降低税率的政策，总需求曲线从 *AD* 向右移动到 *AD′* 处，移动幅度相对较大；总供给曲线也从 *AS* 右移到 *AS′*，较低的税率使人们更有积极性去工作，然而这种激励的作用是相当微小的，因此，潜在 GDP 向右移动的幅度很小。图 5－9 描绘出了总需求大幅度移动和总供给小幅度移动的情况。

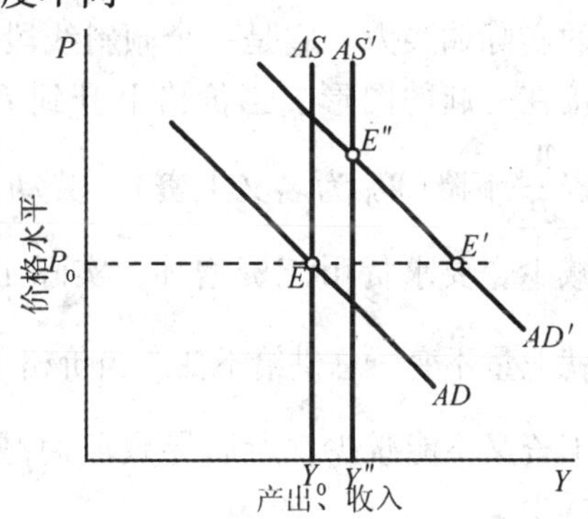

图 5－9　税率降低对总供求的影响

(2)降低税率对税收收入总额的影响

①在短期中，经济从 *E* 移到 *E′*，GDP 显著上升，结果是税收收入总额下降比例小于税率的下降比例。然而，这纯粹是总需求效应。

②在长期中，经济将移动至 *E″*，GDP 会提高一些，但提高的量很小。结果税收总额下降，赤字增大。此外，价格将永久性地升高。

5.2　课后习题详解

一、概念题

1. 总供给(*AS*)曲线(aggregate supply (*AS*) curve)

答：参见本章"复习笔记"。

2. 总需求(*AD*)曲线(aggregate demand (*AD*) curve)

答：参见本章"复习笔记"。

3. 古典总供给曲线(classical aggregate supply curve)

答：参见本章"复习笔记"。

4. 货币流通速度(velocity of money)

答：货币流通速度是同一单位的货币在一定时期内平均周转的次数。它可以表明同一单位的货币在一定时期内所支持的流通商品量。货币流通速度是决定商品流通过程中所需货币量的重要因素之一，加快货币流通能在一定程度上弥补流通中货币数量的不足。在确定货币流通速度时，货币应处于流通中，不包括暂时停止或长期沉淀的部分。现实中无法确定有多少货币正处于流通过程中，或有多少货币停止不动，所以，主要根据不同层次货币与相应商品的流通确定货币流通速度。

5. 潜在 GDP(potential GDP)

答：潜在的 GDP 是经济中实现了充分就业时的 GDP，又称充分就业的 GDP，反映了经济的潜在生产能力。潜在 GDP 的增加意味着经济增长，潜在 GDP 与实际 GDP 的差别反映了经济周期的情况。如果实际 GDP 大于潜在 GDP，则经济高涨，有通货膨胀的压力；如果实际 GDP 小于潜在 GDP，则经济衰退，有失业的压力。

6. 凯恩斯的总供给曲线(Keynesian aggregate supply curve)

答: 凯恩斯的总供给曲线是一种短期总供给曲线，指凯恩斯学派提出的在资源未得到充分利用情况下的总供给曲线。它的两个假设为：(1)货币工资刚性，只能升不能降；(2)人们有“货币幻觉”，只注意货币的票面价值，而忽视货币的实际购买力。它是一个倾斜线段和垂直线段连接在一起的图形。当价格上升到 P_1 时，实际工资$\frac{W_0}{P_1}$下降(W_0 为名义工资)，劳动力市场的供给减少，要求货币工资增加，实际工资恢复原值，

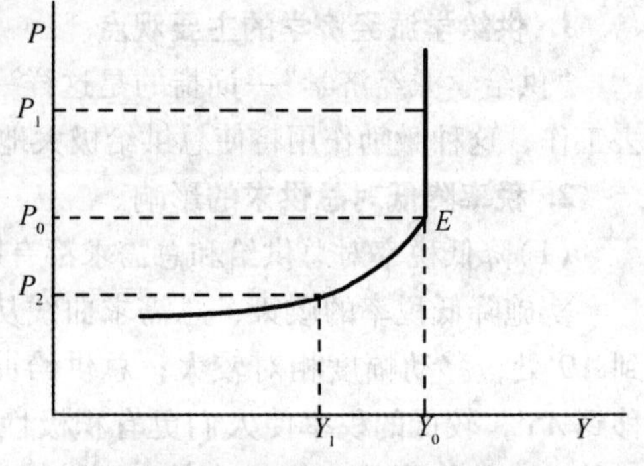

图 5－10 凯恩斯的总供给曲线

就业量不变，总供给不变。当价格下降到 P_2 时，$\frac{W_0}{P_2}$增加，劳动力市场的需求减少，而货币工资又不能减少，所以导致厂商减少对劳动力的需求，就业水平小于均衡状态，总供给减少。

其经济含义是：在未达到充分就业的国民收入 Y_0 前，经济社会能够以大致不变的价格提供任何数量的国民收入，而在达到了 Y_0 后，不管价格被提到何种程度，国民收入不会增长，只会出现通货膨胀。

7. 摩擦性失业(frictional unemployment)

答: 参见本章“复习笔记”。

8. 自然失业率(natural rate of unemployment)

答: 自然失业率又称“有保证的失业率”、“正常失业率”、“充分就业失业率”等。自然失业率的含义请参见本章“复习笔记”。自然失业率是弗里德曼对菲利普斯曲线发展的一种观点，他将长期的均衡失业率称为“自然失业率”，它可以和任何通货膨胀水平相对应，且不受其影响。

9. 实际货币供给(real money supply)

答: 实际货币供给指剔除了物价影响之后的一定时点上的货币存量，它等于名义货币供给量除以价格水平。当名义货币供给量不变时，实际货币供给量与价格水平成反方向变动，即价格水平上升，实际货币供给量减少；价格水平下降，实际货币供给量增加。在货币需求不变的情况下，实际货币供给量减少使利息率上升，利息率上升又使投资减少，总需求减少；反之，实际货币供给量增加使利息率下降，利息率下降又使投资增加，总需求增加。

10. 名义货币供给(nominal money supply)

答: 名义货币供给指一定时点上不考虑物价因素影响的货币存量。名义货币供给为流通中的钞票和硬币的名义价值，不涉及这些钞票和硬币的购买力，是考察一国货币供给量的一个静态指标。但在制定经济政策和进行经济形势分析时，必须考虑到物价水平的变动情况，也就是在考察名义货币供给的基础上，还必须考察实际货币的供给状况。

11. 货币数量论(quantity theory of money)

答: 货币数量论是关于名义总收入只取决于货币数量变动的理论，是一种历史悠久的货币理论。这种理论最早由16世纪法国经济学家波丹提出，现在继承这一传统的是美国经济学家弗里德曼的现代货币数量论。这一理论的基本思想是：货币的价值(即货币的购买力)

和物价水平都由货币数量决定；货币的价值与货币数量成反比例变动，物价水平与货币数量同方向变动。货币数量越多，货币的价值越低，而物价水平越高；反之，货币数量越少，货币的价值越高，而物价水平越低。

12. 名义 GDP(nominal GDP)

答： 名义 GDP 指用生产物品和劳务的当年价格计算的全部最终产品的市场价值，它没有考虑通货膨胀因素。由于通货膨胀等原因，价格可能会发生强烈变化，故为方便比较而引入实际 GDP 的概念。实际 GDP 是指用从前某一年的价格作为基期价格计算出来的当年全部最终产品的市场价值。二者之间的关系式为：实际 GDP = 名义 GDP ÷ GDP 平减指数。

二、简答题

1. 总供给曲线与总需求曲线描述的是什么？

What do the aggregate supply and aggregate demand curves describe?

答： 总供给曲线描述的是在每个价格水平上厂商愿意供给的真实总产出数量，总需求曲线描述的是产品市场与货币市场同时达到均衡时的价格水平与产出水平的所有组合。

(1) 总供给曲线的含义参见本章"复习笔记"。

(2) 总需求曲线的含义参见本章"复习笔记"。

当政府采取扩张性财政政策，如政府支出扩大，或扩张性货币政策，都会使总需求曲线向右上方移动；反之，则向左下方移动。

(3) 总供给 - 总需求模型可用于解释经济的波动。具体分析如下：

如图 5 - 11(a) 所示，短期的收入和价格水平的决定有两种情况。第一种情况是，AD 是总需求曲线，AS_S 是短期总供给曲线，二者交点 E 决定的收入或产量为 Y，价格水平为 P，二者都处于很低的水平。这种情况表示经济处于萧条状态。第二种情况是，当总需求增加，总需求曲线从 AD 向右移动到 AD'，短期总供给曲线 AS_S 和新的总需求曲线 AD' 的交点 E' 决定的产量或收入为 Y'，价格水平为 P'，二者都处于很高的水平，这种情况表示经济处于高涨状态。

现在假定短期总供给曲线由于受到供给冲击（如石油价格和工资等提高）而向左移动，但总需求曲线不发生变化。在这种情况下，短期收入和价格水平的决定可用图 5 - 11(b) 表示。

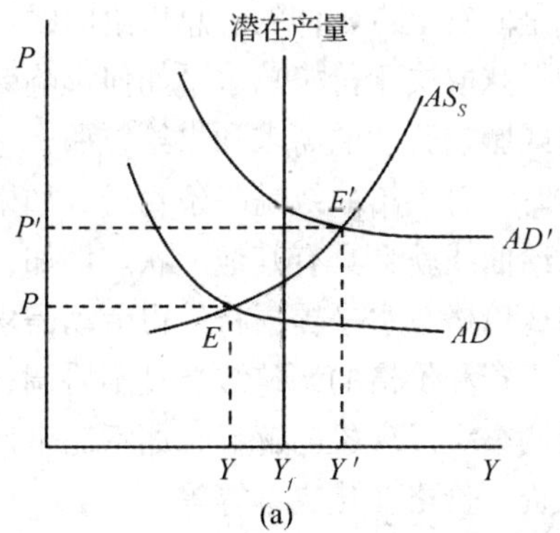

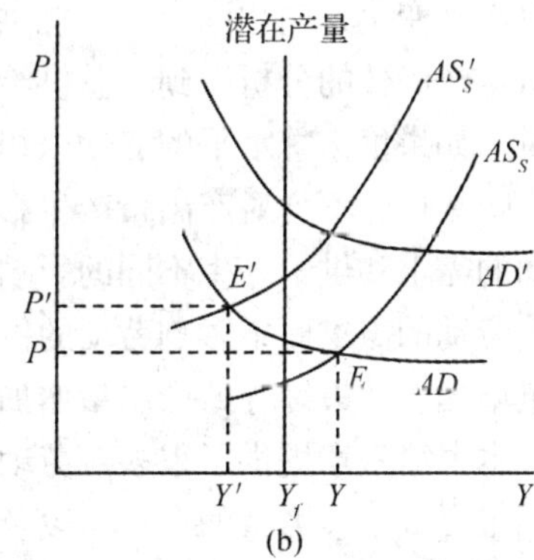

图 5 - 11　总供给 - 总需求模型

在图 5 - 11(b) 中，AD 是总需求曲线，AS_S 是短期总供给曲线，二者交点 E 决定的产量或收入为 Y，价格水平为 P。现在出现供给冲击，AS_S 左移到 AS_S'，与总需求曲线 AD 交于

E'，E'点所决定的产量为 Y'，价格水平为 P'。这个产量低于原来的产量，而价格水平却高于原来的价格水平，这种情况表示经济处于滞胀状态，即经济停滞和通货膨胀结合在一起的状态。

2. 解释为什么古典供给曲线是垂直的。在古典情况下，保证持续的劳动力充分就业的机制是什么？

Explain why the classical supply curve is vertical. What are the mechanisms that ensure continued full employment of labor in the classical case?

答：(1)古典总供给曲线是垂直的，因为古典模型假设名义工资会随着物价水平的变化迅速做出调整，这意味着劳动力市场总是处于均衡状态并且产出处于充分就业的水平。如果总需求曲线向右移动，厂商就会提高名义工资以吸引更多的工人来增加产出。但是现在已经处于充分就业状态，没有更多的工人可以被雇佣，并且厂商只能提高名义工资。最后工资和价格水平会按比例增长，而实际工资率和就业与产出水平不会发生变化。如果需求下降，厂商就会解雇工人。此时工人为了能不失业而宁愿接受较低的工资，较低的工资成本会使厂商降低其产品价格，最后工资和价格水平会按比例的下降，而实际工资率和就业与产出水平不会发生变化。

(2)在古典情况下，保证劳动力充分就业的机制是工资富有弹性或劳动力市场充分竞争，此时工资是影响供求的主要因素。当然劳资双方要信息对称，产出应该处在潜在的产出水平上，这样才能保证劳动力的充分就业。

3. 总供给曲线描述的是一种什么样的关系？你能为此提供直观的理由吗？

What relationship is captured by the aggregate supply curve? Can you provide an intuitive justification for it?

答：(1)总供给曲线描述的是产出和价格水平之间的关系，然而却没有单一的总供给曲线理论。尽管目前有大量理论解释了厂商倾向于随着价格水平的提高增加其产出的事实，但凯恩斯模型描述的水平总供给曲线仅适用于短期(几个月或更短)，而古典模型描述的垂直总供给曲线仅适用于长期(十年以上)的情况，中期的总供给曲线也是仅适合描述几个季度或几年的情况。

(2)总供给曲线表示经济当中的生产总量与价格总水平之间的对应关系。一般地，生产总水平与价格总水平变化方向相同，因此总供给曲线是向右上方延伸的。总供给曲线可以通过劳动市场和总量生产函数的分析得到。总供给曲线的形状取决于价格总水平如何影响劳动市场上的均衡就业量。如果价格总水平的变动以相同的方式影响劳动的需求和供给，那么它对均衡就业量不产生影响，也就不会对产出量产生影响。这时，总供给曲线是一条直线。如果价格总水平变动对劳动的需求和供给产生不同的影响，则供给曲线就会具有其他形状。例如，如果价格总水平只影响劳动的需求而不影响劳动的供给，那么价格总水平提高将使得劳动需求增加，从而均衡就业量增加，并最终导致产出量增加。由于工资和价格的调整缓慢且不协调，总供给曲线向上倾斜。本书第六章提供了很多对劳动力市场调整缓慢现象的解释，如不完全信息市场出清模型，合同工资或工会力量的存在，以及效率工资、价格变化成本等等。

4. 凯恩斯总供给曲线与古典总供给曲线有何不同？是否其中一种的阐释比另一种更贴切？请做出解释，注意要指明你的回答所适用的时间范围。

How does the Keynesian aggregate supply curve differ from the classical one? Is one of these specifications more appropriate than the other? Explain, being careful to state the time horizon to which your answer applies.

答：(1)凯恩斯总供给曲线与古典总供给曲线的不同

凯恩斯总供给曲线又称为短期总供给曲线，是一条倾斜线段和垂直线段连接在一起的曲线。古典总供给曲线又称为长期总供给曲线，是一条垂直线。凯恩斯总供给曲线和古典总供给曲线的区别主要表现在：

①短期总供给曲线和长期总供给曲线的差别。古典总供给曲线是长期总供给曲线，而凯恩斯总供给曲线是短期总供给曲线。

②图形形状的差别。古典总供给曲线在图形上是一条位于经济的潜在产量水平上的垂直线，如图5－13所示；而凯恩斯总供给曲线是一条倾斜线段和垂直线段连接在一起的曲线，如图5－12所示。

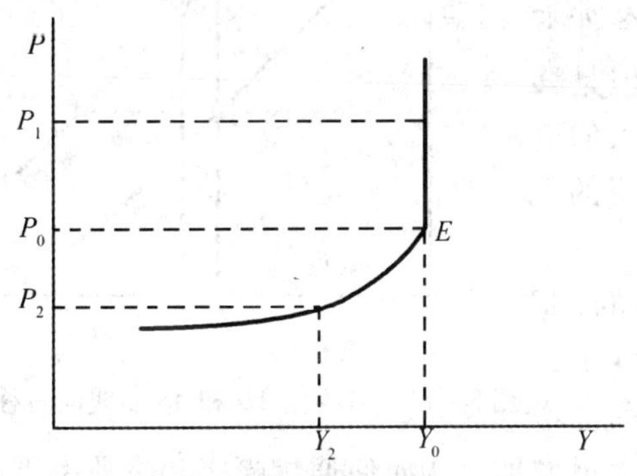

图5－12 凯恩斯总供给曲线

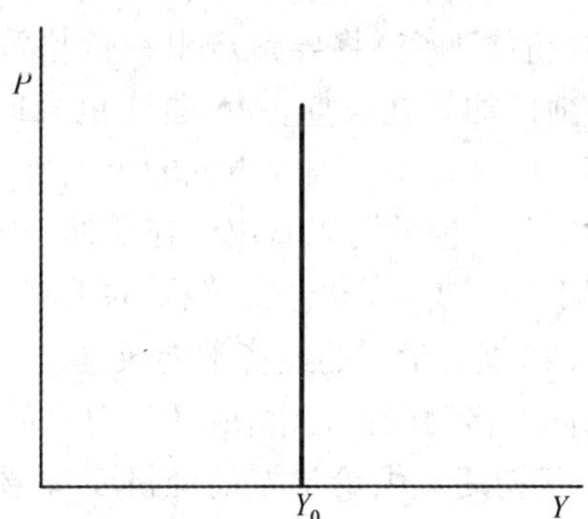

图5－13 古典总供给曲线

③理论基础不同。古典理论认为，劳动市场运行毫无摩擦，总能维持劳动力的充分就业。既然在劳动市场，在工资灵活调整下充分就业的状态总能维持，那么，无论价格水平如何变化，经济中的产量总是与劳动力充分就业时的产量，即潜在产量相对应，所以总供给曲线总是垂直的；而凯恩斯主义则假设工资刚性，并且劳动力市场存在摩擦，充分就业和达到潜在产量只是一种理想状态。实际工资和名义工资的变化会带来劳动供求的变化，所以总供给曲线不会在充分就业保持垂直，而是应该保持水平或者至少保持正斜率。

④蕴含的政策效果不同。古典模型中，除非总供给曲线发生变动，否则扩张性的财政和货币政策只会带来价格上涨，没有任何产出效果。凯恩斯模型中，财政和货币政策将导致产出变动，而价格则不受当前GDP的影响。

(2)不能说其中一种的阐释比另一种更贴切

凯恩斯的总供给曲线假定价格水平是固定的，所以该总供给曲线是水平的，适合用来描述很短时期内(几个月或更短)的情况。而古典的总供给曲线假定产出固定在潜在产出水平上，所以该供给曲线是垂直的，最适合用来描述价格随各种外部因素变化时迅速调整的长期(十年以上)的情况。所以，不能简单的说一种理论比另一理论更贴切，它们各自有不同的适用范围。

5. 总供给和总需求模型看起来、听起来都与微观经济学的标准供求模型极为相似。这些模型有何联系？

The aggregate supply and demand model looks, and sounds, very similar to the standard supply and demand model of microeconomics. How, if at all, are these models related?

答：应用于宏观经济学的总供给和总需求模型与应用在微观经济学的市场供求模型并不

相同。虽然两个模型的作用方式(曲线上的移动与曲线的移动的区别)是相似的，但它们之间没有任何相关性。微观经济学的标准供求模型中的价格 P 是指单个商品的价格(或两个贸易商品的价格比)，然而宏观经济总供给和总需求模型中的价格 P 是指一个国家以货币衡量的所有商品和服务的平均价格水平。

三、计算与分析题

1. (1)如果政府要降低所得税，这将在短期中如何影响产出与价格水平？在长期呢？请说明在两种情况下，总供给曲线和总需求曲线将受到什么样的影响。

(2)什么是供给学派的经济学？给定你对(1)部分的回答，它全是有效的吗？

答：(1)如图 5－14 所示，个人所得税的下降使 AD 和 AS 曲线向右移动。AD 曲线的移动幅度明显要大。在短期(价格不变)将导致产出在价格没有变化的条件下明显地增加。在长期，AS 曲线也会向右移动，但是移动幅度明显要小，因为更低的个人所得税鼓励了人们更多的工作。因此可以看出，在长期，随着价格水平的大幅度上升，实际产出只有轻微的上涨。

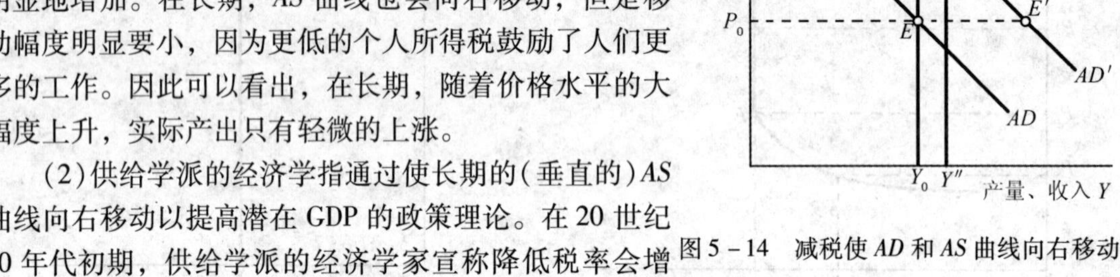

图 5－14　减税使 AD 和 AS 曲线向右移动

(2)供给学派的经济学指通过使长期的(垂直的)AS 曲线向右移动以提高潜在 GDP 的政策理论。在 20 世纪 80 年代初期，供给学派的经济学家宣称降低税率会增加劳动力供给、提高储蓄和投资，这将使总供给大量增加，从而使通货膨胀和失业率下降，即使在低税率的情况下经济的高增长也会使税收收入增加。然而这一预言并没有变成事实，就像上一问所证明的那样，虽然降低税率在长期可以提高潜在 GDP，但是程度非常有限，其作用并不是很大。

2. 假定政府将支出从 G 增至 G'，同时以在初始产出水平使预算保持平衡的方式增税。

(1)说明这种变化对总需求曲线的影响。

(2)在凯恩斯情况下，这对产出和价格水平有何影响？

(3)在古典情况下，这对产出和价格水平有何影响？

答：(1)根据平衡预算法则，政府购买和税收同时等量增加将使 AD 曲线向右移。如果 AS 曲线是向上倾斜的，那么平衡预算乘数会小于 1，也就是说产出的增加将少于政府支出的增加，即由于更高的价格水平导致实际货币余额减少，最终使实际利率上升，部分政府支出被挤出。如图 5－15 所示。

(2)在凯恩斯情况下，总供给曲线水平且价格水平是固定的，此时没有实际余额效应，因此产出的增加要大于上一问的情形。然而，实际利率仍然会上升，因此平衡预算乘数会小于 1(接近于 1)。如图 5－16 所示。

(3)在古典的情况下，总供给曲线是垂直的并且产出是固定在潜在产出水平。这样 AD 曲线的移动会导致价格上升，实际货币余额下降。因此实际利率上升得比上一问的情形要多，直到投资被完全挤出，此时平衡预算乘数为 0。如图 5－17 所示。

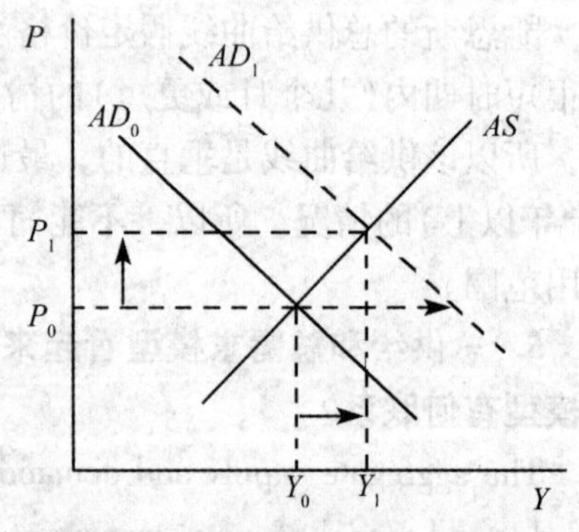

图 5－15　对总需求曲线的影响

上面通过 $AD-AS$ 模型和乘数效应分析问题。此题也可以通过 $IS-LM$ 模型和 $AD-AS$ 模型的联系入手更加详细地讨论。二者大部分的推导过程相同，只是在某些细节更加详细。

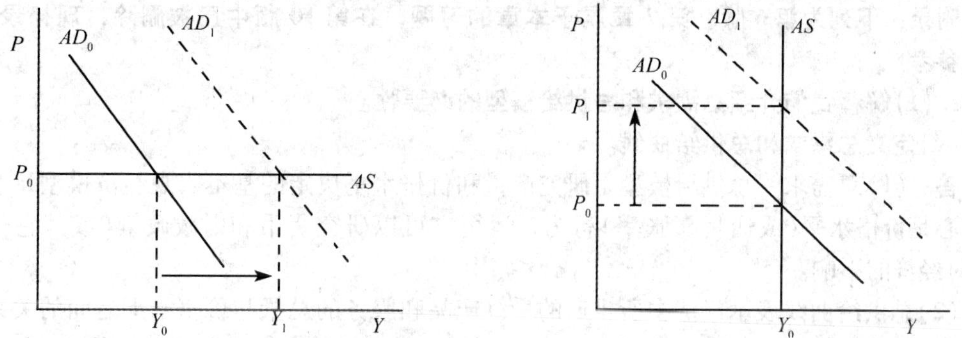

图 5－16　在凯恩斯情况下对产出和价格水平的影响　　图 5－17　在古典情况下对产出和价格水平的影响

①根据平衡预算乘数，政府购买和税收的等量增加将使 IS 曲线向右移(移动量等于政府支出的增加量)。因为 LM 曲线是向上倾斜的，收入的增加会导致人们持有更多的货币，从而使利率增加。一些投资将被挤出，这使 AD 曲线向右移动的量小于 IS 曲线移动的量。

②在凯恩斯情况下，总供给曲线是水平的并且价格水平是固定的，这时没有实际余额效应，并且 LM 曲线不会向左移动。收入和利率增加，并且平衡预算乘数会小于1(但接近1)。如图 5－18 左下图。

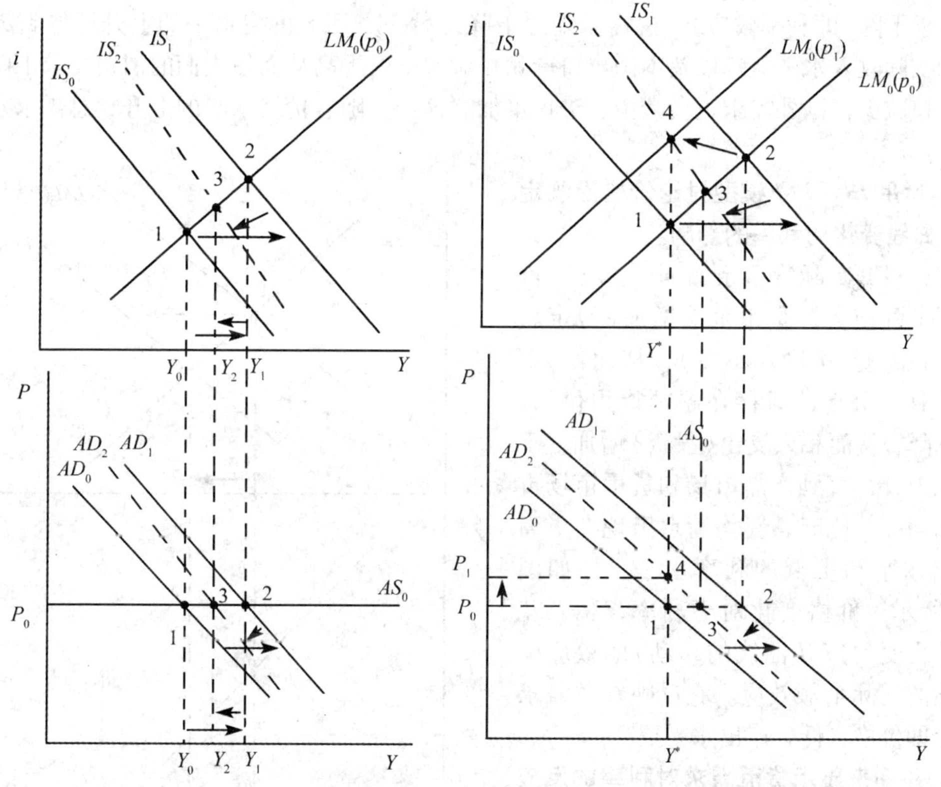

图 5－18　在凯恩斯和古典情况下，对产量和价格的影响

③在古典的情况下，总供给曲线是垂直的并且产出是固定在潜在的产出水平的。这样 AD 曲线的移动(由于 IS 曲线的移动)会导致价格上升。实际货币余额下降使 LM 曲线向左移

动。因此实际利率上升得要比上一问多，直到投资被完全挤出。因此平衡预算乘数为0。如图5－18右下图。

附录：下列为第6版、第7章属于本章的习题，在第10版中已被删除，现补录如下，仅供参考！

1. (1)解释我们介绍总需求和总供给模型的必要性。

(2)定义总需求和总供给曲线。

答：(1)总需求－总供给模型是研究产量和价格水平决定的基本宏观经济模型，它分析的核心是价格水平(或通货膨胀率)行为，运用它可以研究货币和财政政策(或其它任何扰动)对经济的影响。

(2)总供给曲线表示经济中所生产的最终产品和服务的总量与价格水平之间的关系，是向右上方延伸的，可以通过劳动市场和总量生产函数的分析得到。注意短期和长期的总供给曲线的政策含义不同：①在短期内，随着总需求的不同，经济可以处于萧条和高涨的状态。此时，政府可以通过调整总需求使得经济位于充分就业的产出水平。②在长期中，经济保持在潜在产出的水平，需求管理政策不能改变国民收入，只能改变价格总水平。

总需求曲线表示人们愿意购买的商品和服务总量与价格水平之间的关系，是产品市场和货币市场同时达到均衡时价格水平与国民收入间依存关系的曲线。总需求曲线向下倾斜：当价格水平上升时，货币市场上，价格水平上升导致实际货币供给下降，从而使*LM*曲线向左移动，均衡利率水平上升，国民收入水平下降；产品市场上，一方面由于利率水平上升造成投资需求下降(即利率效应)，总需求随之下降；另一方面，价格水平的上升还导致人们的财富和实际收入水平下降以及本国出口产品相对价格的提高从而使人们的消费需求下降，本国的出口减少，国外需求也会减少，进口增加。这样，随着价格水平的上升，总需求水平就会下降。

2. 运用*IS*－*LM*模型讨论价格沿既定的*AD*曲线变化对利率的影响。

答：根据实际货币余额 $m = M/P$，价格水平下降使实际货币余额增加(假定名义货币供给量*M*固定不变)，从而使*LM*曲线右移。由于此时存在超额货币供给，利率下降，从而私人支出(投资)增加。于是收入上升，直到产品市场和货币市场再次达到均衡。此时，新均衡点出现在更高的产出水平和更低的利率水平上。如图5－19所示，价格变化对于利率、私人花费和产出变动(*LM*曲线的移动)的效应就是所谓的实际余额效应。它反映在总需求曲线上即价格更低，产出水平更高。

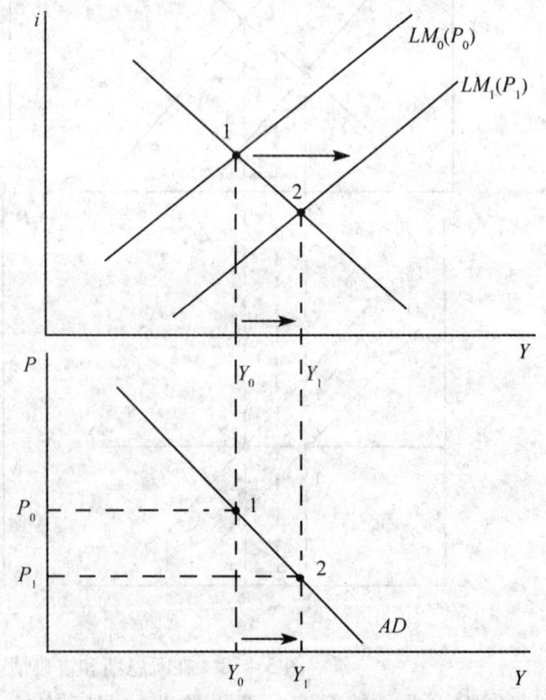

图5－19　价格沿既定的*AD*曲线变化对利率的影响

3. 用图来显示货币需求对利率的反应程度越大，乘数越小，则*AD*曲线越陡峭。

答：货币市场均衡方程为：*LM*曲线：

$i=\frac{1}{h}\left(kY-\frac{\overline{M}}{P}\right)$，货币需求对利率的反应程度 h 越大，*LM* 曲线越平坦。在这种情况下，*LM* 曲线向右的任何移动(由于价格水平下降产生的实际货币余额增加)都会在 *IS*－*LM* 模型中产生较小的均衡产出水平增长，即乘数越小。同时由于价格变化引起的 *LM* 曲线移动等价于沿 *AD* 曲线的移动，因此，货币需求对利率的反应程度越大，*LM* 曲线越平坦，则 *AD* 曲线越陡峭。如图 5－20(a)所示。

根据货币政策乘数，h 与 k 数值越大，b 与 α_G 数值越小，增加实际余额对均衡收入水平的扩张性效应也越小，即对应着非常陡峭的 *IS* 曲线。此时价格水平下降，实际余额增加，*LM* 曲线向右移动。然而，如果 *IS* 曲线陡峭，那么在 *IS*－*LM* 模型中产生的均衡产出水平增长会相对较小。因此乘数越小，*IS* 曲线越陡峭，从而 *AD* 曲线越陡峭。如图 5－20(b)所示。

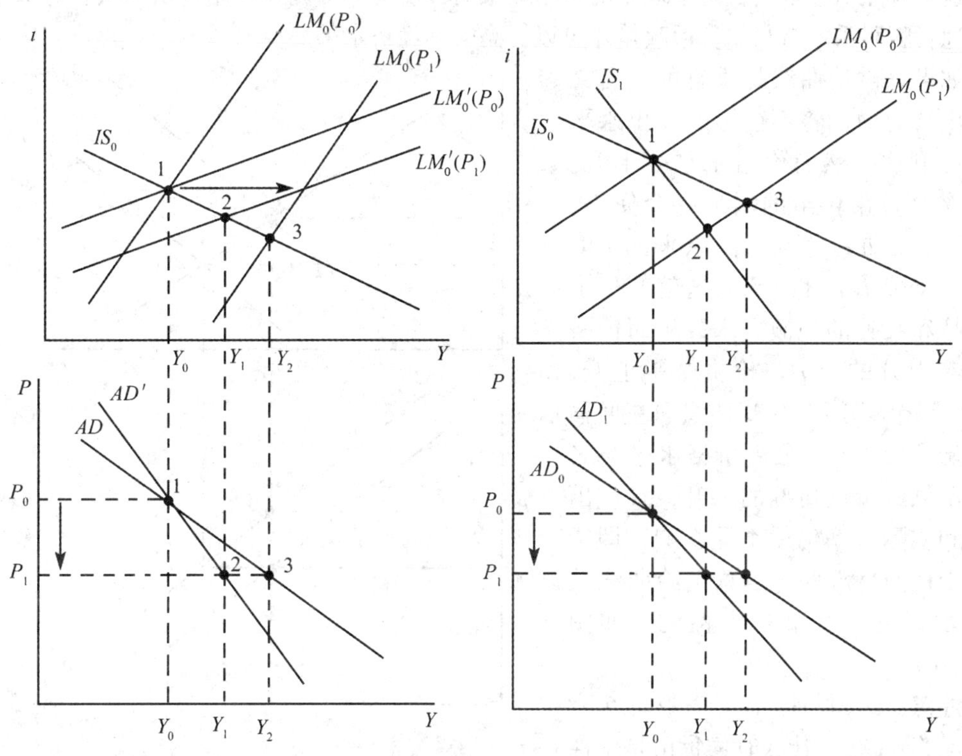

图 5－20(a)　乘数越大，*LM* 曲线越平坦，从而 *AD* 曲线越陡峭

图 5－20(b)　乘数越小，*IS* 曲线越陡峭，从而 *AD* 曲线越陡峭

4. 假定充分就业量由 Y^* 增至 $Y^{*'}$，数量论对于价格水平的变化将会做出怎样的预测？

答：假定充分就业量由 Y^* 增至 $Y^{*'}$，根据货币数量论可以得出价格水平下降的结论。货币数量论的方程为：$M\times V=P\times Y$，可以变形为：$P=(M\times V)/Y$。如果收入水平(Y)增加，而货币供给(M)和货币流通速度(V)固定不变，那么价格水平(P)会下降。实际上随着收入的增加，流通速度也增加(并且假定货币供给固定不变利率也很可能增加)。但是由于流通速度的增加小于收入增加的比例，仍然可以认为随着收入的增加，价格水平会下降。

5. 在一个封闭经济的商品市场均衡中，$S+TA-TR=I+G$。根据这个事实，请解释为什么在古典情况下，财政扩张必定导致充分的挤出效应。

答：在一个封闭经济的商品市场均衡中有 $S+TA-TR=I+G$，所以 $I=S+TA-TR-$

G。古典情况下由于处于充分就业水平，AS 曲线是垂直的，这样 AD 曲线的移动（由于 LM 曲线的产生）就不会影响收入，从而储蓄 S 和税收 TA 也没有变化。因此政府购买 G 的增加一定会被等量的投资 I 的减少所抵消（假定转移支付 TR 为常数）。所以在古典情况下，财政扩张必定导致充分的挤出效应。

6. 运用 $IS-LM$ 曲线说明在古典供给情况下货币中性的原因。

答：货币中性指名义货币数量的变化不会改变产品市场原有均衡状态和国民收入的结构，仅引起产品市场各种商品的绝对价格水平的同比例变动。当货币是中性时，货币供给的增加导致货币需求的增加，货币市场在新的供求均衡点上达到均衡，此时只是物价总水平的变化，商品的相对价格并不改变，也不影响产品市场的均衡，以及实际国民收入中消费与储蓄、投资与消费的比例关系。在这种情况下货币只是一种面纱，货币经济类似于物物交易经济。这一观点从根本上否定了规则的货币政策对经济周期的调节作用，认为只有对未被预期到的通货膨胀采取适当的货币政策才可以提高实际经济水平。

如果总供给曲线是垂直的，名义货币供给的增加将不会影响产出水平或实际利率，然而价格水平会上升。这样名义货币供给的增加将会使 LM 和 AD 曲线向右移动，由原来的 LM_0 和 AD_0 变成 LM_1 和 AD_1。这就产生了对商品和服务的超额需求，从而价格水平有上升的压力。价格水平上升，实际货币余额下降，LM 曲线向左回移到初始位置 LM_0。最后价格水平与名义货币供应量成比例的上升，且产出水平和实际利率仍然不受影响，即货币是中性的。因此，当总供给曲线是垂直的时候，货币是中性的。如图 5－21所示。

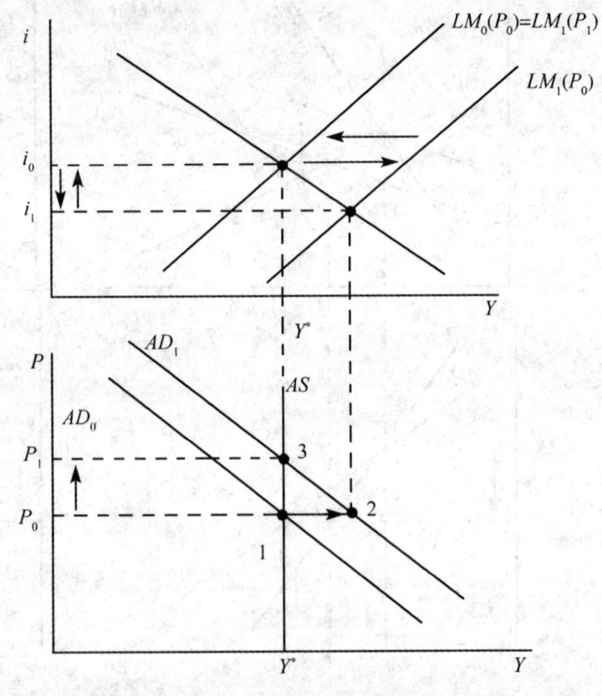

图 5－21　在古典供给情况下货币中性

注意：此题与原书第 7 版第 5 章概念题第 6 题："什么时候货币是中性的?"实为一道题，只是问法上有区别。

7. 假定政府将个人所得税税率由 t 降至 t'。

(1)这对 AD 线有何影响?

(2)对均衡利率有何影响?

(3)对投资有何影响?

答：(1)如果政府把个人所得税税率调低至 t'，会使个人收入水平相对提高，即支出乘数会变大，这样 IS 曲线和 AD 曲线就会变得更平坦并且向右移动。如图 5－22 所示。

(2)扩张性的财政政策会提高收入和利率。个人所得税税率的下降增加了消费，并使 IS 曲线右移且更加平坦。因为名义货币供给固定，利率不得不上升以使货币市场重新达到均衡。AD 曲线较小的右移（也更加平坦）反映了 IS 曲线的移动。如果 AS 曲线是向上倾斜（或垂直），AD 曲线的移动会使价格上升。价格上升使实际余额减少。因此 LM 曲线向左移动并使利率进一步升高。沿 *AD* 曲线移动和 *LM* 曲线向左移动反映了实际余额效应。

(3)扩张性的财政政策提高了利率，进而减少了投资，所以存在私人支出被挤出的挤出效应。

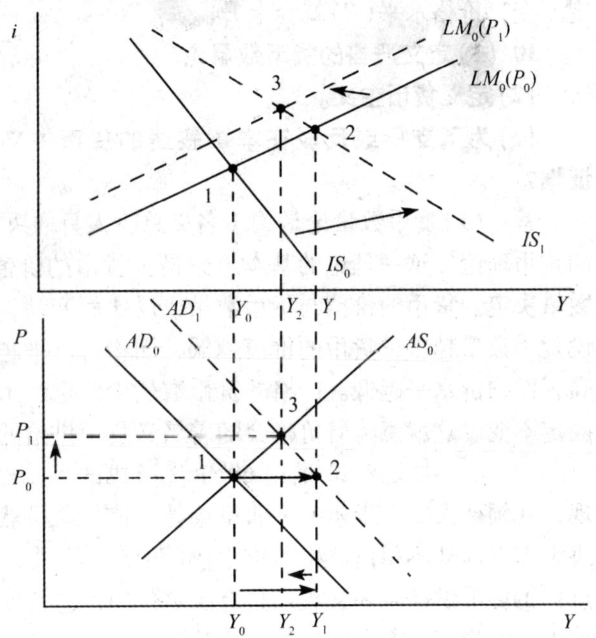

图 5 - 22　减税对 *AD* 线的影响

8. 假定货币需求降低了，在每个产量和利率水平上公众现在想要持有的实际余额降低了。

(1)在凯恩斯情况下，这对均衡产量和对价格有何影响?

(2)在古典情况下，这对产量和价格分别产生什么影响?

答：(1)货币需求的下降降低了利率，进而提高了投资和收入。*LM* 曲线和 *AD* 曲线向右移动，均衡产出增加。但是在凯恩斯情况下，由于 *AS* 曲线是水平的，价格保持不变，所以不存在实际余额效应，*LM* 曲线也不会向左回移。因此，凯恩斯情况下，货币需求降低会使均衡产量增加而价格水平不变。如图 5 - 23 左图所示。

(2)在古典情况下，*AS* 曲线是垂直的，这样 *AD* 曲线的移动(由于 *LM* 曲线的产生)就不会影响收入，而价格水平会上升，这就使实际货币余额减少，*LM* 曲线会回移到它的初始位置，并且不影响利率。因此，古典情况下，货币需求降低并不影响均衡产量而使价格上升。如图 5 - 23 右图所示。

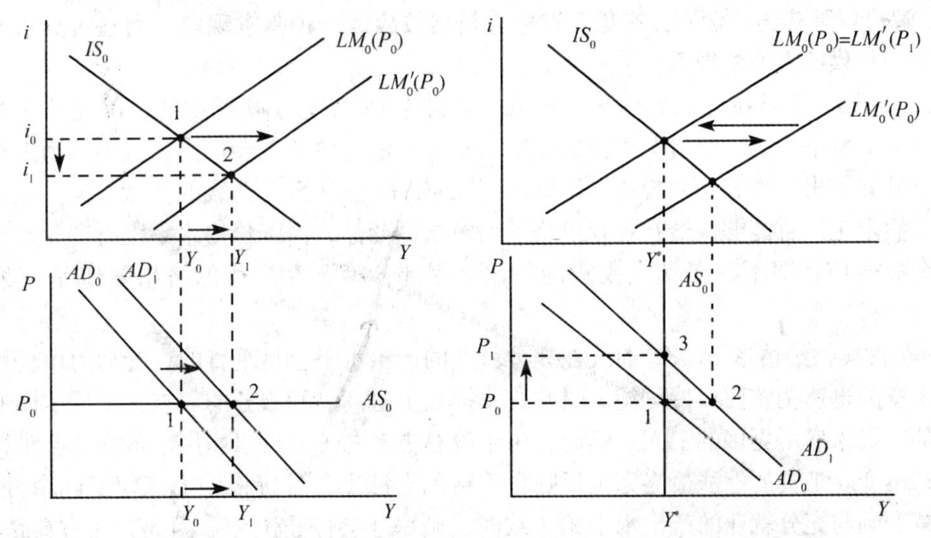

图 5 - 23　在凯恩斯和古典情况下，货币需求降价对产量和对价格的影响

9. 请用货币数量论解释货币需求变动对价格的影响。

答：根据货币数量论的方程 $MV = PY$，并给定货币供给(M)固定不变，货币需求的下降意味着货币的流通速度(V)上升。这会使名义收入(PY)上升。如果在凯恩斯情况下，价格水平(P)就会固定不变，实际产出(Y)就会上升；如果在古典情况下，实际产出(Y)就会固定不变，价格水平(P)就会上升。

10. (1)定义严格的货币数量论。

(2)定义货币主义。

(3)为了支持或反驳在本章叙述的货币主义的主要论断，需要收集哪种类型的统计证据?

答：(1)货币数量论是关于名义总收入只取决于货币数量变动的理论，是一种历史悠久的货币理论。这一理论的基本思想是：货币的价值(即货币的购买力)和物价水平都由货币数量决定。货币的价值与货币数量成反比例变动，物价水平与货币数量同方向变动。这就是说货币数量越多，货币的价值越低，而物价水平越高；反之，货币数量越少，货币的价值越高，而物价水平越低。严格的货币数量论假定产出保持在充分就业水平并且货币的流通速度固定不变。这就意味着价格会随着名义货币供给的变化而成比例地变化。

(2)货币主义是20世纪60年代形成的一个经济学流派，以挑战凯恩斯主义的面貌出现，其领袖人物为米尔顿·弗里德曼。该理论虽然承认货币供给是价格水平变化的最重要的决定因素，却不相信严格的货币数量论，其基本理论为新货币数量论和自然率假说。主要观点：①货币供给对名义收入具有决定作用；②长期中，货币数量主要影响价格以及其他用货币表示的量(如货币工资)，而不影响就业和实际国民收入；③短期可以改变实际变量；④私人经济具有自身稳定性。

货币主义的核心命题是：经济活动中，货币最重要。其政策主张是：货币发行增长率要保持一个不变的速度，让经济中的个体对通货膨胀有完全的预期，这种货币机制被称为弗里德曼规则。除此，不要对经济活动有任何干预。

(3)为了调查货币主义者主张的可靠性，应该收集有关诸如通货膨胀率、收入增长、货币供给(M_1 和 M_2)的增长率和长期中货币流通速度的趋势等变量的数据。

11. 解释以下陈述的含义：在第5章中，挤出效应是一种需求现象，而在古典供给情形下，它是一种供给方面的现象。

答：(1)第5章是在价格水平不变的条件下讨论简单 $IS-LM$ 模型的，因此第5章中的分析是在第7章中对凯恩斯情况讨论的反映：扩张性的财政政策会提高收入和货币需求，从而利率上升并挤出一部分私人投资，因此 AD 曲线的移动小于 IS 曲线的移动。但是在凯恩斯情况下，假定工厂总能够供给在现存价格下所需求的商品，由于价格水平没有变化，也就没有实际余额效应，即不存在私人投资的挤出。因此，第5章描述的挤出效应是一种需求现象。

(2)在古典供给情形下，AS 曲线在充分就业的产出水平上是垂直的，劳动力市场可以通过名义工资的迅速调整而保持均衡。财政扩张提高了对商品和服务的需求，工厂试图通过提供更高的工资来雇用更多的工人。然而，由于没有更多的工人可以雇用，这样就会哄抬工资而产出却不变。工资的上涨最终完全反映在价格的上涨上，且价格的上涨使实际余额减少。当支出减少到与充分就业的产出水平相一致时，利率才会停止上涨。因此，在古典情况下，它是一种供给方面的现象。

第 6 章　总供给：工资、价格与失业

6.1　复习笔记

一、通货膨胀和失业

1. 菲利普斯曲线

(1)菲利普斯曲线的含义

最初的菲利普斯曲线是由新西兰经济学家 A·W·菲利普斯根据英国 1861 ~1957 年的统计资料提出来的，用来表示货币工资变动率与失业率之间交替取舍关系的曲线。这条曲线表示失业率和货币工资增长率之间的一种反向关系：当失业率高时，货币工资增长率低；反之，当失业率低时，货币工资增长率高。

根据成本推动型通货膨胀的理论，货币工资增长率决定了价格增长率，所以，菲利普斯曲线也可以表示通货膨胀率和失业率之间的交替关系，即当失业率高时，通货膨胀率低；反之，当失业率低时，通货膨胀率高。如图 6 -1 所示，菲利普斯曲线是一条向右下方倾斜的曲线。

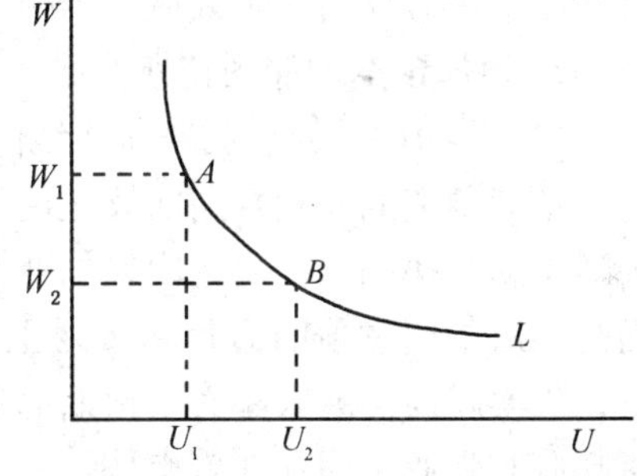

图 6 -1　菲利普斯曲线

(2)菲利普斯曲线的代数表达式

菲利普斯曲线表明工资膨胀率随失业率增加而递减。令 W_t 代表本期工资，W_{t+1} 代表下期工资，工资膨胀率定义为：

$$g_w = \frac{W_{t+1} - W_t}{W_t} \tag{1}$$

令 u^* 代表自然失业率，则简单的菲利普斯曲线可以表示为：

$$g_w = -\varepsilon(u - u^*) \tag{2}$$

$$W_{t+1} = W_t[1 - \varepsilon(u - u^*)] \tag{3}$$

其中，ε 衡量工资对失业率的反应程度。

①菲利普斯曲线方程(2)表明，当失业率超过自然失业率，即当 $u > u^*$ 时，工资下降；当失业率低于自然失业率时，工资上升。

②菲利普斯曲线方程(3)表明，为使工资上涨超过上期水平，失业率必须降到自然失业率以下。

2. 政策性替代

菲利普斯曲线可以表示通货膨胀率和失业率之间的交替关系：即当失业率高时，通货膨胀率低；反之，当失业率低时，通货膨胀率高。作为宏观经济政策分析的基石，菲利普斯曲线表明政策制定者可以选择不同的失业和通货膨胀率的组合。如果能够容忍高通货膨胀率就可以拥有较低的失业率；另外也可以通过高失业率来维持低通货膨胀率。

(1)失业和通货膨胀之间存在着一种短期的替代关系。

(2)菲利普斯曲线(因而得出的总供给曲线)在短期内是相当平坦的。在非常低的失业率

上，通货膨胀和失业率的替代关系就变得更大一些了。

(3)由于长期总供给曲线是垂直的，长久性的失业—通货膨胀的替代关系不成立。

二、滞胀、预期通货膨胀和附加预期的菲利普斯曲线

1. 预期通货膨胀

预期的通货膨胀指由于公众对未来经济发展及物价变化趋势的预测及采取相应的经济行为而引起的通货膨胀。关于预期通货膨胀对实际经济变量产生的影响，主要有以下三种不同的观点：

(1)较高的预期通货膨胀率会导致经济走上更高的资本总额调整的路径，从而带来较高水平的产出以及较高的经济福利；

(2)较高的预期通货膨胀率会导致较低的投资率和较低的资本总额，从而导致较低的经济暂时增长率和较低的永久性收入水平；

(3)前两种观点成立的前提条件是"持有的货币是没有利息的"，否则，完全预期到的通货膨胀就没有任何实际效应。

2. 附加预期的菲利普斯曲线

(1)预期调整的菲利普斯曲线的含义和性质

预期调整的菲利普斯曲线是由经济学家弗里德曼和费尔普斯提出的，将通货膨胀预期作为通货膨胀率的一个决定因素的菲利普斯曲线。他们认为，失业并非取决于通货膨胀水平，而是取决于超过预期通货膨胀之上的、过度的通货膨胀。在短期内，人们的预期来不及调整，当实际通货膨胀率大于预期的通货膨胀率时，实际工资下降，就业与国民收入增加，通货膨胀与失业之间存在着交替关系。长期内，人们可以根据过去预期的失误来调整预期，使实际的通货膨胀率等于预期的通货膨胀率，通货膨胀不会导致实际工资下降，也不会增加就业和国民收入，通货膨胀与失业之间不存在交替关系。

预期调整的菲利普斯曲线方程可以表述为：

$$\pi = \pi^e - \varepsilon(u - u^*) \quad (4)$$

其中：π^e 表示预期的通货膨胀水平。

该菲利普斯曲线具有两条关键性质：

①预期通货膨胀一个接着一个地成了实际通货膨胀；

②当实际通货膨胀等于预期通货膨胀时，失业处于自然失业率水平。

(2)预期通货膨胀与短期菲利普斯曲线高度的决定

如图6－2所示，现代菲利普斯曲线(即预期调整的菲利普斯曲线)与自然失业率不是在零点相交，而是在预期通货膨胀水平上相交。

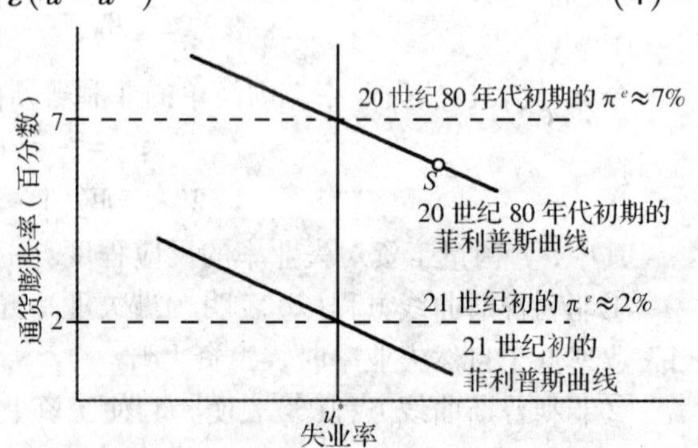

图6－2　通货膨胀预期与短期菲利普斯曲线

①短期菲利普斯曲线的高度，即预期通货膨胀水平 π^e，根据厂商和工人对通货膨胀预期的变化，随时间推移而上下移动。

②预期通货膨胀移动菲利普斯曲线的作用，为经济的总供给方面增加了另一个自动调节机制。当高涨的总需求推动经济沿着短期菲利普斯曲线向上和向左移动时，就产生了通货膨胀的结果。如果通货膨胀持续下去，人们就开始预期未来的通货膨胀(即 π^e 上升)，从而短

期菲利普斯曲线上移。

3. 滞胀

(1)滞胀的含义

滞胀又称为萧条膨胀或膨胀衰退，指经济生活中出现了生产停滞、失业增加和物价水平居高不下同时存在的现象，它是通货膨胀长期发展的结果。西方经济学家把这种经济停滞或衰退、大量失业和严重通货膨胀以及物价持续上涨同时发生的经济现象称为滞胀。图 6－2 中的 S 点就是一个滞胀点。

(2)滞胀的产生原因

一旦经济处于高通货膨胀预期的短期菲利普斯曲线上，衰退将实际通货膨胀推到低于预期通货膨胀的水平，但是通货膨胀的绝对水平仍保持在高水平。换言之，通货膨胀将低于预期通货膨胀但仍大大高于零。当高预期通货膨胀的短期菲利普斯曲线上存在经济衰退时，滞胀就会产生。

四、理性预期革命

1. 理性预期的含义

理性预期又称合理预期，是由约翰·穆思在其《合理预期和价格变动理论》(1961 年)一文中首先提出的现代经济学中的预期概念之一，指人们的预期符合实际将发生的事实。它的含义有三个：首先，做出经济决策的经济主体是有理性的；其次，为正确决策，经济主体会在做出预期时力图获得一切有关的信息；最后，经济主体在预期时不会犯系统错误，即使犯错误，他也会及时有效地进行修正，使得在长期而言保持正确。

2. 卢卡斯简单预期模型

(1)前提

①包含了个人的错误预期，实际通货膨胀率(模型预测)与预期通货膨胀率可能不同。

②个人能够有效使用所得到的信息进行理性分析，不会出现系统性错误，即平均预期通货膨胀率等于实际通货膨胀率。

(2)结论

被预期到的货币政策是无效的，政府只有通过突然的货币政策来干预经济。

(3)可能的解释

①有些价格不能被迅速调整，如合同工资；

②学习有一个过程；

③价格调整成本：当调整价格的收益小于成本时，调整就不会发生。

3. 理性预期基础上的菲利普斯曲线

理性预期模型使短期菲利普斯曲线随可以得到的信息而上下浮动。按照理性预期模型，如果货币增长是持续增加的，菲利普斯曲线将在长期中向上移动，并且这种向上的移动是立即发生的，以至于通货膨胀将随着失业的非长期变化而增加。与之相反，传统模型却认为，这种移动只是逐渐进行的。

五、工资—失业关系：为什么工资是黏性的

1. 黏性工资概述

(1)黏性工资的含义

黏性工资指不能迅速地反映劳动力市场供求的变动，只能缓慢地根据劳动力市场状况改变而调整的工资。工人的名义工资通常不能随着经济条件的变化而迅速调整，在短期内表现为“迟钝的”或“黏性的”。

(2)黏性工资模型

黏性工资模型即阐述黏性名义工资对总供给影响的模型。该模型假设劳动力的需求数量决定就业，以及工人和企业根据实际工资目标和对价格水平的预期来确定名义工资水平。当名义工资是黏性的时候，价格水平提高会降低实际工资，促使企业多雇佣劳动力，从而生产出更多的产品，总供给增加，所以短期总供给曲线是向上倾斜的。

2. 工资和失业的关系

(1)将菲利普斯曲线转变为工资变动率与就业水平之间的关系

用 N^* 表示充分就业水平，N 代表实际的就业水平，定义失业率为失业人数占充分就业的劳动力数量 N^* 的比例，未就业的比例为：

$$u-u^*=\frac{N^*-N}{N^*} \tag{5}$$

将方程(5)代入(4)，得到就业水平、预期的通货膨胀与工资变动率之间的菲利普斯曲线关系：

$$g_w-\pi^e=\frac{W_{t+1}-W_t}{W_t}-\pi^e=-\varepsilon\left(\frac{N^*-N}{N^*}\right)$$

上式表示的工资—就业关系被描绘为图 6－3 中的 WN 线。菲利普斯曲线关系也意味着 WN 关系将随着时间而移动。如果本期存在过度就业，在下期 WN 线将向上移动到 WN'。如果本期存在着不充分就业，在下期中 WN 线将向下移动到 WN''。所以，改变本期失业率的总需求变动，将在随后的几个时期内对工资产生影响。

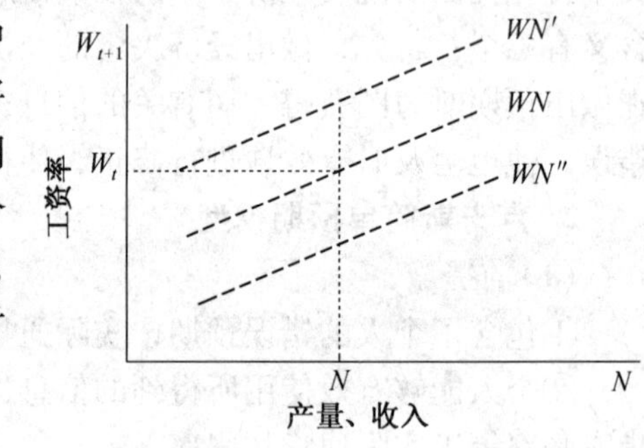

图 6－3　工资－就业关系

(2)工资和就业水平之间的关系

根据公式 $W_{t+1}=W_t[1-\varepsilon(u-u^*)]$ 所示，下期工资等于对就业水平和预期的通货膨胀加以调整后的本期工资。

①在充分就业状态($N=N^*$)时，下期工资等于本期工资加上对预期通货膨胀的调整。

②如果就业高于充分就业水平，下期工资将上涨到高过本期工资水平。

③工资对就业的调整范围取决于参数 ε，如果 ε 很大，失业对工资有较大的影响，WN 线将是陡峭的。

3. 工资调整缓慢的原因分析

(1)信息不充分——市场出清

①信息不充分的含义

信息不充分即信息不完全，不仅是指那种“绝对”意义上的不完全，即由于认识能力的限制，人们不可能知道在任何时候、任何地方发生的或将要发生的任何情况，而且是指“相对”意义上的不完全，即市场经济本身不能够生产出足够的信息并有效地配置它们。

②价格变动的信息不充分导致工资调整缓慢

当名义工资因价格上涨而提高时，由于信息不充分，工人错误地相信他们的实际工资已经提高，因此愿意提供更多的工作。这样，在短期内，直至工人认识到更高的名义工资只是更高的价格水平所导致的结果之前，名义工资的增加将伴随着更高的产出水平和更少的失业。

(2)协调问题

①协调方法的含义

协调方法即"菲利普斯曲线的协调分析法"，是侧重于厂商在需求变动时调整其价格的过程，而不是侧重于工资的一种分析方法。假设货币存量增加，最终价格将与货币供给同一比例上升，而产量维持不变。如果所有厂商都按相同比例提高价格，他们将迅速移动到新的均衡状态。但经济中的厂商不可能聚在一起，协调其价格提高的事宜，每家厂商只能在现行价格水平，通过商品需求的增加，感受到货币存量变动的影响时，才慢慢地提高其价格，因此存在协调问题。

②协调问题对于工资具有向下黏性的解释

如果企业间相互协调，他们可以一起削减工资，但是在一般情况下，他们不可能协调一致，因为个别企业削减其雇员的名义工资时，率先行动的企业，其利润将受到最严重的打击。因此，当总需求下降时，工资不会立即下降。

(3)效率工资和价格变动的成本

①效率工资的含义

效率工资理论指以工人生产率取决于工资水平的假设为基础，认为工人工作的效率与工人的工资有很大的相关性的一种理论。效率工资指雇主为了提高生产或经营的效率而支付给其员工的较高的工资。

②效率工资理论对工资黏性的解释

根据效率工资理论，雇主必须把工资作为刺激雇员努力工作的手段。雇员在工作时候的努力程度决定了生产和经营的经济效率，如果员工积极性高，则生产的效率就高，反之亦然，而雇员工作时的努力程度又在很大程度上取决于雇员得到的报酬的高低。根据这一理论，雇主除非迫不得已，否则不愿意降低员工的工资，因为这不利于刺激工人的生产积极性。因此，社会上的工资水平总体上有不断上升的趋势。

(4)合同与长期关系

①工资价格的交错调整过程

a. 工资的交错调整

交错的工资调整指经济当事人调整工资的时间是交错进行的。当劳动需求发生变动与企业增加工作时间时，工资的调整是交错的。由于需求增加，工人在下一个劳动协议中，将会施加压力要求增加基本工资。但是，在所有工资重新商定之前，要经过一段时间。而且，并非所有的工资都能够同时加以协商。因为工资确定的日期是错开的，也就是说，它们是交错的。

工资不会一步到位地全部调整到使经济实现长期均衡的水平，只能是一步一步地向均衡趋近，只是逐渐向充分就业均衡下的基本工资靠近。

b. 价格的交错调整

交错的价格调整指经济当事人调整价格的时间是交错进行的。在工资调整过程中，企业在工资(因为这也是企业的成本)发生变动时，也将重新制定价格，进而导致价格的调整也是交错的。工资和价格的调整过程一直要持续到经济回到具有相同实际余额的充分就业均衡状态为止。

c. 工资价格交错调整与总供给曲线

在一段时期内先期确定的工资与错开的工资调整结合在一起，导致了我们在现实世界里观察到的工资和产出的渐进调整。这解释了短期总供给曲线的逐渐垂直的运动。

当劳动需求发生变动与企业增加工作时间时，工资交错调整，短期内，工资沿着 $W-N$

曲线上涨，如图6－4所示。

交错的工资调整过程会一直持续下去，供给曲线也相应地从一期到另一期向上移动，如图6－5所示。总供给曲线的位置都取决于它上一时期所在的位置，因为参加协商工资的每一方都必须考虑到其要调整的工资水平会涉及那些尚未重新协议的工资水平。尚未重新协议的工资水平反映了上期的工资率。

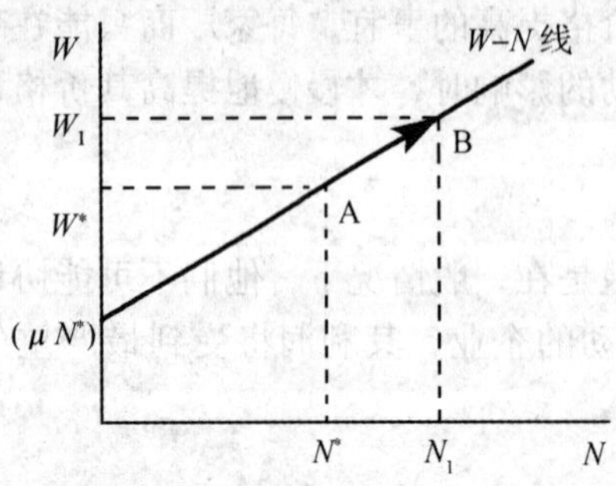

图6－4　工资沿着 $W-N$ 曲线上涨　　　　图6－5　工资交错调整引起总供给曲线上移

②关于工资和价格缓慢调整的说明，引出两个重要问题

a. 即使重新确定工资和价格的成本相对较小，也会使调整过程不能快速进行。进一步说，在一个大国经济中，由于许多不同力量影响着各个市场的供给和需求，协调工资并调整价格以便使它们能迅速回到均衡的协调问题很难解决。

b. 当存在大量失业时，企业与失业工人不能相互协商来削减工资从而为失业者创造工作机会。根据效率工资理论，其主要原因是，这种做法对在职工人的士气以及他们的生产效率没有好处。

(5)内部人—外部人模型

①内部人—外部人模型的含义及意义

“内部人—外部人”模型是描述工会对劳动市场的影响的一个模型。所谓内部人指企业内部已经就业的工人，外部人指企业外部处于失业状态的劳动者。由于工会的存在，内部人在工资决定上有较强的讨价还价能力，因为对企业而言，解雇已经就业的内部人和雇用外部人都有较大的成本，其结果是内部人相对外部人来说具有优势。企业愿意对内部人支付较高的工资，即使失业者愿意接受比现行实际工资更低的工资水平。

内部人—外部人模型说明，实际工资并不对失业做出较大的反应。这就为解释为什么一旦出现经济衰退就不能很快恢复到充分就业状态提供了另一个理由。

②内部人的优势

a. 如果解雇他们，企业将支付解雇成本和雇用成本以及培训成本。

b. 内部人已经在工作岗位上积累了一定的职业技能和经验，要使外部人完全替代内部人，企业还必须投入较大的成本。

c. 如果企业威胁内部人接受降低工资的条件，否则将面临失业，对于工人而言，这种威胁是不可信的，因为，即使工人接受了企业的降低工资的条件，他们在士气、努力和生产效率方面的降低也会抵消企业的收益。

六、从菲利普斯曲线推导总供给曲线

1. 奥肯定律

奥肯定律是由美国经济学家阿瑟·奥肯提出的，描述失业率与实际国民生产总值之间存

在的一种高度负相关关系的定律。奥肯定律的主要内容：失业率如果超过充分就业的界限时，每使失业率降低1%，实际国民生产总值则增加2%；反之，失业率每增加1%，实际国民生产总值则减少2%。下面的公式提供了奥肯定律的正规形式：

$$\frac{Y-Y^*}{Y^*}=-\omega(u-u^*) \tag{6}$$

其中，$\omega=2$。

2. 成本与价格

劳动成本是总成本中的主要部分，因此价格确定的指导原则是：企业按至少能补偿其成本的价格供给产品；来自现有的和可能进入本行业以获取某些利润的企业的竞争，使得价格不可能高出成本太多。

假定企业的价格以产品的劳动成本为基础。如果每单位劳动生产 a 单位的产品，则每单位产品的劳动成本就是 W/a，比率 W/a 称做单位劳动成本。企业在劳动成本上附加一个比例 z 来确定价格：

$$P=\frac{(1+z)W}{a} \tag{7}$$

其中，z 表示价格在劳动成本上的加成比例，在劳动成本上的加成弥补了企业使用其他生产要素的成本，例如资本和原材料，并且还包含了企业的正常利润。如果行业内的竞争是不充分的，则加成部分还会包括垄断利润部分。

3. 就业、工资与总供给曲线

根据方程(7)，价格水平与工资成比例。菲利普斯曲线将下一期的工资与就业水平和本期的工资联系在一起。在方程(7)中运用定价规则，根据价格替换方程：$\frac{W_{t+1}-W_t}{W_t}-\pi^e=-\varepsilon\left(\frac{N^*-N}{N^*}\right)$。

得到就业水平与价格水平之间的关系，得到公式：

$$P_{t+1}=(1+\pi^e)P_t[1+\varepsilon(u^*-u)] \tag{8}$$

根据奥肯定律公式(6)，产出水平与失业率成比例。用 Y 和 Y^* 替换方程(8)中的 u 和 u^*，得到：

$$P_{t+1}=(1+\pi^e)P_t\left[1+\frac{\varepsilon}{\omega}\left(\frac{Y-Y^*}{Y^*}\right)\right] \tag{9}$$

定义 $\lambda=(\varepsilon/\omega)/Y^*$，下一期的预期价格水平是 $P_{t+1}^e=(1+\pi^e)P_t$，得到向上倾斜的总供给曲线，公式为：

$$P_{t+1}=P_{t+1}^e[1+\lambda(Y-Y^*)] \tag{10}$$

如图6-6所示，在加成比例固定和产出与就业成比例的假设条件下，总供给曲线由 WN 线推导出来。同 WN 线一样，AS 曲线随时间而变化。如果本期产出高于充分就业水平 Y^*，那么下一期的 AS 曲线将向上移动到 AS'。如果本期产出低于充分就业水平，则下一期 AS 曲

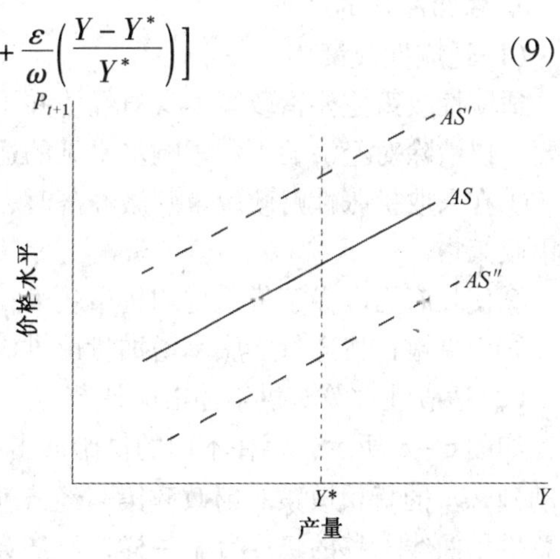

图6-6　总供给曲线

线将向下移动到 AS''。因此，AS 曲线的性质就正是 WN 线所具有的性质。

七、供给冲击

1. 供给冲击

供给冲击指对总供给产生意外重大影响的生产成本或生产率的突然变动。供给冲击是对经济的一种扰动，会导致实际 GDP 和价格水平发生预料不到的变动，其首要影响是使总供给曲线发生移动。

20 世纪 70 年代，总供给曲线被两次重大的石油价格冲击所移动。这两次石油价格冲击提高了生产成本，因而也提高了企业愿意供给产品的价格。换句话说，石油价格冲击移动了总供给曲线，其移动的方式如图 6 - 7 所示。

2. 不利的供给冲击

(1)不利的供给冲击的含义

不利的供给冲击是对经济的一种不利扰动，致使总供给曲线向上移动。一次不利的供给冲击具有双重的不幸结果，它引起价格的提高和产出的降低，如图 6 - 7 所示。

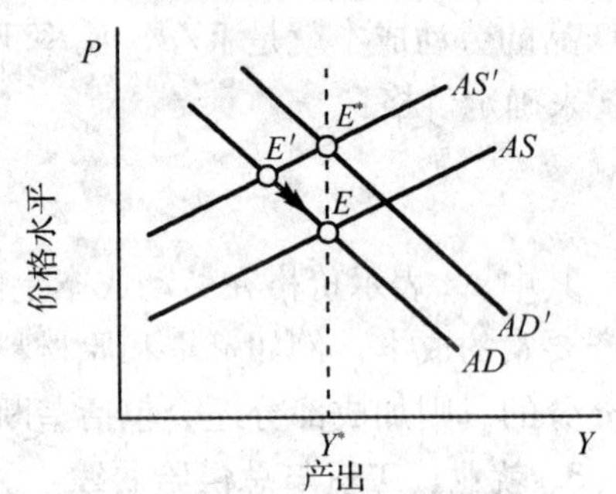

图 6 - 7　石油价格上涨引起的不利的供给冲击

关于供给冲击的影响有两点需要注意：

①由于每单位产出现在要耗费企业更多的生产成本，供给冲击将使 AS 曲线上移；

②假定供给冲击不会影响潜在产出水平，它仍是 Y^*。

(2)不利的供给冲击对经济的影响

①如图 6 - 7 所示，例如原材料价格上升等不利供给冲击发生，引起 AS 曲线向上移动到 AS'，经济均衡点从 E 点移动到 E' 点，价格水平上升，产出水平下降。

②在 E' 点的失业迫使工资连同价格水平一起下降。沿着 AD 曲线，名义工资缓慢调整，持续下降，产出水平逐渐恢复，直至 E 点为止。

③在 E 点，经济回复到充分就业，价格水平也与冲击发生之前一样，但名义工资率要低于冲击发生之前，因此不利的供给冲击降低了实际工资水平。

3. 供给冲击的适应

(1)适应性政策

适应性政策主要指政策本身对经济并不产生直接影响，只是被动地适应客观经济情况的需要，以消除对经济的不利影响。常见的适应性货币政策，主要有以下三种情况：

①在采取扩张性财政政策刺激经济时，为防止利率上升而相应地采取增加货币供给量的货币政策；

②使政府财政赤字货币化的货币政策；

③中央银行按通货膨胀率增加货币供应量，使通货膨胀持续的货币政策。

(2)适应性政策对供给冲击的调节

如图 6 - 8 所示，存在不利的供给冲击时，如果政府充分增加总需求，采取使 AD_0 曲线移动到 AD_1 的货币政策和财政政策，经济就会移动到 E^* 点而不是 E_1 点，价格的上升幅度将和总供给曲线上移的幅度完全一样，经济会继续处在充分就业状态。货币工资维持不变，在现行名义工资情况下，使实际工资的降低成为可能，或者说与其相适应。

4. 有利的供给冲击

有利的供给冲击是指使总供给曲线向外移动的一种经济干扰，它意味着企业在任何给出的价格上都愿意生产更多。如图6-9所示，诸如技术进步引发的有利的供给冲击，会使短期总供给曲线向外移动，它也会向右移动长期总供给曲线，增加潜在的GDP。面对这些技术进步，中央银行必须保证，总需求曲线的迅速向右移动足以跟上总供给潜在增长的步伐，同时要更加谨慎地对待任何暂时性的调节过度。如果中央银行能够正确把握这些，经济就会出现低通货膨胀条件下的顺利增长。

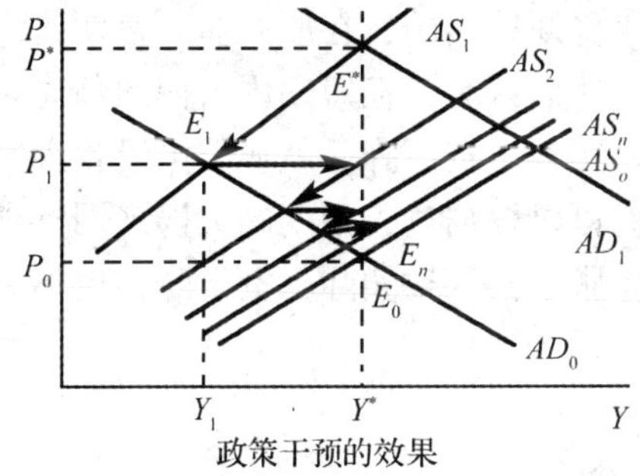

图6-8　适应性政策干预供给冲击的效果

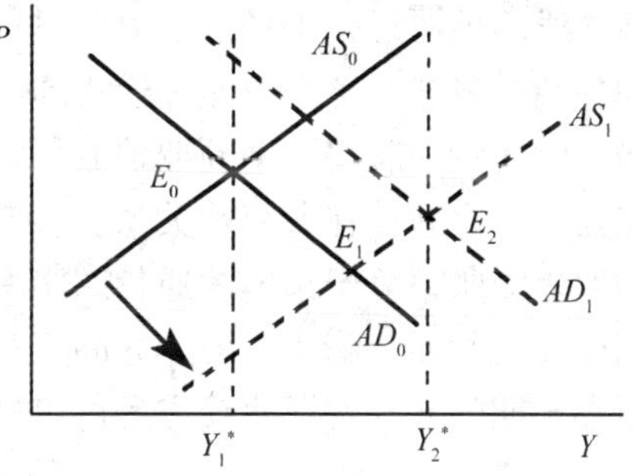

图6-9　技术进步引起的有利的供给冲击

6.2　课后习题详解

一、概念题

1. 菲利普斯曲线(Phillips curve)

答：参见“复习笔记”。如图6-10所示。

新古典综合派经济学家把菲利普斯曲线作为调节经济的依据，即当失业率高时，实行扩张性财政政策与货币政策，以承受一定通货膨胀率为代价换取较低的失业率；当通货膨胀率高时，实行紧缩性的财政政策与货币政策，借助提高失业率以降低通货膨胀率。

货币主义者对菲利普斯曲线所表示的通货膨胀率与失业率之间的交替关系提出了质疑，并进一步论述了短期菲利普斯曲线、长期菲利普斯曲线和附加预期的菲利普斯曲线，以进一步解释在不同条件下，通货膨胀率与失业率之间的关系。

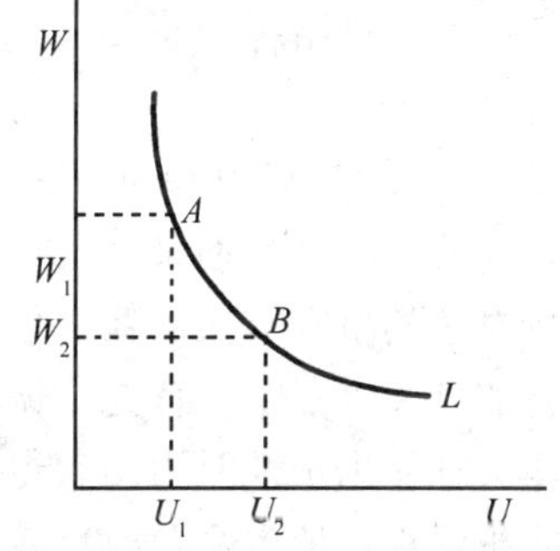

图6-10　菲利普斯曲线

理性预期学派进一步以理性预期为依据解释了菲利普斯曲线。他们既反对凯恩斯主义的观点，也不同意货币主义的说法。他们认为，由于人们的预期是理性的，预期的通货膨胀率与以后实际发生的通货膨胀率总是一致的，不会出现短期内实际通货膨胀率大于预期通货膨胀率的情况，所以，无论在短期或长期中，菲利普斯曲线所表示的失业与通货膨胀之间都不存在稳定的交替关系，菲利普斯曲线只能是一条垂直线。

2. 滞胀(stagflation)

答：滞胀又称为萧条膨胀或膨胀衰退，指经济生活中出现了生产停滞、失业增加和物价水平居高不下同时存在的现象，它是通货膨胀长期发展的结果。长期以来，资本主义国家经济一般表现为：物价上涨时期经济繁荣、失业率较低或下降；而经济衰退或萧条时期的特点则是物价下跌。西方经济学家据此认为，失业和通货膨胀不可能呈同方向变化。但是，自

20 世纪 60 年代末、70 年代初以来，西方各主要资本主义国家出现了经济停滞或衰退、大量失业和严重通货膨胀以及物价持续上涨同时发生的情况。西方经济学家把这种经济现象称为滞胀。以弗里德曼为代表的货币主义者直接批判凯恩斯主义的通货膨胀政策，认为滞胀是长期实施通货膨胀的必然结果，以增加有效需求的办法来刺激经济，实质上是过度发行货币，经济中的自然失业率是无法通过货币发行来消除的。

3. 附加预期的菲利普斯曲线(expectations-augmented Phillips curve)

答：附加预期的菲利普斯曲线就是将通货膨胀预期作为通货膨胀率的一个决定因素的菲利普斯曲线。该曲线是由经济学家弗里德曼和费尔普斯提出的，在原有菲利普斯曲线的基础上增加预期的概念来解释失业和通货膨胀的关系。他们认为，在短期内人们的预期来不及调整，当实际通货膨胀率大于预期的通货膨胀率时，实际工资下降，就业与国民收入增加，通货膨胀与失业之间存在着交替关系。长期内，人们可以根据过去预期的失误来调整预期，使实际的通货膨胀率等于预期的通货膨胀率，通货膨胀不会导致实际工资下降，也不会增加就业和国民收入，通货膨胀与失业之间不存在交替关系。

附加预期的菲利普斯曲线方程可以表述为：

$$\pi = \pi^e - \varepsilon(u - u^*)$$

该菲利普斯曲线具有两条关键性质：①预期通货膨胀一个接着一个地成了实际通货膨胀；②当实际通货膨胀等于预期通货膨胀时，失业处于自然失业率水平。

4. 不利的供给冲击(adverse supply shock)

答：不利的供给冲击指致使总供给曲线向上移动的一种扰动。供给冲击一般是对总供给产生意外重大影响的生产成本或生产率的突然变动。供给冲击会导致实际 GDP 和价格水平发生预料不到的变动。20 世纪 70 年代初期石油输出国组织的石油禁运所引起的石油价格上涨是一个经典的例子。一次不利的供给冲击具有双重的不幸结果：它引起价格的提高和产出的降低。

关于供给冲击的影响有两点需要注意：第一，由于每单位产出现在要耗费企业更多的生产成本，供给冲击将使 AS 曲线上移；第二，假定供给冲击不会影响潜在产出水平，它仍是 Y^*。

5. 理性预期(rational expectations)

答：理性预期又称合理预期，是现代经济学中的预期概念之一，指人们的预期符合实际将发生的事实，由约翰·穆思在其《合理预期和价格变动理论》(1961 年)一文中首先提出。它的含义有三个：首先，做出经济决策的经济主体是有理性的；其次，为正确决策，经济主体会在做出预期时力图获得一切有关的信息；最后，经济主体在预期时不会犯系统错误，即使犯错误，他也会及时有效地进行修正，使得在长期而言保持正确。它是新古典宏观经济理论的重要假设(其余三个为个体利益最大、市场出清和自然率)，是新古典宏观经济理论攻击凯恩斯主义的重要武器。

6. 黏性工资(sticky wages)

答：黏性工资指不能迅速地反映劳动力市场供求的变动，只能缓慢地根据劳动力市场状况改变而调整的工资。工人的名义工资通常不能随着经济条件的变化而迅速调整，在短期内表现为"迟钝的"或"黏性的"。黏性工资模型即阐述黏性名义工资对总供给影响的模型。该模型假设劳动力的需求数量决定就业，以及工人和企业根据实际工资目标和对价格水平的预期来确定名义工资水平。当名义工资是黏性的时候，价格水平提高会降低实际工资，促使企业多雇佣劳动力，从而生产出更多的产品，使总供给增加，所以短期总供给曲线是向上倾斜的。新凯恩斯学派提出工资黏性的理由：①合同的长期性；②合同分批到期的性质；③效率工资论；④长期劳动合同论。新凯恩斯主义学派黏性工资论认为，无论是通过合同制还是理性预期机制来稳定工资水平，都会导致通货膨胀和失业并存。因此有必要对工资制度进行改革，努力降低劳动力成本，刺激企业生产和用人的积极性。这就要求建立完整而有效的劳动力市场，工资完全由劳动力市场的供求和劳动者提供劳动的质和量来决定，工资是调节劳动力资源配置和流动的惟一手段。

7. 不完全信息(imperfect information)

答：不完全信息指市场的供求双方对于所交换的商品不具有充分的信息。在现实经济中，信息常常是不完全的，称为非完全信息。这里的信息不完全，不仅是指那种“绝对”意义上的不完全，即由于认识能力的限制，人们不可能知道在任何时候、任何地方发生的或将要发生的任何情况，而且是指“相对”意义上的不完全，即市场经济本身不能够生产出足够的信息并有效的配置它们。这是因为，作为一种有价值的资源，信息不同于普通的商品。信息的交换只能靠买卖双方的并不十分可靠的相互信赖，卖者让买者充分了解信息的用处，而买者则答应在了解信息的用处之后就购买它。这样，市场的作用在这里受到了很大的限制。信息不完全带来了许多问题，市场机制本身可以解决其中的一部分，但是在很多情况下，市场的价格机制并不能够解决或者至少是不能够有效的解决不完全信息问题，从而导致市场失灵。

8. 效率工资理论(efficiency wage theory)

答：效率工资理论指以工人生产率取决于工资水平的假设为基础，认为工人工作的效率与工人的工资有很大的相关性的一种理论。效率工资指雇主为了提高生产或经营的效率而支付给其员工的较高的工资。根据效率工资理论，雇主必须把工资作为刺激雇员努力工作的手段。雇员在工作时候的努力程度决定了生产和经营的经济效率，如果员工积极性高，则生产的效率就高，反之亦然；而雇员工作时的努力程度又在很大程度上取决于雇员得到的报酬的高低。如果雇主给雇员支付的工资高于其他企业从事同种工作的雇员的工资水平，雇员就会认为自己的工作是有前途的“好工作”，并为了保持这种好工作而努力工作，这就有利于企业效率的提高。根据这一理论，经济学家们得出结论，雇主除非迫不得已，否则不愿意降低员工的工资，因为这不利于刺激工人的生产积极性。因此，社会上的工资水平总体上有不断上升的趋势。而且，高工资率还可以刺激产生高效率，效率的提高不可避免地引起对劳动的需求的下降，从而社会上失业的存在就是可以理解的。

9. 交错的价格调整(staggered price adjustment)

答：交错的价格调整指经济当事人调整价格的时间是交错进行的。当劳动需求发生变动与企业增加工作时间时，工资的调整是交错的。由于需求增加，工人在下一个劳动协议中，将会施加压力要求增加基本工资。但是，在所有工资重新商定之前，还要经过一段时间。而且，并非所有的工资都能够同时加以协商。因为工资确定的日期是错开的，也就是说，它们是交错的。

在工资调整过程中，企业在工资(因为这也是企业的成本)发生变动时，也将重新制定价格，进而导致价格的调整也是交错的。工资和价格的调整过程一直要持续到经济回到具有相同实际余额的充分就业均衡状态为止。

在一段时期内先期确定的价格与错开的价格调整结合在一起，导致了在现实世界里观察到的价格和产出的渐进调整。这就解释了短期总供给曲线的逐渐垂直的运动。

10. 内部人—外部人模型(insider-outsider model)

答:“内部人—外部人”模型是描述工会对劳动市场的影响的一个模型。所谓内部人指企业内部已经就业的工人，外部人指企业外部处于失业状态的劳动者。由于工会的存在，内部人在工资决定上有较强的讨价还价能力，因为对企业而言，解雇已经就业的内部人和雇用外部人都有较大的成本。解雇内部人需要根据原先的合同条款做出一定的赔偿，如支付一定的补偿工资；雇用外部人会发生相应的搜寻成本、面试、考核成本以及培训成本。另外，内部人已经在工作岗位上积累了一定的职业技能和经验，要使外部人完全替代内部人，企业还必须投入较大的成本。

当工会代表内部人与企业谈判工资合同时，它将只会考虑内部人的利益而不考虑外部人的利益。虽然外部人即失业者希望企业能够降低工资并雇佣更多的工人，但是企业并不和他们进行谈判，而是和就业的工人进行谈判。内部人具有优势。首先，如果解雇他们，企业将支付解雇成本和雇佣成本以及培训成本；其次，如果企业威胁内部人接受降低工资的条件，否则将面临失业，对于工人而言，这种威胁首先是难以令人相信的；最后，即使工人接受了企业降低工资的条件，他们在士气、努力和生产效率方面的降低也会抵消企业的收益。因此，企业愿意对内部人支付较高的工资，即使失业者愿意接受比现行实际工资更低的工资水平。内部人—外部人模型说明，实际工资并不会对失业做出较大的反应。这就为解释为什么一旦出现经济衰退就不能很快恢复到充分就业状态提供了另一个理由。

11. 奥肯定律(Okun’s law)

答:参见“复习笔记”。

12. 单位劳动成本(unit labor cost)

答:单位劳动成本指每单位产品的劳动生产成本。如果每单位劳动生产 a 单位的产品，每单位产品的劳动成本就是 W/a(W 是工人的平均工资水平)。例如，每小时工资为 15 美元，a 为 3，那么每单位产品的劳动生产成本就是 5 美元。比率 W/a 称做单位劳动成本。

13. 供给冲击(supply shocks)

答:供给冲击指对总供给产生意外重大影响的生产成本或生产率的突然变动。供给冲击是对经济的一种扰动，其首要影响是使总供给曲线发生移动。20 世纪 70 年代，总供给曲线被两次重大的石油价格冲击所移动。这两次石油价格冲击提高了生产成本，因而也提高了企业愿意供给产品的价格。换句话说，石油价格冲击移动了总供给曲线，

14. 有利的供给冲击(favorable supply shock)

答:有利的供给冲击指使总供给曲线向外移动的一种经济干扰，它意味着企业在任何给出的价格上都愿意生产更多。诸如技术进步引发的有利的供给冲击，会使短期总供给曲线向外移动，它也会向右移动长期总供给曲线来增加潜在的 GDP。面对这些技术进步，中央银行必须保证，总需求曲线的迅速向右移动足以跟上总供给潜在增长的步伐，同时要更加谨慎地对待任何暂时性的调节过度。如果中央银行能够正确把握这些，经济就会出现低通货膨胀条件下的顺利增长。

15. 适应性政策(accommodating policies)

答:适应性政策主要指政策本身对经济并不产生直接影响，只是被动地适应客观经济情况的需要，以消除对经济的不利影响。常见的适应性货币政策，主要有以下三种情况：①在采取扩张性财政政策刺激经济时，为防止利率上升而相应地采取增加货币供给量的货币政

策；②使政府财政赤字货币化的货币政策；③中央银行按通货膨胀率增加货币供应量，使通货膨胀持续的货币政策。

二、简答题

1. 解释总供给曲线与菲利普斯曲线是怎样相互联系在一起的。从其中一个推导出的信息就不能从另一个推导出来吗？

Explain how the aggregate supply and Phillips curves are related to each other. Can any information be derived from one that cannot be derived from the other?

答：(1)总供给曲线与菲利普斯曲线描述相似的关系并且可以用于分析相同的现象。总供给曲线表示的是价格与产出水平之间的关系；菲利普斯曲线表示的是在一定的通货膨胀预期下，通货膨胀率与失业率之间的关系。

菲利普斯曲线说明通货膨胀率取决于两种力量：预期的通货膨胀率、失业与自然率的背离(周期性失业)，即：

$$\pi = \pi^e - b(U - U_n)$$

而总供给曲线可以写成：

$$Y = \underline{Y} + a(P - P_e)$$

进一步可写成：

$$P = P_e + (1/a)(Y - \underline{Y})$$

两边减去上一年的物价水平 P_{-1} 得到：

$$P - P_{-1} = (P_e - P_{-1}) + (1/a)(Y - \underline{Y})$$

如此，就将总供给曲线与菲利普斯曲线联系起来。

(2)从供给曲线与菲利普斯曲线之中一个推导出的信息可以从另一个推导出来。总供给曲线提供了产出和价格之间的关系，这可以通过变换得出产出和通货膨胀之间的关系。结合奥肯定律，又可以得出产出和失业的关系，然后就可以得到描述通货膨胀和失业率之间关系的菲利普斯曲线。

例如，沿着总供给曲线向上移动价格水平上升的同时，产出水平增加。根据奥肯定律，产出增加，失业率会下降。因此，伴随着价格水平的上升(更高的通货膨胀率)失业率就会下降，并产生向下倾斜的菲利普斯曲线，当通货膨胀预期变化时菲利普斯曲线就会移动。如果假定当工人的通货膨胀预期变化时，他们会改变工资需求，就可以断定菲利普斯曲线上的移动是对总供给曲线上移动的反映，因为更高的工资意味着更高的生产成本。

2. 短期与长期菲利普斯曲线如何不同？(提示：在长期内，我们回到古典世界。)

How do short- and long-term Phillips curves differ? (Hint: In the long run, we return to a classical world.)

答：短期与长期菲利普斯曲线存在明显的不同。短期内，当预期的通货膨胀率低于以后实际发生的通货膨胀率时，存在菲利普斯曲线所表示的失业率与通货膨胀率之间的交替关系，菲利普斯曲线是向下倾斜的。但在长期中，人们要根据适应性预期来决定自己的行为，当预期的通货膨胀率与实际的通货膨胀率一致时，失业与通货膨胀就不存在这种交替关系，从而长期菲利普斯曲线是一条垂直线。

(1)对于短期内通货膨胀率与失业率之间会存在交替关系的原因，货币主义者认为，如果工资契约是在不存在通货膨胀预期的情况下订立的，那么，物价上涨会导致实际工资下降，因而厂商愿意扩大产量，增加就业。当工人们发现实际工资下降时，他们会要求增加货币工资，但货币工资的增长总是滞后于物价上涨。弗里德曼用适应性预期的概念来解释人们的行为。所谓适应性预期，指人们按以往的通货膨胀经历来预期未来的通货膨胀率。

按照适应性预期的理论，当工人发现物价上涨时，便会要求增加货币工资，把相应的适应性预期放入工资合同，这样一来，厂商就不愿意增加产量和多雇工人了，失业率又回到原来水平；而政府为了降低失业率，采取了刺激性更强的通货膨胀政策，使工资的增长再次滞后于物价上涨，使厂商因实际工资提高慢于物价上涨而再次愿意增加产量和增雇工人，这样，更高的通货膨胀率与失业率又存在交替关系，这在图上表现为菲利普斯曲线向右移动。这种过程如不断持续下去，换取一定失业率的通货膨胀率必然越来越高，菲利普斯曲线不断向右移动，最终演变成为一条垂直的菲利普斯曲线。这条垂直的菲利普斯曲线就是长期菲利普斯曲线，其形成过程可用图 6 - 11 表示。

(2)假定起先通货膨胀率为零，人们没有通货膨胀预期，经济运行在图 6 - 11 的 a 点。现在假定总需求突然增加(由于政府实行膨胀性政策等原因)，使通货膨胀率上升。由于人们事先没有预计到有通货膨胀，因此经济沿菲利普斯曲线 PC_1 变动到 b 点，失业率下降，通货膨胀率上升，这就是通货膨胀和失业在短期中的交替关系。

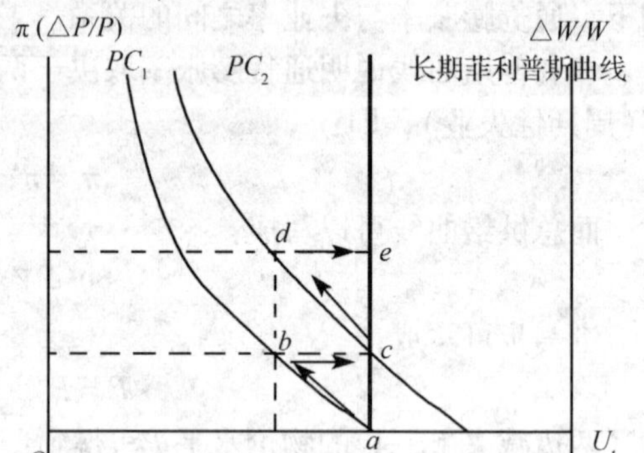

短期和长期菲利普斯曲线说明，通货膨胀和失业在短期内存在替代关系，但在长期由于预期的作用，失业率会回复到充分就业的水平，由此形成了垂直的长期菲利普斯曲线。

图 6 - 11　长期菲利普斯曲线的形成过程

(3)假定通货膨胀率不是突然上升，而是经常上升，则人们就会形成通货膨胀率预期。工人们会要求提高工资，假定要求名义工资上升与预期的通货膨胀率同步，则企业会感到物价上升时工人实际工资没有降低，因而企业的雇工数又回到原来水平，失业率回复到原先的自然失业率水平上，从而经济到达 c 点。这时的通货膨胀率就成为自然失业率水平上的通货膨胀率，而原先自然失业率水平上的通货膨胀率是零(a 点上)。如果这时政府再把失业率降到自然失业率以下，则经济沿第二条菲利普斯曲线 PC_2 变动到 d 点，这时通货膨胀率进一步上升。如果这一水平的通货膨胀率成为人们预期的通货膨胀率，人们就会把它纳入下一轮工资谈判中。一旦这样做了，企业劳动使用量又会回到原先的自然失业率水平。这样的过程不断重复，就会形成 a、c、e 点相连的垂直的菲利普斯曲线。这就是长期菲利普斯曲线。这条长期菲利普斯曲线是连接每一根短期菲利普斯曲线上实际通货膨胀率和预期通货膨胀率相等之点的一根曲线。在短期中，实际通货膨胀率高于预期通货膨胀率时，通货膨胀和失业之间存在交替关系。然而在长期中，通货膨胀和失业之间没有交替关系。

3. 本章讨论了一些可用来证明黏性工资的存在，从而证明总需求有能力影响产量的不同模型。它们是些什么模型？它们之间的相同与不同之处是什么？你认为这些模型中的哪一个更合理？

This chapter has discussed a number of different models that can be used to justify the existence of sticky wages, and hence the ability of aggregate demand to affect output. What are they? What are their similarities and differences? Which of these models do you find the most plausible?

答：(1)本章中涉及一系列短期和中期条件下证明黏性工资存在的问题。第一种是没有人知道实际价格水平的信息不充分的情况。人们不知道他们名义工资的变化是否是由于价格或实际工资的上升，由于信息不对称，劳动力市场不能马上出清。第二种是协调问题。即一个国家的不同企业不能根据货币政策的变化而相互协调调整价格，私人企业由于害怕失去市场份额只能被动地做出价格调整。第三种是效率工资问题。效率工资理论认为，企业会支付工人高于市场出清情况下的工资，来确保工人为了不失去这个好职位而努力工作，企业同样会出于对菜单成本的考虑不愿频繁的更改工资水平。由于企业与工人之间有长期的劳动合同关系，合同中已经确定了一定时期内的名义工资，且合同的签订是周期性的，因此，当价格变化时，实际工资总是滞后于价格的变动。第四种是内部人—外部人模型。该模型认为，企业通常情况下不是和失业者而是同自己的雇员谈判。由于企业解雇劳动力成本高昂，所以企业宁愿对现有雇员提供高于市场出清情况下的工资，也不愿雇佣愿意接受更低工资的失业者。

(2)这些模型的相同之处在于：它们可以为黏性工资提供解释。但是他们还是有区别的，前两个模型侧重于在短期条件下证明黏性工资存在的问题，而后两个模型侧重于在中期条件下证明黏性工资存在的问题。

(3)本章中提到的有关工资黏性的模型并不是相互冲突、矛盾的，对本题的回答完全取决于个人对不同现象的理解并找出他们认为最合理的解释。本题答案可以根据假设条件(如市场出清的快慢、劳动力市场是否能够自由流动等)的不同而不统一。现举出一种回答的方式：我认为以上几个理论都有合理之处，它们从不同角度解释了工资黏性。我比较倾向于第一种：信息不充分。由于大家对市场都不太了解，掌握的信息不充分，这更容易造成市场不能马上出清。

4. (1)什么是滞胀？

(2)描述能够引起滞胀的一种情况。你所描述的这种情况能够避免吗？应该怎样加以避免？

(1) What is stagflation?

(2) Describe a situation that could produce it. Could the situation you've described be avoided? Should it be avoided?

答：(1)滞胀指经济处于高通货膨胀率、高失业率和低经济增长率交织并存的状态。一旦经济处于高通货膨胀预期的短期菲利普斯曲线上，衰退将实际通货膨胀推到低于预期通货膨胀的水平，但是通货膨胀的绝对水平仍然保持很高，即实际通货膨胀低于预期通货膨胀，但仍大大高于零。也就是说，当经济沿着具有高预期通货膨胀因素的菲利普斯曲线运动到自然失业率右边时，滞胀就会出现。

以弗里德曼为代表的货币主义者直接批判凯恩斯主义的通货膨胀政策，认为滞胀是长期实施通货膨胀政策的必然结果，以增加有效需求的办法来刺激经济，实质上是过度发行货币，经济中的自然失业率是无法通过货币发行来消除的。

(2)当人们有高的通货膨胀预期时就有可能产生滞胀。如果经济进入衰退期，实际的通货膨胀率会下降到预期的通货膨胀率之下。然而在失业率仍在增加的情况下，实际的通货膨胀率可能依然很高。例如，央行过去可能保持货币供给量增长很快，人们就会预期一个高的通货膨胀率。如果发生供给冲击，那么即使在预期的和实际的通货膨胀率都很高的情况下，失业率仍会增加。这样的情况在20世纪70年代就曾发生过。

这样的情况可以避免，而且应该加以避免。主管部门应该密切关注经济形势的变化，一旦发生这种状况，应制定能够减小通货膨胀预期的政策，从而使菲利普斯曲线向左回移。

5. 解释通货膨胀预期使菲利普斯曲线移动的能力，如何有助于经济自动地对总供给与总需求冲击做出调整。

Explain how the ability of inflation expectations to shift the Phillips curve helps the economy to adjust, automatically, to aggregate supply and demand shocks.

答：通货膨胀预期具有使菲利普斯曲线移动的能力。假设经济发生冲击，总需求曲线向右移动，失业率下降，通货膨胀率上升，会导致向下倾斜的菲利普斯曲线向左移动。然而一旦人们认识到实际的通货膨胀率要比预期的通货膨胀率高，他们会把预期的通货膨胀率向上调，向下倾斜的菲利普斯曲线又会向右移动，最终使失业率回到自然失业率上，也就是说经济又回到了充分就业的产出水平。

如果相反的供给冲击发生(向上倾斜的总供给曲线向左移动)，失业率和通货膨胀率同时上升，这将使向下倾斜的菲利普斯曲线向右移动。然而，当人们认识到实际的通货膨胀率要比预期的通货膨胀率低时，他们会把预期的通货膨胀率向下调，于是向下倾斜的菲利普斯曲线又会向左移动，并且经济最终调整到长期的自然失业率水平上。

6. 讨论第6章第2节中讨论过的附加预期的菲利普斯曲线与第6章第3节中讨论的以理性预期为基础建立的菲利普斯曲线之间的主要差别。

Discuss the main differences between the original expectations-augmented Phillips curve discussed in Section 6 – 2 and the one built on rational expectations discussed in Section 6 – 3.

答：附加预期的菲利普斯曲线与以理性预期为基础建立的菲利普斯曲线之间的主要差别在于：根据近年历史经验得出的预期通货膨胀水平决定了附加预期的菲利普斯曲线的位置，由通货膨胀预期变化而引起的菲利普斯曲线的移动也只能逐渐发生；而根据理性预期模型，一旦有可获得的有关将来的新信息，菲利普斯曲线就会立刻移动。

附加预期的菲利普斯曲线表明，当失业率下降到自然失业率以下时，通货膨胀会上升到预期水平之上。然而，如果人们预测到这一情况将会发生，为什么不马上做出调整呢？如果人们立即对其做出调整，这是否意味着预防性货币政策对于背离充分就业产出水平的调整是无效的？实际上，即使人们有理性预期，他们也不能立即做出调整。原因之一是工资合同经常规定较长时间的工资。类似地，价格也不能迅速变化，并且变动价格的菜单成本可能超过收益；另一个原因在于，即使是理性人也会犯预测错误，并且学习是需要过程的。

三、计算与分析题

1. 当总供给曲线为正斜率，而工资随时间缓慢调整时，请分析名义货币存量减少，对价格水平、产出和实际货币存量的影响。

答：名义货币存量的减少将导致对货币的过度需求和利率的上升，利率的上升降低了个人支出的水平，尤其是投资支出的水平。因此，总需求(AD)曲线将会向左边移动(AD_1)，这将会导致在原有价格水平上商品和服务的过度供给，从而导致价格的下跌。由于总供给(AS)曲线向上倾斜，从而会在一个较低的产出水平(较低的产出水平又会带来较高的失业率)和一个较低的价格水平上，达到短期宏观均衡(macro-equilibrium)(点2)。

然而，较高的失业水平最终会使工资水平下降，进而减少产品成本，使向上倾斜的 AS 曲线右移至 AS_1。另外，由于这个均衡产出水平低于充分就业时的产出水平，价格将继续下跌，短期供给曲线将又开始向右移动至 AS_2，从而产出水平又开始上升。一旦产出低于充分就业的产出水平 Y^*，向上倾斜的短期 AS 曲线将会继续右移动至 AS_N，这意味着价格也将继续下降。随着产出一直增加和价格的一直下降，最终会在充分就业产出水平 Y^* 和较低的价

格水平 P_N处达到新的长期均衡(点5)。如图6-12所示。

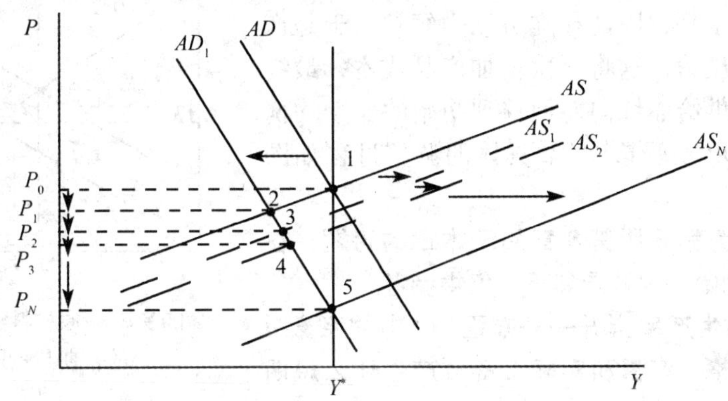

图6-12　名义货币存量减少对价格水平、产出和实际货币存量的影响

在短期内，名义货币存量减少，则名义货币供给(M)减少，由于价格(P)只会缓慢下跌，从而实际货币存量(M/P)将会下跌，但是低于名义货币供给下降的水平。另外，随着价格的进一步降低，实际货币存量又会开始增加，当新的长期宏观均衡(macro-equilibrium)最终达到 Y^* 时，价格也将相应地与名义货币供给同比例地下降，并且实际货币存量也将恢复到原来的水平。

2. 假定美联储采取一种完全透明的政策，即假定它事先宣布它将如何改变货币供给。根据理性预期理论，这种政策将如何影响美联储改变实际经济(如失业率)的能力?

答：理性预期又称合理预期，是现代经济学中的预期概念之一，指人们的预期符合实际将发生的事实，由约翰·穆思在其《合理预期和价格变动理论》(1961年)一文中首先提出。它的含义有三个：首先，做出经济决策的经济主体是有理性的；其次，为正确决策，经济主体会在做出预期时力图获得一切有关的信息；最后，经济主体在预期时候不会犯系统错误，即使犯错误，他也会及时有效地进行修正，使得在长期而言保持正确。

根据理性预期理论，美联储宣布改变货币政策会立即改变人们对通货膨胀率的预期。如果人们能迅速调整通货膨胀预期的变化，那么失业率或产出水平仍将保持不变。换句话说，在上题的图6-12中会立即从点1移到点5。然而，实际上即使人们有理性预期并能准确预测政策变化的影响，也会由于各种原因使他们不能立即做出调整，比如受合同工资的影响等等，这样就会经常会有一些偏离潜在产出水平 Y^* 的情况发生。

3. (1)在总供给和总需求框架中，说明原材料实际价格下降(一种有利的供给冲击)的长期与短期效应。

(2)假定在自然(充分就业)水平开始产出，描述调整过程。

答：(1)原材料实际价格的下降是一种有利的供给冲击，它会使向上倾斜的 AS 曲线向右移动，导致在现有价格水平下供给过剩，这样就会达到一个更高产出和更低价格的新的短期均衡。但由于目前的产出水平已经高于充分就业时的产出水平 Y^*，就会对工资和价格产生上涨的压力，并使向上倾斜的 AS 曲线开始转向左回移，最终在原有产出水平(Y^*)和原有的价格水平下达到新的长期均衡(假设原材料价格的变化对充分就业时的产出没有影响)。如图6-13所示。此时，尽管名义工资(W)已经上升，但价格(P)却没有发生变化，故实际工资(W/P)就会增加。

(2)较低的原材料价格降低了产品成本，使向上倾斜的总供给曲线向右移动，这会导致产出的增加和较低的价格水平。由于此时失业率水平低于自然失业率水平，因此存在劳动力短缺，于是产生了工资上涨的压力，这将再次增加产品成本，最终使向上倾斜的总供给曲线向左回移到初始的长期均衡点(假设潜在 GDP 不受影响)。具体的调整过程如图 6－13所示。

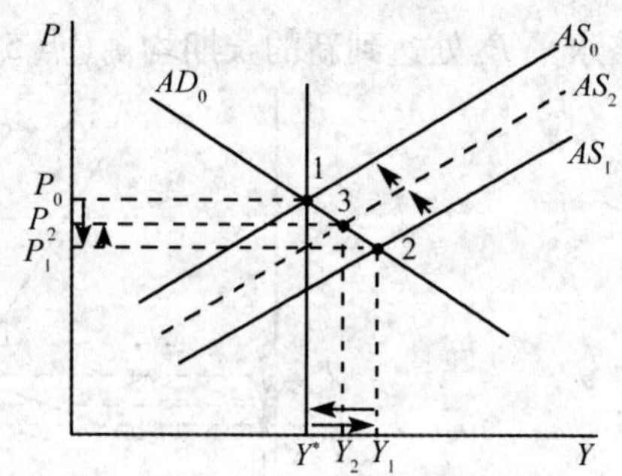

图 6－13　原材料实际价格下降的长期与短期效应

附录：下列为第 6 版第 8 章属于本章的习题，在第 10 版中已被删除，现补录如下，仅供参考。

1. 假设劳动生产率上升——方程(1)中的系数 a 增大了，它对价格、产量和实际工资会产生什么短期和长期影响?

[说明]：题中提到的方程(1)实际上为生产函数 $Y=a\times N$，其中 a 为劳动生产率或者叫投入系数，N 是劳动力投入量或就业量，Y 是生产的产量。在原书中此方程为方程(5)，方程(1)为工资膨胀率 $g_w=\frac{W-W_{-1}}{W_{-1}}$，可能有误。

答： 根据下面这三个方程式：

生产函数　　$Y=a\ N$

成本与价格函数　　$P=[(1+z)W]/a$

菲利普斯曲线　　$W=(W_{-1})[1-\varepsilon(u-u^*)]$

可以得到如下的一个短期 AS 曲线的表达式：

$$P=(P_{-1})[1+\lambda(Y-Y^*)]，其中\ \lambda=\varepsilon/Y^*$$

从而可知当劳动生产率 a 提高时，在图 6－14(b)中，短期的总供给曲线 $AS_0^{\ 1}$ 将会向右移动至 $AS_1^{\ 1}$，因为此时企业能够以相同的成本生产更多的产品和提供更多的劳务，这样在原有的价格水平下，商品和服务的供给就会过度，从而价格开始下降。由于现在的产出高于充分就业时的产出水平，因此，新的短期均衡(点 2)将在更高的产出水平和更低的价格水平上形成，价格将开始上升。这又会使短期 AS 曲线向左边移动至 $AS_1^{\ 2}$，但由于劳动生产率的提高已经使潜在产出增加了，所以，AS 曲线并不会回到其原有的位置上。AD 曲线与新的长期的垂直 AS_1 曲线的交点为新的长期均衡(点 3)，此时有新的更高的潜在产出 $Y_1^{\ *}$ 和较低的价格水平。名义工资率(W)将不会发生改变，但是真实工资率(W/P)将上升，因为此时价格下降了。

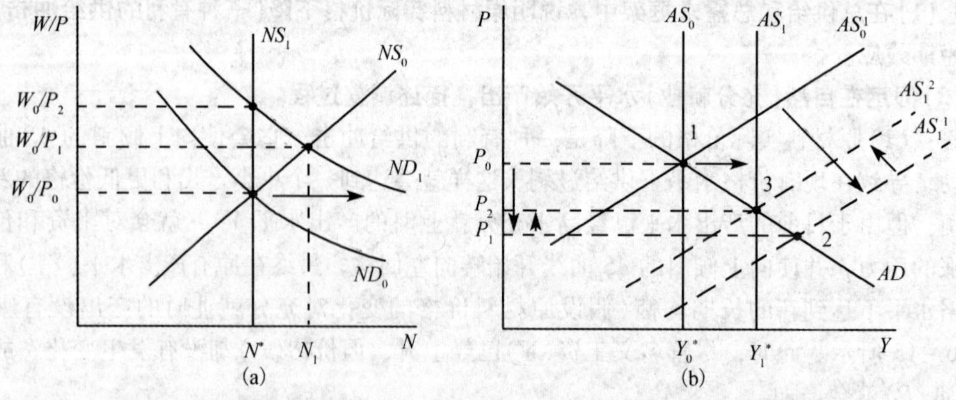

图 6－14　系数 a 增大对价格、产量和实际工资会产生的短期和长期影响

2. 利用类似于图6－15和图6－16的图形讨论对政府支出增加的短期和长期调整。

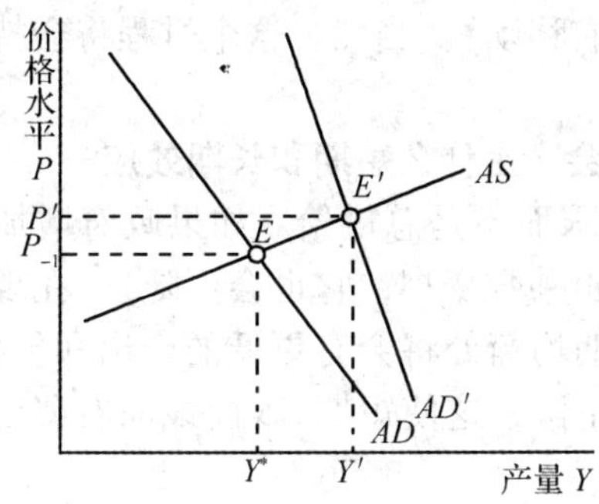

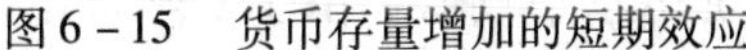

图6－15　货币存量增加的短期效应

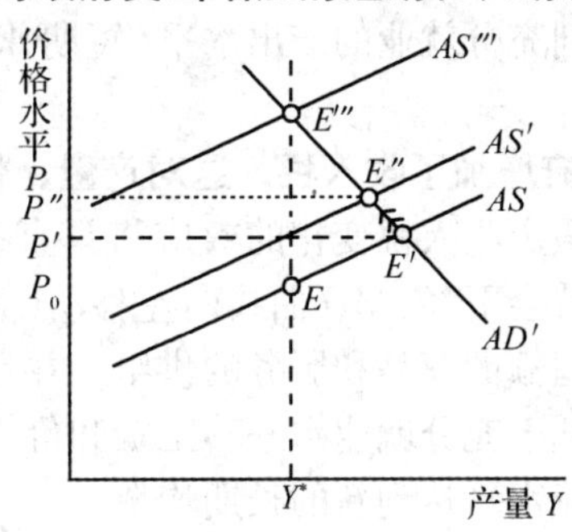

图6－16　货币存量增加的长期效应

说明：在E点的初始均衡被导致总需求曲线由AD移至AD'的货币存量的增加所扰动。短期均衡是在E'点，此时价格水平和产量均有所上升。价格上升是因为产量扩张导致工资增加，工资增加又传导到价格上。AS曲线画得非常平坦，反映了工资黏性很大这个假定。

货币存量增加导致了在E'点的短期均衡，但是，因为产量高于充分就业水平，工资将持续上升，AS曲线向上移动。下一期AS曲线移动到AS'，导致了这一期的均衡E''，其价格水平比前期要高，但产量更低。从E'点到E''点的调整反映了发生在过度就业经济中的成本压力。价格继续上升，产量继续下降，直到经济达到均衡E'''，总供给曲线移至AS'''，在这一点上价格已经上升了与货币存量增加相同的比例，产量又回到Y^*。

答：政府支出增加提高了总需求，使AD曲线向右移动。由于存在超额需求，价格水平上升，因此会达到一个拥有较高价格水平和较高产出水平的新的短期均衡（点2）。由于现在产出高于充分就业水平，工资和价格持续上升，因此短期的AS曲线向左移动，这个过程将会持续，一直到达到一个新的长期均衡（点N）。当经济达到充分就业的收入水平Y^*时，价格水平、名义工资和实际利率都比以前要高，而实际货币余额将会不变。如图6－17所示。

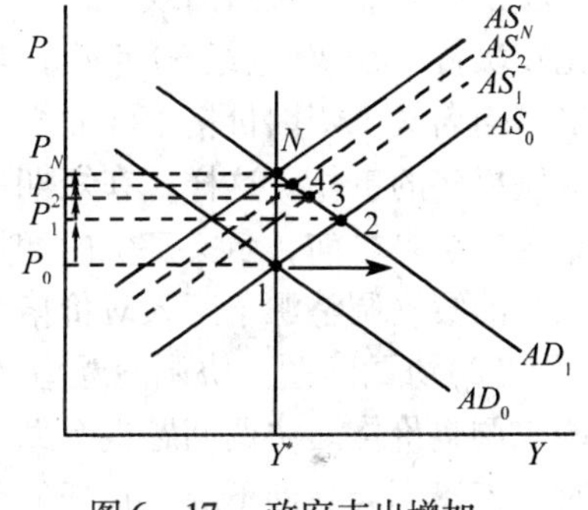

图6－17　政府支出增加的短期和长期调整

3. 假设经济处于衰退阶段，货币和财政政策如何才能加速其复苏？若没有这些政策又会发生什么呢？

答：（1）财政政策指政府变动税收和支出以便影响总需求进而影响就业和国民收入的政策。变动税收指改变税率和税率结构；变动政府支出指改变政府对商品与劳务的购买支出以及转移支付。它是利用政府预算（包括税收和政府支出）来影响总需求，从而达到稳定经济目的的宏观经济政策。货币政策指政府货币当局即中央银行通过银行体系变动货币供给量来调节利率和国民收入的政策措施。

假设经济处于衰退阶段，采取扩张性的货币和财政政策才能加速经济的复苏。在扩张性的财政或货币政策的帮助下，调整到充分就业的收入水平的过程可以缩短：扩张性的财政政策表现为IS曲线右移，在使收入增加的同时会带来利率的上升；扩张性的货币政策表现为LM曲线右移，在使收入增加的同时会带来利率的下降。虽然这些政策都刺激了总需求，但是AD曲线向右移动意味着最终均衡将处于更高的价格水平，换句话说，此时达到失业减少的成本是更高的通货膨胀。

(2)如果经济处于衰退阶段并且没有任何措施，工资和价格会有下降的压力，并且经济最终会回到充分就业的产出水平(短期 *AS* 曲线将向右移动)。当然，这个过程将会持续相当长的时间。

4. 政府增加了收入税，这对产量、价格和利率会产生什么短期和长期效应?

答：假定收入税变化的效应将只直接影响总需求而不是总供给。如果政府增加了收入税，消费就会下降，*AD* 曲线向左移动(并且由于支出乘数变小，它也会更陡)。在现存价格水平会有超额的商品和服务的供给，并且在新的短期均衡处将会有更低的产出和价格水平。由于产出低于充分就业水平，工资和价格水平就会下降，这使短期 *AS* 曲线向右移动，直到在充分就业水平达到新的长期均衡。

在长期，产出会回移到充分就业水平 Y^*，并且价格水平较低。由于实际货币余额水平将上升，利率将会更低。

5. 讨论为什么工资调整迟滞。

答：工资调整迟滞又称“粘性工资”，指名义工资的调整不能按照需求的变动而相应变动。引起这一现象的原因主要有以下几点：

(1)信息不充分。工人的信息不充分并且没有人知道实际的价格水平，人们不知道其名义工资的变化是否会导致价格或实际工资的上升。一些经济学家已经试图在市场出清的相互关联中解释菲利普斯曲线，把工资看作是完全灵活的，但因为预期的暂时性错误，工资调整比较缓慢。在 20 世纪 60 年代，米尔顿·弗里德曼和埃德蒙·费尔普斯研究出的一些模型指出，当名义工资因价格上涨而提高时，工人错误地相信他们的实际工资已经提高，因而愿意提供更多的工作。这样，在短期内，直至工人认识到更高的名义工资只是更高的价格水平所导致的结果之前，名义工资的增加将伴随着更高的产出水平和更少的失业。在这些模型中，工资的缓慢调整源于工人对价格变动的反应迟缓，或者是由于有关价格变动的信息不充分。

(2)协调问题。协调问题指一个国家的不同企业之间不能针对货币政策的变化而相互协调来调整价格。协调问题也有助于解释为什么工资具有向下的粘性，即为什么在总需求下降时，工资不会立即下降。在任何企业削减工资，而其他企业并不这样做的情况下，都会看到其工人的不满和辞职。如果企业间相互协调，他们可以一起削减工资，但是在一般情况下，他们不可能协调一致。因为个别企业削减其雇员的名义工资时，率先行动的企业，其利润将受到最严重打击，因此，工资下降缓慢。

(3)效率工资。该理论认为企业会支付工人高于市场出清情况下的工资，以确保工人为了不失去这个好职位而努力工作。但是由于存在可以预见到的菜单成本，企业也是被动的做出价格调整。由于企业与工人之间有长期的合作关系，合同中又规定了名义工资，且重新谈判是周期性的，因此实际工资会随着价格水平的变化而浮动。

(4)内部人—外部人模型。该模型认为企业只与自己的雇员谈判而不是与失业者谈判，因此解雇劳动力是耗费成本的，他们更愿意对现有雇员提供高于市场出清情况下的工资，而不愿雇佣愿意接受更低的工资的失业者。

由于以上原因的存在，工资调整通常不能按照需求的变动而进行相应的变动。

6. 假定一项政策可以使 *AS* 曲线下移。

(1)它会产生什么效应?

(2)你认为为什么这些政策会引起人们的兴趣?(在第 17 章中我们要讨论旨在使 *AS* 曲线下移的收入政策。)

答：(1)*AS* 曲线下移会在长短期产生不太一样的效果。在短期，会出现更高的产出水平和更低的价格水平；在长期情况下，产出和价格水平不变，但实际工资会增加。

例如原材料实际价格的下降，会使向上倾斜的*AS*曲线向下移动，导致在现有价格水平下供给过剩，这样就会达到一个更高产出和更低价格的新的短期均衡。但由于目前的产出水平已经高于充分就业时的产出水平，就会对工资和价格产生上涨的压力，并使向上倾斜的*AS*曲线开始转而向左回移，最终在原有产出水平和原有的价格水平下达到新的长期均衡(假设原材料价格的变化对充分就业时的产出没有影响)。此时，尽管名义工资已经上升，但价格却没有发生变化，故实际工资会增加。

(2)由于这些政策会使总供给增加，并且会在不提高名义工资或价格的情况下使实际工资增加，所以更容易引起人们的兴趣。另外，*AS*曲线向右移动看起来是能够抵消不利供给冲击并且不产生任何消极效应的惟一方法。在不利供给冲击(同时引起失业和通货膨胀的增加)后，政策制定者只有两个需求管理政策可以选择：扩张性的财政或货币政策，这有助于更快地达到充分就业，但会提高价格；紧缩性的财政或货币政策，这一政策将减少通货膨胀的压力，但会增加失业。然而，使短期*AS*曲线向右回移的政策却可以同时降低通货膨胀和失业，并使经济恢复到初始均衡状态。

7. 假设原材料价格上升伴随着潜在产量水平的下降，货币或财政政策均无变动，因此*AD*曲线不会移动。

(1)这次扰动对价格和产量的长期效应如何？请与课本中潜在产量不下降的情形做一比较。

(2)假定*AS*曲线向上移动，最初导致产量下降且低于新的潜在水平，请用图演示产量和价格达到新的长期均衡的调整过程。

答：(1)如果原材料价格上升也影响了潜在产出水平 Y_0^*(如伴随潜在产量水平的下降)，那么不仅短期的(向上倾斜)*AS*曲线向左移动，而且长期的(垂直)*AS*曲线也会向左移动。因此，新的长期均衡将处在较低的潜在产出水平和较高的价格水平上。

如果原材料价格上升，潜在产出不变，*AS*曲线由于成本上升的不利冲击而向左上方移动，在较低的产出水平和较高的价格水平达到新的短期均衡。由于新的均衡产出水平低于潜在产出水平，工资和价格就会有下降的压力，短期的*AS*曲线开始向右移动，直至经济回复到充分就业水平，价格水平也与冲击发生前一样，但名义工资要低于冲击发生前，因此新的长期均衡下，价格水平和潜在产出水平不变，但实际工资降低了。

(2)如图6－18所示，原材料价格上升，相同的价格水平下供给的商品减少，短期的*AS*曲线向左移动。在原有的价格水平下将出现对商品和服务的过度需求，价格开始上升，因此会在较低的产出水平和较高的价格水平处达到新的短期均衡(点2)。由于新的短期均衡低于新的充分就业产出水平 Y_1^*，工资和价格就会有下降的压力，并且短期的*AS*曲线开始向右移动。当*AD*曲线与新的长期*AS*曲线(AS_1)相交于 Y_1^* 时，达到新的长期均衡(点3)。这个新的长期均衡会比原来的长期均衡(点1)有更高的价格水平和更低的产出水平。由于原材料价格上升并不直接影响劳动力，劳动市场会达到充分就业均衡。(因为价格上升而名义工资保持不变，实际工资将下降。)

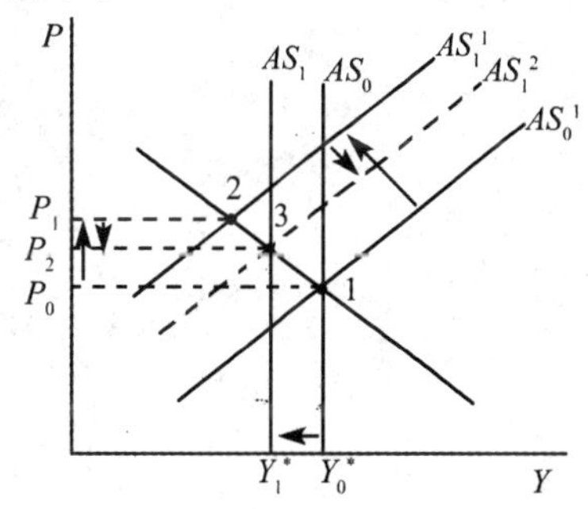

图6－18　扰动对价格和产量的长期效应

8. 表6－1列举了1973－1975年第一次石油价格冲击时期的数据，请用类似于图6－19

的图形解释这些数据是否与总需求—总供给模型相吻合。

表 6-1　1973-1975 第一次石油价格冲击时期重要经济指标

年份	1974	1975
汽油的实际价格，1973 = 100	122.6	138.8
GNP 减缩指数，1973 = 100	108.8	118.9
实际 GNP 增长率，每年的百分数	-0.6	-1.2
实际工资变化率，每年的百分数	-2.8	0.8

答：如图 6-19 所示石油实际价格的上升使总供给曲线向左上方移动，因为在每个产量水平上生产成本现在都提高了。由于在短期内工资不能充分调整，因此经济只能变动到失业均衡 E'。在 E' 点的失业迫使工资连同价格水平一起下降，调整沿着 AD 曲线进行，直至 E 点为至。适应性的货币或财政政策可以推动 AD 曲线移至 AD'，使新的均衡在 E^* 点实现，减缓供给冲击的失业效应，但会加剧通货膨胀的影响。

表6-1 中列举的1974-1975 年(第一次石油价格冲击以后)的数据证明了短期总需求—总供给模型的推论。石油价格上涨使短期的 AS 曲线向左移动，并且在更高的价格水平和更低的产出水平处达到新的均衡。由于价格上升而名义工资保持不变，实际工资将下降。整个调整过程如图 6-20 所示。表6-1中列举出了这两年的石油价格和 GNP 缩减指数的上升以及实际 GNP 和工资的下降，数据变动情况与总需求—总供给模型分析相吻合。

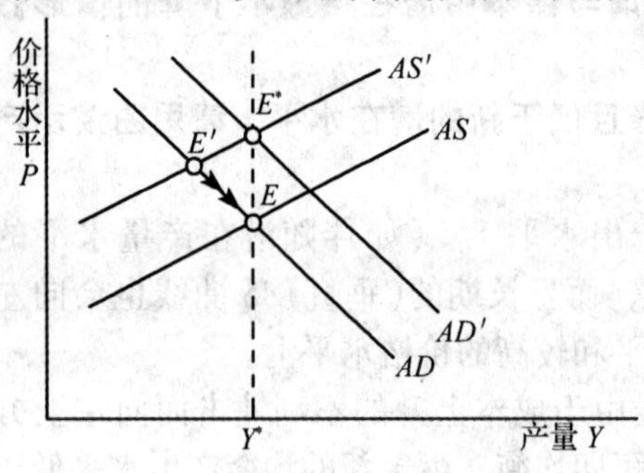

图 6-19　逆向供给冲击

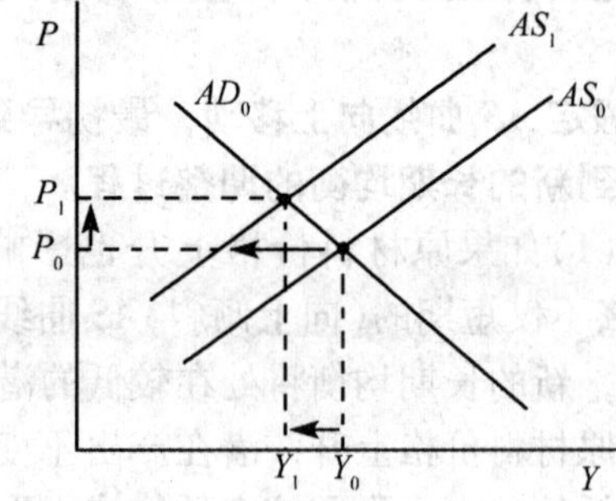

图 6-20　短期总需求—总供给模型的调整过程

第7章　通货膨胀与失业的解剖

7.1　复习笔记

一、失业的解剖

1. 失业的含义和特征

(1)劳动力的概念

劳动力指那些正在工作的人和积极寻找工作的人。劳动力是经济活动的主体，对经济增长具有直接的、重要的作用。劳动力的增长率和劳动生产率的提高决定了一个社会潜在国民收入的增长率。

(2)失业者

失业者指在一定年龄范围内，有工作能力，愿意工作并积极寻找工作而未能按当时通行的实际工资水平找到工作的人。衡量经济中失业状况的最基本指标是失业率。失业率是指失业人数占劳动力总数的百分比，公式表示为：

$$失业率=\frac{失业人数}{劳动力总数}\times 100\%$$

公式中的劳动力总数是指失业人数和就业人数之和。

注意要点：

①年龄规定以外的无工作者不是失业者。

②丧失工作能力者不计入失业者。

③在校学习的不计入失业者。

④由于某种原因不愿工作或不积极寻找工作的人不计入失业者。

⑤有些未领取失业救济的未登记注册的无工作者，没有被计入失业者。

(3)失业的五个关键特征

对于了解失业意味着什么，以及对它可以做些什么、应该做些什么而言，失业的五个关键特征是关键性的。

①在以年龄、种族或经历划分的组别中，各组之间的失业率差别很大。

②劳动市场的流动性很高。就业与失业的流进流出量高与就业或失业人数有关。

③在这种流动中，有很大一部分是周期性的：在衰退期间解雇与离开的多，而在繁荣期间自愿辞职的多。

④在任意一个给定月份中，失业的大多数人只是暂时处于失业状态。

⑤大部分失业由那些将会长期失业的人口构成。

2. 失业后备军

(1)搁置的含义

搁置是由“对工人没有偏见”的雇主提出，指连续长达或预期长达7天以上并且不付薪水的停职。搁置一般因为工作暂时短缺，因而在遣散雇员时告诉他们企业目前的困境，并承诺一旦企业需要人手就召回他们。搁置不等于解雇，因为解雇一般指雇佣关系的永久性断绝。事实上，许多企业都在寻找替代搁置的办法，这些办法包括：自愿减少工资方案；自愿减少工作时间；以及雇佣在经营萧条时企业本可以不雇用的临时工、半职工等“保护圈”方法。

(2)失业后备军的概念

失业后备军指在任何时点上都存在的一个特定数量的失业人口，在这个失业后备军中，存在着人员的流进和流出。一个人可能会因为下列四种原因之一而成为失业者：

①新加入到劳动力队伍中，即那些第一次找工作的人，或者是再加入者——在超过4个星期的时间里没有找到工作之后重新回到劳动力市场的一些人。

②停止一件工作以便找寻其他就业机会的人，在寻找新工作过程中，可能登记成为失业者。

③被搁置的人。

④由于被开除，或是因为企业倒闭而失去工作的人。

(3)脱离失业后备军三种主要方式

脱离失业后备军的三种主要方式是：

①一个人可能被雇佣去做一件新工作；

②一些人虽然被搁置工作，但可能被雇主召回；

③一个失业者可能停止寻找工作，因此，按照定义他便不再被看作是劳动力。

3. 不同人群之间失业的差异

(1)总失业率与各组人群失业率之间的关系

在任何时候，都有一个既定的失业总水平，即总失业率。劳动力中不同人群之间失业率的差异，可以用总失业率 u 与劳动力中各组人群失业率 u_i 之间的关系来表明与考察。

总失业率是不同人群组别之间失业率的加权平均：

$$u = w_1 u_1 + w_2 u_2 + \cdots + w_n u_n$$

其中，权数 w_i 代表特定组别人群在居民劳动力总数中所占的比重。

(2)总失业率变化原因

方程 $u = w_1 u_1 + w_2 u_2 + \cdots + w_n u_n$ 表明总失业率可能由于两种原因而发生变化：

①各组人群失业率的变动；

②权数向失业率高于(或低于)平均失业率的那一组人群偏移。

(3)不同人群之间失业率的差异

一般而言，青年人的失业率远高于年龄大一些的工人；女性的失业率在过去很长时间都高于男性，但是今天女性失业率与男性基本相同——或者，可能稍低于男性的失业率。

4. 周期性失业与摩擦性失业

(1)周期性失业

周期性失业又称为需求不足的失业，是超过摩擦性失业以上的失业部分，是由于总需求不足而引起的短期失业。它一般出现在产出低于其充分就业水平的时候，即经济周期的萧条阶段，故称周期性失业。可以用紧缩性缺口来说明这种失业的总需求，它是实际总需求与充分就业总需求之间的差额。

(2)摩擦性失业

摩擦性失业是经济处于充分就业状态时存在的失业，是由于劳动力市场运行机制不完善或者因为经济变动过程中的工作转换而产生的失业。摩擦性失业是劳动力在正常流动过程中所产生的失业。在一个动态经济中，各行业、各部门和各地区之间劳动需求的变动是经常发生的。摩擦性失业量的大小取决于劳动力流动性的大小和寻找工作所需要的时间。由于在动态经济中，劳动力的流动是正常的，所以摩擦性失业的存在也是正常的。

5. 失业的持续时间

(1)失业的持续时间的含义

失业的持续时间指一个人处于失业状态的平均时间长度，又称“失业期限”。任何一段时期的失业水平是失业者流量和平均失业时间的函数，因此，失业持续时间的长短影响着整个社会的失业程度，是自然失业率的基本决定因素之一。

(2)失业的持续时间的决定因素

失业持续时间取决于周期性因素，同时还取决于以下因素：

①劳动市场的组织，包括就业机构、青年就业服务等类似机构的存在与否；

②劳动力的人口统计构成；

③失业者持续寻找一份更好工作的能力和愿望，这部分地取决于失业救济金。

6. 失业的频率

(1)失业频率的含义

失业频率指在一定时期内(例如一年)工人失业的平均次数，与失业的持续时间一同构成自然失业率的基本决定因素。

(2)失业频率的两个基本决定因素

①经济中不同企业对劳动力需求的差异

即使总需求固定不变，一些企业在成长，另外一些企业在收缩，收缩的企业裁减劳动力，而增长的企业则雇佣更多的劳动力。不同企业之间对劳动力需求的差异越大，失业的频率越高，自然失业率就越高。

②新工人进入劳动力队伍的速度

新工人加入劳动力队伍的速度越快——即劳动力增长速度越快，失业频率越高，自然失业率就越高。

二、自然失业率

1. 自然失业率的含义和决定因素

(1)自然失业率的含义

自然失业率又称“有保证的失业率”、“正常失业率”、“充分就业失业率”等，指在没有货币因素干扰的情况下，让劳动市场和商品市场自发供求力量起作用时，总供给和总需求处于均衡状态时的失业率。所谓没有货币因素干扰，指的是失业率的高低与通货膨胀的高低之间不存在替代关系。自然失业率是充分就业时仍然保持的失业水平。

自然失业率是弗里德曼对菲利普斯曲线发展的一种观点，他将长期的均衡失业率称为“自然失业率”，它可以和任何通货膨胀水平相对应，且不受其影响。任何时候都存在着与实际工资率结构相适应的自然失业率，任何把失业降低到自然失业率以下的企图都将造成加速的通货膨胀。

(2)自然失业率的决定因素

自然失业率取决于经济中的结构性和摩擦性的多种因素，其中影响失业持续时间的三个因素与影响失业频率的两个因素是自然失业率的基本决定因素，这些因素随时间变化而变化。

自然失业率的基本决定因素具体包括：

①劳动市场的组织，包括就业机构、青年就业服务等类似机构的存在与否。

②劳动力的人口统计构成。

③失业者持续寻找一份更好工作的能力和愿望。

④经济中不同企业对劳动力需求的差异。

⑤新工人进入劳动力队伍的速度。

2. 自然失业率的估计

估计自然失业率的基础是一个关于自然失业率 u^* 的方程：

$$u^* = w_1 u_1^* + w_2 u_2^* + \cdots w_n u_n^*$$

该方程说明，自然失业率是劳动力中各个组别人群的自然失业率的加权平均数。估计通常从20世纪50年代中期这样的一个时期开始，当时的总失业率为4%。然后，根据劳动力组成的变化(即权数 w)和各组人群的自然失业率(即每一组的 u^*)的变化，加以调整。

对劳动力构成变化的第一组调整，考虑了劳动力中诸如青年所占份额增加之类的变化，因为在劳动力中，他们的自然失业率较高。这些调整提高了自然失业率，但提高得很少。第二组调整试图以不同方式考虑诸如失业救济金之类自然失业率基本决定因素的变化。

3. 呆滞现象与上升的自然失业率

(1)失业呆滞的含义

失业呆滞又称失业滞后，是指认为衰退也许会持久地影响自然失业率的理论。该理论认为持续长时间的高失业率抬高了自然失业率，从而出现失业率越高，失业时期越长，这一拉长失业期的恶性循环越难以打破的现象。

失业呆滞是新凯恩斯主义者利用“局内人—局外人”模型分析提出的一种劳动市场理论。局内人在劳动市场上拥有实际的优先权。当局内人的市场力非常强，局外人不能对工资水平产生影响时：需求收缩，局内人不愿降低工资，生产者对劳动的需求下降，失业率上升；需求扩张，局外人在局内人都被雇佣后也能被雇佣，失业率下降。就业均衡与实际就业率的滞后量有关，短期失业者能对工资调整产生影响，长期失业者对工资水平几乎没有影响，导致较高工资引起的高通胀和高失业并存。失业滞后论说明了劳动市场失灵和滞涨现象，发展了西方微观经济学中的劳动市场理论。

(2)造成失业滞后现象的原因

失业滞后现象可能通过不同途径发生，其中主要的几种原因有：

①失业者持续寻找一份更好工作的能力和愿望

长期的高失业水平可能使失业者变得习惯于不做工作或者是失业者不再全力以赴地搜寻工作岗位。

②较高的失业救济金

失业者能够得到失业救济金，而且知道如何争取到它，以及如何做零工消磨时光。

③潜在雇主的行为

潜在雇主可能相信一个人失业得越久，就会越丧失工作的热情和工作资格。长期失业会给企业以该工人可能不愿意工作的信号，因此企业将不再雇佣这些工人。

4. 失业救济金对自然失业率的影响

(1)相关概念的理解

①替代率的概念

替代率是失业时的税后收入与就业时的税后收入之比。替代率越高，失业者求职的紧迫感就越少。费尔德斯坦和波特巴认为，高替代率显著影响保留工资，即为使一个接受失业救济金的人愿意到新职位再就业所需的工资水平。

②保留工资的概念

保留工资指个人愿意接受的最低工资。保留工资理论是对职业搜寻理论的一种改进。该理论认为一个在劳动力市场寻找职业的人并不期待工资水平随着搜寻时间的延长而不断上升，更多的情况是他从搜寻职业开始就对工资水平有一个起码的心理价位，这个心理价位的工资水平被称为保留工资。保留工资概念能够建立以下均衡：在保留工资水平以下，就业者接受工作所得到的满意程度与其处于失业状况而得到的满足程度是等价的。

③就业稳定性的概念

就业稳定指劳动者参与社会劳动的数量在相当的时期内保持着一定的比例。它的基本含义包括：其一，就业总量的稳定；其二，劳动就业在产业间和区域间的转换替代弹性不高；其三，劳动者个体总的就业时间比较长。不同的经济主体对就业稳定性理解和评判是不一致的，从而构成了不同的评价标准。作为国家而言，对就业稳定性的评价标准是以追求社会公平和社会稳定为目标的。

④经验评估的概念

经验评估指以经验数据为依据而进行的评估。这种评估的特点是评估人员由于对某一商品的了解较多，以经验数据为依据而进行估价，经验评估可以减弱就业稳定性的效果。向雇员失业率高的企业征收较高的失业保险，以便刺激该类企业走向更稳定的就业。但是，由于经验评估并不会使企业承担失业保险的全部费用，因而它只是部分地起到了减弱作用。

⑤报告效应的概念

报告效应是披露日前 1 天到披露日后 1 天的累积超额收益率与从事件考察期开始到披露日后 1 天的累积超额收益率之比，用于度量并购信息披露对价格的影响，也可以通过报告效应的大小来判断是否存在内幕交易。

失业救济金会通过报告效应提高失业率的衡量数字。为了领取失业救济金，人们必须是正在找工作的“在册劳动力”，因此，尽管他们实际上并不需要工作，但却是被当作失业者进行统计的。

(2)失业救济金提高自然失业率的途径

①失业救济金让人们有更长的时间去找工作

失业救济金越高，替代率越高，失业者求职的紧迫感就越少，保留工资越高，自然失业率越高。

②就业稳定性

失业救济金的存在减弱了就业稳定性，使工人和企业不会寻求以尽可能多的兴趣去创造高度稳定的就业，厂商更愿意暂时搁置工人而不是设法保留他们的工作岗位，提高了自然失业率。

③报告效应

失业救济金通过报告效应，提高失业率的衡量数字。为了领取失业救济金，人们必须是正在找工作的“在册劳动力”，因此，尽管他们实际上并不需要工作。但却被当作失业者统计。一项估计认为，报告效应将失业率提高了近半个百分点。

三、失业的代价

1. 失业的产出损失

由于经济并未处于充分就业状态，对周期性失业代价的首要衡量是产量的损失。如图7－1所示，通过应用奥肯定律，可以得到对产出损失的估计值。

(1)奥肯定律的含义

奥肯定律是有关经济周期中失业与产出之间的经验关系的定理。该定理描述了失业率与实际国民生产总值之间存在的一种高度负相关关系，其主要内容是：失业率如果超过充分就业的界限时，失业每额外变动1%，GDP就会反向变动2%。

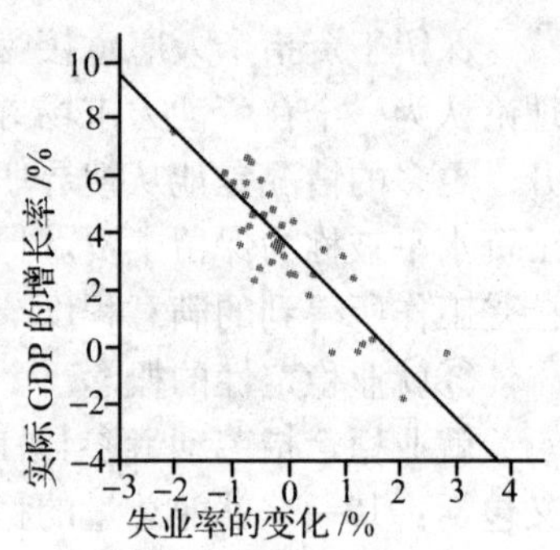

图7-1 奥肯定律：失业与GDP增长的关系

(2)奥肯定律的结论

奥肯定律的一个重要结论：实际GDP必须保持与潜在GDP同样快的增长，以防止失业率的上升。如果政府想让失业率下降，那么该经济社会的实际GDP的增长必须快于潜在GDP的增长。

2. 失业对收入分配的影响

(1)失业的收入损失

对失业者个人来说，当他失业时将受到收入减少的痛苦；而对不同人群来说，失业带来的收入减少的痛苦并不相同。一般而言，失业对穷人的打击比对富人的打击要大。整个社会所有失业者的收入损失即总产出低于其潜在水平。

(2)失业对收入损失的分配

奥肯定律的估计包括了所有的失业者所丧失的全部收入。但原则上，经济中这种总的损失会以不同的方式，分配给不同的人。

作为失业补偿制度之一的失业救济金，其总额接近于失业者就业时所得到的收入。该项救济金是通过向仍在工作的人征税来提供资金的。在这种情况下，失业者将不会由于失业而遭受收入损失，但社会仍然会由于总产出的下降而遭受损失。失业补偿制度只是部分地，但决不能全部地分散失业负担。

3. 失业的其他代价和收益

(1)补偿性利益

由于失业者不工作而产生的更多闲暇，对奥肯定律估计的周期性失业的代价提供了部分补偿性收益。然而，由于这种闲暇大多数人是不需要的，因此这种闲暇的价值很小。

(2)税收的额外代价

由于人们挣工资要缴税，社会一般会从在职者那里以税收形式得到利益。当一个工人失去工作时，社会除了损失工人工资外，还承受了失去税收的额外代价。

四、通货膨胀的代价

1. 完全预期到的通货膨胀

(1)完全预期到的通货膨胀的含义

完全预期到的通货膨胀指通货膨胀过程被经济主体预期到了，并且针对这种预期采取各种补偿性行动所引发的物价上升运动。一般认为，如果通货膨胀的预期现象普遍存在，那么无论是什么原因引起了通货膨胀，即使最初引起通货膨胀的原因消除了，通货膨胀也会因经济主体预期而采取的行动得以持续，甚至加剧。

(2)完全预期到的通货膨胀代价

①假定条件

a. 经济中存在的是低的、温和的通货膨胀率，它低到不足以破坏整个支付系统。

b. 每个人都正确地预期到该通货膨胀率，所有的合同都将在预期通货膨胀率基础上加以签订。

c. 税收也是指数化的，即税收等级每年也将相应上升与预期通货膨胀率相等的百分比。

②完全预期到的通货膨胀的代价

在满足以上假定条件的经济中，除了两个限定条件外，完全预期的通货膨胀没有付出任何实际代价。

a. 通货膨胀的“皮鞋成本”

第一个限定条件来源于对货币(即纸币和硬币)不付利息，因为很难做到这一点，意味着持有货币的成本会随着通货膨胀率而上升，对货币需求相应地下降。人们持有的货币将减少，不得不以较少的货币应付支出，从而比以往去银行的次数增多，每次用支票取款的金额也比以前要少些。这些去银行的费用经常称作通货膨胀的“皮鞋成本”。

通货膨胀的“皮鞋成本”和由于预期通货膨胀率上升所导致的货币需求减少的数量有关，据估计这些成本很小。

b. 通货膨胀的“菜单成本”

由于有了通货膨胀(与价格稳定正相反)，人们不得不去提高实际资源的价格，调整投币电话、自动售货机和收银机，这些调整价格的行为引发“菜单成本”，但是这种成本很小。

2. 不完全预期到的通货膨胀

(1)不完全预期到的通货膨胀含义

不完全预期到的通货膨胀指货币当局采取隐蔽方式增加货币供应而引发的物质上涨运动。此时，经济主体难以估计当前通货膨胀态势，预期未来通货膨胀趋势，不产生货币幻觉。一般认为，如果发生不完全预期到的通货膨胀，经济主体由于在货币需求上不具有“货币幻觉”，就会提高名义现金持有量，保持实际现金持有量不变，结果会有效遏止物价上涨。

(2)未预期到的通货膨胀与有效的决策制定

未预期到的通货膨胀可能带来额外风险因素，通货膨胀率越高，其可预见性就越低，也就越难被准确预测，这将会使长期决策的不确定性加大，从而增加长期决策的难度。

这些额外的风险因素会使一些企业延迟已经就绪的投资项目，或者会进行金融投机以保护其资产的购买力不会下降，这就会对产出造成负面影响，但这种损失和代价是很难衡量的，此时通货膨胀成本也不再是可分配的。

(3)不完全预期到的通货膨胀与财富再分配效应

①关于财富再分配效应的概述

通货膨胀改变了以名义价值规定固定资产实际价值。当通货膨胀高于预期时，价格就会上涨，从而削减以货币价格规定的所有债权或资产的购买力，财富将从债权人即债券持有人手中，转移到债务人（借款人)那里，从养老金领取者手中转移到企业那里。这种由价格水平变化导致的收入和财富的转移即是通货膨胀的财富再分配效应。再分配效应会使资产的已实现真实利率低于其名义利率，甚至可能为负。

②不完全预期到的通货膨胀的代价

如果通货膨胀是不完全预期的，它所带来的成本就是对收入和社会财富进行再分配。财富再分配效应对所有以名义价值规定的资产都会发生影响，尤其是对货币、债券、储蓄存款、保险合同和一些养老金等。

a. 整体上看财富再分配的得失基本抵消

从整体经济上看，不完全预期通货膨胀所产生的机构部门和个人之间财富再分配的得失基本上互相抵消了。当政府从通货膨胀中得益，私人领域则可少纳税。当公司从通货膨胀中得益时，公司所有者所得利益以其他人的损失为代价。

b. 不完全预期到的通货膨胀的受害方与得益方

通常认为，老年人比青少年人更容易受到通货膨胀损害，因为老年人拥有更多的名义资产。但由于退休者的很大一部分财富可以得到保护，从而免受不完全预期通货膨胀的影响。

通货膨胀高于预期时，价格上涨快于工资的提高，资本家和利润收入接受者从中受益，而使挣取工资者受到损失。

c. 通货膨胀提高纳税义务的真实价值

税收结构指数化的失败意味着通货膨胀高于预期时，就会使公众进入更高的税率等级，从而提高税收支付的真实价值，既减少个人的真实可支配收入。

3. 降低通货膨胀的代价——牺牲率

牺牲率是指通货膨胀率每下降一个百分点所丧失的产出百分比，也即(作为反通货膨胀政策结果的)GDP 损失的累计百分比与实际获得的通货膨胀的降低量之间的比率。牺牲率按照时间、地点以及降低通货膨胀的方式而有所不同。尽管牺牲率的估算差别很大，但一般的估算是5%左右：通货膨胀率每下降1%，一年的 GDP 必须牺牲5%。

迅速的反通货膨胀牺牲率往往比缓慢的反通货膨胀牺牲率小；那些工资决定制度更有伸缩性的国家，例如劳动合约时间短的国家，牺牲率较小。

4. 痛苦指数

失业和通货膨胀都直接影响到国民的实际生活质量，故而可用其合成一个表示经济困难程度的痛苦指数，来反映人民所处的经济福利状况的变化。痛苦指数是一国消费物价年增长率与年失业率之和，其判定标准为，当指数超过20%，表示该国经济处于悲惨状态；在10% -20%之间则还算可以；如果未满10%则表示该国经济表现优异。

五、通货膨胀与指数化：防止通货膨胀影响的经济

1. 指数化与通货膨胀的联系

指数化是以条文规定的形式把工资或价格和某种物价指数联系起来的做法，当物价上升时，工资或价格也随之上升。指数化分为全部指数化和部分指数化两种。全部指数化是指工资按物价上升的比例增长，部分指数化是指工资上涨的比例仅为物价上升的部分。

收入指数化政策是一种事后措施，有利于降低通货膨胀在收入分配上的影响，减少人们遭受通货膨胀伤害的可能性，但对消除通货膨胀本身作用并不大。严格来说，指数化并不能构成一种反通货膨胀的方法。

2. 几种指数化方法

(1)利率可调整的抵押贷款

①利率可调整的抵押贷款的含义

利率可调整的抵押贷款(ARM)指按照当前市场利率而自动调整利率的贷款。可调整抵押贷款是最初在加州兴起的一种房屋贷款，后来获准在全美国使用。该贷款利率因联邦利率的变动而跟着自动改变。利率每六个月变动一次，但在房屋贷款的生命期中利率变化的幅度不能超过10.5%。另外，银行必须提供客户在可调整式利率贷款和固定利率贷款之间的选择权。

②利率可调整的抵押贷款对通货膨胀的意义

利率可调整的抵押贷款是一项长期贷款，是应对通货膨胀前景的不确定性而产生的一种新型融资工具。其利率比照现行短期利率，会定期(譬如说每年)进行调整。就名义利率大体上反映了通货膨胀的趋向而言，利率可调整的抵押贷款减少了通货膨胀对购房融资的长期实际成本的影响。

(2)指数化债务

指数化债务是考虑到通货膨胀而逐年上调利息支付的债务。当利息或本金或两者都根据通货膨胀进行调整时，债券就被（按价格水平）指数化了。指数化债券的持有人收到的利息将等于宣布的实际利率加上通货膨胀率。通过这种方式，债券持有人在通货膨胀中就可得到补偿。

（3）工资指数化

①自动调整生活费用条款的含义

自动调整生活费用条款（COLA）将货币工资的增加与价格水平的上涨联系起来，其重要内容为当消费品价格提高后，工人们可获得加薪；或者是公司派员工前往消费水平较高的地区工作与生活时，公司必须付给津贴。通过该条款，工人在签订劳动合同之后可以全部或部分地恢复他们在通货膨胀中损失的购买力。

②工资调整的两种方法

工资合同的期限较长，一般为一年到三年的期限，由于合同期内价格会发生变化，因此必须根据通货膨胀对工资进行调整，调整方法主要有两种：

a. 根据 CPI 或 GDP 缩减指数来指数化工资，通过定期的回顾，按该段时期内价格的上升来增加工资。

b. 根据预期价格上涨率，来定期安排事先预告的工资增加。

③工资调整的两种方法的效果比较

如果能确切地知道通货膨胀的变化，这两种方法就会殊途同归。但由于存在通货膨胀与预期不一致的可能性，两种方法就会产生差异。

a. 当通货膨胀的不确定性很高时，指数化方法优于事先宣布的工资增长。

b. 当通货膨胀是由于不利的供给冲击引起时，实现宣布工资增长率的方法优于指数化方法。在不利的供给冲击情况下，工资指数化制度会造成工资随价格、原材料成本一同上涨的通货膨胀螺旋。但在事前确定增加工资的制度下，由于原材料价格提高会导致实际工资下降，所以可以避免这种后果。

3. 不普遍实行指数化政策的原因

理论上，通过大规模地采用指数化，指数化债券、税制等政策，预期不到的通货膨胀的绝大多数代价会消失。然而，在现实中大多数政府一般不愿实行指数化，主要有三个充分的理由：

（1）当需要改变相对价格时，指数化可能出现通货膨胀螺旋式上升，降低经济的自我调节能力。

（2）指数化给价格、工资设定了一个约束，相对价格调整难度加大。

（3）指数化使通货膨胀更容易被接受，会削弱政府抑止通货膨胀的政治决心，导致更高的通货膨胀，并且由于指数化不能很好地处理通货膨胀的后果，就有可能使经济情况更加恶化。

六、政治性经济周期理论

1. 政治性经济周期理论的含义

政治性经济周期理论是研究经济政策的决定与政治考虑之间的相互作用的理论。该理论认为，经济运行往往围绕着大选日期而波动，在大选之前，政府实行扩张性的经济政策，以“适度”的通胀率为代价来降低失业率；当选之后，政府则采取紧缩性的经济政策来降低通胀率，导致失业率上升。这样，宏观经济运行就会呈现出明显的通胀偏差周期。

2. 政治性周期理论产生的三个基本条件

（1）凯恩斯国民收入决定理论为政策制定者提供了刺激经济的工具；

（2）选民喜欢高经济增长，低失业以及低通货膨胀的时期；

（3）政治家喜欢连选连任。

3. 政治性周期理论的两大组成部分

（1）选民如何对通货膨胀与失业问题加以评定

民意调查研究表明，选民既担心通货膨胀率和失业率的水平，又担心其变化率。上升的失业率使公众对失业问题更加关注。对通货膨胀的关注，则取决于对上升的通货膨胀的预期和通货膨胀的水平。这些事实影响着政治家对政策类型的选择。

（2）影响竞选结果的最优时机

政治性经济周期假说认为，政治家们在其执政初期会采用紧缩性政策，提高失业率以降低通货膨胀。当选举迫近时，以扩张取代紧缩，以确保失业率下降，获得选民支持，即便失业水平仍在抑制着通货膨胀。

4. 抵制政治性经济周期的因素

在一般情况下，政府微调经济的能力有限。实施基于政治动机的人为操纵，也会有一些特殊的困难：

（1）由于有国会中期选举，总统不能充分利用经济周期；

（2）总统不可能按照竞选进程，随意过分公开地选择和操纵衰退与复苏的时机；

（3）巨大的宏观冲击，诸如石油冲击和战争，偶尔会对选举周期产生不利影响；

（4）行政当局并不控制所有的政策工具，特别是美联储在很大程度上是独立的；

（5）如果预期是理性的，为竞选而实行的扩张性货币政策，只有很小的实际效果，而且主要是产生通货膨胀。

7.2　课后习题详解

一、概念题

1. 牺牲率（sacrifice ratio）

答：参见本章“复习笔记”。

2. 奥肯定律（Okun’s law）

答：参见本章“复习笔记”。

3. 分配后果（distributional consequences）

答：分配后果指某些因素的变化对相关主体带来的分配造成的影响。例如，对失业代价的承担是非常不平衡的，失业具有重大的分配后果。换言之，衰退的损失主要由那些失去工作的人不合比例地过重承担了。刚刚进入劳动力队伍的工人、青少年以及城市贫民区的居民，是失业增加时最容易受到伤害的一个群体。

4. 劳动力（labor force）

答：参见本章“复习笔记”。

5. 失业者（unemployed person）

答：参见本章“复习笔记”。

6. 失业后备军（unemployment pool）

答：参见本章“复习笔记”。

7. 临时解雇（layoff）

答：参见本章“复习笔记”。

8. 摩擦性失业（frictional unemployment）

答：参见本章“复习笔记”。

9. 周期性失业(cyclical unemployment)

答: 周期性失业又称需求不足的失业，是超过摩擦性失业以上的失业部分，由于总需求不足而引起的短期失业。它一般出现在产出低于其充分就业水平的时候，即经济周期的萧条阶段，故称周期性失业。可以用紧缩性缺口来说明这种失业的总需求，它是实际总需求与充分就业总需求之间的差额。

凯恩斯把总需求分为消费需求与投资需求。他认为，决定消费需求的因素是国民收入与边际消费倾向，决定投资需求的是预期的未来利润率(即资本边际效率)与利息率水平。在国民收入既定的情况下，他以边际消费倾向递减规律说明了消费需求不足的原因。投资是为了获得最大纯利润，而这一利润取决于投资预期的利润率(即资本边际效率)与为了投资而贷款时所支付的利息率。凯恩斯用资本边际效率递减规律说明了预期的利润率是下降的，又说明了由于货币需求(即心理上的流动偏好)的存在，利息率的下降有一定的限度，这样预期利润率与利息率越接近，投资需求就越不足。消费需求的不足与投资需求的不足造成了总需求的不足，从而引起了非自愿失业，即周期性失业的存在。

10. 搜寻性失业(search unemployment)

答: 搜寻性失业是由于人们退出一种工作而去寻找另一种工作所形成的失业。又称"求职性失业"，即工人为了寻找更理想的工作而产生的失业。搜寻性失业属于自愿失业，人们选择这种失业并不一定是因为工资低，而是因为综合各方面而言工作不是很理想。职业选择的费用是以前就业时的收入减去所得的失业救济金。这种费用可以视为一项投资，通过它可以取得较高的预期工资收入。然而实际情况是，人们不可能了解关于工资待遇的全部信息。当工人感到进一步选择工作的收益少于为此付出的代价时，便会停止对工作的选择。所以，实际的或觉察到的职业选择的费用和收益及其变化将影响到人们进行职业选择的时间跨度，从而影响到求职性失业。

11. 失业频率(frequency of unemployment)

答: 参见本章"复习笔记"。

12. 失业呆滞(unemployment hysteresis)

答: 参见本章"复习笔记"。

13. 替代率(replacement ratio)

答: 参见本章"复习笔记"。

14. 保留工资(reservation wage)

答: 参见本章"复习笔记"。

15. 就业稳定(employment stability)

答: 参见本章"复习笔记"。

16. 经验评估(experience rating)

答: 经验评估指以经验数据为依据而进行的评估。经验评估是在原始评估基础上发展而来的。这种评估的特点是评估人员由于对某一商品的了解较多，以经验数据为依据而进行估价，比原始评估更有可靠性，但还没能实现评估工作的规范化和科学化。

由于经验评估并不会使企业承担失业保险的全部费用，因而它只是部分地减弱了就业稳定性的效果。

17. 报告效应(reporting effects)

答: 报告效应是披露日前 1 天到披露日后 1 天的累积超额收益率与从事件考察期开始到披露日后 1 天的累积超额收益率之比。Bris(2000)在对 56 个国家 5000 多起并购事件的研究中使用报告效应度量并购信息披露对价格的影响：如果该比例很高，说明大部分是由信息披露产生的，信息的提前泄漏较少；当该比例很低时，说明信息披露对价格的影响很小，信息在公开披露之前就已经被市场获悉。由于重大信息在公开披露之前是被要求保密的，最可能提前获知并利用它谋求超常收益的就是内幕交易者，因此，可以通过报告效应的大小来判断是否存在内幕交易。

失业救济金会通过报告效应提高失业率的衡量数字。为了领取失业救济金，人们必须是正在找工作的"在册劳动力"，因此，尽管他们实际上并不需要工作，但却是被当作失业者统计的。一项估计认为，报告效应将失业率提高了近半个百分点。

18. 完全/不完全预期到的通货膨胀(perfectly/imperfectly anticipated inflation)

答：完全预期和不完全预期到的通货膨胀，含义参见本章"复习笔记"。

总之，只有不完全预期到的通货膨胀才有真实效应，而完全预期到的通货膨胀由于经济主体已采取相应的对策抵消了其影响，所以没有实质性的效果。

19. 指数化(indexation)

答：参见本章"复习笔记"。

20. 利率可调整的抵押贷款(adjustable rate mortgage, ARM)

答：参见本章"复习笔记"。

21. 指数化债务(indexed debt)

答：指数化债务的含义参见本章"复习笔记"。

许多经济学家认为，政府应该实行指数化债务，以便公民们至少能持有一种安全的实际收益的资产。然而，通常只有那些高通货膨胀国家的政府，诸如巴西、阿根廷和以色列等国，才实行这种指数化债务，因为不这样做，这些政府就借不到钱了。

22. 生活费用调整(cost-of-living adjustment)

答：参见本章"复习笔记"中的"自动调整生活费用条款"。

23. 政治性经济周期理论(political business cycle theory)

答：参见本章"复习笔记"。

24. 痛苦指数(misery index)

答：痛苦指数指一国通货膨胀率与失业率之和。痛苦指数是政治分析家使用的指数，用来衡量由于通货膨胀和失业双重问题所带给消费者的不愉快，通常用来衡量一国经济困难程度的指标。其判定标准为，当指数超过20%，表示该国经济处于悲惨状态；在10%－20%之间则该国经济还算可以；如果未满10%则表示该国经济表现优异。

25. 劳动市场的人事变动(labor market turnover)

答：劳动市场的人事变动指劳动市场中的变化或流动，即企业内部由于员工的各种离职与新进所发生的人力资源变动。衡量劳动市场人事变动程度的指标为人力资源流动率，即一定时期内某种人力资源变动(离职和新进)与员工总数的比率，它是考察企业组织与员工队伍是否稳定的重要指标。

二、简答题

1. 讨论在下列情况下，政府(联邦、州、地方)减少失业的策略。(1)在衰退行业中；(2)在不熟练工人中；(3)在经济萧条地区；(4)青少年中减少失业。说明在这些不同组别中出现的失业类型，以及解释这些组别中，失业的相对持续时间。

Discuss strategies whereby the government (federal, state, or local) could reduce unemployment in or among (1) depressed industries, (2) unskilled workers, (3) depressed geographical regions, (4) teenagers. Include comments on the type of unemployment you would expect to see in these various groups, as well as on the relative duration of unemployment spells that should exist among these groups.

答：失业指在一定年龄范围内，有工作能力，愿意工作并积极寻找工作而未能按当时通行的实际工资水平找到工作的人。衡量经济中失业状况的最基本指标是失业率。失业率是指失业人数占劳动力总数的百分比，公式表示为：

$$失业率 = \frac{失业人数}{劳动力总数} \times 100\%$$

影响失业率的因素主要有两个：首先，失业率受失业频率的影响，失业频率指在一段时间内，工人失业的次数；其次，失业率受失业持续时间的影响，失业持续时间指一个人保持失业状态的平均时间长度。

(1)在衰退行业中，失业持续的时间可能会比较长，但失业频率却较低。这种情况下的失业一般属于结构性失业。帮助这些行业中的失业人员找到新工作的政策包括对他们进行再培训和教育，以使他们能在其他行业中找到工作。

(2)非熟练工人的失业频率较高，但其失业持续的时间通常都相当短。这种情况下的失业一般属于摩擦性失业。为这些不熟练工人提供帮助的最好的策略就是对他们进行在职培训或教育，使其获得找到或维持工作所需的技能。

(3)经济萧条地区的失业通常持续时间较长，但失业频率较低，且失业经常集中在几个特定的行业(与(1)衰退行业的情形相似)。这种情况下的失业一般属于周期性失业。重新安排工人到其他地区工作的政策可能不会太成功，因为工人都不情愿搬迁。因而，政策制定者宁愿采用吸引其他行业来该地区投资的方案，而不愿意采用安置工人到其他地区工作的策略。

(4)青少年人失业的频率通常较高，但持续的时间不长。这种情况下的失业一般属于摩擦性失业。因为青少年人的工作技能不足且几乎没有什么工作经验，所以需要制定一些培训方案，加快他们向成年劳动力的转变。为他们提供在职的技能培训将会使他们长期受益，但这种在职培训的费用对青少年人来说通常都相当高昂。

2. 讨论下列变化如何影响自然(或摩擦性)失业率：

(1)取消工会；

(2)增加青少年参与劳动市场；

(3)总需求水平的较大波动；

(4)增加失业救济金；

(5)取消最低工资的规定；

(6)总需求组成部分的较大的波动。

Discuss how the following changes would affect the natural (or frictional) rate of unemployment:

(1) Elimination of unions;

(2) Increased participation of teenagers in the labor market;

(3) Larger fluctuations in the level of aggregate demand;

(4) Increase in unemployment benefits;

(5) Elimination of minimum wages;

(6) Larger fluctuations in the composition of aggregate demand.

答：自然(或摩擦性)失业率指经济处于充分就业状态时仍存在的那部分失业，这种失业是人们调换工作时，由于劳动市场的自然摩擦而引起的失业。自然失业率受失业持续时间和失业频率的影响。失业的持续时间取决于劳动市场的组织、劳动力的人口统计构成、失业救济金的可获得性以及失业者寻找一份更好的工作的能力和愿望。失业的频率取决于新工人进入劳动力队伍的速度，以及经济中不同企业对劳动力需求的差异性。

(1)取消工会对降低自然失业率的作用并不明显。劳动力市场的“局内人—局外人”理论认为企业与工会(局内人)进行谈判，并没有太多地考虑到失业者(局外人)。如果取消工会，企业很愿意以较低的工资雇佣更早以前失业的工人，从而降低自然失业率。但另一方面，工会倾向于为其成员保持一份稳定的工作，取消工会不仅可能削弱劳动者与企业在工资协商方面的谈判能力，而且也会使自然失业率进一步上升。另外取消工会也可能会消除工会成员与非工会成员之间的工资差别，在这个过程中，会导致工资收入的重新分配。

(2)青少年人在劳动力市场上的失业率比较高，且占总失业人数的比例也比较高，因此，增加青少年进入劳动力市场，至少在刚开始会使自然失业率增加。青少年人在劳动力市场上所担任的工作几乎都没有特别的吸引力，这既是他们离开劳动力市场的原因，也是他们进入劳动力市场的原因。正因为如此，青少年人在劳动力市场上的流动性比较大，增加了自然失业率。但是随着越来越多的青少年人进入劳动力市场并且他们可以获得更多更好更稳定的工作，自然失业率就会开始下降。

(3)如果总需求波动较大，企业提供的稳定的工作就会比较少，失业的频率(从而自然失业率)随后就会增加。这不仅会使产出受到损失，使失业者遭受痛苦，而且也会给失业保险带来更大的资金压力。

(4)增加失业救济金将会降低失业者的工作搜寻成本，这样他们在被解雇后，宁愿花更长的时间去找工作，而不愿意接受不理想的工作。随着失业队伍的壮大，失业者慢慢开始关注厂商提供的不太理想的工作机会，但厂商可能会认为找这些工作的工人可能缺乏为他们工作的动机(热情)，或可能不能胜任此类工作。因此，增加失业救济金确实会增加自然失业率。

(5)那些认为最低工资率要高于技术不熟练工人的边际生产价值的厂商，是不会雇佣这些技术不熟练工人的。因此，取消最低工资标准可能会导致一些企业更多地雇佣技能不熟练工人，从而降低自然失业率。然而给他们提供的工资可能会远远低于维持必要生活标准所需的工资水平。

(6)如果总需求的组成部分与以前相比波动较大，工人在不同行业间的流动性就会增加，从而增加自然失业率。但由于技能转移不是很容易，所以还需要额外投入其他资源为工人提供技能再培训。

3. 讨论成年人与青少年的失业情况的差别，并解释此差别对这两类人所寻找的(平均而言)工作类型有什么意义?

Discuss the differences in the unemployment patterns of adults and teenagers. What does this imply about the types of jobs (on average) that the groups are seeking?

答: (1)青少年人是劳动力市场上的新进入者，他们的失业频率高于成年劳动力，青少年人进入和离开劳动力市场的频率表明，青少年人很少能拥有很稳定的工作。由于青少年人所从事的工作不能为他们提供未来获得一份更好的工作所必需的技能，所以，这就成为了一直困扰青少年人的问题。

但是，成年人失业持续的时间比较长。成年劳动力队伍中几乎没有新进入者，而且他们失业的主要原因是被临时解雇或辞职。总之，成年人的失业率要比青少年人的失业率低得多。

(2)由于青少年人缺乏培训，技能也不足，所以他们只能从事那些没有太大吸引力的工作。与青少年人相比，成年人的失业频率比较低，他们一般寻找比较稳定的、有吸引力的工作。

4. 在夏季月份中，削减最低工资，会降低厂商的劳动成本，但也降低了最低工资获得者的工资收入。

(1)谁从这种措施中得益？

(2)谁受到损失？

(3)你支持这种方案吗？

A reduction in minimum wages during the summer months would reduce the cost of labor to firms, but it would also reduce the wage that minimum-wage earners receive.

(1) Who would benefit from this measure?

(2) Who would lose?

(3) Would you support this program?

答：(1)削减劳动力的最低工资将会使厂商从中受益，因为此时厂商能够以低于正常最低工资标准的成本雇佣到劳动力，扩大生产规模。同时，也会使一些找工作的年轻人从中受益，他们从工作中获得有价值的工作经验，这些经验可能是他们在其他地方获取不到的，从而也使他们在未来找工作更容易。另外，由于大量的青少年人被雇佣，产出就会增加，而且成本还很低，故整个国民经济都会从这种较低的通货膨胀率和较低的失业率中受益。

(2)那些已经以现有最低工资率获得工作的劳动力可能会由于降低最低工资的实施而遭受损失。另外，如果降低最低工资仅仅针对青少年人实行，一些厂商可能会采取解雇成年工人，转而以较低的成本雇佣青少年人来替代成年人的策略，这样被解雇的成年劳动力就会增加。此外，降低最低工资标准也会阻止那些略高于最低工资标准工人的加薪要求。

(3)降低最低工资标准是否使整个国民经济受益(根据低失业率和低通货膨胀率来衡量)并不明显。很显然这取决于有多少成年劳动力被青少年劳动力所替代，以及青少年人能够从中增加多少工作技能和获得多少工作经验，同时这还取决于目前有多少工作所支付的工资接近最低工资标准。如果成人劳动力市场中的大多数人以及许多青少年人所获得工资实际上都高于最低工资标准，那么降低最低工资标准对整个国民经济的影响就很可能非常小。

5. 有人说，由于在长期中通货膨胀能够下降并且不会增加失业，因此应将通货膨胀降低为零。其他人相信一个稳定的通货膨胀率，比如说为3%，应是我们的追求目标。这两个论点赞成的与反对的各是什么？你认为降低通货膨胀与失业的良好长期目标是什么？

Some people say that since inflation can be reduced in the long run without an increase in unemployment, we should reduce inflation to zero. Others believe that a steady rate of inflation at, say, 3 percent, should be our goal. What are the pros and cons of these two arguments? What, in your opinion, are good long-run goals for reducing inflation and unemployment?

答：(1)第一个论点赞成强硬的反通货膨胀政策，将通货膨胀降低为零，反对政府保持稳定的通货膨胀率。按照凯恩斯的收入均衡分析和有效需求原理，真正的通货膨胀只有达到充分就业以后，总需求超过总供给时才能产生。要消除通货膨胀，国家要压缩总需求，采取紧缩性政策。

(2)第二个论点赞成政府采取稳定的货币政策，从而保持稳定的通货膨胀率，反对强硬的反通货膨胀政策。确立明确的通货膨胀目标的途径之一就是联邦储备局应遵循货币增长原则。货币学派认为通货膨胀是一种纯粹货币现象，要控制通货膨胀，实现经济稳定，最根本的措施就是控制货币供应增长率，使之与经济增长率一致。货币学派提出“简单规则”的货币政策，即中央银行把货币供应增长率保持在某一水平上(如3% ~5%的增长速度)。这时，在市场上价格机制充分发挥作用，由利息率、工资率、价格等自动调节来实现经济的稳定发展。

(3)为了实现长期均衡的目标，必须在通货膨胀和失业的不同组合的调整途径之间进行选择。以前的分析表明，可以采取限制性的财政政策和货币政策的组合使经济处于自然失业率和零通货膨胀水平的长期均衡状态。然而，在短期内，这肯定会使失业率上升，否则，就无法实现长期均衡的目标。

在进行调整时，持久性的低通货膨胀率所带来的利益必须要和短期失业率的增加所带来的成本相匹配。失业的损失包括产出损失，以及失业者个人所遭受的收入损失。如果通货膨胀是不完全预期的，收入和社会财富就会进行再分配。然而，完全预期的通货膨胀的成本是很小的。只要长期目标确定，无论通货膨胀率为零还是为3%，其结果几乎没有差别。实际上通货膨胀率为正可能更有助于对工资和价格进行调节，因为此时实际工资更容易适应供给冲击的状况。

6. 为牺牲率下一定义，请解释在什么范围内它不为零?

Define the sacrifice ratio. At what horizons is it not zero? Explain.

答:(1)牺牲率的含义

参见本章“复习笔记”。

(2)牺牲率不为零的范围

在短期和中期时，由于实际产出与充分就业产出水平不同，牺牲率不为零。在长期，由于失业最终会达到自然失业率水平，因此产出没有变化，此时牺牲率为零。

7. 解释奥肯定律。它如何协助我们评估失业的社会成本?

State Okun's law. How does it help us evaluate the cost to society of unemployment?

答:(1)奥肯定律的含义参见本章“复习笔记”。

(2)奥肯定律有助于评估失业的社会成本。奥肯定律的一个重要结论是，实际GDP必须保持与潜在GDP同样快的增长，以防止失业率的上升；如果政府想让失业率下降，那么该经济社会的实际GDP的增长必须快于潜在GDP的增长。奥肯定律就经济增长率与失业率的变化之间的关系给出了一个估算规则。它是在研究美国的实际情况的基础上产生的一个粗略的近似的估算规则，不一定完全准确地适用于别的国家。但是，通过奥肯定律，能够得出这样一个基本结论：失业率与经济增长率之间具有密切的联系，通过经济增长率可以对失业率进行大致的判断。

8. 完全预期到的通货膨胀的成本是什么？通货膨胀率变动时，这些成本也随之变动吗?

What costs are associated with perfectly anticipated inflation? Do these costs change as the rate of inflation changes?

答:(1)完全预期到的通货膨胀的成本实际上是非常小的，因为此时买卖双方都考虑到了通货膨胀的影响作用，双方签订的所有合同都是在预期的通货膨胀率基础上签订的。但是为了与预期的通货膨胀保持一致，商品的价格会上涨，从而会带来菜单成本。另外，由于价格的上涨，人们手中所持有的现金的购买力会下降，为了避免损失，人们往往会把钱存进银行进行生息，以获得利息收入。因而人们去银行的次数就会增多，产生皮鞋成本。因此如果通货膨胀是完全预期的，它的成本主要包括“菜单成本”和“皮鞋成本”。

(2)如果是温和的通货膨胀率变化，这些成本会非常小；但如果通货膨胀率是激变的，这些成本会很大。所以完全预期到的通货膨胀的成本会随通货膨胀率的变动而变动。

9. 不能完全预期到的通货膨胀的代价是什么？仔细地讨论它们。通货膨胀高于我们的预期时，谁受损失，谁得益？

What costs are associated with imperfectly anticipated inflation? Discuss them carefully. Who loses, and who gains, when inflation is higher than we expect?

答：(1)如果通货膨胀是不完全预期的，它所带来的成本就是使收入和社会财富进行再分配。通货膨胀率越高，它的可预见性就越低，也就越难准确预测，这将会使长期决策的不确定性加大，从而增加长期决策的难度。此时一些企业就会延迟已经就绪的投资项目，或者会进行金融投机以保护其资产的购买力不会下降，这就会对产出造成负面影响，而这样通货膨胀成本也不再是可分配的。

(2)通货膨胀高于预期时，就会通过通货膨胀进行财富的再分配，因为，通货膨胀高于预期会改变以名义价值规定的资产真实价值。通货膨胀高于预期时，价格就会上涨，从而削减以货币价格规定的所有债权或资产的购买力，使资产已实现的真实利率低于其名义利率，甚至可能为负。而从整体经济上看，不完全预期通货膨胀所产生的财富再分配的得失基本上互相抵消了。当政府从通货膨胀中得益时，私人领域则可少纳税。当公司从通货膨胀中得益时，公司所有者所得利益是以其他人的损失为代价。

通货膨胀高于预期时，一般地，老年人比青少年人更容易受到通货膨胀损害，因为老年人拥有更多的名义资产。若实行社会保障补助金的指数化，退休者财富的很大一部分就可以得到保护，从而免受非预期通货膨胀的影响。

通货膨胀高于预期时，资本家和利润收入接受者从中受益，而使挣取工资者受到损失。通货膨胀高于预期意味着价格上涨快于工资的提高，从而使得资本家的利润扩大，损害挣取工资者的利益。通货膨胀的最后一个重要的分配效应涉及纳税义务的真实价值。税收结构指数化的失败意味着通货膨胀高于预期时，就会使公众进入更高的税率等级，从而提高税收支付的真实价值，即减少个人的真实可支配收入。

10. 美国应该将其工资和价格指数化吗？详细说明赞成与反对这样一个计划的论点。如果你预期该国将面临极高的通货膨胀(比如300%)，你的回答会有什么不同呢？

Should the United States index its wages and prices? Detail the pros and cons of such a plan. How would your answer differ if you expected that the nation would face a period of extremely high inflation (say, 300 percent)?

答：指数化的含义参见本章“复习笔记”。

(1)美国不应该将其工资和价格指数化。指数化的目的是使人们更容易适应有通货膨胀的生活，因为它能消除非预期通货膨胀的成本。然而，在实际中实施指数化比经济学家的预测要复杂的多，政府一直不愿实行指数化。具体原因如下：

第一，每当需要改变相对价格时，指数化却使经济受到冲击时更难进行这样的调整。

第二，指数化是一种相当复杂的实践，使绝大多数合同增加了一层计算。

第三，政府害怕指数化使通货膨胀更容易被接受后，会削弱政府抑止通货膨胀的政治决心，导致更高的通货膨胀，并且由于指数化决不能很好地处理通货膨胀的后果，就有可能使经济情况更加恶化。

(2)如果预期美国将面临极高的通货膨胀(比如300%)，那么应该将其工资和价格指数化。当通货膨胀的不确定性很高时，指数化方法优于事先宣布的工资增长。高通货膨胀率比低通货膨胀率更加变化不定，因此，工资指数化在高通货膨胀国家比在低通货膨胀国家更为流行。

20 世纪 80 年代中期的美国经济中，主要集体协议合同所覆盖的工人中超过 50% 的人享受生活费用自动调整合同条款（COLA）。1973 年以后，通货膨胀比以往更为严重，波动更为频繁时，COLA 条款也更为普遍。当通货膨胀处在低水平上的时候，采用这些条款的企业也就减少了。

三、计算与分析题

1. 以下信息将用来计算失业率：假定有两个主要组别，成年人与青少年，成年人分为男子与妇女。青少年占劳动力的 10%，成年人占 90%，妇女占成年劳动力的 35%。再假定这些组别的失业率如下：青少年 19%，男子 7%，妇女 6%。

（1）计算总失业率。

（2）要是青少年占劳动力的比例由 10% 增加到 15%，那又怎样呢？这将如何影响总失业率？

答：（1）总失业率是不同组别之间失业率的加权平均，其中的权数代表不同组别的劳动力占劳动力总人数的比重。本题中的数据表明，青少年占劳动力的 10%，成年劳动力占 90%，其中妇女占 35%，男子占成年劳动力的 65%。根据公式：$ur = w_1u_1 + w_2u_2 + \cdots\cdots + w_nu_n$，可得：

$$ur = 0.1 \times 0.19 + 0.9 \times (0.35 \times 0.06 + 0.65 \times 0.07) = 7.9\%$$

（2）青少年占劳动力的比例由 10% 增加到了 15%，那么，成年人占劳动力的比例将由 90% 下降至 85%，根据（1）题中的公式可得：

$$ur = 0.15 \times 0.19 + 0.85 \times (0.35 \times 0.06 + 0.65 \times 0.07) = 8.5\%$$

可见，青少年占劳动力的比重增加，会使总失业率增加。因为青少年人相对于成年人来说失业率比较高，青少年人的工作经验不足，工资接近最低，且青少年人工作技能也相对不稳定，造成青少年人流动性比较大，经常会变换工作，失业频繁，所以，青少年人占劳动力的比重增加会增加总的失业率。

附录 1：第 10 版中未包括的原书第 6 版第 17 章课后习题。

1. 下面给出的信息被用于计算失业率。我们把劳动力分为两大组：成年人与青少年。青少年占劳动力的 10%，成年人占 90%。成年人分为男子与女人，女人占成年劳动力的 35%。表 7－1 则显示了各组的失业率情况。

（1）表中数字（粗略地）与美国实际数字相比较如何？

（2）计算总失业率。

（3）假定青少年失业率从 19% 上升到 29%，这对男性失业率会造成怎样的影响？（假定 60% 的青少年是男性）对总失业率呢？

（4）假定女性在成年劳动力中所占份额上升至 40%，那么对成年人失业率的影响是什么？对总失业率的影响是什么？

（5）把你的回答与自然失业率的估计方法联系起来。

表 7－1　失业分组统计

分组	失业率（%）
青少年	19
成年男人	6
成年女人	7

答：(1)题中失业数据与1991年美国当时的失业状况差不多。在1991年，只有成年女人的失业率较低。当年的数据如下：(摘自1992年2月份出版的《总统经济报告》)

表7-2　1991年美国的失业率

分组	平均失业率
青少年	18.6%
成年男人	6.3%
成年女人	5.7%

(2)总失业率是不同组别之间失业率的加权平均，其中的权数代表不同组别的劳动力占劳动力总人数的比重。本题中的数据表明，青少年占劳动力的10%，成年劳动力占90%，其中妇女占35%，男子占成年劳动力的65%。根据公式：$ur = w_1u_1 + w_2u_2 + \cdots\cdots + w_nu_n$，可得：$ur = 0.1 \times 0.19 + 0.9 \times (0.35 \times 0.07 + 0.65 \times 0.06) = 7.6\%$。

(3)因为60%的青少年是男性，并且青少年占劳动力的10%，所以男性青少年占劳动力的$0.6 \times 0.1 = 6\%$。成年男人占劳动力的$0.65 \times 0.9 = 58.5\%$。这意味着所有男性占劳动力的$6\% + 58.5\% = 64.5\%$。这样$6\%/64.5\% = 9.3\%$的男性工作者是青少年，$58.5\%/64.5\% = 90.7\%$的男性工作者是成年。

当青少年失业率为19%，且60%的青少年是男性时，男性失业率为：

$$ur(m)_0 = 0.093 \times 0.19 + 0.907 \times 0.06 = 7.2\%$$

如果青少年失业率增加到29%，那么男性失业率变为：

$$ur(m)_1 = 0.093 \times 0.29 + 0.907 \times 0.06 = 8.1\%$$

总失业率变为：

$$ur = 0.1 \times 0.29 + 0.9 \times (0.35 \times 0.07 + 0.65 \times 0.06) = 8.6\%$$

所以，当青少年失业率从19%上升到29%，男性失业率增加了0.93%，总失业率增加了1%。

(4)女性在成年劳动力中所占份额为35%时，成年人失业率为：

$$ur(a)_0 = 0.65 \times 0.06 + 0.35 \times 0.07 = 6.35\%$$

如果女性在成年劳动力中所占份额上升到40%，那么成年人失业率变为：

$$ur(a)_1 = 0.60 \times 0.06 + 0.40 \times 0.07 = 6.4\%$$

因为成年人占劳动力的90%，并且他们的失业率上升了$6.4\% - 6.35\% = 0.05\%$，所以总失业率增加$90\% \times 0.05\% = 0.045\%$。

(5)由于劳动力的构成部分地决定自然失业率，因此，每当劳动力的构成变化，自然失业率也会变化。测量劳动力构成的变化对总失业率的影响的类似方法可以应用到对自然失业率的估计上。

2. (1)通货膨胀的经济成本是什么？比较预期和非预期通货膨胀的成本。

(2)你是否认为经济学家提出的通货膨胀成本清单外还遗漏了一些其他成本呢？如果是，是什么？

答：(1)通货膨胀的经济成本指通货膨胀对社会再生产的破坏作用，主要有：①破坏生产发展；②扰乱流通秩序；③引起国民收入盲目分配；④引起货币信用危机。预期和非预期通货膨胀的成本是不同的。

完全预期的通货膨胀不会对实际变量产生影响，即没有实际成本，除了以下两个因素：

第一，“皮鞋成本”。当通货膨胀上升，名义利率上升，从而持有现金的利息损失增加，现金持有成本上升。相应的，对现金的需求下降，个人手持现金将减少，从而出门到银行去把现金换成生息资产的次数增加。去银行的次数多了，鞋底也就磨得更勤，由此带来的成本被称为“皮鞋成本”。

第二，“菜单成本”。由于通货膨胀与价格稳定正相反，人们不得不投入时间、精力、实际资源于产品加价和改变对电话、自动售货机和收银机的付款这样的事实，由此带来的成本称为“菜单成本”。

不完全预期的通货膨胀对实际经济产生的影响：

第一，通货膨胀的再分配效应。①降低固定收入阶层的实际收入水平。即使就业工人的货币工资能与物价同比例增长，在累进所得税下，货币收入增加使人们进入更高的纳税等级，税率的上升也会使工人的部分收入丧失。②通货膨胀对储蓄者不利。随着价格上涨，存款的实际价值或购买力就会降低。③通货膨胀还可以在债务人和债权人之间发生收入再分配的作用。具体地说，通货膨胀靠牺牲债权人的利益而使债务人获利。只要通货膨胀率大于名义利率，实际利率就为负值。

第二，通货膨胀的产出效应。①在短期，需求拉动的通货膨胀可促进产出水平的提高；成本推动的通货膨胀却会导致产出水平的下降。②需求拉动的通货膨胀对就业的影响是清楚的，它会刺激就业、减少失业；成本推动的通货膨胀在通常情况下会减少就业。③超级通货膨胀导致经济崩溃。但在长期，上述影响产量和就业的因素都会消失。

第三，恶性通货膨胀与经济社会危机。恶性通货膨胀会使正常的生产经营难以进行。在物价飞涨时，产品销售收入往往不足以补进必要的原材料；同时，地区之间上涨幅度极不均衡也是必然现象，这就会造成原有商路的破坏，流通秩序的紊乱；迅速上涨的物价，使债务的实际价值下降，如果利息率的调整难以弥补由物价上涨所造成的货币债权损失，正常信用关系也会极度萎缩。恶性通货膨胀是投机盛行的温床，而投机则是经济的严重腐蚀剂。最严重的通货膨胀会危及货币流通本身：纸币流通制度不能维持；金银等贵金属会重新成为流通、支付的手段；经济不发达地区则会迅速向经济的实物化倒退。

(2)就像上面讨论的一样，变化的通货膨胀的不确定性有产出损失的成本。同时，也可能有一些心理成本。例如在恶性通货膨胀时期，人们不可能总是理性地思考。如果一个固定商品的价格增加了1000%倍，即使实际价格(比如工资的1%)一点儿都没有变，人们也会很不情愿去买它。

3. 试评价如下在剖析政治商业周期这一概念时的观点：“公众总是太老于世故，以至于认为哪个党上台来治理经济都是一样的。民主党和共和党都希望经济繁荣，且保持较低的通货膨胀，两党都网罗到最优秀的经济学家作为智囊。那么为什么我们要认为一个党和另一个党的经济效益会不同呢？”

答：(1)政策制定者可以选择很多通货膨胀—失业途径，并且行政管理者可能有不同的目标。然而，途径选择将至少部分地由选民测验决定。选民测验表明了在任何给定时间内公众最关心什么。政治商业周期理论认为在选举年行政管理者试图通过采取有力的扩张政策来赢得大选。如果预期是理性的，那么为选举采取的任何政策可能对经济只有很小的实际影响。

(2)基于经济指标的模型已经用于预测总统选举的结果。最著名的是公平模型(Fair Model)，它以去年的通货膨胀和选举年的人均收入增长为基础。在过去20次的总统选举中，公平模型成功地预测出了16位胜利者。然而，在1992年它错误地预测布什会获胜，即使政治测验表明克林顿会获胜。

(3)选民事实上并不关心哪个政党掌管经济，许多人认为在美国较低的选民参与率部分地反映了上述事实。选民也可能没有认识到竞选者各自的纲领有什么本质不同。例如，不能给许多选民证明一个政党的纲领可能加强对人力资本或基础设施的投资力度，如果这些政策被执行，将会产生更多的技术进步和更高的长期增长率。

4. 解释一下为使经济尽可能地对抗通货膨胀需要怎样的调整措施。并评价在正文中提及的我们不能预期指数化会运作良好的观点。

答：(1)为使经济尽可能地对抗通货膨胀，政府需要实施指数化。指数化能消除未预期的通货膨胀的成本，并且如果在更广的基础上实施，将使经济从本质上防止通货膨胀危害。不完全预期的通货膨胀的结果是收入和社会财富的再分配和较低的长期增长。长期的贷款合同，例如抵押或政府债券(或工资合同)，会受到不完全预期通货膨胀的影响，因为贷方(或工人)不能获得名义支付的实际价值。因为通货膨胀率高的时候比低的时候更难预测，所以指数化在高通货膨胀国家比在低通货膨胀国家更普遍。

(2)不能预期指数化会运作良好，因为虽然指数化具有很多优点，但是政府不愿实施。指数化的优点是保持了名义的和实际的回报率(或工资)的一致，同时避免了频繁的合同谈判成本。然而，指数化通常是很复杂的，政府一直不愿实行指数化。具体原因如下：

①每当需要改变相对价格时，指数化却使经济受到冲击时更难进行这样的调整。

②指数化是一种相当复杂的实践，使绝大多数合同增加了一层计算。

③政府害怕指数化使通货膨胀更容易被接受后，会削弱政府抑止通货膨胀的政治决心，导致更高的通货膨胀，并且由于指数化决不能很好地处理通货膨胀的后果，就有可能使经济情况更加恶化。

5. 我们已经讨论过中央银行的独立性，那么是否可以同样建立起一个独立的财政权威机构呢？

答：所谓中央银行的独立性指中央银行不为政治力量所主导，而具高度自主权以决定货币政策。一般而言，影响中央银行独立性的因素包括：央行和行政部门之间制度上的从属关系、央行总裁任命、行政部门官员兼任央行理事的制度、央行与财政部之间的财政融通关系以及央行的货币政策目标。然而，不能同样建立起一个独立的财政权威机构。建立起一个独立的财政权威机构的目的很可能是避免政治周期，但很难想象一个财政权威机构会独立于行政而发挥作用。另一方面，财政政策规则应该比较容易建立。财政政策规则可能比货币政策规则更有意义，因为财政政策有长的内部时滞但有更短的外部时滞。虽然通常不认为建立稳定器的方法是“规则”，但它已经提供了没有任何内部时滞的稳定性。

6. 在一个有着温和通货膨胀的增长型经济里，可预计总统应该重新当选，但为什么1992年的大选不是这样？

答：毫无疑问，每一届政府都愿意在大选之年看到经济强劲扩张，通货膨胀下降，有些政府经验老到或很走运，于是他们重新当选，其他的则缺乏经验或不走运，所以他们失败了。1992年布什就没有有效地刺激经济而赢得大选，因为直到1992年中，经济增长都非常缓慢。但从1992年第三季度开始出现了快速的经济增长，并在第四季度中加速，但这对于布什来说已经太晚了。所以他缺乏经验或不走运。

附录2：下列为第6版第16章属于本章的习题，在第10版中已被删除，现补录如下，仅供参考！

1. 请解释为什么预期通货膨胀率影响附加预期的总供给曲线的位置。

答：附加预期的总供给曲线指产出和通货膨胀率之间关系的几何表示，即 $\pi=\pi^e+\lambda(y-y^*)$。加上预期通货膨胀率的经济含义在于，在同等条件下，如果人们都认为通货膨胀会很严重，就会做出相应的反应，如争先到银行取款、抢购货物等等，这样通货膨胀就犹如“火上浇油”被“逼”得上升。

在以y为横坐标，π为纵坐标的坐标系中，对应于每一预期通货膨胀率，便有一条动态总供给曲线。如图7－2所示，*DAS*曲线对应预期通货膨胀率为5%，这可以从当$y=y^*$时，*DAS*曲线上*A*点的纵轴表示的5%的通货膨胀率中看出来。图中*DAS*和*DAS*′均为短期动态总供给曲线，它表示当预期通货膨胀率保持固定时，通货膨胀率与产量水平之间的关系。

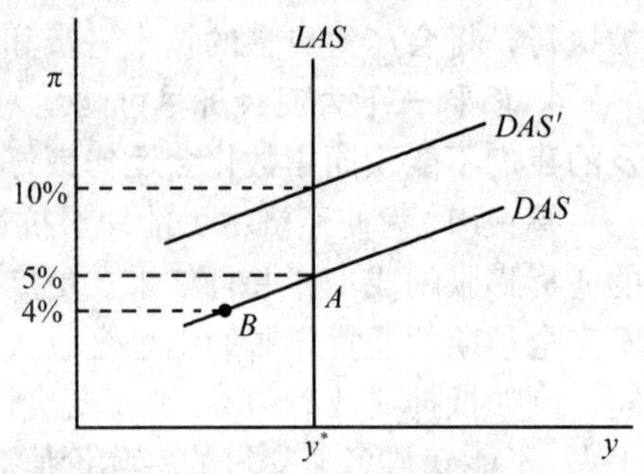

图7－2　动态总供给曲线

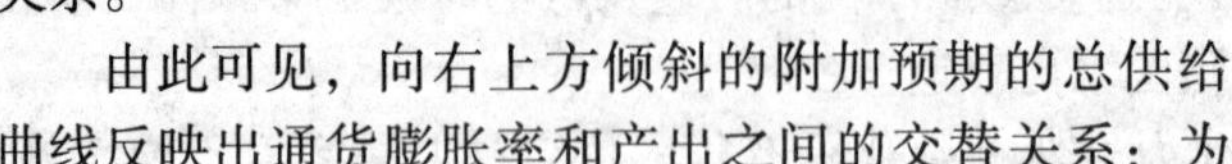

由此可见，向右上方倾斜的附加预期的总供给曲线反映出通货膨胀率和产出之间的交替关系：为降低通货膨胀率就必须减少产出。在每一条附加预期的总供给曲线上，预期通货膨胀率都是固定的，除了诸如$y=y^*$的*A*点以外，实际通货膨胀率都与预期通货膨胀率不同。当实际通货膨胀率与预期通货膨胀率相等(即$\pi=\pi^e$)时，总供给曲线变为$y=y^*$。在图7－2中，它是一条位于充分就业产量y^*上的一条垂线，即长期总供给曲线*LAS*。长期总供给曲线*LAS*是短期动态总供给曲线上实际通货膨胀率和预期通货膨胀率相等的各点的垂直连线。

工人关心他们的实际工资率，并且希望在他们的工资合同中名义工资率体现通货膨胀。因为如果工厂不得不付更高的名义工资，他们就会提高价格，价格将随着工资的增加而增加。通货膨胀预期的增加(以及随后更高的名义工资)将使短期的*DAS*曲线向左移动。

2. (1)定义动态总供给曲线。

(2)解释为什么附加预期的总供给曲线是垂直的。

(3)经济曾达到长期状态吗?

答：(1)动态总供给曲线描述了当预期的与实际的通货膨胀率相等时，通货膨胀率与产出水平之间的关系。动态的*AS*曲线方程为：$\pi(t)=\pi(t)^e+\lambda\times[Y(t)-Y^*]$。

(2)根据动态的*AS*曲线方程，假定实际通货膨胀(π)等于预期通货膨胀(π^*)，这意味着实际产出Y等于潜在产出Y^*。所以，长期的*AS*曲线是垂直的，并且独立于充分就业产出水平的通货膨胀率。

(3)因为经常有或者影响总需求或者影响总供给的新扰动，实际上经济从没有达到长期均衡。然而，在长期可以认为经济处于稳态关系预测的平均状态，因为在扰动后，经济总是倾向于朝着长期稳态运动。

3. (1)在图7－3和图7－4中显示了经济是如何对货币增长的上升做出反应的，现在从一个有10%的通货膨胀的稳态出发，请说明如果货币增长率被迅速降低到4%，那么通货膨胀是如何移回到4%水平上的。

(2)在这一调整过程中通货膨胀是否显示了惯性?

说明：货币增长率的上升使总需求曲线从DAD_0上移至DAD_1，从而提高了通货膨胀率与产量。这些变化随后在下一期导致总供给和需求曲线的同时上移，进一步提高了通货膨胀率，这一过程

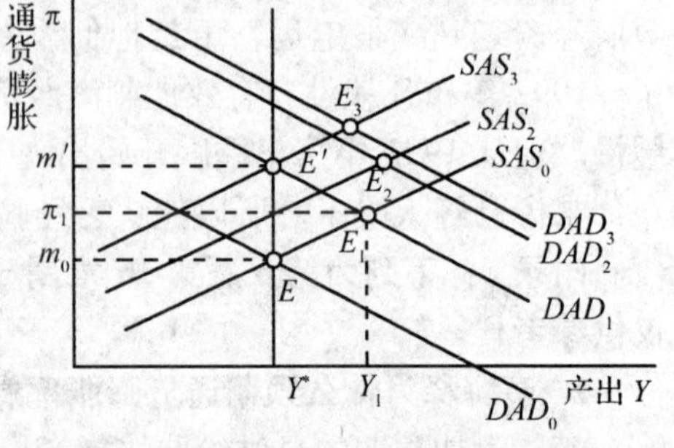

图7－3　对货币增长率变化的调整

持续到经济达到新的稳态为止。如图7－3所示。

从 m_0 到 m' 的货币增长的持续增加将引导经济从 E 移动到 E'，产量首先扩张，通货膨胀也随之逐渐上升。在长期中，通货膨胀上升到与货币增长率相等，经济重回实际利率为 r^* 的充分就业状态。如图7－4所示。

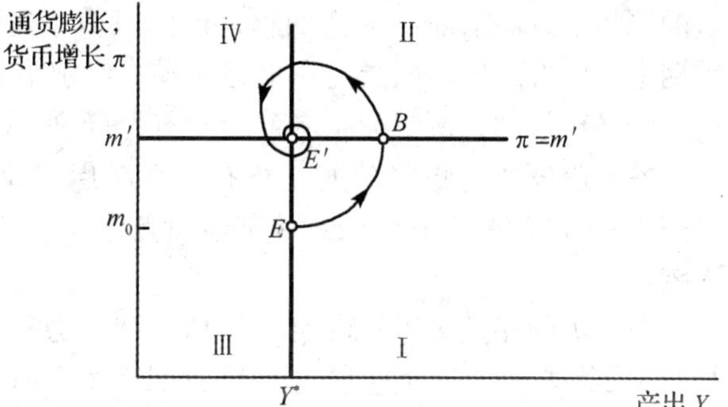

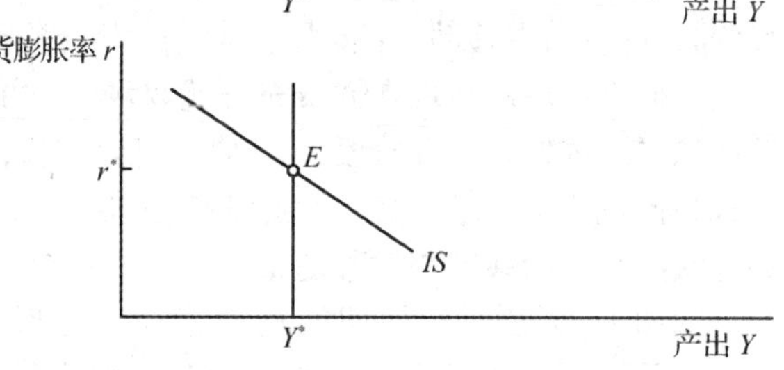

图7－4　对货币增长上升的调整

答：(1)假设通货膨胀预期调整有一个滞后，即 $\pi(t)^e=\pi(t-1)$，并且 AD 曲线不受通货膨胀预期变化的影响。

从充分就业产出水平 Y^* 的长期均衡开始，其中通货膨胀率(π)和货币增长(m)都等于10%。如果货币供给率降到4%，AD 曲线将向左移动，并且至少刚开始 AS 曲线没有变化。这样，直接的效果将使通货膨胀下降(但少于6%)和产出下降。

在下一阶段 AS 曲线将水平移向 Y^*，并且由于产出已经下降，AD 曲线(依赖于产出的变化)将进一步向左移动。结果是实际通货膨胀将进一步下降，而产出水平如何变化不太清楚，这要依赖于 AD 曲线和 AS 曲线的相对移动量。如图7－5所示。

为了简化图7－5分析，假设实际产出在此阶段没有变化，那么 AD 曲线在下一阶段将不会移动。由于更低的通货膨胀预期 AS 曲线将再次水平移向 Y^*，结果是产出水平的增加和实际通货膨胀率的进一步下降，AS 曲线将继续向右移动。因为在此阶段产出水平增加，AD 曲线在下一阶段也将向右移动。短期的均衡路径将会形成一个螺旋，并且最终将结束于充分就业产出水平 Y^*，并且通货膨胀率为4%，即新的货币供给增长率。

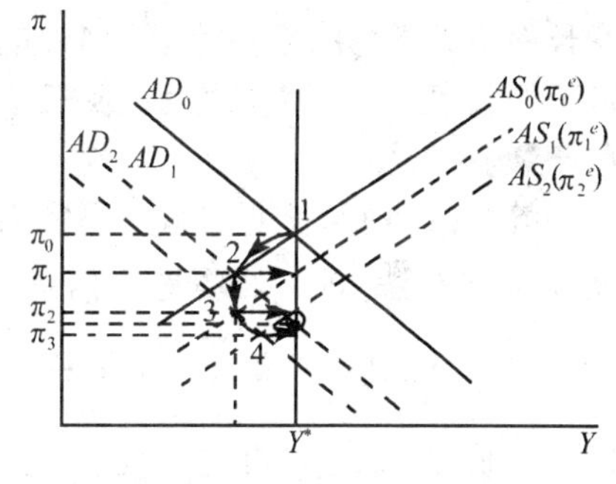

图7－5　产出动态调整图

(2)因为假设通货膨胀预期调整有一个滞后，上图的调整过程清楚地显示了惯性。换句话说，对紧缩的货币政策，通货膨胀率反应缓慢。因此对一个新的稳态均衡的调整过程是很慢的。如果假定完全预期，即人们假定新的通货膨胀率等于新的货币增长率，$\pi(t)^e=m'(t)=4\%$，那么 AS 曲线将立即移动，与新的 AD 曲线相交于充分就业产出水平，并且通货膨胀率 $\pi=4\%$。

4. 考虑对暂时性财政扩张的调整。在一段时期内只有政府支出增加，在下一时期中它又降回初始水平。请运用式(1)和式(2)来说明通货膨胀和产量的调整路径。(注意这和图7－6的分析有所不同，这里时期1有 $f>0$，时期2有 $f<0$。)

动态总供给　$$\pi=\pi_{-1}+\lambda\times(Y-Y^*)\qquad(1)$$

动态总需求　$$\pi=m-\frac{1}{\varphi}\times(Y-Y_{-1})+\frac{\sigma}{\varphi}\times f\qquad(2)$$

说明：从 E 点的初始稳态均衡出发，财政扩张使总需求移动至 DAD_1，使得短期中经济移动到 E_1 点。在随后的调整中总需求曲线又往回移，但同时由于通货膨胀预期上升使得总供给曲线向左上方移动，经济沿着 E_2 和 E_3 点的路径移动，遭受滞胀之苦。如图 7－6 所示。

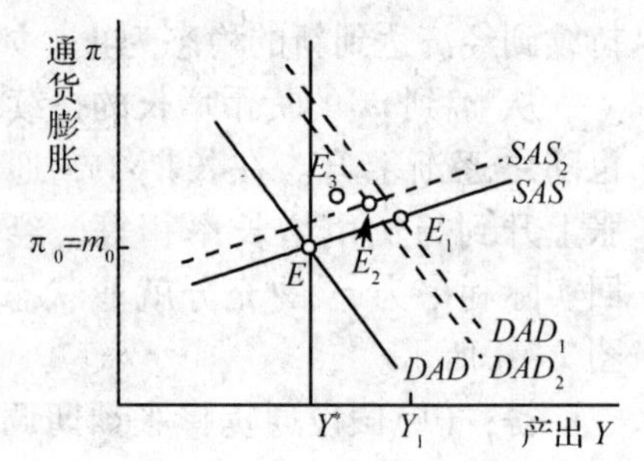

图 7－6　对持续性财政扩张的调整

答：假设通货膨胀预期调整有一个滞后，即 $\pi(t)^e=\pi(t-1)$，并且 AD 曲线不受通货膨胀预期变化的影响。

财政扩张将使 AD 曲线向右移动，结果通货膨胀率和产出水平增加。在下一阶段，AS 曲线将水平向左移向 Y^*。因为上一阶段产出增加，预计 AD 曲线应该向右移动，但(由于财政扩张只是暂时性的并且现在已经恢复)AD 曲线将向左移动。假设产出水平现在低于充分就业水平，并且通货膨胀率高于初始水平但低于最后一阶段的水平。这样在下一阶段，AS 曲线将向右移，往回朝向 Y^*，并且由于产出已经下降，AD 曲线将向左移动。结果是实际通货膨胀将下降，而产出水平如何变化不太清楚，这要依赖于 AD 曲线和 AS 曲线的相对移动量。

如图 7－7 所示，短期的均衡路径将会形成一个螺旋，并且最终将结束于初始的起始点。因为货币供给增长率的变化决定长期通货膨胀率的变化，所以当货币供给增长率没有变化，新的长期通货膨胀率将回到初始水平。

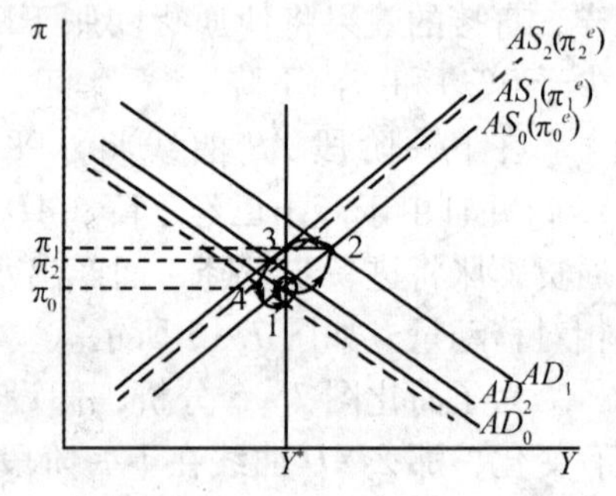

图 7－7　财政扩张动态调整

5. 运用假设 $\pi^e=\pi_{-1}$，$\lambda=0.4$ 和 $\varphi=0.5$，并从货币增长率与通货膨胀率相等都为 4% 的稳态出发，请计算在货币增长率上升到 8% 之后的头三个时期内的通货膨胀率和产量。

答：(1)初始长期均衡是通货膨胀率是 4% 并且处于充分就业产出水平。根据题中信息可以通过让 $AS=AD'$ 计算出第一阶段的短期均衡。其中要应用式(1)即动态总供给：$\pi=\pi_{-1}+\lambda(Y-Y^*)$ 和式(2)即动态总需求：$\pi=m-\frac{1}{\phi}(Y-Y_{-1})$，假设 $Y^*=5$(万亿美元)。从 $AS=AD'$，得 $0.04+0.4\times(Y-5)=0.08-[1/0.5]\times(Y-5)$，化简得 $Y=5.0167$。所以，$\pi=4.668\%$。

(2)在第二阶段，均衡为 $AS'=AD''$。所以 $0.04668+0.4\times(Y-5)=0.08-[1/0.5]\times(Y-5.0167)$，化简得 $Y=5.0278$。所以，$\pi=5.78\%$。

(3)在第三阶段，均衡为 $AS''=AD'''$。所以 $0.0578+0.4\times(Y-5)=0.08-[1/0.5]\times(Y-5.0278)$，化简得 $Y=5.0324$。所以，$\pi=7.076\%$。

6. 假设在上面第 5 题中，预期不是适应性而是理性的。

(1)假定货币增长的变化在发生前就已公布，每个人都相信它迟早会发生，那么对通货膨胀和产量有何影响？

(2)假定时期 1 货币增长率出人意料地从 4% 上升到 8%，但从时期 2 开始人们相信货币增长率会为 8%，计算时期 1 和随后各期的通货膨胀率。

答：(1)如果预期是理性的，那么通货膨胀率将立即升高到 8% 并且保持在充分就业产出水平 Y^* 上，因为 AD 曲线和 AS 曲线将上升同样的比例。

(2)由动态总需求：$\pi = m - \frac{1}{\phi}(Y - Y_{-1})$得 $\pi = 0.08 - [1/0.5] \times (Y - Y^*)$，化简得 $-0.5 \times \pi + 0.5 \times 0.08 = Y - Y^*$。

由动态总供给：$\pi = \pi_{-1} + \lambda(Y - Y^*)$，得 $\pi = 0.04 + 0.4 \times (Y - Y^*)$，化简得 $2.5 \times \pi - 2.5 \times 0.04 = Y - Y^*$。

所以，$-0.5 \times \pi + 0.5 \times 0.08 = 2.5 \times \pi - 2.5 \times 0.04$，求出 $\pi = 4.67\%$

这与第5题的第一阶段相等。[实际上在第5题中$(Y - Y^*)$应该准确的等于1/60，只是由于在取小数点后几位时有所不同，进而造成了结果上的微小差别。]

在下面的阶段中，产出水平将再次达到 Y^*，只是此时的新稳态的通货膨胀率 $\pi = 8\%$。

7. 牺牲率(sacrifice ratio)是反通货膨胀时期产量的总损失(即产量落于潜在水平之下的累积数额占GDP的百分比)与由于反通货膨胀而赢得的通货膨胀的降低二者之间的比率。

(1)运用假设 $\pi^e = \pi_{-1}$ 来计算牺牲比率。(提示：在给定的预期假设下，这个问题可以通过假定通货膨胀的减少在一个时期内发生来解决。)

(2)证明总供给曲线越平坦，牺牲比率就越大。

答：(1)牺牲率指由于通货膨胀的下降造成的产出总损失(以占GDP百分比的形式)除以实际的通货膨胀的下降量。因为动态总供给为 $\pi = \pi_{-1} + \lambda(Y - Y^*)$，所以$\frac{Y - Y^*}{\pi - \pi_{-1}} = \frac{1}{\lambda}$。这样牺牲率就是动态 AS 曲线斜率的倒数。因此，上一个问题的牺牲率为 $1/0.4 = 2.5$。

(2)很明显 AS 曲线的斜率越小，牺牲比率越大。换句话说，总供给曲线越平坦，每降低1%的通货膨胀就需要更大的产出下降。

8. 考虑一个遭受了反向供给冲击的经济，我们通过在方程(1)中引入代表一次冲击的 X 这个变量来使之模型化：

$$\pi = \pi_{-1} + \lambda(Y - Y^*) + X$$

在供给冲击期间 X 为正。说明对这一扰动的调整过程。

答：反向供给冲击将使 AS 曲线向左移动(与旧的 AS 曲线垂直距离为 X，即在原均衡点短期 AS 曲线上移 X 段距离)。这样在更高的通货膨胀率和较低的产出水平处达到了新的短期均衡。由于通货膨胀预期将上升，AS 曲线将进一步向左移动。但是由于只有一次供给冲击，X 现在为零，使 AS 曲线又向右移动。因为假设通货膨胀预期调整有一个滞后，AS 曲线将水平地向右移向 Y^*。但是由于在上一个阶段产出下降，AD 曲线将向左移动。这样通货膨率将下降，但不太清楚产出水平将如何变化。在随后的阶段(假定潜在产出水平 Y^* 没有受影响)，调整路径将会形成一个螺旋回到初始均衡处，即产出水平为 Y^*，并且由于货币供给增长率没有变化，将会有相同的通货膨胀率。如图7-8所示。

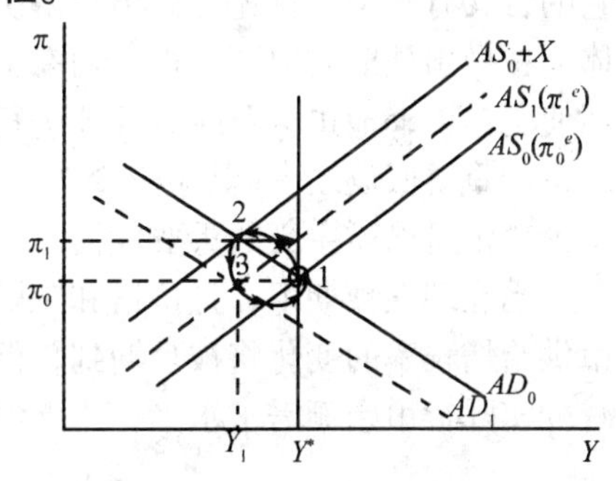

图7-8　供给冲击所引起的动态调整过程

9. 作为一次反供给冲击的结果，经济正陷入衰退之中，证明不论是财政扩张还是货币供给增长率的提高都可以促使其重回充分就业状态。

答：扩张性的财政政策是指降低税率、增加转移支付、扩大政府支出等政策，目的是刺激总需求，以降低失业率。扩张性的货币政策是通过提高货币供应增长速度来刺激总需求，在这种政策下，取得信贷更为容易，利息率会降低。因此，当总需求与经济的生产能力相比很低时，使用扩张性的货币政策最合适。

财政或货币扩张将使 AD 曲线向右移动，这样就会缩短供给冲击后向充分就业产出水平的调整过程。如果采用扩张性的财政政策，在短期会提高通货膨胀率，但是由于货币增长率没有变，不会增加长期的通货膨胀率。如果采用扩张性的货币政策(货币增长永久增加)，在长期通货膨胀率将会增加。

10. 假定有一个财政扩张和货币增长率的持续降低的新政策组合被采用。

(1)对产量和通货膨胀的长期效应如何?

(2)与问题 3 的回答相联系，这里财政扩张如何影响调整过程?

答: (1)如果采用财政扩张和货币增长率持续降低的新政策组合，在长期会使产出达到充分就业水平并且有较低的通货膨胀率。新的(长期)通货膨胀率等于新的(长期)货币供给的增长率。

(2)采用财政扩张和货币增长率持续降低的新政策组合将不会出现问题 3 中严重的影响(刚开始失业率的巨幅增加导致巨大的产出损失)，这是因为 AD 曲线不会那么大幅度地向左移动。然而，最终结果是一样的，即减少了长期的通货膨胀率。但是在财政扩张和货币增长率的持续降低的新政策组合下，因为通货膨胀率和通货膨胀预期不会快速下降，将会减缓向新的长期通货膨胀率的调整过程。

11. 本章中我们曾提及在理性预期下，且价格和工资有充分灵活性时，当货币增长率上升，通货膨胀率立即上升至新的稳态水平。我们也谈到当预期通货膨胀率上升时实际货币余额持有量下降，那么如果通货膨胀率等于货币增长率，在理性预期下实际货币余额水平如何能下降?(提示：由于价格具有充分灵活性，当新信息变得可获得利用时，价格可以立即变化。)

答: 理性预期又称合理预期，是现代经济学中的预期概念之一，指人们的预期符合实际将发生的事实。由约翰·穆思在其《合理预期和价格变动理论》(1961 年)一文中首先提出。它的含义有三个：首先，做出经济决策的经济主体是有理性的；其次，为正确决策，经济主体会在做出预期时力图获得一切有关的信息；最后，经济主体在预期时候不会犯系统错误，即使犯错误，他也会及时有效地进行修正，使得在长期而言保持正确。它是新古典宏观经济理论的重要假设之一(其余三个为个体利益最大、市场出清和自然率)，是新古典宏观经济理论攻击凯恩斯主义的重要武器。

当在理性预期下，且价格和工资有充分灵活性时，会立即调整到一个新的长期均衡。货币供给增长率的变化将被预期到，但是通货膨胀率要在货币供给增长率之前开始上升，这将减少实际货币余额需求水平。

第8章　政策预览

8.1　复习笔记

一、关于政策实践的一个中级水平的观点

1. 政策的“谁”

货币政策和财政政策可以被用来影响经济。从实际的重要性来看，大多数短期变化是由货币政策推动的。所以，稳定政策中的“谁”大多是指中央银行，在美国就是联储(联邦储备系统)。与此相反，在以色列和新西兰，正式的决策制定权力则是由中央银行行长独自决定的。

2. 政策的“什么”

联储实际上所做的事就是决定经济中的一个关键性利率——联邦基准利率。提高利率将冷却经济，降低利率将给经济加温。简言之，较低的利率会鼓励更多的投资支出，以及某些种类消费的更多支出，因而会增加总需求。在更多情况下，在很少或没有影响总供给的情况下，通过改变总需求来记住货币政策的运作是重要的。

3. 政策的“为什么”

中央银行选择短期政策有两个目标：保持活跃的经济活动和低通货膨胀。但这两个目标存在着明显的冲突，当增加总需求来提高经济的活跃程度时，也会导致较高的通货膨胀。联储在长期内也可以非常有效地限制通货膨胀，而相对较少地增加GDP。因为长期的总供给曲线是垂直的，使用中央银行的政策推动总需求曲线沿着总供给曲线上下移动只能改变价格而不能改变产量。在短期内，总供给曲线是相对平坦的。这意味着中央银行可以很容易地刺激经济活动，但只是暂时的，而且具有在未来显著抬高物价的后果。

中央银行现在认识到了这些不安因素，并在两个方面缓和他们的目标。首先，中央银行致力于围绕一个可维持的目标来稳定经济活动，而不是提高经济活动程度。其次，许多中央银行都改变了通货膨胀目标(inflation targeting)，几乎将所有的力量都放在降低通货膨胀率和维持通货膨胀目标上，而很少将力量放在产出方面。

4. 何时制定政策

在紧迫的情况下，联邦公开市场委员会每6周召开一次会议来确定联储的基准利率。在宽松的情况下，联储坚决不让市场受到扰动，因此，它给利率未来可能出现变化的途径提前发出信号。

5. 政策如何贯彻

联储通过购买或卖出财政部债券来“设定”利率，从而使利率降低或升高。关键的因素是联储以它印制的货币购买财政部债券。结果，降低的利率意味着增加了货币供给。在经济方面考虑，增加的货币供给必然导致更高的价格。在经济模型方面考虑，增加的货币供给将导致*LM*曲线向外移动。

二、规则的政策

中央银行制定决策的时候，是以当时的经济形势为基础的。而在一种货币政策规则(monetary policy rule)的全部框架内制定决策，是非常有用的。这种规则的一个例子就是泰勒规则。

货币政策规则的一般形式是：

$$i_t = r^* + \pi_t + \alpha(\pi_t - \pi^*) + \beta\left(100 \times \frac{Y_t - Y_t^*}{Y_t^*}\right)$$

其中，r^*是实际的“自然”利率，对应于实际利率，如果经济处在自然失业率的均衡状态，或者等于潜在的GDP即Y^*，那么，π^*就是联储的目标通货膨胀率。如果α和β比较大，则货币政策规则就会支配经济对过度的通货膨胀和经济活跃做出反应；如果α比β大，货币当局对通货膨胀的响应就将比对经济活跃程度的响应积极得多。$\beta=0$的情况是对纯粹通货膨胀目标的响应。注意，对经济活动的衡量就在于产出缺口。这一规则让中央银行操纵利率以稳定潜在的产出，而不仅仅是增加产量。关于货币政策规则的另一个思想优势是，将注意力集中在通货膨胀目标的选择上。

三、利率和总需求

较高的利率会提高购买耐用的投资品和消费品的机会成本，因而会降低总需求。忽略掉其他所有因素对总需求的影响，可以将总需求写为：

$$Y = C(i) + I(i) + G + NX = AD(i)$$

因此，如果联储贯彻紧缩性货币政策而提高利率，AD曲线就会向左移动，如图8－1所示。较高的利率会降低价格，但也会降低经济活动；相反，较低的利率会刺激经济活跃并导致较高的价格。

当联储需要刺激经济时，它就降低利率，但是，降低利率的机制是通过增加货币供给实现的。在日常的运作中，联储考虑的是利率，而货币供给的必要变化至多只是一种负效应。联系到货币供给的关键是两个原因：第一，货币供给的增加会部分涉及较高的价格；第二，从技术性模型的角度来看，借助货币供给的联系被用于推导总需求曲线。

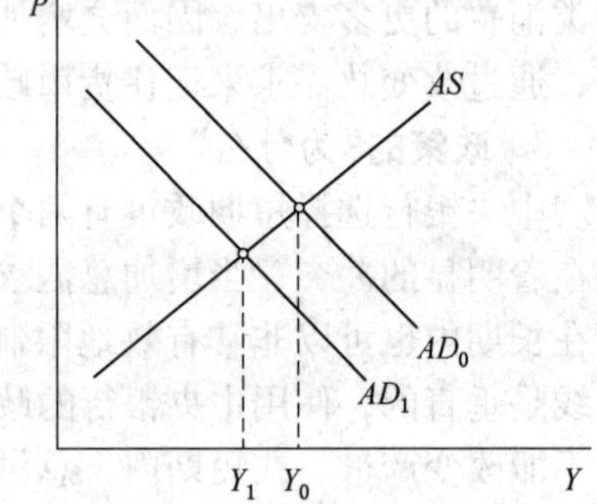

图8－1　提高的利率将总需求向左移动

四、如何得到政策目标的计算

从对经济冲击的观察或者提议的政策变化入手，详细了解总供求下各种关系的运作，了解总供给曲线(AS)和总需求曲线(AD)的移动，然后，解释AS曲线和AD曲线的斜率，计算产出和价格水平。政策目标的计算是要了解一项政策的变化要求将AS曲线和AD曲线移动多大的必要距离。

在动态系统下工作的工程师们要区分封闭环路和开放环路。在开放环路控制系统中，要在认为将会达到目标的水平上(例如，具体的GDP水平)设置控制变量(例如利率)；在封闭环路控制系统中，情况相反，需要做一种政策调整，看会发生什么情况，然后调整控制。泰勒规则就是一个封闭环路控制的例子。具体而言，封闭环路系统更好一些，因为它会自我矫正。不过，这种系统的封闭环路要求政策制定者能够了解，调整会对目标造成多大程度的损害。

8.2　课后习题详解

一、概念题

1. 封闭环路控制(closed－loop control)

答：封闭环路控制是指包含反馈环路的动态控制系统。本章中具体指先观察某种政策调整会发生什么情况进而根据所发生的情况进行调整的控制方法。泰勒规则就是一个封闭环路控制的例子。中央银行设定利率，但是，如果通货膨胀变得高于意愿水平，泰勒规则将指导中央银行将利率进一步提高。

2. 开放环路控制(opend – loop control)

答：开放环路控制是指没有反馈环路的动态控制系统。本章中具体指根据你认为将会达到目标的水平上(例如，具体的 GDP 水平)设置控制变量(例如利率)的控制方法。

3. 联邦公开市场委员会(FOMC)

答：联邦公开市场委员会是联邦储备系统中一个重要的机构。它由十二名成员组成，包括：联邦储备委员会全部成员七名，纽约联邦储备银行行长，其它四个名额由另外 11 个联邦储备银行行长轮流担任。该委员会设一名主席(通常由联邦储备委员会主席担任)，一名副主席(通常由纽约联邦储备银行行长担任)，另外，其它所有的联邦储备银行行长都可以参加联邦公开市场委员会的讨论会议，但是没有投票权。

联邦公开市场委员会的最主要工作是利用公开市场操作(主要的货币政策之一)，从一定程度上影响市场上货币的存量。另外，它还负责决定货币总量的增长范围(即新投入市场的货币数量)，并对联邦储备银行在外汇市场上的活动进行指导。

4. 泰勒规则(Taylor rule)

答：泰勒规则是用来说明货币当局如何适应经济活动来制定利率的规则。具体说来，泰勒规则是：

$$i_t = 2 + \pi_t + 0.5 \times (\pi_t - \pi^*) + 0.5 \times \left[100 \times \frac{Y_t - Y_t^*}{Y_t^*}\right]$$

其中，π^* 是目标通货膨胀率，常数 2 近似于长期平均实际利率。该规则认为，当通货膨胀上升到高于目标值 1 个百分点时，联储就应该以利率升高 0.5 个百分点来抵消这种上升。当 GDP 缺口上升 1% 时，利率就要上升 0.5%。泰勒认为，这个规则既是相当好的粗略规则，也是和联储的实际运作非常接近的。

二、简答题

假定泰勒规则中通货膨胀的系数是负值。请解释为什么这可以导致失控的通货膨胀。

Suppose that in the Taylor rule the coefficient on inflation is negative. Explain why this can lead to runaway inflation.

答：如果泰勒规则中通货膨胀的系数 α 是负值，那么实际通货膨胀率的增加意味着央行应该降低利息率。但是降低利率会增加总需求，从而增加了通胀的压力。这又进一步暗示央行应该降息，最后可能会导致失控的通货膨胀。历史上曾有过这种事情发生，1970 年为应对石油冲击，美联储降息，结果导致了严重的通货膨胀。

第3篇 首要的几个模型

第9章 收入与支出

9.1 复习笔记

一、总需求与均衡产出

1. 总需求概述

(1)总需求的含义与构成

总需求指整个经济社会在每一个价格水平下对产品和劳务的需求总量，它由消费需求、投资需求、政府支出和国外需求构成。将商品需求区分为消费(C)、投资(I)、政府采购(G)、与净出口(NX)等需求，则总需求(AD)由下面的公式决定：

$$AD = C + I + G + NX$$

(2)总需求与国民收入核算中总支出的区别

①总需求指计划(意愿)支出量；国民收入中的总支出是指实际发生量；

②一般而言在消费、政府采购、以及净出口方面两者不存在差异；

③关键在于计划投资与实际投资之间的差别，在实际发生的投资中往往会出现非计划的存货投资。

2. 均衡产出

(1)均衡产出水平的含义

均衡产出水平指总供给和总需求相一致时的产出水平。经济社会的产量或者国民收入决定于总需求，均衡产出是和总需求相一致的产出，也就是经济社会的收入正好等于全体居民和企业想要有的产出。当下式成立时，经济处于均衡产出水平状态：

$$Y = AD = C + I + G + NX$$

(2)非计划库存投资与产量调节机制

当总需求即人们想要购买的量与产出不相等时，则存在非计划库存投资或负投资。可将其概括为：$IU = Y - AD$，其中 IU 为非计划的库存投资。

①如果产出大于总需求，就有非计划库存投资 $IU > 0$，此时存在超额库存积累，企业会减少生产，直到产出与总需求再度均衡为止。

②如果产出低于总需求，$IU < 0$，企业将增加生产直至均衡恢复为止。

③在均衡状态下，非计划存货投资为零，$IU = 0$，企业没有增加或减少产出的激励。

以上论述的以存货调整为基础的产量调节机制如图9－1所示。

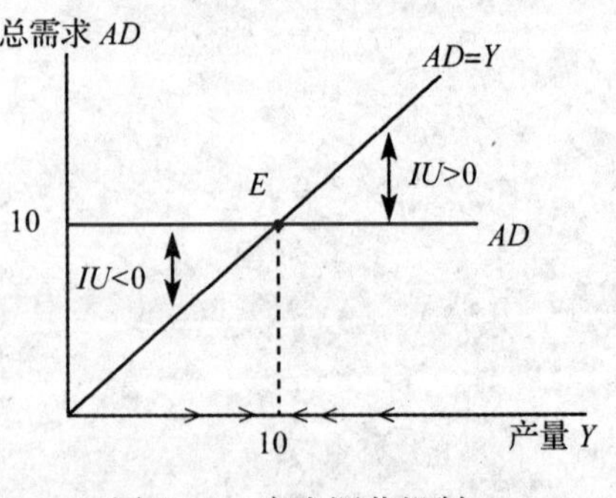

图9－1 产出调节机制

3. 基本结论

(1)总需求决定均衡产出(收入)水平

（2）在均衡时，非计划库存投资等于零，而且消费者、政府以及外国居民都买到了他们想要购买的商品。

（3）以非计划库存变化为基础的产量调整将使经济达到均衡水平。

二、消费函数与总需求

1. 消费函数

（1）假定条件

①不考虑政府部门和对外贸易的影响，即 G 与 NX；

②消费需求随收入水平的提高而增加。

（2）消费函数

消费函数是描述消费与诸种影响因素之间的数学关系的函数。宏观经济中，消费支出受多种因素影响，如国民收入水平、物价水平、利率、收入分配、个人偏好和社会风尚等等。一般认为，在影响消费的各种因素中，收入是影响消费最重要、最稳定的因素，即消费是收入的函数，因此消费函数用来描述消费需求与收入水平之间的关系，表达式为：

$$C = \overline{C} + cY \qquad \overline{C} > 0 \qquad 0 < c < 1$$

其中，消费函数的斜率 c 称为边际消费倾向，代表收入每增加一单位时所增加的消费；截距 $\overline{C}$ 代表收入为零时的消费水平，即自主消费支出水平。

（3）边际消费倾向与平均消费倾向

①边际消费倾向 MPC 指每增加一单位收入，消费的增加量，可以表示为：

$$MPC = \frac{\mathrm{d}C}{\mathrm{d}Y} = \left.\frac{\Delta C}{\Delta Y}\right|_{\Delta Y \to 0}$$

其中，ΔC 表示增加的消费，ΔY 代表增加的收入。

a. 边际消费倾向 MPC 小于 1，大于 0，意味着，当收入增加时，消费也会增加，但是没有收入增加得那么快。

b. 边际消费倾向是递减的，即随着收入的上升，在增加的单位收入中，消费所占的比重越来越小，储蓄所占的比重却越来越大。

c. 影响消费变化的主要原因是收入的变化，而消费倾向的变动对消费的影响是次要的，一般将 MPC 假设为固定不变。

②平均消费倾向 APC 指消费占收入的比重，可以表示为：

$$APC = \frac{C}{Y}$$

平均消费倾向 APC 随着收入的提高而降低。

消费函数以及边际消费倾向与平均消费倾向的关系如图 9－2 所示。

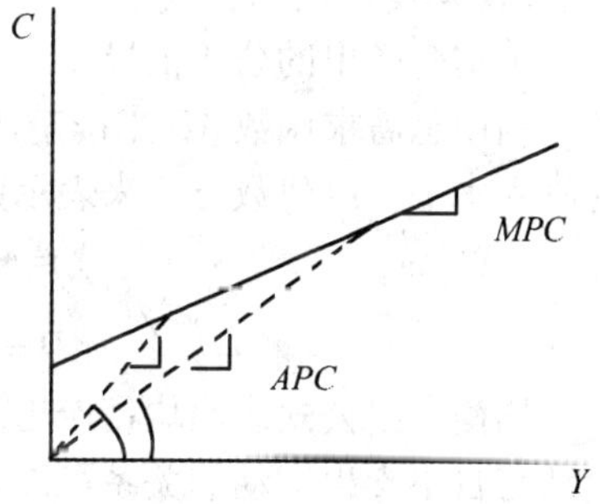

图 9－2　消费函数

2. 消费与储蓄

（1）储蓄函数

收入不是被用于消费，就是被储蓄起来，不可能被用作其他用途。因此，没有用于消费的收入就是储蓄，储蓄等于收入减去消费，如方程所示：

$$S \equiv Y - C$$

储蓄函数是将储蓄水平与收入水平联系起来的函数，将消费函数代入以上预算约束的方程，可以得到储蓄函数：

$$S \equiv Y - C = Y - \overline{C} - cY = -\overline{C} + (1-c)Y$$

如方程所示，储蓄是收入水平的递增函数，边际储蓄倾向 $s = 1 - c$ 为正数。

(2)边际储蓄倾向

边际储蓄倾向指可支配收入每增加一单位时储蓄的增量，即收入增加一单位所引起的储蓄的变化，它等于1减去边际消费倾向，可以表示为：$MPS = \Delta S / \Delta Y$。

其中 ΔY 表示收入的变化量，ΔS 表示储蓄的变化量。一般而言，边际储蓄倾向在0和1之间波动。因为全部新增收入要么用来消费，要么用来储蓄，所以边际储蓄倾向与边际消费倾向之和为1(即 $MPC + MPS = 1$)。

3. 消费、总需求与自主支出

(1)消费函数与总需求

假设计划投资量 $\overline{I}$、政府采购 $\overline{G}$、税收$\overline{TA}$、转移支付$\overline{TR}$、净出口$\overline{NX}$都不取决于收入且固定不变，集中分析消费需求与收入决定之间的关系。

由于 $C = \overline{C} + c(Y - \overline{TA} + \overline{TR})$，现在消费决定于可支配收入 $YD = Y - \overline{TA} + \overline{TR}$。总需求是消费函数、投资、政府支出与净出口之和，则：

$$\begin{aligned} AD &= C + I + G + NX = \overline{C} + c(Y - \overline{TA} + \overline{TR}) + \overline{I} + \overline{G} + \overline{NX} \\ &= [\overline{C} - c(\overline{TA} - \overline{TR}) + \overline{I} + \overline{G} + \overline{NX}] + cY = \overline{A} + cY \end{aligned}$$

其中，部分总需求 $\overline{A} \equiv \overline{C} - c(\overline{TA} - \overline{TR}) + \overline{I} + \overline{G} + \overline{NX}$，不取决于收入水平，是自主性的。

(2)小结

消费需求随收入增加而增加，因此总需求决定于收入水平，随着收入水平的增加而增加。总需求由各个收入水平上的消费需求、投资、政府支出与净出口(垂直)加总而成。如图9－3所示。

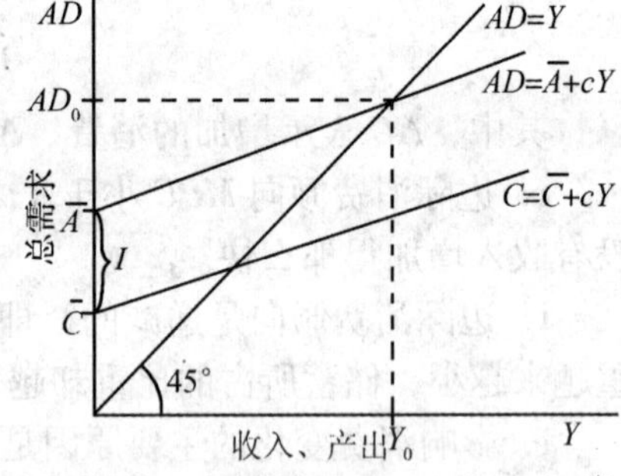

图9－3 消费函数与总需求

4. 均衡收入与均衡产出

(1)均衡产出的公式

①均衡产出的公式推导

利用总需求函数 AD 来确定产出与收入的均衡水平，均衡收入水平是使总需求等于产出的收入水平，以代数方式来表示则是：

$$\left.\begin{aligned} Y &= AD \\ AD &= \overline{A} + cY \end{aligned}\right\} \Rightarrow Y = \overline{A} + cY \Rightarrow Y_0 = \frac{1}{1-c}\overline{A}$$

均衡产出公式表明均衡产出水平是边际消费倾向与自主性支出的函数。其中，均衡产出变动与自主支出变动的关系可以表示为：

$$\Delta Y = \frac{1}{1-c}\Delta\overline{A}$$

②均衡产出公式的意义

均衡产出的公式表明，均衡产出取决于总需求曲线的斜率 c(边际消费倾向)与截距 $\overline{A}$(自主性支出)。给定截距，较陡峭的总需求函数曲线(较高的边际消费倾向)意味着高水平的均衡收入。与之相似，给定边际消费倾向，（较大的截距）较高的自主性支出水平也意味着较高的均衡收入水平。因此，边际消费倾向 c 越大，自主性支出水平 $\overline{A}$ 越高，则均衡产出水平越高。

（2）均衡收入与均衡产出的图形表示

图 9－4 中的 45°线 $AD=Y$ 表示所有产出等于总需求的点，只有在 E 点即收入与产出 Y_0 的均衡水平，总需求才恰好等于产出。在该产出与收入水平，计划支出准确地与生产相一致。

图 9－4 中的箭头表明经济走向均衡的过程。在任何低于 Y_0 的收入水平上，需求超过产出，库存将意外减少，企业因此增加生产；反之，产出水平高于 Y_0 时，库存意外增加，企业因而会削减生产。正如箭头所示，在 Y_0 的产出水平上，现期生产恰恰与计划的总支出相一致，非意愿的库存的变动等于零，因此 Y_0 为均衡产出。

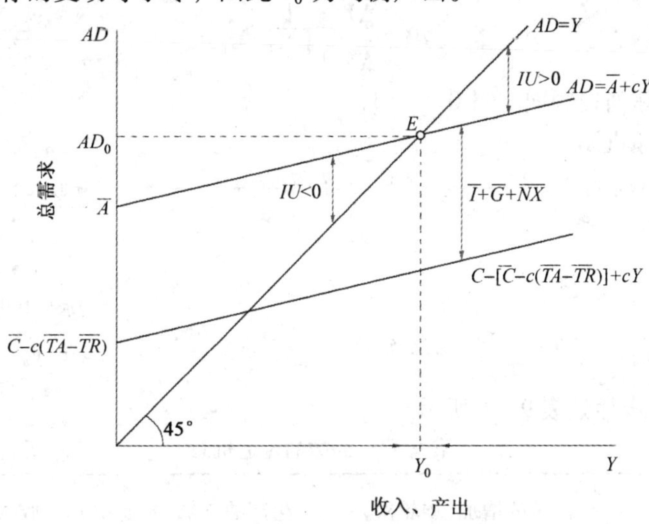

图 9－4　均衡收入与均衡产出的决定

5. 储蓄与投资

（1）两部门经济

两部门经济中，仅有企业和居民，没有政府部门和对外贸易对经济的影响，此时在均衡状态下，计划投资等于储蓄。

$$\left.\begin{array}{l} Y=C+S \\ AD=C+I \\ Y=AD \end{array}\right\} \Rightarrow S=I$$

两部门经济中投资储蓄对均衡产出的决定机制如图 9－5 所示。

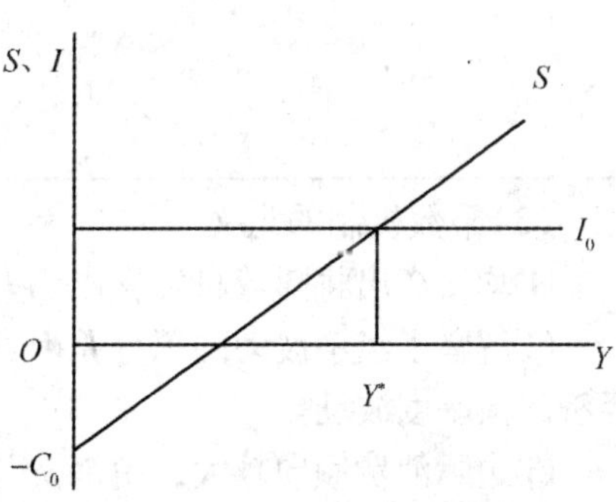

图 9－5　两部门经济下，投资－储蓄法中均衡产出的决定

（2）四部门经济

四部门经济中，把政府与对外贸易包含进去，可得到关于投资与储蓄，投资与净出口之间的关系以及总需求等于产出的均衡条件：

$$\left.\begin{array}{l} Y=C+S+TA-TR \\ AD=C+I+G+NX \\ Y=AD \end{array}\right\} \Rightarrow S+(TA-TR-G)-NX=I$$

均衡条件表明，计划投资(I)等于私人储蓄(S)加上政府预算盈余($TA-TR-G$)，再减去净出口(NX)(或者加上净进口)。

三、乘数机制

1. 乘数的概述

(1)乘数的定义

乘数是自主性总需求增加一单位时均衡产出的变动量，反映国民收入的变动与引起这种变动的最初注入量之间的比率。乘数包括投资乘数、政府购买乘数、转移支出乘数、税收乘数和平衡预算乘数。一个经济变量的变化对另一个经济变量的变化的倍数放大作用，称为“乘数效应”。乘数效应具有两方面的作用：一方面，一个经济变量的增加，会引起另一个经济变量成倍增加；另一方面，前者的减少，会引起后者成倍减少。

两部门经济中，不考虑比例税 t 时，乘数 α 为：

$$\alpha=\frac{\Delta Y}{\Delta\overline{A}}=\frac{1}{1-c}>1$$

其中，c 为边际消费倾向，且 $0<c<1$。

(2)乘数的传递机制

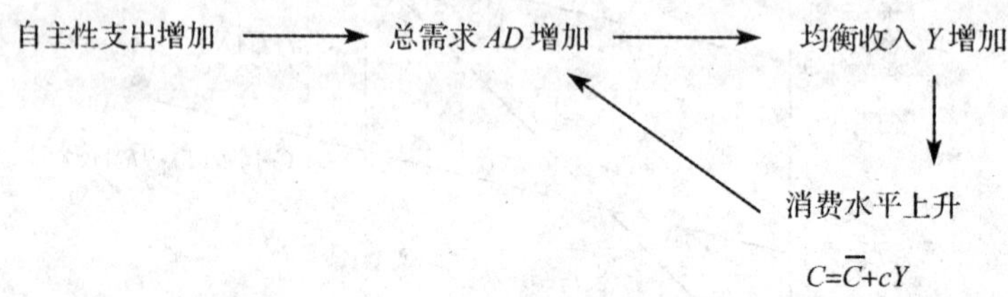

更详细的传递步骤如表 9－1 所示。

表 9－1　乘数的传递机制

轮次	需求的增加(本轮次)	生产的增加(本轮次)	收入的总增加(所有轮次)
1	$\Delta\overline{A}$	$\Delta\overline{A}$	$\Delta\overline{A}$
2	$c\Delta\overline{A}$	$c\Delta\overline{A}$	$(1+c)\Delta\overline{A}$
3	$c^2\Delta\overline{A}$	$c^2\Delta\overline{A}$	$(1+c+c^2)\Delta\overline{A}$
4	$c^3\Delta\overline{A}$	$c^3\Delta\overline{A}$	$(1+c+c^2+c^3)\Delta\overline{A}$
…	…	…	…
…	…	…	…
…	…	…	$\frac{1}{1-c}\Delta\overline{A}$

(3)乘数机制的意义

①均衡产出将随着自发支出(包括投资)的变化，而发生数倍的变化。

②解释了经济波动的部分原因：自发性支出的微小扰动，通过乘数机制就会放大为总体经济的大幅度波动。

③边际消费倾向越大，由消费与收入间的关系所产生的乘数也越大。

2. 乘数的图解

如图 9－6 所示，收入水平为 Y_0 时，起初的均衡在 E 点。当自主性支出从 $\overline{A}$ 增加到 $\overline{A}'$

时，总需求曲线 AD 平行向上移动到 AD'，意味着在每一个收入水平上，总需求提高的量都是：$\Delta\bar{A}\equiv\bar{A}'-\bar{A}$。

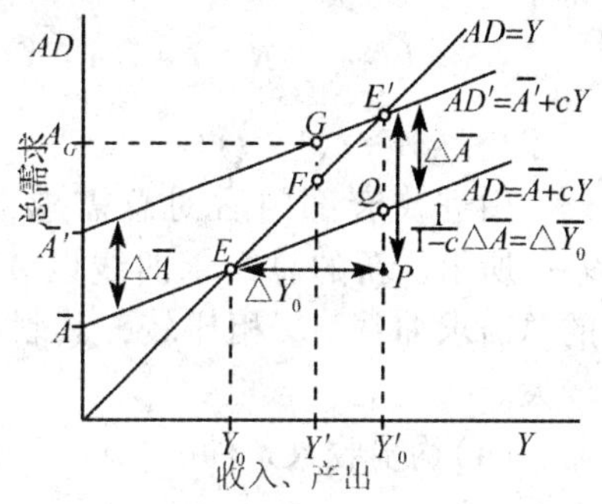

图 9－6　乘数效应图解

此时，总需求超过最初的产出水平 Y_0，库存开始下降，企业通过扩大生产来适应需求的增加和库存的减少。生产扩张产生引致支出，产出增至 Y'，总需求增加到 A_G 的水平。同时，由于边际消费倾向小于 1，生产的扩大，把总需求与产出之间缺口的垂直距离缩小到 FG，因此只有产出充分扩大才会恢复总需求与产出间的平衡，经济在 E' 点达到新的均衡，相应的收入水平为 Y_0'。

为恢复平衡，收入所需变动的幅度为：$\Delta Y_0=Y'_0-Y_0$。该变动幅度取决于自主性支出和边际消费倾向两个因素。自主性支出的增加越大，收入变动也越大；边际消费倾向越大（即总需求曲线越陡峭），收入变动也越大。

四、政府领域

1. 政府部门影响均衡收入的途径

政府以两种相互独立的方式，直接影响均衡收入水平。

（1）政府采购商品与服务的 G 是总需求的一个组成部分。

（2）税收与转移支付影响可支配收入 YD，进而影响产出与收入 Y。

2. 政府部门与均衡收入的决定

（1）可支配收入

可支配收入是反映居民家庭全部现金收入中能用于安排家庭日常生活的那部分收入，即用家庭中得到的全部现金收入减去个人所得税、减去记账补贴及家庭从事副业生产支出的费用。

个人可支配收入 YD 是家庭从政府接受转移支付并向政府纳税后可用于支出的净收入，其代数表示为：

$$YD=Y-TA+TR$$

（2）政府部门参与的消费函数

存在政府部门作用的经济中，消费需求是个人可支配收入的函数，消费函数可以表示为：

$$C=\bar{C}+cYD=\bar{C}+c(Y+TR-TA)$$

假定政府采购量是固定不变的 $\bar{G}$，转移支付是固定不变的 $\overline{TR}$，同时征收比例所得税，即以税收形式征收收入的一部分税率为 t，即 $G=\bar{G}$，$TR=\overline{TR}$，$TA=tY$，则消费函数为：

$$C=\bar{C}+cYD=\bar{C}+c(1-t)Y+c\,\overline{TR}$$

由消费函数可见，税率对于边际消费倾向的影响为：

①引入政府税收后，可支配收入的边际消费倾向不变，仍为 c。

②总收入的边际消费倾向降低：

$$c\rightarrow(1-t)c$$

（3）政府部门与总需求函数

$$\begin{aligned}AD&=C+I+G+NX\\&=[\bar{C}+c\,\overline{TR}+c(1-t)Y]+\bar{I}+\bar{G}+\overline{NX}\end{aligned}$$

$$= (\overline{C} + c\,\overline{TR} + \overline{I} + \overline{G} + \overline{NX}) + c(1-t)Y$$

$$= \overline{A} + c(1-t)Y$$

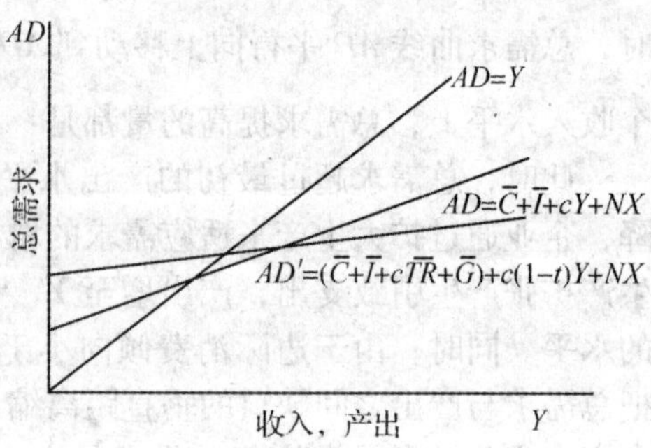

图 9－7　政府与总需求

引进政府部门后对总需求曲线的效应如图9－7所示，新的总需求曲线以 AD' 表示，与原有的总需求曲线 AD 相比较，其斜率较平坦，截距较大。

(4) 均衡收入条件

根据商品市场的均衡条件，得到 $Y = AD = \overline{A} + c(1-t)Y$

$$\Rightarrow Y^e = \frac{\overline{A}}{1-c(1-t)} = \frac{\overline{C} + \overline{I} + \overline{G} + c\,\overline{TR} + \overline{NX}}{1-c(1-t)}$$

由公式可见，政府部门的加入造成均衡收入条件的显著不同，它提高的自主性支出等于政府采购量 $\overline{G}$，以及来自净转移支付的引致支出量 $c\,\overline{TR}$；此外，所得税的存在降低了乘数。

3. 所得税变化的效应

(1) 税率变化的乘数效应

①税收乘数　$$\alpha_T = \frac{1}{1-c(1-t)}$$

②所得税税率变化改变乘数的大小

由于税收减少了收入变化所引起的消费的改变量，征收所得税使总需求曲线变得平坦从而降低了乘数，因此减税将提高乘数，同时减税使得 AD 曲线变得更陡峭，提高均衡收入水平。

(2) 作为自动稳定器的所得税

①自动稳定器的含义

自动稳定器又称“内在稳定器”，指在国民经济中无需经常变动政府政策而有助于经济自动趋向稳定的因素。在社会经济生活中，通常具有内在稳定器作用的因素主要包括：个人和公司所得税、失业补助和其他福利转移支付、农产品维持价格以及公司储蓄和家庭储蓄等等。但是，内在稳定器的作用是有限的。它本身不足以完全维持经济的稳定，只能缓和或减轻经济衰退或通货膨胀的程度，而不能改变它们的总趋势。因此，还必须采用更有力的财政政策措施。

②所得税的自动稳定器作用

a. 比例所得税具有自动稳定器作用，它会自动减少为适应自主性需求变动所需要的产出变动量，而不需要政府一步步具体地加以干预。

b. 所得税降低了乘数机制的放大效应，使产出波动的幅度可以比没有这些稳定器时要小。

c. 比例所得税并不是惟一的自动稳定器。失业救济金使失业者即便在没有工作时，也能继续消费，因而需求降低得要少，这也会使乘数变小，而使产出更加稳定。

4. 财政政策变动的效应

(1) 政府采购支出的乘数效应

①政府采购支出乘数

均衡收入的变动将等于总需求的变动量，即

$$\Delta Y_0 = \Delta G + c(1-t)\Delta Y_0$$

$$\Rightarrow \Delta Y_0 = \frac{1}{1-c(1-t)}\Delta G \Rightarrow \alpha_G = \frac{1}{1-c(1-t)}$$

因此，政府采购支出乘数为 α_G，这意味着政府采购增加一单位引起均衡收入的增加为 α_G 单位。

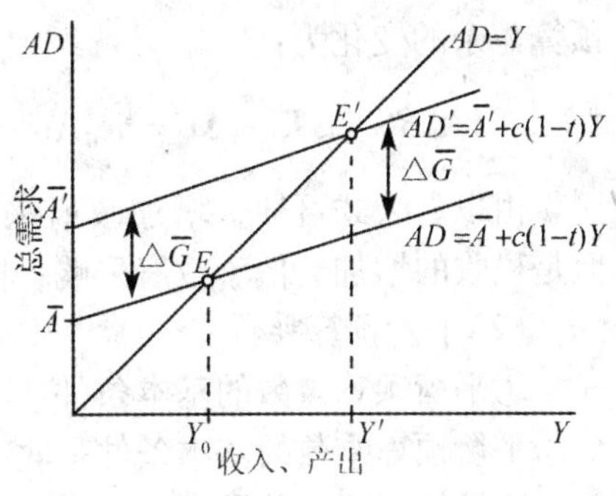

图 9－8　增加政府采购的效应

②政府采购支出的影响途径

政府采购的增加是一种自主性支出的变化，因此政府采购支出改变总需求曲线的截距，使 *AD* 曲线上下移动，移动的量等于政府采购增加的量。如图 9－8 所示。

(2)转移支付的乘数效应

①转移支付乘数 $AD=\overline{C}+c\,\overline{TR}+I+\overline{G}+c(1-t)Y \Rightarrow \alpha_{TR}=\frac{c}{1-c(1-t)}$

因此，转移支付的乘数小于政府支出乘数。增加转移支付 $\Delta\overline{TR}$，自主性支出 $\overline{A}$ 将只增加 $c\,\Delta\overline{TR}$，产出将提高 $\alpha_G \times c\Delta\,\overline{TR}$，因为 $\overline{TR}$ 的任何增加总有一部分被储蓄起来。

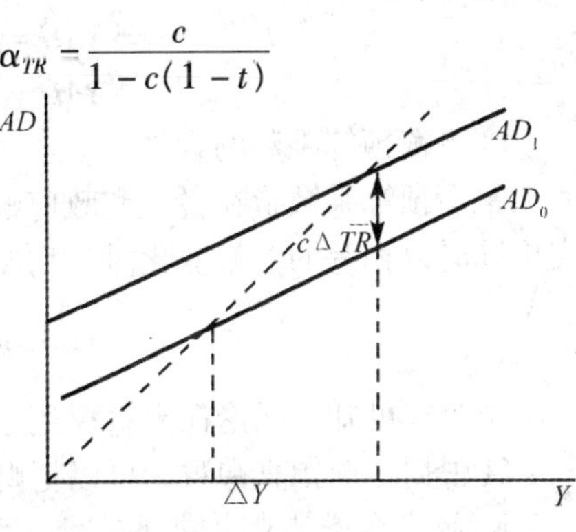

图 9－9　转移支付的乘数效应

②转移支付的影响途径

转移支付改变可支配收入以及相应的消费水平，进而影响 *AD* 曲线的截距，使 *AD* 曲线上下移动，如图 9－9 所示。

五、预算

1. 预算盈余 *BS*

预算盈余又称“预算结余”，是政府收入和税收超过其包括采购商品、劳务与转移支付在内的总支出以外的部分。预算盈余是一种预算不平衡的状态，但它与预算赤字的不平衡是完全不同的两种状态。结余表示财政宽松，赤字表示财政困难。严格地讲，预算应是平衡的，不仅在计划中是平衡的，而且在执行中和执行后也应是平衡的。但在某些时候，适当地使财政收入的安排大于财政支出是可以的，这时就会出现预算结余。

$$BS \equiv TA-\overline{G}-\overline{TR} \Rightarrow BS = tY-\overline{G}-\overline{TR}\text{（比例所得税下，}TA=tY\text{）}$$

公式表明在 $\overline{G}$、$\overline{TR}$ 与所得税率 t 既定的情况下，预算盈余是收入水平的函数，取决于能使收入水平改变的任何因素。在低收入水平时，预算出现赤字（盈余为负数），因为政府支出 $\overline{G}+\overline{TR}$ 超过了所得税收入。与此相反，在高收入水平时，预算出现盈余，因为所得税收入超过政府采购和转移支付的总支出，如图 9－10 所示。

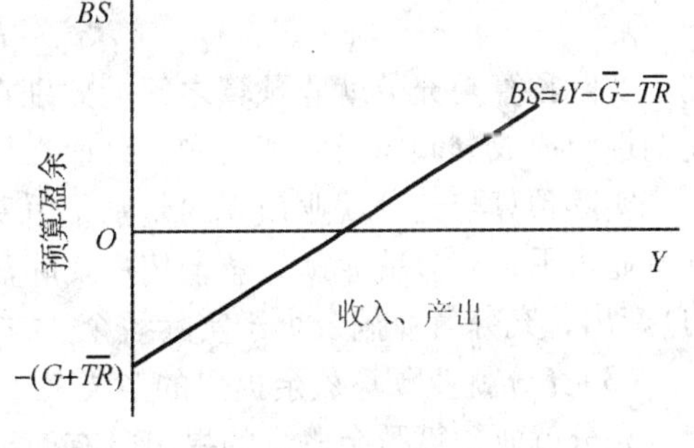

图 9－10　预算盈余

2. 政府采购支出与预算盈余

(1)政府采购支出对预算盈余的影响

增加政府采购引起的收入变化等于 $\Delta Y_0 \equiv \alpha_G \Delta G$，增加的收入中的一小部分被征收作为税收，因此，税款收入的增加就是 $t\alpha_G\Delta G$，于是，预算盈余的变化为：

$$\Delta BS = \Delta TA - \Delta G = t\alpha_G \Delta \overline{G} - \Delta \overline{G} = \left[\frac{t}{1-c(1-t)} - 1\right]\Delta \overline{G} = -\frac{(1-c)(1-t)}{1-c(1-t)}\Delta \overline{G}$$

由以上公式可知，增加政府采购将引起收入的(成倍)增加，从而增加了所得税收入，但是税收的增加会低于政府采购，因此增加政府采购会降低预算盈余。

(2)平衡预算乘数

①平衡预算乘数的基本条件

平衡预算乘数的基本条件是收支相等，即 $\Delta G \equiv \Delta t Y_0 + t_1 \Delta Y$

②平衡预算与总需求

$$\Delta AD = \Delta G + \Delta C$$
$$\Rightarrow \Delta AD = \Delta G + [-cY_0 \Delta t + c(1-t_1)\Delta Y]$$
$$\Rightarrow \Delta AD = \Delta G - c(Y_0 \Delta t + t_1 \Delta Y) + c\Delta Y$$
$$\Rightarrow \Delta AD = (1-c)\Delta G + c\Delta Y$$

③平衡预算乘数的含义

平衡预算乘数指在税收和政府购买等量增加的时候所引起的产出的增加，即政府收入与支出同时以相等的数量变化时，均衡产出的变化比率。

$$\Delta Y \equiv \Delta AD = (1-c)\Delta G + c\Delta Y \Rightarrow \alpha = \frac{\Delta Y}{\Delta G} = 1$$

由公式可知，无论在定量税还是比例税下，平衡预算乘数均为1。

④根据平衡预算乘数，可以把财政政策的作用归纳为三个方面：

a. 政府在增加支出的同时减少税收将对国民收入有巨大促进作用；

b. 政府在增加支出的同时增加税收，保持平衡，对国民收入的影响较小；

c. 政府在减少支出的同时增加税收将会抑制国民收入的增长。

3. 充分就业预算盈余

(1)充分就业预算盈余的含义

充分就业预算盈余也称作周期性调整的盈余(或赤字)、高就业盈余、标准化预算盈余与结构盈余，指既定的政府预算在充分就业的国民收入水平即潜在的国民收入水平上所产生的政府预算盈余，不受经济周期的特殊形势(繁荣或衰退)的影响，只在政府执行财政政策措施发生变化时它才变化，可以作为一个衡量财政政策措施优劣的指标。

$$BS^* = tY^* - \overline{G} - \overline{TR}$$

其中，BS^*表示的充分就业预算盈余，Y^*表示充分就业的收入水平。

(2)实际预算与充分就业预算的差别

$$BS^* - BS = t(Y^* - Y)$$

实际预算与充分就业预算之间的差别在于预算的周期性组成部分的不同。在衰退时期，周期性组成成分倾向于表现为赤字，而在繁荣时期，可能表现为盈余。

实际预算与充分就业预算的差别是由所得税的征收引起的。具体而言，如果产出低于充分就业水平，充分就业预算盈余超过实际盈余。反之，如果实际产量超过充分就业(或潜在的)产出，充分就业盈余小于实际盈余。

(3)充分就业预算盈余提出的意义

充分就业预算盈余概念的提出具有两个十分重要的作用：

①把收入水平固定在充分就业的水平上，消除了经济中收入水平周期性波动对预算状况

的影响，从而能更准确地反映财政政策预算状况的影响。

②使政策制定者注重充分就业问题，以充分就业为目标确定预算规模，从而确定财政政策。

当然这一概念也存在一定的缺陷，即充分就业的国民收入或潜在国民收入本身就是难以准确估算的。

9.2 课后习题详解

一、概念题

1. 总需求(aggregate demand)

答：总需求指整个经济社会在每一个价格水平下对产品和劳务的需求总量，它由消费需求、投资需求、政府购买支出和国外需求构成。总需求函数表示产品市场和货币市场同时达到均衡时的价格水平与国民收入间的依存关系，描述这一函数的曲线称为总需求曲线。总需求曲线向下倾斜，其机制在于：当价格水平上升时，将会同时打破产品市场和货币市场的均衡。在货币市场上，价格水平上升导致实际货币供给下降，从而使 *LM* 曲线向左移动，均衡利率水平上升，国民收入水平下降。在产品市场上，一方面由于利率水平上升造成投资需求下降(即利率效应)，总需求随之下降；另一方面，价格水平的上升还导致人们的财富减少和实际收入水平下降，以及本国出口产品相对价格的提高，从而使人们的消费需求下降，本国的出口也会减少、国外需求减少，进口增加。这样，随着价格水平的上升，总需求水平就会下降。

2. 均衡产出水平(equilibrium level of output)

答：均衡产出水平指总供给和总需求相一致时的产出水平。经济社会的产量(或国民收入)决定于总需求，和总需求相等的收入称为均衡收入。均衡产出是和总需求相一致的产出，也就是经济社会的收入正好等于全体居民和企业想要有的产出。均衡产出用公式表示为：

$$y = c + i$$

其中，y、c、i 分别代表剔除了价格变动的实际产出或收入、实际消费和实际投资。还要指出的是，公式中的 c 和 i 分别代表居民和企业意愿(即想要有的)的消费和投资，而不是国民收入构成公式中实际发生的消费和投资。

3. 消费函数(consumption function)

答：消费函数是描述消费与诸种影响因素之间的数学关系的函数。宏观经济中，消费支出受多种因素影响，如国民收入水平、物价水平、利率、收入分配、个人偏好和社会习俗等等。经济学家一般认为，在影响消费的各种因素中，收入是影响消费最重要、最稳定的因素，即消费是收入的函数，根据凯恩斯的收入决定理论，收入是消费的主要决定因素，利率并不重要，因而消费函数的表达式为 $C = C_0 + cY$，$C_0 > 0$，$0 < c < 1$，其中 c 即是边际消费倾向(MPC)，C_0 为自主消费。依据收入—消费关系分析时间的长短，消费函数又分为短期消费函数和长期消费函数。

4. 边际消费倾向(marginal propensity of consume)

答：边际消费倾向指可支配收入每增加一美元时消费的增量，可以用以下公式表示：

$$MPC = \frac{\Delta C}{\Delta Y}$$

ΔC 表示增加的消费，ΔY 代表增加的收入。一般而言，边际消费倾向在 0 和 1 之间波动。在西方经济学中，任何增加的收入无非两个用途：消费和储蓄。所以，边际消费倾向与边际储蓄倾向之和必定为1（即 $MPC+MPS=1$）。边际消费倾向是递减的，当人们收入增加时，消费也会随之增加，但增加的幅度却不断下降。即随着收入的上升，在增加的每单位收入中，消费所占的比重越来越小，储蓄所占的比重却越来越大。

边际消费倾向递减规律的意义：

(1)凯恩斯把边际消费倾向递减看成是经济危机的根源之一。由于收入增加时消费增量所占比例逐步减少，故经济扩张会带来消费需求不足，从而形成生产过剩的经济危机。

(2)一些西方学者利用该规律为资本主义制度辩护。他们认为，既然收入增加时增加的消费所占比例减少，表明高收入的资本家会比工人拿出更大比例的收入用于储蓄。他们的结论是，分配有利于资本家是合理的，可以促进资本循环，促进经济发展。

(3)还有一些西方学者认为，边际消费倾向递减体现出经济制度的稳定性功能。经济衰退时人们收入水平较低，在增加的收入中将较大的比例用于消费。经济繁荣时人们收入水平较高，在增加的收入中将较小的比例用于消费。这样，该规律在衰退时有利于扩大总需求，在繁荣时有利于缩小总需求，具有使经济自动趋向稳定的作用。

5. 预算约束（budget constraint）

答：预算约束指在给定商品价格和收入的情况下消费者可以消费的两种商品的数量组合。用(x_1, x_2)表示消费者消费的商品束，(p_1, p_2)表示商品的价格，M 表示消费者的收入，预算约束可表示为实际消费支出小于货币收入，即：

$$p_1x_1+p_2x_2\leq M$$

设 x_2 为复合商品，即除 x_1 以外的所有其他商品，令其价格 $p_2=1$，则 $p_2x_2=x_2$。其表示消费者可用于购买其他商品的货币数量。这时预算约束变为：

$$p_1x_1+x_2\leq M$$

如果假设商品消费者的偏好具有局部非饱和的性质，他会将全部收入都用于消费，这时预算约束可以表示为：

$$p_1x_1+p_2x_2=M$$

6. 边际储蓄倾向（marginal propensity of save）

答：边际储蓄倾向指可支配收入每增加一单位时储蓄的增量。即可支配收入增加一单位所引起的储蓄的变化，它等于1减去边际消费倾向（$MPS=1-MPC$），可以表示为：$MPS=\Delta S/\Delta Y$。

其中 ΔY 表示收入的变化量，ΔS 表示储蓄的变化量。一般而言，边际储蓄倾向在0和1之间波动。因为全部新增收入要么用来消费，要么用来储蓄，所以边际储蓄倾向与边际消费倾向之和为1（即 $MPC+MPS=1$）。边际消费倾向可以说成是国民收入的储蓄倾向，也可以说成是可支配收入储蓄倾向。

7. 可支配收入（disposable income）

答：可支配收入是反映居民家庭全部现金收入中能用于安排家庭日常生活的那部分收入，即用家庭中得到的全部现金收入减去个人所得税、减去记账补贴及家庭从事副业生产支出的费用。可支配收入一般指个人可支配收入，后者是一个国家所有个人（包括私人非营利性机构）在一定时期（通常为一年）内实际得到的可用于个人消费或储蓄的那一部分收入。个人收入不能全归个人支配，因为还要缴纳个人所得税，因此，税后的个人收入才是个人可支配收入，即人们可随意用来消费和储蓄的收入。个人可支配收入等于个人收入扣除向政府缴纳的所得税、遗产税和赠予税、不动产税、人头税、汽车使用税以及交给政府的非商业性费用等以后的余额。个人可支配收入被认为是消费开支的最重要的决定性因素，常被用来衡量一国的生活水平。

8. 乘数(multiplier)

答:乘数指国民收入(或 GDP)的变动与引起这种变动的最初注入量之间的比率。乘数包括投资乘数、政府购买乘数、转移支出乘数、税收乘数和平衡预算乘数。一个经济变量的变化对另一个经济变量的变化的倍数放大作用，称为“乘数效应”。许多经济变量之间存在乘数关系。例如，一定的基础货币供应量的增加会导致数倍的货币供应量的增加。基础货币供应量与货币供应量之间的倍数关系称为“货币乘数”。再如，投资增加，会带来 GDP 数倍的增加，这个乘数称为“投资乘数”。乘数效应具有两方面的作用：一方面，一个经济变量的增加会引起另一个经济变量成倍增加；另一方面，前者的减少会引起后者成倍减少。

9. 预算盈余(budget surplus)

答:预算盈余又称“预算结余”，是政府收入和税收超过其包括采购商品、劳务与转移支付在内的总支出以外的部分。预算盈余是一种预算不平衡的状态，不过它与预算赤字的不平衡是完全不同的两种状态。结余表示财政宽松，赤字表示财政困难。严格地讲，预算应是平衡的，不仅在计划中是平衡的，而且在执行中和执行后也应是平衡的。但在某些时候，适当地使财政收入的安排大于财政支出是可以的。这时，就会出现预算结余。

10. 预算赤字(budget deficit)

答:政府预算赤字是政府支出的货币数量大于它以税收形式所获得收入的差额，即政府进行财政预算时，预算支出和预算收入的差额。预算盈余与预算赤字相反，根据李嘉图等价原理，政府为了调节宏观经济而采取的财政赤字政策是无效果的，因为人们会将其作为未来潜在的税收考虑到整个预算约束中去。

11. 财政政策(fiscal policy)

答:财政政策是政府变动税收和支出以便影响总需求进而影响就业和国民收入的政策。变动税收是指改变税率和税率结构。变动政府支出指改变政府对商品与劳务的购买支出以及转移支付。它是利用政府预算(包括税收和政府支出)来影响总需求，从而达到稳定经济目的的宏观经济政策。其特点是政府用行政预算来直接控制消费总量和投资总量，调节国家的需求水平，使总需求和总供给达到理想的均衡状态，从而促进充分就业和控制通货膨胀。从其内容上看，包括财政收入政策和财政支出政策。前者的政策手段主要是税率，后者的政策手段主要是政府购买(支出)。从对经济发生作用的结果上看，财政政策分为扩张性的财政政策和紧缩性的财政政策。前者是指降低税率、增加转移支付、扩大政府支出，目的是刺激总需求，以降低失业率。后者则包括提高税率、减少转移支付、降低政府支出，以此抑制总需求的增加，进而遏制通货膨胀。财政政策是需求管理的一种主要手段。

12. 自动稳定器(automatic stabilizer)

答:自动稳定器又称“内在稳定器(built-in stabilizer)”，指在国民经济中无需经常变动政府政策而有助于经济自动趋向稳定的因素。例如，一些财政支出和税收制度就具有某种自动调整经济的灵活性，可以自动配合需求管理，减缓总需求的摇摆性，从而有助于经济的稳定。在社会经济生活中，通常具有内在稳定器作用的因素主要包括：个人和公司所得税、失业补助和其他福利转移支付、农产品维持价格以及公司储蓄和家庭储蓄等等。例如，在萧条时期，个人收入和公司利润减少，政府所得税收入自动减少，从而相应增加了消费和投资。同时，随着失业人数的增加，政府失业救济金和各种福利支出必然要增加，又将刺激个人消费和促进投资。但是，内在稳定器的作用是有限的，它只能配合需求管理来稳定经济，而本身不足以完全维持经济的稳定；它只能缓和或减轻经济衰退或通货膨胀的程度，而不能改变它们的总趋势。因此，还必须采用更有力的财政政策措施。

13. 平衡预算乘数(balanced budget multiplier)

答：平衡预算乘数指在税收和政府购买等量增加的时候所引起的产出的增加，是政府收入和支出同时以相等数量增加或减小时国民收入变动对政府支出变动的比率。假设政府购买和税收各增加同一数量，即 $\Delta G=\Delta T$ 时，

$$\Delta Y=k_g\Delta G+k_T\Delta T=\frac{1}{1-b(1-t)}\Delta G+\frac{-b(1-t)}{1-b(1-t)}\Delta T$$

$$=\frac{1}{1-b(1-t)}\Delta G+\frac{-b(1-t)}{1-b(1-t)}\Delta G=\Delta G$$

$$k_B=\frac{\Delta Y}{\Delta G}=1$$

无论在定量税还是比例税下，平衡预算乘数均为1。根据平衡预算乘数，可以把财政政策的作用归纳为三：(1)政府在增加支出的同时减少税收将对国民收入有巨大促进作用；(2)政府在增加支出的同时增加税收，保持平衡，对国民收入的影响较小；(3)政府在减少支出的同时增加税收将会抑制国民收入的增长。

14. 充分就业预算盈余(employment budget surplus)

答：充分就业预算盈余指既定的政府预算在充分就业的国民收入水平(即潜在的国民收入水平)上所产生的政府预算盈余。如果这种盈余为负值，就是充分就业预算赤字，它不同于实际的预算盈余。实际的预算盈余是以实际的国民收入水平来衡量预算状况的。因此二者的差别就在于充分就业的国民收入与实际的国民收入水平的差额。如在用 t、$\overline{G}$、$\overline{TR}$分别表示边际税率、既定的政府购买支出和政府转移支付支出，用 Y 和 Y^* 分别表示实际国民收入和充分就业国民收入，则充分就业预算盈余 $BS^*=tY^*-\overline{G}-\overline{TR}$，实际预算盈余 $BS=tY-\overline{G}-\overline{TR}$，二者的差额为 $BS^*-BS=t(Y^*-Y)$。

充分就业预算盈余概念的提出具有两个十分重要的作用：第一，把收入水平固定在充分就业的水平上，消除经济中收入水平周期性波动对预算状况的影响，从而能更准确地反映财政政策预算状况的影响。第二，使政策制定者注重充分就业问题，以充分就业为目标确定预算规模，从而确定财政政策。但这一概念同样存在一定的缺陷，因为充分就业的国民收入或潜在国民收入本身就是难以准确估算的。

二、简答题

1. 我们将本章阐述的收入决定模型叫做凯恩斯模型。什么原因使得凯恩斯模型成为古典模型的对立面呢？

We call the model of income determination developed in this chapter a Keynesian one. What makes it Keynesian, as opposed to classical?

答：在凯恩斯模型中假设价格水平是固定的，即总供给曲线水平且产出水平仅由总需求决定。而古典模型假设价格总是可以充分调整以维持充分就业下的产出水平，即总供给曲线是垂直的。由于本章的收入决定模型假定价格水平是固定的，所以应该属于凯恩斯模型。使得凯恩斯模型成为古典模型的对立面的原因主要有以下几点：

(1)在总供给曲线方面

古典模型中古典的总供给曲线又称为长期的总供给曲线。在这种情况下，经济的就业水平并不随着价格的变动而变动，而总是处于充分就业的状态，此时总供给曲线为一条垂直线，即古典的总供给曲线。其原因在于工资的充分弹性或劳动市场的充分竞争性。

凯恩斯模型中水平的总供给曲线又称短期的总供给曲线，存在两个基本假设：①货币工资具有“向下的刚性”，只能升不能降；②人们有“货币幻觉”，只注意货币的票面价值，而忽视货币的实际购买力。

(2)在理论基础方面

古典理论认为，劳动市场运行毫无摩擦，总能维持劳动力的充分就业。既然在劳动市场，在工资灵活调整下充分就业的状态总能维持，因此，无论价格水平如何变化，经济中的产量总是与劳动力充分就业时的产量(即潜在产量)相对应，所以总供给曲线总是垂直的。而凯恩斯主义则假设工资刚性，并且劳动力市场存在摩擦，充分就业和达到潜在产量只是一种理想状态。实际工资和名义工资的变化会带来劳动供给的变化，所以总供给曲线不会在充分就业处保持垂直，而是应该保持水平或者至少保持正斜率。

(3)在政策含义方面

古典模型中，除非总供给曲线发生变动，否则财政和货币政策只会带来价格上涨，没有任何效果。凯恩斯模型则正好相反，凯恩斯主张政府实施斟酌使用的财政政策和货币政策。

2. 什么是自主变量？在本章中，我们规定总需求中哪些组成部分为自主性的？

What is an autonomous variable? What components of aggregate demand have we specified, in this chapter, as being autonomous?

答：自主变量指其值不是由模型本身决定，而是由模型以外的因素决定的变量。本章中，以下各组成部分构成总需求并被视作自主变量：自发消费水平 C_0，自主投资水平 I_0，政府购买 G_0，税收 TA_0，转移支付 TR_0 和净出口 NX_0。

3. 根据你对联邦政府许多部门同意并实施政策(即税收法规、福利制度)变动所需时间的了解，你能想到有关财政政策稳定经济的任何问题吗？

Using your knowledge of the amount of time required for the many components of the federal government to agree upon and implement changes in policy (i. e., tax codes, the welfare system), can you think of any problems with using fiscal policy to stabilize the economy?

答：联邦政府部门同意并实施政策(即税收法规、福利制度)的变动都需要一定的时间，这就造成政策的时滞。有关财政政策稳定经济的问题可以从以下几点分析：

(1)政府宏观调控政策对经济的作用效果并不是即时的，而是存在一定程度的时滞。任何一种经济政策，无论是按市场规律制定的财政政策、货币政策，还是政府直接干预的经济政策，从施加于经济到产生效应，都会存在时滞。政策时滞包括内部时滞和外部时滞，其中内部时滞由三方面组成：认识时滞、决策时滞和行动时滞。

(2)由于政策的决策者要花很长的时间去确定一个具体的财政政策措施，因此很有可能在这样一个具体的财政政策措施执行前，经济条件就已经发生了急剧的变化。在这些情况下政策措施的效果可能不大，并且可能造成经济的不稳定。也许在决策者决定执行减税政策之前经济已经摆脱了衰退，如果在经济可能经历强劲的增长的时候采取减税政策，会产生通货膨胀的压力。

(3)自动稳定器(如比例所得税、失业救济金、福利制度等)没有内部时滞，但自动稳定器的作用是有限的，它只是缓和经济衰退或通货膨胀的程度，而不能改变他们的总趋势。因此，当经济进入深度衰退时，必须要有积极有力的财政政策。

4. 为什么将比例所得税与福利制度等机制称作自动稳定器？选择其中一个稳定器仔细解释它如何并为什么会影响产出波动。

Why do we call mechanisms such as proportional income taxes and the welfare system “automatic stabilizers"? Choose one of these mechanisms and explain carefully how and why it affects fluctuations in output.

答：(1)自动稳定器，又称"内在稳定器"，指现代财政制度所具有的一种无需变动政府政策而有助于减轻收入和价格波动的自动稳定的内在功能。按照西方经济学家的解释，这种功能来自财政制度本身的某些特点：一些财政支出和收入政策具有某些自动调节经济的灵活性，这种灵活性有助于经济稳定，能缓和经济波动，可以自动配合需求管理。

比例所得税与福利制度就具有某种自动调整经济的灵活性，可以自动配合需求管理，减缓总需求的摇摆性，从而有助于经济的稳定。在社会经济生活中，通常具有内在稳定器作用的因素主要包括：个人和公司所得税、失业补助和其他福利转移支付、农产品维持价格以及公司储蓄和家庭储蓄等等。

(2)现以比例所得税为例来讨论财政制度的这种自动稳定经济的功能是如何发挥作用的。收入水平上升时，就业人数增多，收入增加，政府税收会自动上升。而且，在实行累进税的情况下，由于纳税人的收入进入了更高的纳税档次，政府税收上升的幅度会超过收入上升的幅度，这样就相对减少了消费，进而遏制或减小了通货膨胀。相反，收入水平下降时，就业人数减少，收入减少，政府税收自动下降。而且，在实行累进税的情况下，由于纳税人的收入进入了较低的纳税档次，政府税收下降的幅度会超过收入下降的幅度，如果没有类似比例所得税或福利制度类的具有稳定器功能的政策，消费就会迅速下降，因此这些政策能够相对地增加消费，减缓经济衰退。由于这些制度可以自动地减少由于总需求变化而产生的产出波动，并且不受政府的干预，故称其为"自动稳定器"。

5. 什么是充分就业预算盈余？它为什么可能比实际的或没有校正的预算盈余成为更有用的衡量方法？本书提供了该衡量方法的其他名称，像"周期性校正盈余"与"结构盈余"等。为什么我们会喜爱用这些另外的名称呢？

What is the full-employment budget surplus, and why might it be a more useful measure than the actual, or unadjusted, budget surplus? The text provides other names for this measure, such as "cyclically adjusted surplus" and "structural surplus." Why might we prefer to use these other terms?

答：(1)充分就业预算盈余指既定的政府预算在充分就业的国民收入水平(即潜在的国民收入水平)上所产生的政府预算盈余。如果这种盈余为负值，就是充分就业预算赤字，它不同于实际的预算盈余。实际的预算盈余是以实际的国民收入水平来衡量预算状况的。因此二者的差别就在于充分就业的国民收入与实际的国民收入水平的差额。如在用 t、$\overline{G}$、$\overline{TR}$分别表示边际税率、既定的政府购买支出和政府转移支付支出，用 Y 和 Y^* 分别表示实际国民收入和充分就业国民收入，则充分就业预算盈余 $BS^* = tY^* - \overline{G} - \overline{TR}$，实际预算盈余 $BS = tY - \overline{G} - \overline{TR}$，二者的差额为 $BS^* - BS = t(Y^* - Y)$。

(2)充分就业预算盈余是比实际的或没有校正的预算盈余更有用的衡量方法。由于充分就业预算盈余不依赖于经济周期的位置，只在政府执行财政政策措施发生变化时它才变化，所以充分就业预算盈余可以作为一个衡量财政政策措施优劣的指标。

充分就业预算盈余概念的提出具有两个十分重要的作用：第一，把收入水平固定在充分就业的水平上，消除经济中收入水平周期性波动对预算状况的影响，从而能更准确地反映财政政策预算状况的影响。第二，使政策制定者注重充分就业问题，以充分就业为目标确定预算规模，从而确定财政政策。但这一概念同样存在一定的缺陷，因为充分就业的国民收入或潜在国民收入本身就是难以准确估算的。

(3)充分就业预算盈余的其他名称还有周期性校正盈余、结构盈余、高就业盈余、标准就业盈余等等，由于这些概念并没有表明人们不易保持的具体的充分就业产出水平，人们比较喜欢运用这些名称来描述经济。

三、计算与分析题

1. 研究在第9章第2节与第3节中不存在政府领域部门模型的特例。假设消费函数为 $C=100+0.8Y$，当投资为 $I=50$ 的时候，

(1)本例中的均衡收入水平是多少?

(2)均衡状态时的储蓄水平是多少?

(3)由于某种原因，如果产出水平为800，非意愿的库存积累会是多少?

(4)如果 I 增加为100(我们在以后各章讨论什么决定 I)，对均衡收入的影响是什么?

(5)在这里，乘数的值 α 在这里是多少?

(6)画一幅(1)与(2)的均衡关系图。

说明：题目中提到的第9章第2节与第3节学习过的不存在政府领域部门的模型中国民收入等于消费加储蓄，总需求为消费加投资，即 $Y=C+S$，$AD=C+I$。

答：(1)均衡收入水平 $Y_0=AD=C+I=100+0.8Y_0+50$，解方程可得 $Y_0=750$。所以均衡收入水平为750。

(2)均衡时有 $C+S=Y=AD=C+I$，所以均衡时 $S=I=50$，所以均衡状态是储蓄水平为50。也可以由 $C+S=Y$，得 $S=Y-C=Y-(100+0.8Y)=0.2Y-100=0.2\times750-100=50$。

(3)产出水平为800时，总需求 $AD=100+0.8Y+50=150+0.8\times800=790$，所以非意愿库存积累水平 $=Y-AD=800-790=10$。

(4)因为均衡收入 $Y'=AD=C+cY'+I$，所以当 I 增加到100时，$Y'=\dfrac{C+I}{1-c}=\dfrac{100+100}{1-0.8}=1000$。

(5)乘数 $\alpha=1/(1-c)=1/(1-0.8)=5$。

(6)如图9-11所示。

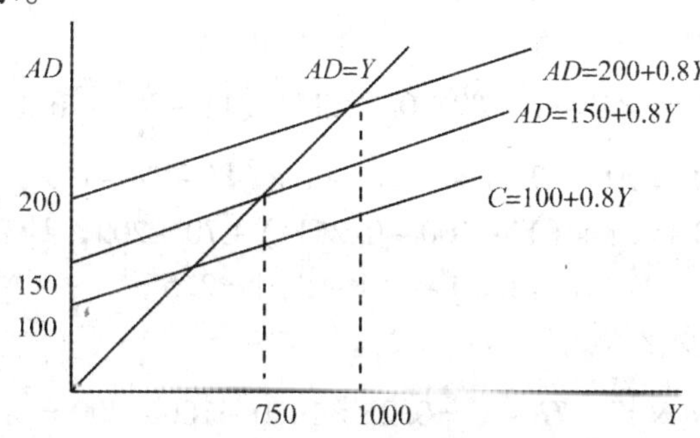

图9-11 投资变化对均衡国民收入的影响

2. 假定题1中的消费行为发生变动，以致 $C=100+0.9Y$，而 I 仍旧为50。

(1)均衡收入水平比题1(1)中的是提高了还是降低了?计算新均衡水平 Y'，并加以证明。

(2)现在假定，投资增加到 $I=100$，正同题1(4)一样，新的均衡收入是多少?

(3)投资支出的这种变动，对 Y 的影响比题1中的是增加了还是减少了，为什么?

(4)画一幅图表明在这种情况下，均衡收入的变动。

答：(1)由于边际消费倾向变大，所以预计均衡收入水平增加了，由 $Y'=AD=100+$

$0.9Y'+50$，计算得 $Y'=1500$。

(2) 新的均衡收入为：$Y''=AD=100+0.9Y''+100$，计算得 $Y''=2000$。

(3) 与题 1 的情况相比较，投资支出的这个变化对 Y 的作用比较大，因为此时的乘数 $\alpha=1/(1-0.9)=10$ 比较大，根据乘数的定义可知，此时投资支出的变化对 Y 的作用比较大，并且是上一题的两倍。

(4) 如图 9－12 所示。

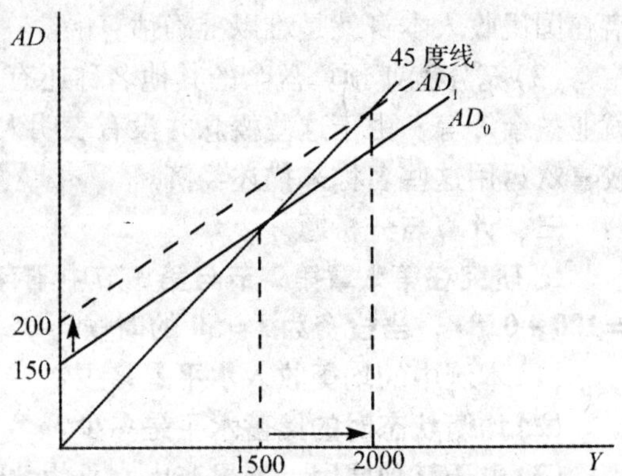

图 9－12　边际消费倾向变化下，投资变化对均衡国民收入的影响

3. 现在来考察税收在决定均衡收入中的作用。设想有一个第 9 章第 4 节与第 5 节中那种形式的经济，它由以下函数加以描述：

$$C=50+0.8YD,\ \bar{I}=70,\ \bar{G}=200,\ \overline{TR}=100,\ t=0.20$$

(1) 计算该模型中的均衡收入水平与乘数。

(2) 计算预算盈余 BS。

(3) 设想 t 增加到 0.25，新的均衡收入是多少？新的乘数是多少？

(4) 计算预算盈余的变动。如果 $c=0.9$ 而不是 0.8，预期盈余的变动是增加还是减少呢？

(5) 当 $t=1$，为什么乘数等于 1？

答：(1) 计算该模型中的均衡收入水平和乘数：

$$Y=AD=C+I+G=C_0+c\times(Y+\overline{TR}-t\times Y)+\bar{I}+\bar{G}$$

代入数值，得 $Y=50+0.8\times(Y+100-0.2Y)+70+200$

解得：$Y=400/0.36=1111.11$。

乘数：$\alpha=1/[1-c(1-t)]=1/[1-0.8\times(1-0.20)]=25/9=2.78$。

(2) 计算预算盈余 BS：

$$BS=T-TR-G=t\times Y-\bar{G}-\overline{TR}=0.2\times1111.11-200-100=-77.78<0$$

(3) 当 $t'=0.25$ 时，$Y'=AD=C+I+G=C_0+c\times(Y'+\overline{TR}-t'\times Y')+\bar{I}+\bar{G}$

代入数值，得 $Y'=50+0.8\times(Y'+100-0.25Y')+70+200$，计算得：$Y'=1000$。

$$\alpha'=1/[1-c(1-t')]=2.5。$$

(4) 计算预算盈余的变化

$$BS'=t'\times Y'-\overline{TR}-\bar{G}=0.25\times1000-100-200=-50,$$

$$BS=t\times Y-\overline{TR}-\bar{G}=-77.78,$$

所以　$\Delta BS=BS'-BS=-50+77.78=27.78$。

如果 $c=0.9$，那么，预计 ΔBS 是增加还是减少有两种计算方法。

方法 1：

当 $c=0.9$ 时，$\Delta BS_1=BS'_1-BS_1=(t'\times Y'_1-\overline{TR}-\bar{G})-(t\times Y_1-\overline{TR}-\bar{G})=t'\times Y'_1-t\times Y_1$。

而 $Y_1=50+0.9\times(Y_1+100-0.2Y_1)+70+200$，解得：$Y_1=410/0.28$；

$Y'_1=50+0.9\times(Y'_1+100-0.25Y'_1)+70+200$，解得：$Y'_1=410/0.325$。

进而可以推出 $\Delta BS_1 = 0.25 \times (410/0.325) - 0.20 \times (410/0.28) = 22.5 < \Delta BS = 27.78$。所以 ΔBS 减少，即预算盈余的变化要更小一些。

方法 2：

当 $c = 0.8$ 时，记 $\Delta BS_0/\Delta t$；$c = 0.9$ 时，记 $\Delta BS_1/\Delta t$。因此思路可归结为：判断 c 变化时，考察函数 $f(c) = \dfrac{\Delta BS}{\Delta t}$ 如何变化即可。

由于 $t' = 0.25$，$Y = A + c(1-t) \times Y$，所以，$\Delta Y = -c \times \Delta t \times Y + c \times (1-t') \times \Delta Y$，进而可推出：$\Delta Y = \{-c \times Y/[1 - c \times (1-t')]\} \times \Delta t$，其中 $\Delta t = t' - t$，$\Delta Y = Y' - Y$。

所以 $\Delta BS = t' \times Y' - t \times Y = t' \times (Y + \Delta Y) - t \times Y = (t' - t) \times Y + t' \times \Delta Y = \Delta t \times Y + t' \times \Delta Y = \Delta t \times Y - t' \times \{c \times Y/[1 - c \times (1-t')]\} \times \Delta t = \Delta t \times Y \times \{1 - t' \times c/[1 - c \times (1-t')]\} = \{(1-c)/[1 - c \times (1-t')]\} \times \Delta t \times Y$，从而推得：

$$\frac{\Delta BS}{\Delta t} = \frac{1-c}{1 - c \times (1-t')} \times Y = \left[1 - \frac{t'}{\frac{1}{c} - (1-t)}\right] \times Y$$

从而 c 上升，则 $1/c$ 下降，则 $t'/[1/c - (1-t')]$ 上升，从而 ΔBS 变小，即：$\Delta BS_1 < \Delta BS_0$。

(5) $\alpha = \dfrac{1}{1 - c(1-t)}$，$t = 1$ 时，计算得 $\alpha = 1$。

当自发总需求增加 ΔA 时，总产出增加 ΔA，总收入上升 $\Delta Y = \Delta A$，因为 $t = 1$，所以增加的收入全部成为税收，使得 Y_d 没有变化，从而引致支出为零，从而 Y 只增加 $\Delta Y = \Delta A$，据乘数的定义知乘数为 1。

4. 假如经济在均衡状态下运转，$Y_0 = 1000$。如果政府进行财政变动，税率增加 0.05，政府支出增加 50，预算盈余增加还是减少？为什么？

答：考虑第 3 题(4)中的情形：

$Y = 1000$，$t = 0.25$，$G = 200$，$TR = 100$

所以 $BS = -50$

假定 $t = 0.3$，$G = 250$，可以得到：

$AD' = 50 + 0.8 \times (Y - 0.3Y + 100) + 70 + 250 = 370 + 0.8 \times 0.7Y + 80 = 450 + 0.56Y$

$Y = AD' \Rightarrow Y = 450 + 0.56Y \Rightarrow 0.44Y = 450 \Rightarrow Y = (1/0.44) \times 450 = 1022.73$

$BS' = 0.3 \times 1022.73 - 100 - 250 = 306.82 - 350 = -43.18$

$BS' - BS = -43.18 - (-50) = 6.82$

所以预算盈余增加了，因为税收收益的增加量大于政府购买支出的增加量。

5. 假如国会决定减少转移支付(例如，减少福利金)，但等量增加政府对商品与服务的采购，即变更其财政政策，使 $\Delta G = -\Delta TR$。

(1)你预期该项变动的结果是使均衡收入增加还是减少？为什么？用以下例子验证你的回答：假如开始时，$c = 0.8$，$t = 0.25$，而 $Y_0 = 600$，现在令 $\Delta G = 10$，$\Delta TR = -10$。

(2)求均衡收入 ΔY_0 的变化。

(3)预算盈余 BS 如何变动，BS 为什么会变化？

答：(1)如果 TR 下降，而 G 上升且 $-\Delta TR = \Delta G$，则均衡收入如何变化有两种方法。

方法 1：

均衡产出 $Y = AD = C_0 + c \times (Y + TR - t \times Y) + G + I_0$ (令 $T = t \times Y$)

推出 $Y = \{1/[1 - c \times (1-t)]\} \times (C_0 + I_0 + G + c \times TR)$；

$K_g = 1/[1 - c \times (1-t)] = \Delta Y_1 / \Delta G$， $K_{TR} = c/[1 - c \times (1-t)] = \Delta Y_2 / \Delta TR$，

所以 $\Delta Y = \Delta Y_1 + \Delta Y_2 = K_g \times \Delta G + K_{TR} \times \Delta TR = \Delta G \times (K_g - K_{TR}) = \Delta G \times [\frac{1}{1-c(1-t)} - \frac{c}{1-c(1-t)}] = \Delta G \times \frac{1-c}{1-c(1-t)} > 0$，即均衡收入上升。

方法 2：

由总需求：$AD = (C + I + cTR + G) + c(1-t)Y + NX$，可得：政府购买支出 G 的增加，导致总需求水平等量增加 $\Delta AD = \Delta G$，而转移支付减少，从而总需求减少 $c \times \Delta TR$。所以，总需求总的变动为 $\Delta G - c\Delta TR > 0$，即总需求增加，进而推出均衡收入增加。

用本问中给出的例子来检验上述结论：

代入数值计算 ΔY：$\Delta Y = 10 \times (1-0.8)/[1 - 0.8 \times (1-0.25)] = 5$。

所以 $Y_1 = \Delta Y + Y_0 = 5 + 600 = 605$。

(2) 由(1)中的方法 1 可知，均衡收入的变化 $\Delta Y_0 = 5$。

(3) 预算盈余 $BS = t \times Y - G - TR$，所以预算盈余变动：

$\Delta BS = \Delta t \times Y + t \times \Delta Y - \Delta G - \Delta TR = t \times \Delta Y - \Delta G - \Delta TR = 0.25 \times 5 - 10 + 10 = 1.25$。

虽然购买支出 G 的变化与 TR 的变化对 BS 的影响抵消，但由于二者变化引起了均衡收入 Y_0 的变化，进而使得 $t \times Y_0$ 发生了变化，从而 BS 发生变化。

附录：下列为第 6 版第 3 章属于本章的习题，在第 10 版中已被删除，现补录如下，仅供参考！

1. 我们在正文中已说明均衡条件 $Y = AD$ 和 $S = I$ 的条件，即储蓄等于投资的条件是等价的。由 $S = I$ 和储蓄函数出发，推导均衡收入水平的等式(10)。

说明：题中提到的均衡收入水平的等式(10)为：$Y_0 = \frac{1}{1-c} \times \bar{A}$。

答：因为 $S + C = YD$，所以 $S = YD - C = Y - (C_0 + c \times Y) = -C_0 + (1-c) \times Y$。

又因为 $S = I$，所以 $S = -C_0 + (1-c) \times Y = I$，化简得 $(1-c) \times Y = I + C_0$，即 $Y = [1/(1-c)] \times (I + C_0) = [1/(1-c)] \times A$。

2. (1) 利用边际消费倾向 c 和边际储蓄倾向 s 相互之间的关系，将乘数等式(14)以术语 s 的形式，而不是术语 c 的形式写出。

(2) 当政府加入之后和乘数由等式(24)给定时，你在 2(1) 中推导出的公式是否仍然适用？并加以解释。

说明：题中提到的乘数等式(14)和乘数由等式(24)分别为：$\alpha = 1/(1-c)$ 和 $\alpha_G = 1/[1 - c \times (1-t)]$。

答：(1) 因为收入等于储蓄和消费之和，所以边际消费倾向 c 与边际储蓄倾向 s 之和等于 1，即 $c + s = 1$，因此 $c = 1 - s$。将其代入乘数等式(14)，得乘数 $\alpha = 1/(1-c) = 1/[1-(1-s)] = 1/s$。

(2) 等式(24)为 $\alpha = 1/[1 - c \times (1-t)]$，令 $c' = c \times (1-t)$，并用 $c = 1 - s$ 代入等式(24)，得 $\alpha = 1/[1-(1-s) \times (1-t)] = 1/[s + (1-s) \times t]$，并令 $s' = s + (1-s) \times t$。因为 $c' + s' = c \times (1-t) + s + (1-s) \times t = 1$。所以公式依然适用，只是此时 $c' = c \times (1-t)$，$s' = s + (1-s) \times t$。

3. 本题与所谓的节俭的悖论有关。假定 $I = I_0$，且 $C = C_0 + c \times Y$。

(1) 画一张图，图中收入在横轴上表示，投资和储蓄在纵轴上表示。

(2) 什么是储蓄函数？这也就是说，该函数如何反映储蓄与收入有密切的关系？

(3) 画出一个平坦的投资函数。解释为什么储蓄和投资函数的交点给了我们一个均衡的产出水平。

(4) 假定在每一个收入水平，个人要进行更多的储蓄。利用一张如同图 9－13 的图，说明储蓄函数是如何移动的。

(5) 这种增加了的储蓄意愿对新的均衡储蓄水平具有什么作用？解释节俭的悖论。

说明：当自发需求增加时，总需求曲线移动到 AD'。均衡由 E 运动到 E'。均衡产出的增加量 (Y'_0-Y_0) 的距离 PE 等于 PE'，它超过了自发需求的增加量 $E'Q$。由图中可见，产生这个超额量的原因是需求曲线具有正的斜率而不是水平的。换句话说，乘数是大于 1 的，因为消费需求是随着收入的增加而增加的——任何产出的增加都将进一步引起需求的增加。

答：(1) 因为 $S+C=YD$，所以 $S=YD-C=Y-(C_0+c\times Y)=-C_0+(1-c)\times Y$，所以储蓄函数向上倾斜，截距为 $-C_0$，斜率为 $(1-c)$，如图 9－14 所示。

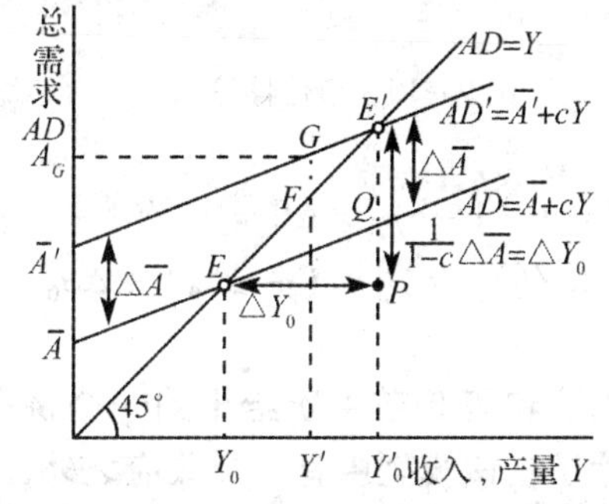

图 9－13　乘数的图示

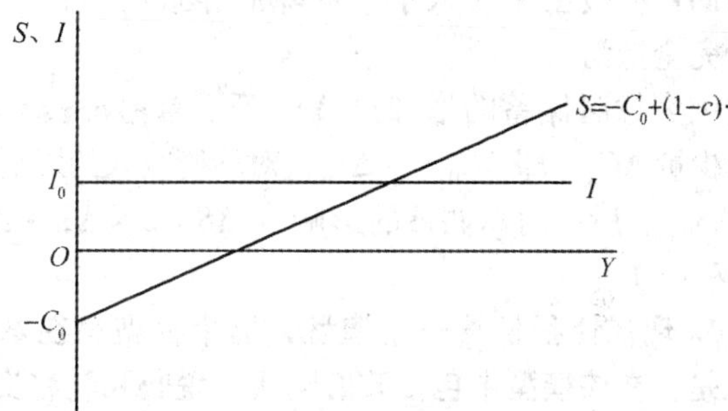

图 9－14　储蓄函数

(2) 储蓄函数是用于表示储蓄的数量随着收入数量的变化而发生变化的关系式。储蓄函数的一般形式为：$S=Y-C=sY-C_0$ 式中，S 代表储蓄数量，Y 代表收入数量，C 代表消费数量，s 代表边际储蓄倾向，C_0 代表经济中不随收入变化而变化的固定消费数量，C_0 又称“自主性消费”。储蓄函数表明，储蓄数量的变化取决于三个因素：①收入水平的高低，它与储蓄水平正相关；②边际储蓄倾向的大小，它与储蓄水平也是正相关；③自主消费量的大小，它与储蓄水平负相关。自主性消费量在函数中的存在，意味着即使人们的收入为零，人们也要维持一定的消费水平，此时人们的储蓄为负储蓄。

因为 $S+C=YD$，所以 $S=YD-C=Y-(C_0+c\times Y)=-C_0+(1-c)\times Y$，所以储蓄函数向上倾斜，截距为 $-C_0$，斜率为 $1-c$。

(3) 投资函数如图 9－14 所示。因为从平衡条件 $S=I$，得 $-C_0+(1-c)\times Y=I_0$，化简得 $(1-c)\times Y=I_0+C_0$，即 $Y=[1/(1-c)]\times(I_0+C_0)=[1/(1-c)]\times A$。

(4) $S'=-C'_0+(1-c)\times Y$，其中 $C'_0<C_0$。所以储蓄函数向上垂直移动 $\Delta S=C_0-C'_0$。

(5) 节俭悖论指节制储蓄、增加消费会减少个人财富，对个人是件坏事，但由于会增加国民收入使经济繁荣，对整个经济来说是好事；节制消费、增加储蓄会增加个人财富，对个人是件好事，但由于会减少国民收入，引起萧条，对国民经济是件坏事。节俭是一种美德。从理论上讲，节俭是个人积累财富最常用的方式；从微观上分析，某个家庭勤俭持家，减少浪费，增加储蓄，往往可以致富。然而，根据凯恩斯的总需求决定国民收入的理论，节俭对于经济增长并没有什么好处。实际上，这里蕴涵着一个矛盾：公众越节俭，降低消费，增加储蓄，往往会导致社会收入的减少。因为在既定的收入中，消费与储蓄成反方向变动，即消费增加储蓄就会减少，消费减少储蓄就会增加。所以，储蓄与国民收入呈现反方向变动，储蓄增加国民收入就减少，储蓄减少国民收入就增加。根据这种看法，增加消费减少储蓄会通过增加总需求而引起国民收入增加，就会促进经济繁荣；反之，就会导致经济萧条。由此可以得出一个蕴涵逻辑矛盾的推论：节制消费增加储蓄会增加个人财富，对个人是件好事，但由于会减少国民收入引起萧条，对国民经济却是件坏事。

从图9－15中可以看出，意愿储蓄增加 ΔS 实际上并没有导致实际储蓄 S 的增加。当 $S=I_0$ 时经济达到均衡，并且由于投资 I 的水平没有变化，在新的均衡收入处，储蓄 S' 也等于 I_0。即出现了“节俭的悖论”这一情况，并且当因为意愿储蓄的增加导致消费水平的降低和均衡收入水平的下降时，它就会发生。最终，增加的自动储蓄将被由于收入水平下降而导致的储蓄减少完全抵消。

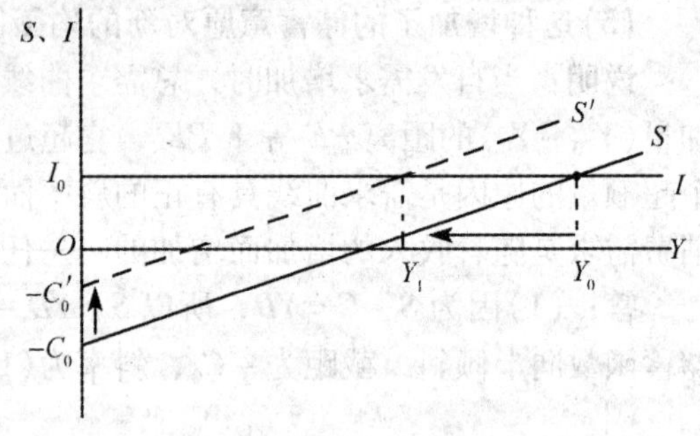

图9－15　节俭悖论

因为意愿储蓄的增加量 ΔS_0 等于意愿消费的减少量 ΔC_0，即 $\Delta C_0=-\Delta S_0$，对均衡收入的影响为 $\Delta Y=[1/(1-c)]\times\Delta C_0=[1/(1-c)]\times(-\Delta S_0)$。所以对总储蓄的影响为 $\Delta S=s\times\Delta Y+\Delta S_0=[s/(1-c)]\times(-\Delta S_0)+\Delta S_0=0$。(因为 $s=1-c$)

4. 现在让我们看一个模型，这个模型是在本章第4节和第5节中所给出的一个例子，那就是，在该模型中包括政府购买、税收和转移支付。除了在该模型中有一个政府之外，它与习题1和2中的模型具有相同的特征。于是，消费给定为 $C=100+0.8YD$，且 $I=50$，同时，财政政策被概括为 $G=200$，$TR=62.5$ 和 $t=0.25$。

(1)在这个比较完全的模型中，什么是均衡收入水平？

(2)什么是新的乘数 α_G 值？为什么它小于在习题1(5)中的乘数？

答：(1)总需求 $AD=C+I+G=100+0.8\times YD+50+200=350+0.8\times(Y-TA+TR)=350+0.8\times(Y-0.25\times Y+62.5)=400+0.6\times Y$。因为 $Y=AD$，所以 $Y=AD=400+0.6\times Y$，得 $Y=2.5\times400=1000$。

(2)新的乘数 $\alpha_G=1/[1-c\times(1-t)]=1/[1-0.8\times(1-0.25)]=2.5$，是习题1(5)中乘数的一半。所得税税率从习题1(5)中的0上升到0.25，它的作用就像一个自动稳定器。由于收入的一部分要交税，他们不能支出以前那么多的可支配收入，所以乘数减少。

5. 利用与上面第4题中相同的模型，决定以下的问题：

(1)当 $I=50$ 时，什么是预算结余 BS 的值？

(2)当 I 增加到100时，什么是 BS？

(3)导致(2)和(1)之间 BS 变化的原因是什么？

(4)假定充分就业的收入水平 Y^* 是1200，当 $I=50$ 时，什么是充分就业的预算结余 BS^*？当 $I=100$ 时呢？

(5)假如 $I=50$ 和 $G=250$，Y^* 仍然等于1200，什么是 BS^*？

(6)解释为什么我们宁愿使用 BS^* 而不是简单地使用 BS 去测量财政政策的方向？

答：(1)预算结余 $BS=TA-TR-G=0.25\times1000-62.5-200=-12.5$。

(2)因为 $\Delta Y=\alpha\times\Delta A_0$，所以 $\Delta Y=2.5\times50=125$，因此 $BS'=0.25\times1125-262.5=18.75$。

(3)导致(2)和(1)之间 BS 变化的原因是任何自主支出的变化改变了均衡收入，由此也改变了税收收入的数量。因为均衡收入增加 $\Delta Y = 125$，那么预算结余增加：

$\Delta BS = 0.25 \times 125 = 31.25$，即从 -12.5 增长到 18.75。

(4) 充分就业的预算结余 $BS^* = t \times Y^* - TR - G = 0.25 \times 1200 - 62.5 - 200 = 37.5$。因为充分就业的预算结余假定的充分就业收入独立于实际收入。自主支出的变化将影响实际收入，并因此影响实际预算结余。然而，充分就业的预算结余不受自主投资变化的影响。因此，$I = 100$ 时，BS^* 不变，仍为 37.5。

(5) $BS^* = 0.25 \times 1200 - 62.5 - 250 = -12.5$。即使该结果与第(1)小题结果相同，二者的意义和影响也有重要的区别：收入现在是 $Y^* = 1200$（增加了 $\Delta Y = 200$），政府购买水平现在是 250（增加了 $\Delta G = 50$）。

(6) $\Delta BS = t \times \Delta Y - \Delta G = t \times (\alpha \times \Delta G) - \Delta G = 0.25 \times 2.5 \times 50 - 50 = -18.75$。政府支出增加了 $\Delta G = 50$，使实际预算结余减少了 18.75，少于充分就业的预算结余的减少量 50。充分就业的预算结余的减少意味着财政政策（政府购买增加）是扩张性的。这个财政刺激增加了国民收入，使实际预算结余的减少少于充分就业的预算结余的减少量。因为实际预算赤字的变化构成了周期的变化，因此充分就业是测量财政政策变化的较好措施。[第(4)小题的例子中投资支出的变化改变了实际预算结余而没有改变充分就业的预算结余，这意味着没有采取财政政策措施。]

6. 假定我们扩展模型以考虑转移支付 TR 的确取决于收入水平这一事实。在高收入时，转移支付如失业救济金将会下降。相反，在低收入时，失业增多，于是失业救济金是高的。我们可以把这一点结合到我们的模型中去，其方法是把转移支付写成 $TR = \overline{TR} - b \times Y (b > 0)$。回想一下，关于推导均衡收入的结论是 $Y_0 = C + I + G = c \times YD + I + G$，其中，$YD = Y + TR - TA$ 是可支配收入。

(1) 推导此例中的 Y_0 的表达式，如同在正文中推导等式(22)那样。

(2) 什么是新的乘数？

(3) 为什么新的乘数小于标准的乘数 α_G？

(4) 乘数的变化如何与自动稳定器这一概念有关？

说明：题中提到的推导等式(22)过程如下所示。

商品市场的均衡条件 $Y = AD$，并利用等式(21)，即 $AD = (\overline{C} + c \times \overline{TR} + \overline{I} + \overline{G}) + c \times (1 - t) \times Y = \overline{A} + c \times (1 - t) \times Y$，将均衡条件写为：$Y = \overline{A} + c \times (1 - t) \times Y$。将此式通过合并同类项 Y，可以求出均衡的收入水平 Y_0：$Y \times [1 - c \times (1 - t)] = \overline{A}$，$Y_0 = \frac{1}{1 - c \times (1 - t)} \times (\overline{C} + c \times \overline{TR} + \overline{I} + \overline{G})$，即 $Y_0 = \frac{\overline{A}}{1 - c \times (1 - t)}$。

答：(1) 总需求 $AD = C + I + G = C_0 + c \times (Y - TA + TR) + I_0 + G_0 = C_0 + I_0 + G_0 + c \times (Y - t \times Y + TR_0 - b \times Y) = C_0 + I_0 + G_0 + c \times TR_0 + c \times (1 - t - b) \times Y = A_0 + c' \times Y$。因为 $Y = AD$，所以 $Y = AD = A_0 + c' \times Y$，化简得 $Y = [1/(1 - c')] \times A_0$，即 $Y = (C_0 + I_0 + G_0 + c \times TR_0)/[1 - c \times (1 - t - b)]$。

(2) 新的乘数 $\alpha = 1/[1 - c \times (1 - t - b)]$。

(3) 在这个模型中，可支配收入中的政府转移支付部分由于收入的上升而下降。$(C + I + G)$ 线的斜率从 $c \times (1 - t)$ 减少到 $c \times (1 - t - b)$。这样，乘数从 $1/[1 - c \times (1 - t)]$ 减少到 $1/[1 - c \times (1 - t - b)]$。换句话说，因为由于收入的增加，人们得到的转移支付减少，国民收入每提高一美元而引起的引致支出的增加少于以前。这样乘数作用的规模就减少了。

(4)因为由于收入的增加政府转移支付减少，它的作用就像一个自动稳定器，就像比例税。

7. 平衡预算乘数。平衡预算乘数表示：把增加政府支出和增加税收结合在一起以确保预算结余不变的做法，将使得产出的增加量刚好等于政府支出的增加量。(等价地说，在政府支出改变时的平衡预算乘数是1。)请证明此结论。

首先，注意到因为 $BS = TA - TR - G$，并且 TR 不发生变化，所以，必然有 $\Delta BS = \Delta TA - \Delta G = 0$，于是有：

$$\Delta TA = \Delta G \tag{1}$$

再注意到产出的变化 ΔY 一定等于总需求的变化 ΔAD，并且，总需求的变化来自于政府支出和消费的变化：

$$\Delta Y = \Delta AD = \Delta G + \Delta C = \Delta G + c \times \Delta YD = \Delta G + c \times (\Delta Y - \Delta TA) \tag{2}$$

利用等式(1)和等式(2)的最后一行，应该能够得到平衡预算乘数的结论。

(注意：如果利用微积分来推导这一结论，必须加上政府支出的增加量等于税收的增加量这一限制。)

答：如果税收和政府支出的变化量相等，那么预算盈余的变化量为 $\Delta BS = \Delta TA - \Delta G = 0$，因为 $\Delta TA = \Delta G$。收入的变化为 $\Delta Y = \Delta C + \Delta G = c \times \Delta YD + \Delta G = c \times (\Delta Y - \Delta TA) + \Delta G = c \times \Delta Y - c \times \Delta TA + \Delta G = c \times \Delta Y + (1-c) \times \Delta G$，化简得 $(1-c) \times \Delta Y = (1-c) \times \Delta G$，即 $\Delta Y = \Delta G$。

注意：关于平衡预算乘数存在比较大的误解。平衡预算乘数表示把增加政府支出和增加税收结合在一起以确保预算结余不变的做法，将使得产出的增加量刚好等于政府支出的增加量。正如上面证明的一样。存在较大误解的关键产生于税收乘数到底是多少。在此税收乘数实际上是指收入变动对引起这种变动的税收变动的比率。因此此时是收入变化对税收变化(ΔTA)，而不是收入变化对税率变化(Δt)。由于平衡预算乘数等于1，所以 $K_{TA} = 1 - K_G = 1 - 1/[1 - c \times (1-t)] = -c \times (1-t)/[1 - c \times (1-t)]$。而收入变化对税率变化($\Delta t$)的税收乘数(又称税率乘数)则为 $K_t = -c \times Y/[1 - c \times (1-t)]$。$K_G$ 和 K_t 的具体推导如下：

均衡产出 $Y = AD = C_0 + c \times (Y + TR_0 - t \times Y) + G + I_0$(令 $T = t \times Y$)；

推出 $Y = \{1/[1 - c \times (1-t)]\} \times (C_0 + I_0 + G + c \times TR_0) = A_0/[1 - c \times (1-t)]$；

政府支出 G 的乘数：$K_G = 1/[1 - c \times (1-t)] = \Delta Y/\Delta G$；

把 $Y = A_0/[1 - c \times (1-t)]$ 变形为 $Y \times [1 - c \times (1-t)] = A_0$，在等式两边对 t 求导可得 $\frac{\partial Y}{\partial t} \times [1 - c \times (1-t)] + Y \times c = 0$，所以 $\frac{\partial Y}{\partial t} = \frac{-cY}{1 - c(1-t)}$；

税率 t 的乘数：$K_t = -c \times Y/[1 - c \times (1-t)] = \Delta Y/\Delta t$。

8. 假定总需求函数如图9-16所示。注意总需求曲线在 Y_0 的斜率大于1(如果 $c > 1$，就会出现这一情况)。按照图9-17继续完成此图，其中包括用箭头表示在 $Y \neq Y_0$ 时的调整，以及表示在 $Y < Y_0$ 和 $Y > Y_0$ 时的 IU。在这个例子中发生了什么？它与图9-17有什么重大的区别？

说明：在图9-17中，当总需求等于产出时，产出处于均衡水平。均衡位于 E 点，相对应于产出(和收入)水平 Y_0。在任何较高的产出水平，总需求低于产出水平，厂商无法销售他们全部的产品，存在着非意愿的存货积累。厂商因此会削减产出，如箭头所示。相似地，在任何低于 Y_0 的产出水平，总需求超过产出，厂商缺乏足够的商品以供销售，他们自然会增加产出。只有在均衡产出水平 Y_0，厂商生产的才是所需求的数量，并且，不存在产出水平的改变趋势。

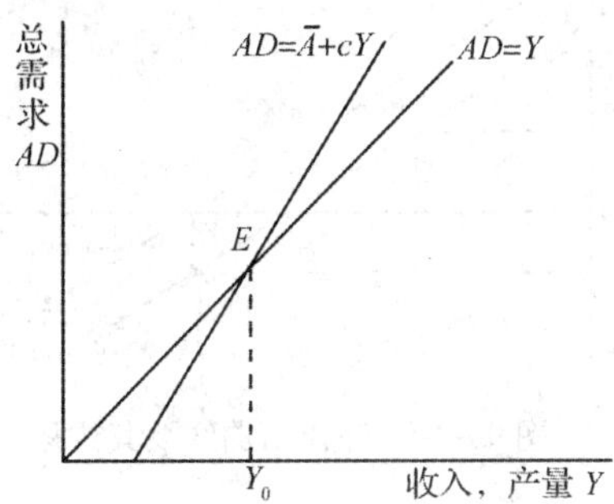

图 9－16　总需求曲线与均衡收入

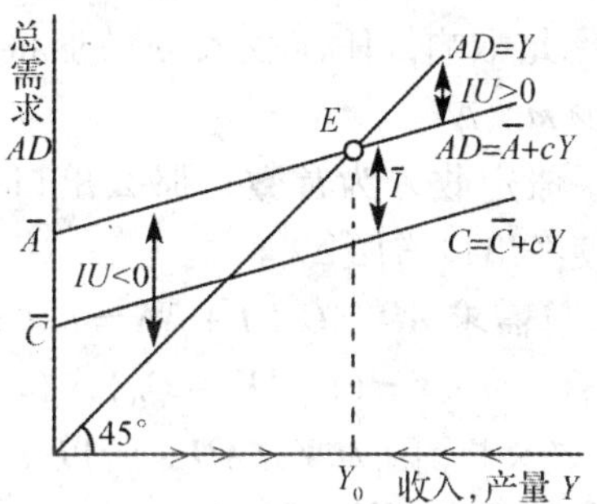

图 9－17　均衡收入和产出的决定

答：因为$(C+I+G+NX)$线的斜率，即边际支出倾向大于 1，所以在 Y_0 有一个不稳定的均衡。因为从图 9－18 中可以看出，如果实际收入与 Y_0 不同，并没有向均衡处 Y_0 调整的趋势。这也是图 9－18 与图 9－17 的重要区别。

假定 $Y_1<Y_0$，即 $AD<Y_1$，那么 $IU>0$。工厂对此的反应是减少产量，这将进一步远离均衡处 Y_0。

假定 $Y_2>Y_0$，即 $AD>Y_2$，那么 $IU<0$。工厂对此的反应是提高产量，这将进一步远离均衡处 Y_0。

换句话说，因为 $c>1$，数列 $1+c+c^2+c^3+\cdots\cdots$将不再是一个几何数列，即如果意愿支出增加，它将不再收敛于一个新的均衡收入水平，每次支出的连续增加都会比前一次大。这意味着总需求将总是大于实际产出，并且工厂对需求增加的反应是提高产量，甚至恢复已经枯竭的库存。然而，这将进一步增加总需求，并且不会达到新的均衡收入。

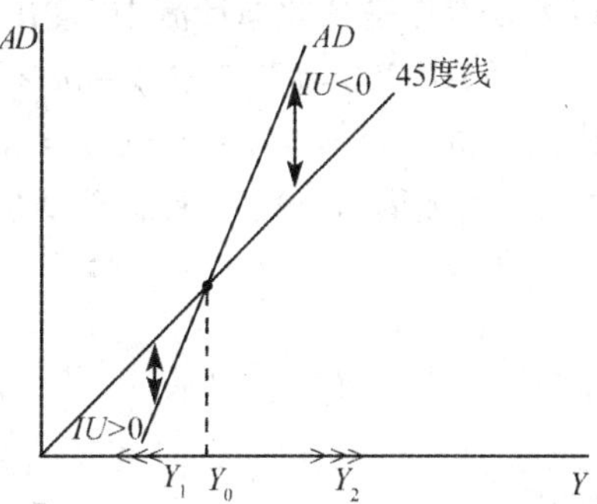

图 9－18　总需求曲线与均衡收入

9. 我们将在第 6 章考察开放经济，本习题提前就该内容进行一些讨论。首先，我们假定外国对我们产品的需求是给定的，为 X。我们对外国产品的需求或进口用 Q 表示，它是一个关于收入的线性函数：

出口 $=\bar{X}$　　进口 $=Q=\bar{Q}+m\times Y$　其中 m 是边际进口倾向。

(1) 贸易差额或净出口 NX 被定义为出口超过进口的部分。写出一个贸易差额的代数表达式，并且，在一张图中表示净出口是收入水平的函数(用横轴表示 Y)。

(2) 利用你的图，表示收入变化对贸易差额所产生的作用。此外，在给定收入的条件下，表示出口变化对贸易差额所产生的作用。

(3) 商品市场的均衡条件是对我们商品的需求等于供给。对我们商品的总需求包括出口，但不包括进口。于是我们有：$Y=C+\bar{I}+NX$。

在此，我们把净出口(出口减进口)加到投资和消费上去。利用在(1)所得到的净出口的表达式和消费函数 $C=c\times Y$，推导均衡收入水平 Y_0。

(4) 根据你在(3)中的均衡收入水平的表达式，出口 X 的变化对均衡收入所起的作用是什么？解释你的结论，并说明开放经济下的乘数。

(5) 利用你在(1)和(4)中的结论，说明增加出口对贸易差额所起的作用。

答：(1)净出口 NX 被定义为出口$(X=X_0)$减进口$(Q=Q_0+m\times Y)$，因此 $NX=X-Q=$

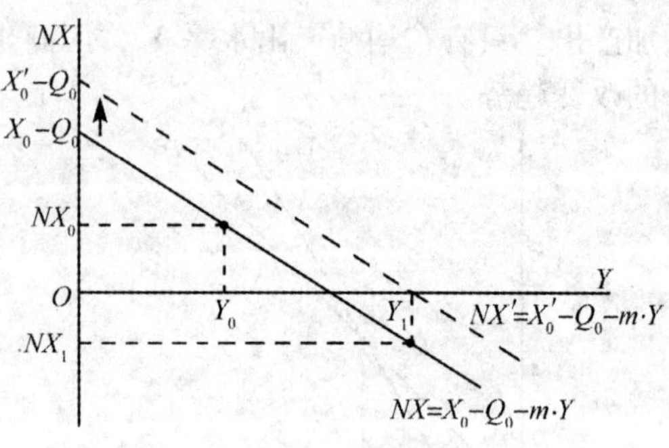

图 9－19　净出口曲线及其位移

$(X_0-Q_0)-m\times Y$，如图 9－19 所示。

(2)因为随着收入上升，进口增加，但出口没有受此影响，任何收入的增加将会使净出口减少 $m\times\Delta Y$。

如果假定收入为常数，那么出口 X 的增加将会使净出口增加 ΔX。

(3)总需求 $AD=C+I+NX=c\times Y+I_0+(X_0-Q_0)-m\times Y=(I_0+X_0-Q_0)+(c-m)\times Y=A_0+c'\times Y$。因为 $Y=AD$，所以 $Y=AD=A_0+c'\times Y$，化简得 $Y=[1/(1-c+m)]\times(I_0+X_0-Q_0)$

(4)由上一步的结果可得 $\Delta Y=[1/(1-c+m)]\times\Delta X_0$。

从上式可以看出，在此开放经济模型中，乘数小于前面的封闭经济的乘数。在开放经济中，人们用收入的一部分购买外国商品，所以对国内商品需求的增加就不如以前多。这样进口可以看作是从此循环流中“漏出”或“退出”的部分。

(5)由 $NX=(X_0-Q_0)-m\times Y$ 得 $\Delta NX=\Delta X_0-m\times\Delta Y$，将 $\Delta Y=[1/(1-c+m)]\times\Delta X_0$ 代入，得 $\Delta NX=\Delta X_0-m\times\Delta Y=\Delta X_0-m\times[1/(1-c+m)]\times\Delta X_0=[(1-c)/(1-c+m)]\times\Delta X_0$。增加出口 ΔX_0 将有利于增加贸易差额。

第10章　货币、利息与收入

10.1　复习笔记

一、商品市场与 *IS* 曲线

1. 投资需求曲线

通过引入利率作为模型的一部分，使投资支出也成为内生变量之后，利率越高，意愿的或计划的投资就越低，这种反映计划投资支出与利率之间关系的曲线称为投资需求曲线。

(1)投资与利率的关系

投资支出函数的形式为：$I=\overline{I}-bi \qquad b>0$

其中，i 是利率；系数 b 衡量投资支出对利率的反应程度；$\overline{I}$ 表示自主性投资支出，即不取决于收入与利率的投资支出。投资函数说明利率越低，计划投资就越高。如果 b 大，则利率相对少量的增加就会引起投资支出的大量下降。投资与利率的关系如图10－1所示。

(2)投资曲线的斜率与位置

投资曲线描述了对于每一个利率水平企业计划投资支出的量。

①投资曲线斜率为负，反映出的假定是：可能通过降低利率来提高资本存量进而获取更多利润，因而会引起更大的计划投资支出。

②投资曲线的位置取决于斜率，即投资函数中的系数 b，与自主性投资支出 $\overline{I}$ 的水平。

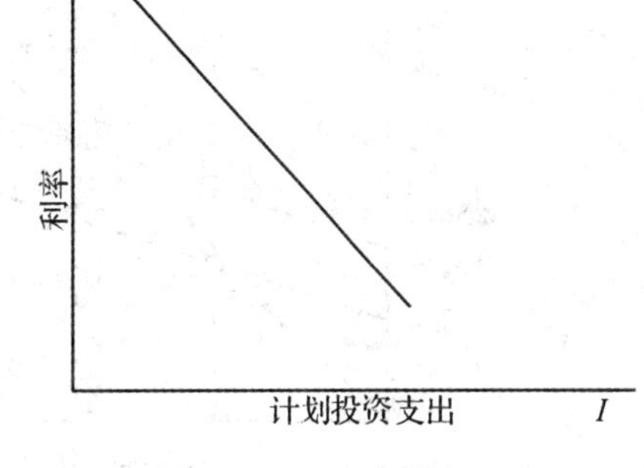

图10－1 投资曲线

a. 如果投资对利率的反应强烈，利率稍微下降一些就将导致投资的大量增加，投资曲线几乎是平坦的。

b. 如果投资对利率的反应微弱，投资曲线更接近于垂直的。

c. 自主性投资支出性 $\overline{I}$ 的变动，移动了投资曲线。$\overline{I}$ 的增加，意味着在每一个利率水平上，企业都计划较高的投资率。这将表示为投资曲线向右移动。

2. 利率与总需求：*IS* 曲线

(1)总需求函数

总需求包含消费需求、投资、政府在商品和服务上的支出与净出口，其中投资支出取决于利率，可以得出以下公式：

$$\begin{aligned} AD &\equiv C+I+G+NX \\ &=[\overline{C}+c\,\overline{TR}+c(1-t)Y]+(\overline{I}-bi)+\overline{G}+\overline{NX} \\ &=\overline{A}+c(1-t)Y-bi \end{aligned}$$

其中：$\overline{A}=\overline{C}+c\,\overline{TR}+\overline{I}+\overline{G}+\overline{NX}$，$\overline{A}$ 是既不受收入水平影响，又不受利率影响的总需求

的部分。

总需求函数表明，在既定的收入水平上，利率增加会使总需求降低，因为利率提高，降低了投资支出。在任何既定的利率水平上，都可以确定收入和产出的均衡水平。

(2) *IS* 曲线的含义和推导

①*IS* 曲线的含义

IS 曲线被称为商品市场均衡曲线，代表可使商品市场出清的利率与收入(产出)的各个组合。利率下降，提高了总需求。*IS* 曲线表明了利率与收入之间存在的反向关系。

一般来说，在产品市场上，位于 *IS* 曲线右方的收入和利率的组合，都是投资小于储蓄的非均衡组合，即商品市场上存在着过剩的供给；位于 *IS* 曲线左方的收入和利率的组合，都是投资大于储蓄的非均衡组合，即商品市场上存在着过度需求；只有位于 *IS* 曲线上的收入和利率的组合，才是投资等于储蓄的均衡组合。

②*IS* 曲线的推导

利用商品市场均衡条件，即收入等于计划支出推导 *IS* 曲线，代数形式如下：

$$Y = AD = \overline{A} + c(1-t)Y - bi \Rightarrow Y = \alpha_G(\overline{A} - bi) \qquad \alpha_G = \frac{1}{1-c(1-t)}$$

其中，α_G 是乘数，$\overline{A}$ 为既定的自主性支出。可见，高利率意味着较低水平的均衡收入，均衡国民收入与利率之间存在反方向变化的关系。以 i 为纵轴，Y 为横轴，所画出的 *IS* 曲线是由左向右下倾斜的。如图 10－2 所示。

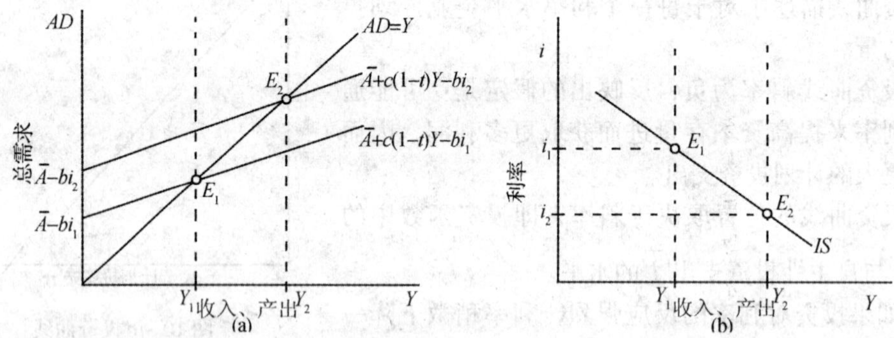

图 10－2　*IS* 曲线的推导

(3) *IS* 曲线的斜率及其决定因素

IS 曲线的斜率为负，因为高水平的利率降低了投资支出，从而降低了总需求与均衡收入水平。曲线的陡峭程度取决于投资支出对利率变动的敏感程度，也取决于乘数 α_G 的大小。

根据方程 $Y = AD = \overline{A} + c(1-t)Y - bi$，可以得到利率是收入水平的函数：

$$i = \frac{\overline{A}}{b} - \frac{Y}{\alpha_G b}$$

由方程可知，给定 Y 的变动，b 和 α_G 越小，i 的变动就越大。

①投资支出对利率的敏感系数对 *IS* 曲线的斜率的作用

假如投资支出对利率非常敏感，即系数 b 较大。如图 10－2 所示，既定的利率变动引起总需求大幅度变动，因此使图 10－2(a) 中的总需求曲线向上大幅度移动。总需求曲线大幅度移动导致了均衡收入水平相应地大幅度变动。如果既定的利率变动引起收入大幅度变动，*IS* 曲线就十分平直。与此相对应，如果 b 值较小，而投资支出对利率不大敏感，则 *IS* 曲线相对陡峭。

②乘数对 *IS* 曲线的斜率的作用

总需求曲线越陡峭，与给定的利率变动相对应的均衡收入的变动也越大，即乘数越大，收入增加得也越多。

如图 10－3(a)所示，假如利率降低到 i_2，总需求曲线的截距将提高相同的垂直距离；以虚线表示的收入提高到 Y_2'，而实线表示的收入却只提高到 Y_2。如图 10－3(b)所示，乘数越大，由给定的利率变动所产生的收入变动也越大，*IS* 曲线越平滑。

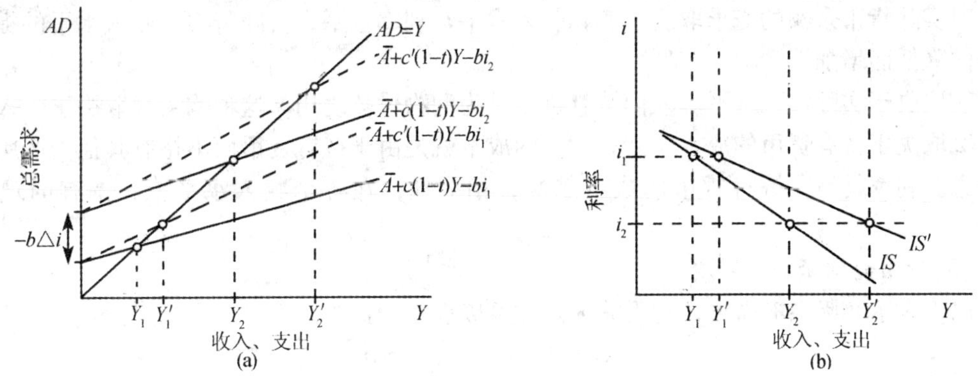

图 10－3　*IS* 曲线斜率的乘数效应

③边际消费倾向对 *IS* 曲线的斜率的作用

当投资对利率的敏感度不变时，边际消费倾向越大，*IS* 曲线的斜率的绝对值越小，*IS* 曲线越平缓，利率对国民收入的影响越大。

④其他影响 *IS* 曲线的斜率的因素

由于 *IS* 曲线的斜率取决于乘数，财政政策便能够影响 *IS* 曲线的斜率。乘数 α_G 受税率的影响：增加税率，会降低乘数；相应地，税率越高，*IS* 曲线越陡峭。

(4) *IS* 曲线的位置及其影响因素

如图 10－4 所示，*IS* 曲线因自主支出的变动而移动。自主支出增加，包括政府采购或转移支付的增加，会使 *IS* 曲线向右移动。自主支出变动，使收入发生的变动幅度是乘数乘以自主支出变动额。这意味着 *IS* 曲线如图 10－4(b)表示的那样，水平移动的距离等于乘数乘以自主支出的变动。

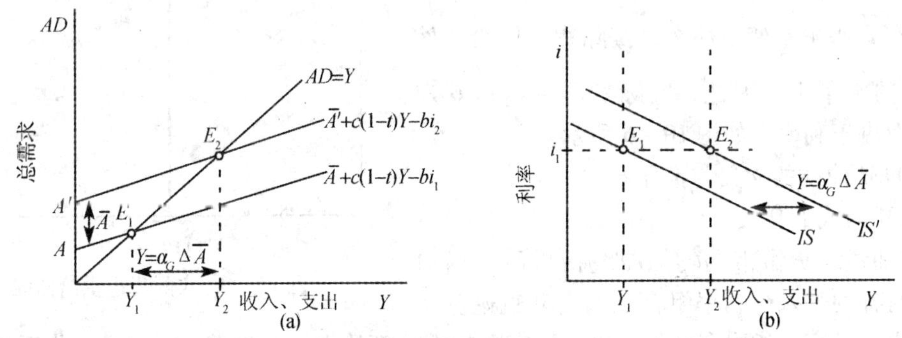

图 10－4　自主性支出的变动引起的 *IS* 曲线移动

自主支出水平为 $\overline{A}=\overline{C}+c\,\overline{TR}+\overline{I}+\overline{G}+\overline{NX}$，在既定的利率水平上，增加自主性支出就增加了总需求，并且增加了收入水平，这以 *IS* 曲线向右移动来表示。

二、货币市场和 *LM* 曲线

1. 货币需求

(1) 货币需求的含义

货币需求是对实际货币余额的需求，是以货币表示的能买到若干单位商品的货币需求。它等于名义货币需求除以价格水平。物价水平越高，就必须持有更多的名义余额，才能购买一定量的商品。

(2) 货币需求的决定因素

对实际货币余额的需求取决于实际收入水平与利率水平，会随着实际收入水平的提高与利率的降低而增加。

①取决于实际收入水平。人们持有货币是为购物付款之用，这种购买又取决于收入。

②取决于持有货币的成本。持有货币的成本就是由于持有货币而不持有其他资产所放弃的利息。利率越高，持有货币的成本越高，相应地，在各个收入水平上，持有的现金也越少。

(3) 货币需求函数

以 L 表示实际余额需求，货币需求函数可以表示为：

$$L = kY - hi \quad k,\ h > 0$$

其中，参数 k 与 h 分别反映实际余额需求对收入水平与利率的敏感程度。

货币需求函数意味着，收入水平既定时，实际货币余额的需求量是利率的递减函数。如图 10 - 5 所示，给定收入水平，利率越高，实际余额需求量越低。收入增加提高了货币需求，表现为货币需求曲线向右移动。

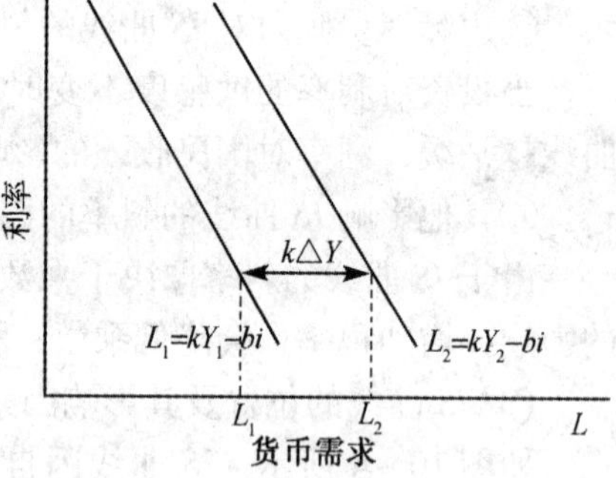

图 10 - 5　作为利率与实际收入函数的实际余额需求

2. 货币供给、货币市场均衡与 *LM* 曲线

(1) 货币供给及其决定

狭义的货币供给指一个国家在某一个时点上所持有的不属于政府和银行的通货加上银行的活期存款。在此定义下，货币供给量可以视为外生变量，由国家货币政策加以调节。

将名义货币量给定在 $\overline{M}$ 的水平，假定价格水平保持在 $\overline{P}$ 水平不变，那么，实际货币供给就处在 $\overline{M}/\overline{P}$ 的水平上。因此，实际货币供给是既定的，不取决于利率，如图 10 - 6 所示。

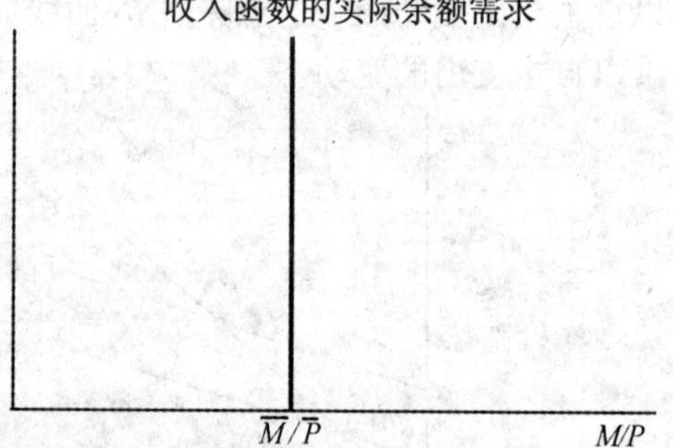

图 10 - 6　实际货币供给曲线

(2) *LM* 曲线的含义与推导

①*LM* 曲线的含义

LM 曲线或货币市场均衡曲线指货币市场均衡状态时各种收入与利率组合点的变动轨迹。在该曲线上，对实际货币余额的需求等于实际货币余额的供给，沿着 *LM* 曲线，货币市场处于均衡状态。

②*LM* 曲线的推导

为了使货币市场处于均衡状态，将实际余额需求曲线与固定的实际余额供给相结合，需

求必须等于供给，即：$\frac{\overline{M}}{\overline{P}}=kY-hi$

求出利率：
$$i=\frac{1}{h}(kY-\frac{\overline{M}}{\overline{P}})$$

该关系式就是 *LM* 曲线。公式表明，*LM* 曲线是正斜率的。利率提高会降低实际余额需求，为维持实际余额需求等于固定的实际余额供给，收入水平必须提高。因此，货币市场的均衡意味着利率上升，收入水平也同时上升，如图 10－7 所示。

利率为 i_1 时，实际余额需求等于实际货币供给，因此，E_1 点是货币市场的一个均衡点。该点作为货币市场均衡曲线，即 *LM* 曲线上的一点，表示在图 10－7（a）中。图 10－7（b）表示货币市场均衡，L_1 与 L_2 代表不同的收入水平（Y_1 与 Y_2）的货币需求。收入水平提高引起各个利率水平的实际余额需求增加，因此，实际余额需求曲线向右上方移位到 L_2，保持货币市场的均衡，新均衡点为 E_2，也是 *LM* 曲线上的一点，表示在图 10－7（a）中。对于所有的收入水平，进行同样的操作，就会产生一系列的点，连接起来便是 *LM* 曲线。

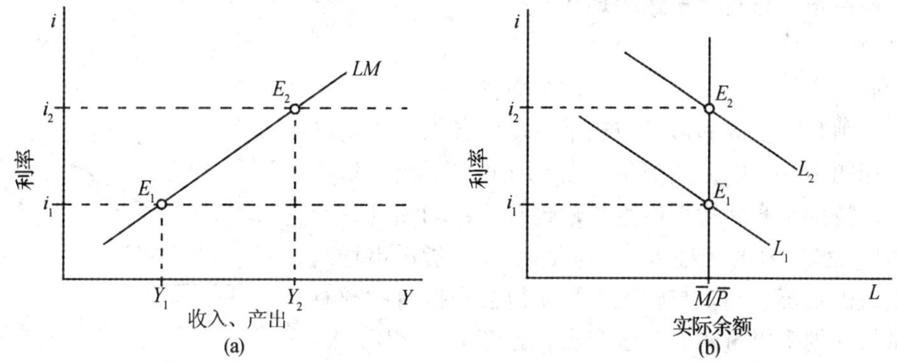

图 10－7　*LM* 曲线的推导

（3）*LM* 曲线的斜率

LM 曲线的斜率是正的。利率提高会降低实际余额需求，为维持实际余额需求等于固定的供给，收入水平必须提高。曲线的陡峭程度取决于货币需求对收入的反应程度 k 以及货币需求对利率的反应程度 h。

①货币需求对收入的反应程度 k

当 h 一定时，k 越大，则收入的一定变动对利率的影响也越大，*LM* 曲线的斜率越大，*LM* 曲线越陡峭。

②货币需求对利率的反应程度 h

当 k 一定时，h 越大，*LM* 曲线的斜率越小，*LM* 曲线越平缓。如果货币需求对利率相对不敏感，因而 h 接近于零，则 *LM* 曲线几乎是垂直的。如果货币需求对利率非常敏感，因而 h 很大，*LM* 线就接近于水平；在这种情况下，为了保持货币市场的均衡，利率少量变动，收入水平必须随之进行大的变动。

（4）*LM* 曲线的位置

在同一条 *LM* 曲线上，实际货币供给保持不变。由此得出，实际货币供给的变动将使 *LM* 曲线移动位置，货币供给增加使 *LM* 曲线向右移动。

如图 10－8 所示，实际货币供给增加，*LM* 曲线向右下方移动位置，在每一个收入水平上，均衡利率都必须降低，以便使人们持有更多的实际货币量。反过来说，在每一个利率水平上，收入水平都必须提高，以增加交易性货币需求，从而吸收更多的实际货币供给。

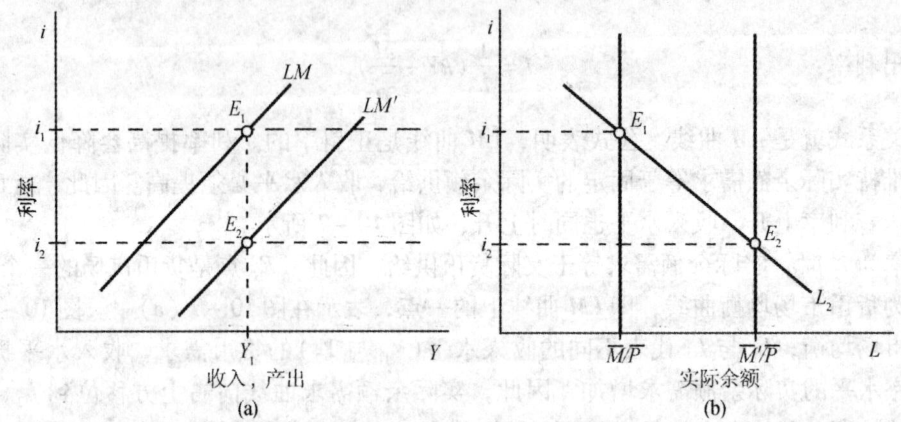

图 10－8　增加货币供给使 *LM* 曲线向右移动

三、商品市场与货币市场的均衡

1. 概述

对于商品市场与货币市场同时均衡而言，利率水平与收入水平必须是能使商品市场与货币市场两者都处于均衡的水平。如图 10－9 中，这个条件在 *E* 点得到满足。给定外生变量，特别是实际货币供给与财政政策，均衡利率为 i_0，均衡收入水平为 Y_0。在 *E* 点，商品市场与货币市场两者都处于均衡状态，利率与收入水平使得公众持有的现有货币存量与计划支出量两者等于产出。如图 10－9 所示。

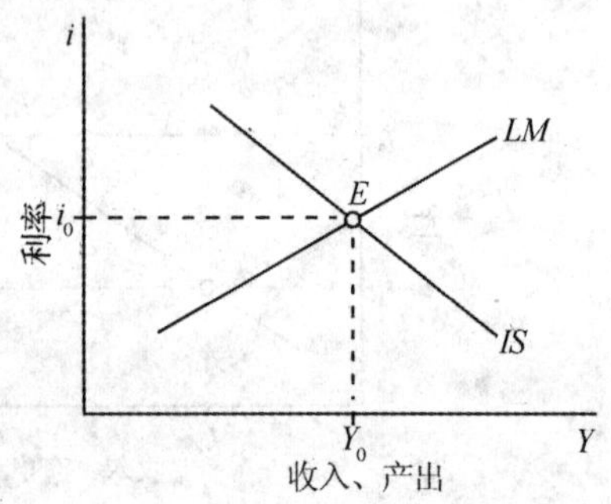

图 10－9　商品市场与货币市场均衡

2. *IS*－*LM* 分析

(1)假定条件

分析时的一个重要假定是价格水平固定不变。即在该价格水平上，不论需要多少数量的商品，企业都愿意供应。因此，假定图 10－9 中的产出水平 Y_0 是企业在价格水平 $\overline{P}$ 时愿意供给的数量。这个假定是为深入的分析而暂时需要的一个假定，它相当于假定一个平坦的短期总供给曲线。

(2)商品市场和货币市场的一般均衡

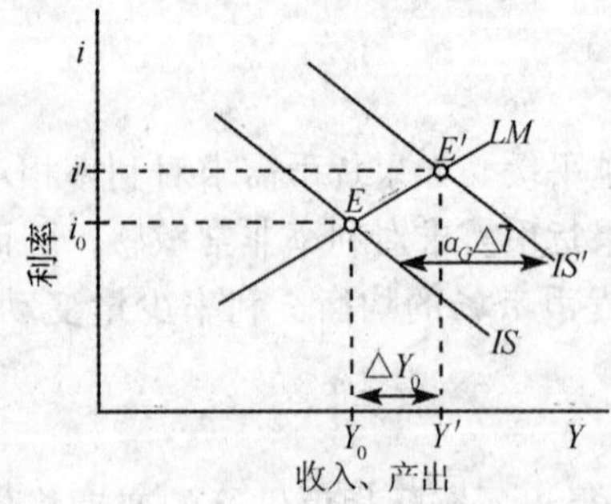

图 10－10　自主支出增加使 *IS* 曲线向右移动

货币市场(*LM*)与商品市场(*IS*)的相互作用决定了利率与产出水平。*IS* 曲线上有一系列使商品市场均衡的利率及收入组合点；*LM* 曲线上有一系列使货币市场均衡的利率及收入组合点。*IS* 曲线与 *LM* 曲线交于一点，在该点上，商品市场和货币市场同时达到均衡，均衡利率与收入的数值可通过解 *IS* 与 *LM* 的联立方程得到。

(3)均衡的收入水平与利率的变动

①当 *IS* 或 *LM* 曲线移动时，均衡收入水平与利率发生变动。

图 10－10 表明自主投资比例增加对均衡收入水平与

利率的影响。自主投资比例的增加，会提高自主性支出 $\overline{A}$，从而，使 *IS* 曲线向右移动。结果，收入水平提高，而利率则增加到 i'点。均衡利率与收入水平两者都提高了。

②均衡利率与收入的变动幅度

自主投资支出增加 $\Delta\overline{I}$，使 *IS* 曲线向右移动 $\alpha_G\Delta\overline{I}$ 距离。只研究商品市场，自主支出变动 $\Delta\overline{I}$，其结果是收入水平变动 $\alpha_G\Delta\overline{I}$。但是在图 10－10 中，收入只变动了 ΔY_0，它显然小于 *IS* 曲线移动的距离 $\alpha_G\Delta\overline{I}$。

a. 图形解释

LM 曲线的斜率造成收入增加小于自主支出 $\Delta\overline{I}$ 乘上简单乘数 α_G 这一事实。如果 *LM* 是水平的，*IS* 曲线水平移动的范围与收入变动之间就无差别，当 *IS* 曲线移动时，利率就没有变动。

b. 经济学解释

自主支出的增加倾向于提高收入水平。但是提高收入则增加货币需求。由于货币供给固定不变，利率必须上升，以保证货币需求仍旧等于固定的货币供给。由于投资与利率是反向关系，利率上升时，投资支出下降。因此，均衡收入的变动小于 *IS* 曲线的水平移动 $\alpha_G\Delta\overline{I}$。

四、总需求曲线的推导

1. 总需求曲线的概述

(1)总需求曲线的含义

总需求函数表示产品市场和货币市场同时达到均衡时的价格水平和国民收入水平之间的依存关系，描述这一关系的曲线称为总需求曲线。在保持自主支出与名义货币供给不变，但允许价格变动的条件下，总需求曲线表示着 *IS*－*LM* 的均衡。

(2)总需求曲线的斜率

总需求曲线向下倾斜，高的价格水平意味着低的实际货币供给，*LM* 曲线向左移动，并且降低了总需求，国民收入水平下降。

2. 总需求曲线的推导

假定经济中价格水平为 P_1，图 10－11 (a)表明了 *IS*－*LM* 的均衡。决定 LM_1 曲线位置的实际货币供给是 $\overline{M}/\overline{P}_1$。*IS* 曲线与 LM_1 曲线的交点 E_1 给出了对应于价格 P_1 的总需求水平。价格上升为 P_2 时，曲线 LM_2 表示基于实际货币供给 $\overline{M}/\overline{P}_2$ 的一条 *LM* 曲线。由于 $\overline{M}/\overline{P}_2 < \overline{M}/\overline{P}_1$，$LM_2$ 在 LM_1 的左边。E_2 点是总需求曲线上的对应点。对各种价格水平重复这种操作，并连接这些点来推导出总需求曲线。如图 10－11 所示。

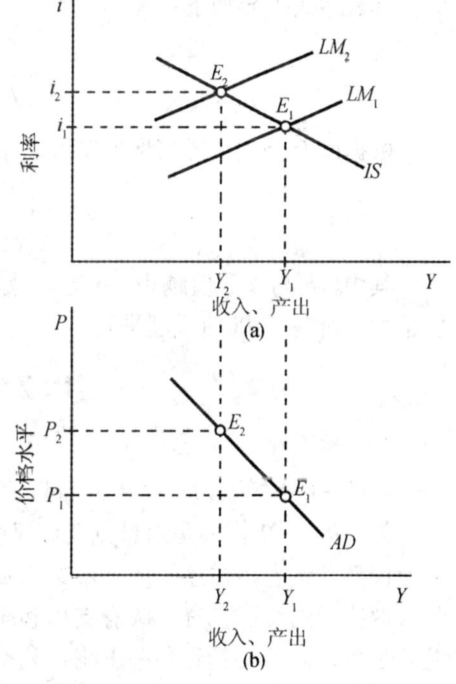

图 10－11 总需求曲线的推导

五、财政政策乘数与货币政策乘数

1. 财政政策乘数

(1)财政政策乘数的含义

财政政策乘数指在实际货币供给量不变时，国民收入变动与带来这种变动的政府收支的变动的比率，也就是增加一美元的政府购买能使国民收入增加多少，其表达式如下：

$$\frac{\Delta Y}{\Delta \overline{G}}=\gamma \qquad \gamma=\frac{h\alpha_G}{h+kb\alpha_G}$$

其中，政府支出增加$\Delta \overline{G}$是自主支出的变动，即$\Delta\overline{A}=\Delta\overline{G}$；$\gamma$ 符号就是考虑利率因素的财政政策乘数或政府支出的乘数。$1/(1+k\alpha_G b/h)$小于1，因此 γ 小于 α_G。这表明，伴随着 *IS - LM* 模型中的财政扩张，利率上涨所产生的抑制效应。

(2)财政政策乘数的影响因素

根据财政政策乘数的表达式可知，财政政策乘数受货币需求对利率的敏感度 h，货币需求对收入的敏感度 k，投资对利率的敏感度 b 以及政府采购支出乘数 α_G 的影响。

①如果 h 很小，则财政政策乘数 γ 几乎为零；如果 h 趋于无限大，则 γ 等于 α_G。这些情况分别符合垂直的与水平的 *LM* 曲线。

②如果 b 或是 k 的数值大，其作用是降低政府支出对收入的效应。k 数值大意味着收入提高时，货币需求增加得很多，因此需要大幅度提高利率，才能维持货币市场均衡。与数值大的 b 相结合，就意味着私人总需求的大幅度下降。

2. 货币政策乘数

货币政策乘数指当 *IS* 曲线不变或者说产品市场均衡情况不变时，国民收入变动与带来这种变动的实际货币供应量变化的比率，也就是实际货币供应量变化能使均衡收入变动多少，其表达式推导如下：

$$Y=\frac{h\alpha_G}{h+kb\alpha_G}\overline{A}+\frac{b\alpha_G}{h+kb\alpha_G}\frac{\overline{M}}{\overline{P}}$$

根据以上公式，考察增加实际货币供给对收入的效应，可以得到货币政策乘数为：

$$\frac{\Delta Y}{\Delta(\overline{M}/\overline{P})}=\frac{b}{h}\gamma=\frac{b\alpha_G}{h+kb\alpha_G}$$

其中，h 与 k 数值越小，b 与 α_G 数值越大，增加实际余额对均衡收入水平的扩张性效应也越大，对应着 *IS* 曲线越平直。

10.2 课后习题详解

一、概念题

1. *IS - LM* 模型(*IS - LM* model)

答： *IS - LM* 模型是由希克斯和汉森于 1937 年提出用于解释凯恩斯的宏观经济学理论的一个模型，该模型描述了产品市场和货币市场的相互联系和一般均衡。在产品市场上，国民收入取决于消费、投资、政府支出和净出口加总起来的总支出或者说总需求水平，而总需求尤其是投资需求要受到利率影响，利率则由货币市场供求情况决定，就是说，货币市场要影响产品市场；另一方面，产品市场上所决定的国民收入又会影响货币需求，从而影响利率，这又是产品市场对货币市场的影响。可见，产品市场和货币市场是相互联系的，相互作用的，而收入和利率也只有在这种相互联系，相互作用中才能决定。

IS 曲线是描述商品市场达到均衡，即 $I=S$ 时，国民收入与利率之间存在着反向变动关系的曲线。*LM* 曲线是描述货币市场达到均衡，即 $L=M$ 时，国民收入和利率之间存在着同向变动的曲线。把 *IS* 曲线和 *LM* 曲线放在同一个图上，就可以得出说明两个市场同时均衡时，国民收入与利率决定的 *IS*－*LM* 模型。

2. 商品市场均衡曲线(goods market equilibrium schedule)

答：商品市场均衡曲线也称 *IS* 曲线。参见“复习笔记”。

3. *IS* 曲线(*IS* curve)

答：*IS* 曲线指将满足产品市场均衡条件的收入和利率的各种组合的点连结起来而形成的曲线。它是反映产品市场均衡状态的一幅简单图像。它表示的是任一给定的利率水平上都有相对应的国民收入水平，在这样的水平上，投资恰好等于储蓄。可以利用商品市场均衡条件，即收入等于计划支出，或：$Y=AD=A+c(1-t)Y-bi$ 推导 *IS* 曲线。上面的式子可以简化为：

$$Y=\alpha_G(\overline{A}-bi) \qquad \alpha_G=\frac{1}{1-c(1-t)}$$

可见，均衡国民收入与利率间存在反方向变化的关系。以利率为纵轴，国民收入为横轴，所画出的 *IS* 曲线是向右下倾斜的。

一般来说，在产品市场上，位于 *IS* 曲线右方的收入和利率的组合，都是投资小于储蓄的非均衡组合，即商品市场上存在着过剩的供给；位于 *IS* 曲线左方的收入和利率的组合，都是投资大于储蓄的非均衡组合，即商品市场上存在着过度需求；只有位于 *IS* 曲线上的收入和利率的组合，才是投资等于储蓄的均衡组合。

4. 货币市场均衡曲线(money market equilibrium schedule)

答：货币市场均衡曲线也称 *LM* 曲线。参见下题“*LM* 曲线”。

5. *LM* 曲线(*LM* curve)

答：*LM* 曲线指货币市场上均衡状态时各种收入与利率的变动轨迹。在该曲线上，对实际货币余额的需求等于实际货币余额的供给，沿着 *LM* 曲线，货币市场处于均衡状态。为了使货币市场处于均衡状态，需求必须等于供给，即：

$$\frac{\overline{M}}{\overline{P}}=kY-hi$$

求出利率：

$$i=\frac{1}{h}(kY-\frac{\overline{M}}{\overline{P}})$$

该关系式就是 *LM* 曲线。*LM* 曲线的斜率为正，可以看出以国民收入为横轴，利率为纵轴，所画的 *LM* 曲线是向右上倾斜的。

假如货币供给固定不变，收入水平增加将导致货币需求量的增加，将不得不伴随着利率的提高。这就维持了货币需求量不变，从而保持了货币市场的均衡。在货币市场上，对应于特定的收入水平，货币需求(L)与货币供给(M)相等时所决定的利率为均衡利率。但不同的收入水平对应着不同货币需求，故在不同的收入水平下也就有不同的均衡利率。

6. 实际货币余额(real money balances)

答:实际货币余额指按不变价格计量的货币余额的数量。它扣除了通货膨胀或通货紧缩对名义货币数量的影响，这时货币的价值表现为其能够购买物品和服务的数量。实际货币余额等于名义货币量除以价格水平。假定货币总量为10000元，价格指数 P 为100%，即从前期到本期价格总水平不变，则实际货币余额就是名义货币余额。如果价格总水平为120%，则实际货币余额为10000/1.2 = 8333(元)。

7. 实际余额需求(demand for real balances)

答:实际余额需求即实际货币需求，指名义货币数量在扣除了物价变动因素之后那部分货币余额，它等于名义货币需求除以物价水平，即 Md/P。将货币需求细分为名义货币需求和实际货币需求，是在通货膨胀或物价变动的条件下产生的。如果价格是稳定不变的，就没有必要再去区分名义货币需求和实际货币需求。

对实际余额的需求取决于实际收入水平与利率水平。它之所以取决于实际收入水平，是因为人们持有货币是为购物付款之用，这种购买又取决于收入。货币需求也取决于持有货币的成本。持有货币的成本就是由于持有货币而不持有其他资产所放弃的利息。利率越高，持有货币的成本越高，相应地，在各个收入水平上，持有的现金也越少。在利率高涨时，人们会更加精打细算地使用其货币，更仔细地管理其持有的现金。无论何时，当其持有的现金数量过多时，就将它转换为债券。如果利率为1%，持有债券而不持有货币几乎没有什么好处。但当利率为10%时，就值得设法使持有的货币不超过日常交易所需的资金数量。根据这些简单理由，实际余额需求会随着实际收入水平的提高与利率的降低而增加。因此，以 L 表示的实际余额需求可以表示为:

$$L = kY - hi \qquad k,\ h > 0$$

参数 k 与 h 分别反映实际余额需求对收入水平与利率的敏感程度。实际收入增加5美元，会增加 $k \times 5$ 美元实际货币需求。利率增加1个百分点，则减少实际货币需求 h 美元。实际余额需求函数意味着，收入水平既定时，需求量是利率的递减函数。

8. 中央银行(central bank)

答:中央银行指在一国金融体系中居于主导地位，负责制定和执行国家的金融政策，调节货币流通与信用活动，对国家负责，在对外金融活动中代表国家，并对国内整个金融体系和金融活动实行管理与监督的金融中心机构。中央银行具有三大职能，即它是“发行的银行”、“银行的银行”和“政府的银行”。

(1)中央银行是发行的银行，这一职能指中央银行服务于社会和经济发展，供应货币、调节货币量、管理货币流通的职能。

(2)中央银行是银行的银行，这一职能指中央银行服务于商业银行和整个金融机构体系，履行维持金融稳定、促进金融业发展的职责。

(3)中央银行是国家的银行，是指中央银行对一国政府提供金融服务，同时中央银行代表国家从事金融活动，实施金融监管。

9. 总需求曲线(aggregate demand schedule)

答:总需求曲线指表示产品市场和货币市场同时达到均衡时价格水平与国民收入间的依存关系的曲线。所谓总需求指整个经济社会在每一个价格水平下对产品和劳务的需求总量，它由消费需求、投资需求、政府支出和国外需求构成。在其他条件不变的情况下，当价格水平提高时，国民收入水平就下降；当价格水平下降时，国民收入水平就上升。总需求曲线向下倾斜，其机制在于：当价格水平上升时，将会同时打破产品市场和货币市场上的均衡。在货币市场上，价格水平上升导致实际货币供给下降，从而使 *LM* 曲线向左移动，均衡利率水平上升，国民收入水平下降。在产品市场上，一方面由于利率水平上升造成投资需求下降(即利率效应)，总需求随之下降；另一方面，价格水平的上升还导致人们的财富和实际收入水平下降以及本国出口产品相对价格的提高从而使人们的消费需求下降，本国的出口也会减少、国外需求减少，进口增加。这样，随着价格水平的上升，总需求水平就会下降。

总需求曲线的斜率反映价格水平变动一定幅度使国民收入(或均衡支出水平)变动多少。*IS* 曲线斜率不变时，*LM* 曲线越陡，则 *LM* 移动时收入变动就越大，从而 *AD* 曲线越平缓；相反，*LM* 曲线斜率不变时，*IS* 曲线越平缓(即投资需求对利率变动越敏感或边际消费倾向越大)，则 *LM* 曲线移动时收入变动越大，从而 *AD* 曲线也越平缓。

当政府采取扩张性财政政策，如政府支出扩大，或扩张性货币政策，都会使总需求曲线向右上方移动；反之，则向左下方移动。

10. 财政政策乘数(fiscal policy multiplier)

答：财政政策乘数指在实际货币供给量不变时，国民收入变动与带来这种变动的政府收支的变动的比率，也就是增加一美元的政府购买能使国民收入增加多少，用公式表示是：

$$\frac{\Delta Y}{\Delta \bar{G}}=\gamma \quad \gamma=\frac{h\alpha_G}{h+kb\alpha_G}$$

一旦将利率调整考虑在内，γ 符号就是财政的或政府支出的乘数。这个乘数 γ 与应用于不变利率情况下的简单表达式 α_G 是不同的。检验结果表明，γ 小于 α_G，因为，$1/(1+k\alpha_G b/h)$ 小于 1。这表明，伴随着 *IS*－*LM* 模型中的财政扩张，利率上涨产生了抑制效应。

如果 h 很小，则方程中的表达式几乎为零；如果 h 趋于无限大，则它等于 α_G。这些情况分别符合垂直的与水平的 *LM* 曲线。与此类似，b 或 k 的数值大，其作用是降低政府支出对收入的效应。k 数值大意味着收入提高时，货币需求增加得很多，因此需要大幅度提高利率，才能维持货币市场均衡。与数值大的 b 相结合，就意味着私人总需求的大幅度下降。

11. 货币政策乘数(monetary policy multiplier)

答：货币政策乘数指当 *IS* 曲线不变或者说产品市场均衡情况不变时，国民收入变动与带来这种变动的实际货币供应量变化的比率，也就是实际货币供应量变化能使均衡收入变动多少，用公式表示是：

$$\frac{\Delta Y}{\Delta(\bar{M}/\bar{P})}=\frac{b}{h}\gamma=\frac{b\alpha_G}{h+kb\alpha_G}$$

h 与 k 数值越小，b 与 α_G 数值越大，增加实际余额对均衡收入水平的扩张性效应也越大。b 与 α_G 的数值大，对应着非常平直的 *IS* 曲线。

二、简答题

1. 本章如何联系第 9 章说明的总需求来阐述 *IS*－*LM* 模型?

How does the *IS*－*LM* model developed in this chapter relate to the model of aggregate demand developed in Chapter 9?

答：第 9 章讨论的总需求模型假设价格水平和利率都是固定的，而 *IS*－*LM* 模型则允许利率浮动，并且在固定的价格水平下决定产出需求和利率的组合。但需要强调的是第九章中向上倾斜的总需求曲线(凯恩斯交叉图中的[$C + I + G + NX$]线)假设价格水平和利率都是固定的，然而第十章最后由 $IS - LM$ 模型推导出来的向下倾斜的总需求曲线却允许价格浮动，并且描述了在产品和货币市场同时达到均衡时价格水平和产出需求水平的组合。

注意：简单说明一下简单凯恩斯模型、$IS - LM$ 模型和 $AS - AD$ 模型这三个模型之间的内在联系。

(1)简单凯恩斯模型假设价格不变、利息率不变。用乘数理论刻画财政政策效应。该模型对总产出决定和政策效应的分析实际上是总需求分析。

(2)$IS - LM$ 模型保持价格不变的假设。重点引入货币因素从而利息率变动对宏观经济的影响。该模型在利率可变情况下分析总产出决定，并分析了利率决定。对财政政策效应的分析既保留了乘数效应，又引入了挤出效应。此外，还分析了货币政策效应。但是，该模型仍然是总需求分析。

(3)总供求模型引入劳动市场从而分析总供给对宏观经济的影响，于是放弃了价格不变假设。该模型在价格可变的情况下分析总产出决定，并分析了价格水平决定。不仅分析了需求管理政策的产出效应，而且分析了它的价格效应。不仅进行了总需求分析，而且进行了总供给分析。

2. (1)以文字解释乘数 α_G 与总需求的利率敏感性如何以及为什么会影响 IS 曲线的斜率。

(2)解释 IS 曲线的斜率为什么是决定货币政策作用的因素。

(1) Explain in words how and why the multiplier α_G and the interest sensitivity of aggregate demand affect the slope of the *IS* curve.

(2) Explain why the slope of the *IS* curve is a factor in determining the working of monetary policy.

答：(1)支出乘数 α_G 变大意味着当自发支出变化后，每单位自发支出增加引起的收入增加会变得更大。假定利率变化一定程度引起自发支出增加，如果支出乘数 α_G 变大，任何支出增加将会使均衡收入增加的更多。这就意味着支出乘数 α_G 越大，IS 曲线越平坦。如果总需求变得对利率更敏感，即总需求对利率的敏感度 b 变大，利率的任何变化将使总需求曲线[$C + I + G + NX$]移动的幅度更大，假定支出乘数 α_G 既定，均衡收入的增加也会越大，最终 IS 曲线越平坦。这两种情况都使 IS 曲线斜率绝对值变小，变得更加平坦。反之则变得更加陡峭。

(2)货币政策通过控制货币供应量引起货币需求变化，引发利率变化，进而导致自主性支出发生变化。IS 曲线的斜率表示利率变化所能够引起的收入变化的大小。IS 曲线越陡峭，既定的利率变动引起的收入变动幅度就越小；IS 曲线越平直，既定的利率变动引起的收入变动幅度就越大。因此，IS 曲线斜率越大(比较陡峭)，意味着乘数比较小或总需求对利率敏感度比较小，这样货币政策使利率变化一定量引起的收入的变化量很小，货币政策的效果就不明显，反之则相反。

3. 以文字解释收入与实际余额需求的利率敏感性如何以及为什么会影响 LM 曲线的斜率?

Explain in words how and why the income and interest sensitivities of the demand for real balances affect the slope of the *LM* curve.

答：假定货币供给是一定的，收入增加会引起交易性货币需求增加，交易性货币需求的增加将会导致利率上升，利率上升维持了货币需求量不变，从而保持了货币市场的均衡。但是如果实际货币余额需求对利率的敏感性较小，则在其他条件不变的情况下，为使货币市场达到新的均衡就需要利率上升较大幅度，也就是说 *LM* 曲线的斜率比较大，即 *LM* 曲线变得更加陡峭。

沿 *LM* 曲线，任何利率的增加总是伴随着收入的增加。这意味着由于收入增加引起的货币需求增加将会被由于利率上升而引起的投机性货币需求的下降所抵消，从而保持了货币市场的均衡。但是如果实际余额需求对收入的敏感度比较大，则即使利率变化很大，仍仅需收入的很小变化就可以保持货币市场均衡。此时，*LM* 曲线随着货币需求对收入的敏感性加强而变得更加陡峭。

4. (1)为什么水平的 *LM* 曲线意味着，财政政策就像在第九章中推导出的财政政策一样，对经济有相同的效应?

(2)根据图 10－12，这种情况会怎么样?

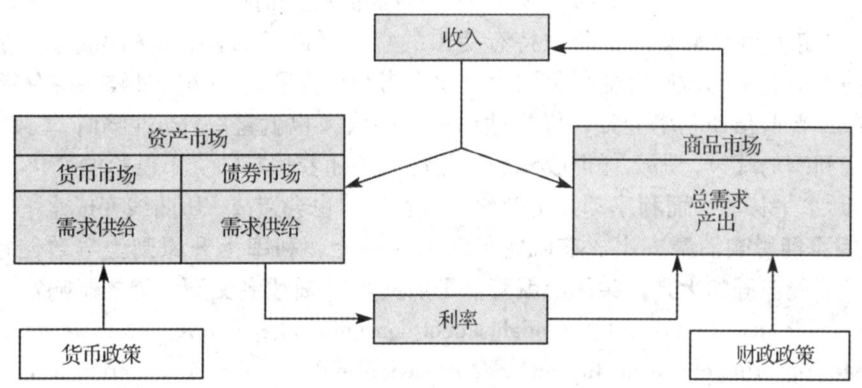

图 10－12　*IS*－*LM* 模型的结构

(3)在什么情况下，*LM* 曲线会是水平的?

说明：题中提到的第九章中推导出的财政政策效应是假设投资为外生变量固定不变，此时不会有任何的挤出效应。因此此时的财政政策乘数为：$\alpha_G \equiv \frac{1}{1-c\times(1-t)}$。

IS－*LM* 模型强调商品市场与资产市场间的相互作用。支出、利率与收入由商品市场与货币市场的均衡状态所共同决定。

(1) Why does a horizontal *LM* curve imply that fiscal policy has the same effects on the economy as those derived in Chapter 9?

(2) What is happening in this case in terms of Figure 10－12?

(3) Under what circumstances might the *LM* curve be horizontal?

答：(1)水平的 *LM* 曲线意味着在给定的利率水平下公众愿意持有任何数量的货币，即收入的变化不会影响货币市场的均衡利率。但是，一旦利率固定，就相当于我们回到了第九章所提到的最初的模型，$I=I_0$ 是常数，这时财政政策没有挤出效应的发生。

(2)在水平的 *LM* 曲线中，收入的变化并不影响货币市场的利率，即利率一定，自发投资支出一定，不受政府财政政策的影响，也没有挤出效应。如果采用扩张性的财政政策，*IS* 曲线向右移动，但利率不变，自主投资支出不变，所以没有挤出效应。

就图 10－12 而论，利率不再是商品市场与资本市场之间联系的纽带，此时的情况如图

10 - 13 所示。

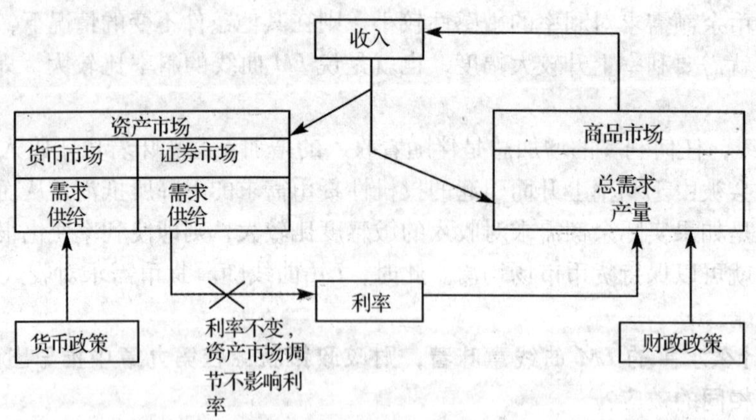

图 10 - 13　资本市场与商品市场之间的联系

(3)在一定的利率水平下，公众持有货币的意愿无限的时候，*LM* 曲线就会成为水平，这时货币需求对利率的敏感度变得无限大。通常当利率水平比较低的时候，持有货币的机会成本非常小，普遍预期利率上升，投机性动机无限大，也就是"流动性陷阱"。如果货币当局实行固定利率的政策，那么任何收入的变化都会伴随着相应的货币供给的变化，这将会使 *LM* 曲线不断水平移动，而利率却并不变化，从长期看也会造成 *LM* 曲线变成水平。

5. 利率可能影响消费支出。在既定的收入水平上，利率上升原则上导致储蓄的增加，因而降低了消费。假如上升，实际上就降低了消费。*IS* 曲线会受到怎样的影响？

It is possible that the interest rate might affect consumption spending. An increase in the interest rate could, in principle, lead to increases in saving and therefore a reduction in consumption, given the level of income. Suppose that consumption is, in fact, reduced by an increase in the interest rate. How will the *IS* curve be affected?

答：当自主性支出对利率相当敏感时，*IS* 曲线就会变的更加平坦。现在假定利率上升刺激了储蓄的增长，并降低了消费，这意味着利率上升不仅消极地影响了投资支出还降低了消费。换句话说，凯恩斯模型中的总需求 *AD* 线($C+I+G+NX$)将会进一步向下移动，同时均衡收入水平也会比之前低，也就是说 *IS* 曲线变的更平坦了。假定利率 i 影响 C(即 i 增加使 S 增加，从而使 C 减少)，求此时 *IS* 曲线的变化，有以下两种方法：

(1)$i\uparrow \Rightarrow I\downarrow \Rightarrow AD\downarrow \Rightarrow Y\downarrow$ 并且 $i\uparrow \Rightarrow C\downarrow \Rightarrow AD\downarrow \Rightarrow Y\downarrow$

利率 i 上升不仅使投资 I 下降，并且降低了消费 C，因此总需求要比以前下降得更多，进而使收入下降得也更多。从而可知 i 上升相同时，在利率影响消费的情况下 Y 将下降得更多，从而 *IS* 变得平坦。

(2)数学推导：即推导 *IS* 曲线的表达式，看其有何变化

利率 i 增加对消费的影响可以用数学式表达为：$C=C_0+c\times YD-g\times i$。又 $Y=AD$，$AD=C+I+G+NX$，$I=I_0-b\times i$，$YD=Y+TR-t\times Y$，将上述所有的等式联立，得

$$\begin{cases}Y=AD\\AD=C+I+G+NX\\I=I_0-b\times i\\YD=Y+TR-t\times Y\\C=C_0+c\times YD-g\times i\end{cases}$$

可以推出 $Y=C_0+c\times TR+G+NX+I_0+c\times(1-t)\times Y-(b+g)\times i=A_0+c\times(1-t)\times Y-(b+g)\times i$，即 $Y=[A_0-(b+g)\times i]/[1-c\times(1-t)]$，也即：$i=\frac{A_0-[1-c(1-t)]Y}{b+g}$。

比较以前的 IS 曲线的表达式 $i=\frac{A_0-[1-c(1-t)]Y}{b}$，可知截距变小，而斜率变大，即：

$$-\frac{[1-c(1-t)]}{b+g}>-\frac{[1-c(1-t)]}{b}$$

6. 1991 年 1 月至 12 月，美国经济深深陷入衰退之中，国库券利率由 6.3% 下降到 4.1%。利用 *IS* – *LM* 模型解释产量与利率的下降格局。那条曲线必定已经移动了吗？你能否想出一个理由（历史上有根据，或仅仅是想象的）说明这种移动可能已经发生了？

Between January and December 1991, while the U. S. economy was falling deeper into its recession, the interest rate on Treasury bills fell from 6. 3 to 4. 1 percent. Use the *IS* – *LM* model to explain this pattern of declining output and interest rates. Which curve must have shifted? Can you think of a reason—historically valid or simply imagined—that this shift might have occurred?

答：在 $IS-LM$ 模型中，利率下降伴随着产出下降的情形只能是 IS 曲线向左移动造成的。这种移动可能是由于悲观的商业预期或消费者信心下降造成的自发性支出的减少。在 1991 年，经济处于衰退期，并且工厂也不愿意对新设备进行投资，由于消费信心非常低，人们也不愿意增加支出水平，在 $IS-LM$ 模型中，它的变化过程如下所示：

$I_0\downarrow\Rightarrow AD\downarrow\Rightarrow Y\downarrow$（使 IS 曲线向左移动）$\Rightarrow M_d\downarrow\Rightarrow i\downarrow\Rightarrow I\uparrow\Rightarrow Y\uparrow$

总的效应是收入下降，利率下降，如图 10 – 14 所示。

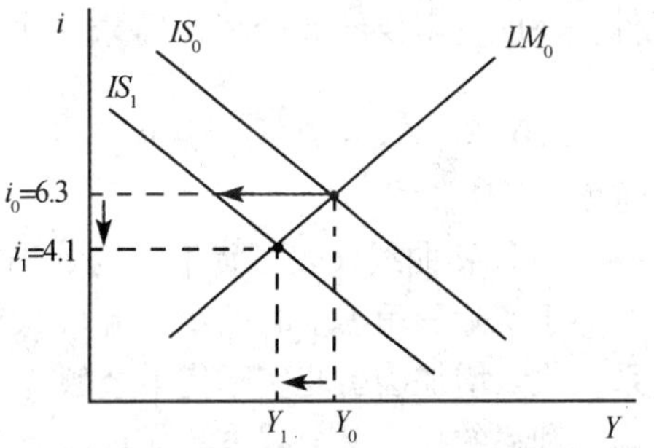

图 10 – 14 悲观预期和信心下降使 IS 曲线左移，产出和利率下降

三、计算与分析题

1. 以下等式描绘一个经济（*C*、*I*、*G* 等以 10 亿美元为计量单位，*i* 以百分率计量，5% 的利率意味着 *i* = 5）。

$$C=0.8(1-t)\times Y \qquad (1)$$

$$t=0.25 \qquad (2)$$

$$I=900-50i \qquad (3)$$

$$\overline{G}=800 \qquad (4)$$

$$L=0.25Y-62.5i \qquad (5)$$

$$\overline{M}/\overline{P}=500 \qquad (6)$$

（1）描述 *IS* 曲线的是什么方程？

（2）*IS* 曲线的一般定义是什么？

（3）描述 *LM* 曲线的是什么方程？

（4）*LM* 曲线的一般定义是什么？

（5）什么是均衡收入水平与均衡利率水平？

答：（1）IS 曲线上的每一点都代表产品市场中的一个均衡。于是可以从商品市场的均衡条件——即总收入等于总支出来推导 IS 曲线，由给出的(1)、(2)、(3)、(4)四个等式可得：$Y = C + I + G = 0.8(1-0.25) \times Y + 900 - 50i + 800$，可推出：$0.4Y = 1700 - 50i$，从而可以推出：$Y = (1700 - 50i)/0.4 = 4250 - 125i$，即 $Y = 4250 - 125i$，这就是 IS 曲线。

(2) IS 曲线指将满足产品市场均衡条件的收入和利率的各种组合的点连结起来而形成的曲线。它是反映产品市场均衡状态的一幅简单图像。它表示的是任一给定的利率水平上都有相对应的国民收入水平，在这样的水平上，投资恰好等于储蓄。IS 曲线描述了利率和收入的反向变动关系，利率下降会导致投资支出增加，从而厂商的实际产出增加，收入增加，即 IS 曲线是向右下方倾斜的。

一般来说，在产品市场上，位于 IS 曲线右方的收入和利率的组合，都是投资小于储蓄的非均衡组合，即商品市场上存在着过剩的供给；位于 IS 曲线左方的收入和利率的组合，都是投资大于储蓄的非均衡组合，即商品市场上存在着过度需求；只有位于 IS 曲线上的收入和利率的组合，才是投资等于储蓄的均衡组合。

(3) LM 曲线上的每一点都代表了货币市场的一个均衡。于是可以从货币市场的均衡条件——即货币供给等于货币需求来推导 LM 曲线，由(5)和(6)可得：$\frac{\overline{M}}{\overline{P}} = L$，由此可以推出：$500 = 0.25Y - 62.5i$，从而得出：$Y = (500 + 62.5i)/0.25$，从而推出：$Y = 2000 + 250i$，这就是 LM 曲线。

(4) LM 曲线代表了货币市场处于均衡状态时，利率与收入水平的组合，即实际货币供给等于实际货币需求时的利率和收入水平的组合。它描述了利率和收入水平的同向变动关系，收入增加会引起实际货币余额的需求增加，在货币供给不变的情况下，会导致利率的提高，利率的提高又会减少实际货币余额的需求，并使之重新回到原来的需求水平，与货币供给相等。换句话说，LM 曲线是向右上方倾斜的。

(5) IS 曲线和 LM 曲线的交点代表了收入和利率的均衡水平。在这个例子中，有：IS = LM，由此可以推导出：$4250 - 125i = 2000 + 250i$，即 $375i = 2250$，计算得 $i^* = 6$。所以，$Y^* = 4250 - 125i^* = 4250 - 125 \times 6 = 3500$，即均衡收入水平是 3500，均衡利率是 6。

补充：在第 6 版中该题还有一问

(6) 用文字描述 IS 曲线与 LM 曲线的交点所满足的条件，并且解释为什么这是均衡位置。

答： 在 IS 曲线和 LM 曲线的交点处，产品市场和货币市场同时处于均衡：在产品市场，自主支出等于实际产出，等于总收入；在货币市场，货币供给等于货币需求。在这一点上，利率和收入都没有进一步改变的倾向，因此是均衡的。

2. 继续利用相同的方程。

(1) 对应于第九章的简单乘数(包括税收) α_G 的值是什么？

(2) 在这个包括货币市场的模型中，增加政府支出 $\Delta\overline{G}$，增加的收入水平是多少？

(3) 政府支出变动 $\Delta\overline{G}$，影响均衡利率发生多大变动？

(4) 解释你对(1)与(2)两部分答案的差别。

说明： 题中提到的第九章的简单乘数(包括税收) α_G 的值为 $\alpha_G \equiv \frac{1}{1 - c \times (1-t)}$。

答： (1) 简单乘数 $\alpha_G = 1/[1 - c \times (1-t)] = 1/[1 - 0.8 \times (1 - 0.25)] = 2.5$。由于现在

意愿支出也受利率的影响，所以由 $Y=\alpha\times A_0$ 变为 $Y=\alpha\times(A_0-b\times i)=(1/[1-c+ct])(A_0-b\times i)$，进而得 $Y=2.5(1700-50i)=4250-125i$。

(2)在加入货币市场后，乘数有所变化，在同时考虑 *IS* 曲线和 *LM* 曲线时有均衡收入

$$\begin{cases}Y=\alpha_G\times(A_0-b\times i)\\ i=\dfrac{1}{h}\times\left(k\times Y-\dfrac{\overline{M}}{\overline{P}}\right)\end{cases}\Rightarrow Y=\gamma\times A_0+\gamma\times\frac{b}{h}\times\frac{\overline{M}}{\overline{P}}，其中\ \gamma=\frac{\alpha_G}{1+\dfrac{k\times\alpha_G\times b}{h}}。$$

这时财政政策乘数 $k_g=\dfrac{\partial Y}{\partial A_0}=\gamma=\alpha_G/(1+k\times\alpha_G\times b/h)=1.67$，即政府支出增加 $\Delta\overline{G}$，会导致收入上升 $1.67\Delta\overline{G}$。

也可以通过解方程来求解：

假定政府支出增加300，即 $\Delta\overline{G}=300$，所以 *IS* 曲线向右平行移动，$\Delta IS=\alpha_G\times\Delta\overline{G}=2.5\times300=750$，因此 IS'：$Y=5000-125i$。当两个市场同时达到均衡时有 $IS'=LM$，即 $5000-125i=Y=2000+250i$，得 $i=8$，$Y=4000$，所以 $\Delta Y=500$。

当假定利率不变时，乘数为 $\alpha=2.5$，即 $\Delta Y/\Delta\overline{G}=750/300=2.5$。当允许利率变动时，乘数减小为 $\alpha_1=\Delta Y/\Delta\overline{G}=500/300=1.67$。

(3)与前面类似，由 *IS* 曲线和 *LM* 曲线有均衡利率：

$$\begin{cases}Y=\alpha_G\times(A_0-b\times i)\\ i=\dfrac{1}{h}\times\left(k\times Y-\dfrac{\overline{M}}{\overline{P}}\right)\end{cases}\Rightarrow i=\frac{k}{h}\times\gamma\times A_0-\frac{1}{h+k\times\alpha_G\times b}\times\frac{\overline{M}}{\overline{P}}$$

γ 定义与(2)中相同，则政府支出对均衡利率的影响为：

$$\frac{\partial i}{\partial A_0}=\frac{k}{h}\gamma=\frac{(k/h)\alpha_G}{1+\alpha_G bk/h}=\frac{\alpha_G}{h/k+\alpha_G b}=\frac{2.5}{62.5/0.25+2.5\times50}=0.0067。$$

即政府支出增加 $\Delta\overline{G}$，会导致均衡利率上升 $0.0067\Delta\overline{G}$。

按照上面的假设计算，政府支出增加300，即 $\Delta\overline{G}=300$，使利率上升两个百分点。所以政府支出变化150，会使利率变化百分之一。因此政府支出对均衡利率的影响为 $1/150=0.0067$。

(4)(1)中的简单乘数实际上描述了在利率水平一定的时候，每单位自发支出所引起的 *IS* 曲线水平移动的数量。(2)在加入货币市场以后，自发支出会带来收入增加，同时收入增加又引起货币需求的增加，在货币供给不变的情况下会导致利率上升，从而减少自发支出，减少收入，也就是“挤出效应”，对收入增加的总影响即乘数不如(1)中大。

3. (1)提高税率会如何影响 *IS* 曲线？

(2)提高税率如何影响均衡收入水平？

(3)提高税率如何影响均衡利率？

答：(1)所得税税率 t 增加会使支出乘数 α 变小。由于乘数变小，*IS* 曲线变陡。由 *IS* 曲线的方程可知，*IS* 曲线将发生旋转，而不是平行移动，如图10－15所示。

因为 $Y=\alpha\times(A_0-b\times i)=1/[1-c\times(1-t)]\times(A_0-b\times i)$，所以 $i=(1/b)\times A_0-(1/b\alpha)\times Y=(1/b)\times A_0-(1/b)\times[1-c\times(1-t)]\times Y$。因此，当 t 增加时，截距不变，曲线

变得更加陡峭。

(2)因为 IS 曲线向左转动，变得更加陡峭，所以均衡收入下降。由于税率上升，使可支配收入减少，这就造成了消费下降，进而总需求下降，最终使均衡收入从 Y_0 下降到 Y_1。

(3)增加税率也会使均衡利率下降。由上一问可知由于税率上升，使收入下降，这将会减少货币需求，从而使均衡利率从 i_0 下降到 i_1。可以用下面的关系式来表示这一影响：

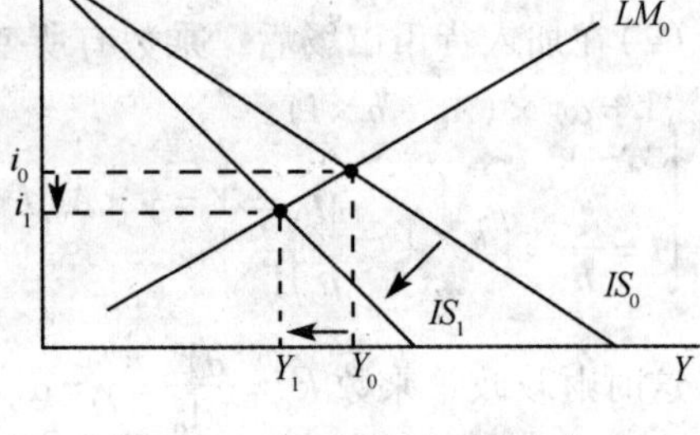

图 10－15　所得税税率变化对 IS 曲线和总产出的影响

$t\uparrow \Rightarrow C\downarrow \Rightarrow Y\downarrow \Rightarrow M_d\downarrow \Rightarrow i\downarrow \Rightarrow I\uparrow \Rightarrow Y\uparrow$

最后：$Y\downarrow$，$i\downarrow$。

也可以用数学表达式来证明此过程。利用 LM、IS 的公式联立求解：

$$\begin{cases} IS\text{: } Y=\alpha\times A_0-\alpha\times b\times i \\ LM\text{: } M_0/P=k\times Y-h\times i \end{cases}$$

解得 $Y=\dfrac{A_0+\dfrac{b}{h}\dfrac{M_0}{P}}{1-c(1-t)+\dfrac{bk}{h}}$，从公式可知，当 t 上升时，均衡收入减少；

$$i^*=\frac{kA_0-[1-c(1-t)]\dfrac{M_0}{P}}{h[1-c(1-t)]+bk}=\frac{kA_0}{h[1-c(1-t)]+bk}-\frac{\dfrac{M_0}{P}}{h+\dfrac{bk}{[1-c(1-t)]}}$$，从该公式可知，当 t 上升时，均衡利率减少。

4. (1)表明货币需求的利率敏感性越小，给定的货币量变动对产出的影响越大。可利用第 10 章第 5 节的规范分析。

(2)利率对货币存量变动的反应如何取决于货币需求的利率敏感性？

说明：题中提到的第 10 章第 5 节的规范分析是指 IS－LM 模型的代数式分析。简单过程如下：

IS 曲线和 LM 曲线的交点确定均衡收入和均衡利率。因此用它们的方程式就可以推导出均衡值的表达式。商品市场均衡方程为：

IS 曲线：$$Y=\alpha_G\times(\overline{A}-b\times i)$$

货币市场的均衡方程为：

LM 曲线：$$i=\frac{1}{h}\times\left(k\times Y-\frac{\overline{M}}{P}\right)$$

由于均衡时两个市场的利率相等，因此将 LM 曲线的利率表达式代入 IS 曲线方程得：

均衡收入水平 $Y=\dfrac{h\times\alpha_G}{h+k\times b\times\alpha_G}\times\overline{A}+\dfrac{b\times\alpha_G}{h+k\times b\times\alpha_G}\times\dfrac{\overline{M}}{P}$，或者 $Y=\gamma\times\overline{A}+\gamma\times\dfrac{b}{h}\times\dfrac{\overline{M}}{P}$，其中 $\gamma=\dfrac{h\times\alpha_G}{h+k\times b\times\alpha_G}$，$\alpha_G=\dfrac{1}{1-c\times(1-t)}$。这表明均衡收入水平取决于两个外生变量：自主性支

出($\bar{A}$)与实际货币存量($\bar{M}/\bar{P}$)。前者包括自主消费与自主投资($\bar{C}$与$\bar{I}$)以及财政政策参数(G与TR)。

同理，可以得均衡利率 $i = \frac{k \times \alpha_G}{h + k \times b \times \alpha_G} \times \bar{A} - \frac{1}{h + k \times b \times \alpha_G} \times \frac{\bar{M}}{\bar{P}}$，或者 $i = \frac{k}{h} \times \gamma \times \bar{A} - \frac{1}{h + k \times b \times \alpha_G} \times \frac{\bar{M}}{\bar{P}}$。这表明均衡利率取决于乘数与$\bar{A}$项所获得的财政政策参数，并取决于实际货币存量。

此时的财政政策乘数为 $\frac{\Delta Y}{\Delta \bar{G}} = \gamma = \frac{h \times \alpha_G}{h + k \times b \times \alpha_G}$，货币政策乘数为 $\frac{\Delta Y}{\Delta(\bar{M}/\bar{P})} = \frac{b}{h} \times \gamma = \frac{b \times \alpha_G}{h + k \times b \times \alpha_G}$。

答：(1)如果货币需求对利率的敏感性比较弱，即h较小，则LM曲线变得更陡峭。那么，当货币存量变化时，要求货币需求做出相应调整，这时只有利率变化更大，从而引起收入变化更大，才能使货币需求量产生一定变化，使货币市场重新达到均衡。如果假定货币供给固定不变，那么要回到新的货币市场均衡点只有完全通过改变货币需求。如果货币需求对利率不敏感，只有更多地提高收入以及更大幅度的下降利率才能达到在增加货币供给条件下的货币市场均衡的目的。如图10－16所示。

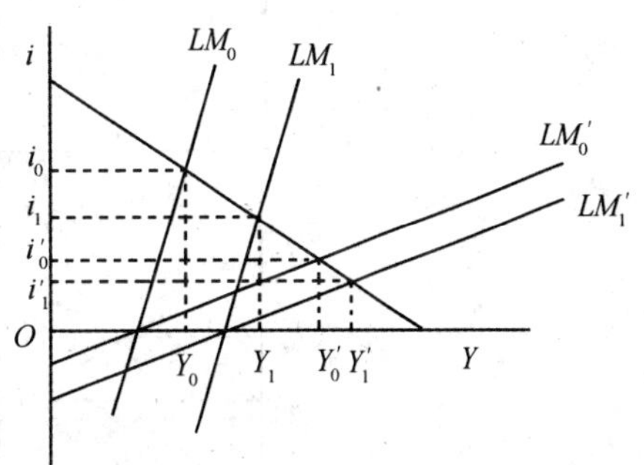

图10－16　不同的货币需求敏感性对LM曲线的影响

可见$\Delta Y > \Delta Y'$，$\Delta i > \Delta i'$。由前面计算过的公式 $Y = \gamma A_0 + \gamma \frac{b}{h} \frac{\bar{M}}{\bar{P}}$，于是 $k_m = \frac{\partial Y}{\partial(\bar{M}/\bar{P})} = \gamma \frac{b}{h} = \frac{\alpha_G(b/h)}{1 + k\alpha_G b/h} = \frac{\alpha_G}{h/b + k\alpha_G}$，可见，货币需求的利率敏感度$h$越小，货币存量对产出的影响$k_m$越大。

(2)货币供给的增加会引起货币需求相对不足，从而债券需求过剩，导致债券价格上升和利率的下降，进而刺激投资的增加，总收入增加，进而增加货币需求，使货币市场达到新的均衡点。如果货币需求对利率的反应不够敏感，一方面要求收入更大幅度的增加，才能使交易性货币需求增加，这依赖于利率的大幅度下降；另一方面只有利率下降更大，对货币的投机需求才会有所增加。但是这也表明，在支出利率敏感性不变的情况下，利率总体下降也将会较大。

5. 利用$IS-LM$模型，讨论价格沿一定的AD曲线变动，利率会发什么变化？

答：沿一定的AD曲线变动的价格调整可以理解为：假定名义货币供给量M固定，实际货币余额M/P随着价格水平P的上升而下降，这将导致对实际货币余额的超额需求，利率就会上升。这又会使投资支出下降，产出水平也会随之下降，也就是说LM曲线将因为实际货币余额的下降而向左移动，所以沿一定的AD曲线变动的价格调整与利率成正向变动。

6. 利用IS曲线与LM曲线，证明在古典供给情况下，货币对产出为什么没有影响。

答：在古典供给情况下，AS曲线是垂直的。因此，任何由于货币扩张政策而引起的总需求增加在长期将不会导致任何的产出增加，而只能导致价格水平的上升。货币供给的增加将首先使 *LM* 曲线向右移动，这意味着 *AD* 曲线也会向右移动。因此会存在对产品和服务的超额需求，于是价格开始上升。然而随着价格水平的上升，实际货币余额开始下降，并最终回到其初始水平。因此由货币扩张政策引起的 *LM* 曲线向右移动及 *AD* 曲线向右移动将会被 *LM* 曲线向左移动及沿 *AD* 曲线的运动完全抵消，从而达到一个由于价格调整而产生的新的长期均衡点。在这个新的长期均衡点上，尽管价格水平会与名义货币供给成比例上升，使实际货币余额不变，产出水平和利率仍将不会变化。这也就是说，在古典的长期情况下，货币是中性的，对产出没有影响。

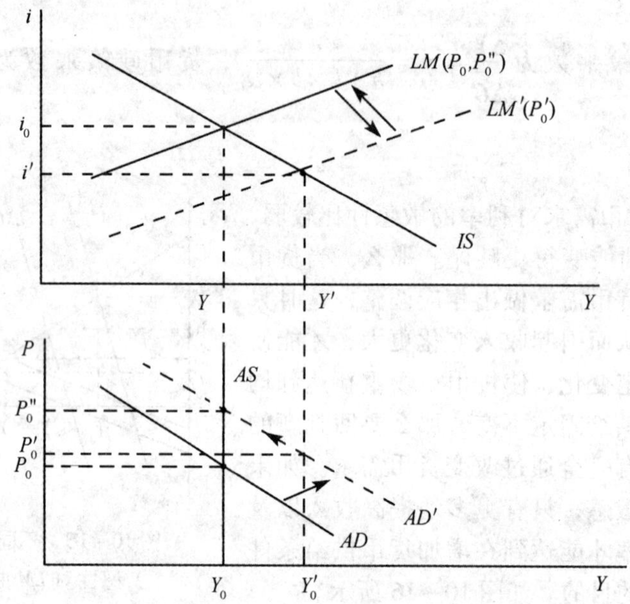

图 10 - 17　扩张性货币政策对总需求的影响

以上结果说明，在古典供给情况下，由于总供给曲线是一条垂线，所以不论总需求如何变化，总供给和总需求曲线相交总是对应于充分就业之点。这就是说，不会长期处于大量失业的状态。此外，由于 *AD* 线的移动只会影响价格水平，而不会影响国民收入，所以通过经济政策来改变总需求并不能对宏观经济的运行产生任何实质性的后果，而仅仅会使价格水平发生波动。

7. 设想货币需求上升。在每一产出水平和利率水平上，公众现在都愿意持有较少的实际余额。

(1)在凯恩斯理论中，均衡产出与价格会发生什么变化?

(2)在古典理论中，对产出与价格的影响是什么?

答:(1)对货币的需求上升会使 *LM* 曲线向左移动，从而利率上升并且产出需求下降。结果，*AD* 曲线也会向左移动。在凯恩斯理论中，假定价格水平固定，即 *AS* 曲线水平。在这样的情况下，由于价格固定不变，*AD - AS* 模型中收入的下降幅度与 *IS - LM* 模型中收入的下降幅度相同，即没有实际余额效应发生。

(2)货币需求上升会使 *LM* 曲线向左移动，从而利率上升，产出需求水平下降，*AD* 曲线也向左移动。在古典理论中，由于 *AS* 曲线是垂直的，产出水平不会变化。在这种情况下，*AD* 曲线的移动将简单地反映为价格的下降，但产出水平仍然没有变化。由于价格下降造成实际货币余额上升，所以根据实际余额效应，*LM* 曲线回移到初始水平。

附录：下列为第 6 版第 4 章属于本章的习题，在第 10 版中已被删除，现补录如下，仅供参考！

用图说明 i 和 Y 对货币供应增加是如何作出跨时反应的（也就是要以时间为横轴）。你可以假设货币市场的调整与产品市场相比是非常迅速的。

答： 随着货币供给的增加，可以将 i 和 Y 对货币供应增加所做的反应，即向新的均衡点调整的过程描绘如下：

$$(M/P)\uparrow \Rightarrow i\downarrow \Rightarrow I\uparrow \Rightarrow AD\uparrow \Rightarrow Y\uparrow \Rightarrow M_d\uparrow \Rightarrow i\uparrow$$

总的影响为：i 下降，Y 上升。

政策变化对收入和利率的跨时影响如图 10－18 所示。

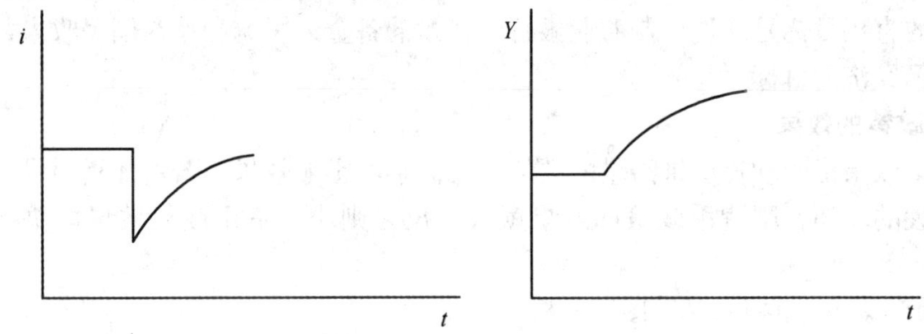

图 10－18　货币供给增加对利率和产出的跨时期影响

注意：*IS*－*LM* 模型是一个短期模型，该模型假定价格不变。如果选择一个允许价格变化的长期模型，那么就不能看到随着货币供给的增加利率下降这一现象了。

第 11 章　货币政策与财政政策

11.1　复习笔记

一、货币政策

货币政策指通过中央银行变动货币供给量，影响利率和国民收入的政策措施。货币政策的工具主要有公开市场业务、再贴现率、法定准备金率，以及道义上的劝告等，这些货币政策工具作用的直接目标是通过控制商业银行的存款准备金，影响利率与国民收入，从而最终实现稳定国民经济的目标。

1. 货币政策的效果

货币政策效果指变动货币供给量的政策对总需求的影响效果。若增加货币供给量能使国民收入有较大的增加，则货币政策的效果就大；反之则小。货币政策效果取决于 *IS* 和 *LM* 曲线的斜率。

(1)货币政策效果的 *IS* - *LM* 图形分析

①货币扩张的效果

在点 E 的初始的均衡是在与实际货币供给 $\overline{M}/\overline{P}$ 相对应的初始的 *LM* 曲线上。中央银行在公开市场上的购买增加了名义货币量，在价格水平既定的情况下，也就增加了实际货币量。其结果是，*LM* 曲线移动到 *LM'* 的位置。新的均衡将在利率较低、收入较高的 E' 点。均衡收入的提高，是由于公开市场购入债券，降低了利率，从而增加了投资支出的缘故。如图 11 - 1 所示。

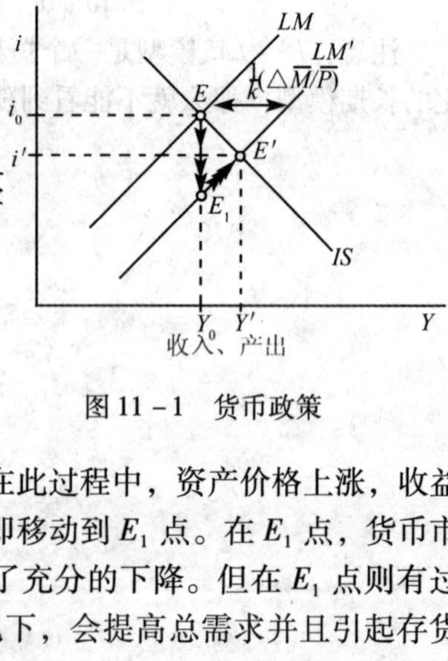

图 11 - 1　货币政策

②货币扩张的调整过程

在初始均衡点 E，货币供给的增加造成了过量的货币供给。对此，公众设法通过购买其他资产进行调整。在此过程中，资产价格上涨，收益下降。由于货币市场与资产市场的调整十分迅速，经济立即移动到 E_1 点。在 E_1 点，货币市场出清，而公众愿意持有较多的实际货币量，因为利率有了充分的下降。但在 E_1 点则有过量的商品需求。利率下降，在初始收入水平 Y_0 既定的情况下，会提高总需求并且引起存货缩减。对此的反应是，产出扩大，经济开始沿 *LM'*，曲线上升。

(2)货币政策效果的结论

①*LM* 曲线越陡峭，收入变化就越大，货币政策效果越大。

a. 如果货币需求对利率非常敏感(相当于相对平直的 *LM* 曲线)，只要利率有很小的变动，给定的货币存量的变动就可为资产市场所吸收。因此，公开市场购买对于投资支出的作用很小，货币政策效果小。

b. 如果货币需求对利率非常不敏感(相当于相对陡峭的 *LM* 曲线)，货币供给的一定变动将使利率产生大的变动，对投资需求的影响也较大，货币政策效果大。

c. 如果货币需求对收入的变化非常敏感，则货币存量的既定增加就可以被相对少量的收入变动所吸收，因而货币乘数较小。

②增加货币存量，首先引起利率下降，因为公众要调整其资产组合——这是利率下调的结果，然后是增加总需求。

2. 货币政策的传递机制

传递机制，即货币政策的改变对总需求产生影响的过程，有两个最重要的步骤：第一个步骤是实际余额的增加，它导致资产组合的失衡。这就是，在现行利率与收入水平上，人们持有的货币超过了他们的需要。这使资产组合持有人设法购买其他资产以降低其持有的货币量，因而改变了资产价格及其收益。换言之，货币供给的改变使利率发生了变动；第二个步骤是在利率的变动影响到总需求的时候发生的。如表 11－1 所示。

表 11－1　货币政策的传递机制

(1) →	(2) ⟶	(3) ⟶	(4)
实际货币供给的变动	资产组合的调整引起资产价格与利率的变动	根据利率变动的支出调整	根据总需求变动的产出调整

传递机制表明在实际余额(即实际货币存量)的变动与对收入的最终影响之间存在两个关键性的联系：

(1)由于资产组合出现了不均衡所产生的实际余额变动，必然导致利率的变动。

(2)利率的变动必然使总需求发生变动。

通过这两个联系，实际货币存量的变动将影响经济中的产出水平。如果资产组合的不平衡，不管由于什么理由，未能引起利率的显著变动，或者如果支出对利率的变动不做出反应的话，则货币与产出之间的联系就不存在。

3. 流动性陷阱

流动性陷阱表明这样一种情况，即在既定的利率情况下，不管货币供应量有多少，公众就打算持有多少。这意味着 *LM* 曲线是水平的，而且货币数量的变化不会使它移动。在这种情况下，通过公开市场业务实施的货币政策，既不影响利率，也不影响收入水平。在流动性陷阱中，货币政策无力影响利率。

4. 古典情况

当货币需求对利率完全无反应时，*LM* 曲线是垂直的，垂直的 *LM* 曲线称之为古典情况。*LM* 曲线被描述为：$\frac{\overline{M}}{\overline{P}} = kY - hi$，如果 h 为零，相应于既定的实际货币供给 $\overline{M}/\overline{P}$，存在一个惟一的收入水平。这意味着在该收入水平，*LM* 曲线是垂直的，这种情况称之为古典情况，此时 *LM* 曲线方程将改写为：$\overline{M} = k(\overline{P} \times Y)$，意味着名义 GDP，即 $\overline{P} \times Y$，只取决于货币量，这就是古典的货币数量论。

LM 曲线垂直时，给定的货币数量的变化对收入水平的影响最大。通过向右移动垂直的 *LM* 曲线并且将由此引起的收入变动，移动 *IS* 曲线确实不影响收入水平。因此，当 *LM* 曲线垂直时，货币政策对收入水平产生最大效应，而财政政策对收入无影响。

二、财政政策

财政政策指政府变动税收和支出以便影响总需求进而影响就业和国民收入，达到稳定国民经济目标的政策。变动税收指改变税率和税率结构；变动政府支出指改变政府对商品和劳务的购买支出以及转移支付。

1. 财政政策的效果

财政政策效果的大小指政府收支变化(包括变动税收、政府购买和转移支付等)使 *IS* 曲线变动从而对国民收入产生影响的效果。财政政策效果的大小取决于 *IS* 和 *LM* 曲线的斜率。

(1)政府支出增加的 *IS* – *LM* 图形分析

图 11 – 2 表明了财政扩张如何提高了均衡收入与利率。政府支出水平提高，会增加总需求水平。为了满足增加的商品需求，产出必须增加。在图 11 – 2 表明了 *IS* 曲线移动的效应：增加政府支出增加总需求，使 *IS* 曲线向右移动。在每一利率水平上，均衡收入都必定提高乘数 α_G 乘上政府支出的增加量那么多，即增加 $\alpha_G \times \Delta G$。

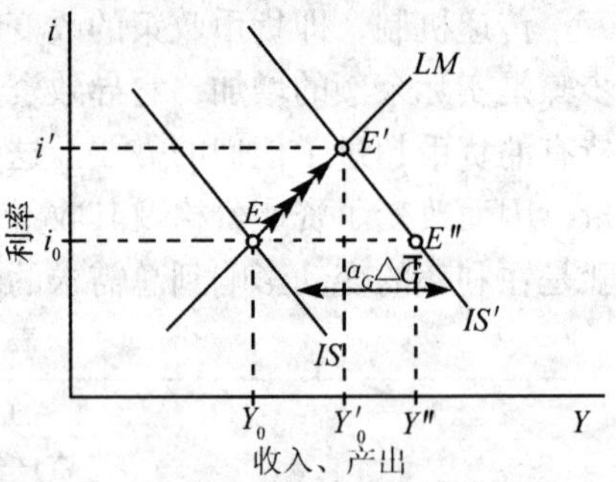

图 11 – 2　增加政府支出的效应

如图 11 – 2 所示，如果该经济初始均衡在 *E* 点，政府支出增加，假如利率保持不变，则经济的均衡点移动到点 *E*″。在 *E*″点，商品市场处于均衡，其计划支出等于产出。但货币市场不再处于均衡状态。收入已经增加，因而，需要的货币量也就提高了。由于存在着过量的实际余额需求，因而利率提高。在利率较高的情况下，企业计划的投资支出下降，因此总需求下降。

(2)财政政策效果的结论

①在 *LM* 曲线斜率不变的情况下，由税率越小导致的 *IS* 曲线越平坦，财政政策效果越小。

②在 *LM* 曲线斜率不变的情况下，由投资需求的利率弹性上升导致的 *IS* 曲线越平坦，财政政策效果越小。

③在 *IS* 曲线斜率不变的情况下，*LM* 曲线越平坦，财政政策效果越大。

2. 财政政策的挤出效应

挤出效应是指政府支出增加所引起的私人消费或投资降低的经济效应。在 *IS* – *LM* 模型中，若 *LM* 曲线不变，向右移动 *IS* 曲线，两种市场同时均衡时会引起利率的上升和国民收入的增加。但是这一增加的国民收入小于不考虑货币市场的均衡或利率不变条件下的国民收入增量，这两种情况下国民收入增量的差额就是利率上升引起的“挤出效应”。

决定挤出效应大小的因素：在以下每种情况中，当政府支出增加时，利率提高得越高，挤出程度就越大。

(1)收入增加得越多与利率增加得越少，*LM* 曲线越平坦。

(2)收入增加得越少与利率增加得越少，*IS* 曲线就越平坦。

(3)乘数 α_G 越大，则收入与利率提高得越多，从而 *IS* 曲线的水平移动也越多。

3. 流动性陷阱

如果经济处于流动性陷阱之中，那么 *LM* 曲线为水平的，政府支出的增加对均衡收入水平就会产生充分的乘数效应。利率不会随政府支出的变动而起变动，因而投资支出不会发生削减。政府支出增加的收入效应不会受到抑制。

4. 古典情况与挤出

如果 *LM* 曲线为垂直的，政府支出的增加，使 *IS* 曲线移动到 *IS*′，则政府支出的增加对均衡收入水平没有影响，只会提高利率。此时货币需求与利率无关，则只有惟一的收入水平使货币市场处于均衡状态。在这种情况下，利率的增加，挤出的私人(特别是投资)支出量等于政府支出增加量。因此 *LM* 曲线垂直时，会发生完全的挤出现象。

三、产出构成与政策配合

1. 总论

在政策对总需求的组成部分，即分别对投资、消费与政府支出所产生的影响方面，货币政策与财政政策之间有明显的差异。如表 11－2 所示。

(1)货币政策通过刺激总需求中对利息敏感的组成部分(主要投资支出)而发挥作用。

(2)财政政策起作用的方式则取决于政府采购的是什么商品，变动的是什么税种以及什么样的转移。每个政策都影响总需求水平，并引起产出的增加，但增加产出的构成取决于特定政策。政府支出的增加，通过政府采购，提高了消费支出。削减所得税直接影响消费支出。

表 11－2　对收入与利率的政策效应

政策	均衡收入	均衡利率
货币扩张	+	－
财政扩张	+	+

2. 投资补贴

政府补助投资时，实质上就是为每一家企业的投资支付部分成本。作为投资补贴的财政政策效应如图 11－3 所示。

在图 11－3(a)中，投资补贴使投资曲线移动。在每一个利率水平，企业现在都计划更多的投资。由于投资支出提高，总需求会随之增加。在图 11－3(b)中，*IS* 曲线移动的量等于乘数乘以补贴所引起的自主投资的增加量。新的均衡处于 E'点，商品市场与货币市场在该点重新达于平衡。虽然利率已经上涨，但从图 11－3(a)中可以看出投资仍然提高了。投资从 I_0 提高到 I_0'的水平。利率增加的抑制作用并没有逆转投资补贴的影响。此时，作为扩张性财政政策结果的较高收入引起的消费与投资两者都增加了。

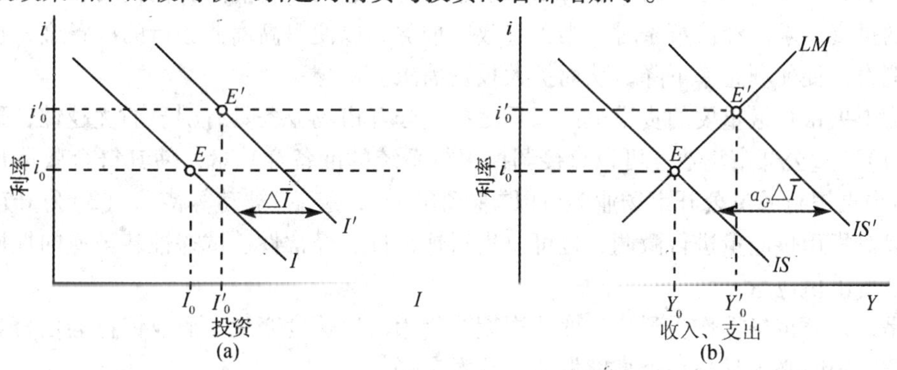

图 11－3　投资补贴使投资曲线移动

3. 不同类型的财政政策的影响

不同类型的财政政策不仅影响产量与利率，而且还影响产出的构成部分，表 11－3 说明了各种财政政策对利率、消费、投资和产出的不同影响。

表 11－3　财政政策的选择

	利率	消费	投资	GDP
削减所得税	+	+	－	+
政府支出	+	+	－	+
投资补贴	+	+	+	+

4. 政策配合

虽然所有政策都提高产出，但对经济各个领域的影响程度却有很大的不同，货币政策与财政政策的变动对产量组成有着不同的影响。这意味着决策者能够选择一种政策组合，即货币政策与财政政策的相互结合，不但会使经济趋于充分就业，而且有助于解决其他政策问题。财政政策和货币政策的配合使用效果如表 11－4 所示。

表 11－4　财政政策和货币政策的混合使用

政策混合	产出	利率
膨胀性财政政策和紧缩性货币政策	不确定	上升
紧缩性财政政策和紧缩性货币政策	减少	不确定
紧缩性财政政策和膨胀性货币政策	不确定	下降
膨胀性财政政策和膨胀性货币政策	增加	不确定

11.2　课后习题详解

一、概念题

1. 公开市场操作(open market operation)

答：公开市场操作指中央银行在证券市场上公开买卖有价证券(主要是政府公债、国库券和银行承兑票据等)，以期调节信用和货币供应量的一种业务活动，是中央银行的三大法宝之一。公开市场业务的目的是：(1)通过政府债券的买卖活动收缩或扩大会员银行存放在中央银行的准备金，从而影响这些银行的信贷能力；(2)通过影响准备金的数量控制市场利率；(3)通过影响利率控制汇率和国际黄金流动；(4)为政府证券提供一个有组织的市场。公开市场业务被认为是实施货币政策、稳定经济的重要工具。例如，经济扩张时，实行卖出政府债券的政策，可以减少商业银行的准备金，降低它的信贷能力，促使贷款利率上涨，遏制过度的投资需求。经济萧条时，则买进政府债券，以便提高商业银行的准备金，扩大它们的信贷能力，促使利息率下降，从而扩大投资需求。

作为中央银行最重要的货币政策工具之一，公开市场业务具有明显的优越性，这主要体现在：(1)通过公开市场业务可以直接调控银行系统的准备金总量，使其符合政策目标的需要；(2)中央银行通过公开市场业务可以“主动出击”，避免“被动等待”；(3)公开市场业务操作可以对货币供应量进行微调，也可以进行连续性、经常性、试探性甚至逆向性操作，以灵活调节货币供应量。

但是，公开市场操作受到诸如商业周期、货币流通速度变化、商业银行的信贷意愿等因素的影响，同时必须具备一个高度发达的证券市场。

2. 传递机制(transmission mechanism)

答：传递机制指货币政策的改变对总需求产生影响的过程。当中央银行实行扩张性货币政策时，如果价格水平不变，货币供应量上升，利率将下降；利率的下降会刺激投资的上升，从而增加总需求，最终引起总产出的增加。反之，中央银行实行紧缩性货币政策时，货币供应量下降，利率、投资和总产出就会沿着相反的方向运动。

传递机制有两个最重要的步骤。第一个步骤是实际余额的增加，它导致资产组合的失衡。这就是，在现行利率与收入水平上，人们持有的货币超过了他们的需要，这使资产组合持有人设法购买其他资产以降低其持有的货币量，因而改变了资产价格及其收益。换言之，货币供给的改变使利率发生了变动。传递过程的第二个步骤是在利率的变动影响到总需求的时候发生的。几乎在每一个有关货币供给变动对经济发生影响的分析中，都出现了这样两个阶段的传递过程。分析的细节往往不太一样，有些分析有两种以上的资产与一种以上的利率；有些分析则包括利率对其他类型需求的影响，特别是对消费与地方政府支出的影响。

3. 资产组合的失衡(portfolio disequilibria)

答：资产组合的失衡指当人们在现行的利率而不是他们意愿的利率上而选择持有更多某种资产(例如货币)时的情形。资产组合指通过对不同资产进行组合，在追求最大收益或预期收益的同时，借助于非系统风险的消除以降低投资风险。实际余额的增加将会导致资产组合的失衡，即在现行利率与收入水平上，人们持有的货币超过了他们的需要，这使资产组合持有人设法购买其他资产以降低其持有的货币量，因而改变了资产价格及其收益。也就是说，货币供给的改变使利率发生了变动。

4. 流动性陷阱(1iquidity trap)

答：流动性陷阱指即使利息率降到零也无法把储蓄动员出来加入到直接投资和消费中，即 *LM* 曲线是水平时的状况，又称“凯恩斯陷阱”。当一定时期的利率水平降低到不能再低时，人们就会产生利率上升而债券价格下降的预期，货币需求弹性就会变得无限大，即无论增加多少货币，都会被人们储存起来。发生流动性陷阱时，再宽松的货币政策也无法改变市场利率，使得货币政策失效。

当利率极低时，有价证券的价格会达到很高，人们为了避免因有价证券价格跌落而遭受损失，几乎每个人都宁愿持有现金而不愿持有有价证券，这意味着货币需求会变得完全有弹性，人们对货币的需求量趋于无限大，表现为流动偏好曲线或货币需求曲线的右端会变成水平线。在此情况下，货币供给的增加不会使利率下降，从而也就不会增加投资引诱和有效需求，当经济出现上述状态时，就称之为流动性陷阱。但实际上，以经验为根据的论据从未证实过流动性陷阱的存在，而且流动性陷阱也未能被精确地说明是如何形成的。

5. 古典情况(classical case)

答：古典情况即垂直的 *LM* 曲线，是货币需求对于实际利率十分敏感的情况。古典情况是一种极端情况。如果 *IS* 越平坦，或 *LM* 越陡峭，则财政政策效果越小，货币政策效果越大。如果出现一种 *LM* 曲线为垂直线而 *IS* 曲线为水平线的情况，则财政政策将完全无效。而货币政策将完全有效。这种情况被称为古典情况。

6. 货币数量论(quantity theory of money)

答：货币数量论指关于名义总收入只决定于货币数量变动的理论，是一种历史悠久的货币理论。这种理论最早由 16 世纪法国经济学家波丹提出，现在继承这一传统的是美国经济学家弗里德曼的现代货币数量论。这一理论的基本思想是：货币的价值(即货币的购买力)和物价水平都由货币数量决定。货币的价值与货币数量成反比例变动，物价水平与货币数量同方向变动。这就是说货币数量越多，货币的价值越低，而物价水平越高；反之，货币数量越少，货币的价值越高，而物价水平越低。

古典货币数量论和现代货币数量论在解释货币数量与物价水平之间的关系时，实际上都假设货币政策的传导过程是通畅无阻的。也就是说，中央银行供给的基础货币，经过金融机构与市场的乘数扩张而形成的货币供给量，都没有偏离货币政策目标，而是完全作用于实体经济之中。在这种情况下，中央银行与商业银行的货币供给直接对实体经济产生作用，即在实际产出比较稳定时，中央银行与商业银行的货币供给增加将会导致物价水平的上涨；反之，则会导致物价水平的下降。货币供给量的变化，虽然不一定引起物价水平同比例的变化，但货币供给量的变化与物价水平的变化应该是同方向的。

7. 挤出(效应)(crowding out)

答：挤出效应指政府支出增加引起私人部门消费和投资下降的作用。挤出效应的作用机制是：①政府支出增加，商品市场上竞争加剧，价格上涨，实际货币供应量减少。因而用于投机目的的货币量减少；②用于投机目的的货币量减少引起债券价格下降，利率上升，结果投资减少。由于存在着货币幻觉，在短期内，将会有产量的增加。但在长期内，如果经济已经处于充分就业状态，那么增加政府支出只能挤占私人支出。货币主义者认为，当政府增加政府支出而没有增加货币供给时，那么实际上是用政府支出代替私人支出，总需求不变、生产也不会增长。所以，货币主义者认为财政政策不能刺激经济增长。

在 *IS - LM* 模型中，若 *LM* 曲线不变，向右移动 *IS* 曲线，两种市场同时均衡时会引起利率的上升和国民收入的增加。但是，这一增加的国民收入小于不考虑货币市场的均衡(即 *LM* 曲线)或利率不变条件下的国民收入的增量，这两种情况下的国民收入增量之差，就是利率上升而引起的“挤出效应”。“挤出效应”的大小取决于支出乘数的大小、货币需求对收入变动的敏感程度、货币需求对利率变动的敏感程度、投资需求对利率变动的敏感程度等。其中，货币的利率敏感程度和投资的利率敏感程度是“挤出效应”大小的决定性因素。“挤出效应”与货币的利率敏感程度负相关，与投资的利率敏感性正相关。

8. 预算赤字货币化(magnetizing budget deficit)

答：预算赤字货币化指联邦储备系统印制纸币去购买那些政府用来弥补其赤字的债券。中央银行购买公共债券，一般被称为预算赤字的货币化，但从根本上说中央银行购买债券使得政府只要靠印制纸币就可以购买商品和服务。财政部欠中央银行的债务不需要真正偿还：它只代表着政府的一个部门对另一个部门的债权。因此，中央银行购买债券的最终效应是政府能够维持预算赤字，而靠增加公众持有的货币供给来进行支付。由于印制货币并不昂贵，所以政府能够以很少的直接成本获取商品和服务。但是，这里有一个棘手的问题：预算赤字的货币化通常会导致通货膨胀。

9. 投资补贴(investment subsidy)

答：投资补贴指私人投资成本中由政府支付的部分。政府有可能通过投资补贴增加投资支出，美国政府有时通过投资税减免来补贴投资，因而企业增加投资支出即可少纳税。例如，克林顿总统在其 1993 年财政一揽子计划中就曾经提出投资税减免。

政府补助投资时，实质上就是为每一家企业的投资支付部分成本。投资补贴使投资曲线移动，在每一个利率水平，企业现在都计划更多地投资。由于投资支出提高，总需求会随之增加。对投资者进行补贴的优点是可以调动投资者的积极性，增加生产能力，扩大产业规模；缺点是与企业生产经营状况无关，不能起到刺激更新技术、降低成本的作用。

10. 投资税减免(investment tax credit)

答：投资税减免指国家以法律形式规定的在一定条件下允许纳税人以用于某些方面的投资抵免一定税款的政策措施。实行这种政策，表明国家是鼓励税收减免的，即国家为支持投资而在税收方面做出优惠的减免税的规定。这种政策对鼓励和吸引投资有一定成效。我国在改革开放中也使用了这种政策。

11. 政策组合(policy mix)

答: 政策组合指为了实现宏观经济目标而采取的财政政策、货币政策以及其他一些政策工具的组合。扩张性的财政政策表现为 *IS* 曲线右移，在使收入增加的同时会带来利率的上升，而扩张性的货币政策表现为 *LM* 曲线右移，在使收入增加的同时会带来利率的下降。因此，为实现收入和利率的不同组合，将两种政策搭配使用，即财政政策和货币政策的混合使用。

政府和中央银行可以根据具体情况和不同目标，选择不同的政策组合。例如，当经济萧条但又不太严重时，用扩张性财政政策刺激总需求，又用紧缩性货币政策控制通货膨胀；当经济发生严重通货膨胀时，用紧缩货币来提高利率，降低总需求水平，又紧缩财政，以防止利率过分提高；当经济中出现通货膨胀又不太严重时，用紧缩财政压缩总需求，又用扩张性货币政策降低利率，以免财政政策紧缩而引起衰退；当经济严重萧条时，用扩张财政增加总需求，用扩张货币降低利率以克服“挤出效应”。

12. 实际利率(real interest rate)

答: 实际利率是名义利率的对称，指名义利率减去物价上涨后余下的利率。名义利率扣除了物价上涨因素即为实际利率，它是以实物为标准进行计算的利率。实际利率为正值时有利于吸收储蓄，有助于降低通货膨胀率；为负值时，则会减少储蓄，刺激金融投机，恶化通货膨胀。其计算公式为:

$$实际利率=\frac{名义利率-通货膨胀率}{1+通货膨胀率}$$

从根本上讲，实际利率代表着社会资金的平均成本，实际利率的变动改变着资金的分布和流向。若是实际利率低，则意味着企业资金成本走低、企业利润上升，利率调节资金供求关系的杠杆作用就会被发挥出来，资金成本下降，生产者开始有利可图，企业利润和效益也将相应上升。

13. 预期的货币政策(anticipatory monetary policy)

答: 预期的货币政策指为了对估计到的未来将会发生的问题(例如通货膨胀的压力)做出反应而采用的货币政策。比如，在一个预先防范的货币政策的例子中，央行不是对总需求与通货膨胀压力的现有情况做出反应，而是对经济如果增长过快，会发生通货膨胀的这种担心作出反应。该政策的基本问题是：确定货币政策时，应当往前看。

二、简答题

1. 教材中描述了联储的公开市场购买的效应。

(1)给联储的公开市场出售下一个定义。

(2)说明公开市场出售对利率与产出的影响，说明直接影响与长期影响。

In the text we describe the effect of an open market purchase by the Fed.

(1) Define an open market sale by the Fed.

(2) Show the impact of an open market sale on the interest rate and output. Show both the immediate and the longer-term impacts.

答: (1)联邦储备的公开市场出售指在债券二级市场上出售债券换取债券购买者支付的货币，从而减少货币存量。公开市场业务是联邦储备在公开市场上买进或卖出政府债券以增加或减少商业银行准备金的一种政策性手段。国家进行公开市场业务是进行宏观经济调控的一种手段，常逆经济风向行事。当总需求过度，价格水平持续上涨时，政府卖出政府债券。商业银行向中央银行付款，或者其他人向中央银行付款(所付款项也将从商业银行活期存款提取)，都将减少商业银行的准备金。商业银行准备金的减少会使活期存款多倍收缩(即由于乘数效应导致货币供给量的减少)，并引起利率上升。同时，公开市场卖出政府债券也会使政府债券价格下降，利率上升。利率的上升会引起投资下降，并引起收入、价格和就业的下降。

(2)下面以卖出债券来说明公开市场出售对产量和利率的即时影响和长期影响。如图11－4所示。

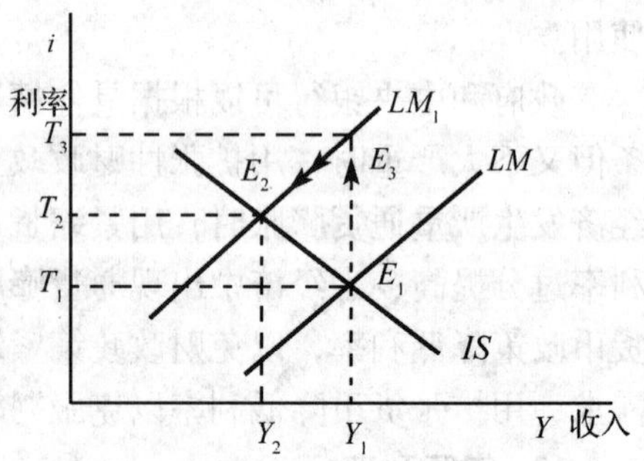

图11－4 公开市场业务的即时影响和长期影响

即时影响：出售债券，货币存量减少，即货币供给减少(LM 曲线左移至 LM_1)，利率由 T_1 上升到 T_3，产出 Y_1 没有改变。

长期影响：出售债券后货币供给减少，利率上升，投资下降，此时产出会减少，人们的收入下降导致收入引起的货币需求的减少，从而会使利率缓慢地由 T_3 下降到 T_2，最终由于出售债券货币供给减少而使得利率由 T_1 上升到 T_2，产量由 Y_1 下降到 Y_2。

2. 讨论货币政策乘数与财政政策乘数各自依次等于零时所处的环境。用文字说明为什么这有可能发生，以及你认为这有多大的可能。

Discuss the circumstances under which the monetary and fiscal policy multipliers are each, in turn, equal to zero. Explain in words why this can happen and how likely you think this is.

答：(1)货币政策乘数为：$k_m=\dfrac{\frac{b}{h}}{1-c(1-t)+\frac{bk}{h}}$，关于货币政策乘数等于零时所处的环境以及可能性分析如下。

显然，由上述公式可知：

①当 $b=0$ 时，$k_m=0$，即无论利率如何变化，投资都不会随之发生改变的情况下，当货币供给 M/P 增加时，引起货币市场上利率下降，此时由于投资不受利率影响而保持不变，从而产品市场上投资需求不变，产出不变，进而货币政策乘数为0。

②当 $h\to+\infty$ 时，$k_m=0$，即当投机动机的货币需求对利率变化非常敏感时，LM 为一条水平线，此时增加的货币供给 $\Delta(M/P)$ 都会被公众持有，使得货币供给的增加对利率不能产生影响，进而投资没有变化，从而产出不变，所以货币政策乘数为0。

③当 $k\to+\infty$ 时，$k_m=0$，即当交易和预防的货币需求对收入非常敏感时，LM 也为一条水平线，此时，货币供给增加 $\Delta(M/P)$，使得利率下降，从而投资上升，产出增加，人们收入增加，由于 $k\to+\infty$，所以对货币需求增加会很大，从而使得货币市场上利率上升较多，进而引起投资下降，产出减少，最后增加的货币供给量只会引起很少的产出增加，从而使得 k_m 近似等于零。

(2)财政政策乘数为：$k_g=\dfrac{1}{1-c(1-t)+\frac{bk}{h}}$，关于财政政策乘数等于零时所处的环境以及可能性分析如下。

显然，由上述公式可知：

①当 $h=0$ 时，$k_g=0$，即当利率变化，投机动机的货币需求不变的情况下，政府支出增加，使得总需求增加，从而使总产出增加 ΔY，人们收入增加后对货币需求增加，为了使货币市场达到均衡，从而利率上升，但由于 $h=0$，投机动机的货币需求不变，所以，最终由于利率上升所引起的投资减少，进而由投资减少引起的总产出的减少量应该等于 ΔY，从而使人们最终的收入没有发生变化，进而货币需求没有发生增加。此时 $k_g=0$。

②当 $b\to+\infty$ 时，$k_g=0$，即当投资对利率非常敏感的情况下，在政府支出增加 ΔG 时，总产出会增加，人们由于收入增加而引起了对货币需求的增加，货币市场为了实现均衡，利率上升使得投资货币需求减少，但由于 $b\to+\infty$，所以上升的利率会使得投资减少很多，进而使得产出减少很多，最终总产出的增加相对于 ΔG 会很少，进而 k_g 近似等于0。

③当 $k\to+\infty$ 时，$k_g=0$，即当交易和预防的货币需求对收入非常敏感的情况下，在政府增加支出 ΔG 时，总产出会增加，人们由于收入增加而引起了对货币需求增加，由于 $k\to+\infty$，所以对货币需求的增加会很大，货币市场为了实现均衡，利率会上升很多，进而投资货币需求才能下降很大，这样上升很大的利率又会引起投资下降得很多，进而产出下降很多，最终总产出的增加相对于 ΔG 会很少，从而 k_g 近似为0。

(3)以上使得 $k_g=0$，$k_m=0$ 发生的几种情况的可能性都很小，是一种近似的极限情况的分析。

注意：很多同学对于使 $k_g=0$，$k_m=0$ 的讨论不充分，此为其一；其二，在具体分析每一种情况时对于货币市场和产品市场之间的传导机制不是特别清楚。

3. 什么是流动性陷阱？如果经济陷入这个陷阱，你建议采用货币政策，还是财政政策？

What is a liquidity trap? If the economy was stuck in one, would you advise the use of monetary or fiscal policy?

答：(1)流动性陷阱的含义

流动性陷阱指即使利息率降到零也无法把储蓄动员出来加入到直接投资和消费中，即 *LM* 曲线是水平时的状况，又称“凯恩斯陷阱”。当一定时期的利率水平降低到不能再低时，人们就会产生利率上升而债券价格下降的预期，货币需求弹性就会变得无限大，即无论增加多少货币，都会被人们储存起来。发生流动性陷阱时，再宽松的货币政策也无法改变市场利率，使得货币政策失效。

(2)经济陷入这个陷阱，建议采用财政政策

当利率降低到很低水平时，持有货币的利息损失很小，可是如果购买债券的话，由于债券价格异常高(利率极低表示债券价格极高)，因而只会跌而不会再涨，从而使购买债券的货币资本损失的风险变得很大，这时，人们即使有闲置货币也不肯去购买债券，这就是说，货币的投机需求变得很大甚至无限大，经济陷入所谓“流动性陷阱”(又称“凯恩斯陷阱”)状态，这时的货币需求曲线 *LM* 曲线呈水平状。

如果政府增加支出，*IS* 曲线右移，货币需求增加，并不会引起利率上升而发生“挤出效应”，于是财政政策极有效；相反，这时政府如果增加货币供给量，则不可能再使利率进一步下降，因为人们再不肯去用多余的货币购买债券而宁愿让货币保留在手中，因此债券价格不会上升，即利率不会下降，既然如此，想通过增加货币供给使利率下降并增加投资和国民收入，就不可能，因此货币政策无效，因而凯恩斯主义首先强调财政政策而不是货币政策的

作用。

4. 什么是挤出效应？你预期一下它什么时候发生？面临大量的挤出，哪个更能成功——是财政政策还是货币政策？

What is crowding out, and when would you expect it to occur? In the face of substantial crowding out, which will be more successful—fiscal or monetary policy?

答：(1)挤出效应的含义

挤出效应指政府支出增加引起私人部门消费和投资下降的作用。挤出效应的作用机制是：①政府支出增加，商品市场上竞争加剧，价格上涨，实际货币供应量减少。因而用于投机目的的货币量减少；②用于投机目的的货币量减少引起债券价格下降，利率上升，结果投资减少。由于存在着货币幻觉，在短期内，将会有产量的增加。但在长期内，如果经济已经处于充分就业状态，那么增加政府支出只能挤占私人支出。货币主义者认为，当政府增加政府支出而没有增加货币供给时，那么实际上是用政府支出代替私人支出，总需求不变、生产也不会增长。所以，货币主义者认为财政政策不能刺激经济增长。

(2)挤出效应发生的时机

在 *IS*－*LM* 模型中，若 *LM* 曲线不变，向右移动 *IS* 曲线，两个市场同时均衡时会引起利率的上升和国民收入的增加。但是，这一增加的国民收入小于不考虑货币市场的均衡(即 *LM* 曲线)或利率不变条件下的国民收入的增量，这两种情况下的国民收入增量之差，就是利率上升而引起的“挤出效应”。“挤出效应”的大小取决于支出乘数的大小、货币需求对收入变动的敏感程度、货币需求对利率变动的敏感程度、投资需求对利率变动的敏感程度等。其中，货币的利率敏感程度和投资的利率敏感程度是“挤出效应”大小的决定性因素。“挤出效应”与货币的利率敏感程度负相关；与投资的利率敏感程度正相关。

(3)针对挤出效应的政策

面临大量的挤出，采取货币政策更能成功。当 *LM* 曲线垂直时挤出效应最大，财政政策完全被挤出，不会引起国民收入的增加只能导致利率上升。当人们只有交易需求而没有投机需求时，如果政策采用膨胀性货币政策，这些增加的货币将全部用来购买债券，而不愿为投机而持有货币，这样，增加货币供给就会导致债券价格大幅度上升，而利率大幅度下降，使投资和收入大幅度增加，因而货币政策很有效。相反，实行增加政府支出的政策则完全无效，因为支出增加时，货币需求增加会导致利率大幅度上升(因为货币需求的利率弹性极小，几乎接近于零)，从而导致极大的挤出效应，因而使得增加政府支出的财政政策效果极小，所以古典主义者强调货币政策的作用而否定财政政策作用。

5. 在古典世界中，*LM* 曲线看起来什么样的？如果这真是最能表示经济特征的 *LM* 曲线，你倾向于利用财政政策还是货币政策呢？(你可以假定你的目的是影响产出)

What would the *LM* curve look like in a classical world? If this really were the *LM* curve that we thought best characterized the economy, would we lean toward the use of fiscal policy or monetary policy? (You may assume your goal is to affect output.)

答：(1)在古典世界中，*LM* 曲线在充分就业的产出水平下是垂直的。参见本章“概念题第5题”。

(2)在古典世界里，应该利用货币政策而不是财政政策。*LM* 曲线垂直时，货币需求和货币供给完全没有利率弹性，挤出效应最大。如果想影响国民收入，比如说增加国民收入，货币政策会非常有效而财政政策则完全无效。因为任何财政政策都会被完全挤出，只能引起利率上升而不会改变产出水平。相反货币政策会非常有效，因为它能引起产出水平的变化。

6. 联储实行预算赤字货币化时，会发生什么呢？这是应该经常努力去做的事吗？（提示：随着时间推移，概述这样一种政策的优点与代价）

What happens when the Fed monetizes a budget deficit? Is this something it should always try to do?（Hint: Outline the benefits and costs of such a policy over time.）

答：（1）预算赤字货币化指联邦储备系统印制纸币去购买那些政府用来弥补其赤字的债券。中央银行购买公共债券，一般被称为预算赤字的货币化，但从根本上说中央银行购买债券使得政府只要靠印制纸币就可以购买商品和服务。财政部欠中央银行的债务不需要真正偿还：它只代表着政府的一个部门对另一个部门的债权。因此，中央银行购买债券的最终效应是政府能够维持预算赤字，而靠增加公众持有的货币供给来进行支付。由于印制货币并不昂贵，所以政府能够以很少的直接成本获取商品和服务。但是，这里有一个棘手的问题：预算赤字的货币化通常会导致通货膨胀。

假设政府通过发行国债从公众手中融得资金来增加政府支出。由于政府的信用需求增加会使利率上升。如果担心高利率，联储可以实行货币化预算赤字，即购买公众持有的国债。这会使经济中的货币供给增加从而使利率下降。这样至少在短期内私人支出不会被挤出。

（2）实行预算赤字货币化并不是应该经常努力去做的事。在 *IS*－*LM* 模型中，扩张性的财政政策会使 *IS* 曲线向右移，同时联储的行为（实为扩张性的货币政策）也会使 *LM* 曲线向右移。这样 *AD* 曲线就要比联储没有货币化预算赤字时向右移动的多。然而，这会进一步加大价格水平上升的压力。在衰退期，当只有较小的通货膨胀压力时，这样的财政/货币政策组合是非常有效的并且只引起价格水平的小幅增长。然而如果经济接近充分就业水平，就会出现价格水平的明显上涨。在长期，当 *AS* 垂直时就会被完全挤出，不管联储是否货币化预算赤字。

7. “在相当宽松的限制之下，采用紧缩性财政政策与宽松性货币政策，或者反过来也一样，使我们能够拥有的 GDP 路径与我们想要的同样好。选择的真正基础，除了实际 GDP 与通货膨胀外，在于受财政政策与货币政策不同影响的许多次要目标。”引文中所涉及的这些次要目标是什么？它们怎样受不同政策配合的影响？

“We can have the GDP path we want equally well with a tight fiscal policy and an easier monetary policy, or the reverse, within fairly broad limits. The real basis for choice lies in many subsidiary targets, besides real GDP and inflation, that are differentially affected by fiscal and monetary policies.” What are some of the subsidiary targets referred to in the quote? How would they be affected by alternative policy combinations?

答：（1）紧缩性财政政策与宽松性货币政策或宽松性财政政策与紧缩性货币政策都不会明显地影响总需求或产出。如图 11－5 所示。

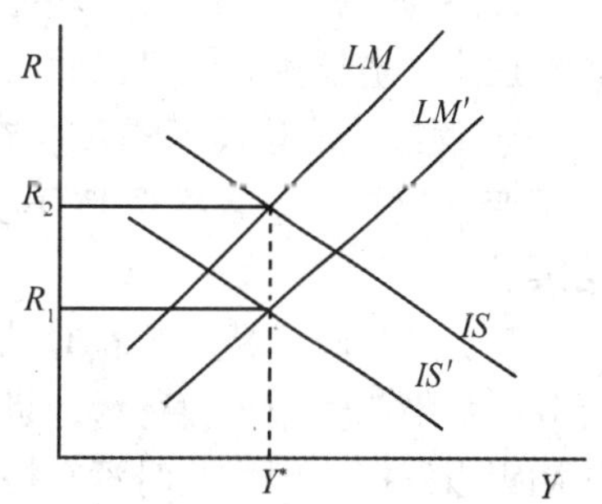

图 11－5　紧财政与松货币政策组合或松财政与紧货币政策组合效应

第一个政策组合使 *IS* 曲线向左移动，*LM* 曲线向右移动，那么产出大概不变而利率下降。税收增加降低了消费，同时政府支出的下降降低了公共支出占 GDP 的份额。由于利率降低投资支出增加。

第二个政策组合使 *IS* 曲线向右移动，*LM* 曲线向左移动，那么产出大概不变而利率上升。这使投资支出下降，但政府支出或消费(通过削减税收)增加了。

既定政策组合效应包括的其他考虑因素有：预算赤字、美元价值和净出口。第一个政策组合使预算赤字下降。较低的利率可能导致资本的外流，从而使美元贬值，最终提高了净出口。第二个政策组合提高了预算赤字。较高的利率可能导致资本的流入，从而使美元升值，最终降低了净出口。

次要目标还包括：利率水平(R)，货币供给量(M)，投资和消费在总需求中的比重。

(2)受不同政策配合的影响如表 11-5 所示。

表 11-5　不同政策组合效应

<table>
<tr><th></th><th>直接影响</th><th>间接影响</th><th>利率水平</th><th>货币供给</th><th>消费比重</th><th>投资比重</th></tr>
<tr><td rowspan="2">紧财政
松货币</td><td>$Y\downarrow$</td><td>$R\downarrow$</td><td rowspan="2">$R\downarrow$</td><td rowspan="2">$M\uparrow$</td><td rowspan="2">$C\downarrow$</td><td rowspan="2">$I\uparrow$</td></tr>
<tr><td>$R\downarrow$</td><td>$Y\uparrow$</td></tr>
<tr><td rowspan="2">松财政
紧货币</td><td>$Y\uparrow$</td><td>$R\uparrow$</td><td rowspan="2">$R\uparrow$</td><td rowspan="2">$M\downarrow$</td><td rowspan="2">$C\uparrow$</td><td rowspan="2">$I\downarrow$</td></tr>
<tr><td>$R\uparrow$</td><td>$Y\downarrow$</td></tr>
</table>

三、计算与分析题

1. 经济处于充分就业状态。现在政府要改变需求的构成，从消费转向于投资，但不允许超过充分就业水平。需要的政策组合是什么？采用 *IS-LM* 图解表明你的政策提议。

答：需要的政策组合为：扩张性货币政策和紧缩性财政政策相结合。

为了实现增加投资比重而减少消费比重，同时保证总需求不变，则可以采用扩张性货币政策使 LM 线向右平移，采用紧缩性财政政策使 IS 曲线向左下方平移，如下图所示这样最终使得利率下降，投资需求增加，紧缩性财政政策则可以使消费减少。个人所得税的增加或转移支付的下降将减少消费。这样 IS 曲线向左移动，导致收入水平和利率的下降。为了使收入水平恢复到原来的水平美联储应该采取扩张性货币政策使 LM 线向右平移，这会导致利率的进一步下降，从而刺激了投资增加，最终使总需求增加。如果新的 IS 曲线和 LM 曲线在原来的收入水平上相交，那么由于利率下降而引起的投资增加正好抵消消费的下降。

图 11-6 反映了伴随着货币供给(M/P)的增加，政府减少转移支付(TR)的影响，调整过程如下：

1→2：$TR\downarrow \Rightarrow C\downarrow \Rightarrow Y\downarrow = M_d\downarrow \Rightarrow i\downarrow \Rightarrow I\uparrow \Rightarrow Y\uparrow$，结果：$Y\downarrow$，$i\downarrow$。

2→3：$(M/P)\uparrow \Rightarrow i\downarrow \Rightarrow I\uparrow \Rightarrow Y\uparrow \Rightarrow M_d\uparrow \Rightarrow i\uparrow$，结果：$Y\uparrow$，$i\downarrow$。

最终综合影响：Y 大体保持不变，i 下降。

注意：增加税收时可以同时进行投资补贴，这样 IS 曲线就不会向左移动得那么多。

2. 假如政府削减所得税。在以下两种假设下：(1)政府通过调节性货币政策，保持利息不变；(2)货币存量保持不变。在 *IS-LM* 模型中表明减税的影响，并解释不同的结果。

答：当政府削减所得税时，IS 曲线将变得平滑，而且向右移动。收入和利率水平都会上升。如果此时中央银行增加货币供给来保持利率不变，则 LM 曲线向右移动，最大的乘数作用得以发挥，因为此时没有挤出效应发生。但是，如果货币供给保持不变，LM 曲线不会发生移动，则财政扩张对收入的总体效应会得到缩减，因为利率的上升会挤出一部分投资。

如图 11-7 所示，调整过程如下：

$1 \to 2$：$t\downarrow \Rightarrow C\uparrow \Rightarrow Y\uparrow = M_d\uparrow \Rightarrow i\uparrow \Rightarrow I\downarrow \Rightarrow Y\downarrow$，结果：$Y\uparrow$，$i\uparrow$。

$2 \to 3$：$(M/P)\uparrow \Rightarrow i\downarrow \Rightarrow I\uparrow \Rightarrow Y\uparrow \Rightarrow M_d\uparrow \Rightarrow i\uparrow$，结果：$Y\uparrow$，$i\downarrow$。

最终综合影响：Y 增加，i 大体保持不变。

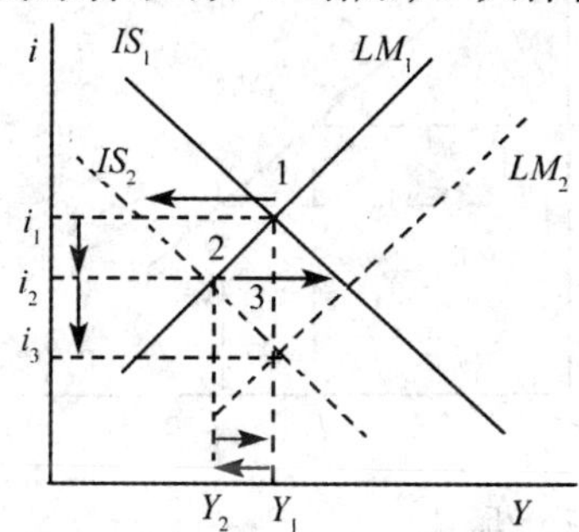

图 11－6　扩张性货币政策和紧缩性财政政策组合效应分析

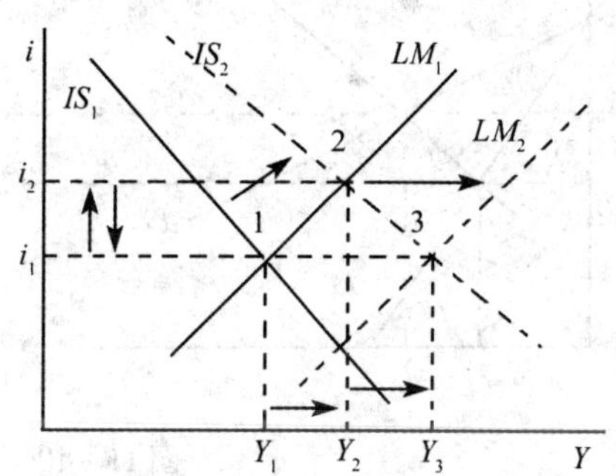

图 11－7　两种货币政策下削减个人所得税的效应分析

3. 考虑两种紧缩方案：一种是取消投资补贴；另一种是提高所得税率。如图 11－8 所示，利用其 *IS*－*LM* 模型与投资曲线，讨论这些不同政策对收入、利率与投资的影响。

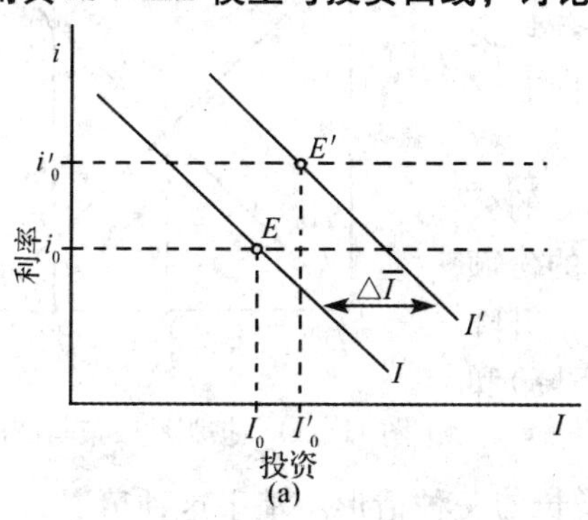

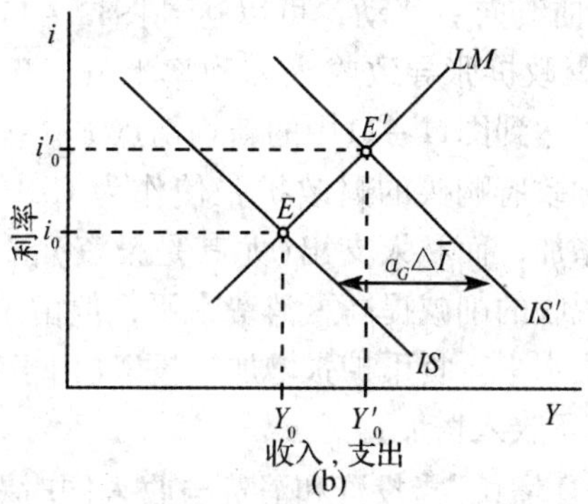

图 11－8　投资变化及对 *IS* 的影响

答：第一种方案：取消投资补贴，对收入、利率、投资的影响如图 11－9 所示：

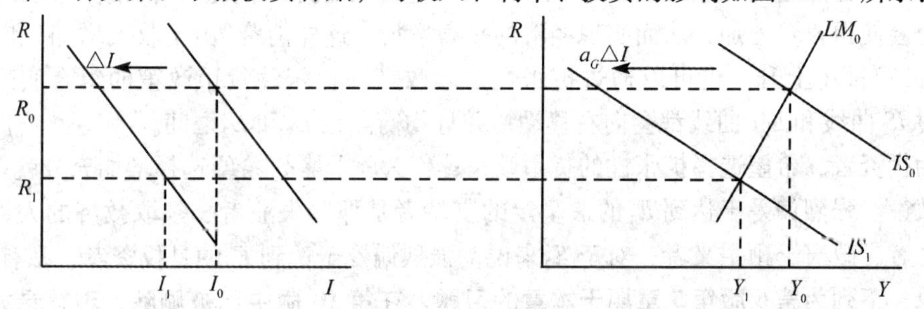

图 11－9　取消投资补贴的效应分析

由图形可以看出，取消投资补贴后，在每一个利率水平下，投资会减少 ΔI，*IS* 曲线会向左平移到 IS_1，最终收入会由 Y_0 下降到 Y_1，利率由 R_0 下降到 R_1，投资由 I_0 下降到 I_1，由于利率下降使投资会有一定的上升，从而使得实际投资的下降量少于 ΔI。

第二种方案：提高收入税税率，对收入、利率、投资的影响如图11－10所示。

提高税收率，乘数 α 减小，*IS* 曲线在纵轴截距不变的条件下，变得更加陡峭，如图 11－10所示，收入由 Y_2 减少到 Y_1，利率由 R_0 降低为 R_1，投资由 I_0 上升到 I_1。

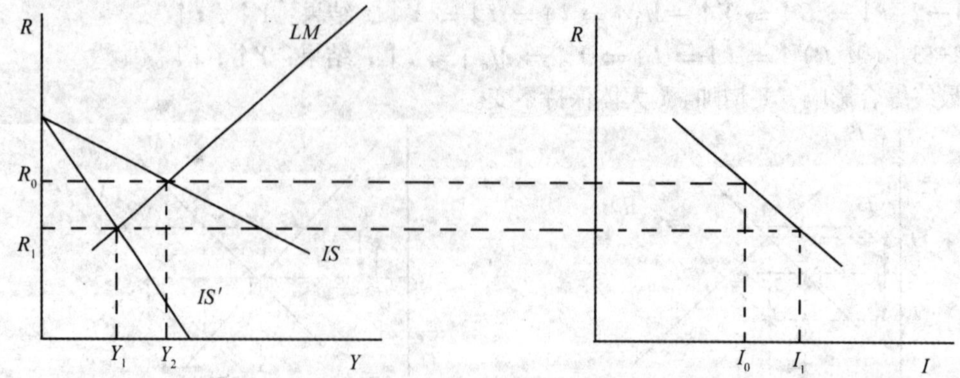

图 11－10　提高税率的效应分析

4. 在图 11－11 中，通过增加货币供给或者扩大充分就业赤字，经济能够达到充分就业。哪个政策导向 E_1，以及哪个导向 E_2？你希望如何进行选择？谁将强烈偏爱于达到 E_1？对于 E_2呢？什么政策相当于"平衡增长"？

答：货币扩张导致利率下降，从而刺激投资增加收入。LM 曲线向右移动，可以达到图11－11中的新均衡点 E_2。财政扩张导致收入和利率上升。IS 曲线向右移动，可以达到图11－11中的新均衡点 E_1。

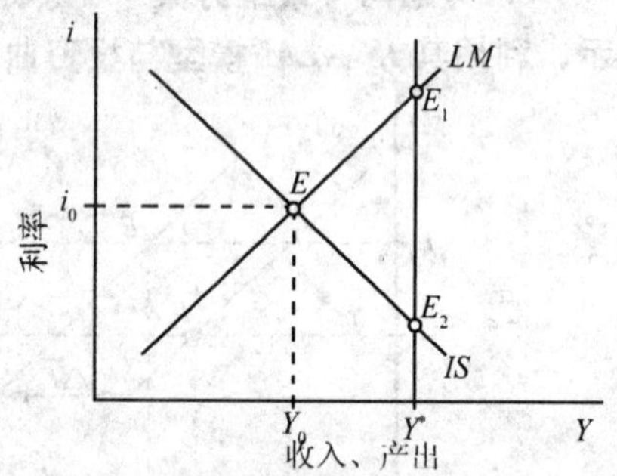

图 11－11　扩张性政策与产出构成

增加政府购买的财政扩张使作为 GDP 一部分的公共支出增加，而私人支出(尤其是投资)占 GDP 的份额下降。税收的削减提高了消费水平，但由于利率上升降低了投资水平。货币扩张增加了投资(由于利率下降)和消费(由于收入增加)。

"平衡增长"指投资和消费与收入同时获得增长的一种情形。基于这种情况，应该采用"投资补贴"使得 IS 曲线向右上方移动，从而达到图 11－11 中的新均衡点 E_1，使得产出增加，进而消费也随之增加，尽管利率的上升会产生一定的挤出效应，但由于投资补贴的作用，还是会使得投资增加，从而实现经济的平衡增长。这样消费(由于收入增加)和投资(由于投资补贴)都将上升。也可以通过扩张性财政政策和扩张性货币政策的组合实现充分就业。此时 IS 曲线和 LM 曲线都会向右移动，并且均衡点在 E_1和 E_2之间。

作为投资者，希望选择扩张性的货币政策；作为就业者，希望选择增加充分就业的扩张性财政政策。强烈偏爱于达到 E_1的最坚定的支持者是那些失业者、领取救济的人、公共物品的生产者、政府干预主义者；对于 E_2来说，强烈偏爱于达到 E_2的是投资者、私有企业主。

附录：下列为第 6 版第 5 章属于本章的习题，在第 10 版中已被删除，现补录如下，仅供参考！

1. 讨论参数 α_G、h、b 以及 k 在政府支出增加和最终的均衡收入变化的传导机制中的作用。下面用表 11－6 进行分析。

表 11－6　政府支出变化影响机制

(1)	(2)	(3)
$\overline{G}$ 增加提高了总需求和产量	收入增加提高了货币需求进而提高了利率	利率上升减少了投资支出从而减弱了产量扩张

答：(1)支出乘数α_G越大，*IS*曲线就越平坦，并且自主支出的任何增加现在将会对产出产生更大的影响。换句话说，自主支出的增加将使*IS*曲线移动的距离更大。但是收入的增加提高了货币需求和利率，投资支出因此将下降，减弱了产出扩张。从前面章节对*IS*－*LM*模型的规范处理可以看出随着乘数α_G的增加，财政政策乘数γ也会增加。

$$\left(\gamma=\frac{\alpha_G}{1+k\times\alpha_G\times\frac{b}{h}}=\frac{1}{\frac{1}{\alpha_G}+\frac{k\times b}{h}},\ \alpha_G\uparrow,\ \gamma\uparrow\right)$$

(2)如果货币需求的利率弹性h越大，那么*LM*曲线越平坦并且财政政策越有效。自主支出的增加使收入增加并增加了货币需求，从而提高了利率。如果货币需求对利率非常敏感，那么只要利率上升很小的一部分就会使货币市场再次回到均衡，并且挤出效应将相对变小。从前面章节对*IS*－*LM*模型的规范处理可以看出随着货币需求的利率弹性h的增加，财政政策乘数γ也会增加。

$$\left(\gamma=\frac{\alpha_G}{1+k\times\alpha_G\times\frac{b}{h}}=\frac{1}{\frac{1}{\alpha_G}+\frac{k\times b}{h}},\ h\uparrow,\ \gamma\uparrow\right)$$

(3)投资的利率弹性b越大，那么*IS*曲线就越平坦并且将减弱财政政策的有效性。因为利率增加后使货币市场回到均衡，但使投资下降得更多，因此现在政府支出的任何增加都将会产生更大的挤出效应。从前面章节对*IS*—*LM*模型的规范处理可以看出随着投资的利率弹性b的增加，财政政策乘数γ也会下降。

$$\left(\gamma=\frac{\alpha_G}{1+k\times\alpha_G\times\frac{b}{h}}=\frac{1}{\frac{1}{\alpha_G}+\frac{k\times b}{h}},\ b\uparrow,\ \gamma\downarrow\right)$$

(4)如果货币需求的收入弹性k越大，那么*LM*曲线越陡峭并且将降低财政政策的有效性。财政扩张产生的任何收入的增加将会更大程度的增加货币需求，进而要使货币市场回到均衡就要使利率增加得更多。因此挤出效应会更大。从前面章节对*IS*－*LM*模型的规范处理可以看出随着货币需求的收入弹性k的增加，财政政策乘数γ也会下降。

$$\left(\gamma=\frac{\alpha_G}{1+k\times\alpha_G\times\frac{b}{h}}=\frac{1}{\frac{1}{\alpha_G}+\frac{k\times b}{h}},\ k\uparrow,\ \gamma\downarrow\right)$$

2. 假设参数k和α_G分别为0.5和2，假设政府支出增加了10亿美元，那么，为保持利率不变，实际货币存量必须增加多少呢？(解答这一问题时需要参考第4章末尾部分的内容。)

说明：题中提到的“有必要参考第4章末尾部分的内容”(第六版教材)是指要参考第4章末尾部分的*IS*曲线和*LM*曲线的表达式。*IS*曲线：$Y=\alpha_G\times(\overline{A}-h\times i)$，*LM*曲线：$Y=\frac{1}{k}\left(\frac{\overline{M}}{\overline{P}}+h\times i\right)$，即$Y=\frac{1}{k}\left(\frac{\overline{M}}{\overline{P}}+h\times i\right)$，其中$\alpha_G=\frac{1}{1-c\times(1-t)}$。因此在利率不变的情况下，在商品市场上$\frac{\Delta Y}{\Delta G}=\alpha_G$，在货币市场上$\frac{\Delta Y}{\Delta\left(\frac{\overline{M}}{\overline{P}}\right)}=\frac{1}{k}$。

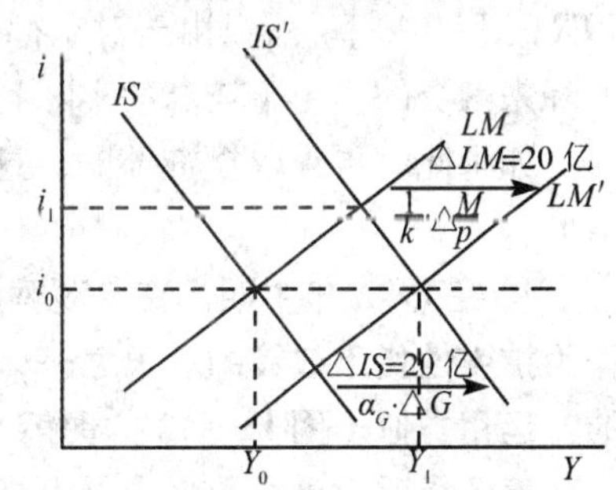

图 11－12　扩张性的财政政策和扩张性的货币政策组合使利率保持不变

答：如果$\alpha_G=2$，那么政府支出G增加$\Delta G=10$亿美

元，将使 IS 曲线向右移动 $\Delta IS=20$ 亿美元。为保持利率不变，LM 曲线也应该向右移动 $\Delta LM=20$ 亿美元。从 LM 曲线的方程 $Y=(1/k)\times[(M/P)+(h\times i)]$，可知 $\Delta Y=(1/k)\times\Delta(M/P)$，因为 $k=0.5$，$\Delta Y=20$ 亿美元，所以 $\Delta(M/P)=10$ 亿美元，即实际货币存量必须增加 10 亿美元。如图 11－12 所示。

3. 利用表 11－7 和表 11－8 来计算 1991 年美国和德国的平均实际利率。你预计这种差异会对两国的投资生产率产生什么影响？

表 11－7　1990－1991 年的衰退(％)

年份	1990		1991				1992
季节	3	4	1	2	3	4	1
GDP 增长	−1.6	−3.9	−3.0	1.7	1.2	0.6	2.7
通货膨胀率	4.7	3.9	5.3	3.5	2.4	2.4	3.1
失业率	5.6	6.0	6.5	6.8	6.8	7.0	7.2
国库券利率	7.5	7.0	6.0	5.6	5.4	4.5	3.9
预算赤字/GDP	2.6	3.5	2.6	3.7	3.7	4.2	4.9
充分就业赤字/GDP*	0.0	0.5	1.0	1.8	1.8	2.4	3.0

表 11－8　德国统一的宏观经济后果(％)

	1989	1990	1991	1992
GDP 增长	3.8	4.5	0.9	1.8
通货膨胀率	2.6	3.4	5.1	5.3
预算赤字/GDP	0.2	−1.7	−2.8	−3.2
名义利率	7.1	8.5	9.2	9.2

答：从表 11－7 可知，1991 年美国的国库券利率平均为 5.375％，通货膨胀率平均为 3.4％。这样美国的实际利率为 $i_r=i_n-\pi=5.375\%-3.4\%=1.975\%$。

从表 11－8 可知，1991 年德国的国库券利率平均为 9.2％，通货膨胀率平均为 5.1％。这样美国的实际利率为 $i_r=i_n-\pi=9.2\%-5.1\%=4.1\%$。

如果其他都相等，可以预计较高的实际利率会导致投资支出的减少。所以美国的投资率将上升而德国的投资率将下降。

但由于没有进一步的信息，所以在对环境进行评估时要仔细。回报率最高的地方会有资本流入。由于较高的实际利率，德国经历了资金流入，并且德国马克升值从而使国际收支的经常项目赤字。从前面的章节可知，储蓄与投资的差异等于预算赤字与贸易赤字的差异。[由 $C+I+G+NX=AD=Y=C+S+TA-TR$，得 $I-S=(TA-TR-G)-NX$，即 $S-I=NX+(TR+G-TA)$]。所以由于对东德基础设施的升级而要求的预算赤字的增加是通过净出口的下降来融资的。由于较高的实际利率导致资金流入和德国马克升值。

如果此时再采取投资补贴，这种情况将更加真实，就像美国二十世纪八十年代早期的情形。

4. 在 1992 年中期，许多观察家相信随着经济从衰退中复苏，美国的短期利率将上升。作为扩张性货币政策的后果之一，当时的国库券利率低于 4％。之后利率实际上是如何变化的？运用类似于图 11－13 的图解来解释最近的这些变化。

答：货币政策指通过中央银行调节货币供应量，影响利息率及经济中的信贷供应程度来间接影响总需求，以达到总需求与总供给趋于理想的均衡的一系列措施。货币政策分为扩张性的和紧缩性的两种。扩张性的货币政策是通过提高货币供应增长速度来刺激总需求，在这种政策下，取得信贷更为容易，利息率会降低。因此，当总需求与经济的生产能力相比很低时，使用扩张性的货币政策最合适。

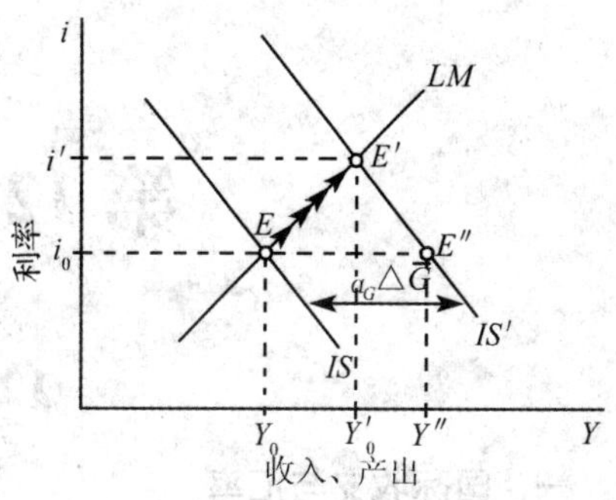

图 11－13　增加政府支出的效应：增加政府支出增加总需求，使 *IS* 曲线向右移动

为了摆脱 1990－1991 年的经济衰退，美联储采取了扩张性的货币政策。结果使美国的国库券利率在 1992 年下降到了低于 4%。虽然在衰退中私人部门的信用需求逐渐下降，但是可以预计，随着经济的复苏信用需求会再次上升，并且工厂开始增加他们的投资支出。由于积极的商业预期使自主投资增加，从而使 *IS* 曲线向右移动，增加了收入。但由于更高的货币余额需求导致利率增加。因此，最终收入和利率都上升了。

第12章　国际联系

12.1　复习笔记

一、国际收支与汇率

1. 国际收支平衡表

(1)国际收支平衡表

国际收支平衡是一国居民与世界其他地方进行交易的记录。国际收支平衡表有两个主要项目：经常项目与资本项目。国际收支平衡账户的简单原则是：在任何交易中，一国居民国际收支的增加项就是另一国居民国际收支中的赤字项。

①经常项目

经常项目是指实质资源的流动，包括进出口货物、输入输出的服务、对外应收及应付的收益，以及在无同等回报的情况下，与其他国家或地区之间发生的提供或接受经济价值的经常转移。经常项目记录商品与服务贸易以及转移支付，贸易余额加上服务贸易和向贸易余额的净转移，就可以得到经常项目余额。

②资本项目

资本项目指国与国之间发生的资本流入与流出，是一国为了某种经济目的在国际经济交易中发生的资本跨国界的收支项目。资本项目记录了像股票、债券与土地等资产的买卖交易。当一国从出售股票、债券、土地、银行存款以及其他资产中所得收入，超过该国购买外国资产的支付，则该国资本项目将出现盈余，也称作净资本流入。

(2)对外账户必须平衡

①国际收支平衡的原理

国际收支的中心论点是个人与企业必须支付其在国外的购买。如果一国的经常项目出现赤字，即支出给国外的大于它出售给世界其他地方所得的收入，那么这项赤字需要以出售资产或以向国外借债的方式获得资金加以弥补。这种出售与借款意味着该国资本账户出现盈余。即经常账户的任何赤字必须有一笔抵消性的资本流入，以提供资金加以弥补：

$$经常账户赤字+资本账户=0$$

②国际收支盈余

国际收支总盈余是指官方储备的增加。官方储备交易相当于中央银行活动，当经常项目赤字时，可以由政府提供资金弥补经常账户赤字，政府减少其外汇储备，在外汇市场出售外币；当出现盈余时，中央银行可购买私人领域赚得的(净)外国通货，增加中央银行的储备。用公式可以表示为：

$$国际收支盈余=官方外汇储备的增加=经常账户盈余+净私人资本流入$$

2. 外汇与汇率

外汇指以外币表示的能用于进行国际间结算的使用凭证和支付手段。外汇的买卖价格即为汇率，汇率是两种不同货币之间的交换比率，是以另一种通货表示的某种通货的价格，是衡量一国货币的对外价值的尺度，在国际间经济往来中有着重要职能。

（1）固定汇率

固定汇率是浮动汇率的对称，指由政府和中央银行而不是由自由市场决定的汇率，此时将保持政府和中央银行对外汇市场的全面干预。主要国家从第二次世界大战结束到1973年为止，相互之间都采取了固定汇率，外国中央银行准备随时按照以美元表示的固定价格来买卖它们的通货。

（2）干预

干预即中央银行买卖外汇以稳定汇率的行为。固定汇率制度下，为了能保证汇率继续固定不变，显然必须持有外币或外汇库存，用来兑换本国通货。只要中央银行拥有必需的储备，它就能继续干预外汇市场，保持汇率不变。但是，如果一国的国际收支持续出现赤字，中央银行最终将会用尽外汇储备，无法继续进行干预。在达到这种情况之前，中央银行可能判定它不可能再维持这种汇率，它将对其他通货进行贬值。

（3）浮动汇率

浮动（可变）汇率是固定汇率的对称，指国家货币主管部门不规定本国货币与另一国货币的官方汇率，只根据市场供求关系来决定的汇率。外国货币供过于求时，外币就贬值，本币就升值，外币的汇率就下降；而外国货币供不应求时，外币就升值，本币就贬值，外币的汇率就上浮。而当汇价跌至低限度或涨到高限度时，国家货币主管部门没有义务进行维持。浮动汇率制可分为清洁浮动与肮脏浮动。

（4）清洁浮动与肮脏浮动

①清洁浮动

清洁浮动又称自由浮动，指中央银行对外汇市场不采取任何干预措施，汇率完全按照市场供需情况自由浮动，上下浮动的幅度完全按供需而自行调节的汇率制度。当外国货币供过于求时，外国货币价格下跌，本国货币对外汇率上浮；当外国货币供不应求时，外国货币的价格上涨，本国货币对外汇率下浮。由于汇率的浮动往往会影响一国的国际收支状况，各国为了避免汇率的剧烈波动，一般都会直接或间接地对外汇市场进行干预，因此在实践中根本不存在完全的清洁浮动汇率。

②肮脏浮动

肮脏浮动又称管理浮动，指一国货币当局为使市场汇率向有利于本国的方向浮动，避免汇率波动幅度过大影响对外贸易和本国国际收支，而对市场汇率的升降幅度进行公开或隐蔽干预的汇率制度。具有如下特点：a. 没有像金本位和布雷顿森林体系下的金平价；b. 汇率波动尽管没有公开界限但仍受到控制；c. 存在不同程度的政府干预，甚至国际社会的联合干预；d. 可以在一定程度上避免汇率一夜之间的大起大落，进而避免其对经济造成的损失；e. 不存在全球统一的汇率管理模式，汇率的管理或干预比较困难。

3. 专业术语

（1）法定贬值

法定贬值指一国政府宣布调低本国货币对外国货币的比价。在信用货币流通条件下，货币贬值可区分为对内贬值和对外贬值。对内贬值通常是因为出现通货膨胀而导致货币购买力下降，对外贬值是指政府宣布调低本国货币对外国货币的比价。前者属于自行贬值，后者则是法定贬值。货币对外贬值旨在增强本国商品在国际上的竞争力，以扩大出口和减少进口。

（2）法定升值

法定升值即一国政府宣布调高本国货币对外国货币的比价。在信用货币流通条件下，货币升值可区分为对内升值和对外升值。对内升值通常是因为出现通货紧缩而导致货币购买力上升，对外升值是指政府宣布调高本国货币对外国货币的比价。前者属于自行升值，后者则是法定升值。货币对外升值旨在增强本国货币购买力。

(3)货币贬值

货币贬值指单位货币所含有的价值或所代表的价值的下降，即单位货币价格下降。又称通货贬值，是货币升值的对称。

①从国内角度看

货币贬值在金属货币制度下是指减少本国货币的法定含金属量，降低其对金属的比价，以降低本国货币价值的措施；货币贬值在现代纸币制度下是指流通中的纸币数量超过所需要的货币需求量即货币膨胀时，纸币价值下降。

②从国际角度看

货币价值表示为与外国货币的兑换能力，它具体反映在汇率的变动上，这时货币贬值就是指一单位本国货币兑换外国货币能力的降低，即本国货币用外币表示的价格变得比较低廉。

(4)货币升值

货币升值指单位货币所含有的价值或所代表的价值的上升。又称货币增值、通货升值，是货币贬值的对称。

①从国内角度看

货币升值在金属货币制度下是指增加本国货币的法定含金属量，提高其对金属的比价，以提高本国货币价值的措施；货币升值在现代纸币制度下是指流通中的纸币数量低于所需要的货币需要量即货币紧缩时，纸币价值上升。

②从国际角度看

货币价值表示为与外国货币的兑换能力，它具体表示为汇率的变动，这时货币升值就是指一单位本国货币兑换外国货币能力的提高，即本国货币用外币表示的价格提高。

二、长期汇率

1. 购买力平价理论

(1)购买力平价理论的概述

购买力平价理论(即 PPP，Purchasing Power Parity)，是一种汇率决定理论，认为当一单位本国货币能在本国或国外购买到同样的一揽子商品时，两国货币就处于购买力平价上，这时的汇率就是均衡汇率。购买力平价有绝对购买力平价和相对购买力平价两种类型。

(2)理论成立的前提和条件

在一段时期，一国政府或中央银行能够钉住其货币价值，也就是固定其汇率。但在长期中，两国之间的汇率决定于各自国家中货币的购买力。购买力平价理论的思想基础是，如果一国的货物相对便宜，那么人们就会购买该国货币并在那里购买商品。

①购买力平价成立的前提

购买力平价成立的前提是一价定律，即同一商品在不同国家的价格以同一货币单位计算是相同的。

②购买力平价成立的其他条件

a. 经济的变动来自货币方面；

b. 价格水平与货币供给量成正比；

c. 国内相对价格结构比较稳定；

d. 经济中如技术、消费倾向等实际因素不变，也不对经济结构产生实质影响。

2. 实际汇率

(1)实际汇率的含义

实际汇率指在名义汇率的基础上剔除了通货膨胀因素后的汇率，是以相同货币计量的外国价格对本国价格的比率，它衡量一国在国际贸易中的竞争力。实际汇率 R 被定义为：

$$R = \frac{eP_f}{P}$$

其中：P 表示本国物价水平，e 表示直接标价法的名义汇率，P_f 表示外国价格。

(2)实际汇率与购买力平价的关系

实际汇率消除了货币之间存在的通货膨胀差异，它比名义汇率更能反映不同货币实际的购买力水平。因此，实际汇率与购买力平价(PPP)有着相似的作用和特点。市场力量会防止汇率离开 PPP 太远，或者防止汇率无限期地保持与 PPP 的距离。但是，推动汇率移向 PPP 的压力起作用很慢。

①如果实际汇率等于 1，各种货币就处于购买力平价上。

②实际汇率大于 1 意味本国产品竞争力的加强，对国内生产商品的相对需求将会增加。最终结果不是迫使国内价格上升，就是迫使汇率下降，从而更接近于购买力平价。

③PPP 并不必然意味着实际汇率应该等于 1。相反，实际上 PPP 意味着，在长期中实际汇率将回到其平均水平(有时它被称之为相对 PPP)。所以，如果实际汇率高于其长期平均水平，则 PPP 意味着汇率将要下降。

三、商品贸易、市场均衡与贸易余额

1. 国内支出与对国内商品的支出

(1)概述

在开放经济中，对国内商品的支出决定本国的产出。对国内商品的支出除包括本国居民的部分支出外，还包括出口即来自国外的需求，因此，对国内商品的支出就是本国居民的支出加上贸易盈余。

(2)表达式

将 A 定义为本国居民的支出，则：

国内居民支出：$DS = C + I + G$

对国内商品的支出 $= DS + NX = (C + I + G) + (X - Q) = (C + I + G) + NX$

其中：X 是出口水平，Q 是进口，而 $NX \equiv X - Q$ 是贸易(商品与服务)盈余。

根据收入决定模型，假定国内支出取决于收入与利率，则：$DS = DS(Y, i)$，其中 Y 为收入，i 为利率水平。

2. 净出口

(1)净出口概述

净出口，是出口超过进口的数量。净出口取决于收入，因为收入会影响进口支出；也取决于影响出口需求的国外收入 Y_f；还取决于实际汇率 R，R 的提高或实际上的贬值会改善贸易余额，因为需求会从到国外生产的商品方面转移到国内生产的商品方面，因此：

$$NX = X(Y_f, R) - Q(Y, R) = NX(Y, Y_f, R)$$

(2)重要结论

①如果其他情况不变，国外收入的增加将会改善本国的贸易平衡状况，从而提高总

需求；

②本国货币的实际贬值将会改善贸易平衡状况，从而提高总需求；

③本国收入的提高将会增加进口支出，并因此恶化贸易平衡状况。

3. 商品市场的均衡

(1)边际进口倾向

边际进口倾向指收入增加一单位所引起的进口需求增加的比重。边际进口倾向大，则每一单位增量的国民收入中用于进口的比重大，乘数效应对于经济的刺激作用就会较小，反之则较大。

(2)开放经济下的 *IS* 曲线

①开放经济下 *IS* 曲线方程

开放经济下的 *IS* 曲线包括了作为总需求组成部分的净出口。因此，此时的 *IS* 曲线方程为：

$$Y = DS(Y,\ i) + NX(Y,\ Y_f,\ R)$$

②开放经济下 *IS* 曲线的斜率特点

开放经济中，部分国民收入将用于购买进口商品(而不是全部用于购买本国商品)，对于既定的利率下降，只需要增加较少的产出与收入就可恢复商品市场的均衡，因此 *IS* 曲线将比在封闭经济中的 *IS* 曲线更陡峭。

③开放经济下 *IS* 曲线的移动

开放经济条件下，国外收入的扰动与实际汇率的变动会影响均衡收入水平。

a. 国外收入提高的影响

随着国外收入的增加，国外对本国商品的支出会增加，净出口增加，即提高对国内商品的需求。因此，在利率不变时，需要增加产出，表现为 *IS* 曲线向右移动，如图 12－1 所示。

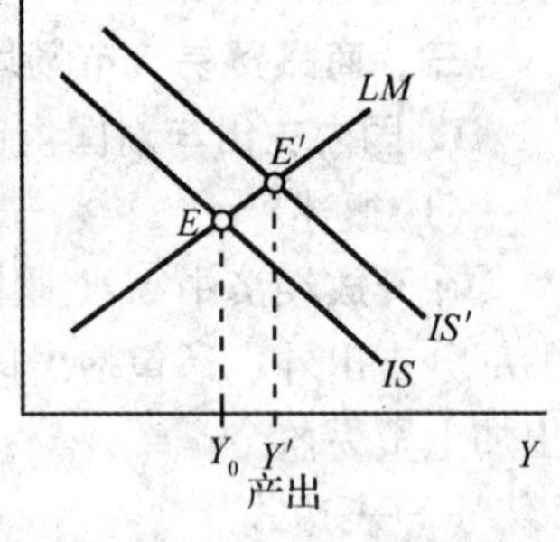

图 12－1　国外收入提高的效应

b. 实际汇率贬值的影响

以实际汇率 *R* 衡量的竞争力水平也影响 *IS* 曲线位置。实际汇率贬值将提高每一个收入水平上的净出口，会增加对国内商品的需求，使 *IS* 曲线向右移动。如表 12－1 所示。

表 12－1　扰动对收入和净出口的影响

	国内支出增加	国外收入增加	实际贬值
收入	+	+	+
净出口	－	+	+

(3)回响效应

回响效应是由瑞典经济学家、诺贝尔经济学奖获得者贡纳尔·缪尔达尔提出来的，指一个地区经济增长对另一个地区的经济增长产生影响的效应。在相互依存的世界中，一国政策在影响本国经济变量的同时也影响其他国家，然后又反馈于该国的经济，如此循环下去。

四、资本流动性

1. 资本完全流动的含义

当国际间资本完全流动时，投资者能在他们选定的任何国家，以低交易成本，迅速而无限量地购买资产，资产持有者愿意并能够调动大量资金，超越国界去寻求最高的回报或最低借贷成本。

此时，高度一体化的资本市场使得任何一国的利率都不能脱离世界平均利率水平太远，否则就会引起资本流动，趋向于恢复世界利率水平的收益。

2. 国际收支与资本流动

(1)假定条件

①假定本国面临的是既定的进口价格和既定的出口需求。

②假定世界利率 i_f，即国外资本市场利率是既定的。

③假定资本完全流动，即如果本国利率高于世界利率，则资本无限地流人本国；与此相反，如果本国利率低于世界利率，资本就会无限制地流出。

④假定没有外汇风险。

(2)资本完全流动下的国际收支盈余

国际收支盈余 BP，等于贸易盈余 NX 加上资本项目盈余 CF：

$$BP = NX(Y,\ Y_f,\ R) + CF(i - i_f)$$

该方程表明贸易余额 NX 是本国与外国收入以及实际汇率的函数，它还显示资本项目盈余 CF 取决于利差$(i - i_f)$。收入的增加恶化了贸易平衡，而利率上升到超过世界水平，也会吸引国外资本，因而改善资本项目。

3. 政策的两难困境：内部平衡和外部平衡

(1)开放经济中宏观经济政策的两难选择

①内部平衡与外部平衡

内部平衡与外部平衡一起，构成了宏观经济政策的两大目标。内部平衡是指一国国内经济处于稳定、协调增长的状态，主要指标是经济达到充分就业水平而又没有通货膨胀。外部平衡指一国经济发展和世界经济相协调的状态，主要指标是国际收支保持基本平衡，没有大量的赤字或盈余。

②政策目标冲突

内部平衡和外部平衡之间存在政策目标冲突。当在内部平衡实现时，由于充分就业，工资水平较高，不利于本国产品在国际市场上的竞争，出口减少或进口增加，对国际收支不利，因而不利于实现外部平衡。此时，如果一国只使用货币政策、财政政策中的一种，要同时达到内部平衡和外部平衡是非常困难的。

如图 12－2 所示，从方程 $BP = NX(Y,\ Y_f,\ R) + CF(i - i_f)$ 中推导出来的曲线 $BP = 0$ 代表所有国际收支均衡时利率与国民收入的组合点。资本完全流动条件下，$BP = 0$ 为一条水平线，因此，只有在国内利率水平等于国外水平(即 $i = i_f$)时，才处于外部平衡；充分就业的产出水平为 Y^*，E 点是同时达到内部均衡与外部平衡的惟一的点。

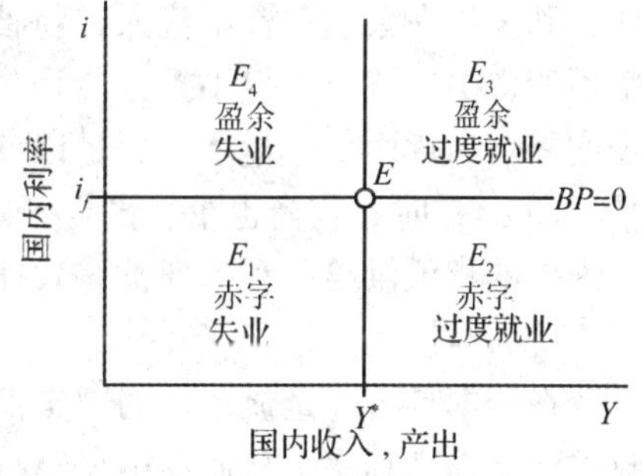

图 12－2 固定汇率制下的内部平衡与外部平衡

(2)政策选择

通过财政政策和货币政策的有机配合，在充分就业、工资水平较高的条件下，仍能维持国际收支平衡，同时实现内部均衡和外部均衡。但如何配合使用财政政策和货币政策，严格地说，要取决于汇率制度。

五、蒙代尔—弗莱明模型：固定汇率制下资本完全流动

1. 蒙代尔—弗莱明模型概述

(1)定义

蒙代尔—弗莱明模型指蒙代尔与弗莱明在扩展米德对外开放经济条件下不同政策效应的分析的基础上，将标准 *IS－LM* 模型扩展为对资本完全流动情况下的开放经济的分析，说明资本是否自由流动以及不同的汇率制度对一国宏观经济的影响的模型。

(2)结论

该模型的基本结论是：货币政策在固定汇率下对刺激经济毫无效果，在浮动汇率下则效果显著；财政政策在固定汇率下对刺激经济效果显著，在浮动汇率下则效果甚微或毫无效果。

2. 蒙代尔—弗莱明模型中的货币扩张

(1)*IS－LM* 图形分析

如图 12－3 所示，从 *E* 点开始的货币扩张的情况。*LM* 曲线向右下方移动，经济移到 *E′* 点，但是在 *E′* 点出现了大量国际收支赤字，因而有货币贬值的压力。在固定汇率制度下，中央银行必须进行干预，售出外币，并收进本国货币，造成 *LM* 曲线移回到左上方。这个过程将会一直继续下去，直至经济在 *E* 点恢复到初始均衡为止。与此相反，任何紧缩货币存量的企图都会立刻引起大量的储备损失，迫使货币存量扩张，并回到初始均衡的状态。

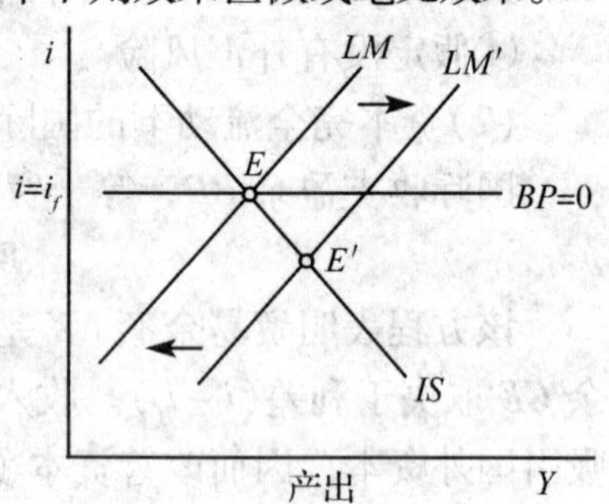

图 12－3　固定汇率制与资本完全流动情况下的货币扩张

(2)结论

在固定汇率制和资本完全流动情况下，一国无法采取独立的货币政策。利率无法背离那些在世界市场上通行的利率水平。实施独立货币政策的任何尝试都会导致资本流动，并且需要干预，直至利率重新回到与世界市场上的利率水平一致时为止。维护固定汇率制的承诺，使货币存量内生化。

3. 蒙代尔—弗莱明模型中的财政扩张

(1)*IS－LM* 图形分析

图 12－4 表明，在不改变原先的货币供给的情况下，财政扩张使 *IS* 曲线移向右上方，导致利率和产出水平二者的增加。利率提高会引起资本流入，将使汇率升值。为了维持汇率不变，中央银行不得不扩大货币供给，于是，收入会进一步增加。当货币供应量增加到足以使利率恢复到其原先的水平，即 $i=i_f$ 时，均衡也重新恢复了。在这种情况下，由于有了内生的货币供给，利率便被有效地固定了。

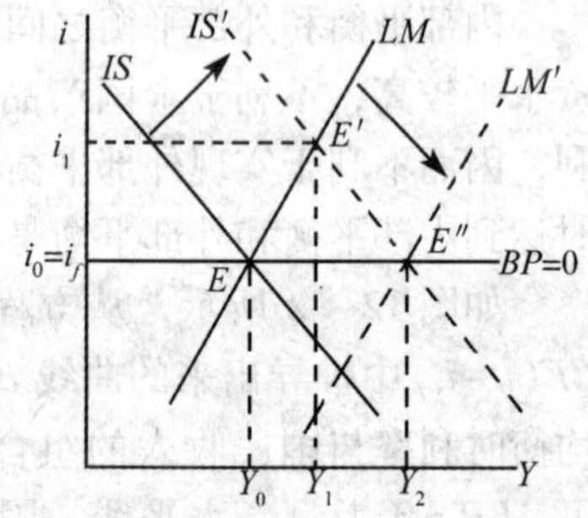

图 12－4　固定汇率制与资本完全流动情况下的财政扩张

(2)结论

在资本具有完全流动性的固定汇率制下，财政政策高度有效，对刺激经济效果显著。财政扩张会提高利率，从而使中央银行增加货币存量，以保持汇率的固定不变，加强了扩张性财政政策的效应。

六、资本完全流动性与可变汇率制

1. 完全可变汇率的含义

假定国内价格固定不变。

(1)在完全可变汇率制下，中央银行不会干预外汇市场，汇率必定调整到使市场出清，外汇供求达到平衡的状态。国际收支余额等于零，任何经常项目赤字必须由私人资本流入加以弥补，经常项目盈余由资本流出来平衡。汇率的调整保证经常项目与资本项目之和为零（$BP=0$）。

(2)在完全可变汇率制度下，中央银行能够按照自己的意愿决定货币供给，国际收支与货币供给之间不再有任何联系。

2. 总需求的变动

(1)利率与总需求的变动

图12－5中的箭头将总需求的移动与利率水平联系起来。如果本国利率高于i_f，则资本流入将引起通货升值。在任何高于$i=i_f$线的点上，都会有汇率升值，使本国商品变得相对昂贵，总需求下降。因此，IS曲线将向左移动。反之，任何低于$i=i_f$线的点都代表贬值，会改善本国商品竞争能力并增加总需求，IS曲线因而将向右移动。

(2)对实际干扰的调整

对本国产品的世界性需求的外生增加，即出口的外生增加，对产出水平、利率、汇率都产生影响，如图12－6所示。

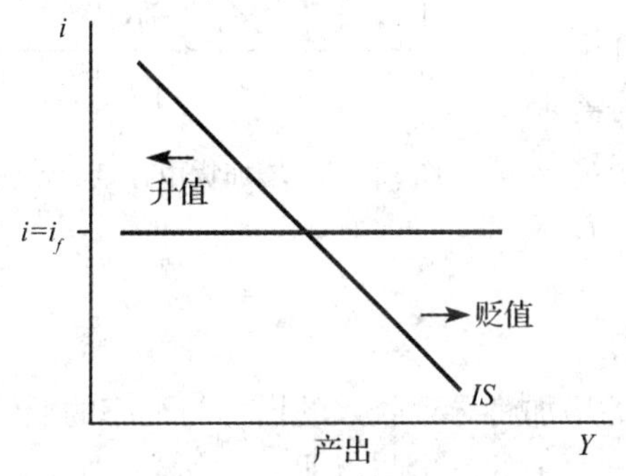

图12－5　汇率对总需求的影响

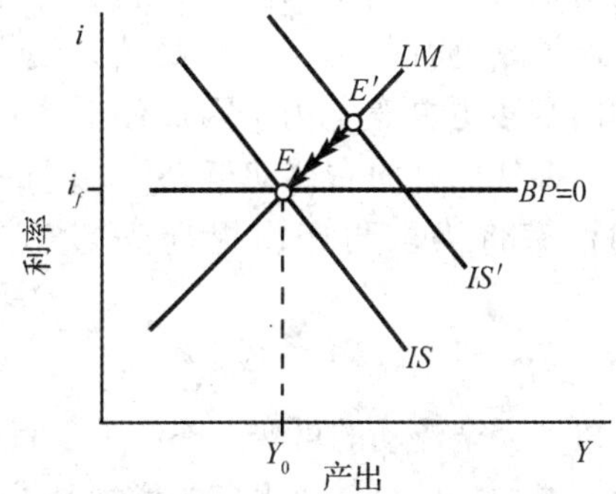

图12－6　出口需求增加的效应

①调整过程

a. 在E点的初始均衡处，国外需求的增加意味着对本国产品的超额需求。对处于初始利率与汇率下的商品市场均衡而言，产出水平增加，IS向外向右移动到IS'。

b. 在E'点上，货币需求的增加将会提高利率，从而使它与国际利率不一致。由此产生的资本流入，立刻形成对汇率的升值压力，导致本国通货升值。

c. 汇率升值意味着进口价格下降，本国商品变得相对昂贵。需求从本国商品转移开，造成净出口下降，IS曲线从IS'向左回移。汇率升值必定会继续到IS曲线一直完全移回到它的初始位置时为止。如图12－6所示，这种调整是沿着LM曲线的箭头表示的方向的。

②结论

在资本完全流动的完全可变汇率制度下，一次出口扩张对均衡产出不具有持久的影响。出口需求增加，使利率具有上升趋势，会导致货币升值，并因此完全抵消掉出口的增加。一旦回到初始点，净出口也回到其最初水平。汇率升值的结果是进口会增加，出口的初始扩张由于本国汇率升值而被部分地抵消了。

3. 资本完全流动的可变汇率制下的财政扩张

(1)完全的挤出效应

财政扩张（削减税收或者增加政府支出）以与增加出口的同样方式，导致需求的扩张，利率再一次上升的倾向导致货币升值并因此导致出口下降，进口增加。出现完全的挤出，这种挤出不是由于较高的利率减少了投资而引起的挤出，而是由于汇率升值，减少净出口产生的挤出。

（2）结论

在资本完全流动的可变汇率制下，对需求的实际干扰不影响均衡产出，财政扩张并不能改变均衡产出。相反，财政扩张政策会产生抵消性的汇率升值与本国需求结构的变动，将会使国内的一些需求从本国商品转向外国商品。

4. 资本完全流动的可变汇率制下的货币扩张

（1）*IS*－*LM* 图形分析

图 12－7 表明，从初始位置 *E* 点开始，名义货币数量 $\overline{M}$ 的增加。由于价格 *P* 是给定的，实际货币存量 $\overline{M}/\overline{P}$ 增大。*LM* 曲线向右下方移动至 *LM*′。

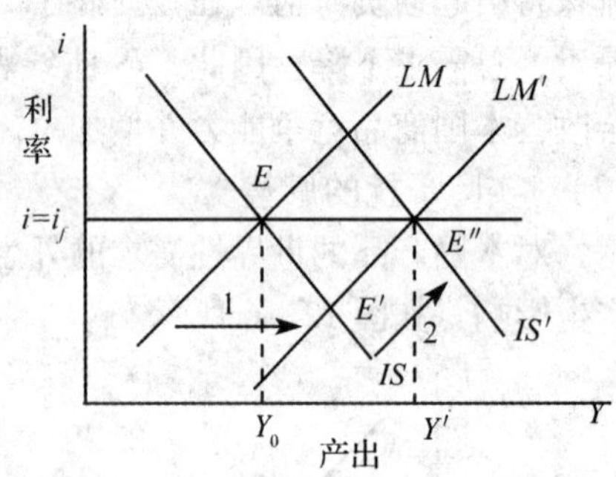

图 12－7　增加货币存量的效应

如图 12－7 所示，在 *E*′点，商品市场与货币市场处于均衡状态，但利率却降低到世界水平之下，资本的流出对汇率施加压力，导致贬值，使得进口价格提高，本国商品更具竞争力，因而使对本国产品的需求增加。*IS* 曲线向外向右移动至 *IS*′，并且一直会移动到贬值的汇率将需求与产出提高到 *E*″点所表示的水平为止。

（2）结论

在资本完全流动的可变汇率制下，货币存量的增加将导致收入的增加与汇率的贬值。汇率贬值会增加净出口，净出口的增加又维持了较高水平的产出与就业。

5. 资本完全流动时不同汇率制度下财政政策与货币政策的比较

资本完全流动时，本国利率不可能与国外利率相背离。固定汇率制与浮动汇率制对货币政策与财政政策所发生的作用具有重要意义。如表 12－2 所示。

（1）在固定汇率制与资本完全流动的情况下

货币政策无力影响产出，中央银行不能独立运用货币政策；财政政策高度有效，财政扩张会提高利率，从而使中央银行增加货币存量，以保持汇率的固定不变。

（2）在浮动汇率制与资本完全流动的情况下

货币政策在改变产出方面高度有效，而财政政策则无效。货币扩张引起贬值，增加出口并增加产出。但是财政扩张引起的货币升值完全挤掉了净出口。

表 12－2　资本完全流动情况下，货币政策与财政政策的效应

政策	固定汇率制	可变汇率制
货币扩张	产出不变；储备减少等于货币增加	产出扩张；贸易余额改善；外汇贬值
财政扩张	产出扩张；贸易余额恶化	产出不变；净出口减少；外汇升值

6. 以邻为壑的政策与竞争性贬值

（1）以邻为壑的政策

以邻为壑的政策指试图以牺牲别国的产出来增加本国产出的政策。本国货币扩张会引起汇率贬值，净出口增加，从而增加产出与就业。本国货币贬值使需求从国外商品转移到本国商品上，国外的产出与就业会因此下降。因此，由贬值引起的贸易余额的变动被称为以邻为壑的政策。它是输出失业，或以损害他国利益来创造本国就业的一种方式。

(2)竞争性贬值

竞争性贬值指某些国家为了刺激出口或限制进口，纷纷降低本国货币对外币的汇率，即促使本币对外贬值。

从个别国家看来，汇率贬值却可以吸引世界需求，提高本国产出。但是，如果各个国家都试图贬值，以吸引世界需求，该国就会面临竞争性贬值，此时只是在世界各处转移世界需求，而不是增加全世界的支出水平。

12.2 课后习题详解

一、概念题

1. 全球化(globalization)

答：全球化，即认为世界正在朝着一种单一化全球经济变动的观点，主要指商品、劳务、资本及信息在全球范围内自由流动的趋势。随着现代科学技术的迅猛发展和社会生产力的提高，世界各国经济间的相互联系、相互作用、相互渗透、相互依存的程度日益深化，经济活动与经济发展过程的全球性不断加强。国际贸易自由化迅速发展是经济全球化的基础和第一大推动因素，国际资本自由流动是经济全球化的第二大推动因素。全球投资领域管制的解除或放松，为外国直接投资消除了制度障碍。国际直接投资不断增长，将世界各国的经济越来越密切地联系在一起。此外，国际金融市场迅猛发展，国际金融市场的扩大，促进了各国之间的投资、筹资和融资。20 世纪 90 年代以来，随着冷战局面的结束，特别是随着以信息技术为核心的新技术革命的兴起，经济全球化的进程加快，世界各国经济上的联系和合作不断加强；但在经济全球化的过程中也出现了全球统一经济规则与各国经济主权的矛盾，以及全球金融市场动荡、风险增大等问题。

2. 开放经济(open economies)

答：开放经济指在全球范围内实行资源配置的经济，是与封闭型经济相对立的概念。在开放型经济中，要素、商品与服务可以较自由地跨国界流动，从而实现最优资源配置和最高经济效率。一般而言，一国经济发展水平越高，市场化程度越高，越接近于开放型经济。在经济全球化的趋势下，发展开放型经济已成为各国的主流选择。开放型经济与外向型经济的不同在于：外向型经济以出口导向为主，开放型经济则以降低关税壁垒和提高资本自由流动程度为主。在开放型经济中，既出口，也进口，基本不存在孰重孰轻的问题，关键在于发挥比较优势；既吸引外资，也对外投资，对资本流动限制较少。

3. 贸易(trade)

答：贸易在本章中特指“国际贸易”，又称“世界贸易”，指世界各国之间商品及劳务的交换活动，是国际分工的表现形式，是国际政治与经济关系的基础。国际贸易对各国的国民经济有着重大影响。虽然各国对外贸易额占国民生产总值的比例并不一定很大，但其影响往往具有决定性的意义。国际贸易按其特点可以划分为直接贸易、间接贸易、转口贸易和边境贸易等。

4. 金融(finance)

答：金融是货币流通和信用活动以及与之相联系的经济活动的总称，在本章主要指“国际金融”，即国际间一切与货币信用有关的业务活动的总称。它是在国际商品交换发展到一定历史条件下产生和发展起来的。当商品交换越出了国界，成为国际商品交换之后，必然导致货币的收支在各国之间进行。随着国际商品交换的不断发展，国际间的政治、文化和其他各种往来关系不断发展，国际间的经济关系也由最初的商品贸易关系发展为包括资本借贷、对外投资等更为广泛的经济往来，从而促进了国际间货币信用活动的发展。

国际金融是超越国家界限的更为广泛而复杂的金融活动，其基本内容包括：国际汇兑、国际货币制度、国际金融机构、国际资本移动、国际金融市场、国际收支及调节机制、汇率制度、利率政策、外汇管制制度以及与货币信用有关的其他金融制度、政策等。它所研究的对象，是货币在国际间运动的基本规律。

5. 国际收支余额(balance of payments)

答：国际收支余额指国际收支中经常项目和资本项目余额的加总。国际收支余额反映了一个国家在国际收支中，各个组成项目(经常项目、资本和金融项目以及官方储备资产变动项目等)借贷的总体情况。一国的国际收支平衡表是根据“有借必有贷，借贷必相等”的复式记账法编制的，总体上应该是平衡的；然而就其各个组成项目来看，则经常处于不平衡状态。对这些组成项目来说，如果贷方大于借方，称为“顺差”，表示项目出现盈余，即国际收支余额为正；如果借方大于贷方，称为“逆差”，表示项目出现亏损，即国际收支余额为负；如果借方等于贷方，则称为“国际收支平衡”。

6. 经常账户(current account)

答：经常账户指实质资源的流动，包括进出口货物、输入输出的服务、对外应收及应付的收益，以及在无同等回报的情况下，与其他国家或地区之间发生的提供或接受经济价值的经常转移。国际收支平衡表分为两大账户：经常账户(又称“经常项目”)、资本和金融账户(又称“资本和金融项目”)。经常账户(或经常项目)是记录一国居民与非居民之间在货物和服务、收入、经常转移方面交易的账户。这里，“居民”概念相当于国民账户体系中的“常住机构单位”，“非居民”概念相当于国民账户体系中的“非常住机构单位”。经常账户分为三类项目：货物和服务(细分为货物、服务两个分项)、收入(细分为雇员报酬、投资收入)、经常转移。

7. 净投资收入(net investment income)

答：净投资收入指本国居民持有的外国资产的利息和利润减去外国人拥有本国资产所得到的收入。投资收入由国际利息、股息和本国在国外经营的企业返回的利润所构成。如果拥有1股德国公司的股票并且收到5美元股息的话，这笔5美元的股息收入在此账户中作为美国的投资收入。产品和服务的出口与进口间的差额通常称为经常项目余额，除产品和服务的净出口外，经常项目余额还包括净劳务收入、净投资收入和净单方面转移支付。把对外净投资收入归入经常项目，是因为这部分收入是对外投资提供的服务所获的补偿。

8. 贸易余额(trade balance)

答：贸易余额指一国在一定时期(如一年)内出口总额与进口总额的差额，一般以出口总额减去进口总额来表示。贸易余额是衡量国际收支状况的指标之一，当出口总额超过进口总额时，表现为贸易顺差，又称“贸易盈余”；进口总额超过出口总额时，表现为贸易逆差，亦称“贸易赤字”；进出口总额相等，则为贸易平衡。

9. 资本账户(capital account)

答：资本账户指国与国之间发生的资本流出与流入。换言之，就是一国为了某种经济目的在国际经济交易中发生的资本跨国界的收支项目。国际收支平衡表的内容非常复杂、广泛，各国编制的国际收支平衡表也不尽相同，但均包括三个主要项目：经常项目、资本项目和平衡项目。其中资本项目包括资本项目和金融项目两项。其中资本项目的主要组成部分包括资本转移和非生产、非金融资产收买或出售。金融项目反映金融资产和负债所有权变更的所有权交易的账户，包括直接投资、证券投资、其他投资和储备资产。

10. 国际收支盈余(balance-of-payments surplus)

答：国际收支总盈余指官方储备的增加，用公式可以表示为：国际收支盈余 = 官方外汇储备的增加 = 经常项目盈余 + 净私人资本流入。

如果经常项目与私人资本项目均为赤字，那么国际收支总额就出现赤字。这就是说，中央银行损失了储备。当一个账户出现盈余时，而另一个则出现正好相同数量的赤字，那么，国际收支总额为零(既不盈余，也不赤字)。

11. 名义汇率(nominal exchange rate)

答：名义汇率指在外汇市场上进行日常交易时使用的外币价格，即外汇牌价。汇率可以分为名义汇率和实际汇率。名义汇率通常是先设定一个特殊的货币如美元、特别提款权作为标准，然后确定与此种货币的汇率。汇率依美元、特别提款权的币值变动而变动。名义汇率不能反映两种货币的实际价值，是随外汇市场上外汇供求变动而变动的外汇买卖价格。

12. 固定汇率制(fixed exchange rate system)

答：固定汇率制指汇率由政府和中央银行而不是由自由市场决定，并且保持它们对外汇市场全面干预的汇率制度，是浮动汇率制的对称。各国货币的汇率基本固定，同时又将汇率的波动幅度限制在一个规定的范围内。在金本位制下，各国货币的金平价是固定汇率确定的基础，黄金输送点则是汇率波动的界限。第二次世界大战后建立了以美元为中心的固定汇率制，国际货币基金组织建立之初曾经规定，会员国的货币平价一律以一定数量的黄金或美元来表示，并据此形成国际固定汇率制度。在这种制度下，会员国的货币汇率只能围绕该国货币同金平价之比在上下限各1%幅度内波动。后来，汇率的波动幅度虽然不断扩大，但波幅规定仍不变。当某国货币对美元汇率的波动超过这一幅度时，该国货币当局有义务干预外汇市场，将汇率波动限制在规定的上下限内。60年代以后，美元一再贬值，1971年8月15日美国宣布停止外国银行用美元向美国兑换黄金后，1973年2月美元再次大幅度贬值，西方各国货币纷纷与美元脱钩，不再实行固定汇率制而改行浮动汇率制。

13. 储备(reserves)

答：“储备”在本章主要指“国际储备”，即一国政府所持有的，备用于弥补国际收支赤字，维持本国货币汇率的国际间可以接受的一切资产。目前，国际货币基金组织会员国的国际储备，一般包括以下几项：①货币性黄金，即一国货币当局作为金融资产持有的黄金，在金本位制度下，黄金为全世界最主要的国际储备资产，但由于黄金的开采量受自然条件的限制，而且私人窖藏、工业与艺术用途的黄金需求不断增长，黄金日渐难以满足世界贸易和国际投资的扩大对货币的需要。②外汇储备，指各国货币当局持有的对外流动性资产，主要是银行存款和国库券等。而一国货币充当国际储备货币，必须具备两个基本特征：一是能够自由兑换为其他货币(或黄金)，为世界各国普通接受作为国际计价手段和支付手段；二是内在价值相对比较稳定。③在IMF的储备头寸，指在IMF普通账户中会员国可以自由提取使用的资产，具体包括会员国向IMF缴纳份额中的外汇部分和IMF用去的本国货币持有量部分。④特别提款权，IMF对会员国根据其份额分配的，可用以归还IMF贷款和会员国政府之间偿付国际收支、弥补赤字的一种账面资产。IMF 分配的而尚未使用完的特别提款权，就构成一国国际储备的一部分。

14. 干预(intervention)

答：干预即中央银行买卖外汇以稳定汇率的行为。固定汇率的操作类似于其他的价格支持方案，如同农产品市场上的情况一样。当市场供求一定时，价格的维持者就必须弥补超额需求或吸收超额供给。为了能保证价格(汇率)继续固定不变，显然必须持有外币或外汇库存，用来兑换本国通货。只要中央银行拥有必需的储备，它就能继续干预外汇市场，保持汇率不变。但是，如果一国的国际收支持续出现赤字，中央银行最终将会用尽外汇储备，无法继续进行干预。

15. 欧洲货币联盟(European Monetary Union，EMU)

答：欧洲货币联盟简称"欧盟"，是由欧洲共同体进一步发展而成的欧洲区域性组织。它建立在经济与货币联盟、外交与安全政策、协调各国内政与司法事务三项内容的基础上。1991 年 12 月，欧洲共同体 12 国政府首脑在荷兰的马斯特里赫特城召开会议，并于 1992 年 2 月签署了《欧洲经济与货币联盟条约》和《政治联盟条约》，合称《欧洲联盟条约》，通常又称为《马斯特里赫特条约》，简称《马约》。《马约》于 1993 年正式生效，欧洲共同体成为欧盟。

欧洲货币联盟的主要目标是要建立名为欧元的单一欧洲货币。于 1999 年 1 月 1 日，欧元的初步使用过渡阶段开始，欧元仅以银行业务货币的形式存在，用于账面金融交易和外汇交易。欧元于 2002 年正式取代欧洲联盟成员国的国家货币。欧元将以纸币与硬币形式全面流通。欧洲货币联盟的成员国目前包括：德国、法国、比利时、卢森堡、奥地利、芬兰、爱尔兰、荷兰、意大利、西班牙，以及葡萄牙。

16. 欧元(Euro)

答：欧元是欧洲经济与货币联盟成员国的统一货币，其取代了欧洲货币单位(ECU 埃居)的地位。欧元于 1999 年 1 月 1 日在欧盟正式启用，由纸币和硬币组成。根据《马斯特里赫特条约》(简称《马约》)的规定，欧盟成员国正式启用欧元必须达到四个趋同标准：(1)物价稳定趋同标准。这是《马约》规定的最主要的经济趋同标准。具体内容是：成员国的通货膨胀率不得高于欧盟内物价最平稳的一个成员国的平均通货膨胀率再加上 1.5 个百分点的水平。(2)政府预算趋同标准。它要求成员国具有稳健的政府财政。具体指标是：成员国的政府预算赤字不能超过当年 GDP 的 3%，公债余额不能超过 GDP 的 60%。(3)汇率趋同标准。《马约》规定所有成员国都要加入欧洲货币体系中的汇率机制，并且汇率在最近两年内没有出现持续性的贬值。(4)长期利率趋同标准。具体要求是：成员国的长期利率不能超过欧盟内三个物价最平稳的成员国的平均利率再加上 2 个百分点的水平。按照这四个标准审查，欧盟 15 个成员国有 11 个国家达到了要求，它们是德国、法国、比利时、西班牙、爱尔兰、意大利、卢森堡、荷兰、奥地利、葡萄牙和芬兰。因此，这 11 个国家于 1999 年 1 月 1 日率先正式启用欧元。根据《马约》的安排，1999 年 1 月 1 日到 2002 年 1 月 1 日是欧元的转换期。1999 年 1 月 1 日，欧元成为流通货币，欧洲货币单位废止。从这一天开始，欧元和各成员国货币之间的兑换率不可更改地固定下来，欧元以 1∶1 的比价代替欧洲货币单位。银行部门的批发交易和同业拆借市场操作从 1999 年 1 月 1 日起以欧元标价，零售业务在 2002 年 1 月 1 日以后完全采用欧元标价。企业部门在欧元启用后可以自由选择时间开始以欧元计价。政府部门于 1999 年 1 月 1 日起发行的政府债券以欧元标价，未清偿公债余额也按 1998 年底确定的固定兑换率转换为欧元。债券的零售交易最迟从2002年1月1日起采用欧元计价。在欧元转换期，个人可以使用本国货币进行日常交易。2002年1月1日起，欧元纸币和硬币正式在欧元区流通。同年3月1日，各成员国的纸币和硬币彻底退出市场，以后，无论是大额的交易还是零星的小额商品支付，欧元是唯一的价值尺度、流通手段和支付手段。

17. 可变(浮动)汇率[flexible(floating)exchange rate]

答：可变(浮动)汇率是固定汇率的对称，指国家货币主管部门不规定本国货币与另一国货币的官方汇率，只根据市场供求关系来决定的汇率。外国货币供过于求时，外币就贬值，本币就升值，外币的汇率就下浮；而外国货币供不应求时，外币就升值，本币就贬值，外币的汇率就上浮。而当汇价跌至低限度或涨到高限度时，国家货币主管部门没有义务进行调控。

浮动汇率制可分为自由浮动与管理浮动，前者指中央银行对外汇市场不采取任何干预措施，汇率完全由外汇市场的供求力量自发地决定；后者指实行浮动汇率制的国家，对外汇市场进行各种形式的干预活动，主要是根据外汇市场的供求情况售出或购入外汇，以通过对外汇供求的影响来影响汇率。实行浮动汇率制有利于通过汇率的波动来调节经济，也有利于促进国际贸易，尤其是在中央银行的外汇与黄金储备不足以维持固定汇率的情况下，实行浮动汇率对经济较为有利，同时也能取缔非法的外汇黑市交易。但浮动汇率不利于国内经济和国际经济关系的稳定，会加剧经济波动。

18. 清洁浮动(clean floating)

答：清洁浮动指中央银行对外汇市场不采取任何干预措施，汇率完全由市场力量自发地决定。在清洁浮动制度下，汇率完全按照市场供需情况自由浮动，上下浮动的幅度完全按供需而自行调节，政府不采取任何干预措施。当外国货币供过于求时，外国货币价格下跌，本国货币对外汇率上浮；当外国货币求供不应求时，外国货币的价格上涨，本国货币对外汇率下浮。美国曾一度主张实行汇率的清洁浮动。由于汇率的浮动往往会影响一国的国际收支状况，各国为了避免汇率的剧烈波动，一般都会直接或间接地对外汇市场进行干预，因此在实践中根本不存在完全的清洁浮动汇率。

19. 管理(肮脏)浮动[managed(dirty)floating]

答：管理浮动又称“肮脏浮动”，指一国货币当局为使市场汇率向有利于本国的方向浮动，避免汇率波动幅度过大影响对外贸易和本国国际收支，而对市场汇率的升降幅度进行公开或隐蔽的干预。它具有如下特点：(1)没有像金本位和布雷顿森林体系下的金平价；(2)汇率波动尽管没有公开界限但仍受到控制；(3)存在不同程度的政府干预，甚至国际社会的联合干预；(4)可以在一定程度上避免汇率一夜之间的大起大落，进而避免其对经济造成的损失；(5)不存在全球统一的汇率管理模式，汇率的管理或干预比较困难。

20. 法定贬值(devaluation)

答：法定贬值指一国政府宣布调低本国货币对外国货币的比价。在信用货币流通条件下，货币贬值可区分为对内贬值和对外贬值。对内贬值通常是因为出现通货膨胀而导致货币购买力下降，对外贬值是指政府宣布调低本国货币对外国货币的比价。前者属于自行贬值，后者则是法定贬值。货币对外贬值旨在增强本国商品在国际上的竞争力，以扩大出口和减少进口。一般来说，货币对外贬值是由对内贬值造成的，但汇率的变动还受国际收支状况和对外贸易政策的影响。

21. 法定升值(revaluation)

答：法定升值指一国政府宣布调高本国货币对外国货币的比价。在信用货币流通条件下，货币升值可区分为对内升值和对外升值。对内升值通常是因为出现通货紧缩而导致货币购买力上升，对外升值是指政府宣布调高本国货币对外国货币的比价。前者属于自行升值，后者则是法定升值。货币对外升值旨在增强本国货币购买力。

22. 货币贬值(currency depreciation)

答：货币贬值指单位货币所含有的价值或所代表的价值的下降，即单位货币价格下降。又称通货贬值，是货币升值的对称。货币贬值可以从不同角度来理解。从国内角度看，货币贬值在金属货币制度下是指减少本国货币的法定含金属量，降低其对金属的比价，以降低本国货币价值的措施；货币贬值在现代纸币制度下是指流通中的纸币数量超过所需要的货币需求量即通货膨胀时，纸币价值下降。从国际角度看，货币价值表示为与外国货币的兑换能力，它具体反映在汇率的变动上，这时货币贬值就是指一单位本国货币兑换外国货币能力的降低，而本国货币对外汇价的下降。例如，如果100美元去年兑换300元人民币，今年兑换400元人民币，则人民币贬值了。货币贬值在国内可能会引起物价上涨现象。但由于货币贬值在一定条件下能刺激生产，并且降低本国商品在国外的价格，有利于扩大出口和减少进口，因此第二次世界大战后，许多国家把它作为反经济危机、刺激经济发展的一种手段。

23. 货币升值(currency appreciation)

答：货币升值指单位货币所含有的价值或所代表的价值的上升，又称货币增值、通货升值，是货币贬值的对称。

币值是指单位货币所含有的价值或所代表的价值。在金属货币制度下，单位货币的价值取决于其含有的金属量。在现代货币制度下，纸币本身没有价值，纸币所代表的价值取决于流通中的纸币数量是否符合货币需要量。因此，币值一般表示为对商品和服务的购买能力。货币升值可以从不同角度来理解。从国内角度看，货币升值在金属货币制度下是指增加本国货币的法定含金属量，提高其对金属的比价，以提高本国货币价值的措施；货币升值在现代纸币制度下是指流通中的纸币数量低于所需要的货币需要量即通货紧缩时，纸币价值上升。从国际角度看，货币价值表示为与外国货币的兑换能力，它具体表示为汇率的变动。这时货币升值就是指一单位本国货币兑换外国货币能力的提高，即本国货币对外汇价的提高。

24. 购买力平价(purchasing power parity)

答：购买力平价是一种汇率决定理论，认为货币如果在各国国内具有相等的购买力，那么这时的汇率就是均衡汇率。如果2美元和1英镑在各自的国内可以购买等量的货物，则2美元兑换1英镑便存在购买力平价。购买力平价有绝对购买力平价和相对购买力平价两种类型。

购买力平价理论的思想基础是，如果一国的货物相对便宜，那么人们就会兑换该国货币并在那里购买商品。购买力平价成立的前提是一价定律，即同一商品在不同国家以同一单位货币计算的价格是相同的。此外，购买力平价成立还需要一些其他的条件：①经济的变动来自货币方面；②价格水平与货币供给量成正比；③国内相对价格结构比较稳定；④经济中如技术、消费倾向等实际因素不变，也不对经济结构产生实质影响。

25. 实际汇率(real exchange rate)

答：实际汇率指在名义汇率的基础上剔除了通货膨胀因素后的汇率。从计算方法上，它是在现期名义汇率的基础上用过去一段时期两种货币各自的通货膨胀率(物价指数上涨幅度)来加以校正，从而得出实际的而不是名义的汇率水平及汇率变化程度。由于消除了货币之间存在的通货膨胀差异，它比名义汇率更能反映不同货币实际的购买力水平。由此可以看出，实际汇率与购买力平价(PPP)有着相似的作用和特点。

26. 边际进口倾向(marginal propensity to import)

答：边际进口倾向是国际贸易理论中的一个重要的概念，指每一单位国民收入增量中，用于增加进口的比重，通常在公式中用 m 来表示。边际进口倾向大，则每一单位国民收入增量中用于进口的比重大，乘数效应对于经济的刺激作用就会较小，反之则较大。一般来说，出口增加所引起的国内生产总值增加不会全用于进口，所以边际进口倾向是小于1的，即 $m<1$。

27. 回响效应(repercussion effects)

答：回响效应指一个地区经济增长对另一个地区的经济增长产生影响的效应，比如资本、技术等要素从增长缓慢的地区流向增长迅速的地区。回响效应是由瑞典经济学家、诺贝尔经济学奖获得者贡纳尔·缪尔达尔提出来的。

在相互依存的世界中，一国的政策变化既影响其他国家，也影响该国，然后又反馈于该国的经济。增加政府支出时，该国的收入上升；部分增加的收入将花费在购买进口品上，这意味着国外收入也将增加。国外收入增加后，会提高国外对该国商品的需求，这又会增加因政府增加支出而引起国内收入扩大的势头等。

这些回响效应在实践中可能很重要。当美国经济扩展时，它会像一个火车头把其余的世界拉进经济扩展之中。同样，如果其余的世界经济扩展了，美国也会同时分享这种扩展。

28. 资本完全流动(perfect capital mobility)

答：资本完全流动指投资者能在其选定的任何国家以低交易成本，迅速且无限制地购买资产。资本完全流动时，资产持有者愿意并能够调动大量资金，超越国界去寻求最高的回报或最低借贷成本。

在固定汇率制与资本完全流动的情况下，货币政策无力影响产出。通过增加货币存量，来降低本国利率的任何企图，都将引起资本大量外流，趋向于引起货币贬值，迫使中央银行不得不以外币购买本国货币，进行抵消。这种减少本国货币存量的情况直到汇率回到初始水平时为止。在资本流动的固定汇率制下，中央银行不能独立运用货币政策。在资本具有完全流动性的固定汇率制下，财政政策高度有效。财政扩张会提高利率，从而使中央银行增加货币存量，以保持汇率的固定不变，加强了扩张性财政政策的效应。

在浮动汇率制与资本完全流动的情况下，财政政策完全无效而货币政策则十分有效。

29. 利率差异(interest differential)

答：利率差异指在不同国家为相同的资产支付的利息率的差异，或者在同一国家为不同的资产所支付的利率的差异。当一个国家紧缩信贷时，利率会上升，与国际市场上形成利率差异，将引起短期资金在国际间移动，资本一般总是从利率低的国家流向利率高的国家。这样，如果一国的利率水平高于其他国家，就会吸引大量的资本流入，本国资金流出减少，导致国际市场上抢购这种货币；同时资本账户收支得到改善，本国货币汇价得到提高。反之，如果一国松动信贷时，利率下降，如果利率水平低于其他国家，则会造成资本大量流出，外国资本流入减少，资本账户收支恶化，同时外汇交易市场上就会抛售这种货币，引起汇率下跌。

30. 外部均衡(external balance)

答：外部均衡指一国经济发展和世界经济相协调的状态，主要指标是国际收支保持基本平衡，没有大量的赤字或盈余。外部均衡与内部均衡构成了宏观经济政策的两大目标。如果一国只使用货币政策、财政政策中的一种，要同时达到内部均衡和外部均衡是非常困难的。比如，一国面临高通货膨胀，国际收支又有顺差时，使用紧缩性货币政策可以压缩总需求以降低通货膨胀率，但会因本国出口商品价格下降，进一步增加国际收支顺差；如果让本国货币升值，虽可减少顺差，但会因进口商品价格上涨而加剧通货膨胀。如果同时使用上述两种政策，就有可能实现内外双均衡。

31. 内部均衡(internal balance)

答：内部均衡是“外部平衡”的对称，指一国国内经济处于稳定、协调增长的状态。主要指标是经济达到充分就业水平而又没有通货膨胀。内部均衡与外部均衡一起，构成了宏观经济政策的两大目标。但是，内部均衡和外部均衡并不是没有矛盾的。如在内部均衡实现时，由于充分就业，工资水平较高，不利于本国产品在国际市场上的竞争，出口减少或进口增加，对国际收支不利，因而不利于实现外部均衡。解决的办法是：微观层次上，采取适当的贸易鼓励政策，加强技术创新，提高劳动生产率，增强本国产品的国际竞争力；宏观层次上，通过财政政策和货币政策的有机配合，在充分就业、工资水平较高的条件下，仍能维持国际收支平衡。

32. 蒙代尔—弗莱明模型(Mundell-Fleming model)

答：蒙代尔—弗莱明模型指蒙代尔与弗莱明在扩展米德对外开放经济条件下不同政策效应的分析的基础上，说明资本是否自由流动以及不同的汇率制度对一国宏观经济的影响的模型。该模型的基本结论是：货币政策在固定汇率下对刺激经济毫无效果，在浮动汇率下则效果显著；财政政策在固定汇率下对刺激经济效果显著，在浮动汇率下则效果甚微或毫无效果。1962 年，蒙代尔提出“政策配合说”，强调以货币政策促进外部均衡，以财政政策促进内部均衡。他的开放经济下的两国模型也分析了两国经济的相互依存性及政策的传导效应。相互依存意味着一国政策当局要实现自己的目标就必须与其贸易伙伴国采取的政策协调一致。

33. 以邻为壑的政策(beggar-thy-neighbor)

答：以邻为壑的政策指试图以牺牲别国的产出来增加本国产出的政策。本国货币扩张会引起汇率贬值，净出口增加，从而增加产出与就业，但是本国增加净出口对应着国外贸易余额的恶化。本国货币贬值使需求从国外商品转移到本国商品上，国外的产出与就业会因此下降。正是由于这个原因，由贬值引起的贸易余额的变动被称为以邻为壑的政策。它是输出失业，或以损害其他国家来创造本国就业的一种方式。本国福利的提高是以牺牲别国利益为代价的，因此这一政策很容易引起别国的报复和贸易战的爆发，最终损害各方的利益。

34. 竞争性贬值(competitive depreciation)

答：竞争性贬值指某些国家为了刺激出口或限制进口，纷纷降低本国货币对外币的汇率，即促使本币对外贬值。这是有些国家间进行贸易战的手段之一。竞争性贬值多发生于一国允许其通货贬值来改善其贸易余额，并会损害其他国家的时候，也指一系列报复性的贬值。

从个别国家看来，汇率贬值却可以吸引世界需求，提高本国产出。如果各个国家都试图贬值，以吸引世界需求，该国就会面临竞争性贬值，只是在世界各处转移世界需求，而不是增加全世界的支出水平。另外，如果各国大致以相同的程度贬值，那么汇率与开始时的情况差不多。当世界范围内的总需求处于不正常的水平时，需要协调货币政策与(或)财政政策，而不是贬值，来提高各个国家的需求与产出。

二、简答题

1. 人们有时说中央银行是平衡国际收支赤字的必要因素。怎样解释这个论点?

It is sometimes said that a central bank is a necessary element for a balance-of-payments deficit. What is the explanation for this argument?

答:(1)国际收支是一个国家或地区在一定时期内各种对外经济交易所产生的外汇的收入与支出。在国际收支中，当对外交往产生的外汇收入大于支出时，便是国际收支顺差，反之，则是国际收支逆差，即国际收支赤字。

(2)如果国际收支出现赤字，则意味着我们支付给外国人的外汇多于我们从外国人那里得到的外汇，而进行国际支付所需要的外币是由中央银行提供的。如果中央银行拒绝提供进行支付所需的货币，则整个国家的货币供给将会减少，最终会导致该国经济的衰退。随着国内收入的下降，进口将会减少，从而国内的物价将会下降，有利于扩大出口，最终将会达成新的外部均衡。因而，从这个角度来说，中央银行是平衡国际收支赤字的必要因素。

2. 考虑一个处于充分就业与贸易平衡的国家。汇率是固定的，而资本是不流动的。下面哪一种类型的干扰，能用标准的稳定总需求的工具加以纠正。指出每一事例中，对于对外平衡与内部平衡的冲击，以及合适的政策反应。

(1)出口市场的损失;

(2)储蓄的减少，而本国商品需求相应增加;

(3)政府支出增加;

(4)对进口品的需求，转移为对国内商品的需求;

(5)进口减少，储蓄相应增加。

Consider a country that is in a position of full employment and balanced trade. The exchange rate is fixed, and capital is not mobile. Which of the following types of disturbance can be remedied with standard aggregate demand tools of stabilization? Indicate in each case the impact on external and internal balance as well as the appropriate policy response.

(1)A loss of export markets;

(2)A reduction in saving and a corresponding increase in demand for domestic goods;

(3)An increase in government spending;

(4)A shift in demand from imports to domestic goods;

(5)A reduction in imports with a corresponding increase in saving.

答:(1)出口的下降导致收入的减少，同时也会带来贸易赤字，这种情况不能用标准的稳定总需求的工具加以纠正。最适合的政策反应是贸易保护措施与扩张性财政政策的结合。

(2)储蓄的减少和对本国商品需求的增加将会带来国民收入的增加，同时也会导致贸易赤字，削减政府开支是最适合的政策反映。

(3)政府支出的增加将会导致国民收入的增加，同时也会带来贸易赤字。削减开支是最合适的政策反应。

(4)对进口的需求转移为对国内商品的需求将会使国民收入增加，带来贸易盈余。这种情况不能用标准的稳定总需求的工具加以纠正。削减政府开支，同时降低关税税率是最合适的政策反应。

(5)进口减少同时储蓄相应增加将会导致贸易盈余，但不会使国民收入发生变化。降低所得税同时降低关税是最适合的政策反应。

3. 解释当资本完全流动时，货币政策如何以及为什么会保持其有效性。

Explain how and why monetary policy retains its effectiveness when there is perfect mobility of capital.

答：(1)资本完全流动的含义

资本完全流动指投资者能在其选定的任何国家以低交易成本，迅速且无限制地购买资产。资本完全流动时，资产持有者愿意并能够调动大量资金，超越国界去寻求最高的回报或最低借贷成本。

(2)保持货币政策有效性的方法

在资本具有完全流动性的浮动汇率制下，扩张性的货币政策降低了利率，同时由于资本是完全流动的，这将会导致资金的流出，资金的流出将会导致货币贬值。出口商品的价格会下降，外国人购买时会更便宜，这将会导致对出口商品的更大的需求。出口的增加将会带来总需求和国民收入的增加。

在资本具有完全流动性的固定汇率制下，财政政策高度有效。财政扩张会提高利率，从而使中央银行增加货币存量，以保持汇率的固定不变。所以，在实施货币政策时，应该同时采取相应的财政政策，从而保持货币政策的有效性。

(3)货币政策要保持其有效性的原因

在固定汇率制与资本完全流动的情况下，货币政策无力影响产出。通过增加货币存量，来降低本国利率的任何企图，都将引起资本大量外流，趋向于引起货币贬值，迫使中央银行不得不以外币购买本国货币，进行抵消。这种减少本国货币存量的情况直到它回到初始水平时为止。在资本流动的固定汇率制下，中央银行不能独立运用货币政策。所以，要采取配套的措施来保持货币政策的有效性。

4. (1)如果美元—英镑汇率上升，美元是贬值还是升值？

(2)对英镑发生了什么？

(1) If the dollar-pound exchange rate rises, has the dollar depreciated or appreciated?

(2) What has happened to the pound?

答：汇率指买卖外国货币或对外国货币索取权所支付的价格，是两种不同货币之间的交换比率。汇率是衡量一国货币的对外价值的尺度，在国际间经济往来中有着重要职能。

由于在汇率标价时采取了不同的标准，就出现了两种不同的标价方法。直接标价法，又称应付标价法，是以一定单位的外国货币为标准，折算成一定数额的本国货币。采用这种标价方法，如果外汇汇率上升，说明外币币值上升，本币币值下跌；反之亦然。目前世界上绝大数国家都采用直接标价法。而间接标价法又称应收标价法，是以一定单位的本国货币为标准，折算成一定数额的外国货币。采用这种标价方法，则外汇汇率的升降与本国货币币值的高低成正比，即外汇汇率上升，说明外币币值下跌，本币币值上升，反之亦然。目前，世界上只有英国对美国采取间接标价法，但美国对英镑使用直接标价法。

(1)如果美元—英镑汇率上升，美元是贬值，因为需要更多的美元才可以换1单位英镑。

(2)英镑升值了，因为单位英镑可以兑换更多的美元了。(升值或贬值都要有一个参照物，这是相对概念。)

5. 贬值与法定贬值的区别是什么？

What is the difference between depreciation and devaluation?

答：(1)贬值表示需要用较多数额本币才能换得一定数量外币，或者一定数量外币能换得较多数额本币。贬值使本国货币兑换价值下降，因而本国货币变弱了。

(2)法定贬值指一国政府宣布调低本国货币对外国货币的比价。在信用货币流通条件下，货币贬值可区分为对内贬值和对外贬值。对内贬值通常是因为出现通货膨胀而导致货币购买力下降，对外贬值是指政府宣布调低本国货币对外国货币的比价。前者属于自行贬值，后者则是法定贬值。货币对外贬值旨在增强本国商品在国际上的竞争力，以扩大出口和减少进口。一般来说，货币对外贬值是由对内贬值造成的，但汇率的变动还受国际收支状况和对外贸易政策的影响。

(3)贬值与法定贬值的区别在于二者发生的机制不同，二者分别对应于浮动汇率制和固定汇率制，但无经济学意义上的区别。贬值指在浮动汇率制下的外汇价格的上升，是与升值相对应的；而法定贬值指固定汇率制下官方提高外国通货的汇价，是与法定升值相对应的。

6. 解释汇率长期行为的购买力平价理论。指出是否有一种环境，你预料在其中 PPP 关系不会成立。

Explain the purchasing power parity theory of the long-run behavior of the exchange rate. Indicate whether there are any circumstances under which you would not expect the PPP relationship to hold.

答：(1)汇率长期行为的购买力平价理论

购买力平价指一种传统的，但在实际中不太成立的汇率决定理论。它认为货币如果在各国国内具有相等的购买力，那么这时的汇率就是均衡汇率。如果 2 美元和 1 英镑在各自的国内可以购买等量的货物，则 2 美元兑换 1 英镑便存在购买力平价。

购买力平价理论的思想基础是，如果一国的货物相对便宜，那么人们就会兑换该国货币并在那里购买商品。购买力平价成立的前提是一价定律，即同一商品在不同国家的价格是相同的。此外，购买力平价成立还需要一些其他的条件：①经济的变动来自货币方面；②价格水平与货币供给量成正比；③国内相对价格结构比较稳定；④经济中如技术、消费倾向等实际因素不变，也不对经济结构产生实质影响。

购买力平价存在两种形式：①绝对购买力平价，即两国货币的兑换比率等于两国价格水平的比率；②相对购买力平价，指两国货币兑换比率的变动，等于两国价格水平变动的比率。但由于运输成本及关税等因素的存在，这种情况并非是实际上的那样。此外，汇率并非由商品和劳务的国际贸易决定，而是由外汇的供求、资本转移以及政府的汇率政策等决定的，因而实际汇率会经常背离购买力平价，况且在许多情况下也难以对不同国家选择一套合适的商品加以比较，并计算平衡价格。

根据购买力平价理论，一国的价格水平上升，该国的货币就会贬值，反之则升值。或者说，通货膨胀率高的国家的货币会贬值，通货膨胀率低的国家的货币会升值。

购买力平价理论是建立在诸如经济中的变化必须来自货币方面、不存在交易费用、关税等一系列假定条件基础上的。由于这些条件在现实中难以完全满足，因此，很多的西方学者认为，购买力平价理论不能很好地解释短期汇率的波动。但这一理论给出了货币间兑换的实质，即购买力的比较。因此，购买力平价理论更多的是作为解释汇率长期变化趋势的一种理论。

(2)PPP 关系不成立的环境

购买力平价理论认为汇率的长期变动主要反映了国家间通货膨胀率的不同。在长期，购买力平价理论会很好的起作用，尤其是在通货膨胀率比较高并且是由于货币变化造成的时候。然而在短期，因为汇率变化比价格变化快很多，即使是货币扰动也将会影响竞争力。与此相类似，当发生实际扰动时，因为调整过程将影响贸易平衡条件，购买力平价关系将不会起作用。实际扰动的例子有不同国家间的技术的变化，出口需求的转移或潜在产出的转移。如果一揽子中"非贸易商品"占大多数，PPP 关系不会成立，比如理发，即使在其他国家较为便宜，但是人们也不一定能消费。

7. 为什么经济学家关心 PPP 是否成立？

Why do economists care whether or not PPP holds?

答：经济学家关心 PPP 是否成立的原因主要有以下几点：

(1)购买力平价理论(PPP)的主要内容为：一个国家货币的购买力之强弱，会影响对其他国家货币汇率的高低。不过这种理论要成立，必须有四个假设前提：①国际贸易必须完全自由；②所有的商品价格均呈同幅度的变动；③物价为影响汇率的唯一因素；④影响购买力的因素只有货币数量。

(2)购买力平价理论主张两国之间的汇率必须由两国货币的购买力比率来决定。虽然购买力平价理论的四种前提假设条件偏离现实太远，但实际上，在外汇市场中，如果一个国家通货膨胀相当严重，每一单位该国货币的购买力逐日下降时，持有该弱势货币者将会转换成其它较强势的货币，这样确实会使该国货币贬值。

(3)购买力平价理论提供了一个实际汇率的变动要受到限制的理由。它的基本逻辑有许多适用性：实际汇率离购买力平价预测的水平越远，对个人从事国际产品套利交易的激励就越大。它实际上是一价定律在国际市场上的应用。在所有的汇率理论中，购买力平价是最有影响的，这是因为首先它是从货币的基本功能(具有购买力)角度分析货币的交换问题，这非常符合逻辑，易于理解；同时它的表达式也最为简单，对汇率决定这样一个复杂问题给出了最为简洁的描述。购买力平价理论的这一特点使得它对政府的汇率政策产生了特别的影响，被广泛运用于对汇率水平的分析，成为许多经济学家和政府计算均衡汇率的常用方法。另外，购买力平价理论中所牵涉到的一系列问题都是汇率决定中的非常基本的问题，因此对购买力平价理论的争论最为激烈，它正是在这种争论中得到发展的，可以说始终处于汇率理论中的核心位置，是全部汇率理论的基础。

(4)经济学家的研究依赖于简化的经济模型，这些模型要尽可能地模拟现实世界，所以模型的任何假定都要与现实接近。经济学家的确需要关注购买力平价理论是否成立，因为在国际经济中很多模型都假定自身是正确的，而且从直观上看也是正确的。

8. 什么时候一国出现外部平衡？什么时候出现内部平衡？是其中一个还是两者都是政策目标。

When is a country in external balance? Internal balance? Should either or both of these be policy goals?

答：(1)当国际收支接近平衡时，就会出现外部平衡。外部平衡指一国经济发展和世界经济相协调的状态，主要指标是国际收支保持基本平衡，没有大量的赤字或盈余。

(2)当产出处于充分就业水平时就会出现内部平衡。内部平衡是"外部平衡"的对称，指一国国内经济处于稳定、协调增长的状态，主要指标是经济达到充分就业水平而又没有通货膨胀。

(3)外部平衡与内部平衡构成了宏观经济政策的两大目标。但是，内部平衡和外部平衡并不是没有矛盾的。如在内部平衡实现时，由于充分就业，工资水平较高，不利于本国产品在国际市场上的竞争，出口减少或进口增加，对国际收支不利，因而不利于实现外部平衡。解决的办法是：微观层次上，采取适当的贸易鼓励政策，加强技术创新，提高劳动生产率，增强本国产品的国际竞争力；宏观层次上，通过财政政策和货币政策的有机配合，在充分就业、工资水平较高的条件下，仍能维持国际收支平衡。所以，要使二者同时达到均衡，必须综合运用货币政策和财政政策。

如果一国只使用货币政策、财政政策中的一种，要同时达到内部平衡和外部平衡是非常困难的。比如，一国面临高通货膨胀，国际收支又有顺差时，使用紧缩性货币政策可以压缩总需求以降低通货膨胀率，但会因本国出口商品价格下降，更增加国际收支顺差；如果让本国货币升值，虽可减少顺差，但会因进口商品价格上涨而加剧通货膨胀。如果同时使用上述两种政策，就有可能实现双平衡。

9. 根据蒙代尔—弗莱明模型，当汇率是固定的，资本完全流动时，是财政政策还是货币政策会更为成功？请解释。

According to the Mundell-Fleming model, when exchange rates are fixed and capital is perfectly mobile, will fiscal or monetary policy be more successful? Explain.

答：根据蒙代尔—弗莱明模型，当汇率是固定的，资本完全流动时，财政政策会更为成功。原因如下：

(1)蒙代尔—弗莱明模型指蒙代尔与弗莱明在扩展米德对外开放经济条件下不同政策效应的分析的基础上，说明资本是否自由流动以及不同的汇率制度对一国宏观经济的影响的模型。该模型的基本结论是：货币政策在固定汇率下对刺激经济毫无效果，在浮动汇率下则效果显著；财政政策在固定汇率下对刺激经济效果显著，在浮动汇率下则效果甚微或毫无效果。

(2)根据蒙代尔—弗莱明模型，当汇率是固定的，资本完全流动时，是财政政策更为成功。在固定汇率制和资本完全流动的情况下，一国无法采取独立的货币政策。利率无法背离那些在世界市场上通行的利率水平。实施独立的货币政策的任何尝试都会导致资本流动，并且需要干预，直到利率重新回到与世界市场上的利率水平一致时为止。例如一开始紧缩货币供给，从而提高了利率。由于资本完全流动，大量的资本流入，导致本币有升值的压力。央行为维持固定汇率要对外汇市场进行干预，卖出本币，买进外币。这样就会使货币供给增加，降低了利率。这就使经济回到了原先的利率、货币存量和国际收支水平。因此货币政策无效。与此相反，此时财政政策非常有效。在刚开始只是财政扩张，这样就会增加产出和提高利率。由于资本完全流动，大量的资本流入，导致本币有升值的压力。央行为维持固定汇率要对外汇市场进行干预，卖出本币，买进外币。这样就会使货币供给增加，降低了利率，产出增加。这实际上就是扩大了货币供给。最终会使利率达到初始水平，同时产出增加。所以财政政策非常有效。

10. 你的国家处于衰退之中。你认为汇率贬值政策会刺激总需求，从而使国家脱离衰退吗？

(1)可以做些什么才能引发这种贬值？

(2)其他国家会怎样反应？

(3)在什么时候，这就成为以邻为壑政策？

Your country is in recession. You feel that a policy of exchange rate depreciation will stimulate aggregate demand and bring the country out of the recession.

(1) What can be done to trigger this depreciation?

(2) How might other countries react?

(3) When would this be a beggar-thy-neighbor policy?

答：(1)可以实施货币扩张政策，这样就会降低本国利率。由于资本自由流动，大量资本流出本国。由于采取浮动汇率，在外汇市场上本币的供给会超过需求，从而造成本币的贬值。

(2)由于本币贬值，本国商品更具竞争力，外国商品的价格相对上升，因而使对本国商品的需求增加，出口增加、进口减少，即本国净出口增加，从而增加了产出与就业，但是本国增加的净出口对应着国外贸易余额的恶化。本国货币贬值使需求从国外商品转移到本国商品上，国外的产出和就业会因此下降。其他国家可能同样也会进行货币扩张造成货币贬值，从而使各国的状况会回到初始水平。

(3)当各国的经济周期高度同步的时候，就会成为以邻为壑政策。因为在总需求不变的情况下，只能造成需求从一个国家转移到另一个国家。如果世界总需求处于不正常水平，汇率调整就不能纠正总需求水平，基本上只是影响既定的世界需求在各国的分配。所以它实际上是在输出失业，或是损害别国利益来创造本国就业的一种方式。如果各国都试图贬值，以吸引世界需求，就会面临竞争性贬值，只是在世界各处转移世界需求，而不是增加全世界的支出水平，就会产生了以邻为壑的政策。

三、计算与分析题

1. 假定资本是完全流动的，价格水平固定不变，汇率是可变的。现在由政府增加采购。首先解释为什么均衡产出水平与利率不受影响。然后证明由于政府采购商品与服务，经常项目是改善了还是恶化了。

答：(1)资本完全流动指投资者能在其选定的任何国家以低交易成本，迅速且无限制地购买资产。资本完全流动时，资产持有者愿意并能够调动大量资金，超越国界去寻求最高的回报或最低借贷成本。

(2)假定资本是完全流动的，价格水平固定不变，增加政府采购将会带来收入的增加和利率的上升，这将会导致资金的流入，从而导致一国货币价值的上升，即导致货币升值。货币升值将会带来竞争性损失，净出口也被挤出到另一个水平——在这种水平上，对国内商品的需求也降低到原有的水平，而收入和利率仍将保持不变。只要存在利率差异这种情况还会继续，因此最终均衡产出水平与利率不受影响。

(3)此时的财政政策被完全挤出，它是由于汇率升值，减少净出口而产生挤出。所以净出口下降，即出口减少、进口增加，这将会使经常项目恶化。在资本完全流动的浮动汇率下，国际收支会自动地恢复到平衡状态。而其主要由经常项目与资本项目组成。由于利率曾经升高，这就产生了资金流入，造成资本项目盈余。因为国际收支总体是平衡的，所以伴随着资本项目盈余，经常项目肯定是赤字。所以由于政府采购商品与服务，经常项目是恶化了。

2. 1990－1992 年芬兰遭遇严重困难。对苏联的出口锐减，而作为出口重要项目的纸浆与纸张价格猛跌，导致经济衰退与经常项目赤字。对这样的情况你推荐什么样的调节政策。

答：面对经济衰退和经常账户赤字，一国最好采用扩张性的货币政策。因为增加货币的供给量将会降低国内的利率，这不仅会刺激国内投资的增加，从而增加产出，而且也会造成通货膨胀，导致通货贬值，这就会使出口的需求增加，从而进一步刺激产出的增加。书中的

表 12 – 6 明显表明在完全资本流动和可变汇率制的情况下，货币的扩张将会导致产出扩张、外汇贬值和改善贸易平衡。

然而，由于对苏联这个重要的贸易伙伴的出口锐减，且由于纸和纸浆这两种重要出口商品的价格下跌，使芬兰跌入了灾难的深渊。在这种情况下，扩张性的货币政策还不能够完全治愈芬兰的困难状况。同时采用扩张性的财政政策可能会是更好的选择，应该以刺激投资为辅，大力帮助那些出口企业开拓新的市场领域，同时对他们采取一些保护性的措施，从而来缓解这种困难的局面。

3. 假定你预期来年英镑将贬值 6%。假定美国利率为 4%。像政府债券这样的英镑证券需要什么样的利率，你才愿意以你今日的美元购买，然后在一年中卖出它们兑换为美元？

答：如果预期来年英镑将贬值 6%，同时假定美国利率为 4%。像政府债券这样的英镑证券的利率至少达到 10% 时，人们才愿意以今日的美元购买，然后在一年中卖出兑换为美元。因为假设英镑证券的利率为 10%，今天进行投资，用美元购买英镑证券。一年后将获得 10% 的英镑收益，由于预期英镑贬值 6%，所以收益变成 4%，与存入利率为 4% 的美国银行收益相当。所以当英镑证券达到或超过 10% 时，人们才会买进。因为当资本完全流动时，国内利率等于国外利率加上汇率预期的调整变化。即 $i = i_f + (\Delta e/e)$，所以，$i_f = i - (\Delta e/e) = 4\% - (-6\%) = 10\%$。

4. 图解说明，当资本是完全流动的，而价格与汇率均为固定时的财政扩张。固定价格在什么范围内，才被认为是有效的呢？试解释。

答：如图 12 – 8 所示，财政扩张使 IS 曲线由 IS_1 右移到 IS_2，这使产出增加以及利率上升，即 i_1 上升到 i_2，Y_1 上升到 Y_2。由于资本是完全流动的，利率上升后会有大量的资本流入，从而造成本币升值的压力。同时由于价格与汇率固定不变，央行为维持汇率不变就会不得不扩大货币供给，从而 LM 曲线也由 LM_1 右移到 LM_2。这样就会降低利率，增加产出，即 i_2 下降到 i_1，Y_2 上升到 Y_3。最终利率恢复到国际水平，产出扩张。在这种情况下没有挤出效应，拥有完全乘数效应。但是由于收入增加而价格与汇率固定不变，就增加了进口，从而导致贸易余额恶化。

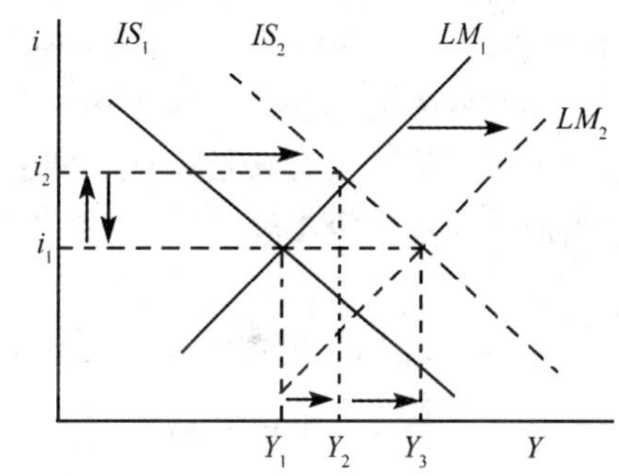

图 12 – 8　资本流动、价格与汇率均固定时的财政扩张效应

如果价格变化使实际汇率下降，这样就会使本币升值，从而进口增加，出口减少，产出下降。若产出下降到 Y_1 的水平（此时财政扩张已经完全被挤出），就会使财政扩张无效。假定使实际汇率不变的价格为 P_1，导致实际汇率下降，产出减小为 Y_1 时对应的价格为 P_2。则 (P_1, P_2) 就是固定价格的有效范围，此时财政扩张不至于被完全挤出，财政扩张才会有效。

5. 当汇率固定，如资本完全流动时，财政扩张对产出与利率有什么作用？利用 12 – 5 节阐述的模型，进行精确的论证。

说明：题目中提到的 12 – 5 节阐述的模型实际上是蒙代尔—弗莱明模型在固定汇率制下资本完全流动的情况。在资本完全流动的情况下，最微小的利差也会引起资本的无限制流动。在固定汇率制下，由于资本的完全流动，中央银行无法独立实施货币政策。假定它采取了紧缩的货币政策，利率就会上升。世界范围的组合资产持有者就会立刻将其财富调拨过来，对新利率加以利用以便从中获利。其结果是大量资本流入，该国国际收支出现巨额盈余；外国人设法购买国内资产，使得汇率升值，迫使中央银行进行干预，以维持汇率固定不变。它购买外币，放出本国货币。这种干预导致本国货币存量增加，结果是最初的货币紧缩被逆转了。当本国利率被压低到原有水平时，这个过程便归于结束。结论是：在固定汇率制和资本完全流动的情况下，一国无法采取独立的货币政策。利率无法背离那些在世界市场上通行的利率水平。实施独立的货币政策的任何尝试都会导致资本流动，并且需要干预，直至利率重新回到与世界市场上的利率水平一致时为止。此时的财政政策非常有效，它使货币存量内生化。此题就是讨论这一点。

答：资本完全流动指投资者能在其选定的任何国家以低交易成本，迅速且无限制地购买资产。资本完全流动时，资产持有者愿意并能够调动大量资金，超越国界去寻求最高的回报或最低借贷成本。在资本具有完全流动性的固定汇率制下，财政政策高度有效。财政扩张会提高利率，从而使中央银行增加货币存量，以保持汇率的固定不变，加强了扩张性财政政策的效应。

如图 12－9 所示，扩张性的财政政策将会使 *IS* 曲线右移，导致产出的增加和利率的上升，暂时达到 E' 点。由于资本是完全流动的，利率上升将会产生资本的流入，从而导致货币有升值压力。中央银行为保持汇率不变将会通过增加货币供给量来对此做出回应，这又将导致 *LM* 曲线向右移动，直到国内利率水平同国际利率水平一致，从而增加了产出。到达点 E''。由于资本完全流动和汇率固定，此过程会非常短。在这种情况下，由于有了内生的货币供给，利率被有效地固定了，从而没有挤出效应，将会产生完全乘数效应。所以当汇率固定，资本完全流动时，财政扩张使产出增加，利率不变。

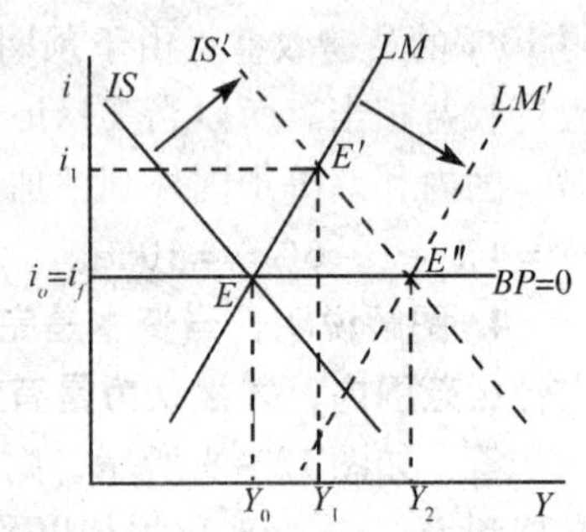

图 12－9　汇率固定、资本完全流动下财政扩张效应

6. 一旦我们认识到国外产出的扩张是本国扩张的结果，这个问题就关系到本国扩张的回荡效应。假定本国增加的自主支出为 $\Delta\bar{A}$，完全用于本国商品（在整个问题中，均假定利率不变）。

(1) 不考虑回响效应，对收入的影响是什么？对本国进口的冲击是什么？以 ΔQ 代表增加的进口。

(2) 借助于增加进口的结果，研究国外发生了什么。本国进口增加意味着外国出口增加，从而对其产品的需求增加。他们的产量也随之增加。假定外国边际储蓄倾向为 s^*，外国进口倾向为 m^*，由于其出口增加，将引起外国收入扩大多少？

(3) 现在写出大家熟悉的国内商品市场均衡方程，将各个部分结合在一起：供给的变动 ΔY，等于总需求的变动，$\Delta\bar{A}+\Delta X-m\times\Delta Y+(1-s)\times\Delta Y$，即 $\Delta Y=\dfrac{\Delta\bar{A}+\Delta X}{s+m}$，请注意本国出口增加 ΔX，等于外国人的进口增加，我们可用(2)题的答案替换 ΔX，来得出具有回响效应的一般性乘数公式。

(4) 将本题(2)的答案公式代替本国出口变动，$\Delta X=m^*\times\Delta Y^*$。

(5) 计算包括回响效应在内的本国收入的全部变动。现在将你计算的结果与省略回响效应的结果相比较。回响效应造成什么差别？考虑回响效应，本国收入扩张是变大了还是变

小了?

(6)研究包括或不包括回响效应的国内扩张对贸易余额的影响。一旦将回响效应考虑在内，贸易赤字是变大了，还是变小了?

答：(1)在一个包含有国际贸易项目的简单支出模型中，当国内自主支出增加 $\Delta\bar{A}$，将会对国民收入和贸易余额产生如下的影响(不考虑回响效应)；$\Delta Y=[1/(1-c+m)](\Delta\bar{A})$ 和 $\Delta Q=[m/(1-c+m)](\Delta\bar{A})$。推导过程如下：

假定国际收支平衡时：$NX=X-Q=X_0-Q_0-mY$。

$Sp=C+I+G+NX\Rightarrow Sp=C_0+cY+I_0-bi_0+G_0+X_0-Q_0-mY=A-bi_0+(c-m)Y$

$A=C_0+I_0+G_0+X_0-Q_0$(为了简化起见，假定 $TA=TR=0$)

因为 $Y=Sp\Rightarrow Y=A-bi_0+(c-m)Y\Rightarrow(1-c+m)Y=A-bi_0\Rightarrow Y=[1/(1-c+m)](A-bi_0)$

所以，$\Delta Y=[1/(1-c+m)](\Delta\bar{A})$

$Q=Q_0-mY\Rightarrow\Delta Q=m(\Delta Y)=[m/(1-c+m)](\Delta\bar{A})$。

(2)由于本国收入增加 ΔY，从而使国外出口(即本国进口)的增加为 $\Delta Q=\Delta X^*=m\times\Delta Y$，所带来的外国国民收入的增加值为 ΔY^*。将 $\Delta Q=\Delta X^*=m\times\Delta Y$ 代入 $\Delta Y^*=[1/(s^*+m^*)]\times\Delta X^*$，得 $\Delta Y^*=[1/(s^*+m^*)]\times\Delta X^*=[m/(s^*+m^*)]\times\Delta Y$，其中 $s^*=1-c^*$。

(3)从 $Y=AD$ 可以推导出 $Y=\bar{A}+X+(c-m)\times Y$，从而可以推导出 $Y=[1/(s+m)]\times(\bar{A}+X)$，进而推出 $\Delta Y=[1/(s+m)]\times[\Delta\bar{A}+\Delta X]$。所以本国自主支出增加 $\Delta\bar{A}$，使本国收入在刚开始增加 $\Delta Y=[1/(1-c+m)]\times\Delta\bar{A}$。由于 $\Delta Y^*=[m/(s^*+m^*)]\times\Delta Y$，从而推导出外国国民收入增加 $\Delta Y^*=[m/(s^*+m^*)]\times[1/(s+m)]\times\Delta\bar{A}$。

(4)由于 $\Delta X=m^*\times\Delta Y^*$，将上式代入，得本国出口增加 $\Delta X=m^*\times\Delta Y^*=[m^*/(s^*+m^*)]\times[m/(s+m)]\times\Delta\bar{A}$。

(5)由于 $\Delta Y=[1/(1-c+m)]\times[\Delta\bar{A}+\Delta X]$，且由于 $1-c=s$，所以，不难推出本国国民收入最终增加(注意为了简单期间，本题只考虑了一次回荡对自身的影响)$\Delta Y'=[1/(s+m)]\times\{\Delta\bar{A}+[m^*/(s^*+m^*)]\times[m/(s+m)\times\Delta\bar{A}]\}$，进一步化简，得本国国民收入最终增加 $\Delta Y'=[1/(s+m)]\times\{1+[m^*/(s^*+m^*)]\times[m/(s+m)]\}\times\Delta\bar{A}$。

考虑回响效应时，本国收入的扩张将大于省略回响效应时本国收入的扩张，因为通过外国收入增加而引起的出口增加弥补了部分进口的损失，从而使本国收入扩张变大。

(6)在不考虑回响效应的情况下，国内扩张对贸易余额的影响为 $\Delta NX=-m\times\Delta Y=[(-m)/(s+m)]\times\Delta\bar{A}$。然而，当考虑到回响效应时，国内扩张对贸易余额的影响则为 $\Delta NX'=\Delta X-m\times\Delta Y'$。但由于 $\Delta\bar{X}=m^*\times\Delta Y^*=[m^*/(s^*+m^*)]\times[m/(s+m)]\times\Delta\bar{A}$[由(4)题推导]，并且 $\Delta Y'=[1/(s+m)]\times\{1+[m^*/(s^*+m^*)]\times[m/(s+m)]\}\times\Delta\bar{A}$[由(5)题推导]。因此，$\Delta NX'=(s\times M-m)/(s+m)\times\Delta\bar{A}$，此时 $M=[m^*/(s^*+m^*)]\times[m/(s+m)]$。因为 $\Delta NX=[(-m)/(s+m)]\times\Delta\bar{A}<0$，所以 $\Delta\bar{A}$ 与 ΔNX 成反向变动，即自主支出增

加 $\Delta\bar{A}$，贸易余额就会减少$[m/(s+m)]\times\Delta\bar{A}$。从代数式可以看出 $\Delta NX'$明显大于ΔNX，其实此时 $\Delta NX'$也为负，即当考虑到回响效应时 $\Delta\bar{A}$ 与 $\Delta NX'$成反向变动。因为 $\Delta NX'=(s\times M-m)/(s+m)\times\Delta\bar{A}=\{s\times[m^*/(s^*+m^*)]\times[m/(s+m)]-m\}/(s+m)\times\Delta\bar{A}=[m/(s+m)]\times\Delta\bar{A}\times\{[m^*/(s^*+m^*)]\times[s/(s+m)]-1\}$，其中$[m^*/(s^*+m^*)]<1$，$[s/(s+m)]<1$，所以$[m^*/(s^*+m^*)]\times[s/(s+m)]-1<0$，$\Delta NX'<0$。

由于国外收入的引致增加，本国出口的增加在一定程度上抵消了本国进口的增加。从而在考虑回响效应的情况下，国内扩张对贸易余额的负面影响就变小了，使得贸易赤字相对变小。

注意：本题中字母带＊的表示此变量为国外的，例如 m^* 表示为外国进口倾向，ΔX^*为国外出口(即本国进口)的增加量。不带＊的字母表示此变量为本国的，例如 ΔX 为本国出口增加 ΔX，$\Delta Y'$为本国国民收入的最终增加量。

附录：下列为第 6 版第 6 章属于本章的习题，在第 10 版中已被删除，现补录如下，仅供参考！

1. 这道习题将开放经济中收入与贸易余额的一些问题公式化(做题之前，请先阅读本章附录)。为了简化起见，我们假定利率是既定的，$i=i_0$，实际汇率也是不变的。我们假定国内居民的总支出为：

$$A=\bar{A}+cY-b\times i$$

净出口 NX 由下式给定：

$$NX=X-Q$$

进口支出由下式给定：

$$Q=\bar{Q}+m\times Y$$

其中 $\bar{Q}$ 为自发进口支出。出口是既定的，即：

$$X=\bar{X}$$

(1) 对本国商品的总需求是多少？贸易余额是多少？

(2) 收入的均衡水平是多少？

(3) 在这一均衡收入水平上贸易余额是多少？

(4) 出口增加对均衡收入水平有什么影响？并求相应的乘数。

(5) 出口增加对贸易余额有什么影响？

说明：题目中提到的本章附录介绍了开放经济中的 $IS-LM$ 模型。具体过程如下：

先假定一个简单形式的净出口方程：

$$NX=X-m\times Y+v\times R \qquad R=e\times P_f/P \qquad ①$$

其中 X 是一个常数，代表包括国外收入作用在内的所有其他影响。由于实际汇率的系数 v 是正数，所以实际贬值或 R 的上升会改善贸易平衡。本国收入对贸易余额的影响：收入上升会增加进口，从而使贸易平衡恶化。m 为边际进口倾向。

利用这一等式，商品市场均衡条件变为：

$$IS\text{ 曲线：}Y=A+NX=\bar{A}+c\times Y-b\times i+\bar{X}-m\times Y+v\times R \qquad ②$$

$$\text{或 } Y=\frac{\bar{A}-b\times i+\bar{X}+v\times R}{1-c+m} \qquad ③$$

因为边际消费倾向 c 和边际储蓄倾向 s 之和为 1，用 $1-c=s$ 代入③，得

$$Y=\frac{\bar{A}-b\times i+\bar{X}+v\times R}{s+m} \qquad ④$$

把 $1/(s+m)$ 项叫做简单开放经济乘数。它反映的是在利率、国外收入和实际汇率既定的情况下，国内自发支出 $\bar{A}$ 增加 1 单位对本国收入的影响。方程④也说明了实际贬值对本国收入的影响：实际汇率 R 上升 1 单位会使本国收入增加 $v/(s+m)$。贸易余额对实际汇率的反应越强，简单开放经济乘数越大，本国收入增加得就越多。

下面讨论在浮动汇率和资本完全流动情况下，开放经济模型是怎样运行的。加入 ***LM*** 曲线，并假定 $i=i_f$：

$$\frac{\bar{M}}{\bar{P}}=k\times Y-h\times i_f \qquad ⑤$$

于是可以根据方程⑤决定均衡的收入水平为：

$$Y=\frac{1}{k}\times\left(\frac{\bar{M}}{\bar{P}}+h\times i_f\right) \qquad ⑥$$

可见，本国的实际货币供给和市场利率水平决定均衡的收入水平。汇率调整使商品市场出清。把方程④和⑥联立，就可以得到均衡的实际汇率：

$$R=\frac{s+m}{k\times v}\times\frac{\bar{M}}{\bar{P}}+\frac{[(s+m)\times h+k\times b]\times i_f}{k\times v}-\frac{\bar{A}+\bar{X}}{v}$$

可见，财政扩张或 $\bar{A}$ 的上升会引起实际升值，而货币扩张会引起实际贬值。

答：(1)贸易余额是 $NX=X-Q=\bar{X}-(\bar{Q}+m\times Y)=\bar{X}-\bar{Q}-m\times Y$。

对本国商品的总需求是 $AD=A+NX=\bar{A}+c\times Y-b\times i+\bar{X}-\bar{Q}-m\times Y=\bar{A}'-b\times i+(c-m)\times Y$，其中 $\bar{A}'=\bar{A}+\bar{X}-\bar{Q}$。

(2)因为 $Y=AD$，所以 $Y=AD=\bar{A}'-b\times i+(c-m)\times Y$，化简得 $(1-c+m)\times Y=\bar{A}'-b\times i$，即 $Y=[1/(1-c+m)]\times(\bar{A}'-b\times i)$。将 $\bar{A}'=\bar{A}+\bar{X}-\bar{Q}$ 代入，得 $Y=[1/(1-c+m)]\times(\bar{A}+\bar{X}-\bar{Q}-b\times i)$。

(3)收入均衡时的贸易余额是 $NX=\bar{X}-\bar{Q}-m\times Y=\bar{X}-\bar{Q}-m\times[1/(1-c+m)]\times(\bar{A}+\bar{X}-\bar{Q}-b\times i)=[1/(1-c+m)]\times[(1-c)\times(\bar{X}-\bar{Q})-m\times(\bar{A}-b\times i)]$。

(4)由 $Y=[1/(1-c+m)]\times(\bar{A}+\bar{X}-\bar{Q}-b\times i)$ 可知，出口 $\bar{X}$ 增加 $\Delta\bar{X}$ 会使均衡收入 Y 增加 ΔY，且其乘数为 $\alpha_{AX}=\Delta Y/\Delta\bar{X}=1/(1-c+m)$。

(5)由 $NX=\bar{X}-\bar{Q}-m\times Y=[1/(1-c+m)]\times[(1-c)\times(\bar{X}-\bar{Q})-m\times(\bar{A}-b\times i)]$ 可知，出口 $\bar{X}$ 增加 $\Delta\bar{X}$ 会使贸易余额 NX 增加 ΔNX，且其乘数为 $\alpha'_{AX}=\Delta NX/\Delta\bar{X}=(\Delta\bar{X}-m\times$

$\Delta Y)/\Delta\overline{X}=(1-c)/(1-c+m)$。

2. 假定在习题1中有 $\overline{A}=400$，$c=0.8$，$i_0=5\%$，$\overline{Q}=0$，$m=0.2$，$X=250$

(1)计算均衡收入水平。

(2)计算贸易余额。

(3)计算开放经济乘数，即增加 $\overline{A}$ 对均衡产出的影响(为了回答这个问题，可能需要运用本章附录)。

(4)假定发生了出口需求的下降，且下降量 $\Delta X=1$(10亿)，收入会变动多少？贸易平衡恶化多少？

(5)利率上升一个百分点(从5%变为6%)，贸易余额会改善多少？请解释为什么利率上升会改善贸易余额？

(6)为了抵消出口减少对本国收入和就业以及贸易余额的影响，该国可以采取哪些政策？

答：(1)由习题1(2)，得均衡收入水平 $Y=[1/(1-0.8+0.2)]\times(400+250+0-30\times5)=2.5\times500=1250$。

(2)贸易余额 $NX=\overline{X}-\overline{Q}-m\times Y=250-0-0.2\times1250=0$。

(3)从习题1(2)，1(4)和2(1)，得 $\alpha_{AX}=2.5$。

(4)从习题1(4)和2(3)，得 $\Delta Y=\alpha_{AX}\times\Delta\overline{X}=2.5\times(-1)=-2.5$。

从习题1(5)和2(3)，得 $\Delta NX=\alpha'_{AX}\times\Delta\overline{X}=(1-c)/(1-c+m)\times\Delta\overline{X}=(1-0.8)/(1-0.8+0.2)\times(-1)=-0.5$。

(5)由习题1(3) $NX=\overline{X}-\overline{Q}-m\times Y=[1/(1-c+m)]\times[(1-c)\times(\overline{X}-\overline{Q})-m\times(\overline{A}-b\times i)]$，可知 $\Delta NX=[m\times b/(1-c+m)]\times\Delta i=[0.2\times30/(1-0.8+0.2)]\times1=15$。

利率上升会使投资下降，进而总需求下降，所以国民收入下降。由于国民收入下降引起进口下降而出口却未受影响，所以随着利率上升，贸易余额会有所改善。

(6)如果利率固定，扩张性的财政政策可以提高国民收入，但这会使贸易余额下降。如果利率是变化的，财政扩张引起的利率上升导致贸易余额一定程度的改善。实际上，一国可以选择扩张性的货币政策组合，这会使本币贬值，如果未能起作用可以采取一些贸易管制或出口补贴与之相配合。

3. (1)用公式 $1/(m+s)$ 表达外贸乘数(见附录)来讨论自发国内支出的一单位增加对贸易平衡的影响。

(2)评论下述观点：经济越开放，本国收入扩张就越小。

答：(1)在一个包含有国际贸易项目的简单支出模型中，当国内自主支出增加 $\Delta\overline{A}$，将会对国民收入和贸易余额产生如下的影响：$\Delta Y=[1/(1-c+m)]\times\Delta\overline{A}$ 和 $\Delta NX=[-m/(1-c+m)]\times\Delta\overline{A}$。因此国内自主支出增加时，如果边际消费倾向 c 越大，边际进口倾向 m 越小，那么国民收入的增加量越大，贸易盈余的下降量越小。

(2)从上一题以看出国内自主支出增加时，如果边际进口倾向 m 越小，那么国民收入的增加量越大，贸易盈余的下降量越小。因此在一个经济越开放的国家，国内支出的增加就会对其他国家的经济有更大的溢出效应。

4. 假定存在资本完全流动性，征收关税会怎样影响汇率、产出和经常账户？（提示：汇率既定时，关税会减少我们对进口品的需求。）

答： 资本完全流动指投资者能在其选定的任何国家以低交易成本，迅速且无限制地购买资产。资本完全流动时，资产持有者愿意并能够调动大量资金，超越国界去寻求最高的回报或最低借贷成本。

如果征收关税，进口商品的相对价格就会上升，对国内产品的需求就会增加。国内收入和利率的提高会导致资本流入，本币升值，从而降低了进口商品的相对价格。如果资本完全流动，本币会升值到净出口的综合变化为零的那一点。这样收入和利率的综合变化也是零，即它们最终不受影响。

5. 美国在 1980 ~ 1985 年的政策与贸易政策中以邻为壑的政策的方法一致吗？

答： 一致。一国试图采取扩张性的货币政策来减少本国的失业时，利率会下降，这会导致资本流出，本币贬值。这样就会导致对外国产品的需求下降，转移到国内商品上来，使对国内产品的需求增加。这种政策（或者其他任何试图向世界其他地方出口失业的政策措施）被称作“以邻为壑”。1980 ~ 1985 年美元的大幅升值和在美国对国外商品的高额需求严重损坏了美国制造业。这引起了采取保护主义措施的要求。如果执行保护主义措施，它就与“以邻为壑”的政策一致。

第4篇　行为的基础

第13章　消费与储蓄

13.1　复习笔记

一、消费与储蓄的生命周期—持久性收入理论

1. 生命周期理论(假说)

(1)生命周期理论(假说)的概述

生命周期理论(假说)是由美国经济学家F·莫迪利阿尼(F. Modigliani)、R·布伦伯格(R. Brumberg)和A·安东(A. Ando)提出的一种消费函数理论。该假说认为，消费不取决于现期收入，而主要取决于一生的收入，理性人根据自己一生的收入和财产在长期中计划其消费与储蓄行为，以便在他整个一生中，以最好的方式配置其消费。该理论不依靠基于理性经验法则的单一数值的边际消费倾向。基于最大化行为的生命周期理论意味着持久性收入、暂时性收入与财富的边际消费倾向各不相同。

(2)生命周期理论(假说)的关键假定

生命周期理论(假说)的关键假定是绝大多数人会选择稳定的生活方式，在各个时期大致消费相似的水平，一般不会在一个时期内大量储蓄，而在下一时期挥霍无度地消费。所以，该理论假定人们试图每年消费相同的数量。

(3)生命周期理论(假说)的消费函数

$$C=\frac{WL}{NL}\times YL$$

在公式中，WL为工作年数；NL为生活年数；YL为每年的劳工收入；C为每年的消费量。

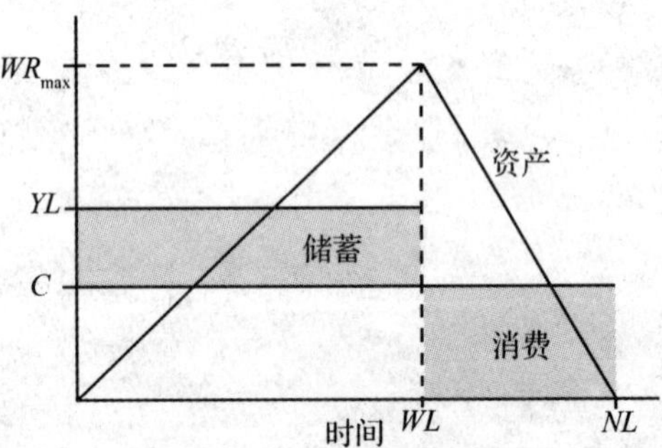

图13－1　生命周期模型中的一生收入、消费、储蓄和财富

图13－1说明了消费与储蓄的方式。整个一生中消费是稳定不变的，在一生的工作年限期间，工作期限持续WL年，人们储蓄、积累资产。在工作年限结束时，人们开始靠这些资产生活，在生命继续的年限(NL-WL)(即退休后)中进行负储蓄，而在生命结束时，他们的资产恰恰为零。

①边际消费倾向

如公式$C=\frac{WL}{NL}\times YL$所示，边际消费倾向为WL/NL，随着年龄的变化而变化。一国经济是许多不同年龄、不同预期寿命人们的结合，因此，一国经济中的边际消费倾向MPC就是许多相应的MPC的混合体。由不同年龄组混合在一起形成的经济体，将具有不同的总体边际储蓄倾向与总体边际消费倾向。

来自于财富的支出与来自于暂时性收入的支出一样，都被分布到生命持续的年限中。因

此，产生于财富的边际消费倾向等于产生于暂时性收入的边际消费倾向 $1/NL$，是非常小的。

②平均消费倾向

人们在一生中的消费规律是：青年时以未来收入换取借款，中年时或清偿早期债务或储蓄防老，老年人逐日消耗一生积蓄。一般而言，中年人具有较高水平的收入，青年人和老年人收入水平较低。因此，中年人具有较低的平均消费倾向，青年人和老年人具有较高的平均消费倾向。但终其一生，个人具有相对稳定的长期消费倾向。

2. 持久性收入理论

(1)持久收入理论概述

持久性收入理论指美国经济学家 M · 弗里德曼提出的一种消费函数理论。该理论指出个人或家庭的消费与当前收入无关，而取决于持久收入。持久收入被认为是一个人期望终身从其工作或持有的财富中产生收入。弗里德曼的理论认为，在保持财富完整性的同时，个人的消费在其工作和财富的收入流量的现值中占有一个固定的比例。

(2)持久收入理论的消费函数

持久性收入理论就是以一个人的现有财富水平与现在和未来挣到的收入来维持其个人在有生之年稳定的消费比率。该理论在其最简单形态上，认为消费与持久性收入成比例，其消费函数可以表示为：

$$C = cYP$$

其中：C 代表消费，c 代表边际消费倾向，YP 代表持久收入。

根据持久收入理论，产生于暂时性收入的开支将被分配到许多年份中，消费应当比收入更稳定。具体说来，实际上很大起伏的收入波峰，也只可能引起消费最温和的反应。

(3)持久收入的衡量

持久收入和暂时性收入的差别是非常重要的，因为暂时性收入被假定对消费无任何实质性影响。在特定情况下，个人也许可以知道一项增加的收入是持久性的，还是暂时性的。但在一般情况下，个人不可能肯定地认为一笔收入变动究竟是持久性的，还是暂时性的。

二、不确定情况下的消费：现代分析方法

1. 现代分析法的概述

现代型的 LC－PIH 理论强调收入的不确定性同消费变动之间的联系，并且采用更加形式化的方式分析消费者效用最大化行为。根据这个较新的理论分析式，收入的意外变化会引起消费的变动。如无收入的意外变动，本期消费应与上期消费相同。

(1)终生效用

终生效用指各个时期效用的总和。LC－PIH 理论的现代方法开始在形式上描述一个代表性消费者一生的效用最大化问题。在一个特定时期内，消费者享受该时期的消费效用 $u(C_t)$。一生的效用是各个时期效用的总和，而一生的预算约束是各个时期的消费总和，即：

$$\text{一生的效用} = u(C_t) + u(C_{t+1}) + \cdots + u(C_{T-1}) + u(C_T)$$

$$\text{取决于 } C_t + C_{t+1} + \cdots + C_{T-1} + C_T$$

$$= \text{财富} + YL_t + YL_{t+1} + \cdots + YL_{T-1} + YL_T$$

消费者选择各个时期的消费，以便使其一生的效用最大化，它取决于等于其一生总财力的一生总消费。消费者的最优选择是，消费途径等于跨时期的边际消费效用 $MU(C_{t+1}) = MU(C_t)$。

考虑不确定性，实际上消费者无法贯彻边际效用相等的原则，因为未来的边际效用 $MU(C_{t+1})$ 在 t 期内无法确定。消费者只能让今天的边际效用与他对 $t+1$ 期的边际效用的最好猜测相等，因此修改过的原则是让今天的边际效用与明天边际效用的期望值相等，即 $E[MU(C_{t+1})]=MU(C_t)$。

(2)随机游走消费模型

随机游走的消费模型指罗伯特·霍尔提出的消费随机游走的理论模型。根据该模型，消费被假定是以预期的未来收入和当前收入为基础的，因此，消费的变化是不可预测的。

边际效用函数是看不到的，只有函数的自变量相等时，函数才会相等，因此消费原则可写为 $E(C_{t+1})=C_t$。期望值也是看不见的，罗伯特·霍尔认识到理性预期理论可以应用于这个问题——这样他就将宏观经济计量学革命化了。观察到的消费可重写为预期消费加上意外消费，即 $C_{t+1}=E(C_{t+1})+$意外消费。根据理性预期理论，意外消费确实是随机的和不可预测的。将这种理性预期公式与预期消费相等原则结合在一起，$E(C_{t+1})=C_t$ 导出霍尔著名的随机游走模型：$C_{t+1}=C_t+\varepsilon$。

2. LC－PIH 理论：传统模型的回击

(1)理论概述

经验证据表明，传统经验法则的消费函数与 LC－PIH 理论都有助于解释消费行为。实际消费行为既显示出过度敏感性，又显示出过度平稳性。前者意味着消费对确定性收入的反应太强烈，以至于无法对收入变动做出预期；而后者则意味着消费对意外收入变动的反应太弱，以至于意外的收入变动也不会产生什么反应。

(2)LC－PIH 理论与传统消费函数的结合

LC－PIH 理论与传统消费函数的结合是由约翰·坎贝尔与格里格·曼昆提出的用来检验过度敏感性的方法。根据 LC－PIH 理论，消费变动等于意外因素 ε，因此，$\Delta C_{\text{LC-PIH}}=\varepsilon$。根据传统理论 $C=\bar{C}+cYD$，因此，$\Delta C_{\text{trad}}=c\Delta YD$。如果 $\lambda\%$ 的人口按传统模型行事，其余的 $(1-\lambda)\%$ 的人口根据 LC－PIH 行事，那么，消费的总变动就是：

$$\Delta C=\lambda\Delta C_{\text{trad}}+(1-\lambda)\Delta C_{LC-\text{PIH}}=\lambda c\Delta YD+(1-\lambda)\varepsilon$$

该方程的经验估计得出：

$$\Delta C=0.523\Delta YD$$

这意味着消费行为的一半是由现期收入而不是由永久性收入来解释的。

3. 流动性约束与缺乏远见

LC－PIH 理论体现了一个基本思想：单个消费者并不是简单地根据当前的绝对收入来做消费决策的，而是根据终生的或持久的收入来做决策，并预言暂时性税收变化(从而收入的暂时性变化)对当前消费支出的影响很小。然而，该理论无法解释现实中的许多消费行为，实际上消费对当期收入的敏感性远大于理论所阐述的情况。流动性约束与缺乏远见则是对出现这种矛盾原因的两种解释。

(1)流动性约束

流动性约束指经济活动主体(企业与居民)因其货币与资金量不足，且难以从外部(如银行)得到，从而难以实现其预想的消费和投资量，造成经济中总需求不足的现象。当消费者在预期有较高的未来收入情况下无法借款维持当前消费时，就存在流动性约束。

根据生命周期理论，只要收入的增加是被预期到的，当收入增加时，消费将不会增加得太多。事实上，由于流动性约束的缓解，当收入提高时，消费会提高得很多。因此，消费与当前收入的联系比 LC - PIH 理论所暗示的要密切得多。同样，当人们收入暂时下降，也不能举债时，他们同样会遇到流动性约束。

(2)缺乏远见

缺乏远见指家庭关于未来收入流的短视眼光，不能正确认识到未来的真正收入，是消费对当前收入敏感性的另一种解释，这实际上难以和流动性约束假说区别开。消费调整的延迟可能是由于接受者在收到较高的支付之前，缺乏能使其调整支出的资产(流动性约束)，或者是由于他们没有注意到这项公告(缺乏远见)，也可能是他们不相信这项增加收入的公告。

4. 不确定性和缓冲库存储蓄

(1)缓冲库存储蓄的含义

预防性或缓冲库存指为了平抑市场上商品价格的波动而保持一定数量的库存。通常情况下，主要由政府、地区联盟或世界性经济组织来担当建立缓冲存货的角色。当某种商品价格看跌时，则购进该种商品；当商品价格涨势继续看高时，就出售该种商品。其目的是为了避免因商品价格的大起大落而影响生产者和消费者的利益及他们预期的稳定性。

生命周期假说认为，人们储蓄在很大程度上是为退休储备资金；但另外的储蓄目的也很重要，作为达到预防性目的的储蓄，被用来作为一种缓冲库存，当光景好时增加储蓄，以便在光景坏时维持消费，此时的储蓄称为缓冲库存储蓄。

(2)LC - PIH 理论中的缓冲库存储蓄

①不确定性与缓冲库存储蓄

在生命周期—持久性收入假说中，为了解释预防性或者缓冲库存性储蓄的存在，需要改变有关消费者的知识与行为的确定性假定，即引入不确定性分析，预防性的(或缓冲库存)储蓄可以用不确定性来解释。

一个人的生命预期或退休时间(影响用来负担退休的累计储蓄)具有不确定性，将来的需求(可能产生于家庭组成的或健康的变化)也具有不确定性。对消费者而言，支出大量下降所产生的痛苦，大于同样规模支出增加所得到的快乐，因此消费者能避免在光景坏时被迫大量削减其消费的一种办法，就是进行缓冲库存储蓄。

②目标财富水平

在缓冲库存储蓄的同时，许多消费者是缺乏耐心的，他们宁可现在就支出，也不愿为将来进行储蓄。在这种情况下，消费者将会有一个“目标”财富水平。该目标就是缺乏耐心恰恰能够平衡储蓄的预防性(或缓冲库存)动机之点。

如果财富低于该目标水平，预防性储蓄动机将比急躁情绪强烈，于是消费者将努力积累财富以达到目标；如果财富高于目标水平，急躁情绪将强于谨慎，则消费者将削减储蓄。这些效应会导致比标准的 LC - PIH 模型所预示的要高很多的 *MPC*(边际消费倾向)。

三、消费行为的深层方面

1. 消费、储蓄与利率

(1)利率变动对储蓄的替代效应和收入效应

利率变化会同时对储蓄产生替代效应和收入效应，利率提高是否会增加储蓄、减少消费，必须视利率变化对储蓄的替代效应和收入效应的总和来决定。替代效应和收入效应作用的方向通常是相反的，并且最终结果依赖于两种效应相对数量的大小。直到现在经验证据还不能确定储蓄针对利率变化的明显敏感性。这意味着替代效应和收入效应可能有相同的数量。

①替代效应

利率变动对储蓄的替代效应是指当利率提高时，人们会认为减少目前消费，增加将来消费是有利的，从而导致消费者改变消费计划。减少目前消费，增加储蓄，从而导致储蓄增加。

②收入效应

利率变动对储蓄的收入效应是指利率提高会使消费者将来的利息收入增加，使消费者感觉自己变得较为富有，从而增加目前的消费，导致储蓄减少。

(2)不同收入层次消费者面临不同的情况

对于处于不同收入层次的消费者来说，利率变化对储蓄的替代效应和收入效应是不同的。就整个社会来说，利率提高究竟是增加储蓄还是减少储蓄，必须由这些人的储蓄增加额和储蓄减少额的总和来决定。

①低收入者的情况

对低收入者来说，替代效应大于收入效应，利率变化主要产生的是替代效应。因为低收入者并没有多少储蓄来获得利息收入，利率提高对他将来收入的提高不会产生大的影响，因此，利率提高对低收入者主要产生替代效应，使低收入者减少目前消费，增加储蓄。

②高收入者的情况

对高收入者来说，情况则正好相反，利率提高的收入效应大于替代效应，利率变化产生的主要是收入效应，因此，在利率提高的情况下，高收入者会增加目前消费，减少储蓄。

2. 巴罗—李嘉图问题

(1)巴罗—李嘉图命题概述

巴罗—李嘉图命题又称李嘉图等价，是由李嘉图提出假设，巴罗重新阐述的一种中性原理，其核心思想是政府债务与税收是等价的，即对于发行债券或增加税收，政府无论采用哪种方式筹资，其对经济总量没有影响。

在特定条件下，如果公众是理性预期的，政府发行债券融资造成的赤字会引起未来税收上升，这种上升一定会被具有完全理性的居民预期到，居民为了不使后代税负过重，必然相应地调整目前的消费。简言之，居民不会将政府发行公债融资这样的财政扩张看作是幸运的意外收获，他们宁愿将一部分收入储蓄起来以支付未来的税收负担，因此消费需求不会上升，更不会出现消费支出的乘数效应。同时，居民增加的这些储蓄都购买了债券，使得债券需求的上升刚好等于债券供给的增加，货币需求不变，所以对利率也没有影响。

(2)巴罗—李嘉图命题的假定条件

①无论是用税收还是用公债融资，初始时期的政府支出不变；

②初始时期发行的公债必须用以后时期课征的税收收入偿还；

③资本市场是完全的，即不存在流动性约束，而且个人与政府的借贷利率是相同的；

④个人对现在和将来的收入具有理性预期；

⑤个人作为现行纳税人和将来的潜在纳税人，其行为就好像能永远生存下去一样；

⑥个人能完全预见包含在公债发行中的将来时期的纳税义务；

⑦征收的是总税额，并且减税及税收负担的下降是均等地落在每一个消费者身上，每个消费者具有相同的边际消费倾向；

⑧公债持有者的数额与未来纳税额的负担是对称的。

只有具备上述前提条件，巴罗—李嘉图命题才会成立。根据这一命题，政府因减税措施而增发的公债会作为未来潜在的税收考虑到整个预算约束中去。在不存在流动性约束的情况下，公债和潜在税收的现值是相等的。这样，变化前后两种预算约束本质上是一致的，从而不会影响人们的消费和投资。但实际上，该定理成立前提条件太苛刻，现实经济很难满足。

(3)反对巴罗—李嘉图命题的两个主要理论

①生命的有限性

已知人们生命是有限的，今天得到减税的人们不同于将来偿还债务的人。这种观点假定，现在活着的人们并没有考虑到他们后代在将来不得不付出的更高的税收。

②流动性约束

由于流动性约束的存在，许多人不能借债，因此，不能根据他们的持久性收入来消费，他们的消费便被迫(被约束)比按照其持久性收入所进行的要更少。对于这些人的税收削减缓和了他们的流动性约束，并允许去更多地消费。

3. 储蓄率的国际差异

国民总储蓄 = 政府储蓄 + 私人储蓄

私人储蓄 = 企业储蓄 + 个人储蓄

(1)政府储蓄

政府储蓄亦称“公共储蓄”，指财政收入与财政支出的差额。若财政收入大于财政支出，就称财政盈余为正储蓄，如果财政收入小于财政支出，就称财政赤字为负储蓄。政府储蓄可以通过增收、节支的手段来实现。

(2)私人储蓄

私人储蓄指社会公众或居民将个人可支配收入用于消费以后所余下的部分，在内容上由个人储蓄和企业储蓄两部分构成。它是市场经济中投资活动的主要来源，是一国资本形成和经济增长的重要支柱。由于私人储蓄可能大于或小于意愿的投资水平，因此政府需要采取宏观政策以对公共储蓄进行调节，或引入国外储蓄进行补充。

(3)企业储蓄

企业储蓄指企业将在征收所得税和进行分配之后的净利润，存入金融机构的行为。企业留存收益由分配给企业所有者的利润总量构成。企业储蓄的目的：一是为了获取利息收益，二是为了将一部分闲置资金保存下来作为扩大再生产之用。影响企业储蓄的主要因素是投资的边际效率。

(4)个人储蓄

个人储蓄指由个人和家庭进行的储蓄。个人及家庭储蓄的原因主要包括为不测事件建立储备金、为自己的老年积累资金、为保障自己的家属或为了其他某一具体目的等。个人或家庭储蓄也为商业资本投资提供了部分资金来源。影响个人及家庭储蓄水平的主要因素包括收入的多少、人们对未来收入的预期以及利息率的高低等。

13.2 课后习题详解

一、概念题

1. 生命周期假说(life cycle hypothesis)

答：生命周期假说是由美国经济学家 F. 莫迪利阿尼(F. Modigliani)、R · 布伦伯格(R. Brumberg)和 A · 安东(A. Ando)提出的一种消费函数理论。该假说指出，在人一生中的各个阶段，个人消费占其一生收入现值的比例是固定的。消费不取决于现期收入，而主要取决于一生的收入。生命周期假说的消费函数可以表示为：

$$C = bY_L + \sigma W_R$$

其中：C 代表消费，b 代表劳动收入中的边际消费倾向，Y_L 代表劳动收入，σ 代表实际财产的边际消费倾向，W_R 代表实际财产。

生命周期假说认为，理性人根据自己一生的收入和财产来安排自己一生的消费并保证每年的消费水平保持在一定水平。人们在一生中的消费规律是：青年时以未来收入换取借款，中年时清偿早期债务或储蓄防老，老年人逐日消耗一生积蓄。一般而言，中年人具有较高水平的收入，青年人和老年人收入水平较低。所以，中年人具有较低的平均消费倾向，青年人和老年人具有较高的平均消费倾向。但终其一生，个人具有相对稳定的长期消费倾向。这就很好地解释了消费函数在长期和短期中的不同形式。

2. 持久性收入理论(permanent-income theory)

答：持久性收入理论指美国经济学家 M·弗里德曼提出的一种消费函数理论。它指出个人或家庭的消费取决于持久收入。持久收入可以被认为是一个人期望终身从其工作或持有的财富中产生的收入。弗里德曼的理论认为，在保持财富完整性的同时，个人的消费在其工作和财富的收入流量的现值中占有一个固定的比例。持久收入假说的消费函数可以表示为：

$$C = cYP$$

其中：C 代表消费，c 代表边际消费倾向，YP 代表持久收入。而在实际情况下，个人在任何时期的实际收入可能与持久收入不同。这种不同可以解释在消费函数形式方面相互矛盾的原因。该假说认为，个人的收入和消费都包含一个持久部分和一个暂时部分。持久收入和持久消费分别由一个预计的、有计划的收入成分和消费成分组成；暂时收入和暂时消费则分别由收入方面的意外收益或意外损失以及消费方面的不可预知的变化构成。在长期内，个人消费占有固定比例的持久收入，这就解释了长期消费函数。在短期内，许多家庭或个人在经济周期中会面临一个负值的暂时收入，然而他们的消费与其持久收入相关，因而他们的平均消费倾向增加，这就解释了短期消费函数。由于每个家庭和个人都寻求消费其持久收入的一个固定比例，因而意外的收益或损失将不会影响消费。但在实际运用中，持久收入和消费的价值估计非常困难。弗里德曼的持久收入假说还是他的现代货币数量论的重要组成部分。弗里德曼用持久收入的稳定性，证明了货币需求的稳定性，从而说明了货币供给量对经济的决定性作用。

3. 终生效用(lifetime income)

答：终生效用指各个时期效用的总和。LC－PIH 理论的现代方法开始在形式上描述一个代表性消费者终生效用最大化问题。在一个特定时期内，消费者享受该时期的消费效用 $u(C_t)$。人们宁愿现在消费而不是放到以后消费，因此以参数 δ 表示的时间偏好率较高，使得消费提前。抵消这种影响的是推迟消费，储蓄起来获取利息(利率为 r)。如果人们耐心等待，就能增加消费。计算每个时期的 δ 与 r 的百分比，则得到终生效用的方程，即：

$$一生的效用 = u(C_t) + (1+\delta)^{-1}u(C_{t+1}) + \cdots + (1+\delta)^{-T}u(C_T)$$

$$取决于\ C_t + (1+r)^{-1}C_{t+1} + \cdots + (1+r)^{-T}C_T$$

$$= 财富 + YL_t + (1+r)^{-1}YL_{t+1} + \cdots + (1+r)^{-T}YL_T$$

消费者选择各个时期的消费，以便使其一生的效用最大化，它取决于等于其一生总财力的一生的总消费。

4. 终生预算约束(lifetime budget constraint)

答: 终生预算约束指现在和未来一定时期内，以贴现值计算的消费总量必须等于资源总量。它是反映跨期的所有可行的消费组合的曲线，适用于一个以上时期的支出与收入的预算限制。终生预算约束的公式为:

$$C_t+(1+r)^{-1}C_{t+1}+\cdots+(1+r)^{-T}C_T$$
$$=\text{财富}+YL_t+(1+r)^{-1}YL_{t+1}+\cdots+(1+r)^{-T}YL_T$$

5. 消费的边际效用(marginal utility of consumption)

答: 消费的边际效用指消费者从增加的物品或服务的消费中得到的增加的效用，即由多消费一单位某种商品所引起的效用的增量。消费者选择各个时期的消费，以便使其一生的效用最大化，他的最优选择是，消费途径等于跨时期的边际消费效用，即 $MU(C_{t+1})=MU(C_t)$。如果 t 期的边际效用稍高于 $t+1$ 期的边际效用，那么，将消费从 $t+1$ 期转移到 t 期，一生的效用就能增加，因为从 t 期获得的效用将超过从 $t+1$ 期获得的效用。

现在再增加对不确定性的考虑。实际上消费者无法贯彻边际效用相等的原则，因为未来的边际效用 $MU(C_{t+1})$ 在 t 期内无法确定。消费者只能让今天的边际效用与他对 $t+1$ 期的边际效用的最好猜测相等，因此修改过的原则是让今天的边际效用与明天边际效用的期望值相等，即 $E[MU(C_{t+1})]=MU(C_t)$。

6. 随机游走的消费模型(random-walk model of consumption)

答: 随机游走的消费模型指罗伯特·霍尔提出的消费随机游走的理论模型。根据该模型，消费被假定是以预期的未来收入和当前收入为基础的，所以，消费的变化是不可预测的。

边际效用函数是看不到的，只有函数的自变量相等，函数才会相等，因此消费原则可写为 $E(C_{t+1})=C_t$。期望值也是看不见的，但在20世纪70年代末，罗伯特·霍尔认识到理性预期理论可以应用于这个问题——这样做时，他就将宏观经济计量学革命化了。观察到的消费可重写为预期消费加上意外消费，即 $C_{t+1}=E(C_{t+1})+\text{意外消费}$。根据理性预期理论，意外消费确实是随机的和不可预测的。将这种理性预期公式与预期消费相等原则结合在一起，由 $E(C_{t+1})=C_t$，导出霍尔著名的随机游走模型: $C_{t+1}=C_t+\varepsilon$。

7. 过度敏感性(excess sensitivity)

答: 过度敏感性指当一个变量对另一个变量变化的反应比理论上预计的程度更大时的情况。例如，消费存在着过度敏感性，就是指消费的反应太强烈，以至于无法对收入变动做出预期。

消费的过度敏感性的发现与消费理论发展密不可分。西方对消费理论的研究可以分为几个阶段。第一阶段是 Keynes 的消费理论，Keynes 认为消费是当期收入的函数。第二阶段的代表是弗里德曼的持久收入假说(PIH)，以及莫迪利阿尼等的生命周期假说(LCH)。这两种消费理论都认为当期消费取决于持久收入，而和当期收入关系不大。第三阶段消费理论是在宏观经济学发展到理性预期的大环境下产生的，其代表霍尔(Hall，1978)把理性预期方法论应用到生命周期假说和持久收入假说之上，提出了革命性的随机游走假说。根据随机游走假说，当期消费与上期消费和预期持久收入有关，而与滞后的收入水平无关。

霍尔的结论引起后续大量的计量检验。弗莱文(Flavin，1981)的计量研究否定了随机游走假说。她认为当期和滞后的劳动收入变化与消费有显著的正相关性，消费不仅取决于持久收入，而且也受到当期收入变化的影响。这就是消费的过度敏感性。

8. 过度平稳性(excess smoothness)

答: 过度平稳性指当一个变量对另一个变量变化的反应比理论上预计的程度更小时的情况。例如，消费存在着过度平稳性，就是指消费的反应太弱，以至于对意外的收入变动也不会产生什么反应。

9. 流动性约束(liquidity constraint)

答: 流动性约束指经济活动主体(企业与居民)因其货币与资金量不足，且难以从外部(如银行)得到，从而难以实现其预想的消费和投资量，造成经济中总需求不足的现象。

当消费者在预期有较高的未来收入情况下无法借款维持当前消费时，就存在流动性约束。学生尤其应该理解存在流动性约束的可能性，绝大多数学生可以期待未来会有比作为学生时所接受的要高得多的收入。生命周期理论认为，他们应该在其一生收入的基础上进行消费，意思是他们的支出应该比他们现在所获得的要多得多。要这样做，他们就必须借款。通过学生借款计划，他们可以借款到一定程度。但是，他们完全有可能借不到足以支持其按照持久收入水平进行消费所需的款项。

根据生命周期理论，只要收入的增加是被预期到的，当收入增加时，消费将不会增加得太多。事实上，由于流动性约束的缓解，当收入提高时，消费会提高得很多。因此，消费与当前收入的联系，比 LC - PIH 理论所暗示的要密切得多。同样，当人们收入暂时下降，同时不能举债时，他们同样会遇到流动性约束。

10. 缺乏远见(myopia)

答: 缺乏远见指家庭关于未来收入流的短视眼光，不能正确认识到未来的真正收入。消费对当前收入的敏感性的另一种解释就是消费者缺乏远见，这在实际上难以和流动性约束假说区别开。例如，联邦储备理事会的大卫·威尔科克斯(David wilcox)已表明，社会保障福利金即将增加(这总是在变动之前至少六个星期发布)的公告，并不会引起消费的变动，一直要到福利金的增加被实际支付时，消费才会改变。一旦增加的福利金支付出去，接受者肯定会调整他们的支出——主要是对耐用品的支出。这种消费调整的延迟可能是由于接受者在收到较高的支付之前，缺乏能使其调整支出的资产(流动性约束)，或者是由于他们没有注意到这项公告(缺乏远见)，也可能是他们不相信这项公告。

11. 缓冲库存(buffer-stock saying)

答: 缓冲库存指为了平抑市场上商品价格的波动而保持的一定数量的库存。通常情况下，主要由政府、地区联盟或世界性经济组织来担当建立缓冲存货的角色。当某种商品价格看跌时，则购进该种商品；当商品价格涨势继续看高时，就出售该种商品。其目的是为了避免因商品价格的大起大落而影响生产者和消费者的利益及他们预期的稳定性。建立缓冲存货往往是有针对性的，所储存的商品通常是那些需求弹性小、容易受到市场炒作和冲击的商品。同时，在操作中也需要考虑到这类商品是否便于储存，以及储存的费用是否昂贵等。

12. 巴罗—李嘉图等价定理(李嘉图等价)(Barro-ricardo equivalence proposition (ricardian equivalence))

答: 巴罗—李嘉图等价定理(李嘉图等价)是李嘉图提出假设，巴罗重新阐述的一种中性原理，其核心思想是政府债务与税收是等价的，即政府无论采用哪种方式筹资，其对经济总量没有影响。

该定理若成立，必须具备许多前提条件：①无论是用税收还是用公债融资，初始时期的政府支出不变；②初始时期发行的公债必须用以后时期课征的税收收入偿还；③资本市场是完全的，即不存在流动性约束，而且个人与政府的借贷利率是相同的；④个人对现在和将来的收入具有理性预期；⑤个人作为现行纳税人和将来的潜在纳税人，其行为就好像能永远生存下去一样；⑥个人能完全预见包含在公债发行中的将来时期的纳税义务；⑦征收的是总税额，并且减税及税收负担的下降是均等地落在每一个消费者身上，每个消费者具有相同的边际消费倾向；⑧公债持有者的数额与未来纳税额的负担是对称的。

根据这一定理，政府因减税措施而增发的公债会被人们作为未来潜在的税收考虑到整个预算约束中去。在不存在流动性约束的情况下，公债和潜在税收的现值是相等的。这样，变化前后两种预算约束本质上是一致的，从而不会影响人们的消费和投资。但实际上，该定理成立的前提条件太苛刻，现实经济很难满足。

13. 可操作的遗赠动机(operational bequest motive)

答：可操作的遗赠动机指某人将遗产留给后代或朋友或慈善施舍的意愿。遗赠动机是储蓄的原因之一。如果由于遗赠动机而进行的储蓄占总储蓄的比重较大，而生命周期储蓄的比重较小，那么由于收入再分配政策主要影响遗赠储蓄，其对增加总消费的作用也较大。

生命周期储蓄是必需品，而遗赠储蓄是奢侈品。高收入者进行储蓄的动机，更多是出于遗赠目的(因为他们的收入很高，不必担心退休后消费水平会降低而进行大量的生命周期储蓄，同时他们有能力进行遗赠储蓄)，所以其遗赠储蓄的比重很高；而低收入者则更多出于生命周期动机而储蓄(为保证退休后消费水平不致降低，同时也没有能力考虑过多遗赠)，所以其生命周期储蓄的比重较大。

14. 政府储蓄(government saving)

答：政府储蓄亦称“公共储蓄”，指财政收入与财政支出的差额。若财政收入大于财政支出，就称财政盈余为正储蓄，如果财政收入小于财政支出，就称财政赤字为负储蓄，但一般说政府储蓄时指的是正储蓄。政府储蓄可以通过增收、节支的手段来实现，但从目前大多数国家情况看，节支与增收均较困难，财政多呈现赤字，政府没有储蓄，反而需发行国债借老百姓的钱弥补财政赤字。

15. 私人储蓄(private saving)

答：私人储蓄指社会公众或居民将个人可支配收入扣除消费以后所余下的部分，在内容上由个人储蓄和企业储蓄两部分构成。私人储蓄是市场经济中投资活动的主要来源，因此也是一国资本形成和经济增长的重要支柱。进行私人储蓄的行为是典型的市场主体决策行为。所以，经济学中关于储蓄的理论(如储蓄动机、储蓄倾向、储蓄水平等)大部分是围绕着私人储蓄来展开的。由于私人储蓄可能大于或小于意愿的投资水平，因此政府需要采取宏观政策以对公共储蓄进行调节，或引入国外储蓄进行补充。

16. 企业储蓄(business saving)

答：企业储蓄指企业将征收所得税和进行分配之后的净利润存入金融机构的行为。其目的一是为了获取利息收益，二是为了将一部分闲置资金保存下来作为扩大再生产之用。对企业利息征收所得税，直接影响是减少了企业的税后留利，对企业的扩大再生产产生不利影响，其结果是降低了企业储蓄愿望。影响企业储蓄的主要因素是投资的边际效率。

17. 个人储蓄(personal saving)

答：个人储蓄指由个人和家庭进行的储蓄。个人及家庭储蓄的原因主要包括为不测事件建立储备金、为自己年老时积累资金、为保护自己的家属或为了其他某一具体目的等储蓄资金。个人和家庭储蓄也为商业资本投资提供了部分资金来源。影响个人及家庭储蓄水平的主要因素包括收入的多少、人们对未来收入的预期以及利息率的高低等。

二、简答题

1. 消费与累积储蓄之比随时间而下降，直至退休。

(1)为什么？有关消费行为的什么假定导致这样的结果？

(2)退休之后，该比率会怎么样呢？

The text implies that the ratio of consumption to accumulated saving declines over time until retirement.

(1) Why? What assumption about consumption behavior leads to this result?

(2) What happens to this ratio after retirement?

答：对生命周期假说的解释参见本章“概念题”第1题。

(1)根据消费的生命周期理论，人在一生中会保持一种相对稳定的消费形态。人们在职业生涯中储蓄，以维持其退休后的消费形态保持不变。从而可知在退休前个人的财富会稳步增加，而消费却会保持平稳。因此，退休前消费与积累储蓄比率会下降。

(2)退休后，财富会被用来维持相对平稳的消费流。从而消费与积累储蓄比率在退休后会上升，最后逐步接近1。

2. (1)假如你挣得的和你的邻居一样多，但是你更健康，并且预料比她活得长。你比她消费得多，还是消费得少呢？为什么？使用正文的方程 $C=(WL/NL)\times YL$，推导出你的答案。

(2)根据生命周期假说，社会保障制度对你产生于(可支配)收入的平均消费倾向有什么影响？在这里社会保障制度的可靠性是个问题吗？

(1) Suppose you earn just as much as your neighbor but are in much better health and expect to live longer than she does. Would you consume more or less than she does? Why? Derive your answer using the equation from the text, $C=(WL/NL)\times YL$.

(2) According to the life-cycle hypothesis, what would be the effect of the social security system on your average propensity to consume out of (disposable) income? Is the credibility of the social security system an issue here?

答：(1)假设你与邻居退休前的工龄相同，且年收入也相同。由于你的邻居健康状况不佳，估计活的时间可能没有你长，因此预料她退休生活的时间可能比较短，利用积累的财富维持平稳得消费流的时间也比较短。因此，你的邻居的退休储蓄目标可能也没有你的目标高，与你相比，她在退休前工作期间的消费水平可能会比你的消费水平高。

课本中的公式表明，一生的消费必须与一生的收入相等，即

$$C=(WL/NL)\times YL$$

该公式表明，计划的年消费 C 是由工作年限即工龄 WL、人的寿命 NL 以及每年劳动收入 YL 决定的。

对于你和你的邻居来说，WL 和 YL 是相同的，但是，你邻居的 NL 比较小，因而你的消费水平 C 比较低。

注意：本题可能会有不同的答案，一种情况是你的邻居由于健康状况不佳，所以很可能她的医疗费用支出要高于你，从而她很可能无法为退休准备足够多的储蓄，即使她希望能同你活的一样长。另一种可能情况就是她现在没有太多的医疗费用支出，而在退休后会大量增加，她毕竟已经老了。这样就会使她现在储蓄得更多。然而，这种解释却与生命周期理论

无关。

(2)如果假设社会保障的收益率与个人储蓄的收益率相同，那么，建立在诚信基金基础上的社会保障体系将不会对个人的消费水平产生任何影响。因此，社会保障被认为是一种"强制储蓄"的形式，因为在你工作期间你会被强制缴纳社会保障税，从而在退休后获得收益。你的自愿储蓄与政府通过征收社会保障税"强迫"你储蓄的金额是相等的，因此它不影响你的消费行为。社会保障税的征收降低了工作期间的可支配收入，提高了消费与可支配收入的比率，即平均消费倾向。现在，私人储蓄已经被"政府储蓄"所取代，国家储蓄不会受到影响。

然而，在现实生活中，社会保障体系并不是严格地通过诚信基金来集资的，而更多的是建立在"现收现付"(pay-as-you-go)的以基础上，而且在1983年的系统修改之前，社会保障诚信基金的规模也是相当小的，甚至是可忽略的。现在诚信基金正在增加，并且使联邦预算盈余。由于人口老化问题，社会保障系统将在接下来的20到30年内经历严重的融资困难。如果社会保障系统的可信度出现问题，人们可能强化他们的储蓄意识，因为他们感觉将再不会依赖社会保障系统在退休期间为他们提供资金。在过去，你所缴纳的社会保障税不属于"储蓄"，而是迅速被政府用来为目前退休的工人谋取福利的手段。这也就是为什么大多数经济学家声称社会保障体系的建立导致了国家储蓄率和资本积累率(rate of capital accumulation)下降的原因。然而，这种巨大的下降还不确定。

3. 根据持久性收入假说，如果(1)你知道每年圣诞节都有奖金，或者(2)这是发放奖金的惟一的一年，你会更多地消费你的圣诞节奖金吗?

In terms of the permanent-income hypothesis, would you consume more of your Christmas bonus if(1)you knew there would be a bonus every year, or(2)this was the only year the bonus would be given?

答：对持久收入假说的解释参见本章"概念题第2题"。

(1)如果你知道你每年都会得到圣诞节奖金，你会毫不犹豫地将其视为持久性收入的一部分，从而你也将会消费该项奖金，即此时 $\Delta C = c \times (\Delta Y)$。这时你的消费水平明显变化。

(2)如果你只在今年得到圣诞节奖金，这是发放奖金的唯一一年，你会将其视为短期收入。由于此项奖金很难改变你的持久性收入，所以你仅会消费此奖金的一小部分，而将剩下的大部分进行储蓄，此时 $\Delta C = c \times \theta \times (\Delta Y)$。这时你的消费水平没有明显变化。

4. 解释为什么得手的赌徒(与小偷)即使在他们运气不佳的年代里也会期望过好日子。

Explain why successful gamblers (and thieves) might be expected to live very well even in years when they don't do well at all.

答：赌徒几乎没有非常稳定的收入，然而他们的消费却是由他们的持久性收入，即其预期的一生平均收入决定的。无论他们在任何时期的收入是多还是少，他们的消费形态会保持相对的平稳，因为他们的持久性收入受短期收入变化的影响不明显。得手的赌徒(与小偷)的持久性收入是比较高的，相对应的是他们的平均消费水平也比较高。所以，即使在他们运气不佳的年代里，也会期望过好日子。

5. 生命周期与持久性收入两种假设之间的相似之处是什么?在解释为什么长期 *MPC* 大于短期 *MPC* 时，他们用的分析方法是不同的吗?

What are the similarities between the life-cycle and the permanent-income hypotheses? Do they differ in their approaches to explaining why the long-run MPC is greater than the short-run MPC?

答：(1)生命周期假说与持久性收入假说的内容参见本章"概念题第1题和第2题"。

(2)生命周期假说与持久性收入假说的相似之处

生命周期理论与持久性收入理论都体现了一个基本思想：单个消费者并不是简单地根据当前的绝对收入做出消费决策的，而是根据终生的或持久的收入来做决策，并预言暂时性税收变化(从而收入的暂时性变化)对当前消费支出的影响很小。按照此观点消费者不只单单考虑本年可支配收入，还要把他们在将来可能获得的可支配收入考虑进去。

持久收入理论和生命周期理论相结合构成现代消费理论，这两种收入理论不是互相排斥的，而是基本一致的，互相补充的。

(3)两种理论各自试图解释长期 *MPC* 大于短期 *MPC* 所用的方法不同

两种理论通过各自不同的方法试图证明长期 *MPC* 大于短期 *MPC*。生命周期理论认为人们更喜欢在一生中有一个平稳的消费流。因此平均的预期终生收入是当前消费的真正决定性因素。持久性收入理论认为区别在于测量方法的不同。测量的收入由两部分组成，持久的和暂时的收入。然而只有持久的收入才是当前消费的真正决定性因素。

6. 在20世纪80年代，美国的个人储蓄率特别低。也是在那段时期中，在美国出现过一个人口统计学上的"亮点"——"婴儿出生高峰"的一代，他们正值20~30岁的年龄。

(1)生命周期假说提出这两个事实有联系的理由了吗?

(2)这种假说认为，当这一代人上年纪时，我们将看到什么情况?

The United States, during the 1980s, found its rate of personal saving to be particularly low. It also, during that time, had a demographic "blip"—the "baby-boomer" generation, then in its late twenties to early thirties

(1) Does the life-cycle hypothesis suggest a reason that these two facts might be connected?

(2) What does this hypothesis suggest we should see as this generation ages?

答：(1)一种可能的解释是婴儿出生高峰的一代仍然处于支出大于收入的阶段。就是说婴儿出生高峰的一代的家庭在他们30岁左右的时候必须买房或支付照看抚养孩子的费用。

(2)如果上面的解释成立，可以预计当这一代人变老时，他们会在经济上更加独立，更具有偿付能力。并且他们开始为退休而做准备，例如储蓄、购买保险等，此时他们会处于储蓄大于支出阶段。当他们退休后就会享用现在做出的努力并进入纯支出阶段。

7. 将下面的边际消费倾向分成等级：

(1)出自持久性收入的边际消费倾向；

(2)出自暂时性收入的边际消费倾向；

(3)消费者受到流动性约束时，产生于持久性收入的边际消费倾向；

(4)消费者受到流动性约束时，产生于暂时性收入的边际消费倾向。

Rank the following marginal propensities to consume:

(1) Marginal propensity to consume out of permanent income.

(2) Marginal propensity to consume out of transitory income.

(3) Marginal propensity to consume out of permanent income when consumers are liquidity-constrained.

(4) Marginal propensity to consume out of transitory income when consumers are liquidity-constrained.

答：等级从高到低依次为(1)、(4)、(2)。(3)应该比(1)低，但具体排在哪里很大程度上依赖于流动性约束的严厉程度。

8. 什么是随机游走？霍尔的随机游走模型如何与生命周期假说以及持久性收入假说联系起来？

What is a random walk? How is Hall's random-walk model of consumption related to the life-cycle and permanent-income hypotheses?

答：(1)随机游走的含义

随机游走指一种随着时间变动而发生的并且无法预测的变动。这一词语对于股市而言指股价的短期变动不可预测，各种投资咨询服务、收益预测和复杂的图形都毫无用处。

随机游走的消费模型指罗伯特·霍尔提出的消费随机游走的理论模型。根据该模型，消费被假定是以预期的未来收入和当前收入为基础的，当将来的行为不能根据过去的行为进行预测时就会产生随机变动。换句话说就是它不能有一个平均的或清晰的长期价值。任何主要变化的产生都是由于随机冲击。霍尔认为当前消费的变化很大程度上产生于不可预期的收入变化。

(2)霍尔的随机游走模型与生命周期假说以及持久性收入假说的联系

根据生命周期理论或持久性收入理论，人们试图平稳他们的消费流。他们是通过在每个阶段有相同的预期价值的方法来进行的。然而，边际效用函数是看不到的，只有函数的自变量相等，函数才会相等，因此消费原则可写为 $E(C_{t+1})=C_t$。期望值也是看不见的，但在 20 世纪 70 年代末，罗伯特·霍尔认识到理性预期理论可以应用于这个问题——这样做时，他就将宏观经济计量学革命化了。观察到的消费可重写为预期消费加上意外消费，即 $C_{t+1}=E(C_{t+1})$ + 意外消费。根据理性预期理论，意外消费确实是随机的和不可预测的。将这种理性预期公式与预期消费相等原则结合在一起，$E(C_{t+1})=C_t$，导出霍尔著名的随机游走模型：$C_{t+1}=C_t+\varepsilon$。

因此可以用预期价值加上一些误差项来表达将来收入，所以一些随机价值是不可预期的。这个误差项是对将来收入的冲击并且存在于剩下的生命周期里。霍尔的模型表明滞后消费是将来消费最明显的决定因素，并支持持久性收入假设。

9. 什么是过度敏感性与过度平稳性问题？试解释它们的存在否定了 LC－PIH 理论，还是使其失效了呢？

What are the problems of excess sensitivity and excess smoothness? Does their existence disprove or invalidate the LC-PIH? Explain.

答：(1)过度敏感性指当一个变量对另一个变量变化的反应比理论上预计的程度更大的情况。例如，消费存在着过度敏感性，就是指消费的反应太强烈，以至于无法对收入变动做出预期。

过度平稳性指当一个变量对另一个变量变化的反应比理论上预计的程度更小的情况。例如，消费存在着过度平稳性，就是指消费的反应太弱，以至于意外的收入变动也不会产生什么反应。

(2)过度敏感性与过度平稳性问题的存在，在一定程度上否定了 LC－PIH 理论，但是并未使其失效。实际消费行为既显示出过度敏感性，又显示出过度平稳性。前者意味着消费的反应太强烈，后者则意味着消费的反应太弱。然而这些问题的存在并没有使理论失效。它仅仅意味着理论只能在一定程度上解释消费行为。

10. 在生命周期—持久性收入假说中，为了解释预防性或者缓冲库存性储蓄的存在，我

们需要改变有关消费者的知识与行为的什么假定？在你看来，那些假定使得模型更接近你们知道的世界呢，还是更远离了这个世界？

What assumption(s) regarding consumers' knowledge and behavior in the life-cycle-permanent-income hypothesis do we need to change in order for it to explain the presence of precautionary, or buffer-stock, saving? Do these assumptions, in your opinion, bring the model closer to or further from the world as you know it?

答：预防性或缓冲库存指为了平抑市场上商品价格的波动而保持一定数量的库存。在通常情况下，主要由政府、地区联盟或世界性经济组织来担当建立缓冲存货的角色。当某种商品价格看跌时，则购进该种商品；当商品价格趋势继续看涨时，就出售该种商品。其目的是为了避免因商品价格的大起大落而影响生产者和消费者的利益及他们预期的稳定性。

(1)在生命周期—持久性收入假说中，为了解释预防性或者缓冲库存性储蓄的存在，需要改变有关消费者的知识与行为的确定性假定，即引入不确定性分析。预防性的(或缓冲库存)储蓄可以用不确定性来解释。一个人的生命预期或退休时间(影响用来负担退休的累计储蓄)具有不确定性，将来的需求(可能产生于家庭组成的或健康的变化)也具有不确定性。

(2)很明显，如果考虑了这些不确定性，会使模型更加接近现实。例如，为了预防医疗保险不包括的预期高额医疗成本，许多老人在退休后仍然进行储蓄。

11. (1)解释利率为什么可能会影响储蓄。

(2)这种关系为经验所确认了吗？

(1) Explain why the interest rate might affect saving.

(2) Has this relationship been confirmed empirically?

答：(1)利率变化会同时对储蓄产生替代效应和收入效应，利率提高是否会增加储蓄、减少消费要视利率变动对储蓄的替代效应和收入效应而定。

利率变动对储蓄的替代效应是指，当利率提高时，人们会认为减少目前消费，增加将来消费是有利的，从而导致消费者改变消费计划，减少目前消费，增加储蓄，从而导致储蓄增加。利率变动对储蓄的收入效应是指，利率提高会使消费者将来的利息收入增加，使消费者感觉自己变得较为富有，从而增加目前的消费，导致储蓄减少。利率变化对储蓄变化的这种双重效应，使得利率变化对储蓄的影响，必须视利率变化对储蓄的替代效应和收入效应的总和来决定。

西方经济学者认为，对于处于不同收入层次的消费者来说，利率变化对储蓄的替代效应和收入效应是不同的。对低收入者来说，替代效应大于收入效应，利率变化产生的主要是替代效应。因为低收入者并没有多少储蓄来获得利息收入，利率提高对他将来收入的提高不会产生大的影响，因此，利率提高对低收入者主要产生替代效应，使低收入者减少目前消费，增加储蓄。但对于高收入者来说，情况则正好相反，利率提高的收入效应大于替代效应，利率变化产生的主要是收入效应，因此，在利率提高的情况下，高收入者会增加目前消费，减少储蓄。就整个社会来说，利率提高究竟是增加储蓄还是减少储蓄，则必须由这些人的储蓄增加额和储蓄减少额的总和来决定。

(2)这种关系还未被经验所确认。替代效应和收入效应通常作用的方向是相反的，并且最终结果依赖于两种效应相对数量的大小。直到现在，经验证据还不能确定针对利率变化储蓄是否具有明显敏感性。这意味着替代效应和收入效应可能有相同的数量。

12. (1)按照巴罗—李嘉图的观点，政府通过增加税收或者发行债券来支付其开支，两

者之间有什么不同吗?

(2)为什么?

(3)反对巴罗—李嘉图观点的两个主要理论是什么?

(1) In the Barro-Ricardo view, does it make any difference whether the government pays for its expenditures by raising taxes or issuing debt?

(2) Why?

(3) What are the two main theoretical objections to the Barro-Ricardo view?

答:(1)按照巴罗—李嘉图的观点，政府债务与税收是等价的，政府通过增加税收或者发行债券来支付其开支是没有区别的。

(2)因为巴罗—李嘉图理论认为人们认识到了政府通过发行债券来融资只不过是简单地推迟了征税。在特定条件(例如完备的资本市场、一次总付税、代际利他等)下，如果公众是理性预期的，对于发行债券或增加税收，政府不论采用哪种融资方式，都不会对经济的运行产生影响。这是因为，政府发行债券融资造成的赤字会引起未来税收上升，这种上升一定会被具有完全理性的居民预期到，居民为了不使后代税收负担过重必然相应地调整目前的消费。简言之，居民不会将政府发行公债融资这样的财政扩张看作是幸运的意外收获，他们宁愿将一部分收入储蓄起来以支付未来的税收负担，因此消费需求不会上升，更不会出现消费支出的乘数效应。同时，居民增加的这些储蓄都购买了债券，使得债券需求的上升刚好等于债券供给的增加，货币需求不变，所以对利率也没有影响。

(3)反对巴罗—李嘉图观点的主要理论有两个。一个就是人们的生命是有限的，和那些今天正在得到税收削减好处的人们相比，债务将会由不同的人们来偿付。这种观点假定，现在活着的人们并没有考虑到后代在将来不得不付出的更高的税收。第二种意见认为，许多人不能借债，因此，不能根据他们的持久性收入来消费。他们本应该更多地在今天消费，但是，由于流动性约束(即他们无法借款)，他们的消费便被迫(被约束)比按照其持久性收入所进行的要更少。这些人的税收削减缓和了他们的流动性约束，并允许他们更多地消费。

三、计算与分析题

1. 假定将持久性收入计算为过去5年的平均收入，即

$$YP=1/5(Y+Y_{-1}+Y_{-2}+Y_{-3}+Y_{-4}) \quad \text{(P1)}$$

再假定消费给定为 $C=0.9YP$。

(1)如果你在过去10年中，每年挣得2万美元，你的持久性收入是多少?

(2)假定下一年(时期为 $t+1$)，你挣得3万美元。你的新 YP 是多少?

(3)你今年与明年的消费各是多少?

(4)你的短期边际消费倾向是多少? 长期 MPC 是多少?

(5)假定你从 $t+1$ 期开始继续挣3万美元，根据(P1)方程，画出每一时期你的持久性收入。

答:(1)如果收入保持不变，那么持久性收入就等于当前收入，你今年的持久性收入就为：$YP_0=(1/5)\times(5\times20000)=20000$。

(2)你下一年的持久性收入将为：$YP_1=(1/5)\times(30000+4\times20000)=22000$。

(3)由于 $C=0.9YP$，你今年的消费 $C_0=0.9\times20000=18000$。

你来年的消费 $C_1=0.9\times22000=19800$。

(4)消费 $C=0.9YP=0.9\times1/5(Y+Y_{-1}+Y_{-2}+Y_{-3}+Y_{-4})$，所以短期边际消费倾向

$MPC=0.9\times(1/5)=0.18$，但长期时各期收入相等，所以长期边际消费倾向 $MPC=0.9$。

(5)已知今年和下一年的持久性收入，在每一个下一年中，加上3万美元，再减去2万美元，从而持久性收入(即5年期的平均收入)每年都将增加2000美元，直到5年后持久性收入达到3万美元，如图13－2所示。

$YP(0)=(1/5)\times(5\times20000)=20000$

$YP(1)=(1/5)\times(30000+4\times20000)=22000$

$YP(2)=(1/5)\times(2\times30000+3\times20000)=24000$

$YP(3)=(1/5)\times(3\times30000+2\times20000)=26000$

$YP(4)=(1/5)\times(4\times30000+1\times20000)=28000$

$YP(5)=(1/5)\times(5\times30000)=30000$

$YP(6)=(1/5)\times(5\times30000)=30000$

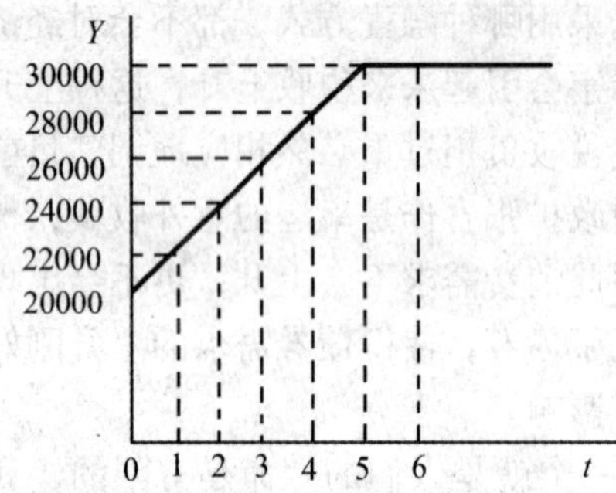

图13－2　持久性收入变化情况

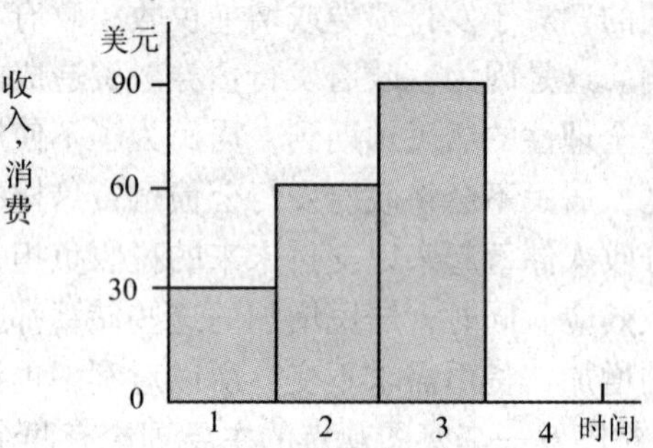

图13－3　个人生命中四个时期收入情况

2. 下面的图13－3显示一个人一生的收入情况。他的生存时间为四个时期，在其生命周期的前三个时期分别挣得30美元、60美元与90美元。退休时期无收入。假定利率为零。

(1)某个人希望在其生命周期内能有均匀的消费水平，试确定符合其预算约束的消费水平。指出这个人在哪个时期进行储蓄与负储蓄，储蓄与负储蓄各是多少。

(2)现在假定与(1)题情况相反，没有借款的可能。信用市场也不对这个人开放。在这样的假定下，个人在生命周期中会选择什么样的消费流呢？为了提供答案，继续假定，如果可能的话，最好是一种均匀的消费流(注意：你在该假定下存在着流动性约束)。

(3)接下来假定，在(2)题中所说的人接受财富的增加，即非劳动收入的增加。财富增加为13美元。在能够进入与不能够进入信用市场的两种情况下，该财富如何在生命周期之内进行分配呢？如果财富的增加为23美元，你的回答又有什么不同呢？

答：(1)此人的一生 $NL=4$ 个生命周期，其生命周期的收入 $YL=30+60+90=180$，从而其在每个生命周期的消费为：$C(i)=(1/4)\times180=45$。(此时，$i=1$、2、3、4)

这意味着她在每个生命周期的储蓄水平为：

$$S(1)=30-45=-15;\ S(2)=60-45=+15;$$

$$S(3)=90-45=+45;\ S(4)=0-45=-45。$$

(2)假定存在流动性约束，而且此人在第一个生命周期中无借款的可能，那么，他将消费掉其第一周期的所有收入，即 $Y(1)=C(1)=30$。在剩余的三个生命周期里，他希望有稳定的消费流，所以他在剩余的第2、3、4周期的消费为：$C(i)=(1/3)\times(60+90+0)=50$。(此时，$i=2$、3、4)

(3)财富仅仅增加13美元并不足以抵消生命周期第一阶段的消费与其阶段的消费之间

的差距，因此，所有增加的财富都将在第一周期被消费掉，即 $C(1)=43$，在剩余的三个生命周期中，消费水平将与(2)题中的相同，即 $C(i)=50$。(此时，$i=2$、3、4)

如果财富增加23美元，那就足以抵消不同生命周期之间的消费差距，此时不同生命周期的消费将为 $C(i)=(1/4)\times(180+23)=50.75$(此时，$i=1$、2、3、4)。这意味着，几乎所有增加的财富(20.75美元)都将在第一周期内被消费掉，而剩余的2.25美元则被分配在剩下的三个生命周期中。

3. 假定一国70%的人口，作为流动性约束和按照传统消费模型进行消费的结果，从而在每一时期，都消费其可支配收入中既定的一小部分。其余30%的人口则按照LC－PIH行事。

(1)如果传统模型的 *MPC* 为0.8，可支配收入的变动为1000万美元(可以假定这项变动完全是由于暂时性收入的变化带来的)，那么，消费的变化会是多少？

(2)如果70%的人口按照LC－PIH行事，而30%按传统模型行事，将会怎样？

(3)如果100%的人口按照LC－PIH行事，又将如何呢？

答：(1)根据生命周期理论或持久性收入理论(LC－PIH)，消费的变化为随机误差项，即 $\Delta C_{LC-PIH}=\varepsilon$。根据传统模型，消费方程的变化等于 $\Delta C_{tr}=c\times\Delta YD$。设 λ 为人口中按传统模型行事的比例。则总的消费变化为 $\Delta C=\lambda\times\Delta C_{tr}+(1-\lambda)\times\Delta C_{LC-PIH}=\lambda\times c\times\Delta YD+(1-\lambda)\times\varepsilon=0.7\times0.8\times1000+0.3\times\varepsilon=560+0.3\times\varepsilon$。

(2)当 $\lambda=0.3$ 时，总的消费变化为 $\Delta C=\lambda\times\Delta C_{tr}+(1-\lambda)\times\Delta C_{LC-PIH}=\lambda\times c\times\Delta YD+(1-\lambda)\times\varepsilon=0.3\times0.8\times1000+0.7\times\varepsilon=240+0.7\times\varepsilon$

(3)当 $\lambda=0$ 时，总的消费变化为 $\Delta C=\lambda\times\Delta C_{tr}+(1-\lambda)\times\Delta C_{LC-PIH}=\lambda\times c\times\Delta YD+(1-\lambda)\times\varepsilon=0\times0.8\times1000+1\times\varepsilon=\varepsilon$。

4. 假定实际利率已从2%增加到4%。

(1)与明天相比，今天消费一组商品的机会成本会怎么样？请解释这将怎样影响你的收入中决定储蓄的部分？

(2)现在假定你进行储蓄只是为退休提供资金，而你的目标是到70岁储存起100万美元。试解释在这种背景下，你的储蓄率对利率的提高会如何做出反应。

(3)你能预测提高 *r*(利率)对储蓄率的净效应吗？为什么能，或为什么不能呢？

答：(1)如果实际利率已从2%增加到4%，消费的机会成本会增加。它会使收入中决定储蓄的部分即边际储蓄倾向上升。

(2)如果进行储蓄只是为退休提供资金，而目标是固定的，实际上会减少储蓄。因为利率提高使得每年储蓄更少的金额就能达到目标。

(3)不能预测提高 r(利率)对储蓄率的净效应。其中(1)为替代效应，(2)为收入效应，由于不知道二者的具体数据或相对大小，不能判断净效应为正还是为负(二者的作用方向相反)。

5. 如果你的目的是提高美国储蓄率3个百分点。你完成这一日的各种方法是什么？你喜欢哪种解决方法呢？

答：(1)增加储蓄率的方法可能是私有化或消除社会保障系统，这样人们就会为各自的退休进行储蓄。消除社会保障是一个不受欢迎的方法，但是私有化社会保障经常被讨论。社会保障私有化是社会保障制度改革的一种模式，它主要包含两层意思：一是规定收益制(benefit-defined)下的公共账户转为规定缴费制(contribution-defined)下的私人账户；二是政府公共部门的集中垄断性管理转为私人基金公司的分散竞争性管理。私有化社会保障可以废除由于负担社会保障的现收现付制度对储蓄造成的负面效应。

另一种方法可以使借贷变得更加困难。美国的税收制度鼓励人们(和企业)借贷而不是储蓄。

(2)我喜欢第一种方法中的私有化社会保障。现收现付式社会保障制度的天生弱点就是以社会理性代替个人经济理性，在缴费者与收益者比例平衡时这一弱点并不显著，一旦缴费者与收益者比例失衡，如人口老龄化加速、失业队伍扩大、经济陷于滞胀等外生因素产生，这一弱点就会加剧。延长退休年龄、提高工薪税、降低社会保障金给付标准都极其有限，只有遵循个人经济理性，进行私有化效果才会明显，因为：

第一，社会保障私有化能减少“公共地悲剧”。传统的观点一直认为社会保障是公共物品，甚至是纯公共物品，因为在现收现付制下一旦一项保障方案颁布，凡是符合条件的个人都可以享有，具有非排他性和非竞争性。但严格地讲社会保障只是一种私有性公共物品，它有公共性，但公共性是外生的。在人的自利性驱动下，公共供应的私有性物品最容易产生过度消费，即“公共地悲剧”。社会保障改革自然而然向私有化演化，而私有化的立足点就是亚当·斯密的自利即公益。

第二，社会保障私有化能实现激励机制与社会保障功能的兼容。在现收现付制采取的规定收益制下，缴纳得多不一定享用得多，存在很强的共济性，可视为在不同的投保人之间存在差别税率；在完全基金制采取的规定缴费制下，缴费与受益挂钩，缴纳得多消费得多，要消费得多势必缴纳得多，故可近似视为在投保人之间存在均一税率(之所以说近似是因为完全基金制下仍有一个最低保障标准)。差别性的税率结构会产生更大的扭曲效应，而私有化排除了这种扭曲。

社会保障私有化能减少“岗位约束”(job-lock)。这能让雇员感到时刻在为自己工作，并可在流动性很强的劳动力市场上寻找到真正适合自己的岗位，从而激发工作热情。

附录：下列为第6版第11章属于本章的习题，在第10版中已被删除，现补录如下，仅供参考。

1. 消费与GNP的比率对于经济活动水平有什么意义？预期它在经济衰退(或者经济萧条)时期是高于还是低于正常水平？

答：(1)消费与GNP的比率，即消费率，通常指一定时期内最终消费(总消费)占国民生产总值的比率，一般按现行价格计算。消费率反映了生产活动的最终成果用于最终消费的比重。通过观察消费与生产之间的关系，可以研究经济的增长类型和运行质量，揭示其发展规律。

(2)消费支出大约等于总GNP的2/3。然而，消费与GNP的比率并不总是保持不变。例如，在衰退期，当收入有下降趋势时消费与GNP的比率开始上升，高于正常水平；然而在繁荣期，当收入有上升趋势时消费与GNP的比率开始下降，低于正常水平。原因是消费是由持久性收入而不是现在的收入决定的。当现在的收入大于持久性收入时，消费与GNP的比率就会下降。这种观点通过内在稳定器的概念得以加强。当GNP下降时，个人可支配收入下降地相对缓慢，这就使消费水平不会急剧下降。

2. 给出关于式(8)[$C=a\times WR+c\times YL \quad a=1/(NL-T) \quad c=(WL-T)/(NL-T)$]中在个人一生中$T$时期的财富和收入边际消费倾向含义的直观解释。

答：式(8)中财富的边际消费倾向被定义为$a=1/(NL-T)$。现有财富在一个人的预期寿命(NL)内消费完，并且每年消费的现有财富的比例是1除以预期还能活的年数($NL-T$)。

换句话说，假设财富被平均分配到一个人的余年里，财富的边际消费倾向就是每年消费的财富比例。

收入的边际消费倾向被定义为 $c=(WL-T)/(NL-T)$，即取决于一个人现在可赚取工作收入的年数 $(WL-T)$ 与他预期还能活的年数 $(NL-T)$ 之比。换句话说，假设收入被平均分配到一个人的余年里，收入的边际消费倾向是每年消费的劳动收入的比例。

3. 在式(4)中，给出工作期间每年的消费为：

$$C=(WL/NL)\times YL \tag{4}$$

在式(8)中，给出消费为：

$$C=a\times WR+c\times YL \qquad a=1/(NL-T) \qquad c=(WL-T)/(NL-T) \tag{8}$$

试说明式(4)和式(8)是与个人出生时没有继承财富并且已经储蓄了T年的情形是一致的。(提示：首先计算按每年储蓄 $(YL-C)$ 的速率储蓄 T 年后的个人财富，再计算当财富处于你已经计算出的水平时式(8)所体现的消费水平)。

答：储蓄被定义为收入减消费 $(S=YL-C)$，并且消费 $C=(WL/NL)\times YL$，所以储蓄为 $S=(1-WL/NL)\times YL$。T 年后一个人的累积储蓄为 $WR=T\times(1-WL/NL)\times YL$。在任意时点 T，有式(7)：$C\times(NL-T)=WR+(WL-T)\times YL$。将上式代入，得 $C\times(NL-T)=WR+(WL-T)\times YL=T\times(1-WL/NL)\times YL+(WL-T)\times YL=(1/NL)\times(NL-T)\times WL\times YL$。所以 $C=(WL/NL)\times YL$，即式(4)。由于式(8)是式(7)的变形，所以，可以说式(4)和式(8)是与个人出生时没有继承财富并且已经储蓄了 T 年的情形是一致的。

4. 考察式(12)[$C=a\times WR+b\times\theta\times YD+b\times(1-\theta)\times YD_{-1}$]中的消费函数。假设自发投资支出和政府支出都保持不变，经济接近于充分就业，并且政府希望能够维持总需求不变。在这些条件下，假设实际财富增加了100亿美元。那么，收入税如何变化才能在本期维持均衡收入水平固定不变？为维持收入水平长期固定不变又需要什么样的变化呢？

答：式(12)定义的消费函数为 $C=a\times WR+b\times\theta\times YD+b\times(1-\theta)\times YD_{-1}$。所以由于财富增加引起的消费变化量为 $\Delta C=a\times\Delta WR$。因为 $YD=Y\times(1-t)$，所以 $C=a\times WR+b\times\theta\times Y\times(1-t)+b\times(1-\theta)\times YD_{-1}$。如果在此期间由于税率 t 的增加抵消了消费的增长，那么 $a\times\Delta WR=b\times\theta\times\Delta t\times Y$，即 $\Delta t=(a\times\Delta WR)/(b\times\theta\times Y)$。假设 $Y=40000$，$a=0.05$，$b=0.5$，$\theta=0.6$，如果 $\Delta WR=100$，那么 $\Delta t=(0.05\times10)/(0.5\times0.6\times4000)=0.0004=0.04\%$。所以税率应增加0.04%，才能在本期维持均衡收入水平固定不变。在长期(本题为两期以上)时，若税率的增加能抵消财富的增加，则 $a\times\Delta WR=-b\times\theta\times\Delta YD-b\times(1-\theta)\times\Delta YD$，而 $YD=Y\times(1-t)$，即 $\Delta YD=-Y\times\Delta t$。所以 $a\times\Delta WR=b\times Y\times\Delta t$，即 $\Delta t=(a\times\Delta WR)/(b\times Y)$。带入上述数字，得 $\Delta t=(0.05\times10)/(0.5\times4000)=0.00025=0.025\%$。所以为维持收入水平长期固定不变需要增加税率0.025%。

5. 式(12)[$C=a\times WR+b\times\theta\times YD+b\times(1-\theta)\times YD_{-1}$]说明消费是财富和当前以及滞后可支配收入的函数。为使该消费函数符合持久性收入预期形式，利用式(10)[$YP=Y_{-1}+\theta\times(Y-Y_{-1})=\theta\times Y+(1-\theta)\times Y_{-1}$，$0<\theta<1$]和消费函数 $C=0.045WR+0.55YD+0.17YD_{-1}$ 来决定式(12)所隐含的 θ 和 $(1-\theta)$ 的大小。

答：式(12)把赋有权重的现在和过去收入的平均值作为持久性收入，即 $YP=\theta\times Y_t+(1-\theta)\times Y_{t-1}$。因为 $C_t=c\times YP$，所以 $C_t=c\times\theta\times Y_t+c\times(1-\theta)\times Y_{t-1}$。又因为消费函数为 $C=0.045\times WR+0.55\times YD+0.17\times YD_{-1}$，所以 $c\times\theta=0.55$，$c\times(1-\theta)=0.17$，两个方程联立，解得 $c=0.72$，$\theta=0.55/0.72=0.764$，$1-\theta=0.236$。

6. 消费函数式(12)[$C = a \times WR + b \times \theta \times YD + b \times (1-\theta) \times YD_{-1}$]包含了财富。用 $IS-LM$ 图解来说明财富增加是如何影响产出水平和利率的?

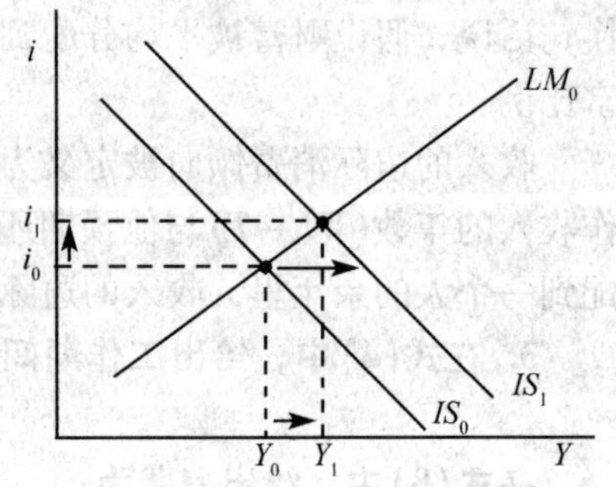

图 13-4　财富增加对产出和利率的影响

答: 假设货币供给不变,财富增加。(若货币增加,*LM* 曲线也要受到影响)财富增加刺激了消费,使 *IS* 曲线向右移动。这样就会使收入增加,进而导致货币需求增加引起利率上升。所以,财富增加将提高产出水平和利率。如图 13-4 所示。

说明: 利率变化后还会影响债券的价格,进而影响持有的财富。这样,财富增加将不仅使 *IS* 曲线向右移动而且还会改变 *IS* 曲线的斜率。为了简单起见,本题忽略了斜率的变化。

7. 本题是对你开发图解能力的挑战,要求你在第 3 章 45°图解框架中说明短期和长期收入的决定。假设投资需求完全是自发性的且对利率没有任何反应,所以你没有必要使用完全的 $IS-LM$ 模型。

(1) 在 $I=\bar{I}$ 情形下,给出长期和短期的消费函数以及总需求曲线。

(2) 描述初始时的完全均衡状态。

(3) 描述投资增加对均衡收入的短期和长期的影响。

说明: 题中提到的第 3 章 45°图解框架是一种用图形来表达总需求和均衡产出的方法。现简单介绍如下。

总需求指经济中所需要的商品数量。总需求 $AD = C + I + G + NX$,它取决于经济中的收入水平。当所生产的产出量等于所需求的产出量时,产出处于均衡水平。均衡状态是指没有力量使其发生变化的一种状态。在下图中,横轴表示产出水平 *Y*,纵轴表示总需求 *AD*。45°线被用作为一条参考线,它能把任何一段横轴距离转换成为一段相等的纵轴距离。因而,在标有 $AD = Y$ 的 45°线上的任何地方,总需求的水平都等于产出水平。如图 13-5 所示,在 *E* 点,产出和总需求都等于 6 亿美元。因此,*E* 点是均衡产出点,在该点上,所生产的产出量正好等于所需求的数量。假设厂商所生产的是另一个产量,譬如说 8 单位。于是,产出将超过需求。厂商将无法出售他们所生产的全部产品,他们将发现仓库里堆满了未销售出去的商品的存货。然后,他们将会削减他们的产量。此时,有 2 单位的投资是非意愿的存货增加量。当总需求(人们想要购买的数量)不等于产出时,便存在非计划的存货投资或负投资,用 $IU = Y - AD$ 表示,其中 *IU* 指非计划的存货增加量。在产出量为 8 单位(大于 6 单位)时,*IU* 大于零。若产出量小于 6 单位,则会出现相反的情况。均衡的收入水平是指计划的支出等于现实的产出时的收入(或产出)水平,所以,不存在非意愿的存货堆积或缩减。

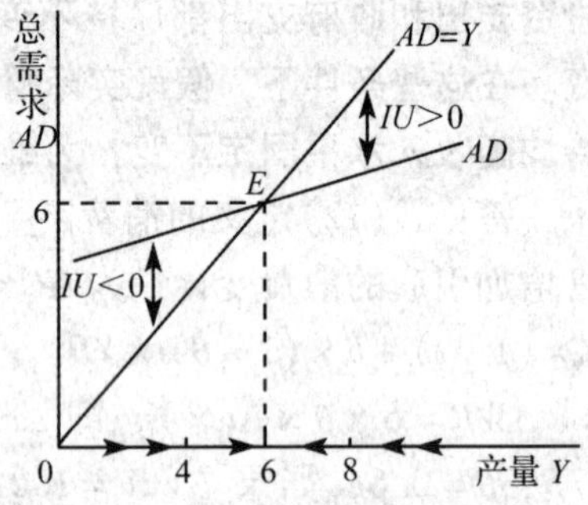

图 13-5　45°图解框架:凯恩斯交叉图用于表示总需求和均衡产出

答: (1) 因为长期的 *MPC* 大于短期的 *MPC*,所以长期的消费函数将比短期的消费函数更陡峭。这样,在第 3 章中介绍的凯恩斯交叉图[$(C + I + G + NX)$线或意愿支出线]中的长期总需求曲线构成比短期的更陡峭。如图 13-6 所示。

(2)假设两种情况的初始均衡位于同样的收入水平 Y_0 上。因为短期的总需求曲线更平坦，所以它与45°线有一个比长期的总需求曲线更加垂直的交点。如图 13－6 所示。

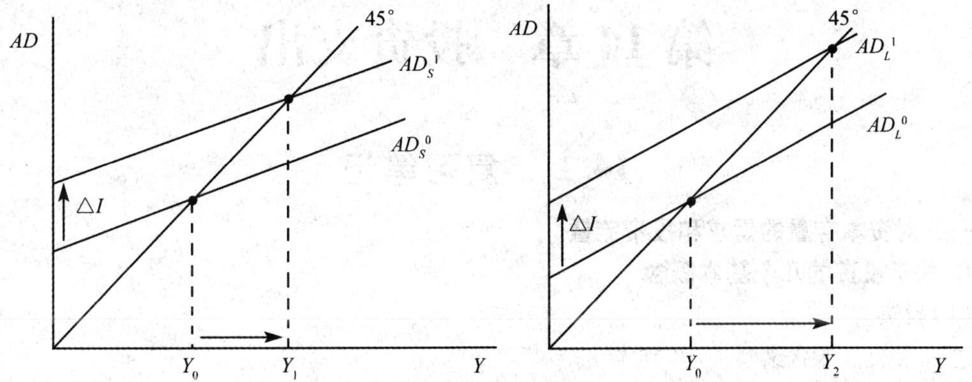

图 13－6　长期 *MPC* 与短期 *MPC* 对长期总需求曲线与短期总需求曲线的影响

(3)因为长期的 *MPC* 大于短期的 *MPC*，所以长期的乘数要大于短期的乘数。所以当投资增加 ΔI 时，对均衡收入的影响在长期要大于短期。在上图中，投资均增加 ΔI，即总需求曲线构成均垂直上移 ΔI，长期的均衡产出要大于短期的均衡产出。

第14章　投资支出

14.1　复习笔记

一、对资本存量的需求和投资流量

1. 关于投资的几个基本概念

(1)投资

①投资的一般含义

投资一般指经济主体为获取预期收益而垫付货币或其他资源于某些事业的经济活动。按投资对象，可分为以下几种投资类型：

a. 实物投资，即对固定资产和存货等资本品的投资。实物投资按是否增加资本品的存量，可分为净投资和重置投资。净投资指在一定时期内增加资本品存量的实物投资。重置投资指并不增加资本品的存量，而只是对资本品的损耗进行补偿的实物投资。净投资和重置投资之和称为“总投资”。

b. 金融投资，即对金融资产的购买，如购买债券、股票等。

c. 人力资本投资，即使人力资本形成和增值的投资活动。

②企业会计核算中投资的含义

在企业财务会计中，投资指企业为通过分配来增加财富或为谋求其他利益将资产让渡给其他单位而获得的另一项资产。在企业财务会计中投资分为短期投资和长期投资。在企业现金流量表中，投资指企业长期资产的购建和不包括在现金等价物范围内的投资及其处置活动。

③投资支出的三个特点

a. 投资支出变动非常剧烈，造成了贯穿整个经济周期过程的GDP的绝大部分波动。

b. 投资支出是一个基本环节，通过它，利率、货币政策才会影响到经济。影响投资的税收政策是财政政策的重要工具。

c. 在供给方面，投资在长时期里决定资本存量的规模，因而有助于决定长期经济增长。

(2)投资流量

投资流量，即在宏观经济学中投资的狭义和技术性的含义，指投资是用来增加物质资本存货的支出流量。投资的流量和投资的存量相比是相当小的。投资流量与资本存量相比也是很小的，但是长时期以后，投资流量就完全决定了资本存量，因而成为总供给的最重要的决定因素之一。

(3)资本存量

资本存量指资本是一种存量，是给定了的所有建筑物、机器的货币(美元)价值和某一时点上的存货。投资是由企业在一个给定的时期内加到资本存量上去的支出数量，是一个流量概念。资本存量的变化可能有两个原因：

①投资增加了资本存量；

②原有资本磨损，即折旧减少了资本存量。

2. 合意的资本存量：概述

(1)资本的边际产出

资本的边际产出指在劳动量不变的条件下，一个产业中资本投入增加一单位所增加的产出量。资本边际产出存在递减规律，即在一定的技术条件下，如果其它投入要素的数量保持不变，在生产过程中不断增加一种资本的使用量，最终会超过某一定点，造成总产量的边际增加量(变动投入要素的边际产量)递减。

(2)实际利率与预期实际利率

①实际利率

实际利率指物价不变，从而货币购买力不变条件下的利息率，是与"名义利率"相对而言的。一般物价总水平存在变动的趋势，在计算实际利率时，必须扣除名义利率中的物价上涨率，因此实际利率等于名义利率减去通货膨胀率。

②预期实际利率

预期实际利率指工人和企业预期的未来实际利率。企业进行投资时，名义利率是已知的，由于下一年的通货膨胀率并不能肯定，企业必须以预期通货膨胀率 π^e 为基础来做出决定。换言之，借款的实际成本是预期实际利率。从名义利率中减去预期通货膨胀率，就可以近似计算出预期实际利率，即 $r=i-\pi^e$。

(3)资本的租金成本

①资本租金成本的含义

资本租金成本指在生产中多使用1单位资本的成本。不管企业实际上是自己购买资本还是租赁，租金成本都是对机会成本的正确度量。只要资本边际产品的价值高于租金成本，企业就值得增加其资本存量，于是企业将继续投资，直到多增加1单位资本所生产的产品价值等于资本的租金成本为止。

②资本租金成本的公式

假设企业是以利率 i 借款为购买资本融资，在出现通货膨胀时，借款的实际成本是预期实际利率 $r=i-\pi^e$；由于资本随时间延长而磨损，折旧成本也是资本租用成本的一个组成部分，假定折旧率为 d，则租金成本的完整公式为：$rc=r+d=i-\pi^e+d$。

公式表明，资本租金成本受预期实际利率和资本折旧率影响。实际利率越高，预期通货膨胀率越低，资本折旧率越高，则租金成本越高。

③税收对资本的租金成本的影响

由资本租金成本的公式可知，资本租金成本取决于预期实际利率与折旧率的大小，除此之外资本的租金成本还受税收的影响。

两个主要的税收变量是公司所得税与投资税减免。公司所得税基本上是对利润课征的比例税，即企业按其利润的比例来支付税款。投资税减免指准许企业将其每年资本支出的一部分从其纳税额中扣除，因此投资税减免降低了企业的资本品的价格，所以投资税减免降低了资本的租金成本。

④证券市场和资本成本

当企业通过出售股票或股本筹集支付投资所需的资金时，股票价格较高时，企业可以出售相对少量的股票筹集到大量钱款；股票价格较低时，企业必须出售更多的股票才能筹集到既定数量的货币。

因此，股票价格越高，资本成本越低；股票价格越低，资本成本越高。

(4)合意的资本存量及其决定

①合意的资本存量的含义和公式

合意的资本存量指在使用资本的成本和收益以及企业预期产出水平既定的情况下，不考虑企业在调整其资本使用时所面临耽搁的条件下，企业愿意长期持有的资本存量。在合意的资本存量水平下，增加的最后一单位资本的边际收益降低到等于资本租金成本。

合意的资本存量 K^*、资本的租金成本 rc 与产出水平之间的一般关系可用下面的公式来表示：

$$K^* = g(rc,\ Y)$$

其中租金成本 rc 的增加会降低 K^*，而 GDP 的增加则会提高 K^*。

②资本租金成本与合意的资本存量

a. 给定资本边际产品曲线，较高的资本租金成本与较低的合意资本存量相一致。

如图 14－1 所示，对于给定的资本边际产出曲线，租金成本由 rc_0 增加到 rc_1 时，合意的资本存量从 K_0^* 减少到 K_1^*。

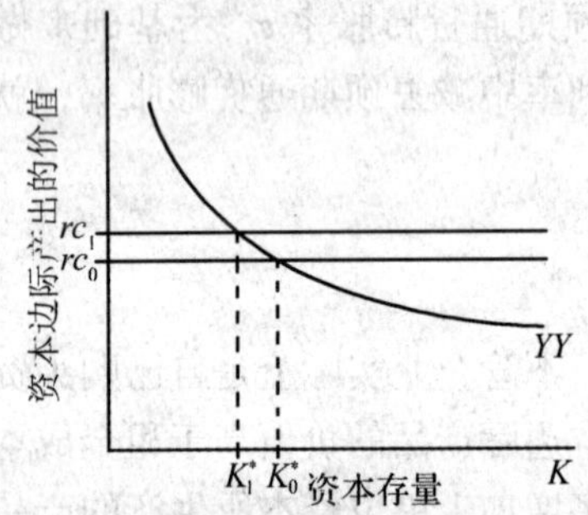

图 14－1　资本边际产出与资本存量的关系

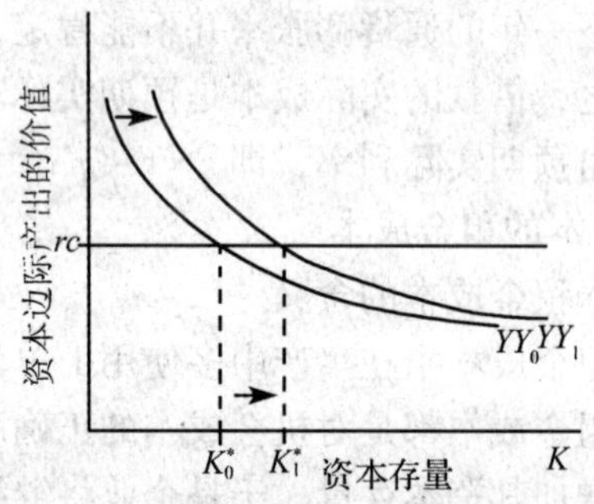

图 14－2　边际产出曲线的移动

b. 在任何给定的租金成本下，资本边际产出曲线向右移动会增加合意的资本存量。

如图 14－2 所示，经济的规模扩大，整个资本边际产出曲线向右移动，在任何给定的租金成本下，资本边际产出曲线向右移动增加对资本的需求，合意的资本存量增加。

③预期产出与合意的资本存量

方程 $K^* = g(rc,\ Y)$ 表明合意的资本存量取决于产出水平 Y，但这一产出水平必定是未来某一时期资本投入生产时的产出水平，即预期产出。对资本的需求，取决于正常的或持久的产出水平，因而也取决于对未来产出水平的预期，而不取决于当前产出水平。但是，当前产出可能影响对持久产出的预期。

④财政政策与货币政策对合意的资本存量的影响

a. 财政政策是通过公司所得税率与投资税减免对合意的资本存量施加影响的。

公司所得税率增加，会减少投资的总需求，进而减少合意的资本存量；投资税减免通过降低资本的租金成本使合意的资本存量增加。

b. 财政政策通过改度 *IS* 曲线的位置，从而对利率产生综合作用，也影响对资本的需求。

高税收、低政府支出的政策，保持了较低的实际利率，从而促进了资本需求。低税收、高政府支出政策，将会造成实际利率的提高，并进而抑制资本需求。

c. 货币政策通过影响市场利率来影响资本需求。

中央银行在给定预期通货膨胀率的情况下降低名义利率，导致企业愿意有更多的资本。

资本需求的扩大，又将反过来影响投资支出。

(5)投资的q理论

投资的q理论是由托宾创立的一种投资理论，该理论强调投资与股票市场之间的一种联系：当资产相对于其再生产成本更有价值时，投资将会很高。其中q是股票市场对企业资产相对于生产这些资产的成本进行的价值估算，q的最简单形式是企业的市场价值与资本重置成本之比。

根据投资的q理论，当$q>1$时，即企业资产的市场价值大于企业资产的重置成本时，企业就有扩张的愿望，企业就应该增加实物资本。企业资产市场价值的提高(如股票价格的上涨)意味着q值的上升，q越大，企业扩张的激励就越大，企业投资扩张的速度通常就越快。

3. 从合意的资本存量到投资

(1)实际资本存量和合意资本存量之间的缺口

实际的资本存量与企业愿意长期拥有的合意资本存量经常是不一致的，而投资不能立即填平合意资本存量与现有资本存量之间的缺口。这是由于设计与完成投资项目需要时间以及生产新资本的生产要素在较短时期内不会大量增加。因此至少在短期内，在任何价格水平上许多资本品的生产都不能快速上升。因此，企业一般计划在一段时间内逐渐地而不是立即调整其资本存量至合意的水平。

如图14－3所示，开始时的资本存量为K_0，资本的价格恰好高到足以产生足够的投资，即右图中的I_0去替代折旧的资本。在长期中，新资本的供给非常有弹性，所以，在价格没有更多变化的情况下，需求的增加必定会得到满足。在短期内，价格上升到P_1，会使投资流量增加到I_1。

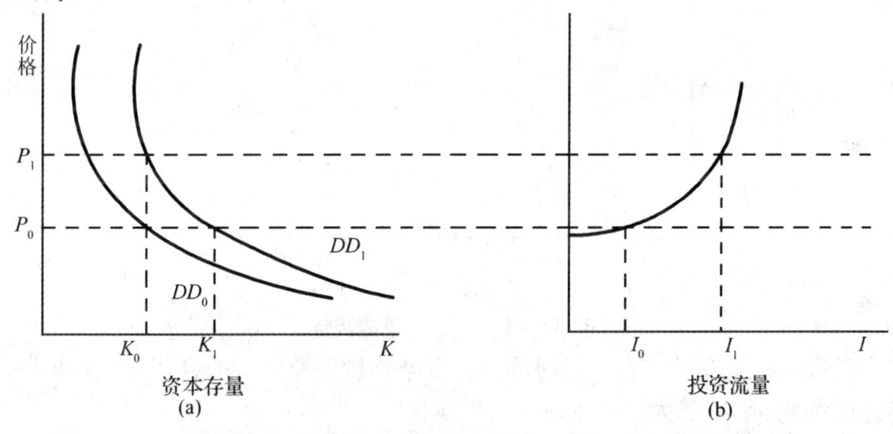

图14－3　对资本存量的需求和投资流量

(2)资本存量的调整

①可变加速数模型概述

可变加速数模型是关于企业如何设定其调整资本存量速度的理论之一，其基本观点是现有资本存量与合意资本存量之间的差距越大，企业投资速度就越快。

根据可变加速数模型，企业在每一时期都打算填补合意资本存量与实际资本存量之间差距的λ部分，以便使当前时期结束时的实际资本存量K成为$K_0=K_{-1}+\lambda(K^*-K_{-1})$，其中上期结束时的资本存量表示为$K_{-1}$，合意资本存量与实际资本存量之间的差距为$(K^*-$

K_{-1})，资本存量调整速度为 λ。

根据上述方程，净投资逐渐调整的表达式为：$I = K_0 - K_{-1} = \lambda(K^* - K_{-1})$

上述净投资公式表明，当前投资支出取决于合意资本存量 K^* 与上期实际资本存量 K_{-1} 两者之差，二者之间的差额越大，企业投资速度越快。任何增加合意资本存量的因素都会提高投资率，所以增加预期产量，降低实际利率或者增加投资税减免都将提高投资率。

②资本存量逐期调整的图形说明

图 14－4 表明了资本存量是如何从初始水平 K_{-1} 调整到合意水平 K^*。上面的图表示资本存量，下面的图表示相对应的投资流量。净投资逐渐调整的表达式为：$I = K_0 - K_{-1} = \lambda(K^* - K_{-1})$。

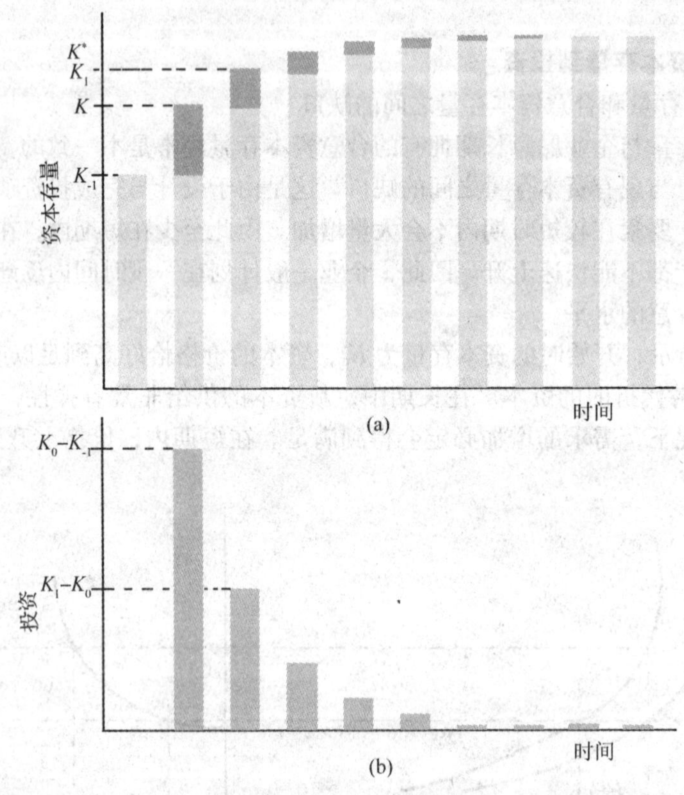

图 14－4　资本存量的调整

如果合意资本存量变动，在一段时间内，资本存量调整到新的合意水平，每期的投资取决于调整速度参数 λ，λ 越大，差距减少得就越快。

二、投资的具体部分：企业固定投资、住宅投资和存货投资

1. 企业固定投资

(1)企业固定投资的含义及其波动

企业固定投资指企业投资支出中用于购买机器设备、工具、厂房等的部分。企业固定投资分为用以维持原有固定资产水平、弥补损耗的重置投资和用以增加固定资产的净投资。重置投资与原有资本存量和折旧率成正比，原有的固定投资多，折旧率高，企业重置投资也就大。净投资取决于投资边际收益和边际成本，也即投资后的产量和利率水平。预期产量越大，投资越多；利率水平越低，投资越多。

固定投资是 GDP 的构成部分，在经济衰退或者衰退之前的短暂时期内，GDP 中的投资部分会急剧下降；以后，在经济走向复苏时，投资开始回升。企业固定投资对经济运行有重大影响，并被认为是经济周期波动的主要原因。

(2)投资的时机

①信用配给

信用配给指商业银行在面临对贷款的超额需求时，不是通过提高利率来增加存款供给，同时抑制贷款的需求来实现信贷市场的均衡，而是实行贷款配给，部分地满足借款人信贷需求的这样一种现象。

当借款人愿意在现行利率上借款，但放款人限制其能够借到的金额数量时就发生信用配给现象。信用配给可以因为两个原因而产生：第一，放贷人往往不能判断特定的客户(或者这位客户融资的项目)的好坏；第二，中央银行对商业银行和其他放贷人实行信用限制。

②融资的内部资源

企业的收益与其投资决策之间有着密切的联系。如果企业在需要的时候不能很容易地从外部获得资金，那么，企业的留存收益将影响它们的投资能力。这意味着企业的资产负债状况不仅关系到资本成本，还是投资决策在金融方面的一个决定性因素。

在这种情况下，企业的投资决策不仅受到利率的影响，而且受到企业从过去的所得中储蓄起来的资金数量的影响，以及当前利润的影响。资本成本必定影响投资决策，因此拥有留存收益的企业必须考虑改变持有的金融资产和利润而得到的利息，而不仅仅是在工厂和设备上投资。

③现金流量的贴现分析

现金流量的贴现分析指把现金流量，包括成本和收益都按一定的百分比变成现值，并据以判断一项投资是否可行的分析方法。因为存在利率和通货膨胀，资金具有时间价值，今天的钱比明天的钱更值钱。利用现金流量贴现分析可以得出准确的净收益率，如果利率低于净收益率则可以进行投资，否则不能进行投资。由此可见，贴现分析在投资决策中具有十分重要的地位，应用此方法可以准确判断一项投资是否真正可行。

2. 住宅投资

(1)住宅投资的含义及其波动

住宅投资指建造住宅和公寓的投资支出。住宅投资取决于原有住房的价格、人口增长的速度、财政收入水平、利率和其他资产的收益率。一般说来，原有住房价格越高，人口增长越快，收入水平越高，住宅投资的规模越大。利率水平越高，其他资产的收益率越高，则住宅投资的规模越小。

住宅投资支出作为GDP一个百分比，其波动构成了GDP具体的实际波动部分，当抵押贷款利率高时，住宅投资低，因此在衰退时期中，住宅投资下降。

(2)住宅投资需求的决定

①住宅存量需求

对住宅存量的需求取决于拥有住宅所获得的实际净收益。总收益，即考虑成本之前的收益，由出租住宅的租金或者房主居住所获得的隐含收益，以及住宅价值的增加所产生的资本收益构成。拥有住宅的成本，则包含利息成本(典型的是抵押贷款利率)，加上任何不动产都要缴纳的税金与折旧。这些成本要从总收益中减去，并进行税负调整，构成实际净收益。

如图14－5所示，住宅存量的需求曲线*DD*和不变的住宅存量供给曲线*SS*的交点决定住宅资产的均衡价格。

②住宅投资率的决定

每年住宅投资往往占住宅存量很小的比重。住宅的存量供给曲线代表在一个时点上市场中的住宅总数量，与此相对应，住宅的流量供给曲线 *FS* 代表在既定的时期内，作为住宅价格函数的新住宅供给，如图 14 – 6 所示。住宅建造中所使用要素的成本与影响建筑成本的技术因素都影响 *FS* 曲线的位置。

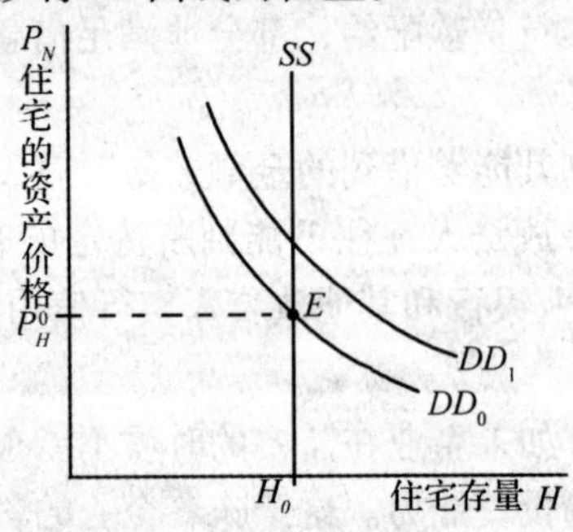

图 14 – 5　住宅存量需求与存量供给　　　图 14 – 6　住宅的流量供给曲线

影响现有住宅存量需求的任何因素，都将会影响住宅资产的价格，从而影响住宅投资率；任何使住宅的流量供给曲线移动的因素也同样影响住宅投资率。

③因为住宅需求对利率很敏感，对实际利率与名义利率都敏感，货币政策对住宅投资有着巨大影响。

3. 存货投资

(1)存货投资的含义及其波动

存货包括原材料、在产品以及由企业完成生产并预计出售的成品。存货投资指产量超过实际销售量时发生的存货积累，以及为保持生产连续性而准备的各种原材料等，存货投资分为合意的存货投资和非合意的存货投资。

①合意的存货投资

为确保生产顺利进行所持有的最低限度的原材料，为保证产品供应的连续性而持有的合意的产品，都属于合意的存货投资的范畴。合意的存货水平与产品生产速度、订货到来的快慢成反比，与利率水平成反比，与销售水平和社会需求的不确定性成正比。

②非合意的存货投资

如果实际存货超过了合意存货，超过的部分便被称为非合意存货。存货投资往往无法预料，它在产量和不确定的销售量之间起缓冲的作用。

③存货投资水平的变动与经济周期有关。

(2)企业持有存货的原因

①满足未来的商品需求，因为商品不可能立即被制造出来，或者立即得到它们以满足需要。

②企业不经常大量订货，会比经常少量频繁订货成本更低。

③生产者持有存货可能作为一种稳定生产的手段，甚至在需求波动时，生产者也可能以相对稳定的速度进行生产，当需求低落时增加存货，当需求高涨时削减存货。

④有些存货是生产过程中不可避免的。

(3)加速数模型

存货投资可以用简单的加速数模型加以解释，加速数模型表明：投资支出与产出变动成比例，而且不受资本成本的影响。$I = \alpha(Y - Y_{-1})$，存货投资水平与产出变动的联系，是增加经济整体易变性的重要原因。

加速数模型的含义包括：

①投资并不是产量(或收入)的绝对量的函数，而是产量变动率的函数。即投资变动取决于产量的变动率，若产量的增加逐期保持不变(产量变动率为零)，则投资总额也不变。

②投资率变动的幅度大于产量(或收入)的变动率，产量的微小变化会引起投资率较大幅度的变化。

③若要保持增长率不至于下降，产量必须持续按一定比率增长。因为一旦产量的增长率变缓，投资增长率就会停止或下降。即使产量不是绝对地下降，而只是相对地放缓了增长速度，也可能引起投资缩减。

④加速数与乘数一样都从两个方向发生作用。当产量增加时，投资的增长是加速的，当产量减缓增长或减少时，投资的减少也是加速的。

⑤要使加速原理正常发挥作用，只有当不存在过剩的生产能力时才能实现。

(4)预期到的与未预期到的存货投资

当企业增加存货时，存货投资就发生了。存货投资在预期到的(意愿的)和未预期到的(非意愿的)两种情况下都可能被抬高。

①如果销售量出乎意料的低，企业将无法售出的存货堆积在货架上。这些存货构成了未预期到的存货投资。

②由于企业计划积累存货，存货投资也可能扩大，这是预期到的意愿的存货投资。

就总需求的行为方式而言，两种情况有着十分不同的含义。未预期到的存货投资是总需求出乎预料的低下造成的。相反，计划存货会增加总需求。因此，迅速积累存货可以和总需求迅速下降联系在一起，也可以和总需求的迅速增加联系在一起。

(5)经济周期中的存货

①与总需求的任何其他成分相比，存货投资的波动与经济周期波动更是成比例的。

在经济周期中存货所起的作用是未预期到的与预期到的存货变化结合在一起的总结果。随着衰退的发展，需求缓缓下降，企业增加了库存投资，存货—销售额比率上升。随后，企业削减生产，出售库存商品以满足需求。在每次衰退结束时，企业都减少了它们的存货，存货投资都是负数。

②存货周期

存货周期是存货投资对于那些引起总需求进一步变动的销售变动所做出的反应，即存货投资的变动引起的经济周期性波动。存货周期理论认为，存货投资的波动本身会形成经济繁荣与衰退的轻度交替而出现的经济波动。大多数经济学家认为，存货投资变动本身并不足以引起经济波动，它只是加重了经济波动的幅度。

存货周期是通过当期的销售额和库存资金占用之比来体现的，只有通过缩短存货在生产经营过程中的停留时间，减少库存、加速产品销售，才能缩短周期，加速资金周转，减少资金占用。

(6)适时存货管理

适时存货管理指借助于企业一生产出产品就将其卖掉，并且订购的只是它们最需要的部分的办法而尽可能缩短持有存货的时间的一种存货管理策略。它强调物资供应者与使用者协调一致，从而容许企业以少量的存货进行运作，使生产过程减少预备存货。

适时存货管理策略使企业对其存货保持更为严格的控制，因而使稳定的增长前景得以改善。

三、投资和总供给

投资是总需求的一个重要组成部分，投资也会增加资本存量，从而增加经济的生产能力。短期内任何投资对于总供给都不重要，但是在长期内，投资对于总供给有着重要意义。增加投资也许是创造长期经济繁荣的重要工具之一。资本存量最小的年增长效应在长期里也可能积累得相当大。

14.2 课后习题详解

一、概念题

1. 企业固定投资(business fixed investment)

答：企业固定投资指企业投资支出中用于购买机器设备、工具、厂房等的部分。企业固定投资分为用以维持原有固定资产水平、弥补耗损的重置投资和用以增加固定资产的净投资。重置投资与原有资本存量和折旧率成正比，原有的固定投资多，折旧率高，企业重置投资也就大。净投资取决于投资的边际收益和边际成本，也即投资后的产量和利率水平。预期产量越大，投资越多；利率水平越低，投资越多。企业固定投资对经济运行有重大影响，并被认为是经济周期波动的主要原因。因此政府也特别注重各种政策，如财政政策和货币政策来影响企业固定投资。

2. 住宅投资(residential investment)

答：住宅投资指建造住宅和公寓的投资支出。住宅投资取决于原有住房的价格、人口增长的速度、财政收入水平、利率和其他资产的收益率。一般来说，原有住房价格越高，人口增长越快，收入水平越高，住宅投资的规模越大。利率水平越高，其他资产的收益率越高，则住宅投资的规模越小。政府为调控住房建设规模可以使用利率杠杆，但应注意使用合理的长短期利率结构。

3. 存货投资(inventory investment)

答：存货投资指产量超过实际销售量时发生的存货积累，以及为保持生产连续性而准备的各种原材料等。存货投资分为合意的存货投资和非合意的存货投资。为确保生产顺利进行所持有的最低限度的原材料，以及为保证产品供应的连续性而持有的合意的产品，都属于合意的存货投资的范畴。合意的存货水平可以用存货—销售比率来表示。合意的存货水平与产品生产速度、订货到来的快慢成反比，与利率水平成反比，与销售水平和社会需求的不确定性成正比。如果实际存货超过了合意存货，超过的部分便被称为非合意存货。存货投资往往无法预料，它在产量和不确定的销售量之间起缓冲的作用。存货投资水平的变动与经济周期有关，二战以来的历次经济衰退被认为是公司存货普遍减少的结果。

4. 投资流量(flow of investment)

答：投资流量指投资是用来增加物质资本存货的支出流量。在宏观经济学中，投资具有狭窄和技术性的含义。投资的流量和资本的存量相比是相当小的。按照一个典型的投资率，大约需要15年的投资流量总和才能达到其资本存量通常的水平。当然，经过长时期以后，投资流量的累积就完全决定了资本存量的高度，因而成为总供给的最重要的决定因素之一。

5. 资本存量(stock of capital)

答：资本存量是给定了的所有建筑物、机器的货币价值和某一时点上的存货量，是一个存量概念。而投资是由企业在一个给定的时期内加到资本存量上去的支出数量，是一个流量概念。资本存量的变化有两个原因：一是投资增加了资本存量；二是原有资本磨损（即折旧）减少了资本存量。

6. 投资（investment）

答：投资一般指经济主体为获取预期收益而垫付货币或其他资源于某些事业的经济活动。具体来讲，投资具有多方面的含义：

（1）一般说来，投资指将现有资金投入某项事物，以期获得未来收益的活动。按投资对象不同，可分为以下几种投资类型：①实物投资，是指对固定资产和存货等资本品的投资。按实物投资是否增加资本品的存量，可分为净投资和重置投资。净投资，是指在一定时期内可增加资本品存量的实物投资。重置投资，是指并不增加资本品的存量，而只是对资本品的损耗进行补偿的实物投资。净投资和重置投资之和，称为“总投资”。从支出法统计国内生产总值的角度看，总投资即为资本形成总额。有时为了分析的需要，把支出法统计国内生产总值中的资本形成总额作为“国内总投资”；对应地，把净出口作为“对外净投资”。国内总投资与对外净投资之和称为“国民总投资”或“国民投资总额”。②金融投资，是指对金融资产的购买，如购买债券、股票等。③人力资本投资。是指使人力资本形成和增值的投资活动。

（2）在企业财务会计中，投资是指企业为通过分配来增加财富或为谋求其他利益，将资产让渡给其他单位而获得的另一项资产。在企业财务会计中，投资分为：①短期投资，即能够随时变现，并且持有时间不超过一年（含一年）的投资（包括相应的股票、债券、基金等）。②长期投资，即除短期投资以外的投资，如持有时间超过一年（不含一年）的各种股权性质的投资、不能变现或不准备变现的债券、其他债权投资等。

（3）在企业现金流量表中，投资是指企业长期资产的购建和不包括在现金等价物范围内的投资及其处置活动。

在宏观经济学中，“投资”一词具有更狭窄、更技术性的含义，即投资是增加物质资本存量的支出流量。

7. 资本边际产出（marginal product of capital）

答：资本边际产出指在劳动量不变的条件下，一个产业中当资本投入增加一单位所增加的产出量。资本边际产出存在递减规律，即在一定的技术条件下，如果其他投入要素的数量保持不变，在生产过程中不断增加一种资本的使用量，最终会超过某一定点，造成总产量的边际增加量（变动投入要素的边际产量）递减。凯恩斯认为不断增加的资本投入，其单位资本的收益率是递减的，这一规律必然引起投资需求的不足。

8. 资本租金（使用者）成本［rental（user）cost of capital］

答：资本租金成本指在生产中多使用1单位资本的成本。不管企业实际上是自己购买资本还是租赁，租金成本都是对机会成本的正确度量。只要资本边际产出的价值高于租金成本，企业就值得增加其资本存量。因而，企业将继续投资，直到多增加1单位资本所生产的产品价值，等于使用该资本的成本——即资本的租金成本为止。

实际利率高，企业股价低，而且资本折旧率高，则资本租金成本高。税赋也影响资本租用成本，特别是通过投资税减免来施加影响。投资税减免实际上是政府对投资的补贴。

9. 机会成本（opportunity cost）

答：机会成本是选择生产要素的某种用途，而必须放弃的其他用途所带来的最大收益。这一概念是以资源的稀缺性为前提提出的。一个社会在任何一个时期内，它的资源的供给量总是相当固定的，或者说总是一个有限的量，而决不可能同时生产它所需要的一切东西。因此，社会生产某种产品的真正成本就是它不能生产另一些产品的代价。所以，机会成本的含义是：任何生产资源或生产要素一般都有多种不同的使用途径或机会，也就是说可以用于多种产品的生产，但是当一定量的某种资源可用于生产甲乙两种产品时，如果该资源已全用于生产甲种产品，就不能同时用于生产乙种产品。因此生产甲种产品的真正成本就是不生产乙种产品的代价，或者是等于该种资源投放于乙种产品生产上可能获得的最大报酬。一种资源决定用于甲种产品，就牺牲了生产其他产品的机会，从事生产甲种产品的收入，是由于不从事或放弃其他产品生产的机会而产生的。

机会成本可以用实物量表示，也可以用价值量表示。但机会成本不是一般会计人员传统的成本概念，而是从经济学角度分析资源利用的更为广泛的概念。机会成本说明，要把有限的(稀缺的)资源用于最有利的地方，或者说在使用某种资源时应该是各种用途中最优的或者至少是同样有利的。英国经济学家罗宾逊曾经给经济学下定义为：“研究稀缺资源在各种可供选择的使用中间进行分配的科学”。在西方，机会成本不仅用于生产经营活动，而且还被广泛用于分析消费和政府开支等活动的得失。

10. 预期通货膨胀率(expected inflation rate)

答：预期通货膨胀率指工人和企业预期的未来的通货膨胀率。在这种情况下，通货膨胀过程被经济主体预期到了，经济主体会根据这种预期而采取各种补偿性行动。如在工资合同中规定价格的条款，在商品定价中加进未来原材料及劳动成本上升因素等。但是一般认为，如果通货膨胀的预期现象普遍存在，那么无论是什么原因引起了通货膨胀，即使最初引起通货膨胀的原因消除了，通货膨胀也会因经济主体预期采取的行动而得以持续，甚至加剧。

11. 预期实际利率(expected real interest rate)

答：预期实际利率指工人和企业预期的未来实际利率。企业进行投资时，名义利率是已知的，但并不知道下一年的通货膨胀率。因此，企业必须以预期通货膨胀率 π^e 为基础来做出决定。换言之，借款的实际成本是预期实际利率。从名义利率中减去预期通货膨胀率，就可以计算出预期实际利率，即 $r=i-\pi^e$。

12. 边际产出递减(diminishing marginal product)

答：边际产出递减指在其他条件不变的情况下，如果一种投入要素连续地等量增加，增加到一定产值后，所提供的产品的增量就会下降，即可变要素的边际产量会递减，这就是经济学中著名的边际产出递减规律。

边际产出递减存在的原因是：随着可变要素投入量的增加，可变要素投入量与固定要素投入量之间的比例在发生变化。在可变要素投入量增加的最初阶段，相对于固定要素来说，可变要素投入过少，因此，随着可变要素投入量的增加，其边际产量递增；当可变要素与固定要素的配合比例恰当时，边际产量达到最大。如果再继续增加可变要素投入量，由于其他要素的数量是固定的，可变要素就相对过多，于是边际产量就必然递减。

13. 实际利率(real interest rates)

答：实际利率指物价不变，从而货币购买力不变条件下的利息率，是与“名义利率”相对而言的。例如，假定某年度物价变化，甲从乙处取得 1 年期的 1 万元贷款，年利息额 500 元，实际利率就是 5%。美国经济学家费雪首次在其《利息理论》一书中提出以货币和以实际财物计量利率的观点。一般物价总水平存在变动的趋势，在计算实际利率时，就必须扣除名义利率中的物价上涨率。实际利率的计算公式为：

实际利率＝名义利率－物价上涨率(通货膨胀率)

应该着重指出的是，名义利率随着通货膨胀的变化而变化，但并非同步的，从而现实中人们必然以预期的物价上涨率来代替公式中的物价上涨率，否则实际利率的测算往往呈现滞后的问题，但这样同时也使得实际利率水平带有较大的主观性。

14. 资本收益(capital gains)

答：资本收益指出售或交易有价证券这种特殊商品的所得。股票持有者持股票到市场上进行交易，当股票的市场价格高于买入价格时，卖出股票就可以赚取差价收益，这种差价收益就是资本收益。在证券市场发展过程中，资本收益会逐渐在个人可支配收入中占有重要的位置，对有价证券的资本利得征税是为了不歧视通过其他渠道所得的收入，至少对各种来源的收入应公平对待。

15. 投资的 q 理论(q theory of investment)

答：投资 q 理论是托宾(Tobin)创建的一种投资理论，该理论认为：在资产相对于其再生产成本更有价值时，投资将会很高，其中 q 指现有资本的市场价值与其重置成本的比率。根据企业投资的 q 理论，当 $q>1$ 时，即企业资产的市场价值大于企业资产的重置成本时，企业就有扩张的愿望。企业资产市场价值的提高(如股票价格的上涨)意味着 q 值的上升，q 越大，企业扩张的激励就越大，企业投资扩张的速度通常就越快。

16. 可变加速数模型(flexible accelerator model)

答：可变加速数模型是描述现有资本存量与合意资本存量之间的差距越大，企业投资速度就越快的一个模型。企业计划进行投资以便弥补他们的实际资本存量和他们的意愿资本存量之间的差额资产，其结果是，实际资本存量和意愿的资本存量之间具有较大缺口的企业，其积累资本的速度会比其他企业更快。

17. 动态行为(dynamic behavior)

答：动态行为指行为不取决于当前时期，而是取决于其他时期的经济变量值。任何增加合意资本存量的因素，都会提高投资率。所以，增加预期产量，降低实际利率，或者增加投资税减免，都将提高投资率。可变加速系数证明，投资包含动态行为的方面。但是经验证据表明，可变加速系数的动态有点太僵硬了(例如，投资在资本需求变动以后，花费大约两年时间才能达到高峰)，但是逐渐调整的基本原则却是清楚的。

18. 信用配给(credit rationing)

答：信用配给指商业银行在面临对贷款的超额需求时，不是通过提高利率的途径来增加存款供给同时抑制贷款需求来实现信贷市场的均衡，而是实行贷款配给，部分地满足借款人信贷需求的这样一种现象。信用配给可以因为两个不同的原因而产生：第一，放贷人往往不能判断某一特定客户(或者这位客户融资的项目)的好坏；第二，中央银行对商业银行和其他放贷人实行信贷限制。

19. 现金流量的贴现分析(discounted cash flow analysis)

答：现金流量的贴现分析指把现金流量，包括成本和收益，都按一定的百分比变成现值，并据以判断一项投资是否可行的分析方法。资金具有时间价值，因为存在利率和通货膨胀，今天的钱比明天的钱更值钱。利用现金流量贴现分析可以得出准确的净收益率，如果不进行贴现，就会高估收益率，并可能得出错误的投资决策。现金流量贴现分析在项目评估和可行性研究中得到了广泛的研究。现举例如下：在基期投入 100 万元，回收期为两年，现金流量为第一年 50 万元，第二年 60 万元，利率为 10%。如果不贴现，100 万元的投资在两年中获得了110万元的回报，净收益为10万元，可以进行投资。但如果进行贴现，第一年和第二年的收益分别为45.45万元和49.59万元，总收益为95.04万元，净收益为-4.96万元，不能进行投资。由此可见，贴现分析在投资决策中具有十分重要的地位，应用此方法可以准确判断一项投资是否真正可行。

20. 加速模型(accelerator model)

答：加速模型指描述收入变动或消费需求变动引起投资变动的模型。加速模型表明投资支出与产出变动成比例，而不受资本成本的影响，公式为：$I=\alpha(Y-Y_{-1})$。该模型的含义包括：第一，投资并不是产量(或收入)的绝对量的函数，而是产量变动率的函数。即投资变动取决于产量的变动率，若产量的增加逐期保持不变(产量变动率为零)，则投资总额也不变。第二，投资率变动的幅度大于产量(或收入)的变动率，产量的微小变化会引起投资率较大幅度的变化。第三，若要保持投资增长率不至于下降，产量必须按一定比率持续增长。因为一旦产量的增长率变缓，投资增长率就会停止或下降。即使产量不是绝对地下降，而只是相对地放缓了增长速度，也可能引起投资缩减。第四，加速数与乘数一样都从两个方向发生作用。即当产量增加时，投资的增长是加速的，当产量停止增长或减少时，投资的减少也是加速的。第五，要使加速原理发挥正常作用，只有在不存在过剩生产能力时才能实现。

21. 存货周期(inventory cycle)

答：存货周期是存货投资对于那些引起总需求进一步变动的销售变动所做出的反应，即存货投资的变动引起的经济周期性波动。存货周期理论认为，存货投资的波动本身会形成经济繁荣与衰退的轻度交替而出现的经济波动。但大多数经济学家认为，存货投资变动本身并不足以引起经济波动，它只是加重了波动的幅度。

存货周期是通过当期的销售额和库存资金占用之比来体现的，只有通过缩短存货在生产经营过程中的停留时间和减少库存、加速产品销售，才能缩短周期，加速资金周转，减少资金占用。

22. 适时制存货管理(just-in-time inventory management)

答：适时制存货管理指企业一生产出产品就立即将其卖掉，并且订购的只是它们最需要的部分，企业尽可能缩短持有存货时间的这样一种存货管理策略。

如果存货与销售量或总需求能够更紧密地保持一致，存货投资与GDP两者的波动将会减少。由于企业的经营方法一直在改进，经常希望新的管理方法能使企业对其存货保持严格的控制，因而更为稳定的增长前景得以改善。“适时制”存货管理技术是从日本输入的，它强调物资供应者与使用者的协调一致，从而，容许企业以少量的存货进行运作，使生产过程减少预备存货。这些改进方法有助于说明存货的下降趋势。1990~1991年的经济衰退期间，存货—最终销售额比率提高得非常有限，的确远比先前历次衰退中的情况要低许多。

二、简答题

1. 如果一个经济达到了其合意的资本存量，并希望仅仅维持它不变，是否应该进行任何投资呢？如果不是，为什么不应该呢？如果是，该有多大呢？

If an economy has achieved its desired capital stock and wishes merely to maintain it, should any investment occur? If not, why not? If so, how much?

答：即使经济实现其合意资本存量，还必须进行一些投资以使资本存量维持在合意水平。投资的水平要足够弥补折旧(由于磨损或资本过时)。具体来讲：

(1)投资指增加实际资本的行为，表现为一定时期内增加新的建筑物、耐用设备以及增加或减少存货等。净投资指新增加的投资，它取决于收入的变动情况；重置投资即折旧，是指用于补偿所损耗的资本设备的投资，它取决于原有资本的数量、使用年限及其构成。净投资加上重置投资就是总投资。

(2)合意资本存量决定于产出水平和资本使用成本，资本使用成本又由资本的价格、实际利率和折旧率决定。由于投资调整成本的存在，资本存量的调整是渐进的，投资方程则反映了当前资本存量向合意资本存量的调整过程。任何能够增加合意的资本存量的因素都会增加投资率，所以预期产量的增加，实际利率的降低都将增加投资率。

(3)重置投资的作用仅在于补偿经济中已经报废的资本。如果一个经济达到了其意愿的资本存量，即合意资本存量，并仅仅希望维持它不变，那么投资的水平必须等于重置投资，这时净投资为零。

2. 新近的投资转移到高科技的资本品，这对折旧率有什么影响？你认为人力资本存量有没有折旧？

What effect has the recent shift toward investment in high-tech capital goods had on the rate of depreciation? Do you think there is a rate of depreciation associated with the stock of human capital?

答：折旧率指一定时期内资产折旧额与资产原值的比率。折旧是指机器在使用过程中，因逐渐磨损而转移到产品中去的那部分价值的补偿方式。它摊入产品的成本中，从销售产品的收入中扣除出来。企业一般对每年年初时固定资产的余额采用相同的折旧率提取折旧费。

(1)高科技的资本过时的速度非常快，因此如果公司想保持竞争力就需要更早地进行替换更新。所以如果更多地投资高科技资本品，折旧率就会上升。

(2)人力资本也会折旧，因为知识也会过时(新理论的提出和连续的新发现)。这样知识就需要进行更新。例如谁想让没有新的医疗技术的医生看病呢？同样地，因为可以把健康看作是人力资本，可以理解当人们变老时，其健康存量在折旧。但是人们越多的投资于健康，即人们更健康地生活并且更多地采取预防措施，这样人力资本存量的折旧也会越慢。

3. 如果一家企业用未分配盈余，而不是用借入的资金进行投资，其投资决策还受利率变动的影响吗？请加以解释。

If a firm invests out of retained profits rather than borrowed funds, will its investment decisions still be affected by the changes in the interest rate? Explain.

答：如果一家企业用未分配盈余，而不是用借入的资金进行投资，其投资决策还要受利率变动的影响。原因如下：

(1)资本租金成本指在生产中多使用1单位资本的成本。不管企业实际上是自己购买资本还是租赁它，租金成本都是对机会成本的正确量度。只要资本边际产品的价值高于租金成本，企业就值得增加其资本存量。因而，企业将继续投资，直到多增加1单位资本所生产的产品价值，等于使用该资本的成本——即资本的租金成本为止。

(2)利率不能简单地理解为资本的租金成本，利率也是一种机会成本。企业未分配盈余可以用于投资新机器，但也可以借贷给其他人。就是说任何时候企业未分配盈余都可以用于金融投资，即借给需要资金的人(例如政府)以收取利息。例如，如果国债或商业票据的收益高于实物投资的预期回报率，公司可能不需要进行实物投资而“投资”于国债。

4. 在第14章第1节那一部分研究的企业固定投资模型考察企业拥有资本品的成本与效益。它的基本结论是，只要企业的资本边际产出超过边际成本，它们就会增加资本存量。什么是托宾的 q，它与第14章第1节中这个模型是如何联系的？

The model of business fixed investment studied in Section 14 – 1 examines the benefits and costs to firms of owning capital goods. Its basic conclusion is that firms will increase their capital stock as long as the marginal product of their capital exceeds the marginal cost. What is Tobin's q, and how does it relate to the model in 14 – 1?

说明：题中提到的第 14 章第 1 节的企业固定投资模型是指企业为达到合意的资本存量而进行的成本与收益的分析。除了劳动之外，企业还使用资本来生产商品与劳务以出售。它们的目的是获得最大化的利润。在决定生产中使用多少资本时，企业必须在使用更多资本为其获得的收益所做的贡献，与使用更多资本所承担的成本之间求得平衡。资本的边际产出就是在生产中多使用 1 单位资本所增加的产出。资本的租金(使用者)成本是，在生产中多使用 1 单位资本的成本(注意，这两个概念都是流量的概念)。不管企业实际上是自己购买资本还是租赁它，租金成本都是对机会成本的正确量度。即使企业从以往获得的利润(未分配盈余中)提供资金，仍然认为利率是用于新资本的机会成本，因为它能贷出这些资金并取得利息，或者作为股息支付给股东。只要资本边际产品的价值高于租金成本，企业就值得增加其资本存量。因而，企业将继续投资，直到多增加 1 单位资本所产生的产品价值，等于使用该资本的成本——即资本的租金成本为止。资本的租金成本与名义利率、预期通货膨胀率、折旧和税收有关。合意的资本存量除受资本的租金成本影响外，还要受到收入水平、预期产出、财政政策与货币政策等的影响。

答：(1)托宾的 q

托宾的 q 指现有资本的市场价值与其重置成本的比率。托宾投资 q 理论指在资产相对于其再生产成本更有价值时，投资将会很高的投资理论，该理论是托宾(Tobin)创建的一种投资理论。根据企业投资的 q 理论，当 $q>1$，即企业资产的市场价值大于企业资产的重置成本时，企业就会有扩张的愿望。企业资产的市场价值提高(如股票价格的上涨)意味着 q 值的上升，q 越大，企业扩张的激励就越大，企业投资扩张的速度通常就越快。

(2)托宾的 q 理论与企业固定投资模型的联系

在一个有效率的股票市场，公司每股股票的价格应该等于对该公司资本要求权的价格。托宾 q 是股票市场对企业资产相对于生产这些资产的成本进行的价值估算。换句话说它是企业的市场价值与资本重置成本之比。资本重置成本是测量边际资本产出的一种方法。如果 q 大于 1，公司应该增加实物资本，因为对公司新机器的每 1 美元的价值，企业能出售股票卖的 q 美元，大于 1 美元，赚取($q-1$)的利润。这意味着资本的边际产出大于其边际成本。

5. 根据本章所描述的企业固定投资，你如何看待一家企业投资决策会受到对其产品的需求突然增加的影响？确定其反应速度的是些什么因素？

According to the description of business fixed investment in this chapter, how would you expect a firm's investment decisions to be affected by a sudden increase in the demand for its product? What factors would determine the speed of its reaction?

答：企业固定投资模型是指企业为达到合意的资本存量而进行的成本与收益的分析。只要资本边际产品的价值高于租金成本，企业就值得增加其资本存量。因而，企业将继续投资，直到多增加 1 单位资本所产生的产品价值，等于使用该资本的成本(即资本的租金成本)为止。

(1)公司产品的需求突然增加会增加未来销售预期，这就意味着资本边际产品的价值将会提高，即在租金成本不变的情况下资本边际产品的价值高于租金成本。所以企业就值得增加其资本存量，这将要求净投资的增加。

(2)资本存量增长到新的合意资本存量水平的速度，依赖于公司认为销售的增长是永久性的还是暂时性的以及公司快速调整资本存量到其新的合意资本存量水平的成本。

6. 过去的10年里，美国经济中小企业数量大大增加。如果小企业遭受的信用配给确实比大企业多，这对美国产出波动(经济周期)会有什么效应？

The number of small firms in the U. S. economy has grown substantially over the last decade. If small firms do, indeed, encounter more credit rationing than large firms, what effect might this have on output fluctuations (business cycles) in the United States?

答：(1)信用配给和经济周期的含义

信用配给是货币政策的另一个重要传递渠道。信用配给发生在这样一种情况下：尽管借款人愿意以现行利率借款，但是，放款人会限制其能够借到的金额数量。

信用配给可以因为两个不同的原因而产生。第一，放贷人往往不能判断一位特定的客户(或者这位客户融资的项目)的好坏。由于信用差的客户会拖欠借款，不予归还。所以，给定拖欠的风险时，明显的答案似乎是提高利率。然而，提高利率是不当的方法：诚实的或者保守的客户被阻止了借款，因为他们认识到，在高利率下其投资无利可图。可是，敢冒险的或不诚实的客户却愿意借款，因为，如果项目遭遇失败，则任何情况下也不能指望他们还款。然而，放贷人不论试图如何仔细地评估其客户，他们都无法在整体上避开这一问题。解决的办法就是，对任何客户的贷款金额都加以限制。绝大多数客户都得到一个大致相同的利率(有某种调整)，但是，同意给予他们的信贷数量却是按照客户所能提供的担保品的种类和经济前景来配给的。信用配给为货币政策提供了另一个渠道：如果放贷人觉察到了联储已转向紧缩政策，并且提高利率以冷却经济的话，害怕经济出现下跌的放贷人就会紧缩信贷；相反，如果他们认为政府的政策是扩张的，而且经济前景比较好，他们就会通过降低利率和扩大信贷配额，来放松信贷。

经济周期又称经济波动或国民收入波动，是指总体经济活动的扩张和收缩交替反复出现的过程。现代经济学中关于经济周期的论述一般是指经济增长率的上升和下降的交替过程，而不是经济总量的增加和减少。一个完整的经济周期包括繁荣、衰退、萧条、复苏(也可以称为扩张、持平、收缩、复苏)四个阶段。在繁荣阶段，经济活动全面扩张，不断达到新的高峰。在衰退阶段，经济短时间保持均衡后出现紧缩的趋势。在萧条阶段，经济出现急剧的收缩和下降，很快从活动量的最高点下降到最低点。在复苏阶段，经济从最低点恢复并逐渐上升到先前的活动量高度，进入繁荣。衡量经济周期处于什么阶段，主要依据国民生产总值、工业生产指数、就业和收入、价格指数、利息率等综合经济活动指标的波动。

(2)中小企业遭受更多的信用配给对美国经济周期的效应

因为大公司倾向于拥有一个已经确立并良好的信用等级，所以大公司比小公司更容易获得信贷。因此小公司的留存收益经常限制其投资机会。但是如果有比大公司多得多的中小公司，经济周期中可能出现更大的产出波动。因为在衰退期由于小公司不能获得信贷以及利润下降，所以它们的投资会比可能的投资要小。另一方面，在繁荣期，中小公司的投资很可能比正常的投资要大，因为利润丰厚并且它们想弥补在过去低迷时期的投资缺乏。

7. (1)至少举出两个理由说明为什么高利润会增加投资率？

(2)解释为什么银行(贷出者)实行信用等级评定，而不仅是向更多冒风险的借款人收取更高的利率。

(1) Give at least two reasons why higher profits may increase the rate of investment?

(2) Explain why lenders may ration the quantity of credit rather than merely charge higher interest rates to more risky borrowers.

答：(1)高利润意味着企业可以获得更多的内部资金，即使是在外部资金不易获得的情况下，企业进行投资的可能性也会增大。高的利润也有可能来自销售收入的增加，这可能会使企业对未来的销售持有更加乐观的态度，从而进一步刺激其增加投资支出。

同时，高利润也意味着较高的股利，从而也就意味着较高的股票价值。如果股票价格很高，企业就很容易融到更多的投资资金，也会进一步增加投资率。

然而，值得注意的是，高的利润和内部资金的可得性并不意味着资金成本不是投资决策时要考虑的一个重要因素。这些资金所产生的利息是投资决策时必须要考虑的机会成本。

(2)银行认为高利率会阻止一些谨慎的企业的投资，而那些不顾后果的冒险的企业却无视这种高利率而继续进行投资，在这种情况下，银行就而对这些企业的信用等级进行评定。那些不顾后果的企业很可能会失败，从而就会不履行偿还贷款的义务。因此，对银行来说，在货币紧缩时期实行信用等级评定是比增加贷款利率更为有效的保证其获得利润的方法。当然，在其他情况下，也可以实施信用等级评定，如联邦储备局对金融机构实施信用限制。

8. (1)解释(实际)抵押贷款利率低时，为什么住宅市场经常是兴旺的。

(2)在美国一些州中，高利贷限制法禁止抵押贷款率(名义)超过法定最高额。解释这为什么会成为(1)的结论的一个例外。

(1) Explain why the housing market usually prospers when the (real) mortgage rates are low.

(2) In some states, usury laws prohibit (nominal) mortgage rates in excess of a legal maximum. Explain how this could lead to an exception to the conclusion in (1).

答：(1)在买房时，抵押贷款利率是一个需要考虑的重要因素。即使是利率的很小变化，也会引起购房者每月抵押支出的巨大变化，因此，大多数人在购房时都会等待观望，直到利率变低。购房不同于购买一般消费品，因为如果市场条件不利，大多数人会延迟一段时间买房。如果市场利率较低，一些购房心切的购买者就会采取抵押贷款方式购房。就供给方来说，如果信用成本降低，有着巨大融资需求的房地产开发商很可能会去开发建设新的房产项目。但是随着新的房产供给的增加，房屋的价格就会下跌，从而引发购房者人数的增加。

(2)一些州的高利贷法禁止银行或储蓄贷款机构收取高于法定最高限额的抵押贷款利率，这实际上是为抵押贷款利率设置了一个价格上限。但是当市场利率超过这个规定的利率上限时，抵押贷款市场就会处于一种不均衡状态，对抵押资金的需求就会超过抵押资金的供给(如图14－7所示)。在市场利率这么高的情况下，银行很可能会将其资金投入到收益率高的其他投资项目中，而不是进行抵押贷款，从而抵押信用的供给就会降低。如果通货膨胀率很高，那么购房者实际支付的真实利率可能会相当低，从而买房者可能会需要更多的抵押贷款，使抵押贷款的需求增加，然而由于价格上限的存在，使得信贷市场很难有出清的机会。这就解释了为什么在真实利率较低时，也可能存在着房地产投资水平较低的情况。

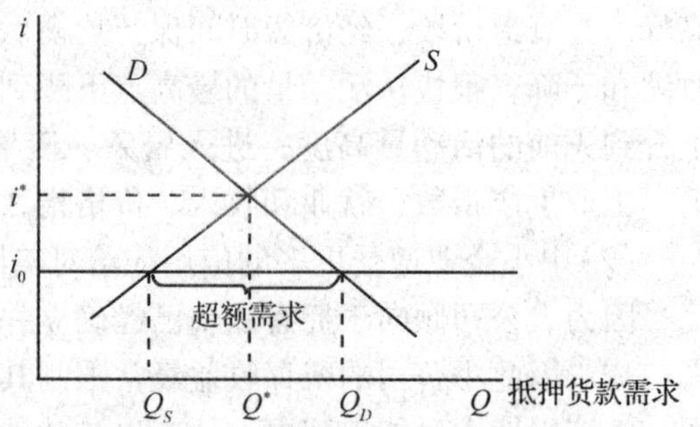

图 14－7　最高限额的抵押贷款利率导致了超额住房需求

9. 存货投资的加速模型与资本积累的可变加速模型之间是什么关系?

What is the relationship between the accelerator model of inventory investment and the flexible accelerator model of capital accumulation?

答: (1)存货投资的加速模型与资本积累的可变加速模型的含义

①存货投资的加速模型指描述收入变动或消费需求的变动引起存货投资变动的模型。加速模型表明投资支出与产出变动成比例，而不受资本成本的影响。

$$I = \alpha(Y - Y_{-1})$$

该模型的含义包括：第一，投资并不是产量(或收入)的绝对量的函数，而是产量变动的函数。即投资变动取决于产量的变动，若产量的增加逐期保持不变(产量变动率为零)，则投资总额也不变。第二，投资率变动的幅度大于产量(或收入)的变动率，产量的微小变化会引起投资率较大幅度的变化。第三，若要保持投资增长率不至于下降，产量必须持续按一定比率增长。因为一旦产量的增长率变缓，投资增长率就会停止或下降。即使产量不是绝对地下降，而只是相对地放缓了增长速度，也可能引起投资缩减。第四，加速数与乘数一样都从两个方向发生作用。即当产量增加时，投资的增长是加速的，当产量停止增长或减少时，投资的减少也是加速的。第五，要使加速原理发挥正常作用，只有在不存在过剩生产能力时才能实现。存货投资水平与产出变动的联系，是增加经济整体易变性的重要渠道。

②可变加速模型是用来解释企业如何计划其调整资本存量速度的。资本存量 K 是预期产出 Y、劳动力的实际工资率 ω 和资本租金成本 rc(实际利率 + 折旧率)的函数。它背后的基本观点是，现有资本存量与合意资本存量之间的差距越大，企业投资速度就越快。根据可变加速模型，企业在每一时期都打算填补合意资本存量与实际资本存量之间差距的 λ 部分。上期结束时的资本存量表示为 K_{-1}，合意资本存量与实际资本存量之间的差距则表示为($K^* - K_{-1}$)。企业打算在上期资本存量 K_{-1} 上增加差距($K^* - K_{-1}$)的一部分，即 λ，以便使得当前时期结束时的实际资本存量 K 成为：

$$K_0 = K_{-1} + \lambda \times (K^* - K_{-1}) \qquad (1)$$

方程(1)表明了要将资本存量从 K_{-1} 增加到 K 的水平，企业必须实现净投资量，$I = K - K_{-1}$，因此，可以写出净投资：

$$I = K_0 - K_{-1} = \lambda \times (K^* - K_{-1}) \qquad (2)$$

它是净投资逐渐调整的表达式。在图 14 - 8 中，表明了资本存量是如何从初始水平 K_{-1} 调整到合意水平 K^* 的。假定的调整速度为 $\lambda = 0.5$。从 K_1 水平开始，每一时期的目标资本与当前实际资本间差距的一半得到了填补。因此，开始的一个时期的净投资为 $0.5 \times (K^* - K_{-1})$。在第二个时期，投资将是上一期速率的一半，因为差距已减少了一半。投资继续到实际资本存量达到目标水平为止。λ 越大，差距减少得就越快。

在方程(2)中，达到了目标，即推导出一个投资函数，它表明当前投资支出取决于合意资本存量 K^* 与实际资本存量 K 之间的差额。任何增加合意资本存量的因素，都会提高投资率。可变加速系数证明，投资包含动态行为的方面——行为不取决于当前时期的，而是取决于其他时期的经济变量值。经验数据表明，可变加速系数的动态有点太僵硬了。例如，投资在资本需求变动以后要花费大约两年时间才能达到高峰。但是逐渐调整的基本原则却是清楚的。

说明： 如果合意资本存量变动，在一段时间内，资本存量调整到新的合意水平，每期的投资取决于调整速度参数 λ。

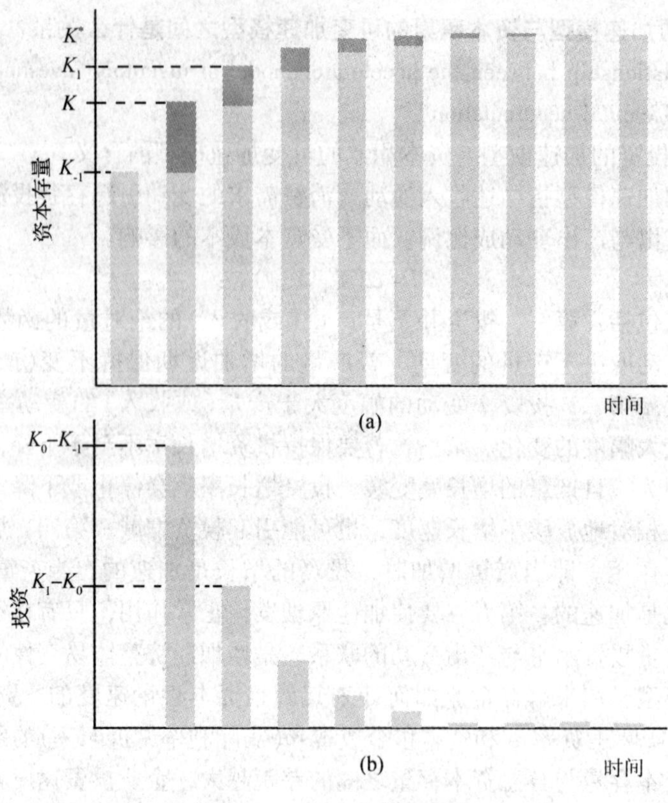

图 14－8　资本存量的调整

(2)两个模型之间的联系

存货投资的加速模型与资本积累的可变加速模型之间存在密切的联系，两个模型都反映了其他因素引起的资本的变动，加速模型实际上是可变加速数的特例。了解加速模型，就要忽略租金成本的作用，并让可变加速公式中的 $\lambda=1$。

但是这两个模型还是有区别的。可变的加速模型试图解释公司调整其资本存量的速度，该模型强调资本存量变动的动态过程；而加速模型强调投资变动的结果。意愿资本存量与实际资本存量的差距越大，公司对机器的投资支出水平越高，但并不是全部的存货投资都可以用加速模型来解释，所以资本积累的可变加速模型解释的范围更广。

10. 存货的变动能预示经济周期性波动吗？为什么无论这些变动是计划的还是非计划的，都是十分关键的？

Can changes in inventories predict movements in the business cycle? Why does it matter whether these changes are planned or unplanned?

答：(1)存货的变动能大体上预示经济周期的运动，但是不能完全预示，因为存在一些特殊情况。

在正常情况下，存货与销售量保持一个固定的比例。但有两种情况会使存货水平比正常水平高。一种情况是销售量出人意料的低，企业不得不把卖不出去的产品作为存货投资，存货大量增加，高于正常水平的存货为非意愿存货。这种情况发生在经济衰退时。另一种情况是销售量之高出乎意料，企业为了适应市场需要而提高存货水平，这时高出正常水平的存货为意愿存货。这种情况发生在经济繁荣时。可见同样是存货数量上升，却是在截然相反的经济运行状态中出现的。

(2)库存—销售额比率不仅会由于在衰退开始时的非意愿存货的增加而上升，而且会由于在新的繁荣开始时的意愿存货的增加而上升。这表明库存支出的角色在经济周期中可能已经变化了。所以仅仅从库存的变动不能预示经济周期的运动。

11. 在1990～1991年间，存货—销售额比率并无显著的上升，你如何解释这个事实。

In the 1990～1991 recession, the inventory-sales ratio did not rise appreciably. How do you explain this fact?

答：存货—销售额比率是存货和销售额的比例关系的简称。比如，用数量来说，本期购进120个，期末存货20个，那么，本期的"存货—销售额比率"是(20/100)×100% =20%。该比率是一个检测存货量是否合理的指标，如果存货产品占销售额的比例太低，可能会缺货、断货；如果所占比例太大，说明产品有积压的倾向。

存货—销售额比率在1990～1991年间的衰退期没有显著上升可能是由于新的更好的管理方法的采用以及公司对它们的存货进行了更加严格地控制。先进的计算机技术和货物运输的同步性使企业能在较小的存货成本基础上运营。所以可能是由于先进的技术、科学的管理方法以及对存货态度的改变使企业能在拥有较少的存货的情况下正常地运作。这会使存货—销售额比率明显地下降。正是由于这种下降作用使得存货—销售额比率在1990－1991年间的衰退期没有显著上升。

12. 为什么决策者应该(或不应该)关注过去10年中在美国发生的相对低水平的投资？

Why should (or shouldn't) policymakers be concerned about the relatively low levels of *U. S.* investment that have prevailed in the last decade?

答：净投资水平是资本存量的增加，即 $I_N = \Delta K$。低水平的净投资意味着资本存量和未来生产能力的缓慢增加。低的资本积累率通常暗示将来较低的生活标准。所以决策者应该关注过去10年中在美国发生的相对低水平的投资。

13. 在第五章中，读者已经了解到当总供给曲线垂直的时候，货币政策对于实际利率是没有效果的。请给出两个原因说明，即使货币政策不能影响利率，为什么货币政策仍然会影响投资？

In Chapter 5 you learned that when the aggregate supply curve is vertical, monetary policy has no effect on the real interest rate. Give two reasons why monetary policy might still affect investment even if it does not affect the interest rate.

答：(1)当总供给曲线垂直的时，货币政策不能影响利率

在古典情况下，在充分就业的产出水平上，总供给曲线是垂直的。无论价格水平怎样，厂商都将供给 Y^* 水平的产量。此时的货币政策只影响价格水平，因为货币政策引起 *AD* 曲线左右移动，虽然价格水平会变，但在长期产出水平不变。这样货币政策引起的价格变化只能影响通货膨胀率和名义利率，而实际利率保持不变。

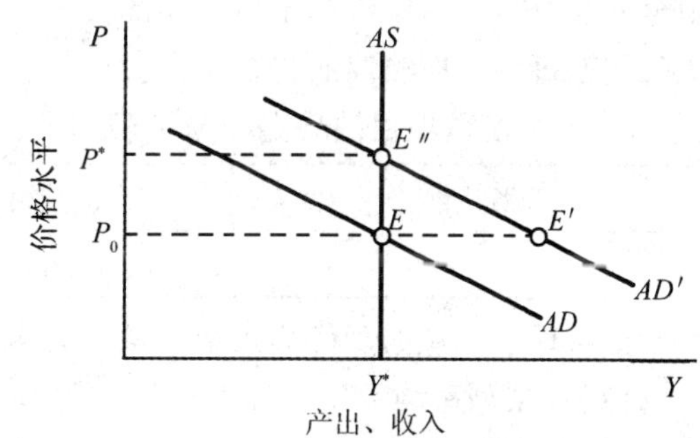

图14－9　总需求的扩张：古典情况

给定完全无弹性的供给，*AD* 右移引起价格水平上升，但产出无变化。

(2)即使货币政策不能影响利率，货币政策仍然会影响投资的原因

①在长期（当总供给曲线垂直的时候），货币政策对于实际利率没有影响，但它会影响通货膨胀率和名义利率。名义利率取决于实际利率和通货膨胀率，即 $i_n = i_r + \pi$。如果名义利率增加，就会使投资的名义的资金借款成本上升，并且由于认识到现金流问题使一些借款者不具备贷款资格。当名义利率增加时银行会限制信用，因为他们认为仍然对贷款感兴趣的借款人可能有信用风险。因为房屋价格对名义和实际利率都很敏感，所以住宅投资变化会更明显。一个原因是美国的税收系统对名义利率支付是免税的，而对于由于通货膨胀的名义资本收益是免征税的。

②由于增加了对未来的不确定性，更高的通货膨胀率可能也会影响股票的市场价值。然而股票市场价值的下降可能增加了通过发行新股票来为投资项目筹集资金的难度。对通货膨胀的预期也可能影响投资的时机。结果是虽然货币政策对于实际利率没有影响，但却影响了投资水平。

三、计算与分析题

1. 描述一家汽车出租行如何计算出租汽车的价格，并将你的描述与课文中给出的租金成本公式联系起来。

答：租金成本公式认为租金成本（rc）等于真实利率（r）加上折旧率（d），而真实利率等于名义利率（i）减去预期通货膨胀率（π^e）：$rc = r + d = i - \pi^e + d$。

这家汽车出租公司很想知道其汽车折旧的速度有多快（或者说为了将其库存的汽车保持在原有的价格水平上，汽车出租公司需要做什么），以及拥有这些出租车所需要的资金成本是多少。为了保持盈利，这家汽车出租公司对每辆车所收取的租金必须大于购买这辆车所需资金的利息收入（或必须支付的利息）加上这辆车的价格乘以这辆车的折旧率之和。由于这家汽车出租公司收取的名义价格，即是根据银行对每笔贷款所收取的名义利率计算的，那么收取的这笔租金将是 $p > (i + d) \times v$，v 为所出租汽车的价值（价格）。

例如，假设当前的市场利率是10%，折旧率是20%，汽车的价值即价格为10000美元，则这家汽车出租公司对这辆汽车收取的租金每年最少应为：$(0.1 + 0.2) \times 10000 = 3000$（美元）。即这家汽车出租公司每年至少要对这辆车收取3000美元的租金，或者粗略地说，每天要对这辆车收取8.22美元（$=3000/365$）的租金（一年以365天计算）。如果进一步假设该车出租的时间仅为上面的一半，那么租金成本将上升到每天16.44美元。由于这16.44美元的租金并没有包括这家汽车出租公司的其他成本，也没有包括利润，因此不难预期这家汽车出租公司对每辆车所收取的租金实际会更高一些。

2. 一个投资项目的现金流量列表如下：

第一年	第二年	第三年
-200	100	120

如果现金流量的现值为正数，该企业将会投资。

(1)如果利率为5%？

(2)如果利率为10%？

该企业应该从事这个项目吗？

答：如果该投资项目的净现值（NPV）为正，该项目将是盈利的。在这个例子中，该投资项目的净现值可用下面的方法进行计算：

$$NPV = R_1 + R_2/(1+r) + R_3/(1+r)^2$$

(1)假设第一年就是今年，当利率 $r=5\%$ 时，可以得到：

$$NPV = -200 + 100/1.05 + 120/1.1025 = 4.08 > 0。$$

这意味着在此条件下，该项目是盈利的，应该对其进行投资。

(2)在利率为 $r=10\%$ 时，可以得到：

$$NPV = -200 + 100/1.1 + 120/1.21 = -9.92 < 0。$$

这意味着这个项目是不盈利的，不应该对其进行投资。

3. 假如颁布一项确定的暂时性税收减免。该项税收减免率为10%，为期一年。

(1)这种税收方式对长期(比如说四五年以后)投资的影响是什么?

(2)在本年与下一年的影响是什么?

(3)如果税收减免是永久性的，你如何对(1)与(2)的答案作出回答?

答：(1)当前的这种投资税收政策对政策适用期内的投资的影响是正面的。然而，从长远来看，其对长期投资并没有明显影响。预期的资本存量主要取决于企业对未来或当前产出的预期，而当前的投资税收政策是不会对企业预期的长期资本存量产生影响的，所以，这种投资税收政策对长期投资是没有明显影响的。

(2)当前的这种投资税收政策将会增加当前的投资项目的数量，因为在这种政策下，一些企业会将其延迟的投资项目放到当前进行投资。同时，在当前的条件下，企业也会开始投资一些在当前条件下不盈利的边缘项目。从而在实行该项税收政策的今年，投资水平当然会增加。由于大多数投资项目会在今年开始启动，几乎没有项目会延迟到下一年，因为在下一年，这项优惠的税收政策的效果就没有了。因此，在下一年投资水平将会比实际预期的要低。

(3)即使一项长期的税收减免政策没有使企业加速进行投资，它也会鼓励企业投资那些在此之前不盈利的边缘投资项目。因此在长期税收减免政策的影响下，投资水平会全面提高，无论是实施该项政策的第一年还是以后的年份。长期税收减免政策对投资的长期影响将会比暂时税收减免政策对长期投资的影响要大。

4. (1)解释最终销售额与产出为何会不同。

(2)指出图14-10中的计划存货投资与非计划存货投资的时期，并且画下来。

(3)在缓慢但稳定的增长时期，你预期最终销售额与产出如何相联系。请解释。为这类时期画一个类似于图14-10的假设图。

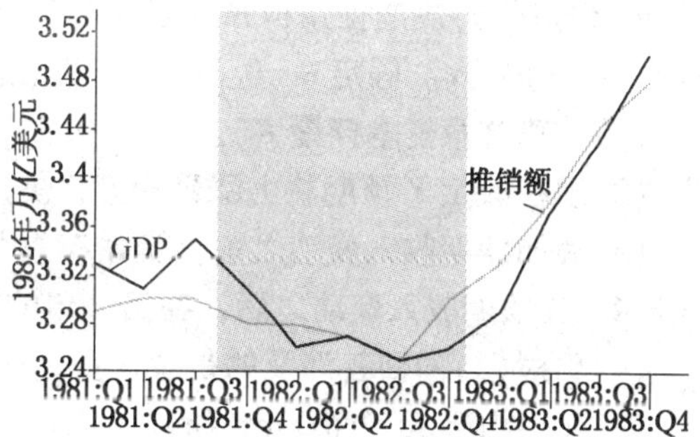

图14-10 1981~1983年衰退与复苏期间的销售量与产出

注：阴影区为衰退时期。

资料来源：Bureau of Economic Analysis。

答：(1)产出与最终销售额之间的差异是存货调整的结果。在衰退前期，销售额可能会下降，而产量对衰退的反应就会比较慢，从而就会积累存货。这会导致企业削减生产以降低产出。另一方面，如果企业预期销售额会增加，它会就会扩大生产以增加存货，这就会使得产出的增加早于销售额的增加。

(2)在1981年，GDP超过了最终销售额，这意味着存货将会增加。最初积累存货是有目的的，因为经过1980年的经济衰退后，预期经济将会出现较大的回升，因此工厂就增加存货，为经济的回升做准备。然而，在1981年的后半年，随着经济跌入到1981~1982年的衰退中，销售额始终低于 GDP，此时就使得存货变为非意愿性存货。1981 ~ 1982 年之后，产出急剧下降，企业试图减少存货。在 1982 年的第一季度，企业有目的地降低存货，使得该季度的销售额超过了产出。在 1982 年中期，销售额与 GDP 几乎相等，但是到了第四季度，销售额增加的速度开始快于 GDP 增加的速度。这意味着总需求增加了(这是经济复苏的一个信号)，这导致了非意愿性存货的降低。

(3)如图 14 - 11，在缓慢但稳定地增长时期，企业预期销售额会增加，从而企业需要持有更多的存货以为未来的销售做准备。然而，由于增长是缓慢且平稳的，这就不难预期产出仅会略高于销售额，而且产出和销售额的增长率应该是相同的，因此不难看到存货和销售额的比率几乎是一个常数。

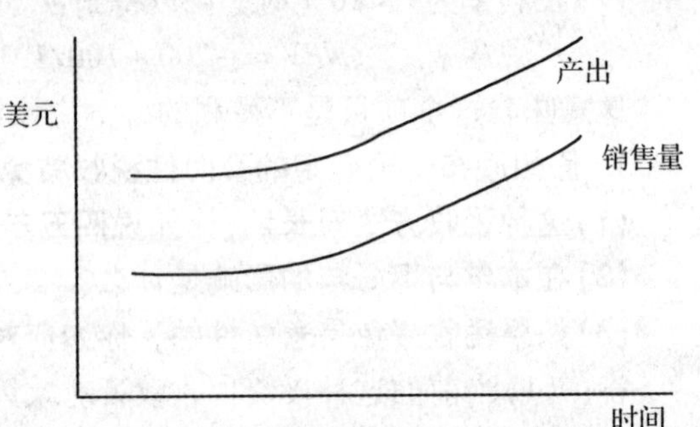

图 14 - 11　缓慢而稳定的经济增长时期，企业产出与销售额变化及其关系

5. 给出下面的信息，计算托宾的 q 的统计量。假定一个公司有 100 万上市股票，每股值 25 美元，再假定它的实物资本存量的重置成本为 1800 万美元。

(1)该企业应该投资(净)于更多的实物资本吗?

(2)如果该企业的实物资本存量的重置成本现在是 2500 万美元或 2800 万美元，你的回答会改变吗?

答：(1)公司的市场价值为 $100\times25=2500$(万美元)。所以，托宾的 q = 市场价值/重置成本 $=2500/1800=25/18=1.4>1$。这意味着资本的边际产出大于其边际成本，企业应该投资于更多的实物资本。

(2)当重置成本为 2500 万美元时，托宾的 q = 市场价值/重置成本 $=2500/2500=1$。则净投资为零，但应该有一些投资以替换资本存量中的折旧。

当重置成本为 2800 万美元时，托宾的 q = 市场价值/重置成本 $=2500/2800=0.89$。所以企业应该“减资”，即不进行投资让资本存量折旧但不增加投资替代它。

6. (选做题)本题使用柯布 - 道格拉斯生产函数与相应的意愿资本存量，给定为 $K^*=g(rc, Y)=\theta Y/rc$。假定 $\theta=0.3$，$y=5$ 万亿美元，$rc=0.12$。

(1)计算合意资本存量 K^*。

(2)现在假定 Y 预期将上涨到 6 万亿美元，相应的合意资本存量是什么?

(3)假如预期收入变动之前，资本存量处于合意水平。再假设在投资逐步调整模型中，$\lambda=0.4$。在预期收入变动之后，在第一年的投资率会是什么? 第二年呢?

(4)你对(3)的回答涉及的是总投资，还是净投资呢?

答：(1)由于 $K^*=\theta Y/rc$，所以可以推出 $K^*=0.3\times5/0.12=12.5$。故合意资本存量为 12.5 万亿美元。

(2)Y 预期将上涨到 6 万亿美元时，$K^*=\theta Y/rc=0.3\times6/0.12=15$。故相应的合意资本存量为 15 万亿美元。

(3)根据 $I=\lambda\times(K^*-K)$，可推导出 $I_1=0.4\times(15-12.5)=1$，在第一年，净投资将为 1 万亿美元，新的资本存量将为 13.5 万亿美元。所以 $I_2=0.4\times(15-13.5)=0.6$，在第二年，净投资将为 0.6 万亿美元，新的资本存量将为 14.1 万亿美元。

(4)对问题(3)回答的是净投资，即额外的资本存量，而总投资将包括过去投资的资本量。

7. 从1947年到1991年间，持有正常资本存量的年平均回报率是7%，而同期的企业固定投资的年平均增长百分比是3.5%。从1992年到1999年期间，持有正常资本存量的年平均回报率是16%，同期的企业固定投资的年平均增长百分比是8%。*q*理论怎样和这种变化相联系呢?

答：投资的q理论预测高的股票价格将促使公司经理们投资于更多的实物资本。在一个有效率的股票市场，公司每股股票的价格应该等于对该公司资本要求权的价格。托宾的q被认为是企业的市场价值与资本重置成本的比率，因为它是股票市场对企业资产相对于生产这些资产的成本进行的价值估算。如果q的值高，企业愿意增加实物资本并且投资水平上升。这意味着在股票价格快速上涨的期间，公司会增加他们的投资支出。

与1947年到1991年间相比，从1992年到1999年期间，持有正常资本存量的年平均回报率从7%上升到16%，企业固定投资的年平均增长百分比从3.5%上升到8%。年平均回报率提高则意味着股票价格的上涨，伴随着股票价格的上涨，公司会增加他们的企业固定投资支出。所以q理论的预测和这种变化是一致的。

附录：下列为第6版第12章属于本章的习题，在第10版中已被删除，现补录如下，仅供参考!

1. 从在第11章和第12章中可以看到，持久性的收入与产量(而不是当前收入与产量)决定了消费与投资。

(1)这是如何影响在第四章建立的*IS-LM*模型的?(参见图14-12)

(2)使用“持久性”度量的政策含义是什么?

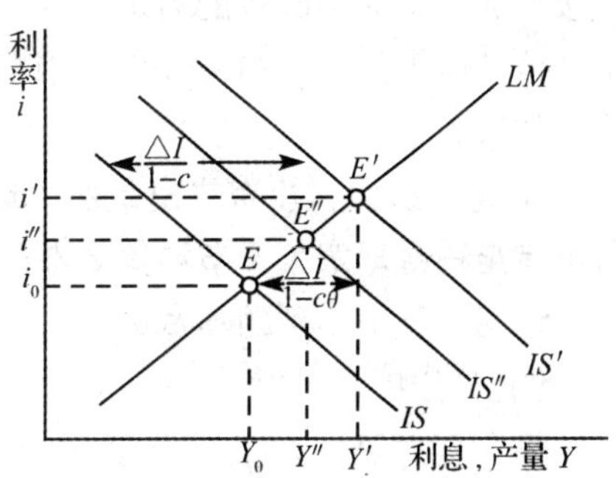

图14-12　投资需求变化的动态调整

说明：题中提到的第11章和第12章介绍的持久性的收入与产量(而不是当前收入与产量)决定了消费与投资，实际上是说生命周期—持久收入模型和可变加速数模型。

自发投资需求上升ΔI，但是无法确切知道这种移动是持久的还是暂时的。事实上，这种移动是持久性的，从而IS曲线向右移动$\Delta I/(1-c)$而最终达到IS'位置，其中$1/(1-c)$为长期乘数。但是在第一阶段，IS曲线只是移动$\Delta I/(1-c\theta)$而到达由短期消费函数和乘数决定的IS''位置。随着个人开始认识到投资需求的移动是持久性的，经济在整个时期内逐渐从点E''向点E'运动。

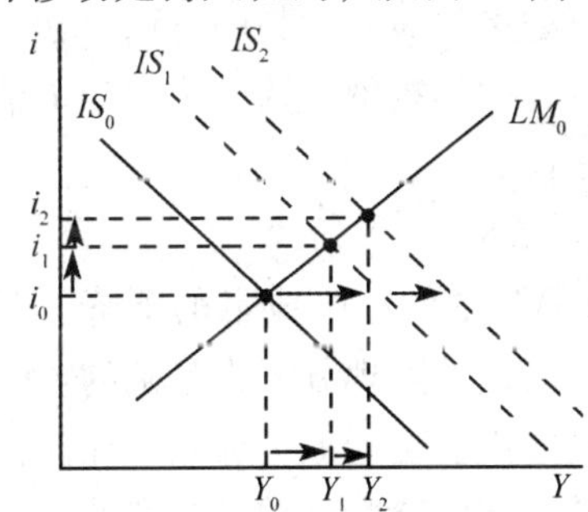

图14-13　投资需求变化的短期和长期影响

答：(1)如果消费与投资主要取决于持久性的收入与产量而不是当前收入与产量，那么它们对当前的收入变化不会敏感。另外，任何调整都是动态的，即在*IS-LM*模型中，*IS*曲线会在此期间移动好几次。这意味着要仔细考虑财政政策的潜在影响，因为一个临时性的税收变化与一个永久性的税收变化有不同的影响。根据图14-12绘出图14-13，在图14-13中，刚开始由于意愿支出变化的短期乘数效应IS曲线进行移动，即从IS_0到IS_1。在最后，由于意愿支出变化的长期乘数效应，IS曲线移动到了IS_2。

(2)如果私人支出更多的取决于持久性的产量而不是当前的产量，那么政策制定者就必须注意到对未来预期的形成方式。一个成功的政策将很大程度上取决于它是预期的还是非预期的以及人们是否相信政策制定者的行为是可信的。如果人们认为政策制定者说一套做一套，或者他们认为政策将会很快再次修改，任何政策的宣布将都不会达到它预期的效果。

2. 第4章假定投资在低利率期间是上升的。然而在本世纪30年代情况并非如此，当时投资和利率都是非常低的。解释这种现象是如何发生的。在这样的情形下，适当的财政政策应该是什么呢?

说明: 题中提到的第4章假定投资在低利率期间是上升的是因为在第4章中投资支出函数为$I = I_0 - b \times i$，利率i与投资支出成反比，所以投资在低利率期间是上升的。

答: (1)20世纪30年代的经济处于严重的衰退期，因此虽然利率很低，企业也不愿意投资。投资水平不仅取决于利率，而且也取决于收入的变化，即企业的销售预期。但是在20世纪30年代，企业并没有预期销售会增加。

(2)在这种情况下，最好的财政政策措施是提高政府支出水平，而不是降低税收。这将直接增加对商品和服务的需求，提高国民收入和销售预期。从而导致投资的增加和进一步刺激经济。由于持续的消极预期，消费者或企业都不会增加支出，所以削减税收可能达不到预期的效果。

3. 通常认为，投资支出是由情绪冲动(即投资者的乐观或者悲观情绪)主导的。这一观点是完全符合本章第1节和第2节的有关分析?

说明: 题中提到的本章第1节和第2节的有关分析分别指新古典投资理论和加速数模型)的有关分析。

答: 合意资本存量决定于预期的将来或永久的产出水平和资本使用成本，资本使用成本又由资本的价格、实际利率和折旧率决定。由于投资调整成本的存在，资本存量的调整是渐进的，投资方程则反映了当前资本存量向合意资本存量的调整过程。任何能够增加合意的资本存量的因素都会增加投资率，所以预期产量的增加，实际利率的降低都将增加投资率。

当前的产出对资本需求的影响只是达到它将影响对未来产出的预期的程度。这样如果企业家对未来感到乐观并且预期他们的销售会增加，他们会进行更多的投资。另一方面，如果他们比较悲观并对产出有较低的预期，那么他们将相对地进行较少的投资。这与本章第1节(新古典投资理论)和第2节(加速数模型)的有关分析是一致的。

4. 新古典投资理论与厂商实际进行投资决策的方法有什么联系?

答: 新古典投资理论表明随着期望的产出(销售)的增加和资本的租金成本的下降，意愿资本存量水平会增加。在实际中，厂商的投资决策是以现金流量的贴现分析为基础的。一个投资项目是通过计算它的净现值来进行评估的。如果厂商预期销售会增加，那么与任何投资项目有关的现金流量都会变大，并且投资的净现值也会上升。与此同时，如果资本的租金成本下降，那么项目的净现值会增加，厂商更有可能进行投资了。因此，厂商投资决策应用的现金流量的贴现分析与新古典投资理论是一致的。

5. 利用图14-14，仔细追寻利率增加对住宅市场的逐步调节作用。解释每一次变动长期的和短期的影响。

说明：在图 14－14(a)部分，对住房存量的需求和供给决定了住房的资产价格(P_H^0)。在图 14－14(b)部分，住房投资(Q_H^0)决定于在价格 P_H^0 上的住房流量供给。

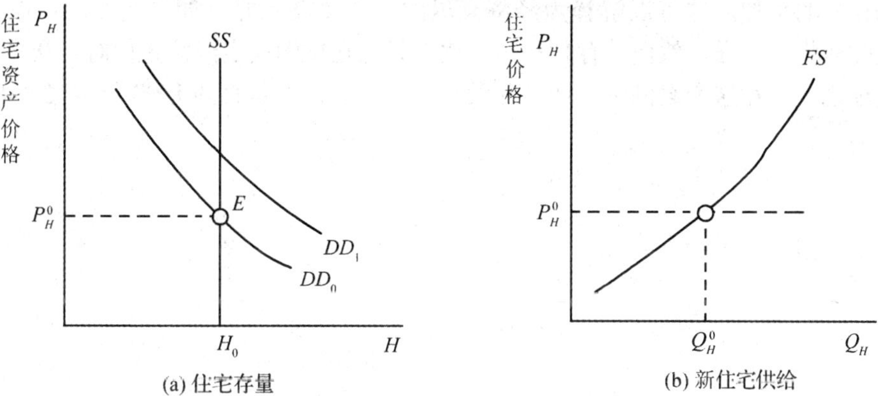

图 14－14　住房市场：住房资产价格的决定与住房投资率

答：根据图 14－14 和题意可以作出图 14－15 和图 14－16。

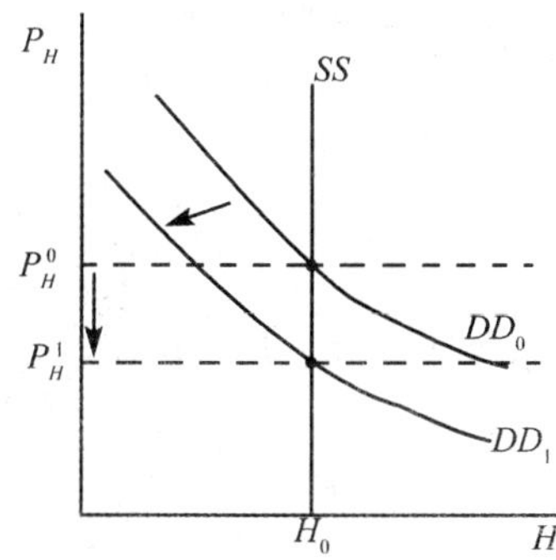

图 14－15　住宅存量市场均衡

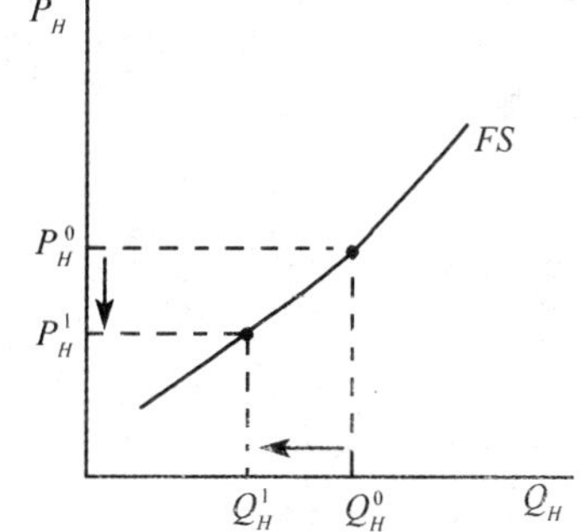

图 14－16　新住宅供给曲线

对作为资产的住宅的需求取决于投资其他资产所能获得的实际收益率。如果利率上升，从而其他资产的收益率增加，那么对住宅的需求将会下降。随着住宅需求曲线的向左移动，将会重新确立一个新的更低的住宅资产价格。住宅价格的下降在 *FS* 曲线上表现为均衡点沿 *FS* 曲线向左移动，*FS* 曲线表示新住宅的供给曲线，它是作为住宅价格的函数出现的。住宅价格沿 *FS* 曲线向左移动意味着新住宅供给的数量将会下降。

然而，利率的上升也会增加住宅开发商的融资成本，这也会使得新住宅的供给曲线即 *FS* 曲线向左移动，从而投资新住宅的数量也将会减少。由于现有的住宅存量相对于新住宅的投资率而言是非常大的，所以在短期内可以忽略新住宅对现有住宅价格的任何影响。然而，从长期来看，*SS* 曲线将会慢慢向左移动。如果新住宅的建设很少，甚至几乎没有，那么现有住宅的长期供给曲线也将会更加缓慢地向左移动。

6. 在 1988 年末和 1989 年初，存货—销售比率(虽然当时很低)开始上升。经济周期预测人员认为，这是一个令人焦虑的迹象(同时还出现了包括美元升值和利率较高在内的一些其他迹象)，有可能在 1989 年后期发生衰退。解释为什么这会是一个衰退性的预兆，并且检查数据以确证是否在 1989 年以后发生了衰退或者经济减速。

答：存货—销售比率，指在一定时期内的存货与其销售额的比例。该比率是一个检测存货量是否合理的指标，如果存货产品占销售额的比例太低，可能会缺货、断货；如果所占比例太大，说明产品有积压的倾向。

1988～1989 年的存货—销售比率上升很可能是由于经济增长的减速。较低的总需求导致非意愿存货的增加。这可以解释为经济衰退的一个预兆，并且如果企业的反应是减少产出，低迷时期将会加强。然而，存货—销售比率只是在试图决定经济走向时，众多需要考虑的经济指标之一。在这个案例中，经济并没有进入衰退，而是直到 1990 年年底才进入。

第15章　货币需求

15.1　复习笔记

一、货币存量的构成

1. 货币总量的构成

货币指从商品中分离出来的，固定地充当交易中支付手段或交换媒介的商品。在任何经济体系中，都有一个庞大的金融资产系列，有着从通货到对其他金融资产的复杂要求权。在这一金融资产体系中，货币总量的构成主要有M_1、M_2、M_3和L四种，它们分别描述了不同标准货币的组成部分。

(1)M_1的含义和构成

M_1是狭义的货币供应量，指那些能够直接、立即并且无限制地进行支付的要求权。这些要求权具有流动性，能够立即、方便而又便宜地用于支付。M_1最符合货币作为支付手段的传统定义。一般来说，M_1包括通货、活期存款、旅行支票和其他支票存款等。

①通货由流通中的硬币和纸币构成。

②活期存款指商业银行的无息支票账户，不包括其他银行、政府和外国政府的存款。

③旅行支票指只能由非银行机构发行(如美国运通公司)的那些支票。银行发行的旅行支票包括在活期存款中。

④其他支票存款指具有各种法律安排和各种市场名称的生息支票账户。

(2)M_2的含义和构成

M_2是广义的货币供应量，是在M_1的基础上加上那些接近于充当交换媒介的资产，其绝大部分是银行和储蓄机构中的储蓄存款与小额定期存款。M_2与M_1的差额，即单位的定期存款和个人的储蓄存款之和，通常称作准货币。一般来说，M_2包括M_1、货币市场共同基金股份、货币市场存款账户、储蓄存款和小额定期存款等。

①货币市场共同基金(MMMF)股份，指投资于短期资产的共同基金中的生息支票存款。某些MMMF股份由机构持有，它们不包括在M_2中，但包括在M_3中。

②货币市场存款账户(MMDAs)，指由银行经营的MMMFs，优点是它们具有最高可达10万美元的保险。

③储蓄存款，指银行和其他储蓄机构中的存款，它不能由支票进行转让，通常记录在储户持有的单独存折上。

④小额定期存款，指有特定到期日的小于10万美元的生息存款，在到期日前提取必须支付罚金。

(3)M_3的含义和构成

M_3是最广义的货币供应量，指在M_2的基础上再加上一些流动性不强的资产，如主要是由公司，但也被富有的个人所持有的大额可转让存单和回购协议。一般说来，M_3包括M_2、回购协议(RPs)、欧洲美元、大额定期存款和机构持有的MMMFs等。

①回购协议(RPs)，指银行向非银行客户借款的交易。

②欧洲美元，是指第二天到期的付息存款，通常由美国银行的海外分行持有，特别是由加勒比地区的分行所持有。

③大额定期存款，指数额大于 10 万美元的生息存款。这一总量不包括由 MMMFs 或 MMDAs 持有的数量，以确保同一资产在货币总量中不会被重复计算。

(4) L 的含义和构成

L 是美联储认为的最宽泛的货币定义，包括一些流动性资产，其本身并非货币，而是货币非常接近的替代品。一般来说，L 除了包括 M_3 以外，还有储蓄债券、银行承兑汇票、商业票据和短期国库券等。

①储蓄债券指美国政府债券，通常卖给小储蓄者。

②银行承兑汇票指银行有义务在特定的时间支付特定数额的汇票，大多数发生在国际贸易中。

③商业票据指公司的短期负债。

④短期国库券指由美国财政部发行的不足 12 个月到期的证券。

2. 金融创新

(1) 金融创新的含义

金融创新就是在金融领域内对各种要素实行新的组合。具体来讲，就是指金融机构和金融管理当局出于对微观和宏观利益的考虑，在金融机构、金融制度、金融业务以及金融市场等方面所进行的创新性变革和开发活动。

金融创新可以分为狭义的金融创新和广义的金融创新。狭义的金融创新指微观金融主体的金融创新。广义的金融创新则不仅包括微观意义上的金融创新，还包括宏观意义上的金融创新；不仅包括近年来的金融创新，还包括金融发展史上曾经发生的所有的金融创新。

金融创新极大地丰富了金融产品、机构和金融制度的内容，是金融业发展演变的主要表现。

(2) 金融创新和货币总量的界定

金融创新通常是规避政府管制的结果，随后引起了货币总量定义的变动。因此，并不存在独一无二地一直构成货币供给的一组特定资产。随着时间的推移，用作交换媒介或支付手段的特定资产将会进一步变化，现有的货币定义也将随之发生变化。

二、货币的职能

货币之所以为社会所接受，在于它所具有的职能。人们需要货币的原因在于货币的职能可以满足人们日常生活的需要。货币具有四种传统的功能，其中交换媒介是第一位的，其他三种功能是价值贮藏、核算单位和延期支付的标准，它们与交换媒介功能的立足点不同。

(1) 交换媒介，即货币作为对商品和劳务交易进行支付的中介。作为交易媒介，货币的出现克服了简单以货易货经济中在时间、空间上“需求的双重巧合”的困难，降低了交易成本，大大促进了交换的发展。

(2) 价值标准或核算单位，即人们利用货币来计价，作为比较价值的工具。货币代表一定的价值单位，用以衡量其他一切商品、劳务、资产、负债的相对价值，减少了交易中需考虑的价格数目，从而减少了经济中的交易成本。一般来讲，货币单位即是核算单位，但是对于高通货膨胀的国家这一说法不成立。

(3) 价值贮藏，指货币作为一种资产能长久地保持其价值，即它是一种超越时间的购买力的贮藏。作为一般购买力的代表，货币便有可能作为一种金融资产，成为贮藏财富的手段，其显著特征是具有高度流动性。一般的货币必须有贮藏价值，但债券、股票和房产等虽有贮藏价值，却并不是货币。

(4)延期支付标准，一切长期性的交易契约均可用货币作为支付单位来结清，从而使信用制度下的借贷关系得以不断发展和完善。但延期支付标准本质上并非一定是货币单位。

三、货币需求：理论

1. 货币需求的含义

货币需求指社会各部门在 既定的收入或财富情况下愿意并且能够持有货币的数量。在现代高度货币化的经济社会里，社会各部门需要持有一定的货币用作媒介交换、支付费用、偿还债务、从事投资或保存价值，因此便产生了货币需求。货币需求通常表现为一国在既定时间上社会各部门所持有的货币量。

(1)货币需求是一个存量的概念而非流量概念。它考察的是在某个时点和空间内，社会各部门在其拥有的全部资产中愿意以货币形式持有的数量或份额。

(2)货币需求量是有条件限制的，是一种能力与愿望的统一。它以收入或财富的存在为前提，在具备获得或持有货币的能力范围之内愿意持有的货币量。

(3)现实中的货币需求不仅包括对现金的需求，而且包括对存款货币的需求。

(4)名义货币需求和实际货币需求存在区别

将货币需求细分为名义货币需求和实际货币需求，是在通货膨胀或物价变动的条件下产生的。

①名义货币需求，即社会各经济部门所持有的货币单位的数量，通常以 M 表示；

②实际货币需求，即名义货币数量在扣除了通货膨胀因素之后的实际货币购买力，等于名义货币需求除以物价水平，即 M/P。

2. 凯恩斯货币需求理论

(1)假设前提

①凯恩斯货币需求理论研究的货币需求是实际货币需求 M/P，即对实际余额的需求，而不是对名义余额的需求 M。

a. 当价格水平上升，而所有实际变量，如利率、实际收入与实际财富都保持不变时，实际货币需求也保持不变，即个人不受货币幻觉的影响。

b. 在实际变量既定的情况下，名义货币需求随价格水平的上升而同比例上升。

②假定人们只在货币、债券两种流动性强的资产形式中进行选择，即债券是货币的唯一替代物。在投机性货币需求的决定中人们选择持有两种资产的最优组合比例，以获得最大的收益和便利。

(2)货币幻觉的含义

货币幻觉指在通货膨胀时期出现的，将货币收入的名义价值当作实际价值的一种错误的行为方式。在通货膨胀发生时，个人无法了解通货膨胀或物价上涨的程度，只能凭借自己接触的本地区的少数商品的价格来判断。这样，个人的物价信息就是不完全的，个人只能将主要注意力放在自己的货币收入上。如果在物价下跌或通货紧缩时期也存在货币幻觉的影响，那么在理论上会造成企业利润的过度减少、消费者支出的过度下降等反应。一般认为，货币幻觉只是在通货膨胀的形成阶段比较严重，一旦通货膨胀普遍化和为大众普遍意识到以后，货币幻觉就会逐渐消失。

(3)货币需求三大动机

凯恩斯对货币需求的研究是从对经济主体需求动机的研究出发的。持有货币的决策，是以货币的流动性和在其他资产有较高收益时持有货币的机会成本之间的取舍替代关系为基础的。凯恩斯认为，人们持有货币是出于交易动机、预防性动机和投机性动机。

①交易动机

交易动机指由于收入和支出有时滞，所以人们需要保留一部分货币在手中，以应对日常交易的需要。基于交易性动机而产生的货币需求就称之为货币的交易需求，即使用货币进行日常支付所引起的货币需求。

货币的交易需求产生于收支之间缺乏同步性。

a. 从个人的角度看，以交易动机持有货币的目的在于度过从支出费用到取得收入这一段时间间隔。交易动机的强度主要取决于收入的多少和收入间隔时间的长短。

b. 从企业的角度看，以交易动机持有货币是为了在业务上度过从支出成本到获得销售收入这样一段时间间隔。这种需求的强度主要取决于本期收入数额和本期产品到达消费者手中所需时间的长短。

一般来说，满足交易动机的货币需求数量取决于收入水平，并与收入多少成正比，所以可将交易性货币需求看作是收入的增函数。

②预防性动机

预防性动机也称谨慎动机，指由于未来收入和支出具有不确定性，所以人们需要保留一部分货币在手中，以应付无法预见到的收入延期和支出增加。基于预防性动机而产生的货币需求就称之为货币的预防性需求。由于预防性动机而持有货币，对于个人是应付失业、患病等意料不到的需要；对于企业来说，其目的在于预防不时之需，或者准备用于事前没有料到的进货机会。

货币的预防性需求产生于个人今后收入与支出的不确定性，其量的多少尽管取决于个人的预期与判断，但从全社会来看，出于预防性动机的货币需求仍然取决于收入，其量的多少与收入成正比。另外，金融体系的技术和结构也是预防性需求的重要的决定因素。

如图 15－1 所示，在货币需求的三种动机中，由交易性动机和预防性动机而产生的货币需求均与商品和劳务交易有关，故而称为交易性货币需求，以 L_t 表示。交易性货币需求与收入同方向变动，与利率无明显关系。

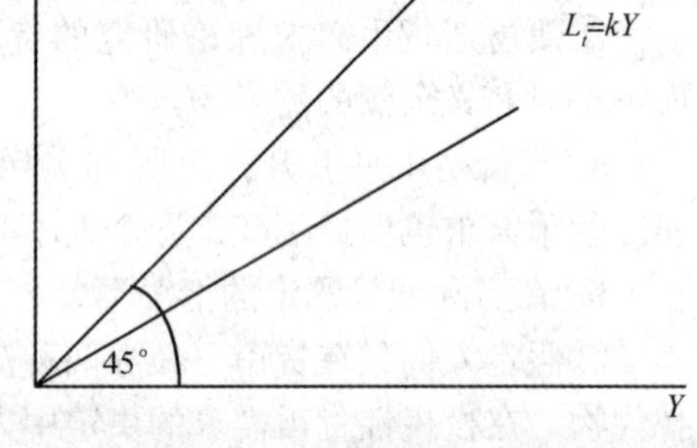

图 15－1　交易性货币需求曲线

③投机性动机

投机性动机指由于未来利息率的不确定，人们为避免资本损失或增加资本收益，及时调整资产结构而持有货币的动机。基于投机性动机而产生的货币需求称为货币的投机性需求，即由于个人可能持有的其他资产的货币价值的不确定性而引起的货币需求。

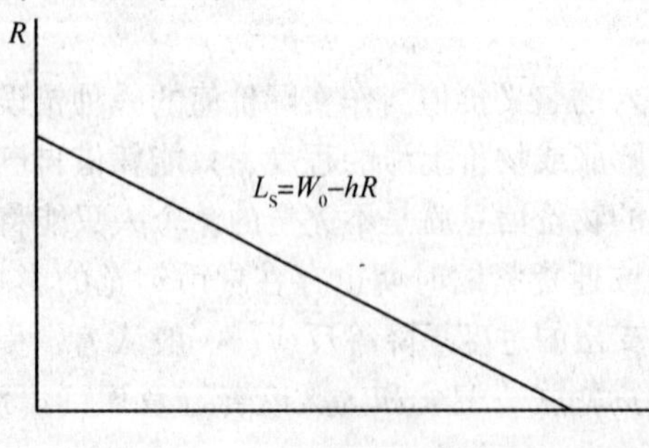

图 15－2　投机性货币需求曲线

货币的投机性需求涉及人们的资产组合，人们选择债券和货币的最优组合比例以获取最大的收益和便利。投机性货币需求 L_S 与市场利

率 R 反方向变动，如图 15－2 所示。

a. 若利率过低，债券价格过高，投资者预期利率会上升，将增加对货币的需求，以待利率变化时进行投机。

b. 若利率过高，债券价格过低，投资者预期利率会下降，将增加对债券的购买而减少货币持有量，以待利率变化时卖出债券以获得资本利得。

3. 鲍莫尔—托宾的货币需求的平方根定律

平方根定律是由美国经济学家鲍莫尔、托宾提出的关于货币需求与利率关系的理论。通过运用存货理论深入分析由交易性动机产生的货币需求同利率的关系，该理论认为交易性货币需求不仅是收入水平的递增函数，而且还是利率的递减函数。该理论认为交易性货币需求并不是与总收入成正比，持有货币的余额应有一个最适度的规模，这个最适度的规模与总交易量或总收入的平方根成正比。最适度的现金余额交易量和手续费的变化关系如以下公式所示：

$$\frac{M}{P}=\sqrt{\frac{tc\times Y}{2i}}$$

其中，tc 为每次提取存款的费用，i 为市场利率，Y 为收入。

四、关于货币需求理论的经验证据

1. 货币需求的调整滞后

(1)货币需求的调整滞后于收入与利率的变动

当收入水平或利率变化时，起初货币需求只发生一个很小的变化。然后，随着时间的推移，货币需求的变化加强了，逐渐增加到更充分的长期变化。

(2)货币需求调整滞后的原因

①调整货币的持有量需要付出成本和代价

调整成本包括找出新的管理货币的最佳方式的费用，以及在需要时设立新型账户的费用。

②货币持有者的预期化调整要慢一些

在预期方面，如果人们相信利率的变动是暂时的，他们就不愿对其货币持有量进行重大调整。当随着时间的推移，人们越来越清楚这种变化显然不是暂时性的时候，他们才愿意进行较大的调整。

2. 货币需求的四个基本特性

(1)实际货币余额需求与利率成反向变动，利率上升使货币需求减少。

(2)货币需求随实际收入水平的增加而增加。

(3)货币需求对利率和收入变动的短期反应，与长期反应相比，是相当小的。长期弹性大约比短期弹性大 3 倍多。

(4)名义货币余额需求同价格水平成比例地变动。不存在货币幻觉，换言之，货币需求是对实际货币余额的需求。

五、货币的收入流通速度

1. 货币的收入流通速度含义

货币的收入流通速度又称作货币流通速度，指每年内货币存量在融通该年收入流量时被转手的次数。它等于名义 GDP 与名义货币存量的比率或者等同于实际收入与实际货币余额之比，如以下公式所示：

$$V \equiv \frac{P \times Y}{M} = \frac{Y}{M/P}$$

动态地考察，一定时期的货币总需求就是货币的总流量，而货币总流量是货币平均存量与速度的乘积。在用来交易的商品与劳务总量不变的情况下，货币流通速度的加快会减少现实的货币需求量。反之，货币流通速度的减慢则必然增加现实的货币需求量。因此，货币流通速度与货币总需求呈反方向变动关系。

$$\left.\begin{array}{l}\text{实际余额需求 } M/P = L(i,\ Y) \\ V \equiv \dfrac{P \times Y}{M} = \dfrac{Y}{M/P}\end{array}\right\} \Rightarrow v = Y/L(i,\ Y) \Big\} \Rightarrow V = 1/L(i)$$

假设货币需求与收入成比例，则货币需求 $L(i,\ Y) = Y \times L(i)$。

根据货币流通速度公式 $V = 1/L(i)$ 可知，流通速度是概括利率对货币需求影响的一条捷径，流通速度随市场利率变化而一同涨落，高流通速度意味着低货币需求。

2. 货币数量论

(1)数量方程

数量方程指货币数量论中表示货币供给与货币流通速度的乘积等于名义支出的恒等式，即 $M \times V = P \times Y$，其中 P 为价格，Y 为实际产出，故 PY 为名义总收入，M 货币数量，V 为货币流通速度。

数量方程将价格水平和产出水平与货币存量联系起来。当货币流通速度 V 与产出水平 Y 两者固定不变时，则价格水平和货币存量按比例变化，此时这一数量方程就成为古典的货币数量理论。

(2)货币数量论

货币数量论是关于名义总收入只决定于货币数量变动的一种历史悠久的货币理论，其基本思想是：货币的价值(即货币的购买力)和物价水平都由货币数量决定。货币的价值与货币数量成反方向变动，物价水平与货币数量同方向变动。货币数量越多，货币的价值越低，而物价水平越高；反之，货币数量越少，货币的价值越高，而物价水平越低。

货币数量论以费雪交易方程式为依据，是价格水平与货币存量成比例变化的命题，即：

$$\text{费雪交易方程 } MV = PY$$

假定流通速度不发生很大变化，即 V 是常量，则货币供应量的变化就会转化为名义 GDP(即 $P \times Y$)的成比例变化，货币数量的变化就会转化为物价总水平 P 的变动，因此可见，古典货币数量理论就是一种通货膨胀的理论。

15.2 课后习题详解

一、概念题

1. 货币(Money)

答：货币指从商品中分离出来的，固定地充当交易中支付手段或交换媒介的商品。过去，贝壳、可可或金币在不同的地方都充当过货币。在美国，由通货和支票存款所构成的 M_1 与支付手段的定义最为接近。货币之所以为社会所接受，在于它所具有的职能。人们需要货币的原因在于货币的职能可以满足人们日常生活的需要。一般认为货币有四个职能：

(1)交换媒介，即货币作为对商品和劳务交易进行支付的中介。作为交易媒介，货币的出现克服了简单以货易货经济在时间、空间上"需求的双重巧合"的困难，降低了交易成本，大大促进了交易。

(2)价值标准或核算单位，即人们利用货币来计值，作为比较价值的工具。货币代表一定的价值单位，用以衡量其他一切商品、劳务、资产、负债的相对价值，减少了交易中需考虑的价格数目，从而减少了经济中的交易成本。一般来讲，货币单位即是核算单位，但是在高通货膨胀的国家，这一说法不成立。

(3)价值贮藏，即它是一种超越时间的购买力的贮藏。作为一般购买力的代表，货币便有可能作为一种金融资产，成为财富贮藏的手段，其显著特征是具有高度流动性。一般情况下，货币必须有贮藏价值，但是有贮藏价值的不一定是货币。

(4)延期支付标准，一切长期性的交易契约均可用货币作为支付单位来结清，从而使信用制度下的借贷关系得以不断发展和完善。

2. M_1

答：M_1是狭义的货币供应量，指那些能够直接、立即并且无限制地进行支付的要求权。这些要求权具有流动性。如果一种资产能够立即、方便而又低廉地用于支付，它就是流动性的。M_1最符合货币作为支付手段的传统定义。一般来说，M_1包括通货、活期存款、旅行支票和其他支票存款等。

其中，通货由流通中的硬币和纸币构成。活期存款指商业银行的无息支票账户，不包括其他银行、政府和外国政府的存款。旅行支票指只能由非银行机构(如美国运通公司)发行的那些支票，银行发行的旅行支票包括在活期存款中。其他支票存款指具有各种法律安排和各种市场名称的生息支票账户。

3. M_2

答：M_2是广义的货币供应量，指M_1加上企业、机关、团体、部队、学校等单位在银行的定期存款和城乡居民个人在银行的各项储蓄存款以及证券客户保证金。M_2与M_1的差额，即单位的定期存款和个人的储蓄存款之和，通常称作准货币。一般来说，M_2包括M_1、货币市场共同基金(MMMF)股份、货币市场存款账户(MMDAs)、储蓄存款和小额定期存款。

其中，货币市场共同基金(MMMF)股份指投资于短期资产的共同基金中的生息支票存款。某些MMMF股份由机构持有，它们不包括在M_2中，但包括在M_3中。货币市场存款账户(MMDAs)指由银行经营的MMMFs，优点是它们具有最高可达10万美元的保险。它们在1982年来推出，让银行同MMMFs进行竞争。储蓄存款指银行和其他储蓄机构中的存款，它不能由支票进行转让，通常记录在储户持有的单独存折上。小额定期存款指生息存款，并有特定的到期日，在到期日前提取必须支付罚金，其中“小额”指小于10万美元。

4. 流动性(资产)[liquid(assets)]

答：流动性指把资产转换为现金，从而可以立即、直接、无限制地进行支付的速度和难易程度。它体现了资产的变现能力，由于在所有资产中，货币或者说现金的流动性是最强的，因此流动性(资产)常用来指人们为应付日常开支、意外支出和进行投机活动所愿意持有的现金。

引发流动性的动机有三个，即交易动机、预防动机和投机动机。流动性强弱程度，取决于持有货币所得的效用和放弃持有所得的收益的比较。流动性规律使人们必须得到利息才肯放弃持有货币，因而利率总是维持在较高的水平，这会妨碍投资的增加。所以，资产组合中只需保持一定比例的易变现资产，如现金、银行存款和短期有价证券等，以应付流动性不足的风险。

5. 交换媒介(medium of exchange)

答: 交换媒介又称“交易媒介”、“交易手段”，指在商品流通中充当交换媒介的工具。货币作为交换手段，把物物直接交换分割成买和卖两个环节，降低了物物直接交换的交易成本，极大地提高了交换的效率。货币的这种职能被称为“流通手段”，是货币最重要的职能，即货币用来充当商品和服务交易活动中的媒介，用于支付。货币克服了以货易货贸易中在时空上需要严格的“需求双重巧合”这一条件的限制，降低了交易成本，大大促进了交换的发展。

6. 价值贮藏(store of value)

答: 价值贮藏指一种资产能长久地保持其价值。这样，持有贮藏价值的个人就能够在将来的某个时候使用这笔资产进行购买。如果一种资产没有贮藏价值，它将不能用作交换媒介。价值储藏是货币的职能之一，货币充当一种在时间变动过程中能够保持其价值的资产的职能，即货币是一种超越时间的购买力的贮藏。作为一般的购买力的代表，货币有可能作为一种金融资产，成为贮藏财富的手段，其显著特征是具有高度流动性。

实物货币和信用货币发挥价值贮藏职能有不同的特点。信用货币可以提高储蓄的效率，相对于其他财富具有流动性高、成本低等无法比拟的优点。在信用货币条件下，贮藏手段要正常发挥，购买力的稳定是前提。

7. 核算单位(unit of accounting)

答: 核算单位指报价和簿记的单位。比如，价格由美元和美分来表示，美元和美分就是衡量货币量的单位。通常，货币单位也是核算单位，但这并不是绝对的。在许多高通货膨胀国家，即使本地货币仍然是交换的媒介，但美元却成为了核算单位。

8. 延期支付的标准(standard of deferred payment)

答: 延期支付的标准指在诸如贷款等的长期交易中，货币单位所充当的一种支付标准。货币单位被用于诸如贷款等长期交易中。5 年或 10 年后必须偿还的数量由美元和美分明确表示。美元和美分充当着延期支付的标准。延期支付的标准本质上并非一定是货币单位。如指数化贷款，最终的支付可能随价格变化，而非固定。

在商品交易的信用形式中，货币充当延期支付的标准，发挥支付手段职能。延期支付职能的重要特点是以信用关系为基础。由于货币发挥支付手段职能，会形成债权债务关系，一方面对现实经济有促进作用，可以克服现金交易对商品生产和流通的限制；另一方面又可能导致到期不能支付而形成的债务链断裂的问题。

9. 实际余额(real balance)

答: 实际余额指货币存量的实际值，即名义货币余额与物价水平之比(M/P)。货币需求是对实际货币余额的需求，实际货币余额衡量的是货币的实际购买力。实际货币余额(M/P)是家庭财富的一部分，随着物价水平 P 的下降，实际货币余额(M/P)增加，消费者会感到富有，并更多地进行支出(消费)。这被称作是“实际货币余额效应”。

10. 货币幻觉(money illusion)

答: 货币幻觉指在通货膨胀时期出现的，将货币收入的名义价值当作实际价值的一种误解及其由此导致的相关的错误行为方式。在通货膨胀发生时，个人无法了解通货膨胀或物价上涨的程度，只能凭借自己接触的本地区少数商品的价格来判断。这样，个人的物价信息就是不完全的，个人只能将主要注意力放在自己的货币收入上。例如，作为工作者的个人，在与企业进行单个的或集体的工资谈判时，就可能将企业允诺的名义工资上升幅度当作实际工资的上升。而实际上，实际工资可能并没有上升，甚至还有所下降。这样，企业就通过货币幻觉获得了额外利润。再如，作为消费者的个人在名义收入上升时，可能误以为是实际收入上升，于是就扩大消费支出，由此带动总需求的过度增加和加剧通货膨胀。又如，作为投资者的个人，如果只看到通货膨胀时期的利率上升而没有意识到实际利率其实未变，就会减少自己的投资。当然，投资者在通货膨胀时期可能更多地受到乐观情绪风潮的影响，所以在一定时期内会增加而不是减少投资。反之，如果在物价下跌或通货紧缩时期也存在货币幻觉的影响，那么在理论上应当会造成企业利润的过度减少、消费者支出的过度下降等反应。

一般认为，货币幻觉只是在通货膨胀的形成阶段比较严重，一旦通货膨胀普遍化和为大众普遍意识到以后，货币幻觉就会逐渐消失。

11. 交易性动机（trade motive）

答：交易性动机又称交易性需求，指使用由于进行日常支付所引起的货币需求。从个人的角度看，在这方面持有货币的目的在于度过从支出费用到取得收入这一段时间间隔。交易动机的强度主要取决于收入的多少和收入间隔时间的长短。从一家企业着眼，持有货币是为了在业务上度过从支出成本到获得销售收入这样一段时间间隔。这种需求的强度主要取决于本期收入数额和本期产品到达消费者手中所需时间的长短。不管是企业还是商人，他们持有货币都是为了应付在收支时差中的业务开支需要。这种支出是有规律的，大致确定的。

一般来说，满足交易动机的货币需求数量取决于收入水平，并与收入多少成正比，所以可将交易性货币需求看作是收入的增函数。

12. 预防性动机（precautionary motive）

答：预防性动机也称谨慎动机，指为了应付无法预见到的意外事故而产生的货币需求。由于预防性动机而持有货币，对于个人而言，是应付失业、患病等意料不到的因素影响的需要；对于企业来说，其目的在于预防不时之需，或者准备用于事前没有料到的进货机会。这种支出都是突发的、不确定的。

交易性动机下的货币需求主要用于即时支出，预防性动机下的货币需求则用于以后的支出。货币的预防性需求产生于个人今后收入与支出的不确定性，其量的多少尽管取决于个人的预期与判断，但是，从全社会来看，出于预防性动机的货币需求仍然取决于收入，其量的多少与收入成正比。

13. 投机性动机（speculative motive）

答：投机性动机指由个人可能持有的其他资产的货币价值的不确定性而引起的货币需求，也就是指人们根据自己对利率变化的预期，为避免资产损失或增加资产收益而产生的货币需求。例如，若利率过低，债券价格过高，投资者预期利率会上升，将增加对货币的需求，以待利率变化时进行投机。若利率过高，债券价格过低，投资者预期利率会下降，将增加对债券的购买而减少货币持有量，以待利率变化时卖出债券以获得资本利得。

新剑桥学派认为投机性动机是由于商业流通和金融流通而引起的货币需求。因为商业流通量是由货币收入的支出所决定，由实现了的收益所构成的。而进入金融流通的货币虽然是独立于收入的，但金融流通主要同资本市场有关，在资本市场和货币市场之间经常存在着剩余货币的转移，这种转移将影响各个市场的价格，而市场价格的变动则会引起人们调整手中持有的货币量。这种调整的本身就是为了获得更大的收益，也是一种投机行为。引起这种投机行为有三个具体的动机：预防和投机动机、还款和资本金融化动机以及通货膨胀下的再投资动机。预防和投机动机需求是指在手中保留一部分超过交易需求的货币，以备不时之需，等待更好的获利机会。还款和资本金融化动机是为了在需要的时候能筹集到必要的资金，并按规定的条件偿还债务、支付利息等，以建立良好的信誉。通货膨胀下的再投资动机是物价上升货币贬值的结果。为了弥补物价上升、币值下降造成的缺口，必须追加货币持有量以待机行事。

14. 机会成本(opportunity cost)

答: 机会成本指选择生产要素的某种用途，而必须放弃的其他用途所带来的最大收益。这一概念是以资源的稀缺性为前提提出的。一个社会在任何一个时期内，它的资源的供给量总是固定的，或者说总是一个有限的量，而决不可能同时生产它所需要的一切东西。因此，社会生产某种产品的真正成本就是它不能生产另一些产品的代价。所以，机会成本的含义是：任何生产资源或生产要素一般都有多种不同的使用途径或机会，也就是说可以用于多种产品的生产。但是当一定量的某种资源用于生产甲种产品时，就不能同时用于生产乙种产品。因此生产甲种产品的真正成本就是不生产乙种产品的代价，或者是等于该种资源投放于生产乙种产品上可能获得的最大报酬。一种资源决定用于生产甲种产品，就牺牲了生产其他产品的机会。从事生产甲种产品的收入，是由不从事或放弃其他产品生产的机会而产生的。

机会成本可以用实物量表示，也可以用价值量表示。但机会成本不是一般会计人员传统的成本概念，而是从经济学角度分析资源利用的更为广泛的概念。机会成本说明，要把有限的(稀缺的)资源用于最有利的地方，或者说在使用某种资源时应该是各种用途中最优的或者至少是同样有利的。英国经济学家罗宾逊曾经给经济学下定义为："研究稀缺资源在各种可供选择的使用中间进行分配的科学"。在西方，机会成本不仅用于分析生产经营活动，而且还被广泛用于分析消费和政府开支等活动的得失。

15. 古典数量论(classical quantity theory)

答: 古典数量论指古典经济学提出的价格水平与货币存量成比例变化的理论。货币的收入流通速度指每年内货币存量在融通该年收入流量时被转手的次数。它等于名义 GDP 与名义货币存量的比率。收入流通速度被定义为：

$$V \equiv \frac{P \times Y}{M} = \frac{Y}{M/P}$$

即名义收入与名义货币存量之比，或者等同于实际收入与实际余额之比。将上式变形可以得到货币数量论的数学表达式：

$$M(\text{货币数量}) \times V(\text{货币的流通速度}) = P(\text{价格}) \times Y(\text{实际收入})$$

上式就是著名的数量方程，它将价格水平和产出水平与货币存量联系起来。当货币流通速度 V 与产出水平 Y 两者固定不变时，这一数量方程就成为古典的货币数量理论。如果 Y 和 V 都是固定不变的，则价格水平和货币存量按比例变化。因此，古典货币数量理论就成了一种通货膨胀的理论。

16. 资产组合(portfolio)

答: 资产组合指个人或机构投资者所持有的各种资产的总称，通常包括各种类型的债券、股票及存款单等。资产组合理论的核心是如何减少投资风险，其理论的中心思想可以用一句话来概括："不要把所有的鸡蛋放在同一个篮子里。"

资产可以以不同形式存在，例如实物资产(机器、设备、房屋、土地、汽车等)，也可是金融资产(现金、存款、股票、债券等)。不同的资产在流动性、收益性、安全性等方面是有差异的。托宾认为，人们会根据收益和风险的选择来安排其资产组合。货币在不存在通胀的情况下是最安全的资产，且流动性最好，但没有利息收入，收益性较差；若购买股票、债券等有价证券会有收益，因为这时可以得到利息、股息、红利及证券价格上涨带来的资产升值，但同时又要承担亏损的风险。现实中的普遍规律是，收益越大的资产，风险也就越大，因此必须考虑资产选择的安全性。总的来讲，人们首先要考虑资产的收益性和安全性，当收益相同时，人们则选择流动性较好的资产。因此，当利率上升时，为得到更多的利息收入，人们会减少手中持有的货币，而当人们认为投资债券、股票的预期收益较高时，就会增加对股票、债券的购买，减少货币的持有。当人们将收入一部分购买股票，一部分存入银行，一部分购买债券，一部分用于汽车首付时，实际上就是在进行资产组合，这样组合的目的就是为了能尽量降低风险、获取最大收益。

17. 风险资产(risky asset)

答：风险资产指未来收益能力具有不确定性的资产，比如股息、债券利息等等。风险资产的未来收益是不确定的，否则，所有的投资者都会追求那些收益最高的资产，而放弃那些收益最低的资产。于是，在供求均衡的条件下，所有资产的收益将趋于一致。这显然是不符合现实的。可见，供求规律无法适用于不确定性条件下的定价分析。

在不确定性的经济环境下，必须引入预期效用函数。并假定投资者都是风险厌恶型的，只能在风险和收益之间取得某种平衡。由于不同的风险资产具有不同的预期收益和风险，在预期效用的作用下，所有的风险资产将被组合成一个价格和风险之间的反比关系。风险越高，收益越高，相对价格就越低；风险越低，收益越低，相对价格就越高。于是，风险资产特有的风险属性成为其价格决定的唯一影响因素。

由于风险被界定为一种资产与其他资产之间的相互关系，也就是说，某一种风险资产的定价不可能不依赖于其他所有资产的价格。因此，风险资产的定价不能仅仅局限于局部均衡，而必须在一开始就进入一般均衡领域。任何资产的价格都严格依赖于它与其他资产之间的相互关系。

18. 利率弹性(interest elasticity)

答：利率弹性在本章指货币需求的利率弹性，即利率增加1%所引起的实际货币余额需求变动的百分比，利率弹性表明了货币需求对利率变化的敏感程度。货币主义者认为，货币需求是比较缺乏弹性的，同样是灵活偏好曲线水平上移，利率会有较大幅度的上升，财政政策由于挤出效应的存在而效果不明显。凯恩斯主义者认为货币需求是较有弹性的，总需求扩张后，对货币的交易需求也增加了，货币的灵活偏好曲线会上升，结果利率的上升幅度不大，所以财政政策效果明显。

19. 收入弹性(income elasticity)

答：收入弹性在本章特指货币需求的收入弹性，即收入增加1%所引起的实际货币余额需求变动的百分比，收入弹性表明了货币需求对收入变化的敏感程度。货币需求的收入弹性越小，既定的实际货币供给量变动所引起的总需求的变动就大，从而总需求曲线的斜率就越小。相反，货币需求的收入弹性越大，既定的实际货币供给量变动所引起的总需求的变动就小，从而总需求曲线的斜率就越大。

20. 货币外逃(flight out of money)

答：货币外逃，又称资本外逃，指为了避免因不利的经济、政治或军事等形势所带来的损失而发生的货币从一国向另一国的大规模转移，反映了在高通货膨胀时期人们有持有商品而不是资产的倾向。例如在20世纪30年代后期，战争的威胁使欧洲人将数十亿美金的私人资金转移到了瑞士、美国和其他可能保持中立并且维持政治和经济稳定的国家。资本外逃说到底都是为了规避经济风险，但其具体原因是各不相同的：逃避税收和严格的外汇管制；本币定值过高，有趋软的危机；国内存在通货膨胀等等。资本外逃会使本来恶化的形势雪上加霜，在国际资金流通中造成很大的骚乱，使资本外逃的国家出现巨额国际收支逆差，而这又引起了大规模的货币投机浪潮，致使政府不得不实行货币管制，以阻止资本外流。

现阶段，资本外逃主要发生在存在资本管制的国家，特别是拉美国家，这与这些国家的宏观经济不稳定和经济政策不当是有很大关联的。国际货币基金组织向那些国际收支暂时出现逆差的国家发放短期贷款，其目的就在于抑制货币投机并减轻由不稳定的政治经济形势引起的资本外逃所带来的恶劣影响。

21. 货币流通速度(velocity of money)

答：(1)货币流通速度指同一单位的货币在一定时期内流通的次数。它是决定商品流通过程中所需要货币量的重要因素之一，能在一定程度上弥补流通中货币数量的不足。但在确定货币流通速度时，应该是处于流通中不断运动的货币，不包括暂时停止或长期沉淀的部分。因此，现实中，无法确定有多少货币正处于流通过程中，有多少停滞不动。所以，对货币流通速度的测定，主要根据不同层次货币与相应商品的流通，确定各层次货币的流通速度，如以商品零售额与现金余额的比值，测定这时期现金的流通速度；以国民生产总值与M_1或M_2的比值，测定M_1或M_2的流通速度。但无论得出的比值如何，与严格意义上的货币流通速度都会有所差异。

(2)在本章，货币流通速度特指货币的收入流通速度，即每年内货币存量在融通该年收入流量时被转手的次数。它等于名义 GDP 与名义货币存量的比率。如某国在 2009 年，GDP 大约为 92000 亿美元，M_2货币存量平均为 45250 亿美元，所以，M_2的流通速度大约是 $92000 \div 45250 \approx 2$。$M_2$货币余额平均每 1 美元融通 2 美元的最终商品与服务的支出，或者说，公众对每 1 美元收入持有的M_2平均为 50 美分。收入流通速度被定义为：

$$V = \frac{P \times Y}{M} = \frac{Y}{M/P}$$

即名义收入与名义货币存量之比，或者等同于实际收入与实际余额之比。

22. 货币数量论(quantity theory of money)

答：货币数量论是关于名义总收入只决定于货币数量变动的理论，是一种历史悠久的货币理论。货币数量论以费雪交易方程式为依据，即$MV = PY$(其中P为价格，Y为实际产出，故PY为名义总收入，M货币数量，V为货币流通速度)。这种理论最早由 16 世纪法国经济学家波丹提出，现在继承这一传统的是美国经济学家弗里德曼的现代货币数量论。这一理论的基本思想是：货币的价值(即货币的购买力)和物价水平都由货币数量决定。货币的价值与货币数量成反比例变动，物价水平与货币数量同方向变动。这就是说货币数量越多，货币的价值越低，而物价水平越高；反之，货币数量越少，货币的价值越高，而物价水平越低。

23. 数量方程(quantity equation)

答：数量方程指货币数量论中表示货币供给与货币流通速度的乘积等于名义支出的恒等式，即$MV = PY$。它将价格水平和产出水平与货币存量联系起来。当货币的收入流通速度V与产出水平Y两者固定不变时，这一数量方程就成为古典的货币数量理论。如果Y和V都是固定不变的，则价格水平和货币存量按比例变化。因此，古典货币数量理论就是一种通货膨胀的理论。

二、简答题

1. 什么是货币？为什么人人都需要它？

What is money, and why does anyone want it?

答：(1)货币的含义

货币指从商品中分离出来的，固定地充当交易中支付手段或交换媒介的商品。过去，贝壳、可可或金币在不同的地方都充当过货币。关于货币的定义是不存在争议的，但是，关于货币的构成则存在极大的争议。现代经济是货币信用经济，现实中多种信用工具都在某种程度上充当了“货币”的角色。经济学界关于货币构成的定义有两种方法：

一是先验法，从货币概念内涵着眼，以货币所具有的职能为基础。理论上认为货币的主要职能是交换媒介或支付手段的人主张狭义的货币定义，以 M_1 表示狭义货币定义：

$$M_1 = \text{银行体系外通货} + \text{银行体系内活期存款}$$

而理论上认为货币的主要职能是价值贮藏职能的人则主张广义货币定义，以 M_2 表示：

$$M_2 = M_1 + \text{商业银行储蓄存款} + \text{商业银行定期存款}$$

此外还有更加广义的货币定义，如 M_3、M_4 等。

二是实证法，由于货币定义在理论上长期无法形成共识，许多人主张从实际政策用途或实验方法角度来对货币加以认识。著名经济学家凯恩斯就提出根据不同的政策用途拟定不同货币定义，并为大多数金融当局所接受，各国实践上均从本国货币政策出发同时定义多种货币。该派学者另一典型的观点是货币定义应以严格的经济计量学的方法测定，弗里德曼为其代表人物之一。

总之，货币构成的定义在理论上目前尚无定论，但是 M_1 作为基本货币定义已为绝大多数学者所认可。

(2)人人都需要货币的原因

货币之所以为社会所接受，在于它所具有的职能。人们需要货币的原因在于货币的职能可以满足人们日常生活的需要。一般认为货币有四个职能：

①交换媒介(medium of exchange)，即货币作为商品和劳务交易的支付中介。作为交易媒介，货币的出现克服了简单以货易货经济中在时空上“需求的双重巧合”的困难，降低了交易成本，大大促进了交换的发展。

②价值标准(standard of value)或核算单位(unit of account)，即人们利用货币来计价，作为比较价值的工具。货币代表一定的价值单位，用以衡量其他一切商品、劳务、资产、负债的相对价值，减少了交易中需考虑的价格数目，从而降低了经济中的交易成本。一般来讲，货币单位即是核算单位，但是在高通货膨胀的国家，这一说法不成立。

③价值贮藏(store of value)，即它是一种超越时间的购买力的贮藏。作为一般购买力的代表，货币便有可能作为一种金融资产，成为财富贮藏的手段，其显著特征是具有高度流动性。一般情况下，货币必须有贮藏价值，但是有贮藏价值的不一定是货币。

④延期支付标准(standard of deferred payment)，一切长期性的交易契约均可用货币作为支付单位来结清，从而使信用制度下的借贷关系得以不断发展和完善。

货币在经济生活中的这四种重要的职能都是现代经济生活所必不可少的。货币是交易中被普遍接受的任何物品，是一般等价物，所以在经济生活中，人人都需要货币，否则交易将不能进行，经济将无法运转。人们愿意持有货币是因为它简化了他们现在或将来的交易。因为货币的名义价值是确定的，所以它是一种非常安全并且流动性强的资产，除非发生恶性通货膨胀。

2. 在什么程度上有可能设计一个没有货币的社会？问题会是什么？至少能废除通货吗？怎么废除？（为了免得所有这些事看起来过于不着边际，你应该了解有些人正开始讨论这个世纪的一种“无现金经济”。）

To what extent would it be possible to design a society in which there was no money? What would the problems be? Could currency at least be eliminated? How? (Lest all this seem too unworldly, you should know that some people are beginning to talk of a “cashless economy” in this century.)

答：(1)在原始的以货易货的经济中，社会是没有货币的，但是这并不意味着不存在一些具有货币职能的一般等价物。因此在原始社会中，货币只是在一定程度上被掩盖，但其职能仍然存在。作为货币替代物的一个极好的例子就是美国雪茄香烟，它于 1922 ~ 1923 年在德国的高通货膨胀时期以及二战后的俘虏营中被用作交换的中介。

在现代社会中，电子银行交易系统在很大程度上代替了货币，出现了无纸化社会。但是，这只是说明传统的货币定义失效了，并不能说明货币不存在了。

(2)在一定程度上不存在货币的最大问题是交易的无效率。因为供给方所提供的商品和劳务并不一定总能找到合适的需求方，他们刚好既需要供给方提供的商品和劳务，同时又愿意以同等价值的其他货物与供给方进行交易。从而，迟早会有类似货币形式的一些物品被发明出来为交易提供方便。

在电子转账系统发达的现代社会，虽然货币在很大程度上消失了，但是随之而来的问题是为使货币消失而需要在转账系统上进行的巨额投资。同时，一些小额交易也很难通过电子交易系统进行。

(3)在电子交易系统发达的社会中可以废止通货，人们可以通过一张信用卡或者借记卡来进行交易。但是这并不意味着货币会消失，而只是说明传统的货币定义需要更新。

(4)信用卡或者借记卡可以作为传统的纸质货币的替代物，当全社会都开始使用电子货币来替代纸币时，通货便消失了。

3. 你认为信用卡的信用限额应当计入货币存量中吗？为什么？或为什么不呢？

Do you think credit card credit limits should be counted in the money stock? Why or why not?

答：信用卡的信用限额不应当计入货币存量中，原因如下：

(1)通常，人们很自然地就认为应当将信用卡的信用限额计入货币存量中，因为人们用信用卡代替现金作为一种支付手段。但是如果将信用卡的信用限额计入货币存量中则会产生一些不易解决的问题，因此最好还是不要计入。

(2)现实生活中会有各种意外事情发生，为了达到预防的目的，人们会把未使用过的或者说信用额度的剩余部分作为预防。如果意外发生，消费了信用额度，显然应计入货币存量；但是，如果意外没有发生，信用额度就没有被使用，那么就不应计入货币存量。因此，如果将信用卡的信用限额计入货币存量中，将很难区分信用额度将来是否会被使用。因此，不将信用卡的信用限额计入货币存量中可能会更好。

补充：第 6 版中此题还有一问：MMDAs 应该是 M_1 的一部分吗？

答：MMDAs 指货币市场存款账户，是由银行经营的货币市场共同基金股份(MMMF)，其优点是具有最高可达 10 万美元的保险。它们在 1982 年推出让银行同 MMMF 竞争。

虽然货币市场存款账户(MMDAs)限制了每月可写支票的次数，它们确实提供了一种非常低廉且方便的即时支付方法。这样人们很容易认为它应该是 M_1 的一部分。不过，法律对这样的账户有着严格的限制，这使得它有别于一般的支票账户。因此，MMDAs 应该是 M_2 账户的一部分。

4. 请讨论一个人决定带多少旅行支票去度假时所需要考虑的各种因素。

Discuss the various factors that go into an individual's decision regarding how many traveler's checks to take on a vacation.

答： 在决定带多少旅行支票去度假时，必须考虑三个因素：获得这些支票的成本、携带现金被偷的概率、个人支票和信用卡不能使用的概率。决策者应以自身的利益最大化为目标，在上述三个因素之间进行权衡：

(1)如果获得旅行支票的成本比较低，现金被偷的概率比较高，那么携带旅行支票的数额可能就比较大。

(2)持有现金或旅行支票包含了一个机会成本，因为现金或旅行支票不能获得利息。因此，如果度假的地方接受信用卡，度假者可能把信用卡作为一种主要的支付方式，因为它们在使用之前是可以获得利息的。

(3)个人支票和信用卡不能使用的情况。在国外银行员工可能罢工或偏远地区没有 ATM 机的情况下，使用旅行支票便成为必然的选择。

注意：在国外旅行者实际上主要依赖于 ATM 卡获得现金。这不仅允许他们少带现金或旅行支票，而且也消除了兑换通货的费用。一些 ATM 卡也可以作为借记卡并用于购买商品或服务。

5. 解释持有货币的机会成本这一概念。

Explain the concept of the opportunity cost of holding money.

答： 持有货币的机会成本指人们因持有货币而不得不放弃的，持有其他资产所能取得的最大收益。可以从以下几个方面来理解这一概念。

(1)机会成本衡量的是将一项资源运用于某一方面而放弃的运用于其他方面所能获得的利润或收入。一个人如果持有货币就放弃了将这笔资金投资于债券所能获得的收益(或者其它不以货币来定义的利息收益资产)。

(2)每个家庭在一定时期所拥有的财富数量总是有限的。人们必须决定他所拥有的那笔财富的形式。他们也许想以拥有一定数量货币的形式来拥有这笔财富，但如果以货币形式拥有财富的比例越大，则以其他形式(如证券、实物资产等)拥有财富的比例就越小。以其他形式拥有财富会给他带来收益，例如，以房地产形式拥有财富会带来租金，以债券形式拥有财富会带来利息，而以货币形式拥有财富则会丧失这种收益。这就是持有货币的机会成本。若某人有价值 1 万元的财富，如购买债券或股票，则可得到利息或股息收入或红利收入。为方便起见，假定把所有非货币资产统称为债券，则债券年利率为 10% 时，手持 10000 元货币一年的损失或者说机会成本就是 1000 元，年利率为 5% 时，持币一年成本即为 500 元。显然，利率越高，人们越不愿意把过多货币放在手中，或者说对货币需求量就越小。这就是说，货币需求和利率是反方向变化的。

(3)在一般情况下，持有货币的机会成本是名义利率。此时名义利率包括实际利率和通货膨胀两个部分。包括通货膨胀是因为通货膨胀可以导致货币持有期内购买力的损失。在通货膨胀很高的情况下，名义利率将不足以反映通货膨胀率。在这种情况下，通货膨胀率应该被当作合适的机会成本。

补充：第 6 版中此题还有以下两问：

(1)在第 15 章末尾，提供了使你能计算持有 M_2 的机会成本的数据。计算 1988 - 1991 年间的这种机会成本，并解释这些变化对 M_2 的需求已经产生了什么影响。

(2)它们对流通速度已经产生了什么影响？这与流通速度的实际变化相比如何？

答：(1)本章末尾提供的数据包括商业票据利率(COMM)和M_2账户的收益率(OWN)。在M_2账户中持有货币的机会成本为商业票据利率与M_2账户的利率的差异。从表15－1得：

1988：7.656－5.300＝2.356

1989：8.989－6.165＝2.824

1990：8.061－5.830＝2.231

1991：5.865－4.595＝1.270

如果持有货币的机会成本发生变化，可以预期M_2的需求也会发生变化，因为人们会从M_2账户转换到其他货币市场账户，反之亦然。

表15－1　1960－1992 M_1、M_2及其流通速度与收益率

年份	M_1	M_2	PGDP	V_1	V_2	OWN	COMM
1960	140.350	304.325	0.260	3.644	1.651	1.393	3.733
1961	143.067	324.867	0.263	3.675	1.595	1.550	2.811
1962	146.500	350.142	0.269	3.881	1.588	2.100	3.124
1963	151.033	379.658	0.272	3.935	1.542	2.238	3.430
1964	156.825	409.367	0.277	4.054	1.535	2.342	3.849
1965	163.508	442.500	0.284	4.208	1.541	2.505	4.281
1966	171.00	471.408	0.294	4.486	1.611	2.670	5.481
1967	177.775	503.692	0.303	4.462	1.562	2.720	5.032
1968	190.092	545.342	0.318	4.540	1.582	2.793	5.842
1969	201.425	579.125	0.334	4.715	1.635	2.853	7.931
1970	209.200	603.183	0.352	4.729	1.623	3.130	7.714
1971	223.233	676.367	0.371	4.815	1.553	3.163	5.045
1972	239.108	760.925	0.389	4.889	1.514	3.248	4.663
1973	256.383	836.292	0.413	5.171	1.579	4.023	8.203
1974	269.283	887.292	0.449	5.333	1.612	4.485	10.015
1975	281.475	970.175	0.492	5.528	1.563	3.858	6.250
1976	297.283	1095.792	0.523	5.810	1.538	3.938	5.236
1977	320.083	1234.575	0.559	5.993	1.544	4.138	5.547
1978	346.392	1339.883	0.603	6.266	1.618	4.658	7.942
1979	372.825	1450.600	0.656	6.510	1.668	5.930	10.970
1980	395.975	1567.142	0.717	6.593	1.666	7.080	12.658
1981	425.150	1715.000	0.789	6.999	1.706	8.978	15.325
1982	453.183	1874.983	0.838	6.686	1.625	7.965	11.893
1983	503.342	2109.892	0.871	6.548	1.565	6.575	8.878
1984	538.825	2282.492	0.910	6.890	1.608	7.413	10.097
1985	587.283	2485.567	0.944	6.580	1.582	6.165	7.954
1986	666.717	2689.033	0.969	6.021	1.531	5.160	6.495
1987	744.167	2867.100	1.000	6.023	1.561	4.865	6.813
1988	775.775	3015.242	1.038	6.234	1.601	5.300	7.656
1989	783.350	3132.175	1.086	6.641	1.637	6.165	8.989
1990	812.000	3298.308	1.132	6.701	1.655	5.830	8.061
1991	860.367	3402.617	1.178	6.378	1.655	4.595	5.865
1992	1016.800	3502.600	1.208	5.847	1.698	2.840	3.573

(2)如果 M_2 的货币需求不稳定，那么可以预计 M_2 的流通速度 V_2 也会不稳定，因为流通速度的变化与货币需求的变化高度相关。这可以从下面的方程看出：

$$v = Y/L(i, Y)$$

此方程是由方程 $M \times V = P \times Y$ 推导出来的。

因为在长期，货币部门会处于均衡，令实际货币需求 $m_d = L(i, Y)$ 等于实际货币供给 $m_s = M/P$，由此可以得出流通速度 $v = Y/L(i, Y)$。

与流通速度的实际变化相比，如果 M_2 的货币需求不稳定，那么可以预计 M_2 的流通速度会有更大的不稳定性，即波动性更大。

6. 名义货币余额需求会随价格水平的上升而增加。同时，通货膨胀引起实际货币需求的下降。请解释为什么这两种说法都是正确的？

The demand for nominal balances rises with the price level. At the same time, inflation causes the real demand to fall. Explain how these two assertions can both be correct.

答：这两者都正确是因为它们所适用的条件是不一样的，前者真实变量没有发生变化，后者真实变量发生了变化。

(1)当价格水平上升时，如果所有其它实际变量(如利率、实际收入与实际财富)都保持不变，从而实际货币余额需求不变，此时从货币均衡的条件[$m_d = L(i, Y) = M/P$]可知，名义货币余额需求须相应增长以保持货币市场的均衡。因此说名义货币余额需求会随价格水平的上升而增加。

(2)当价格水平上升或者说发生了通货膨胀，这将会引起名义利率的提高，即持有货币的机会成本增大，这将会降低人们对货币的需求。从货币均衡的条件[$m_d = L(i, Y) = M/P$]可知，如果价格的增长高于名义货币供给的增长，那么实际货币余额(M/P)就会下降，从而对实际货币余额的需求也会跟着下降，以使货币回到新的均衡状态。因此说通货膨胀引起实际货币需求的下降。

7. 请评论“强盗喜欢通货紧缩”这句话。

“Muggers favor deflation.” Comment.

答：“强盗喜欢通货紧缩”这句话可以从以下几个方面来评论：

(1)通货紧缩是与通货膨胀相对立的概念，它是指由于货币供应量相对于经济增长和劳动生产率增长等要素减少而引致的有效需求严重不足，一般物价水平持续下跌，货币供应量持续下降和经济衰退等现象。

(2)通货紧缩通常与经济衰退相伴随，表现为投机机会相对减少和投资的边际收益下降，由此造成银行信用紧缩，货币供应量增长持续下降，信贷增长乏力，消费和投资需求减少，企业普遍开工不足，非自愿失业增加，收入增长速度持续放慢，各个市场普通低迷。同时，通货紧缩也是一种普遍的经济现象。

(3)在通货紧缩时期，持有现金的成本降低，人们倾向于在身上携带更多的现金。因此强盗就会预期，在通货紧缩时期抢劫得到的收益就会比较高，因为在抢劫时他们能得到更多的钱，所以强盗喜欢通货紧缩。

三、计算与分析题

1. 评价下列变动对 M_1 和 M_2 需求的影响，它们与货币的哪个职能(货币需求的那种动机)有关？

(1)可以在24小时的任何时间从银行储蓄账户提款的“随时提款机”；

(2)在你的银行里雇用了更多的出纳员；

(3)通货膨胀预期上升；

(4)对信用卡的普遍接受；

(5)对政府即将崩溃的恐慌；

(6)提高定期存款利率；

(7)电子商务的兴起。

答：(1)可以24小时从银行储蓄账户提款的"随时提款机"降低了人们以现金或支票账户持有预防资金的需要，因此，对M_1的需求将会降低，但是不会影响对M_2的需求，这一变动主要涉及到了货币的预防动机。

(2)银行的出纳员增多将会降低完成交易所需要的时间，此时你会更愿意经常去银行取钱。因此，对M_1的需求就会降低，但是却不会影响对M_2的需求，这主要涉及货币的交易动机，交易成本在这种情况下降低了。

(3)通货膨胀预期上升将会降低人们对货币的需求，因为人们担心所持有的货币的购买力下降。在低通货膨胀期间，人们的低利率账户会转变为高利率账户，从而对M_1的需求就会降低，但是对M_2的需求就不会受到影响。然而，如果通货膨胀率很高，人们会减少货币持有，转而购买更多的耐用消费品。在这种情况下，对M_1和M_2的需求都将会降低。这里主要涉及货币的投机需求。

(4)信用卡使用量的增加将会降低人们在交易时持有货币的需求，尽管人们仍需要用一种便利的方式每月对信用卡的花费情况进行清算。因此人们很可能将活期存款转为定期存款，即将存款从M_1转变为M_2，从而对M_1的需求就会降低，但对M_2的需求将不会因此受到影响。这里主要涉及货币的交易动机。

(5)如果对政府倒台的恐慌导致了对货币失去价值的恐慌，那么人们将会在政府倒台之前尽可能多地购买耐用消费品或交易便利的商品。从而人们对M_1和M_2的需求都将大幅下降。这里将涉及到货币的交易性动机、预防性动机和投机性动机。

(6)如果提高定期存款的利率，人们将会把存款资金从活期存款转变为定期存款，从而对M_1的需求就会降低，而对M_2的需求将不会受到影响。然而，如果M_2的利率的增加大于其它资产的收益率，那么对其它资产的需求也将会降低。在这种情况下，对M_2的需求将会增加。这里主要涉及到货币的预防动机。

(7)随着电子商务的发展，有了更多的无现金交易。因此人们很可能把资金从活期存款转为高利息收益账户直到他们的账户结清。大部分电子商务的交易包括信用卡的使用，所以答案与(4)相同。M_1的需求下降，而M_2的需求没有受影响。然而，一些银行已经建立了专门用于电子商务的电子现金账户，电子现金应用的增加要求对货币总量重新定义。

2. (1)货币流通速度的高低与衰退时期的趋势有关吗？为什么？

(2)美联储如何影响货币流通速度？

答：(1)货币流通速度的高低与衰退时期的趋势是相关的，原因如下：

当经济进入衰退期时，收入和利率都很可能会下降。由于流通速度会随着收入和利率的降低而降低，因此可以预期在经济衰退时期，货币流通速度将会下降。

由于流通速度是以名义GDP除以名义货币供给来定义的($v = Y/M$)，随着名义收入增长的速度慢于名义货币供给增长的速度，可以很容易判断出流通速度将会下降。

(2)美联储可以通过公开市场业务注入或回笼资金来影响流通速度。如果货币供给的增长速度快于名义 GDP 的增长速度，流通速度就会降低。只是由于$\frac{\bar{v}}{v}=\frac{\bar{Y}}{Y}-\frac{\bar{M}}{M}$，当美联储使得货币供给的增长速度$\frac{\bar{M}}{M}$大于名义 GDP 的增长速度$\frac{\bar{Y}}{Y}$时，$\frac{\bar{v}}{v}<0$。因此货币流通速度会降低。

3. 交易性货币需求模型也适用于公司。假设某公司在该月内平稳地进行销售，而且，该月末必须支付工人工资。请解释该公司如何确定其货币持有量。

说明：这个问题恰好与鲍莫尔—托宾的库存方法相反，因为在一月内的任何时候都可以向银行存款，但在月末时却必须有一次取款来支付工人的工资。该公司必须谨慎计算存款所能取得的利息收益以及进行储蓄所需要的成本，并在两者之间进行比较。图 15－3 表明了该公司必须的货币持有量。因此，该公司必须用计算库存所用的方法来计算货币持有量。

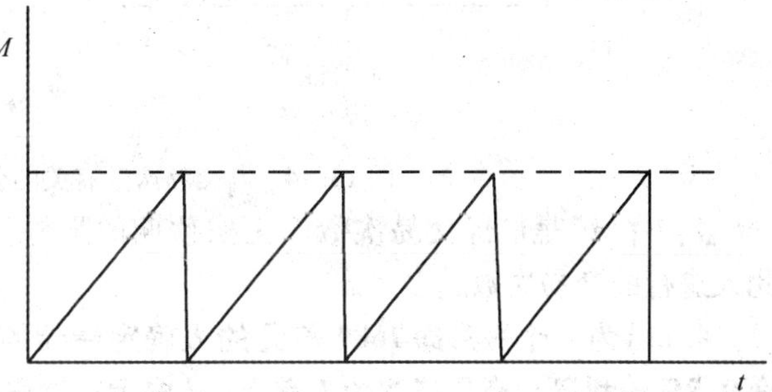

图 15－3 公司持有的现金量

答：题目中提到的交易性货币需求模型在本题及下一题中均有涉及，现介绍如下。

货币的交易性需求产生于收支之间的缺乏同步性。换句话说就是，你不能恰好在需要进行支付的时候完成支付，因而，在两次付账之间，你要保持一定的货币以便能购买物品。一个人在每月月初得到的报酬为 Y，并且这个月内以相等的速度花掉它。他可以从储蓄账户（相当于债券）中所拥有的货币上面，以月息 I 获得利息。每次在债券和货币之间进行转换的交易成本是 tc。用 n 代表每月在债券和货币之间转换的交易次数。为了方便，假定每月的收入以储蓄账户或债券的形式进行支付。这个人在该月中，使其货币管理成本最小化。这些成本包括交易成本($n\times tc$)，以及在该月中因持有货币而不是债券所放弃的利息。这里的利息成本是($i\times M$)，M 是该月中持有货币的平均数。持有货币的平均数 M 取决于交易次数 n。假定这个人在每次交易中，将数量 Z 的债券转化成货币。如果这个人在这个月里进行 n 次相等数量的提款，由于 Y 必须全部转换掉，所以，每次交易的数量就是 Y/n，因此：

$$n\times Z=Y \tag{1}$$

现在，与 n 相关的平均现金余额又怎样呢？在图 15－4(a)中，该月中持有的平均现金余额为 $Y/2n=Z/2$，因为现金余额开始为 Y，然后直线下降到零。在图 15－4(b)中，该月中持有的平均现金余额为 $Y/4=Z/2$，该月下半月的平均现金余额也是 $Z/2$。于是，整个月的现金余额就是 $Y/4=Z/2$。总之，平均现金余额就是 $Z/2$，可以画出与下图相似的图形，令 $n=3$ 或其他的 n 值，来证实这一点。由方程(1)，可得出平均现金余额为 $Y/2n$。相应地，现金管理的总成本是：

$$总成本=(n\times tc)+i\times Y/2n \tag{2}$$

通过对 n 求总成本的最小化（令总成本关于 n 的一阶导等于零），则得到最优的交易次数。这就是：

$$n^{*}=\sqrt{\frac{i\times Y}{2\times tc}} \tag{3}$$

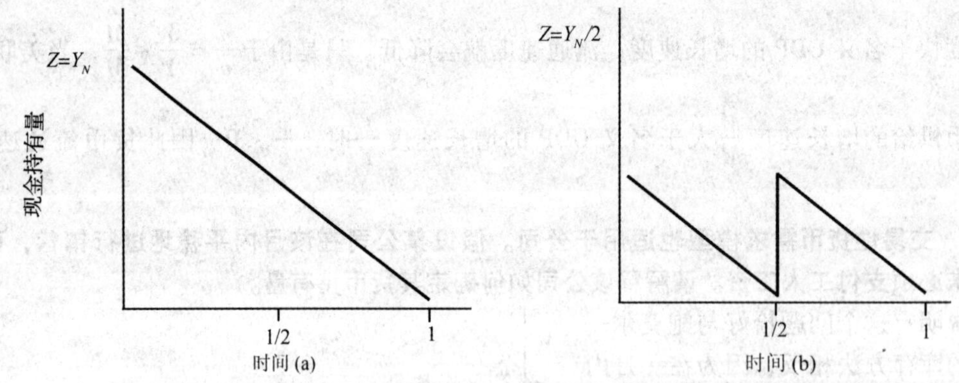

图 15－4 与交易次数有关的公众持有的现金量

其中：n^*是最优交易次数。正如预期的那样，利率越高，收入越多，交易成本越低，此人进行的交易次数越多。

4. (1)为一个每月挣 1600 美元的人确定最佳的现金管理策略，此人的储蓄账户每月可挣 0.5%的利息；交易成本为 1 美元。(提示：这里强调的是整数约束问题)

(2)这个人的平均现金余额是多少?

(3)假定收入提高到 1800 美元，这个人的货币需求变化是百分之多少?

答：(1)这个人试图将其现金管理的成本降到最低，该成本的计算公式为：

$$C=n\times tc+(i\times Y/2n)$$

当 $n=1$ 时，可推出：$C=1\times1+0.005\times1600/(2\times1)=1+4=5$；

当 $n=2$ 时，可推出：$C=2\times1+0.005\times1600/(2\times2)=2+2=4$；

当 $n=3$ 时，可推出：$C=3\times1+0.005\times1600/(2\times3)=3+4/3=4.34$；

当 $n=4$ 时，可推出：$C=4\times1+0.005\times1600/(2\times4)=4+1=5$。

因此，当 $n=2$ 时进行交易是最佳的，此时现金管理的成本最低。

或者直接使用公式：$n^*=\sqrt{\dfrac{i\times Y}{2\times tc}}$，则此人每月的最佳交易次数为 2。

(2)当 $n=2$ 时进行交易，此时的最佳平均现金余额是：

$$M=Y/2n=1600/(2\times2)=400(\text{美元})$$

(3)根据(1)中的公式可知：

当 $n=1$ 时，可推出：$C=1\times1+0.005\times1800/(2\times1)=1+4.5=5.5$；

当 $n=2$ 时，可推出：$C=2\times1+0.005\times1800/(2\times2)=2+2.25=4.25$；

当 $n=3$ 时，可推出：$C=3\times1+0.005\times1800/(2\times3)=3+1.5=4.5$；

当 $n=4$ 时，可推出：$C=4\times1+0.005\times1800/(2\times4)=4+1.125=5.125$。

因此不难看出，当 $n=2$ 时进行交易成本依然是最佳的，只是最佳平均现金余额此时变为 $1800/(2\times2)=(450)$，与以前相比增加了 12.5%，即 $(450-400)/400=0.125$。

附录：下列为第 6 版第 13 章属于本章的习题，在第 10 版中已被删除，现补录如下，仅供参考!

1. 在 20 世纪 70 年代，公司获准持有储蓄账户。有人声称这导致了货币需求的下降。

(1)这对于哪个货币需求概念来说是对的? 对于哪个是错的?

(2)说明为什么这一变动对小企业比对大企业更重要。

答：(1)当公司获准持有储蓄账户或所谓的超级 NOW 账户时，它们就会把资金从规定的交易账户(属于 M_1)转移到超级 NOW 账户(属于 M_2)。因此 M_1的需求下降，而由于 M_2包括 M_1，所以 M_2的需求不受影响。因此，对于 M_1来说，货币需求下降是正确的，但是对于 M_2而言，货币需求下降的说法是错误的。

(2)在高利率时期，大公司有了开发新的现金管理技术的动机。另外，新技术(无线交易)的可获得性和新的资产持有形式(超级 NOW 账户)导致大公司持有较少的现金余额。大企业一般比小企业更容易获得资金(例如通过银行的信用额度)，并且也没有必要在规定的交易账户持有如此多的资金。这样小企业会更多地受益于新的账户类型，因为它们倾向于减少他们的交易成本。

2. 解释 20 世纪 70 和 80 年代 M_1需求函数变化的原因。

答：(1)M_1的含义

M_1 是狭义的货币供应量，指那些能够直接、立即，并且无限制地进行支付的要求权。这些要求权具有流动性。如果一种资产能够立即、方便而又便宜地用于支付，它就是流动性的。M_1最符合货币作为支付手段的传统定义。一般来说，M_1包括通货、活期存款、旅行支票和其他支票存款等。其中，通货由流通中的硬币和纸币构成。活期存款指商业银行的无息支票账户，不包括其他银行、政府和外国政府的存款。旅行支票指只能由非银行机构(如美国运通公司)发行的那些支票，银行发行的旅行支票包括在活期存款中。其他支票存款指具有各种法律安排和各种市场名称的生息支票账户。

(2)20 世纪 70 和 80 年代 M_1需求函数变化的原因

M_1需求函数变化的原因有很多，最广泛接受的解释是由于金融创新。因为个人能够使他们投资组合的一部分转变为新的可以获得的金融资产形式。另一个解释是 20 世纪 70 和 80 年代的较高名义利率迫使企业开发了新的现金管理技术。此外，还有一种解释认为由于利息现在可以用支票账户来支付，M_1货币需求的利率弹性可能已经发生了变化。

3. 在教材附录中所作的假定是，在现金交易需求模型中，在整个月里进行均匀地交易是最优的。在 $n=2$ 的情况下，请按如下方法证明这一点。由于一个交易必须马上进行，唯一的问题是什么时候进行第二个。为简化起见，令这个月的开始 $t=0$，这个月的月末 $t=1$。然后考虑在时间 t 执行第二次交易中的交易策略。如果收入为 Y_N，那么这将要求现在把 $t\times Y_N$转换成现金，在时间 t 把$(1-t)\times Y_N$转换成现金。计算在这种策略下发生的总成本，并试用不同的 t 值去考察哪个是最优的。(如果你熟悉微积分，则可证明 $t=1/2$ 时总成本最小。)

答：在此阶段刚开始在利息收益账户存入$(1-t)\times Y$，$1/t$ 为计划取款次数。因此总的利息收益 $E=i\times(1-t)\times Y\times t$。因为要使其最大化，应该有 $\mathrm{d}E/\mathrm{d}t=0$。即 $\mathrm{d}E/\mathrm{d}t=i\times Y-2\times i\times Y\times t=0$，化简得 $i\times Y\times(1-2t)=0$，所以 $t=1/2$。这意味着在每个阶段做两次交易是最优的。

也可以通过下面的例了来证明。

t值	0	1/2	1/3	1/4
利息收益	0	$(1/4)\times i\times Y$	$(2/9)\times i\times Y$	$(3/16)\times i\times Y$

由上可以看出利息收益随着取款次数的增加而下降(0 除外)。

第16章　联邦储备、货币与信用

16.1　复习笔记

一、货币存量的决定：货币乘数

1. 基本概念理解

(1)部分准备金银行制度

部分准备金银行制度又称作部分准备金制度，指银行只把它们的部分存款作为准备金的制度。在这种制度下，银行将部分存款作为准备金，而将其余存款用于向企业或个人发放贷款或者投资，若得到贷款的人再将贷款存入其他银行，从而使其他银行增加了发放贷款或者投资的资金，这一过程持续下去，使得更多的货币被创造出来了。因此，部分准备金的银行制度是银行能够进行多倍货币创造的前提条件，在百分之百准备金银行制度下，银行不能进行多倍货币创造。

(2)高能货币

高能货币亦称“基础货币”、“强力货币”、“货币基数”或“货币基础”，是经过商业银行的存贷款业务而能扩张或收缩货币供应量的货币，包括商业银行存入美联储的存款准备金(包括法定准备金和超额准备金)与社会公众所持有的现金之和。美联储控制高能货币是决定货币供应量的主要途径。

高能货币的四个属性为：

①可控性，高能货币是美联储能调控的货币；

②负债性，高能货币是美联储的负债；

③扩张性，高能货币能被美联储吸收作为创造存款货币的基础，具有多倍创造的功能；

④初始来源的惟一性，高能货币的增量只能来源于美联储。

2. 货币存量的决定

(1)货币乘数

①货币乘数的定义

货币乘数又称为“货币创造乘数”或“货币扩张乘数”，指美联储创造一单位的基础货币所能增加的货币供应量，是货币存量对高能货币存量的比率，且货币乘数大于1。

②货币乘数的表达式

货币存量和高能货币通过货币乘数相联系，如图16-1所示。

忽略不计各种存款之间的差别，以 M 表示货币供给量，即货币存量，以 D 表示一个相同类型的存款，CU 表示通货，H 表示高能货币，mm 表示货币乘数，RE 表示准备金，由 $M=CU+D$ 和 $H=CU+RE$，可以得到：

$$mm = M/H = (CU+D)/(CU+RE)$$

$$mm \equiv \frac{1+cu}{re+cu}$$

$$M = \frac{1+cu}{re+cu}H \equiv mm \times H$$

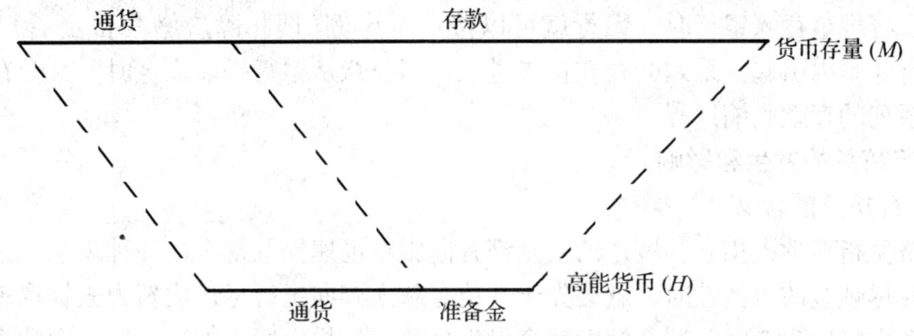

图 16－1　高能货币与货币存量的关系

其中，$cu \equiv CU/D$，称为通货—存款比率；$re \equiv RE/D$，称为准备金比率。公式表明，公众、商业银行和美联储的行为分别通过影响通货—存款比率、准备金比率和高能货币来影响货币供应量。

③货币乘数的决定因素

根据公式 $mm \equiv \frac{1+cu}{re+cu}$ 可知，通货—存款比率和准备金比率是决定货币乘数大小的两大因素。

a. 通货—存款比率 cu

通货—存款比率指通货对银行存款的比率，是货币乘数的基本决定因素之一。通货—存款比率越小，公众作为通货持有的基础货币越少，银行作为准备金持有的基础货币越多，银行能够创造的货币越多。因此，通货—存款比率的下降提高了货币乘数，增加了货币供给。

公众的支付习惯决定相对于存款的现金持有数量的多少。通货—存款比率受到取得现金的成本和取得现金的便利程度的影响。

b. 准备金比率 re

准备金比率是银行准备金在其持有的存款中的比例，准备金比率是影响货币乘数的一个因素。准备金比率越低，银行发放的贷款越多，银行从每 1 美元准备金中创造出来的货币也越多。因此，准备金比率的下降提高了货币乘数，增加了货币供给。

银行准备金是由银行持有，但是保存在美联储的存款，以及银行持有的"库存现金"，包括纸币和硬币，用来满足银行客户对现金的需求以及以支票支付给客户以提取在其他银行的存款的需求，包括法定准备金和超额准备金两部分。

法定准备金比率主要由银行的经营政策和管制银行的法律决定。超额准备金受市场利率影响，当市场利率高时，银行会努力使超额准备金缩减到一个极小值。

(2)货币存量的决定机制

高能货币构成市场货币存量的基础，美联储通过调节高能货币的数量数倍扩张或收缩货币供应量。其具体操作过程是：

①银行行为

当美联储提高或降低存款准备金率时，各商业银行就要调整资产负债项目，相应增加或减少其在美联储的法定准备金，通过货币乘数的作用，可对货币供应量产生紧缩或扩张的作用。

②公众行为

社会公众持有现金的变动也会引起派生存款的变化，从而影响货币供应量的扩大或缩小：当公众将现金存入银行时，银行就可以按一定比例(即扣除应缴准备金后)进行放款，从而在银行体系内引起一系列的存款扩张过程；当公众从银行提取现金时，又会在银行体系内引起一系列的存款收缩过程。

3. 银行挤兑的发生和影响

(1)银行挤兑的含义

银行挤兑指存款人担心其资产的安全都奔向银行迅速提取现金的一种现象。当存款人认为银行有耗尽现金的可能性时，就会先于其他存款人奔向银行尽最大努力去提取现款，当所有存款人都去提取现金时，这个银行就会发生挤兑。如果银行不能满足所有存款人对现金的需求时，银行就会破产。

(2)银行挤兑的影响

银行挤兑具有微观和宏观的经济影响。

①微观影响

在微观方面，银行挤兑使银行失去中介作用的形式。由于已经失去存款，银行便不再能办理贷款来支持企业投资和购买私人住宅。

②宏观影响

a. 在宏观方面，银行挤兑使通货—存款比率 cu 增加，进而造成货币乘数的下降，货币供应量减少。美联储通过增加基础货币才能抵消这种影响。

b. 尚未倒闭的银行，相对于存款而言，则增加了它们的准备金持有量，以适应挤兑的可能性，使得准备金比率 re 提高，从而降低了货币乘数，收缩货币存量。

(3)减少银行挤兑的措施

美联储为了减少银行挤兑发生的可能性，一般采取以下几种措施：

①规定法定准备金率，并要求把法定准备金交存于美联储，美联储充当“最后贷款者”，提高储户对银行体系的信心；

②规定银行的最低资本充足率，保证银行的偿付能力；

③成立存款保险公司，银行交纳一定保费后，当出现流动性问题，不能满足存款人的提款要求时，就由存款保险公司在一定额度内代为支付。

二、控制货币的工具

1. 公开市场操作

(1)公开市场业务的概念

公开市场业务又称作公开市场操作，是美联储吞吐基础货币，调节市场流动性的主要货币政策工具，通过美联储与指定交易商进行有价证券和外汇交易，调节信用和货币供应量，从而实现货币政策调控目标。

(2)公开市场购买的影响效果

美联储在公开市场上买进有价证券或外汇，将产生三方面的效果：

①基础货币投放量增加，当货币乘数不变时，货币供应量将增加。

美联储在公开市场购买有价证券或外汇时，以自身的负债进行支付，从而创造了高能货币，在货币乘数的影响下造成货币供应量的成倍增加，引起信用扩张。

②有价证券和票据的价格上升，市场利率下降，刺激投资增加。

③向公众传达放松银根的信息，影响心理预期。

(3)公开市场业务的优越性

①美联储能够运用公开市场业务影响银行准备金，从而直接影响货币供应量；

②公开市场业务使美联储能够随时根据金融市场的变化，进行经常性、连续性的操作；

③通过公开市场业务，美联储可以主动出击，不像贴现政策那样处于被动地位；

④由于公开市场业务的规模和方向可以灵活安排，美联储可以运用它对货币供应量进行微调，而不会像存款准备金的变动那样，产生震动性影响。

(4)公开市场业务的局限性

公开市场操作受到诸如商业周期、货币流通速度变化、商业银行的信贷意愿等因素的影响，同时必须具备一个高度发达的证券市场。

2. 调整再贴现率

(1)再贴现率的概念

贴现率指商业银行同客户办理贴现业务时所使用的利率。再贴现率是商业银行将其贴现的未到期票据向美联储申请再贴现时的预扣利率。再贴现率的调整是美联储三大传统货币政策工具之一。

当经济过热时，美联储提高再贴现率，提高商业银行的借款成本，使商业银行向美联储借入资金的需求减少，从而压缩它的贷款规模；反之，会扩大贷款规模。因此，美联储可以通过升降再贴现率来紧缩或放松银根。

(2)再贴现率的影响效果

再贴现率的高低不仅直接决定再贴现额的高低，而且会间接影响商业银行的再贴现需求，从而影响整体的再贴现规模。

①再贴现率的高低直接决定着再贴现成本，再贴现率提高，再贴现成本增加，自然影响再贴现需求，反之亦然；

②再贴现率变动，在一定程度上反映了美联储的政策意向，因而具有一种告示作用：提高再贴现率，呈现紧缩意向，反之，呈现扩张意向，这特别对短期市场利率具有较强的导向作用。

(3)再贴现率的特点

①短期性。再贴现票据一般不超过一年。

②官方性。再贴现率是由美联储确定的官方利率。

③基准性。它是一种基准利率，是其他利率赖以变动和调整的基础。

(4)调整再贴现率的局限性

再贴现率具有调节灵活的优点，但具有以下几点局限性：

①再贴现率不宜于频繁变动，否则不利于经济稳定，会给人以政策意向不明确印象，使商业银行无所适从。

②再贴现率的调节空间有限，调整幅度有一定限度，不可能降为零。

③贴现行为的主动权掌握在商业银行手中，如果商业银行出于其他原因对再贴现率缺乏敏感性，则再贴现率的调节作用将大打折扣，甚至失效。

3. 调整法定存款准备金比率

(1)法定准备金比率的概念

法定准备金比率指美联储规定的各商业银行和存款机构交存的存款准备金占其存款总额的比率。调整法定准备率是美联储三大传统货币政策工具之一。美联储通过调整法定准备金比率控制商业银行的信用扩张能力，进而调节社会货币供应量。

当经济过热时，美联储提高法定准备金比率，缩小货币乘数，使商业银行收缩信贷规模，从而减少货币供应量。反之，当经济衰退时，美联储降低法定准备金比率，提高货币乘数，增加商业银行信贷扩张能力，从而增加货币供应量。

(2)调整法定准备金比率的影响效果

根据货币乘数的方程 $M=\frac{1+cu}{re+cu}H\equiv mm\times H$ 可知，美联储通过调整法定准备金比率来变更货币乘数，进而控制商业银行信贷规模，调节货币供应量。

(3)调整法定准备金率的局限性

美联储调整法定准备金比率对货币供给的影响很大，它的局限性在于：效果太强烈，不宜作为日常性工具，而且对于不同类别的存款影响不一致，效果不易把握。因此，法定准备金比率的变动是美联储三大传统政策工具中最不经常使用的。

三、控制货币存量与控制利率

1. 货币存量目标和利率目标不能同时达到

美联储只能够通过控制名义货币存量来移动货币供给曲线，但不能变动货币需求函数，因此美联储只能沿着既定的货币需求曲线来确定利率和货币存量的组合点，但不能在它所选择的任何既定目标水平上，同时确定货币存量和利率，如图 16－2 所示。

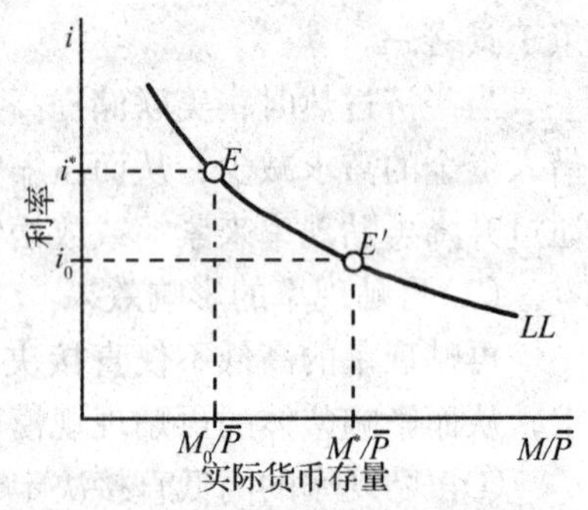

图 16－2　实际货币存量与利率之间的关系

图 16－2 中，假定美联储设定利率目标为 i^* 的水平，货币存量目标为 M^* 水平。货币需求曲线以 LL 表示。美联储只能沿着 LL 来确定利率和货币供给的组合点。在目标利率 i^* 处，它只能有货币供给 $M_0/\overline{P}$，在目标货币存量 $M^*/\overline{P}$ 处，只能有利率 i_0，而不能同时达到既定的货币存量目标 $M^*/\overline{P}$ 和利率目标 i^*。

2. 货币存量目标和利率目标的可控性比较

(1)利率目标的可控性

在美联储的日常操作中，能够比控制货币存量更为准确地控制利率。美联储通过在公开市场上买卖有价证券，可以十分准确地控制市场利率水平。如果美联储想要降低利率，就进行公开市场购买操作；如果想要提高利率，就可以从大量资产组合中，抛出足够数量的证券。

(2)货币存量目标的可控性

由于美联储不能同时具有利率与货币存量两个目标，以及由于存在一些技术上的原因，美联储不能十分准确地达到其货币增长目标。

但是在较长的时期里，美联储能够相当准确地确定货币供给。当货币存量行为和货币乘数的数据可以得到时，美联储能够中途调整它所确定的货币存量增长基数。

3. 货币存量目标与利率目标的选择

(1)假定条件

①假设美联储的目标是使经济达到一个特定的产出水平。

②考虑 3 至 9 个月的短期情况。

③应用 $IS-LM$ 模型进行分析，以货币存量为目标的 LM 曲线为单调上升的 LM 曲线，

用 $LM(M)$ 表示；以利率为目标的 LM 曲线为平行于横轴的 LM 曲线，用 $LM(i)$ 表示。

(2)产量波动根源为 IS 曲线移动的情况

在货币需求函数稳定时，$LM(M)$ 曲线的位置稳定，如果产出偏离其均衡水平的主要原因是 IS 曲线向附近移动，那么产出水平可以通过保持货币存量不变而得到稳定，因此，在这种情况下美联储应该选择以货币存量为目标的货币政策。如图 16－3 所示。

在图 16－3 中，美联储的目的是使产生的收入尽可能接近于目标水平 Y^*。选择既定的货币存量目标时，如果 IS 曲线为 IS_1，产出水平将为 Y_1；如果 IS 曲线为 IS_2，则产出将为 Y_2。产出水平接近 Y^* 的位置。如果政策选择既定的利率目标时，在每一种情况下，将得到离 Y^* 更远的产出水平 Y_1' 和 Y_2'。

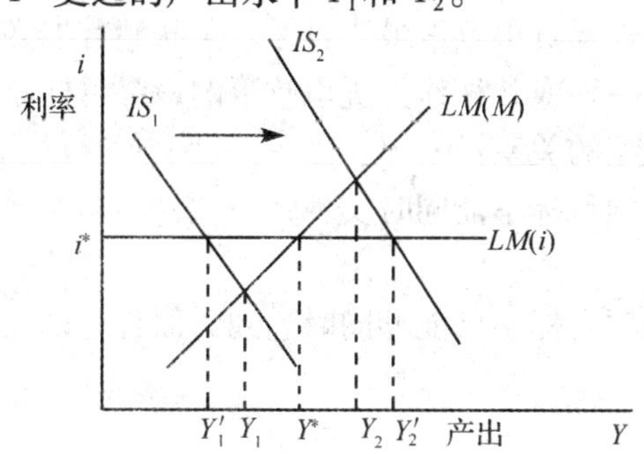

图 16－3　选择货币存量目标时政策调节的准确性

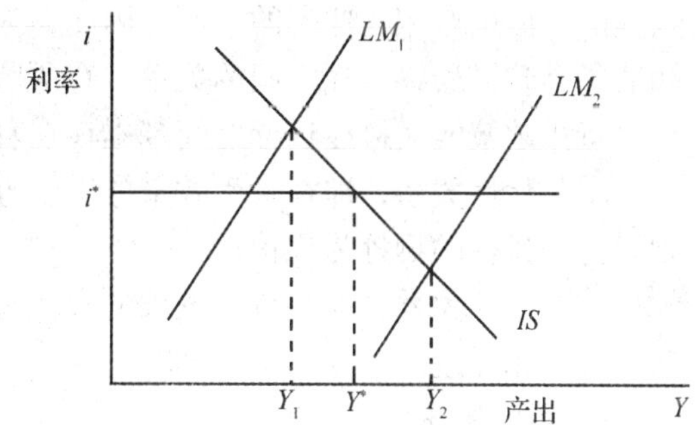

图 16－4　选择利率目标时政策调节的准确性

(3)产量波动根源为 LM 曲线移动的情况

在 IS 曲线稳定的条件下，如果产出偏离其均衡水平的主要原因是货币需求函数向附近移动，即 LM 曲线的移动，那么固定的利率水平可以保持产量水平的稳定，因此美联储应该实施以利率为目标的货币政策。如图 16－4 所示。

在图 16－4 中，货币需求不稳定，假定美联储以固定的货币存量为目标，则 LM 曲线可能是 LM_1，也可能是 LM_2，产出将为 Y_1 或者 Y_2，从而导致产出水平偏离均衡水平，货币政策效果不确定；如果选择既定的利率目标时，美联储将利率固定在 i^* 水平，将保证产出水平为 Y^*。

4. 货币、信用和利率

(1)信用目标

信用目标是美联储运用货币政策工具使得非金融性公众的债务水平与提供给他们的信用(贷款)相等的一个目标。它是美联储的一个货币政策目标。其依据——弗里德曼的经济计量证据表明：债务量与 GNP 之间的关系比货币和名义 GNP 之间的关系更为密切，所以美联储应该关注债务量，即采用信用目标。

(2)信用配给

信用配给指在借贷人愿意支付规定利率甚至更高利率的情况下，贷款人仍不愿发放贷款或发放贷款的数额小于申请贷款额的情形。信用配额出现的原因是信贷中的逆向选择和道德风险问题。一般愿意支付高利率的借款人，投资项目的风险也相应高，银行不愿意发放此类贷款是因为投资风险太大，如果投资失败，贷款就难以偿还，银行宁愿不发放任何高利率贷款而进行信用配给。银行进行信用配给的第二个原因是为了防范道德风险，因为贷款规模越大，借款人从事那些难以归还贷款活动的动力就越大，因此银行会进行信用配给，向借款人提供的资金少于申请额。

(3)关于利率目标和信用目标的结论

如果利率与投资之间的关系确定，则货币政策应直接控制利率，即实行以既定利率为目标的货币政策；如果利率与投资之间的关系不确定，则政府应实行适度的信用配给，政府应直接控制投资，实行投资税减免等财政政策。

四、货币政策的目标体系

1. 货币政策的最终目标与中间目标

(1)最终目标

货币政策的最终目标指政策运行的宏观经济总体目标，一般包括充分就业、稳定物价、经济增长和国际收支平衡四项内容。货币政策的最终目标是多元的，它们之间的关系既有一致性的一面也有相互冲突的一面。因此，为了正确选择货币政策最终目标，美联储首先必须搞清货币政策最终目标之间的关系，有所取舍地以一种或几种作为货币政策的最终目标。

货币政策四大最终目标之间基本存在着两种类型的关系：

①替代性关系，即在货币政策的实施过程中两项目标不能同时实现，一项目标的实现必须以另一目标的牺牲为代价；

②补充性关系，即在货币政策的实施过程中两项目标不仅能够同时达到，而且可以互为前提，互相促进。

(2)中间目标

货币政策的中间目标指美联储为了实现货币政策最终目标而设置的可供观测和调整的指标，美联储在实施货币政策的过程中可据以衡量对最终目标所产生的初步影响。一般货币政策的中介目标满足可测性、可控性和相关性的特征。主要的货币政策中介目标是利率和货币供应量。理想的中间目标是那些美联储可以准确控制，并同时与最终目标关系密切的变量。但现实中，美联储必须在那些能够准确控制的目标和那些与最终目标关系密切的目标之间进行取舍。

中间目标在货币政策的传导过程中有两个重要作用：

①能够提供及时和持续性的政策反馈信息，有助于美联储判断货币政策工具是否已经对经济产生了预计的影响；

②能够决定货币政策的总体效应是扩张性的，还是紧缩性的。

2. 以基础货币为目标

以基础货币为目标指通过保持一定量的基础货币与流通中需要的货币数量相符作为经济发展的目标。

(1)目标的可控性

基础货币是美联储能调控的货币且其增量只能来源于美联储，因此美联储以基础货币为目标，可以准确地达到目标，可控性和可测性都很强。即便美联储没有达到目标，也肯定能够做出解释。

(2)与最终目标的关系

由于货币乘数和货币流通速度中不可预测的变动，破坏了基础货币和名义 GDP 之间的密切联系。因此，以基础货币为目标可能达不到政策的最终目标。

3. 通货膨胀目标

通货膨胀目标指政府所采取的一种治理通货膨胀的政策，即由官方确定通货膨胀的目标，宣布通货膨胀率波动的范围，并明确表示货币政策的首要目标是实现较低而且稳定的通货膨胀。

(1)以通货膨胀为目标的政策框架的特点

①抑制通货膨胀成为美联储惟一的政策目标，政策当局必须事先确定一个目标通货膨胀率并向全社会公布。

②货币当局为实现这一目标做出相应的承诺，通货膨胀目标的实现与否，成为评价货币政策绩效的首要标准。为此，美联储享有充分的独立性。

③使得货币政策的中介目标不再重要，美联储的政策主要根据社会公众对通货膨胀的预期以及美联储对通货膨胀的预测是否偏离公布的目标而定。

(2)通货膨胀目标的优缺点

①通货膨胀目标的优点

与利率和货币供应量等中介指标相比，通货膨胀目标最大的特点是实现了规则性和灵活性的统一，原因在于即使美联储不能每个季度都达到一个精确的通货膨胀目标，但它有能力使通货膨胀持久地保持在一个较低的平均水平。

②通货膨胀目标的缺点

通货膨胀目标消除了美联储拉平实际产出和失业波动的能力。在不利的供给冲击造成价格上涨、产出下降，而经济已经处于衰退的时刻，以通货膨胀为目标会引导美联储进一步减少货币供应量。

4. 名义 GDP 目标

名义 GDP 目标指以名义 GDP 保持一定的增长速度作为国内经济发展的目标。美联储不能直接控制名义 GDP，而是通过逐期计算能最接近于达到该名义 GDP 目标的货币存量或基础货币来控制名义 GDP。同以货币存量为目标相比较，以名义 GDP 为目标意味着美联储通过对货币流通速度的改变，自动地调整货币存量目标。

(1)以名义 GDP 为目标的优点

以既定的名义 GDP 增长速度为目标，美联储可建立一个在通货膨胀和产出之间进行取舍的自动化政策。

①如果通货膨胀加剧，名义 GDP 目标就意味着美联储需保持一个较低水平的产量增长率，这有利于通货膨胀的控制。

②如果经济衰退，名义 GDP 目标就意味着美联储需保持一个较高水平的产量增长率，这有利于抑制衰退。

(2)以名义 GDP 为目标的缺点

①由于美联储不能直接控制名义 GDP，只能通过货币存量或基础货币来进行间接控制，因此名义 GDP 目标的可控性不强。

②在一年左右的时期内，如果名义 GDP 的增长保持不变，或者如果基础货币的增长保持不变的话，经济是否会更加稳定，取决于是什么样的冲击打击经济。

16.2　课后习题详解

一、概念题

1. 信用(credit)

答：信用指未来偿还商品赊销或商品借贷的一种承诺，是关于债权债务关系的约定。它以商品货币的使用权为交易标的，以还本付息为条件，以信任为基础，以利益最大化为目标，是价值运动的特殊形式。信用主要有银行信用、商业信用、消费信用和国家信用四种形式。银行信用是指有银行参与的货币借贷活动；商业信用是指商品交易中的延期付款或交货；消费信用指由企业、银行或其他消费信用机构向消费者个人提供的信用；国家信用是指政府以债务人的身份筹集资金的一种借贷行为。

2. 部分准备金制度(fractional reserve banking)

答：部分准备金制度指银行只把它们的部分存款作为准备金的制度。在这种制度下，银行将部分存款作为准备金，而将其余存款用于向企业或个人发放贷款或者投资，若得到贷款的人再将贷款存入其他银行，从而使其他银行增加了发放贷款或者投资的资金，这一过程持续下去，使得更多的货币被创造出来了。因此，部分准备金的银行制度是银行能够进行多倍货币创造的前提条件，在百分之百准备金银行制度下，银行不能进行多倍货币创造。

3. 基础货币(monetary base discount rate)

答：基础货币亦称"货币基数"、"货币基础"、"强力货币"或"高能货币"，指经过商业银行的存贷款业务而能扩张或收缩货币供应量的货币。美国的基础货币包括商业银行存入美联储的存款准备金(包括法定准备金和超额准备金)与社会公众所持有的现金之和。

基础货币有四个属性：①可控性，它是美联储能调控的货币；②负债性，它是美联储的负债；③扩张性，它能被美联储吸收作为创造存款货币的基础，具有多倍创造的功能；④初始来源惟一性，即其增量只能来源于美联储。

美联储通过调节基础货币的数量就能数倍扩张或收缩货币供应量，因此，基础货币构成市场货币供应量的基础。在现代银行体系中，美联储对宏观金融活动的调节，主要是通过控制基础货币的数量来实现的。其具体操作过程是：当美联储提高或降低存款准备金率时，各商业银行就要调整资产负债项目，相应增加或减少其在美联储的法定准备金，通过货币乘数的作用，可对货币供应量产生紧缩或扩张的作用。社会公众持有现金的变动也会引起派生存款的变化，从而影响货币供应量的扩大或缩小：当公众将现金存入银行时，银行就可以按一定比例(即扣除应缴准备金后)进行放款，从而在银行体系内引起一系列的存款扩张过程；当公众从银行提取现金时，又会在银行体系内引起一系列的存款收缩过程。

4. 高能货币(high-powered money)

答：高能货币又称基础货币。参见"概念题"第3题。

5. 货币乘数(money multiplier)

答：货币乘数又称为"货币创造乘数"或"货币扩张乘数"，指美联储创造一单位的基础货币所能增加的货币供应量。货币乘数用 mm 表示，$mm \equiv \frac{1+cu}{re+cu}$。其中 re 为准备金—存款比率，cu 为通货—存款比率。

影响货币乘数的因素有：通货—存款比率和准备金—存款比率。通货—存款比率越低，公众作为通货持有的基础货币越少，银行作为准备金持有的基础货币越多，银行能够创造的货币越多。因此，通货—存款比率的下降提高了货币乘数，增加了货币供给。准备金—存款比率越低，银行发放的贷款越多，银行从每1单位准备金中创造出来的货币也越多。因此，准备率—存款比率的下降提高了货币乘数，增加了货币供给。

货币乘数可以从两个方面对货币供给起作用：它既可以使货币供给多倍扩大，又能使货币供给多倍收缩。因此，美联储控制准备金和调整准备金率对货币供给会产生重大影响。

6. 通货—存款比率(currency-deposit ratio)

答：通货—存款比率是通货对银行存款的比率，是货币乘数的基本决定因素之一。通货—存款比率越小，货币乘数越大。这是因为该比率越小，高能货币存量中，被用作通货的比例就越小，因而用作准备金的比例也越大。

公众的支付习惯决定相对于存款的现金持有数量的多少。通货—存款比率受到取得现金的成本和取得现金的便利与否的影响。例如：假如附近有一台取款机，个人将平均随身携带较少量的现金，因为持有现金的成本较低。通货—存款比率具有很强的季节特点，圣诞节前后，其比率较高。

7. 准备金比率(reserve ratio)

答：准备金比率是银行准备金在其持有的存款中的比例。它由银行的经营政策和管制银行的法律决定。准备金—存款比率是影响货币乘数的一个因素，准备金—存款比率越低，银行发放的贷款越多，银行从每1美元准备金中创造出来的货币也越多。因此，准备金—存款比率的下降提高了货币乘数，增加了货币供给。

8. 银行挤兑(run on a bank)

答：银行挤兑指存款人担心其资产的安全都奔向银行迅速提取现金的一种现象。银行挤兑是部分准备金银行体系下银行的一个问题，存款人把钱存入银行后，银行只把其中的一部分用做准备金，其他的钱被银行用于投资或放贷，当挤兑事件因某种原因发生时，银行不可能满足所有存款人提款的要求。即使银行实际上有偿付能力(它的资产大于负债)，但它手头上也没有足够的现金来允许所有存款人马上得到他们所有的货币。结果是银行被迫关门，直至银行收回以前发放出的贷款，或直至最后贷款人向它提供满足存款人所需要的通货。

美联储为了减少银行挤兑一般采取以下措施：①规定法定准备金率，并要求把法定准备金交存于美联储，美联储充当“最后贷款者”，提高储户对银行体系的信心；②规定银行的最低资本充足率，保证银行的偿付能力；③成立存款保险公司，银行交纳一定保费后，当出现流动性问题，不能支付存款人的提款要求时，就由存款保险公司在一定额度内代为支付。

9. 非中介化(disinter mediation)

答：非中介化又作“金融中介机构作用的削弱”或“金融非中介化”，指资金由原来通过金融中介机构(特别是银行)从资金供给者流入资金需求者变成直接流通的过程。由于存在对存款利率的上限(比如 Q 条例)，当市场利率高于利率上限时，存款人为了获得更高收益，就将资金从存款机构取出，直接投资于其他金融工具，如股票、债券以及货币市场工具。

非中介化对存款机构的流动性造成了严重影响：①在存款流失的同时，提高了银行吸收存款的成本；②使储蓄机构增加了亏损的可能；③非中介化现象改变了国民经济中信贷资金的流向，使中小企业不易从金融中介机构借得资金，而那些能在公开市场上筹资的机构则可筹得更多的资金，从而造成了事实上的不公平。自1986年4月1日 Q 条例废除，非中介化的公平竞争问题已得到基本解决。

10. 联邦存款保险公司(Federal Deposit Insurance Corporation)

答：联邦存款保险公司是美国联邦政府的一个独立机构，是为绝大多数商业银行和最大额达到100000美元的互助储蓄银行的储蓄提供保险的一个政府机构。FDIC的存在，有利于增强公众对银行系统的信心，防止挤兑现象的发生，维护金融体系的稳定。但同时FDIC的存在弱化了存款人对银行的外部约束，存款人不再选择稳健的银行，而是将钱存在提供高利率的银行，这可能会加大银行的风险行为，使得道德风险的问题更加严重。因此，我国在构建存款保险制度时，要注意在制度设计上防范风险，真正发挥存款保险制度的有利之处。

11. 法定准备金(required reserves)

答:法定准备金指法律规定的存款机构为保证客户提取存款和资金清算需要而必须提交到美联储的存款。法定准备金率是法定准备金占存款总额的比率,它是美联储三大传统货币政策工具之一。美联储通过调整准备金率,影响金融机构的信贷扩张能力,从而间接调控货币供应量。当经济过热时,美联储提高法定准备金率,收缩银行的信贷扩张能力,从而使货币供应量减少,抑制通货膨胀;当经济衰退时,美联储降低法定准备金率,扩张银行的信贷扩张能力,从而增加货币供应量,刺激总需求和产出增加。但法定准备金率的变动,对货币供应量的影响剧烈,不宜作为日常的操作工具。

12. 超额准备金(excess reserves)

答:超额准备金指商业银行或存款机构在货币当局规定除必须缴纳的法定准备金之外,还保留的那部分准备金。超额准备金等于总准备金减去法定准备金。商业银行保留超额准备金主要是解决意外的大额提现、结清存款或更好地投资。超额准备金的变动将影响到货币乘数大小,在基础货币供应量不变的情况下,它制约着银行体系创造货币的能力。

13. 公开市场操作(open market operations)

答:公开市场操作又称公开市场业务,指美联储在公开市场上买卖有价证券(主要是政府债券),以期调节信用和货币供应量的一种业务活动。它是美联储三大传统政策工具之一。

美联储在公开市场上买进有价证券,将产生三方面的效果:①基础货币投放量增加。当货币乘数不变时,货币供应量将增加。②有价证券和票据的价格上升,市场利率下降,刺激投资增加。③向公众传达放松银根的信息,影响心理预期。比如,美联储通过买进有价证券,实际等于向社会投放了一笔基础货币,增加了货币供应量,引起信用的扩张;相反当美联储卖出有价证券和票据时,就会减少市场上相应数量的基础货币,达到信用的收缩。

公开市场业务的优越性体现在:①美联储能够运用公开市场业务影响银行准备金,从而直接影响货币供应量;②公开市场业务使美联储能够随时根据金融市场的变化,进行经常性、连续性的操作;③通过公开市场业务,美联储可以主动出击,不像贴现政策那样处于被动地位;④由于公开市场业务的规模和方向可以灵活安排,美联储可以运用它对货币供应量进行微调,而不会像存款准备金的变动那样,产生震动性影响。

其局限性在于:公开市场操作受到诸如商业周期、货币流通速度变化、商业银行的信贷意愿等因素的影响,同时必须具备一个高度发达的证券市场。

14. 贴现率(discount rate)

答:贴现率指商业银行同客户办理贴现业务时所使用的利率。在多恩布什《宏观经济学》教材中,贴现率指的是"再贴现率",是美联储对商业银行提交的未到期商业票据办理再贴现时所使用的利率。再贴现率的调整是美联储三大传统货币政策工具之一,当经济过热时,美联储提高再贴现率,提高商业银行的借款成本,使商业银行向美联储借入资金的需求减少,从而压缩它的贷款规模;反之,会扩大贷款规模。因此,美联储可以通过升降再贴现率来紧缩或放松银根。

再贴现率的特点:①短期性:再贴现票据一般不超过一年。②官方性:再贴现率是由美联储确定的官方利率。③基准性:它是一种基准利率,是其他利率赖以变动和调整的基础。

再贴现率的调整,具有一种告示作用,影响商业银行的决策,但它也有一些局限性:

①美联储在此政策中，不能处于主动地位；②再贴现率的调整幅度有一定限度，不可能降为零；③再贴现率的变动会引起市场利率的波动，经常变动不利于经济稳定。

15. 法定准备金比率(required-reserve ratio)

答：法定准备金比率指美联储规定的各商业银行和存款机构交存的存款准备金占其存款总额的比率。法定准备率是美联储三大传统货币政策工具之一。美联储通过调整法定准备金比率控制商业银行的信用扩张能力，进而调节社会货币供应量。当经济过热时，美联储提高法定准备金比率，缩小货币乘数，使商业银行收缩信贷规模，从而减少货币供应量。反之，当经济衰退时，美联储降低法定准备金比率，提高货币乘数，增加商业银行信贷扩张能力，从而增加货币供应量。

美联储调整法定准备金比率对货币供给的影响很大，它的局限性在于：效果太强烈，不宜作为日常性工具，而且对于不同类别的存款影响不一致，效果不易把握。因此，法定准备金比率的变动是美联储三大传统政策工具中最不经常使用的。

16. 公开市场购买(open market purchase)

答：公开市场购买指美联储在公开市场上买进有价证券或外汇。公开市场购买将产生三方面的效果：

(1)基础货币投放量增加，当货币乘数不变时，货币供应量将增加。美联储在公开市场购买有价证券或外汇时，以自身的负债进行支付，从而创造了高能货币，在货币乘数的影响下造成货币供应量的成倍增加，引起信用扩张。

(2)有价证券和票据的价格上升，市场利率下降，刺激投资增加。

(3)向公众传达放松银根的信息，影响心理预期。

17. 外汇市场干预(foreign exchange intervention)

答：外汇市场干预指美联储买卖外汇以稳定汇率的行为。各国美联储经常对外汇市场进行干预，影响外汇市场供求状况，使得汇率朝有利于本国的方向波动。美联储的外汇市场干预会影响基础货币，通过货币乘数影响货币供应量。当美联储购买黄金或外汇，会使基础货币供应量增加，使货币供应量数倍增加；反之会使货币供应量减少。美联储外汇市场干预使货币供应量变动，会对本国经济产生不利影响，因此一般情况下，美联储在进行外汇市场干预时，会同时在国内货币市场采取反向的操作，使得货币供应量保持不变。

18. 联邦基金利率(federal funds rate)

答：联邦基金利率是美国银行间同业拆借准备金时所使用的利率。联邦基金利率是美国的基准利率，它的变化会引起其它利率的变化。美联储运用货币政策工具，影响联邦基金利率，从而影响其它利率，对消费和投资产生影响。

19. 钉住利率(pegging the interest rate)

答：钉住利率是将利率设定在某个给定的水平，并通过运用货币政策工具使之保持不变的政策。钉住利率制要求美联储必须时刻维持一定的利率水平，并将其作为货币政策的中介目标，这有利于运用利率杠杆调节经济，但同时使得美联储失去了对货币供给的控制。美联储就将利率作为货币政策的中介指标，通过公开市场业务买卖政府债券，影响市场利率，使得利率维持在目标水平上。

20. 公开市场柜台(open market desk)

答：公开市场柜台指美联储设在美联储纽约银行实施公开市场业务的交易柜台。美联储在日常的操作中，能够比控制货币存量更为准确地控制利率。美联储每天通过在纽约的公开市场柜台，买卖政府证券。如果美联储想要提高政府证券价格(降低利率)，它就以一定价格买入证券；反之，如果美联储想要降低政府证券价格(提高利率)，它就以一定价格抛出足够数量的证券。通过在公开市场柜台上买卖政府债券，美联储可以实现对市场利率的控制。

21. 信用目标(credit targets)

答：信用目标是美联储运用货币政策工具使得非金融性公众的债务水平与提供给他们的信用(贷款)相等的一个目标。它是美联储的一个货币政策目标。弗里德曼的经济计量证据表明：债务量与GNP之间的关系比货币和名义GNP之间的关系更为密切，所以美联储应该关注债务量，即采用信用目标。

22. 信用配给(credit rationing)

答：信用配给指在借贷人愿意支付规定利率甚至更高利率时，贷款人仍不愿发放贷款或发放贷款的数额小于申请贷款额的情形。信用配给有两种情况：一种是银行拒绝发放任何数额的贷款，哪怕借款人愿意支付较高的利率；另一种是银行愿意发放贷款，但数额低于借款人的要求。信用配额出现的原因是信贷中的逆向选择和道德风险问题。一般愿意支付高利率的借款人，投资项目的风险也相应高，银行不愿意发放此类贷款是因为投资风险太大，如果投资失败，贷款就难以偿还，银行宁愿不发放任何高利率贷款而进行信用配给；银行从事第二种信用配给是为了防范道德风险，因为贷款规模越大，借款人从事那些难以归还贷款活动的动力就越大，因此银行会进行信用配给，向借款人提供的资金少于申请额。

23. 最终目标(ultimate targets)

答：最终目标指政策运行的宏观经济总体目标，一般包括充分就业、稳定物价、经济增长和国际收支平衡四项内容。货币政策四大最终目标之间基本存在着两种类型的关系：一是替代性关系，即在货币政策的实施过程中两项目标不能同时实现，一项目标的实现必须以另一目标的牺牲为代价；另一种是互补性关系，即在货币政策的实施过程中两项目标不仅能够同时达到，而且可以互为前提，互相促进。货币政策的最终目标是多元的，它们之间的关系既有一致性的一面也有相互冲突的一面。因此，为了正确选择货币政策最终目标，美联储首先必须搞清货币政策最终目标之间的关系，有所取舍地以一种或几种为货币政策的最终目标。

24. 中间目标(intermediate targets)

答：中间目标指美联储为了实现货币政策最终目标而设置的可供观测和调整的指标，美联储在实施货币政策的过程中可据以衡量对最终目标所产生的初步影响。一般货币政策的中间目标满足可测性、可控性和相关性的特征。主要的货币政策中间目标是利率和货币供应量。中间目标在货币政策的传导过程中有两个重要作用：①能够提供及时和持续性的政策反馈信息，有助于美联储判断货币政策工具是否已经对经济产生了预计的影响；②能够决定货币政策的总体效应是扩张性的，还是紧缩性的。

理想的中间目标是那些美联储可以准确控制，并同时与最终目标关系密切的变量。但现实中，美联储必须在那些能够准确控制的目标和那些与最终目标关系密切的目标之间进行取舍。

25. 工具(instruments)

答：工具在本章中指货币政策的工具，是美联储为调控货币政策而采取的政策手段。货币政策工具一般包括：公开市场业务、贴现政策、存款准备金率，以及利率和贷款规模等。

(1)公开市场业务就是美联储在金融市场上买进或卖出有价证券的活动。买进有价证券实际上就是投放货币，从而增加货币供应量。卖出有价证券实际上就是回笼货币，从而减少货币供应量。

(2)贴现指商业银行将未到期的已同客户办理贴现的票据提交美联储，要求支付现金的行为。贴现政策包括变动贴现率与贴现条件，其中最重要的是变动贴现率。美联储降低贴现率，降低了商业银行向美联储的借款成本，从而商业银行会扩张信贷规模，使得社会货币供应量增加，刺激总需求和产出增加；反之，则相反。

(3)存款准备金率是法律规定的商业银行将存款的一定比例交存到美联储。法定准备金率的变动会影响货币乘数，进而影响货币供应量。

二、简答题

1. 美联储想要增加货币供应量，它可以使用哪些主要工具来达到这个目的？具体地讲，能够如何运用每种工具来增加货币供给？(提示：三种)

The Fed wants to increase the money supply. What are the main instruments available to it, and how can each, specifically, increase the money supply? (Hint: There are three.)

答：美联储想要增加货币供应量，它可以使用公开市场业务、再贴现率政策和存款准备率这三大传统货币政策工具来实现。具体来讲：

(1)公开市场业务。公开市场业务指美联储在公开市场上买卖有价证券(主要是政府债券)，影响基础货币，进而影响货币供给的行为。美联储想要增加货币供应量，可以在公开市场上买进政府债券，向流通领域注入一笔基础货币，使社会货币供应量数倍增加。它是美联储最经常使用的货币政策工具。

(2)再贴现率政策。再贴现率是美联储向商业银行办理再贴现时使用的利率。再贴现率的变动会影响商业银行的准备金状况，影响商业银行的信用扩张能力，从而影响整个社会的货币供应量。美联储想要增加货币供应量，可以降低贴现率，从而降低商业银行向美联储借款的成本，使商业银行的借款量增加，信用扩张，使社会货币供应量增加。

(3)改变法定准备金比率。法定准备金比率是美联储要求商业银行缴纳的准备金占其存款总额的比率。美联储通过变动法定准备金率，会影响货币乘数，从而影响货币供给。美联储想要增加货币供应量，可以降低法定准备率，提高货币乘数，从而增加货币供给。

2. 美联储能影响通货—存款比率吗？

Can the Fed affect the currency-deposit ratio?

答：美联储不能直接影响通货—存款比率，但是可以间接影响它。原因如下：

(1)通货—存款比率指公众手持现金和活期存款的比率，简称通货比率。这一比率主要由公众支付习惯决定，也受从银行取得现金的便利性影响，当十分容易从银行取得现金时，个人就不会多持现金。许多西方经济学家认为，以下因素也会影响通货—存款比率：一是开设活期存款账户的成本，成本提高时，这一比率也会提高；二是隐蔽性交易的规模和程度，当逃避税收的隐蔽性交易增加时，这一比率也会提高；三是人们对流动性和安全性的偏好，由于现金最具有流动性和安全性，因而这一比率随流动性偏好增强而提高。通货—存款比率是货币乘数大小的决定因素之一，这一比率越高，货币乘数越小。

(2)美联储不能直接影响通货—存款比率，因为公众的支付习惯决定相对于存款的现金持有数量的多少，并且取得现金的成本和取得现金的便利与否会影响通货—存款比率。然而通过改变银行规定(将会影响现金取得的难易)或利率(将会改变持有现金的机会成本)，美联储能间接影响人们愿意持有的现金数量。

3. 在什么情况下，美联储主要以利率，或者以货币存量为目标来运用货币政策？

Under what circumstances should the Fed conduct monetary policy by targeting mainly (1) interest rates or (2) the money stock?

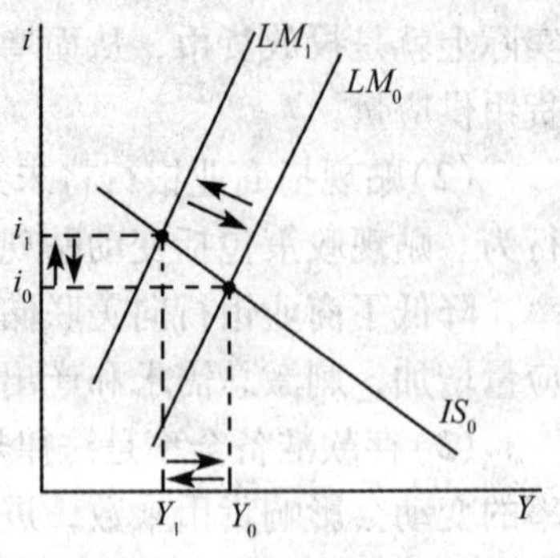

图 16－5　以利率为目标

答：(1)如果经济的大多数冲击来自于货币因素，比如货币需求的变动，那么美联储应该以利率为目标来运用货币政策。由图 16－5 可知，当货币需求上升时，*LM* 曲线将会向左移动，利率会上升。在这种情况下，美联储只要通过增加货币的供给量以保持利率不变，就可以使 *LM* 曲线回移到原来位置，使经济恢复到原有的均衡状态。

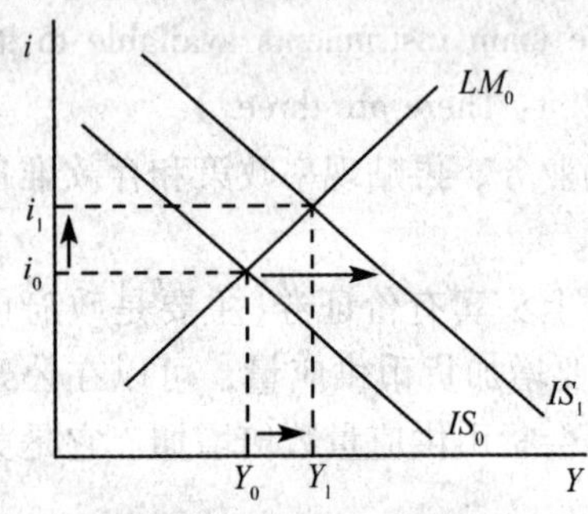

图 16－6　以货币供给为目标

(2)如果经济的大多数冲击来自于支出因素，那么美联储应该以货币供给为目标来运用货币政策。由图16－6可知，如果支出增加，*IS* 曲线将会向右移动，利率会上升。如果美联储采用增加货币供给的方法使利率回到原有的水平上，就会使经济不平衡更加严重。相反，美联储应该使货币供给保持平稳，从而使这种不平衡维持在一个最小的水平上。

4. (1)什么是银行挤兑？

(2)为什么会发生挤兑？

(3)面对银行挤兑，如果美联储不采取行动，对货币供应量和货币乘数会产生什么影响？

(4)FDIC 的存在，能够怎样有助于阻止这种问题的发生？

(1) What is a bank run?

(2) Why might one occur?

(3) If the Fed took no action in the face of a bank run, what would be the effects on the money supply and on the money multiplier?

(4) How does the existence of the FDIC help prevent this problem?

答：(1)银行挤兑指存款人担心其资产的安全性，因而都奔向银行迅速提取现金的一种现象，它是部分准备金银行体系下银行所面对的一个问题。

(2)发生挤兑的原因在于信息不对称。存款人并不能真正准确地了解银行的经营状况，一旦银行有不利的经营决策或者宏观经济发生不利的变动，存款人担心银行倒闭造成损失，而去提取存款，不利的消息传播使得其它存款人也去迅速提取存款，这就会发生挤兑。大量挤兑会使银行流动性出现问题，因为银行将准备金之外的存款用于投资或者发放贷款，这些资产不能迅速收回来满足存款人提款的需要，这样银行就可能面临倒闭。

(3)面对银行挤兑，如果美联储不采取行动，那么通货—存款比率会上升，货币乘数下降，货币供应量减少。

(4)FDIC 的存在增加了公众对银行系统的信心，从而减少了银行挤兑，有利于金融的稳定。FDIC 保证了银行破产时在一定额度内支付存款人的存款，这样小额存款人就不会在银行出现不利的信息时去提取存款，银行就不容易出现流动性的问题，有利于银行系统的稳定。同时，由于挤兑不易发生，这使通货—存款比率比较稳定，货币乘数比较稳定，美联储通过影响基础货币进而影响货币供应量的能力就大。

5. (1)为什么美联储不再坚持准确地达到货币目标路线？

(2)以名义利率为目标有什么危险？

(1) Why does the Fed not stick more closely to its target paths for money?

(2) What are the dangers of targeting nominal interest rates?

答：(1)美联储不再坚持准确地达到其货币增长目标，有两个基本的原因：

第一个原因是技术性的。由于货币乘数的变动性以及收集有关货币供给数据的滞后性，使得美联储并不总是能够达到其货币增长目标。

第二个原因是目标间的矛盾性。在短期内，美联储在运用利率目标的同时也运用了货币增长目标，但是这两个目标同时都获得成功是不可能的。因此，当美联储对经济的变动做出反应，它至少会暂时地背离其货币增长目标。美联储希望在短期内有一定的灵活性而在长期保持可信性，这可能导致对其所宣布的货币增长目标的暂时性的背离。

(2)以名义利率为目标所存在的危险主要在于：利率目标与货币目标间可能存在冲突，尤其是在高通货膨胀时期，可能导致以名义利率为目标的失败。具体地讲：如果美联储以名义利率为目标，则当利率上升时，美联储必须增加货币供给以使利率降低到其原有的水平。然而在高通货膨胀时期，扩张性的货币政策会进一步加大通货膨胀压力，而通货膨胀加大最终会使名义利率升高。根据费雪方程，名义利率(i)等于真实利率(r)加上通货膨胀率(π)，即 $i=r+\pi$。特别是在长期，实际利率不受扩张性货币政策的影响，而名义利率会由于通货膨胀的上升而更高。因此，为进一步降低名义利率的扩张性，货币政策可能会恶化通货膨胀并最终不能使名义利率下降。

6. 将以下各项区分为最终目标、中间目标或货币政策工具。

(1)名义 GDP；

(2)贴现率；

(3)基础货币；

(4)M_1；

(5)国库券利率；

(6)失业率。

Categorize each of the following as either an ultimate or intermediate target or an instrument of monetary policy:

(1) Nominal GDP;

(2) The discount rate;

(3) The monetary base;

(4) M_1;

(5) The Treasury-bill rate;

(6) The unemployment rate.

答：最终目标指政策运行的宏观经济总体目标，一般包括充分就业、稳定物价、经济增长和国际收支平衡四项内容。

中间目标指美联储为了实现货币政策最终目标而设置的可供观测和调整的指标，美联储在实施货币政策的过程中可据以衡量对最终目标所产生的初步影响。一般货币政策的中间目标满足可测性、可控性和相关性的特征。主要的货币政策中间目标是利率和货币供应量。

货币政策的工具指美联储为调控货币政策而采取的政策手段。货币政策工具一般包括：公开市场业务、贴现政策、存款准备金率以及利率和贷款规模等。

根据以上定义：

(1)名义 GDP 是最终目标。

(2)贴现率属于货币政策工具。

(3)基础货币是货币政策的中间目标。

(4)M_1 属于中间目标。

(5)国库券利率也属于中间目标。

(6)失业率是最终目标。

7. 当发生信用配给时，以利率作为货币政策目标会有什么危险？

What might be the danger in using interest rates as targets for monetary policy when credit rationing is taking place?

答：信用配给指在借款人愿意支付规定利率甚至更高利率时，贷款人仍不愿发放贷款或发放贷款的数额小于申请贷款额的情形。

发生信用配给时以利率作为货币政策目标的危险性在于：

出现信用配给时，因为贷款人担心愿意借款的借款人可能没有能力偿还，从而限制借款人的借款数量。这时，如果以利率为目标，即信贷市场以一个给定的利率配给，这个利率就不能充分体现货币政策对投资和总需求的影响，利率将不再是信贷市场的一种有效可靠的货币政策指示器，因为此时利率已经不能反映真实的市场条件。

8. 为什么美联储会选择中间目标作为货币政策，而不是直接追求其最终目标？运用这些中间目标有什么好处和危险？

Why might the Fed choose intermediate targets for its monetary policy, as opposed to directly pursuing its ultimate targets? What are the benefits and the dangers of using these intermediate targets?

答：最终目标指政策运行的宏观经济总体目标，一般包括充分就业、稳定物价、经济增长和国际收支平衡四项内容。中间目标指美联储为达到最终目标，在政策工具和需要达到的最终目标之间所选定一些变量，如货币供应量、利率等。

(1)美联储会选择中间目标作为货币政策的原因

①相对于最终目标，美联储在实施货币政策的过程中，可以更容易控制中间目标。

②中间目标与最终目标之间的密切程度要高于政策工具。由于最终目标和政策工具之间的关系是不确定的和经常变化的，如果没有中间目标的指导，货币政策的效应偏差可能要大得多，从而中间目标起了“缓冲区”式的作用，使美联储通过它更有可能实现货币政策最终目标。中间目标的变化不能立即影响最终目标，因此美联储能比较容易地改变或加强它的政策措施。由于货币政策的滞后，美联储运用这些中间目标作为政策变化的效果以及政策措施实现其最终目标的可能性的反馈。

(2)运用中间目标的好处

中间目标能够及时和持续性地反馈政策信息，有助于美联储判断货币政策工具是否已经对经济产生了预计的影响；而且由于货币政策有较长的时滞，需要运用中间目标来判断货币政策的效果，决定货币政策的总体效应是扩张性的，还是紧缩性的。

(3)运用中间目标的危险

运用中间目标的危险在于理想的中间目标不易选择。理想的中间目标是那些美联储能够准确控制，并同时与政策最终目标有密切关系的变量。作为中间目标的金融变量必须具备可测性、可控性和相关性的特征。这并不容易满足，因此一旦中间目标选取不当，可能会妨碍最终目标的实现，因为所选择的中间目标可能与最终目标之间并不具有一种稳定的因果联系。

三、计算与分析题

1. 说明美联储在公开市场上出售债券对其资产负债表的影响，以及对购买美联储债券的商业银行的资产负债表的影响。

答：公开市场业务指美联储在公开市场上买进或卖出政府债券以增加或减少商业银行准备金的一种政策手段。美联储在公开市场出售政府债券，回笼货币，会减少货币供应量，引起价格、就业和收入的下降。这对自身以及商业银行的资产负债表都有一定的影响，可以从以下两个方面来分析：

(1)假设美联储卖给商业银行的国库券价值为1000万美元，此时美联储和商业银行的资产负债表变为：

美联储的资产负债表			
资产		负债	
政府证券	-1000万美元	流通中的现金	0
其它资产	0	银行存款	-1000万美元

商业银行的资产负债表			
资产		负债	
美联储的存款	-1000万美元	存款	0
政府证券	+1000万美元		
其它资产	0		

银行现在损失了1000万美元的存款(美联储的存款)。为提高流动性，银行需吸收新的存款，或者收回部分资产。

(2)如果国库券被银行的一位存款者购买，此时美联储和商业银行的资产负债表变为：

美联储的资产负债表			
资产		负债	
政府证券	-1000万美元	流通中的现金	0
其它资产	0	银行存款	-1000万美元

商业银行的资产负债表			
资产		负债	
准备金	-1000万美元	存款	-1000万美元
其它资产	0		

同样地，银行存款也减少1000万美元。

2. 当美联储买入或卖出黄金或外汇时，通过补偿性公开市场业务，它自动地抵消或冻结以上买卖对基础货币的影响。美联储所做的是买入黄金，同时从它的资产组合中卖出债券。说明购买黄金对美联储资产负债表的影响，以及相应地通过公开市场出售债券的冻结作用。

答：(1)假设美联储买进价值1000万美元的黄金，此时美联储的资产负债表变为：

美联储的资产负债表			
资产		负债	
黄金	+1000万美元	流通中的现金	0
其它资产	0	银行存款	+1000万美元

购买黄金的行为使基础货币(银行存款)增加了1000万美元。

(2)美联储通过在公开市场上卖出债券来抵消购买黄金对基础货币所造成的影响，此时美联储的资产负债表变为：

冻结后美联储的资产负债表		
资产		负债
黄金	+1000万美元	银行存款(+1000-1000)=0美元
政府证券	-1000万美元	

通过以上两项操作基础货币在总体上没有发生变化。

3. “100%的银行业务”建议准备金—存款比率为1，美国已经提出这样的一个建议，以增强美联储对货币供给的控制。

(1)指出为什么这样的一个方案有助于控制货币供给?

(2)指出在这个方案下，银行资产负债表将会怎样?

(3)在“100%的银行业务”的情况下，银行业务怎样才能仍然保持有利可图?

答：准备金—存款比率指银行持有的准备金对银行存款的比率，是美联储调节货币供应量的工具。准备金—存款比率是货币乘数的基本决定因素，准备金比率越小，货币乘数就越大。

(1)如果在“100%的银行业务”的情况下，准备金—存款比率为1，那么银行必须将所有存款用做准备金，银行不能发放贷款和投资。此时货币乘数等于1，这意味着美联储通过控制基础货币能够完全控制货币供给。

(2)由于在这种情况下银行不能发放任何贷款或投资，所以银行的资产负债表中的资产项目只包含准备金这一项。

(3)在这种情况下，只要银行通过提供服务收取费用来弥补成本，银行仍可保持有利可图。

4. 假如你作为美联储主席，正在考虑应以基础货币，还是利率作为政策目标。为了做出明智的决定，你需要什么信息？在什么时候，每个选择都会是一个好的(或坏的)选择?

答：需要知道经济的冲击主要是来自货币因素还是支出因素。

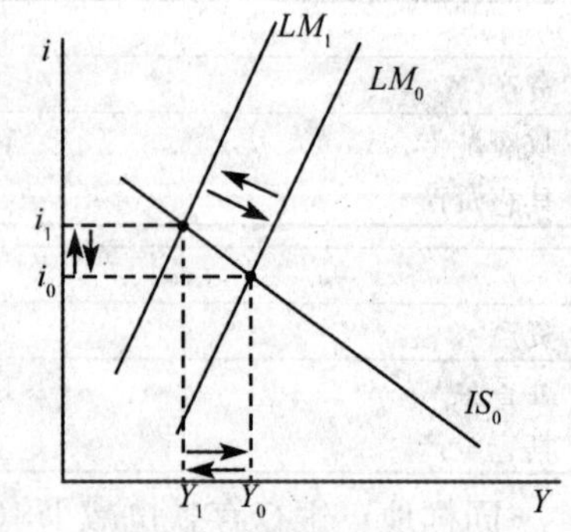

图16-7 以利率为目标

(1)如果经济的大多数冲击来自于货币因素，比如货币需求的变动，那么可以选择以利率为目标来运用货币政策。由图16-7可知，当货币需求上升时，*LM*曲线将会向左移动，利率会上升。在这种情况下，美联储只要通过增加货币的供给量以保持利率不变，就可以使*LM*曲线回移到原来位置，使经济恢复到原有的均衡状态。

(2)如果经济的大多数冲击来自于支出因素，那么可以选择以货币供给为目标来运用货币政策。由图16－8可知，如果支出增加，*IS* 曲线将会向右移动，利率会上升。如果美联储采用增加货币供给的方法使利率回到原有的水平上，就会使经济不平衡更加严重。相反，美联储应该使货币供给保持平稳，从而使这种不平衡维持在一个最小的水平上。

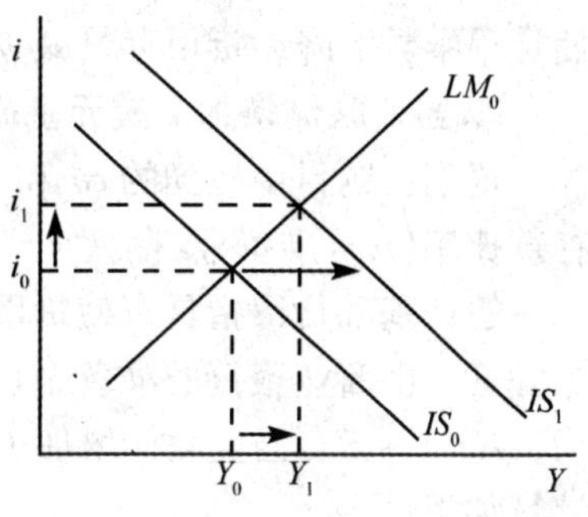

图16－8　以货币供给为目标

附录1：下列为第6版第14章属于本章的习题，在第10版中已被删除，现补录如下，仅供参考。

1. 利用图16－9回答，在已知基础货币的条件下，以下两种情况怎样影响货币存量：

(1)流通现金—存款比率增加。

(2)准备金—存款比率增加。

说明：货币乘数是货币存量(图的底部)与高能货币的比率。货币乘数大于1。现金—存款比率及准备金—存款比率愈小，货币乘数愈大。

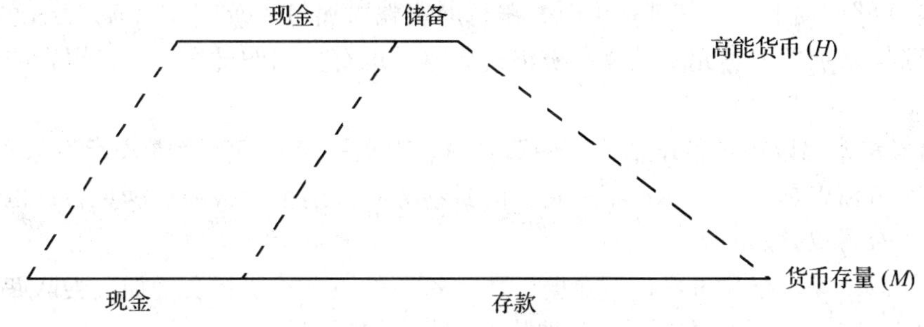

图16－9　货币乘数＊

该图在第10版教材中是图16－2，两者只是上下颠倒了一下，并不影响实际效果的表达。

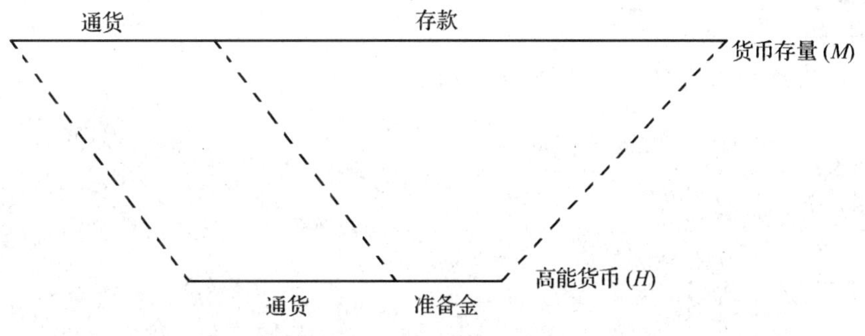

图16－10　高能货币和货币供应量的关系

答：(1)基础货币既定时，流通现金—存款比率增加，会使货币存量减少。分析如下：

流通现金—存款比率增加意味着人们持有更多的通货现金，而银行则有更少的资金来创造存款。货币乘数 $mm=(1+cu)/(re+cu)$，其中 cu 是通货—存款比率(cu＝通货/存款)，re 是准备金—存款比率(re＝准备金/存款)，cu 增加会使货币乘数下降，货币存量减少。

(2)基础货币既定时，准备金—存款比率增加，也会使货币存量减少。分析如下：准备金—存款比率增加，意味着银行将持有更多的准备金，则只有更少的存款被创造。re 增加会使货币乘数下降，货币存量减少。

2. 当美联储增加 1 美元基础货币时，对银行的贷款增加多少？用 cu 和 re 说明。

说明：题目中提到的 cu 和 re 是指通货—存款比率（cu = 通货/存款 = CU/D）和准备金—存款比率（re = 准备金/存款 = r/D）。货币乘数 $mm=(1+cu)/(re+cu)$。

答：基础货币指具有使货币总量成倍扩张或成倍收缩能力的货币，是中央银行发行的债务凭证，由商业银行的准备金（R）和公众持有的通货（C）组成。基础货币 H 的数学表达式为：$H=C+R$。当美联储增加 1 美元基础货币时，银行的贷款增加 $(1+cu)/(re+cu)$ 美元。计算如下：

美联储增加 1 美元基础货币，如果被公众获得，则公众会持有 $cu\times1$ 并将其余的 $(1-cu)\times1$ 存入银行 A。银行 A 将会持有 $re\times(1-cu)\times1$ 作为准备金，并将剩余的 $(1-re)\times(1-cu)\times1$ 作为贷款发放出去。获得贷款者将会再次持有相同比例的通货，即 $cu\times(1-re)\times(1-cu)\times1$，并把剩余的 $(1-re)\times(1-cu)^2\times1$ 存入到银行 B。银行 B 将提取准备金 $re\times(1-re)\times(1-cu)^2\times1$，并发放贷款 $(1-re)^2\times(1-cu)^2\times1$。这个过程还会继续，最终导致货币供给发生变化。从货币乘数方程可知，货币供给变化量为 $\Delta M=[(1+cu)/(re+cu)]\times1$。所以当美联储增加 1 美元基础货币时，银行的贷款增加 $(1+cu)/(re+cu)$ 美元。

如果美联储增加的 1 美元基础货币被银行获得，也有类似的过程，最终银行的贷款也增加 $(1+cu)/(re+cu)$ 美元。

3. 说明当美联储以市场价格估价它的黄金时，对美联储的资产负债表产生怎样的影响？

答：资产负债表是反映公司在某一特定时日财务状况的会计报表。满足会计恒等式：资产 = 负债 + 所有者权益。

当美联储以市场价格估价它的黄金时，作为资产的黄金价值将会增加。美联储为了保持基础货币固定不变，“其他净资产”项目要进行调整。

4. 运用图 16－11 和图 16－12 表明贴现率的增加对以下几个因素的影响：

(1) 均衡的货币供给。

(2) 均衡的利率。

(3) 均衡的产量水平。

说明：题中提到的图 16－11 和图 16－12 如下所示。

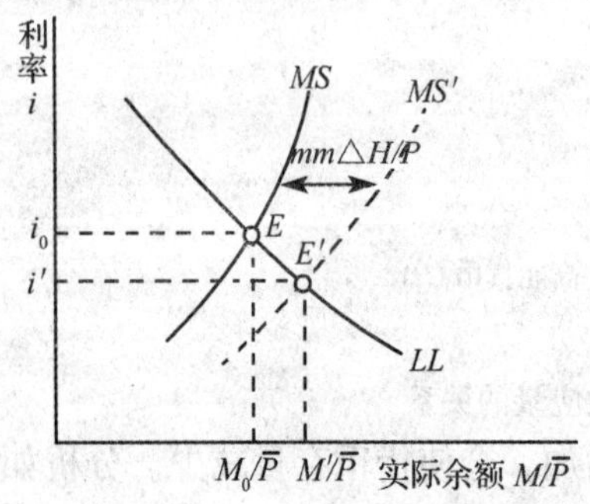

图 16－11　货币市场均衡和 H 增加的效应

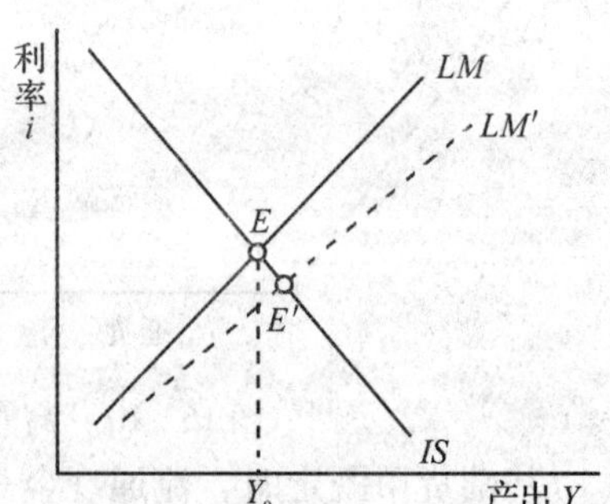

图 16－12　$IS-LM$ 模型中高能货币增加的影响

货币需求曲线向下倾斜，利率较低时，货币需求数量较大。货币供给函数是向上倾斜的曲线。向上倾斜是因为，在给定高能货币数量的条件下，当利率上升时，银行减少超额准备金的需求。因此，在较高的利率水平上，准备金比率较低，货币乘数较大。均衡的利率和货币存量在交点 E 决定。基础货币的增加将 MS 移至 MS'，在新的均衡点 E'，具有较大的货币供应量和较低的利率。

对于任何给定的产量水平，高能货币存量的增加会降低货币市场均衡状态时的利率。这意味着，当 H 增加时，LM 曲线下移，均衡点从 E 移到 E'，利率下降，产量上升。

答：贴现率的增加会增加银行从美联储借款的成本，银行会减少借款，持有更多的准备金。这样准备金—存款比率上升，货币乘数变小，从而货币供给减少，货币供给 MS 曲线向左移动，如 16 - 13 左图。货币供给的减少使 LM 曲线向左移动，如 16 - 13 右图，利率升高，投资减少，国民收入减少，从而货币需求也会减少，货币需求曲线 LL 曲线左移，如 16 - 13左图。从综合效果上看，MS 曲线和 LL 曲线均左移，但 MS 曲线左移幅度更大，因此结论如下(图 16 - 13 中的两个均衡点 3)：

(1)均衡的货币供给减少。

(2)均衡的利率上升。

(3)均衡的产量水平下降。

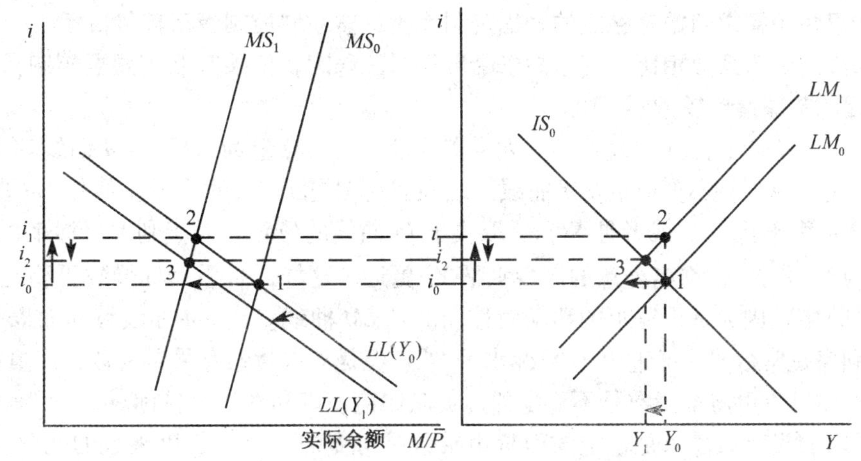

图 16 - 13　贴现率增加的影响

5. 联邦存款保险公司为商业银行存款保险，以防银行违约。已知 H，说明存款计划对货币乘数和货币供给的影响。

答：(1)货币乘数和货币供给的含义

货币乘数指货币存量对基础货币的比率，即中央银行创造或减少一单位的基础货币所能增加或减少的货币供应量。货币乘数 $mm = (1 + cu)/(re + cu)$，其中 cu 是通货—存款比率，re 是准备金—存款比率。货币供给从定义上来说，可以分为狭义及广义两种。狭义的货币供给是指公众所持有的现金加上可以开支票的存款，通常这类定义范围的货币供给称为 M_1；广义的货币供给是指 M_1 加上定期储蓄存款，即常见的 M_2。

(2)该存款保险计划对货币乘数和货币供给的影响

存款保险计划的实施，会增强公众对银行体系的信心，公众会减少对通货的持有，并且银行也将减少超额准备金。这样通货—存款比率和准备金—存款比率都会下降，货币乘数会变大。在已知 H 的条件下，货币供给会随着货币乘数的增加而增加。

6. 这个较长的习题要求你分析下列问题。假设美联储已经决定以货币存量为目标，美联储是否会制定一个给定水平的利率，或者固定 H？你应将这个分析视为应用于几周的很短水平——大约在公开市场委员会会议期间。

这个分析应该运用图 16 - 14 的分析，分析的结果涉及货币需求的相对稳定性和货币乘数。

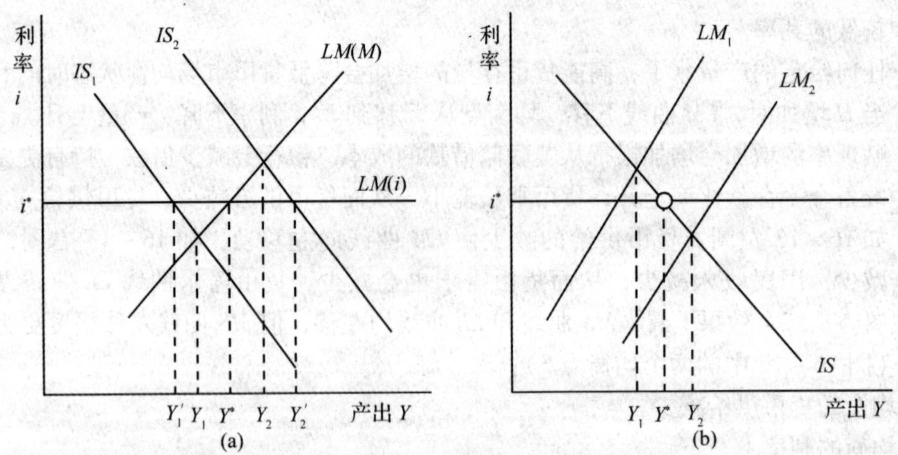

图 16－14　货币存量目标和利率目标

(1)如果货币需求函数是稳定的，固定利率确保美联储控制货币存量目标。

(2)如果同货币乘数相比，货币需求函数相对不稳定，如果美联储想要控制货币存量水平目标，因此美联储应以 *H* 为目标。

说明：在图(a)中，*IS* 曲线移动。如果美联储以货币存量为目标，*LM* 曲线如 *LM*(*M*)所示。*LM*(*i*)是利率保持不变时的 *LM* 曲线。政策目标是达到 Y^* 的产量。如果 *LM* 曲线是 *LM*(*M*)时，产量水平将为 Y_1 或者是 Y_2，这取决于 *IS* 曲线的位置。对于利率目标来说，对应的产量水平为 Y_1'和 Y_2'，都离合意的产量水平 Y^* 更远。这样，货币目标导致更稳定的产量水平。在图(b)中，因为货币需求的移动而移动的是 *LM* 曲线。当 *LM* 曲线移动而 *IS* 曲线不变时，如果利率是常数 i^*，产量将在目标水平 Y^*，但是如果货币存量是常数，产量将为 Y_1 或 Y_2。因此，如果货币需求函数是不稳定的，美联储应该以利率作为目标。

答：(1)假设货币需求是稳定的而货币乘数是可变的。由于货币乘数的变化使 *ms* 曲线移动，那么为了使货币市场回到初始均衡，美联储就会通过公开市场操作来调整高能货币。在这种情况下，利率目标会运行得比较好。如图 16－15 所示。

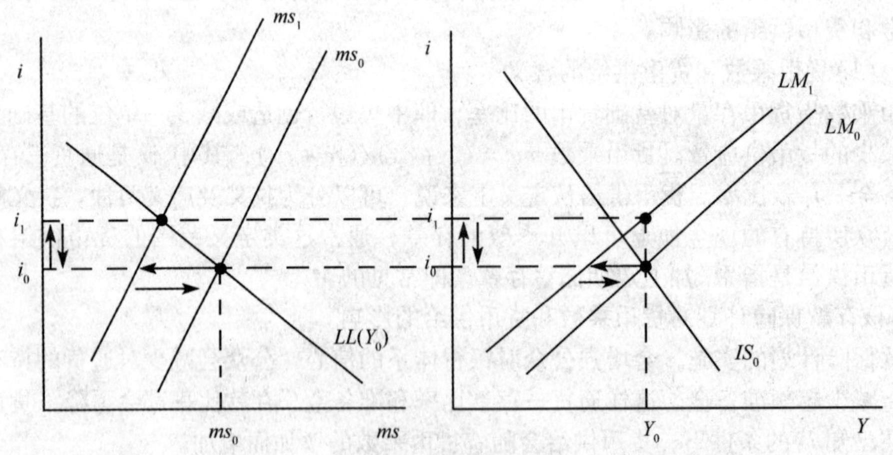

图 16－15　货币乘数可变时的政策选择

(2)如果货币需求不稳定而货币乘数相对稳定，那么美联储应该以高能货币存量为目标。*LL* 曲线的移动会改变利率，如果美联储采用利率为目标并通过公开市场操作改变高能货币的存量，那么经济波动会更加剧烈。因此，在这种情况下，最好是保持高能货币的存量不变。如图 16－16 所示。

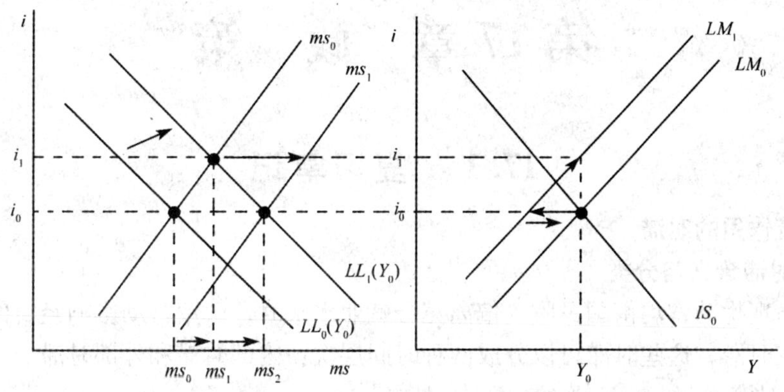

图 16－16　货币需求不稳定时的政策选择

附录 2：下列为第 8 版第 16 章属于本章的习题，在第 10 版中已被删除，现补录如下，仅供参考。

讨论下面这句话的含义："美联储的货币政策目标应该是，创造固定不变的每年 3.5% 的实际 GDP 年增长率。"

"The Fed's target for monetary policy should be to produce constant growth of real GDP at a rate of 3.5 percent per year." Discuss.

答：(1)从货币数量论的公式：$M \times V = P \times Y$，可以得出$\%\Delta M + \%\Delta V = \%\Delta P + \%\Delta Y$，从而可以推出：$\%\Delta P = \%\Delta M - \%\Delta Y + \%\Delta V$。因此，如果真实 GDP($Y$)的增长率为 3.5%，则美联储必须使货币供给($M$)的增长率$\%\Delta M = 3.5\% - \%\Delta V$，才能使价格保持平稳(此时$\%\Delta P = 0$)。只有当货币需求是相对可预测时，中央银行才可以通过名义货币供给的变化来控制名义 GDP。美国 GDP 的长期增长率一直保持在 2.25% 左右，远低于这里提到的 3.5%，扩张性的货币政策不能获得这么高的增长率。但是从长远来看，货币供给的变化和价格变化之间的关系非常密切，而真实 GDP 的增长主要受其它因素的影响。如果中央银行高估潜在 GDP 的增长，那么很有可能会刺激经济过度增长最终导致通货膨胀。

(2)因此以名义 GDP 为目标比实际 GDP 为目标更好，因为它创造了在失业和通货膨胀之间的政策权衡。换句话说，如果潜在 GDP 的增长被高估，将会产生较低的增长率和较低的通货膨胀。在短期内，真实 GDP 受货币政策的影响，但它同时也受财政政策的变化和中央银行不能控制的供给冲击的影响。从而，即使美联储以 GDP 的增长水平为目标，它也不总是能够达到这一目标。

第17章 政 策

17.1 复习笔记

一、政策作用的时滞

1. 政策时滞含义与分类

当经济出现扰动，均衡国民收入偏离充分就业水平时，政策行动影响经济的过程，每一个阶段都存在时滞，这些时滞可以分成两种时间层次：内部时滞和外部时滞。

(1)内部时滞

内部时滞指从经济发生变动，认识到有采取政策措施的必要性到决策者制定出适当的经济政策并付诸实施之间的时间间隔，是与“外部时滞”相对而言的。内部时滞包括三个组成部分：认识时滞、决策时滞和行动时滞。不同的经济政策具有不同的内部时滞。政府要有效地影响经济运行，其制定和执行经济政策的内部时滞就必须尽可能地缩短。但由于内部时滞受一系列客观因素的制约，故其变动不可能太大。

①认识时滞

认识时滞指从一种潜在的不稳定的动乱情况发生时起到这种情况被政策制定者认识为止的一段时间，处于决策时滞和实施时滞之前。如果政策制定者能准确地预测经济变动，并在这种变动发生之前采取相应政策，那么，认识时滞就小于零。但在现实的经济生活中，认识时滞一般是正的。认识时滞的长短取决于加工整理资料所需的时间和政策制定者对经济运行规律的把握程度。

②决策时滞

决策时滞指对一个经济问题，特别是宏观经济问题，从认识到需要采取行动到实际做出决策之间的时间间隔，介于认识时滞和实施时滞之间。决策时滞的长短取决于决策者的意见是否一致，立法程序是否复杂等。一般而言，不同种类的经济政策的决策时滞是不同的：货币政策的决策时滞比较短；财政政策的决策时滞比较长。

③行动时滞

行动时滞，也称实施时滞，指从做出决策到具体实施之间的时间间隔，处于认识时滞和决策时滞之后。实施时滞的长短受经济管理当局的制度结构和运行效率的影响。货币政策由中央银行决定和实施，因而实施时滞较短；财政政策由立法机构做出决定，再由财政部具体实施，因而实施时滞较长。另外经济管理当局的行政效率也在很大程度上影响行动时滞。

(2)外部时滞

外部时滞指从一项经济政策特别是宏观经济政策开始执行到其充分地发挥全部效果并达到预期目标之间的时间间隔，是与“内部时滞”相对而言的。在正常情况下。外部时滞呈分布滞后的形式。政策付诸实施后，它会随着时间的推移逐渐对经济产生影响。只有经过一定时间以后，政策才会完全发挥作用，才能达到预期目标。外部时滞由政策影响中间变量所需要的时间和中间变量影响目标变量所需要的时间两部分组成。不同的经济政策具有不同的外部时滞。货币政策影响目标变量一般要经过多个中间变量，因而外部时滞长；财政政策影响目标变量一般较为直接，因而外部时滞短。只有在了解了各种政策的外部时滞之后，才能更好地把握经济活动，才能使所实行的经济政策具有更好的效果。

2. 货币政策时滞与财政政策时滞

(1)货币政策的时滞

①货币政策的内部时滞

货币政策由于从决策到执行所需的环节较少，其内部时滞比较短。

②货币政策的外部时滞

货币政策实施以后一般不会马上对目标变量发生作用，而是首先作用于某个中间变量，再由这个中间变量去影响目标变量，因此货币政策的外部时滞比较长。

(2)财政政策的时滞

①财政政策的内部时滞

财政政策的制定和执行需通过立法机构讨论和表决，再由中央和地方政府执行，因而其内部时滞较长。较长的内部时滞使得财政政策对稳定经济的作用减弱。这意味着，在设法稳定经济时，相对来说不会经常使用财政政策。

②财政政策的外部时滞

财政政策对收入的影响较为直接，因此财政政策具有较短的外部时滞。

3. 自动稳定器与政策时滞

(1)自动稳定器的含义

自动稳定器又称内在稳定器，指在国民经济中无需经常变动政府政策而有助于经济自动趋向稳定的一种机制，这种机制能够在经济高涨时自动抑制通货膨胀，在经济萧条时自动抑制衰退，而无须政府采取干预政策。在社会经济生活中，通常具有内在稳定器作用的因素主要包括：个人和公司所得税、失业救济和其他福利转移支付、农产品维持价格以及公司储蓄和家庭储蓄等。

①所得税是最重要的自动稳定器，它通过减少任何扰动对总需求的乘数效应来稳定经济。

②失业救济是另一个重要的自动稳定器，当工人陷入失业并减少其消费时，消费需求的减少就会对产量起乘数效应。

(2)自动稳定器的时滞与效果

当经济发生波动时，经济中存在的自动稳定器会在一定程度上起到熨平经济周期的作用，由于自动稳定器无需政府干预而会自动发挥作用，因而其内部时滞为零。

但是，内在稳定器的作用是有限的。它只能配合需求管理来稳定经济，而本身不足以完全维持经济的稳定；它只能缓和或减轻经济衰退或通货膨胀的程度，而不能改变它们的总趋势。因此，还必须采用更有力的财政政策措施。

4. 政策时滞与政策效果

假设经济处于充分就业状态时，受到总需求的扰动，使得均衡的收入水平低于充分就业水平。进一步假设，扰动的出现没有预先警告，因此，没有因预见到扰动的出现而采取政策行动。此时政策制定者必须首先区分扰动是永久的或至少要持续一段时间，还是瞬间的和短暂的，从而决定是否对扰动做出反应。

(1)暂时性扰动

暂时性扰动将影响这一时期的收入，但不会有永久性影响。如果扰动是暂时的，没有长久效应，而政策运作存在时滞，那么，最好的政策就是不对扰动做出反应。

如图 17－1 所示，如果供应商或生产者并没有误认为需求下降是永久性的，而认为是暂时性的。他们将通过改变产量和存货而不是调整生产能力来承受它。由于存在政策时滞，即现时的政策行为产生影响需要时间，现时政策行动将会冲击原本接近于充分就业的经济，使其离开充分就业水平。

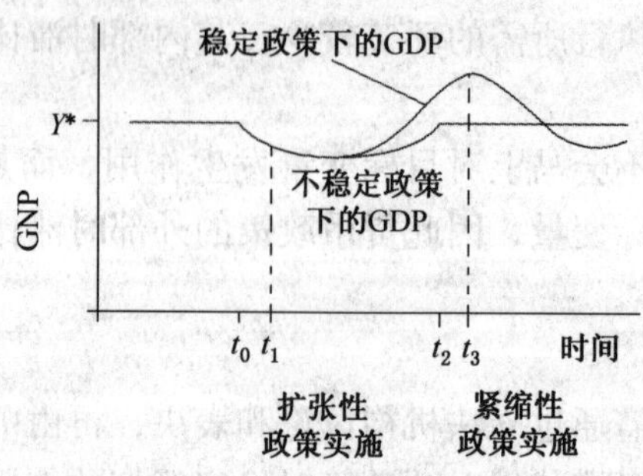

图 17－1　时滞和不稳定的政策

(2) 持久性扰动

在这种情况下，扰动产生的影响将持续几个季度，收入水平在没有干扰的情况下，在一段时间内，将低于充分就业水平。

①经济中小的扰动

面对经济中小的扰动时，政策就应该针对小的扰动做出小的反应，即微调。假如扰动在本质上具有不确定性，从技术上说，正确的政策反应是小的，介于适用于暂时冲击的零反应和适用于永久扰动的充分反应之间。

②重大经济冲击

面对重大经济冲击时，应该积极运用货币和财政政策。政府和中央银行可以根据具体情况和不同目标，及时采取反周期性质的政策措施。

二、预期和反应

1. 反应的不确定性

(1) 减税政策中的反应不确定性

假设由于经济衰退，政府决定减税。减税完全是短期的，目的仅仅是使经济运转起来的一个短暂刺激。减税的幅度则取决于公众对暂时性减税政策的反应：

①如果减税增加的永久性收入较少，则增加的支出也非常小，此时为使减税产生作用，暂时减税的幅度应该较大。

②如果消费者认为减税持续的时间将比政府所说的要长得多，则公开宣布为暂时减税的边际支出倾向就比较大，较少的减税就足以增加很多的支出，减税的幅度可以较小。

(2) 关于反应的不确定性的结论

政府不知道厂商和消费者对于政策的预期和反应，将会造成政策影响的不确定性，进而造成经济的不稳定。

2. 政策当局的变化

(1) 可信性的概念

可信性即公众相信政府将履行其宣布的政策的程度。公众不可能立即完全相信政府的公告，政策制定者可能缺乏充分的可信性。当政策制定者的公告为经济当事人所信任时，政策制定者才有信誉。政策制定者通常必须通过长时期内始终如一的行动，来赢得信誉，为的是让公众相信他们所说的。

(2)政策当局的变化

政策本身对公众的预期有一定的影响，当政府改变它传统的对扰动的反应，实施一种新的政策，可能影响公众预期的形成方式，造成需求的额外变动。只有当政策具有可信性时，才能达到预期的政策目标。而获得可信性的代价可能是昂贵的，并且只有经过一段时间，当新的政策被理解时，才会赢得信誉。

三、不确定性和经济政策

1. 乘数的不确定性

乘数的不确定性指财政政策乘数、货币政策乘数等值的不确定性，从而引起了政策变动效应的不确定性。产生于任何特定政策行为影响程度的不确定性，无论是由于对预期的不确定性，还是对经济结构的不确定性，都称之为乘数的不确定性。

面临着这些不确定性，政策制定者对有关的参数信息估计越准确，所能提供的政策就越积极。反之，如果对有关参数的估计有相当大幅度的误差，政策则应该较为谨慎。当信息不准时，十分积极的政策便有造成经济不必要波动的巨大危险。

2. 不确定性下的政策组合

(1)政策组合概述

政策组合指为了实现宏观经济目标而采取的财政政策、货币政策以及其他一些政策工具的组合。扩张性的财政政策表现为 *IS* 曲线右移，在使收入增加的同时会带来利率的上升，反之亦然。扩张性的货币政策表现为 *LM* 曲线右移，在使收入增加的同时会带来利率的下降，反之亦然。因此，为实现收入和利率的不同组合，将两种政策搭配使用，即财政政策和货币政策的混合使用。政府和中央银行可以根据具体情况和不同目标，选择不同的政策组合。

(2)政策工具的多样性

政策工具的多样性指在货币政策和财政政策两者的乘数都不确定的情况下，政府采取多样化的政策工具。在乘数不确定的情况下，考虑在货币政策和财政政策之间进行选择。最佳办法是利用政策工具的组合，少量地使用货币政策和财政政策。实行多样化政策工具的原因在于，至少有机会使一个乘数的估计误差被其他乘数的估计误差所抵消。如果运气好，制定政策中的误差会部分地相互抵消。即使不走运，也不会比完全依赖一个政策工具时的情况更糟。

四、目标、工具和指标：一种分类

在政策讨论中，各种经济变量发挥着不同的作用，可以将经济变量划分为目标变量、工具变量和指标变量，且这些变量根据具体经济情况的变化而变化。

(1)目标

目标是表明政策目标的变量。当政策目标是“社会的利益”时，人们会更加具体地关注产出和价格、失业和通货膨胀。目标变量进一步划分为“最终目标”和“中间目标”。作为全部经济政策的一部分，一个具体的经济政策制定单位也许会被分配达到一个具体的中间目标的任务。例如，中央银行也许被指令达到每年增长2%货币存量的目标。即便货币增长本身并不是一项最终的经济目标，但作为目标的货币增长也许是分配给中央银行的适当任务(中间目标)。

(2)工具

工具指被政策制定者用于直接影响经济的"工具"。例如，中央银行也许有一个汇率目标，它的工具将是买卖黄金或者其他外汇。

(3)指标

指标指提供信号以告诉人们是否正在接近其意愿目标的经济指标。例如，有时利息率(一种指标)的上升是市场预期未来通货膨胀(一种目标)上升的信号。所以，指标变量提供了允许政策制定者调整工具变量，以便使其更好地完成任务的信息反馈。

五、积极性政策

1. 微调

微调指政府在宏观调控中，针对经济运行中的小冲击、小波动、小扰动而做出相应的小调整，不断地试图稳定经济的政策行为。

(1)对财政政策来说，长时间的内部时滞，使得相机抉择的微调在实际上变得不可能，尽管自动稳定器事实上一直在起着微调作用。

(2)对货币政策来说，由于货币政策的决策是经常进行的，内部时滞较小，微调则是可能的；如果货币政策反应一直是以小的变化对应小的扰动，微调便是恰当的。

2. 规则和斟酌

(1)相机抉择

相机抉择指政府进行需求管理时根据市场情况和各项调节措施的特点，机动灵活地采取一种或几种措施，使财政政策和货币政策相互搭配。实行相机抉择的目的在于既保持总需求，又不引起较高的通货膨胀率。

根据财政政策和货币政策在决策速度、作用速度、预测的可靠程度和中立程度这四方面的差异，相机抉择一般具有三种搭配方式：

①松的财政政策与松的货币政策相搭配；

②紧的财政政策与紧的货币政策搭配；

③松的财政政策与紧的货币政策搭配或紧的财政政策与松的货币政策搭配。

(2)单一政策规则

单一政策规则指以弗里德曼为代表的货币主义学派关于货币供给量每年按固定的比例增长的政策主张。弗里德曼建议的惟一政策便是货币供给量每年按固定的比例增长，其中固定的比例等于实际国民收入增长率加上通货膨胀率。其政策的目的在于使货币供给量不要限制国民收入的自然的增长。货币主义者主张的这一政策也被称为单一的政策规则。

(3)积极的规则

积极的规则指对重大经济冲击做出的具有反周期性质的规则。在讨论积极的货币政策和积极的财政政策的合意性时，要把对重大经济冲击做出反应的政策行动与微调加以区别。面对重大经济冲击时，决不能主张不应该积极运用货币和财政政策。政府和中央银行可以根据具体情况和不同目标，及时采取反周期性质的政策措施。

(4)规则与相机抉择争论中产生的两个实际问题

①第一个问题是把改变规则的权力放在哪里。

在未来政策的确定性和政策的灵活性之间的权衡中，积极的政策制定者重视灵活性，而那些赞成难以变动规则的人则重视中央银行在过去经常犯错误的事实。

②第二个问题是政策制定者是否应该预先宣布在可以预见到的将来所要遵循的政策。

六、可供选择的政策目标

1. 实际 GDP 目标

实际 GDP 目标指运用货币和财政政策来达到一个实际 GDP 增长的具体比率。实际 GDP 指用从前某一年的价格作为基期价格计算出来的当年全部最终产品和服务的市场价值。实际 GDP 和名义 GDP 的关系式为：实际 GDP = 名义 GDP ÷ GDP 折算指数。

如果刚好达到潜在的 GDP 水平，那么，实际 GDP 的目标就是最优的。由于在实际通货膨胀率等于预期通货膨胀率时，菲利普斯曲线表明自然失业率等于实际失业率，所以，达到潜在的 GDP，就与较低的实际通货膨胀率与预期通货膨胀率相一致。

从完全关注产出的方面到完全关注价格方面，注意，实际 GDP 目标对于达到首要目标是最好的选择，但是也具有在第二目标方面遭受巨大损失的风险。

2. 名义 GDP 目标

名义 GDP 目标指运用货币和财政政策来达到一个名义 CDP 增长的具体比率。名义 GDP 指按当年价格计算的全部最终产品及劳务的市场价格，通过以名义 GDP 为目标，美联储在通货膨胀与失业之间进行政策权衡。如果潜在 GDP 增长率被高估并且政策制定者可能会过多地刺激经济，那么增长率与通货膨胀率都要低于以实际 GDP 为目标的时候。

3. 通货膨胀目标

通货膨胀目标指使用货币和财政政策来降低或维持一定的通货膨胀率。当政策制定者不能恰好达到一个通货膨胀目标时，他们肯定能够接近这一目标。通过完全放弃首要目标，政策制定者们就能够很好地达到其第二目标。

七、动态不协调与规则及斟酌使用

1. 动态不一致性的概念

(1)动态不一致性成立的前提

①政策制定者对于通货膨胀和失业同样地反感，经济的最佳长期情况是充分就业和零(或者至少是低)通货膨胀。

②通货膨胀和失业之间存在着短期替代关系，但是由于通货膨胀预期的调整，二者之间没有长期的替代关系。

(2)动态不一致性的概念

动态不一致性指所选择的政策在不同的时点上将会有的差异。由于通货膨胀和失业之间短期内存在替代关系，如果政策制定者宣布一项充分就业和零通货膨胀政策，政策制定者会利用相机抉择的方法，在通货膨胀较低的时候，用很少的通货膨胀作为代价来减少失业，从而实现短期各方利益最大，但是由于通货膨胀和失业之间在长期内不存在替代关系，最终结果是失业没有降低，通货膨胀却提高了。这种公开宣布的计划与执行的计划之间的分离，产生了“动态不一致性”概念。

2. 动态不一致性的图示

(1)三个连续的步骤产生政策制定者和经济之间的相互作用的模型。

①政策制定者宣布一项政策，例如，零通货膨胀政策。

②经济决策者选择与宣布的政策相一致的预期通货膨胀水平，这意味着经济将处于短期菲利普斯曲线上的充分就业水平。

③政策制定者通过相机抉择执行了可能是最佳的政策。

由于短期菲利普斯曲线现在是固定不变的，政策制定者能够以很低的通货膨胀水平为代价来减少失业。这个政策是最优的，尽管它与宣布的政策不一致。

(2)图形说明政策制定者和经济决策者之间的相互影响

如图 17－2 所示，经济初始处于 A 点，在零通货膨胀水平，公众和政策制定者都愿意小幅增加通货膨胀来减少失业，经济沿着短期菲利普斯曲线向左上方滑行到达 B 点(此时通货膨胀恰好高到使较高通货膨胀的边际损失等于较低失业的边际收益)。在 B 点通货膨胀的预期更高，从而短期菲利普斯曲线右移，经济最终在处于充分就业但有正的通货膨胀的 C 点达到均衡(此时通货膨胀的边际损失高到使政策制定者不愿意进一步增加通货膨胀来减少失业)。这一经济均衡点从 A 点到 C 点的移动过程体现了动态不一致性。

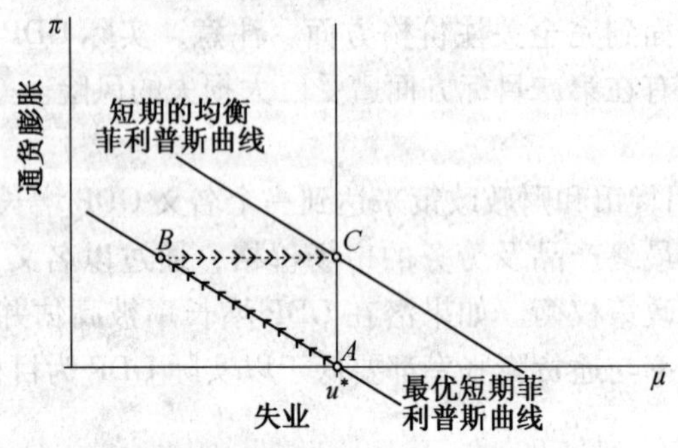

图 17－2　菲利普斯线和经济政策

3. 避免动态不一致性产生的途径

(1)政策制定者保持言行一致的信誉。困难在于总有推动短期通货膨胀倾向的外部压力。

(2)政府要选择一个比其他公众更具有反通货膨胀倾向的政策制定者。

(3)政府跟政策制定者签订一份奖励低通货膨胀的合同。

(4)采取低通货膨胀的规则，防止政策制定者运用“相机抉择”导致动态不一致性。

(5)建立独立的中央银行，要求中央银行遵循一个货币规则，明确授权中央银行与通货膨胀做斗争。

17.2　课后习题详解

一、概念题

1. 内部时滞(inside lag)

答：内部时滞指从经济发生变动，决策者认识到有必要采取政策措施，到制定出适当的经济政策并付诸实施之间的时间间隔，是与“外部时滞”(outside lag)相对而言的。内部时滞可以分为三个组成部分：认识时滞、决策时滞和行动时滞。不同的经济政策具有不同的内部时滞。货币政策由于从决策到执行所需的环节较少，其内部时滞较短；财政政策的制定和执行需通过立法机构讨论和表决，再由中央和地方政府执行，因而其内部时滞较长。值得一提的是，当经济发生波动时，经济中存在的自动稳定器会在一定程度上起到熨平经济周期的作用，但由于自动稳定器无需政府干预而会自动发挥作用，因而其内部时滞为零。政府要有效地影响经济运行，其制定和执行经济政策的内部时滞就必须尽可能缩短。但由于内部时滞受一系列客观因素的制约，故其变动不可能太大。

2. 外部时滞(outside lag)

答：外部时滞指从一项经济政策特别是宏观经济政策开始执行到其充分地发挥全部效果

并达到预期目标之间的时间间隔，是与“内部时滞”(inside lag)相对而言的。在正常情况下，外部时滞呈分布滞后的形式。政策付诸实施后，它会随着时间的推移逐渐对经济产生影响。只有经过一定时间以后，政策才会完全发挥作用，才能达到预期目标。这是因为政策实施以后一般不会马上对目标变量发生作用，而是首先作用于某个中间变量，再由这个中间变量去影响目标变量。外部时滞由政策影响中间变量所需要的时间和中间变量影响目标变量所需要的时间两部分组成。不同的经济政策具有不同的外部时滞。货币政策影响目标变量一般要经过多个中间变量，因而外部时滞较长；财政政策影响目标变量一般较为直接，因而外部时滞较短。经济管理当局在制定经济政策时应该考虑到所实行的经济政策所具有的外部时滞。只有在了解了各种政策的外部时滞之后，才能更好地把握经济活动，才能使所实行的经济政策具有更好的效果。

3. 认识时滞(recognition lag)

答：认识时滞也称为察觉时滞，指从一种潜在的不稳定的动乱情况发生时起到这种情况被政策制定者认识为止的一段时间。它是内部时滞(inside lag)的一部分，处于决策时滞和实施时滞之前。如果政策制定者能准确地预测经济变动，并在这种变动发生之前采取相应政策，那么，认识时滞就小于零。但在现实的经济生活中，认识时滞一般是正的。因为在经济活动发生后，对相关资料进行搜集、加工、整理并据以做出判断是需要时间的。对资料的加工和分析是正确决策所必需的。认识时滞的长短取决于加工整理资料所需的时间和政策制定者对经济运行规律的把握程度。无论何种经济政策，在实施之前必须对经济形势有一个准确的把握。迅速而正确地分析经济变动并及时采取相应的政策是其取得良好效果所必需的。故为了实现宏观经济目标，政策的制定必须尽量减少认识时滞。

4. 决策时滞(decision lag)

答：决策时滞指对一个经济问题，特别是宏观经济问题，从认识到需要采取行动到实际做出决策之间的时间间隔。决策时滞是内部时滞之一，介于认识时滞和实施时滞之间。决策时滞的长短取决于决策者的意见是否一致，立法程序是否复杂等。一般而言，不同种类的经济政策的决策时滞是不同的：货币政策的决策时滞比较短，财政政策的决策时滞比较长。决策时滞的长短直接影响到经济管理当局治理经济的效果，因而各国当局都比较注重缩短决策时滞。

5. 行动时滞(action lag)

答：行动时滞也称作“实施时滞”，指从做出决策到具体实施之间的时间间隔。实施时滞是内部时滞的一部分，处于认识时滞和决策时滞之后。实施时滞的长短受经济管理当局的制度结构和运行效率的影响。货币政策由中央银行决定和实施，因而实施时滞较短；财政政策由立法机构做出决定，再由财政部具体实施，因而实施时滞较长。另外经济管理当局的行政效率也在很大程度上影响实施时滞：当局行政效率高，实施时滞短；当局行政效率低，实施时滞长。实施时滞的长短对经济政策能否起到积极有效的作用具有很强的关联性，因此各国经济管理当局应尽力缩短各项政策的实施时滞。

6. 自动稳定器(automatic stabilizer)

答：自动稳定器又称内在稳定器(built - in stabilizer)，指在国民经济中无需经常变动政府政策而有助于经济自动趋向稳定的一种机制。例如，一些财政支出和税收制度就具有某种自动调整经济的灵活性，可以自动配合需求管理，减缓总需求的波动性，从而有助于经济的稳定。在社会经济生活中，通常具有内在稳定器作用的因素主要包括：个人和公司所得税、失业补助和其他福利转移支付、农产品维持价格以及公司储蓄和家庭储蓄等等。例如，在萧条时期，个人收入和公司利润减少，政府所得税收入自动减少，从而相应增加了消费和投资。同时，随着失业人数的增加，政府失业救济金和各种福利支出必然要增加，又将刺激个人消费和促进投资。但是，内在稳定器的作用是有限的。它只能配合需求管理来稳定经济，而本身不足以完全维持经济的稳定；它只能缓和或减轻经济衰退或通货膨胀的程度，而不能改变它们的总趋势。因此，还必须采用更有力的财政政策措施。

7. 经济计量模型(econometric model)

答：经济计量模型指由具体的方程式所组成的随机的经济数学模型。经济计量模型包括一个或一个以上的随机方程式，它简洁有效地描述和概括某个真实经济系统的数量特征，更深刻地揭示出该经济系统的数量变化规律。经济计量模型由系统或方程组成，方程由变量和系数组成。其中，系统也是由方程组成。

经济计量模型是通过对观察的经济数据进行分析而得到经济结果的方法，所以不可随意运用计量方法来构造经济预测模型并进行政策分析，其原因是数据误差和模型内在的偏差。

8. 可信性(credibility)

答：可信性即公众相信政府将履行其宣布的政策的程度。公众不可能立即完全相信政府的公告，政策制定者可能缺乏充分的可信性。当政策制定者的公告为经济当事人所信任时，政策制定者才有信誉。政策制定者通常必须通过在长时期内始终如一的行动，来赢得信誉，为的是让公众相信他们的言行。

获得可信性的代价可能是昂贵的。例如，如果美联储宣布它将保持低通货膨胀而不被公众相信时，预期的通货膨胀率会高于实际的通货膨胀率(如菲利普斯曲线所示)，衰退会随之而来。只有经过一段时间，当新的政策被理解时，才会赢得信誉。

9. 乘数的不确定性(multiplier uncertainty)

答：乘数的不确定性指财政政策乘数、货币政策乘数等的值的不确定性，从而引起了政策变动效应的不确定性。产生于任何特定政策行为影响程度的不确定性，无论是由于对预期的不确定性，还是对经济结构的不确定性，都称之为乘数的不确定性。例如，对政府支出乘数的最好估计可能是1.2。如果要GDP增加600亿美元，政府支出就要增加500亿美元。但是，对统计证据的较好解释，只能使人确信乘数介于0.9－1.5之间。在这种情况下，当政府支出增加500亿美元时，可以预期GDP增加的数量会在450亿美元至750亿美元之间。

面临着这些不确定性，政策制定者对有关的参数信息估计越准确，所能提供的政策就越积极。反之，如果对有关参数的估计有相当大的误差，政策则应该较为谨慎。当信息不准确时，十分积极的政策便有造成经济不必要波动的巨大危险。

10. 政策工具的多样性(instruments diversification)

答：政策工具的多样性指在货币政策和财政政策两者的乘数都不确定的情况下，政府采取多样化的政策工具。在乘数不确定的情况下，考虑在货币政策和财政政策之间进行选择。最佳办法是利用政策工具的组合，少量地使用货币政策和财政政策。实行多样化政策工具的原因在于，至少有机会使一个乘数的估计误差被其他乘数的估计误差所抵消。如果运气好，制定政策中的误差会部分地相互抵消。即使不走运，也不会比完全依赖一个政策工具时的情况更糟。

11. 损失函数(loss function)

答：损失函数是人为定义的一种判别函数，用以判断估计值和真实值之间的偏离。设参数的真值为θ，采取的行动为a，则所遭受的损失可表示为a与θ的函数$L(\theta, a)$，称之为损失函数。在一个具体问题中，采取什么损失函数最好，是一个需要进行大量调查研究以至理论分析的问题，这也是在使用决策理论时的一个难点。

12. 边际损失函数(marginal loss function)

答：边际损失函数描述在其他条件不变的情况下，增加一个单位的行动所带来的损失的增加量的损失函数。假设对货币政策对经济的影响的全部认识能够归结为一个方程：

$$Y=\beta M$$

其中：Y 是产出，M 是货币存量，β 是货币政策乘数，Y^* 是产出目标。由于不可能准确地达到目标，就需要一个评估政策成功的规则。这个规则可以测量当没有达到目标时所造成的危害。当希望 Y 准确地达到 Y^* 时，通常在实际产出 Y 和目标产出 Y^* 之间产生缺口，$Y-Y^*$。可以用损失函数来测量"失误"造成的危害：

$$L=\frac{1}{2}(Y-Y^*)^2$$

注意，这个损失函数对于较大损失比较小损失所给予的惩罚要大得多。通过用 βM 替代方程中的实际产出 Y，来评估政策选择 M 的成功与否，相对政策工具 M 变化的边际损失函数为：

$$ML(M)=(\beta M-Y^*)\times\beta$$

在经济学中考虑损失最小化的方法通常是令边际损失函数等于零。

13. 确定性对等政策(certainty - equivalence policy)

答：确定性对等政策指假定不存在未来事件的不确定性时所采取的政策。确定性等价政策可以使投资者在一定时点所获得的无风险的确定收益与在同一时点预期得到的有风险的收益具有相同的效用或满意程度。

14. 目标(targets)

答：目标是表明政策目标的变量。当政策目标是"社会的利益"时，人们会更加具体地关注产出和价格、失业和通货膨胀。把目标变量进一步划分为"最终目标"和"中间目标"很有用。一个最终目标变量的例子就是"零通货膨胀"。作为全部经济政策的一部分，一个具体的经济政策制定单位也许被分配给达到一个具体的中间目标的任务。例如，中央银行也许被指令达到每年增长2%货币存量的目标。即便货币增长本身并不是一项最终的经济目标，但作为目标的货币增长也许是分配给中央银行的适当任务(中间目标)。

15. 工具(instruments)

答：工具指被政策制定者操纵来直接影响经济的"工具"。例如，中央银行也许有一个汇率目标，它的工具将是买卖黄金或者其他外汇。

16. 微调(fine tuning)

答：微调指政府在宏观调控中，在面临着小的干扰时，针对经济运行中的小冲击、小波动、小扰动而做出相应的小调整不断地试图稳定经济的政策行为。就财政政策来说，长时间的内部时滞，使得相机抉择的微调在实际上变得不可能，尽管自动稳定器在事实上一直在起微调作用。但是由于货币政策的决策是经常进行的，货币政策的微调的确是可能的。因此，问题便是失业率的少量增加是否应该引起货币增长率的少量增加，或者政策是否应该在失业增加得很多，譬如超过1%时，才做出反应。

17. 规则与相机抉择(rules versus discretion)

答：规则指以弗里德曼为代表的货币主义学派关于货币供给量每年按固定的比例增长的政策主张。弗里德曼建议的惟一政策便是货币供给量每年按固定的比例增长，其中固定的比例等于实际国民收入增长率加上通货膨胀率。可以看到，政策的目的在于使货币供给量不要限制国民收入的自然地增长。货币主义者主张的这一政策也被称为单一的政策规则。

相机抉择指政府进行需求管理时根据市场情况和各项调节措施的特点，机动灵活地采取一种或几种措施，使财政政策和货币政策相互搭配。根据宏观财政政策和货币政策在决策速度、作用速度、预测的可靠程度和中立程度这四方面的差异，相机抉择一般具有三种搭配方式：(1)松的财政政策与松的货币政策相搭配；(2)紧的财政政策与紧的货币政策搭配；(3)松的财政政策与紧的货币政策搭配或紧的财政政策与松的货币政策搭配。实行相机抉择的目的在于既保持总需求，又不引起较高的通货膨胀率。

18. 积极性规则(activist rules)

答：积极性规则指对重大经济冲击做出的具有反周期性质的规则。在讨论积极的货币政策和积极的财政政策的合意性时，要把对重大经济冲击做出反应的政策行动与微调加以区别。后者是政策变量对经济中的小扰动做出反应时的连续调整。面对重大经济冲击时，决不能主张不应该积极运用货币和财政政策。政府和中央银行可以根据具体情况和不同目标，及时采取反周期性质的政策措施。例如，当经济萧条但又不太严重时，用扩张性财政政策刺激总需求，同时用紧缩性货币政策控制通货膨胀；当经济发生严重通货膨胀时，用紧缩货币来提高利率，降低总需求水平，同时紧缩财政，以防止利率过分提高；当经济中出现通货膨胀同时不太严重时，用紧缩财政压缩总需求，同时用扩张性货币政策降低利率，以免财政政策紧缩而引起衰退；当经济严重萧条时，用扩张财政增加总需求，用扩张货币降低利率以克服“挤出效应”。

19. 实际 GDP 目标(real GDP targeting)

答：实际 GDP 目标指运用货币政策和财政政策来达到一个实际 GDP 增长的具体比率。实际 GDP 指用从前某一年的价格作为基期价格计算出来的当年全部最终产品和服务的市场价值。实际 GDP 和名义 GDP 的关系式为：实际 GDP = 名义 GDP ÷ GDP 折算指数。

如果刚好达到潜在的 GDP 水平上，那么，实际 GDP 的目标就是最优的。由于在实际通货膨胀率等于预期通货膨胀率时，菲利普斯曲线表明自然失业率等于实际失业率，所以，达到潜在的 GDP，就与较低的实际通货膨胀率与预期通货膨胀率相一致。

20. 通货膨胀目标(inflation targeting)

答：通货膨胀目标指使用货币政策和财政政策来降低或维持一定的通货膨胀率。与实际 GDP 目标方面相反的是通货膨胀目标。当政策制定者也许不能恰好达到一个通货膨胀目标时，他们肯定能够接近这一目标。通过完全放弃首要目标，政策制定者们就处于能够很好地达到其第二目标的地位上。从完全关注产出的方面到完全关注价格方面，注意，实际 GDP 目标对于达到首要目标是最好的选择，但是也具有在第二目标方面遭受巨大损失的风险。那些认为宏观经济在很大程度上是自我矫正的经济学家(例如，他们认为，菲利普斯曲线在完全短期范围内是垂直的)宁愿选择名义目标变量。

21. 动态不一致性(dynamic inconsistency)

答：动态不一致性指所选择的政策在不同的时点上将会有的差异。动态不一致性的前提是政策制定者对于通货膨胀和失业同样地反感。由于通货膨胀和失业之间短期内存在替代关系，尽管政策制定者会事先宣布一项政策，例如零通货膨胀政策，政策制定者会利用相机抉择的方法，在通货膨胀较低的时候，用很少的通货膨胀作代价来减少失业，从而实现短期各方利益最大，但是由于通货膨胀和失业之间在长期内不存在替代关系，最终结果是失业没有降低，通货膨胀却提高了，这就是所谓的“动态不一致性”。

22. 动态规划(dynamic programming)

答：动态规划指在时间的推移过程中，在每个时间阶段选择适当的决策，以便使整个系统达到最优。动态规划是解决多阶段决策过程最优化的一种方法，该方法把困难的多阶段决策问题变换成一系列互相联系比较容易的单阶段问题，解决了一系列比较容易的单阶段问题，也就解决了困难的多阶段决策问题。有时阶段可以用时间表示，在各个时间段，采用不同决策，它随时间而变动，这就有"动态"的含意。用动态规划可以解决管理中的最短路问题、装载问题、库存问题、资源分配，以及生产过程最优化问题。

二、简答题

1. 假设有一个小的、不利的需求冲击，作为政策制定者，你面前有大量论文，详尽叙述冲击的大小和它对你们国家人民的破坏作用。你试图运用一项积极的政策来抵消这些影响。你的顾问已经估计出这项政策对经济的长期和短期影响。在决定付诸行动之前，你应该问自己什么问题？为什么？

Suppose there was a small, negative shock to demand. You—a policymaker—have a stack of papers in front of you detailing the magnitude of the shock and its devastating effects on the people of your country. You are tempted to use an active policy to offset these effects. Your advisers have estimated its impact on the economy, in both the long and short runs. What questions should you ask yourself before committing to this course of action? Why?

答：第一个的问题是扰动是永久性的还是短暂性的，或者说是要持续一段时间还是瞬间的。第二个问题是从建议被提出到被采用要多长时间以及实施政策措施后多久会起作用。另外还要知道建议者对政策效果估计的可靠性到底有多大。

如果扰动很小并且是暂时性的，最好是不采取任何行动。因为实施的任何措施在经济得到恢复后其影响会继续存在，因此任何行动都有可能进一步恶化问题。

2. (1)什么是内部时滞？

(2)我们能够把内部时滞分成三个小而连续的时滞。它们三个是什么？它们出现的顺序是怎样的？

(3)财政政策和货币政策，谁的内部时滞较小？为什么？

(4)自动稳定器的内部时滞是什么？

(1) What is an inside lag?

(2) We can divide inside lags into three smaller, sequential lags. What are these, and in what order do they occur?

(3) Which has the smaller inside lag—fiscal or monetary policy? Why?

(4) What is the inside lag for automatic stabilizers?

答：(1)内部时滞指从经济发生变动，决策者认识到有采取政策措施的必要性，到制定出适当的经济政策并付诸实施之间的时间间隔，是与"外部时滞"相对而言的。不同的经济政策具有不同的内部时滞。货币政策由于从决策到执行所需的环节较少，其内部时滞较短；财政政策的制定和执行需通过立法机构讨论和表决，再由中央和地方政府执行，因而其内部时滞较长。

(2)内部时滞可以分为三部分：认识时滞、决策时滞和行动时滞。

首先是认识时滞，它是指从一种潜在的不稳定的动乱情况发生时起到这种情况被政策制定者认识为止的一段时间。

其次是决策时滞，即认识到需要采取行动和做出政策决定之间的时间间隔。决策时滞的长短直接影响到经济管理当局治理经济的效果，因而各国当局都比较注重缩短决策时滞。

最后是行动时滞，也称实施时滞，即从做出决策到具体实施之间的时间间隔。实施时滞的长短受经济管理当局的制度结构和运行效率的影响。实施时滞的长短对经济政策能否起到积极有效的作用具有很强的关联性，因此各国经济管理当局应尽力缩短各项政策的实施时滞。

(3)货币政策的内部时滞较小。因为美国联邦公开市场委员会(FOMC)在满足基本规定下讨论并执行货币政策。而财政政策的提出和通过都要通过美国议会的讨论表决，这个程序非常漫长。自动稳定器是一个例外，但它只对小的暂时的扰动起到较好的作用。

(4)自动稳定器没有内部时滞。它们都是内生的，可以在没有具体的政府干涉的情况下发挥作用。例如个人所得税制度、福利制度、失业保险和社会保障制度，在对经济扰动做出反应时他们都会通过产出变化减少数量。

3. (1)什么是外部时滞?

(2)为什么它通常采用散布时滞的形式?

(3)财政政策和货币政策，谁的外部时滞较小?

(1)What is an outside lag?

(2)Why does it generally take the form of a distributed lag?

(3)Which has the smaller outside lag—fiscal or monetary policy?

答: (1)外部时滞指从一项经济政策特别是宏观经济政策开始执行到其充分地发挥全部效果并达到预期目标之间的时间间隔，是与“内部时滞”相对而言的。在正常情况下。外部时滞呈分布滞后的形式。政策付诸实施后，它会随着时间的推移逐渐对经济产生影响。只有经过一定时间以后，政策才会完全发挥作用，才能达到预期目标。这是因为政策实施以后一般不会马上对目标变量发生作用，而是首先作用于某个中间变量，再由这个中间变量去影响目标变量。外部时滞由政策影响中间变量所需要的时间和中间变量影响目标变量所需要的时间两部分组成。不同的经济政策具有不同的外部时滞。货币政策影响目标变量一般要经过多个中间变量，因而外部时滞长；财政政策影响目标变量一般较为直接，因而外部时滞短。经济管理当局在制定经济政策时应该考虑到所实行的经济政策所具有的外部时滞。只有在了解了各种政策的外部时滞之后，才能更好地把握经济活动，才能使所实行的经济政策具有更好的效果。

(2)散布时滞指当一种效果逐渐积累时所经过的时间。外部时滞通常是散布时滞：一旦采取政策行动，它对经济影响的传播要经过一段时间。也许政策行动只有很小的即刻影响，而其他影响以后才会出现，效果散布在不同的时间，因为总需求对任何政策变化的反应是非常慢的。

(3)货币政策的外部时滞比较长，财政政策的外部时滞较小。因为货币政策影响目标变量要经过多个中间变量，因而外部时滞长；财政政策影响目标变量一般较为直接，因而外部时滞短。

4. 你会建议运用哪一项政策——财政政策还是货币政策，来抵消一个对产出暂时冲击的影响？为什么?

Which would you recommend be used to offset the effect of a temporary shock to output—fiscal or monetary policy? Why?

答: 建议运用货币政策来抵消一个对产出暂时冲击的影响。

财政政策有较小的外部时滞，但内部时滞非常大。另一方面，货币政策有较小的内部时滞和较长的外部时滞。因此应采用公开市场操作以产生直接影响，但要有一个相反的措施来避免较大的长期影响。如果冲击十分的短暂和微小，政策制定者最好不要采取任何政策变化。

5.(1)什么是经济计量模型？

(2)怎样运用一个经济计量模型？

(3)为什么以这样的模型为基础进行预测，总有一些不确定性？这些不确定性的根源是什么？

(1) What is an econometric model?

(2) How might one be used?

(3) There is always some uncertainty with respect to predictions based on such models. Why? What is the source of this uncertainty?

答：(1)经济计量模型是对经济或经济的某些部分所进行的一种统计学的描述。它由以过去经济行为为基础的方程组成的。经济计量模型包括一个或一个以上的随机方程式，它简洁有效地描述和概括某个真实经济系统的数量特征，更深刻地揭示出该经济系统的数量变化规律。经济计量模型由系统或方程组成，方程由变量和系数组成。其中，系统也是由方程组成。

(2)经济计量模型的应用大体可以被概括为四个方面：结构分析、经济预测、政策评价、检验与发展经济理论。

①经济学中的结构分析是对经济现象中变量之间相互关系的研究。它不同于人们通常所说的，诸如产业结构、产品结构、消费结构、投资结构中的结构分析。它研究的是当一个变量或几个变量发生变化时会对其他变量以至经济系统产生什么样的影响。结构分析所采用的主要方法是弹性分析、乘数分析与比较静态分析。

②经济计量模型作为一类经济数学模型，是从经济预测，特别是短期预测而发展起来的。计量经济学模型是以模拟历史、从已经发生的经济活动中找出变化规律为主要技术手段。于是，对于非稳定发展的经济过程，对于缺乏规范行为理论的经济活动，计量经济学模型显得无能为力。

③经济计量模型用于政策评价，主要有三种方法。一是工具—目标法：给定目标变量的预期值，即人们希望达到的目标，通过求解模型，可以得到政策变量值。二是政策模拟：即将各种不同的政策代入模型，计算各自的目标值，然后比较其优劣，决定政策的取舍。三是最优控制方法：将计量经济学模型与最优化方法结合起来，选择使目标最优的政策或政策组合。

④经济计量模型提供了一种检验经济理论的很好的方法。从建立计量经济学模型的步骤中不难发现，一个成功的模型，必须很好地拟合样本数据，而样本数据则是已经发生的经济活动的客观再现，所以在模型中表现出来的经济活动的数量关系，是经济活动所遵循的经济规律，即理论的客观再现。于是，就提出了计量经济学模型的两方面功能。一是按照某种经济理论去建立模型，然后用已经发生的经济活动的样本数据去拟合，如果拟合很好，则这种经济理论得到了检验。这就是检验理论。二是用已经发生的经济活动的样本数据去拟合各种模型，拟合最好的模型所表现出来的数量关系，就是经济活动所遵循的经济规律，即理论。这就是发现和发展理论。

(3)关于经济计量模型如何很好地、真实地反映经济运行，存在大量的不确定性。企业和消费者的预期及其对政策变化的反应也有很大的不确定性。这些不确定性的根源在于信息的缺乏或不对称。如果作为决策基础的信息是贫乏的，任何政策注定都会失败。

6. 评价应该用规则而不是相机抉择来制定货币政策的观点。财政政策又怎样呢？

Evaluate the argument that monetary policy should be determined by a rule rather than discretion. How about fiscal policy?

答：(1)对于"应该用规则而不是相机抉择来制定货币政策"的观点，可以从以下几个方面来评价：

①相机抉择的稳定政策有三个主要困难：第一，政策作用存在时滞。第二，政策的效果极大程度上取决于私人部门的预期，而预期是难于预测的，且对政策产生反应。第三，存在经济结构的不确定性和使经济遭受打击的冲击的不确定性。

②可以证明货币政策规则能很大程度上减少对美联储政策反应的不确定性。如果政府有始终如一的行为，那么私人部门也会采取一致的行为，这样经济波动就会很大程度地减少。货币增长规则将减少由行政部门施加给美联储的任何政策压力。最初不清楚扰动是暂时的还是永久的。如果扰动实际上是暂时的，货币政策规则能防止政策错误。如果针对暂时的扰动采取积极的货币政策，时滞将会使经济不稳定。

③另一方面，现在还不能完全理解经济的运行并且不能准确预期扰动事件。这就很难赞同固定政策规则。非预期的大的扰动保证了积极的政策，特别是当它们是持久的时候，有可能构造一个更加积极的货币增长规则。例如，方程 $\Delta M/M = 4.0 + 2 \times (u - 5.5)$ 表明失业率每高出自然失业率一个百分点，年货币增长率就应该增加两个百分点。这个规则是以货币数量理论方程(关于货币供给增长与名义 GDP 增长)和奥肯定律(关于失业率与经济增长)为基础的。很明显，由于货币政策的长期时滞，在长期任何货币增长规则的效果都比在短期好。

(2)财政政策规则可能比货币政策规则更有意义，因为财政政策有长的内部时滞但其外部时滞较短。虽然通常不认为建立稳定器的方法是"规则"，但它已经提供了没有任何内部时滞的稳定性。许多反对货币政策规则的争论对财政政策规则也适用，经常建议修改宪法以规定年度平衡预算就是财政政策规则的一个例子。关于这样的修正案有明显的问题，因为它将严重限制政府采取积极的财政稳定政策的能力。

7. 评价固定不变的货币增长率规则的论点。

Evaluate the arguments for a constant - growth - rate rule for money.

答：对于"固定不变的货币增长率规则"，可以从以下几个方面来评价：

(1)20 世纪五六十年代货币主义的出现旨在对凯恩斯主义的经济政策及理论进行批判。凯恩斯主义认为控制经济波动最有效的手段是财政政策，使用货币政策的主要目标在于控制利率。由于长期执行财政政策，并且在相当长的时期内压低利息刺激投资，使得西方国家在提高国民收入的努力中，忽视了货币数量的增加所造成的通货膨胀。货币主义试图从理论上对凯恩斯主义进行批判，说明货币数量在长期中对价格水平有着直接的影响，并且是影响总需求变动的主要原因。从而在政策上，货币主义反对凯恩斯主义斟酌使用的经济政策，主张使用稳定货币供给的经济政策：单一的政策规则，即固定不变的货币增长率规则。

(2)固定不变的货币增长率规则主张的基础是货币数量理论方程，即 $MV = PY$。从这个方程可以推导出：$\%\Delta P = \%\Delta M - \%\Delta Y + \%\Delta V$。如果假设长期的真实产出($Y$)的趋势与长期的流通速度($V$)的趋势均完全稳定，并且工资和价格完全浮动，那么固定不变的货币增长率(M)将保证固定不变的通货膨胀率，即固定不变的价格水平(P)变化率。因为货币政策有较长的外部时滞，积极的货币政策实际上更加不稳定。另外因为现在还不能准确地知道经济如何运作或对具体政策的可能反应，所以最好是采取一个规则而不是采取有不确定后果的行为。

(3)货币主义认为，由于货币需求函数是稳定的，货币的总支出或总需求取决于货币供给或信用水平，从而货币供给或信用的变动是造成总需求变动的主要原因，因此货币政策是稳定总需求最有效、最直接的方法。货币主义提出了自然率假说，试图重新肯定资本主义经济制度有其内在的稳定性及自行达到充分就业状态的能力，从而主张政府采取不干预的经济政策，并指出凯恩斯的经济政策不仅没有控制经济波动，反而可能造成经济波动。

(4)固定不变的货币增长率规则对于20世纪五六十年代的资本主义社会具有一定的现实意义。然而，规则不是没有问题，因为对主要的扰动它不允许有弹性。

8. 什么是动态不一致性？从直观上解释，在通货膨胀和失业间的短期权衡的情况下，它是如何产生的？

What is dynamic inconsistency? Explain intuitively how it might arise in the case of the short-run tradeoff between inflation and unemployment.

答：动态不一致性指所选择的政策在不同的时点上将会有的差异。动态不一致性的前提是政策制定者对于通货膨胀和失业同样反感。由于通货膨胀和失业之间短期内存在替代关系，尽管政策制定者会事先宣布一项政策，例如零通货膨胀政策，政策制定者会利用相机抉择的方法，在通货膨胀较低的时候，用很少的通货膨胀作为代价来减少失业，从而实现短期各方利益最大，但是由于通货膨胀和失业之间在长期内不存在替代关系，最终结果是失业没有降低，通货膨胀却提高了，这就是所谓的“动态不一致性”。

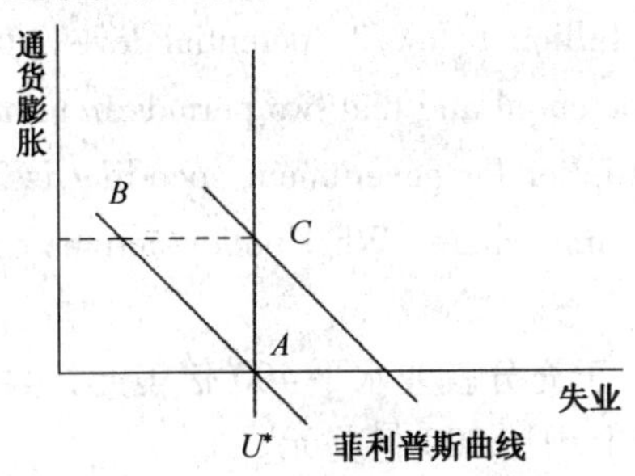

图 17-3　动态不一致性

如图 17-3 所示，经济初始处于 A 点，公众和政策制定者都愿意小幅增加通货膨胀来减少失业，到达 B 点，在 B 点通货膨胀的预期更高，从而短期菲利普斯曲线右移，最终经济在 C 点达到均衡。

9. 名义 GDP 目标和实际 GDP 目标有着怎样的不同？实际 GDP 目标为什么具有两种策略风险？

How does nominal GDP targeting differ from real GDP targeting? Why is real GDP targeting the riskier of the two strategies?

答：(1)名义 GDP 目标和实际 GDP 目标的不同

实际 GDP 目标指运用货币和财政政策来达到一个实际 GDP 增长的具体比率。名义 GDP 目标指运用货币和财政政策来达到一个名义 GDP 增长的具体比率。两者是不同的，具体表现为以下几点：

①实际 GDP 指用从前某一年的价格作为基期价格计算出来的当年全部最终产品和劳务的市场价值，而名义 GDP 指按当年价格计算的全部最终产品及劳务的市场价格，两者的关系式为：实际 GDP = 名义 GDP ÷ GDP 折算指数。

②如果采用一个以4%的速率增长名义 GDP 的计划。如果从潜在 GDP 水平开始，潜在

GDP 以 4% 的速率增长，那么，我们将恰好达到首要目标和第二目标。不过，要是开始时恰好低于潜在水平，则要放弃迅速变动实际 GDP 的机会。

③如果假定潜在 GDP 实际上仅仅是以每年 2% 的速率增长。在长期内，4% 的名义 GDP 增长将分成 2% 的实际增长和 2% 的通货膨胀。这种情况并不太好，而且 2% 的长期通货膨胀率肯定会造成不受限制的通货膨胀，后者是可以在实际 GDP 目标下出现的。

(2) 实际 GDP 目标具有两种策略风险的原因

如果货币政策的首要目标是达到充分就业，那么以实际 GDP 为目标就是最好的选择。如果政策制定者能准确地预测潜在 GDP，那么就会实现低通货膨胀下的充分就业。然而，以实际 GDP 目标具有巨大风险。如果潜在 GDP 增长率被高估，那么政策制定者可能会过多地刺激经济。在这种情况下，他们就不能成功地实现价格稳定。通过以名义 GDP 为目标，央行在通货膨胀与失业之间进行政策权衡。如果潜在 GDP 增长率被高估并且政策制定者过多地刺激经济，那么增长率与通货膨胀率都要低于以实际 GDP 为目标的时候。应该采用哪种目标方法取决于所观察到的菲利普斯曲线的倾斜程度。

三、计算与分析题

1. 假设 GDP 低于潜在水平 400 亿美元，预期下一期的 GDP 将低于潜在水平 200 亿美元，并从现在起两个时期的 GDP 将回到其潜在水平。已知政府支出乘数是 2，且增加的政府支出立刻发生作用。每一时期采取什么样的政策行动才能使 GDP 回到目标水平？

Suppose that GDP is $40 billion below its potential level. It is expected that next - period GDP will be $20 billion below potential and that two periods from now it will be back at its potential level. You are told that the multiplier for government spending is 2 and that the effects of the increased government spending are immediate. What policy actions can be taken to put GDP back on target each period?

答： 如果实际 GDP 预期低于充分就业水平 400 亿美元，且已知政府支出乘数为 2，那么政府支出应该在目前初始水平上增加 200 亿美元。

对于下一期来说，当实际 GDP 预期低于潜在水平 200 亿美元，政府支出应该在新的水平上削减 100 亿美元，也即在原有初始水平上增加 100 亿美元。

在第三期，当实际 GDP 预期达到了充分就业水平，此时政府支出水平应该在上一期水平的基础上再削减 100 亿美元，这就使得预算又回到了开始时期的水平。

2. 关于 GDP 途径的基本情况如上面问题所述。但是，现在政府支出有一期的外部时滞。今天的支出决策只能在明天转化成实际支出。进行支出时，政府支出乘数仍然是 2。

(1) 采取什么最好措施来保持 GDP 在每一期尽可能的接近目标水平？

(2) 将本题中的 GDP 途径与上题中政策行动开始后的 GDP 途径作比较。

The basic facts about the path of GDP are as in problem 1. But there is now a one - period outside lag for government spending. Decisions to spend today are translated into actual spending only tomorrow. The multiplier for government spending is still 2 in the period that the spending takes place.

(1) What is the best that can be done to keep GDP as close to target as possible each period?

(2) Compare the path of GDP in this question with the path in problem 1 after policy actions have been taken.

答： (1) 如果政府支出存在有一期的外部时滞，那么任何措施也不能弥补当前的 GDP 缺口。但是政府应该做出在本期多增加100亿美元支出的决策，然后在下一期再降低支出，从而使其恢复到原有的水平。

(2)图17-4显示的是习题1中不存在外部滞后情况下的GDP路径，图17-5显示的是习题2(1)中存在一期外部时滞情况下的GDP路径。在每一幅图中，没有政策行动下的实际GDP路径都与习题1和习题2(1)中政策行动开始后的实际GDP路径进行了比较。

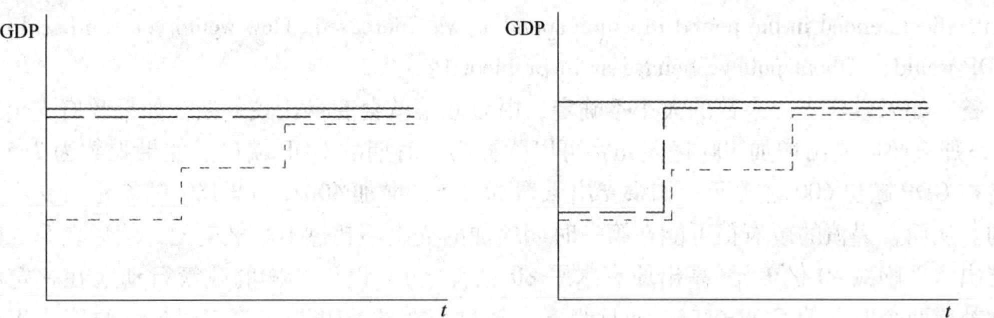

图17-4　不存在外部滞后情况GDP路径　　图17-5　存在一期外部时滞情况下GDP路径

其中，潜在GDP以实线"————"表示；实施财政政策后的GDP以线条"— — —"表示；没有实施财政政策的GDP以"- - - - -"表示。

3. 情况现在变得更复杂了。政府支出通过散布时滞起作用。现在支出10亿美元。当期GDP增加10亿美元，而下一期GDP增加15亿美元。

(1)如果政府当期支出增加得足以使GDP当期回到潜在水平，GDP将发生什么变化？

(2)假设采取的财政政策行动使GDP当期回到潜在水平，为使GDP下一期回到目标水平，需要什么样的财政政策？

(3)解释此题中，为什么政府必须如此积极地将GDP保持在目标水平？

Life has become yet more complicated. Government spending works with a distributed lag. Now when $ 1 billion is spent today, GDP increases by $ 1 billion this period and $ 1.5 billion next period.

(1) What happens to the path of GDP if government spending rises enough this period to put GDP back to its potential level this period?

(2) Suppose fiscal policy actions are taken to put GDP at its potential level this period. What fiscal policy will be needed to put GDP on target next period?

(3) Explain why the government has to be so active in keeping GDP on target in this case.

答：(1)由于第一期的政府支出乘数为1，政府支出水平必须增加400亿美元才能弥补400亿美元的GDP缺口。但是由于下一期的政府支出乘数为1.5，因此在第一时期政府支出增加400亿美元会使第二时期的GDP增加600亿美元。

(2)对于第二时期预期GDP的缺口为200亿美元。然而，正如在(1)中知道，如果政府在第一时期增加400亿美元的支出，GDP就会在第二时期增加600亿美元。因此在第二时期政府就必须在新的水平上削减400亿美元的支出(回到其原有的水平)，因为在同一时期支出变化的乘数为1。

(3)在这个问题中，财政政策存在一个外部时滞，这意味着增加政府支出既会对支出增加的当期产生影响，同时也会对随后的时期产生影响(而且影响的程度可能会更大)。为了弥补第一时期的GDP缺口所需增加的政府支出，必须保证能够超额满足下一时期的既定目标。从而政府必须在第二时期将其增加的支出恢复到原有水平以抵消这种影响。在这种情况下，政府必须采取比不存在散布时滞时更为积极的财政政策。

4. 假设你了解到政府支出乘数在1至2.5之间，但是它的作用在支出增加的那一时期结束。如果在没有政策行动的情况下GDP的运行如习题1中那样，你将怎样运用财政政策?

Suppose that you knew that the multiplier for government spending was between 1 and 2.5 but that its effects ended in the period in which spending was increased. How would you run fiscal policy if GDP would, without policy, behave as in problem 1?

答：如果政府支出乘数的大小不确定，财政政策就会变得比较复杂。如果政府支出乘数为1，那么政府支出增加400亿美元将可以弥补第一时期的GDP缺口。如果乘数为2.5，将比潜在GDP超出600亿美元。如果支出乘数为2.5，增加400/2.5=160亿美元的支出是最佳的。从而，谨慎的政府很可能在第一时期增加的支出不超过160亿美元，然后在第二时期将支出水平削减80亿美元(高出原有水平80亿美元)。设计这样的政策行动来在一定程度上弥补前两个时期的GDP缺口，而且绝不会超过潜在的GDP。在第三时期，政府支出回到原有初始水平，GDP将回到充分就业的水平。不太谨慎的政府，其支出超出建议支出的程度在很大程度上取决于该政府对失业和通货膨胀的关注程度。

5. 假设作为美联储主席，你决定"为政策设置自动的驾驶仪"，要求货币政策遵循一个确定的规则行动。在什么时候应当采用以下哪个规则：(1)保持一个固定不变的利率。(2)保持一个固定不变的货币供应量。

Suppose that, as the chair of the Fed, you decided to "put policy on automatic pilot" and require that monetary policy follow an established rule. When might each of the following two rules be appropriate? (1) Maintain a constant interest rate. (2) Maintain a constant money supply.

答：为了使货币政策遵循一个确定的规则，美联储需要知道每个扰动的来源。如果扰动来自于产品部门，最好采取一个货币增长目标；如果扰动来自于货币部门，最好采取一个利率目标。假定此时美联储的目标是使产出尽可能接近于目标水平 Y^*。

(1)假定扰动来自于货币部门。如果货币需求的增加使利率上升，美联储应该通过增加货币供应来保持一个固定的利率。这就会恢复以前的利率和产出的均衡点，从而有效地抵消扰动。这时美联储只有固定利率不变才能保证产出水平不变。如图17-6所示，当扰动来自于货币部门时，若以固定利率 i^* 为目标，投资水平就不会发生变化，将保证产出水平为 Y^*。

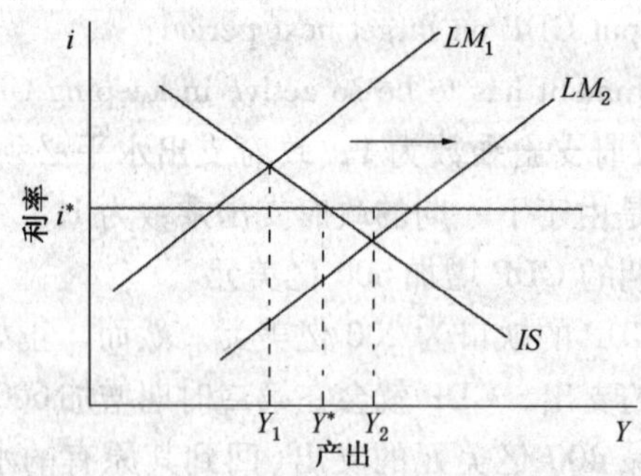

图17-6 扰动来自于货币部门，以固定利率 i^* 为目标，产出波动小

(2)假定扰动来自于产品部门。如果投资量的增加会使利率上升，那么保持固定利率就是不明智的，美联储应保持一个固定不变的货币供应量。如果通过增加货币供给来降低利率

会加重扰动(这会使产出更加偏离最佳产出水平)。另一方面，保持货币供给不变虽不能抵消扰动但至少不会使情况变得更糟。如图 17－7 所示，当扰动来自于产品部门时，若以保持货币供给不变为目标[$LM(M)$]，由于利率会发生变化，进而影响投资，可以使产出水平出现较小的波动。

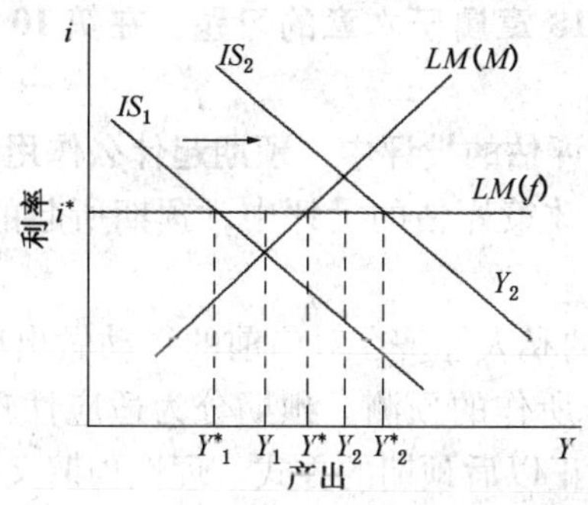

图 17－7　扰动来自产品部门，固定货币供给，产出波动小

附录 1：下列为第 6 版第 15 章属于本章的习题，在第 10 版中已被删除，现补录如下，仅供参考！

解释为何货币政策的作用如图 17－8 中那样存在分布时滞？

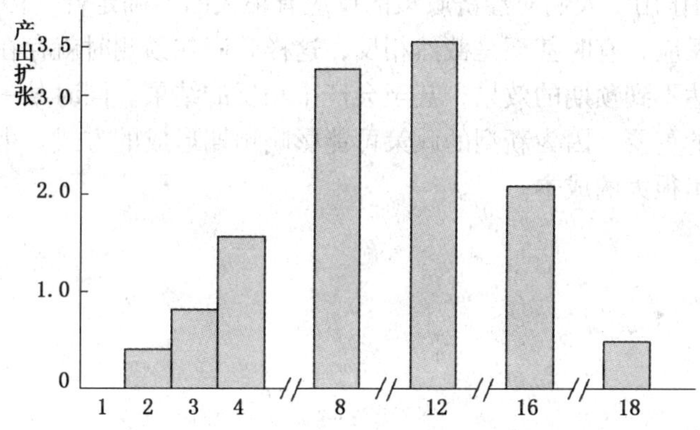

图 17－8　DRI 模型中的货币政策乘数

说明：图中显示了名义存量 M_1 一次性增加 3% 的动态乘数。对于每一季度来说，图形显示了实际产量水平相对于经济原本可能遵循的途径的增长。因此，以第 8 季度为例，货币增加 3% 意味着实际 GDP 上升 3.2%。到第 18 季度，产量近似于回到它的正常途径。

资料来源：DRI/McGraw · Hill。

答：(1)分布时滞的含义

分布时滞也即散布时滞，指当一种效果逐渐积累时所经过的时间，外部时滞通常是分布时滞，一旦采取政策行动，它对经济影响的传播要经过一段时间。也许政策行动只有很小的即刻影响，而其他影响以后才会出现。分布时滞具有一定的政策含义，如果需要迅速增加就业水平来抵消需求扰动，就必须在公开市场上大量买进。但是在随后的时间里，公开市场上最初的大量买进对 GDP 的影响会越来越大。这些影响可能会对失业矫枉过正，导致通货膨胀的压力。

(2)货币政策的作用存在分布时滞的原因

通过公开市场操作的货币政策会立即直接影响银行储备，并且通过货币创造过程影响货币供给。因此短期利率比长期利率先受到影响。许多投资项目是以长期利率预测为基础的，并且投资支出理论认为投资对收入变化的反应倾向于有一个较长的时滞。消费受财富变化的反应也有时滞。当总需求最终受到影响时，支出本身的增长也会产生一系列对产出的调整(就是所谓的动态乘数过程)。这样货币政策就有一个很长的外部时滞。

附录2：下列为第7版第18章属于本章的习题，在第10版中已被删除，现补录如下，仅供参考！

在卢卡斯对经济计量政策评估的批评中，预期起什么作用？

答：在卢卡斯对经济计量政策评估的批评中，预期所起的作用可以从以下几个方面来分析：

(1)预期指从事经济活动的私人经济在对当前的行动做出决定之前，对将来的经济形势或经济变量(主要指价格波动)所作的预测。预期分为适应性预期和合理预期。适应性预期是指根据以前的预期误差来修正以后预期的方式。理性预期又称合理预期，指人们的预期符合实际将发生的事实。

(2)在卢卡斯对经济计量政策评估的批评中，预期会对经济政策的效果产生巨大影响，从而对稳定政策造成影响。由于人们的预期会影响人们的行为，从而影响宏观经济，所以宏观经济理论必须把人们的预期考虑在内。

(3)由于预期的作用，人们对经济政策的反应有很大的不确定性。因为人们对政府政策可能会做出不同的反应，有时甚至是截然相反，这样政府在预测时就存在很大的困难，进而制定的政策可能会达不到预期的效果，甚至会产生相反的结果。同时某一既定政策本身对预期的影响也是特别的重要。因为新型的政策可能影响预期形成的方式。由于预期，政策制定者为赢得信誉会付出很大的成本。

第 18 章　金融市场与资产价格

18.1　复习笔记

一、利率：长期与短期

1. 利率的期限结构概述

(1)利率的期限结构理论的含义

利率概括地反映了一种债券或一笔贷款所承诺偿还的条件，因此利率会随着发债人的信誉程度、赋税待遇及其他因素而不同。利率的期限结构理论研究长短期利率存在差异的原因。

利率的期限结构指风险相同但期限不同的证券收益率之间的关系。利率期限结构理论认为利率的高低主要取决于金融工具到期时的收益与到期期限之间的关系。在说明为什么短期利率高于或低于长期利率、为什么长短期利率一致或不一致的问题上，形成各种不同理论，主要有：预期假说、分割市场理论、期限选择和流动性升水理论等。

①预期假说

这种理论认为，利率期限结构差异是由人们对未来利率的预期差异造成的。

②市场分割理论

该理论认为，各种期限的证券市场是彼此分割、相互独立的。利率是由各个市场的投融资者的偏好决定的。

③流动性报酬理论

该理论认为，长期证券比短期证券有更多的风险，其流动性较差，必须给予流动性报酬作为补偿，从而使长期证券的利率大于短期证券的利率。

(2)关于利率的期限结构的三个现象

①不同偿还期的利率大体上一同上升或下降；

②长期利率与短期利率的差额变化较大；

③长期利率通常高于短期利率。

2. 套利与期限结构预期理论

(1)套利与套利均衡思想

从广义上来说，套利指利用两个或两个以上市场金融资产或金融工具价格不一致而进行低买高卖这些资产或工具以获取利润的行为，具体包括货币套利、利率套利、商品套利、证券套利以及风险套利等几种形式。从狭义上来讲，套利则特指货币套利和利率套利。

套利均衡与一般经济学意义上的均衡有所不同，它是指广义套利活动所达成的不存在额外无风险利润的平衡状态。在套利均衡条件下，价格必须使愿意买入或愿意卖出一种资产的投资者收益相等，任何其他价格将只会把所有的投资者置于市场的一个方向。

(2)期限结构预期理论

①假定条件

a. 具有完善的资本市场，资金的借贷双方能够正确合理地预期短期利率的未来值。

b. 不同期限的债券可以完全替代，即不同期限的债券预期总收益必须相等。

②套利均衡条件

套利均衡的条件为，长期利率等于当前短期利率与未来短期利率的平均值。

a. 简单期限结构模型中，长期利率是短期利率的算术平均值，如以下公式所示：

$$_{3}i_{2020}=({}_{1}i_{2020}+{}_{1}i_{2021}+{}_{1}i_{2022})/3$$

其中，i 的“前下标”表示投资的期限长度，在通常位置的下标表示进行投资的日期。

b. 以复利计算的期限结构模型中，长期利率是短期利率的几何平均值，如以下公式所示：

$$(1+{}_{3}i_{2020})^{3}=(1+{}_{1}i_{2020})(1+{}_{1}i_{2021})(1+{}_{1}i_{2022})$$

③未来短期利率不确定条件下的期限结构

在未来短期利率不确定的条件下，需要对期限结构的预期理论做出两种修改：

a. 今天的长期利率取决于当前的短期利率和预期的未来短期利率。

b. 不确定性意味着风险，长期投资要求增加一个期限贴水 PR，以弥补这种风险。

未来短期利率不确定条件下的期限结构方程为：

$$_{3}i_{2020}=\frac{{}_{1}i_{2020}+{}_{1}i_{2021}^{e}+{}_{1}i_{2022}^{e}}{3}+PR$$

其中，上标 e 表示未来短期利率的期望值；期限贴水 PR 随时间推移而有较大变化，长期利率的期限贴水一般较高。

期限贴水大于零表示由于市场投资者偏好高流动性债券（大多为短期债券），市场必须对到期期限较长的债券给予较高的报酬率。期限贴水较高在一定程度上反映了长期债券价格不稳定的风险更大。

3. 收益曲线

（1）收益曲线的概念

收益曲线描述的是不同到期期限息票债券的即期利率和到期期限间所呈现的关系。收益曲线图形中横轴为债券期限，纵轴为债券利率，如图 18－1 所示。一般来说，收益率曲线有三种可能的形态：水平的曲线代表各种期限的债券利率相同，向上倾斜的曲线代表期限越长的债券利率越高，向下倾斜的曲线则代表期限越长的债券利率反而越低。最常见的是向上倾斜的收益率曲线，因为一般情况下，长期债券的利率高于短期债券的利率。

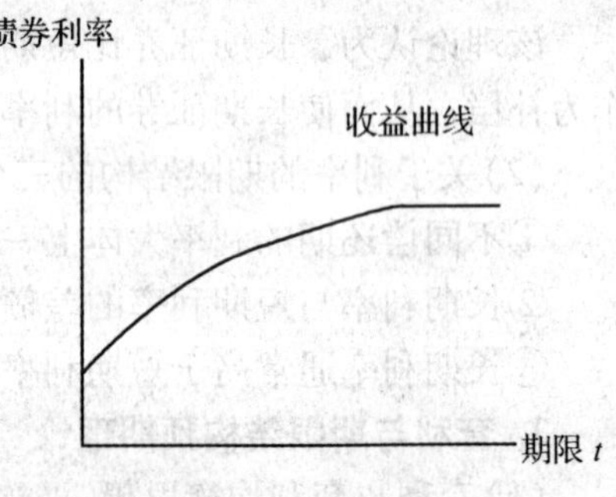

图 18－1　收益曲线

（2）收益曲线与利率期限结构

利率期限结构呈现上升趋势时，息票债券利率会出现低估无息票债券利率（纯折现率）的情形，导致收益曲线上升速度较利率期限结构更为平缓。

利率期限结构随到期期限呈现下降趋势时，由于息票债券利率高估无息票债券利率（纯折现率），收益曲线下降速度要比利率期限结构慢。

4. 债券价格和收益

（1）债券价格与利率的关系

债券价格与利率呈反向关系。从形式上看，在当前的利率下，债券的价格等于息票的净现值（NPV）加上其面值。如果一种债券每年按息票付息共付 T 年，在 T 年底归还面值 F，则它的价格为：

$$P=\frac{c}{1+i}+\frac{c}{(1+i)^2}+\cdots+\frac{c}{(1+i)^T}+\frac{F}{(1+i)^T}$$

$$P=\frac{c}{i}\left[1-\frac{1}{(1+i)^T}\right]+\frac{F}{(1+i)^T}$$

（2）息票

息票是附于债券上的利息票据，是债权人按期取息的凭证。息票债券采用分次付息的方法，在每张债券上都按约定的付息次数附有若干张息票，每张息票上都标明该息票付息的日期和金额，到付息日时，持券人将到期息票剪下，到发行人指定的机构办理取息手续。

（3）债券面值

债券面值指债券票面上标明的金额，它是到期日支付给债券持有人的约定价值。企业可根据不同认购者的需要，使债券面值多样化，既有大额面值，也有小额面值。如果债券的卖价高于面值，称为溢价出售；如果债券的卖价低于面值，则称为折价出售；如果债券的卖价等于面值，则称为平价出售。债券共有的特点就是都具有到期日，要求公司在特定的期限内向债券持有者偿还债券面值。债券面值也相当于公司借款的本金。当然，并不是借钱之后只偿还本金就可以了，在借款期间，公司要定期向债权人支付利息，利息额是用债券面值乘以利息率算出的。

（4）债券的收益

为了精确衡量债券收益，一般使用债券收益率这个指标。债券收益率是债券收益与其投入本金的利率，通常用年率表示。债券收益不同于债券利息。债券利息仅指债券票面利率与债券面值的乘积。但由于持有人在债券持有期内，还可以在债券市场进行买卖，赚取价差，因此，债券收益除利息收入外，还包括买卖盈亏差价。

二、股票价格的随机游走

1. 随机游走

随机游走指一种随着时间变动而发生的并且无法预测的变动。随机游走对于股市而言指股价的短期变动不可预测，各种投资咨询服务、收益预测和复杂的图形都毫无用处。现在，随机游走理论已发展成三种形式：强式、半强式、弱式。“强式”认为有关公司已知或可知的任何信息都无助于基本分析。无论是已经公布或可能公布的公司的消息都已反映在股价之中。强式理论甚至认为“内幕”消息也不能帮助投资者。“半强式”认为没有一种已公布的信息有助于分析家选出低估价的证券，其论点是股价已将这些因素包含在内。“弱式”则仅仅认为考察过去的股价无助于投资将来。

随机游走是市场效率的信号，并非所有处于随机游走情况下的股票市场都是有“效率”的，但真正重要的股市确实是按随机游走的形式来变动的。

2. 利率对股票价格的影响

一般理论上来说，利率下降时，股票的价格就上涨；利率上升时，股票的价格就会下跌。因此，利率的高低以及利率同股票市场的关系，也成为股票投资者据以买进和卖出股票的重要依据。

3. 股票价格决定模型

（1）模型推导

假设股票持有者期望在日期 t，开始接受 k 个时期的红利水平，为 d_{t+k}，d_{t+k+1}，d_{t+k+2}，…。在贴现率为 r 的情况下（贴现率 r 要高于国库券利率，以补偿股票投资的风险），日期 t

的股票价格将等于这些预期红利贴现后的净现值。可将这一关系写为：

$$P_t = \frac{d_{t+k}}{(1+r)^k} + \frac{d_{t+k+1}}{(1+r)^{k+1}} + \frac{d_{t+k+2}}{(1+r)^{k+2}} + \cdots$$

$$P_{t+1} = (1+r)P_t$$

$$P_{t+1} = (1+r)P_t + \varepsilon$$

（2）结论

①股票价格是预期红利的净现值。

②只是在发生意外变动时，新信息才改变未来红利的期望值；如果不是意外的变动，就不是新信息。

三、汇率与利率

1. 汇率的含义

汇率亦称“外汇行市或汇价”，指一国货币兑换另一国货币的比率，是以一种货币表示的另一种货币的价格。由于世界各国货币的名称不同，币值不一，所以一国货币对其他国家的货币要规定一个兑换率，即汇率。汇率有两种表示方法：直接标价法和间接标价法。

直接标价法也称应付标价法，指以一定单位的外国货币标准，计算应付出多少单位的本国货币。也就是说在直接标价法下，汇率是以本国货币表示的单位外国货币的价格。

间接标价法也称应收标价法或数量标价法，是指以一定单位的本国货币为标准，计算应收进多少外国货币。在间接标价法下，汇率是以外国货币来表示的单位本国货币的价格。目前在世界上只有英国和美国等少数国家使用间接标价法。

2. 汇率与利率的关系

汇率的变化取决于国际间利率的差异。在外汇市场上，一国货币利率的变动会引起其汇率的变动。一般情况下，一国货币如果升息，则该国货币的汇率容易上升；而当一国货币降息时，则该国货币容易贬值。

3. 未抛补的利率平价

未抛补的利率平价指根据自己对未来汇率变动的预期，在承担一定的汇率风险的情况下进行投资活动，并根据利率的升贴水水平对未来汇率的变动做出预期的汇率决定理论。预期的远期汇率变动率等于两国货币利率之差。在未抛补利率平价成立时，如果本国利率水平高于外国利率，市场将预期本币在远期升值。如果本国政府提高利率，当市场预期未来的即期汇率不变时，本币的即期汇率将下降。如公式所示：

$$\frac{e_{t+1} - e_t}{e_t} = i - i^*$$

利用未抛补利率平价的一般形式进行实证检验的并不多见，这是因为预期的汇率变动率是一个心理变量，很难获得可信的数据进行分析，并且实际意义也不大。在经济分析中，对未抛补利率平价的实证研究一般是与对远期外汇市场的分析相联系的。

18.2 课后习题详解

一、概念题

1. 债券期限（或时期）（maturity or term of bond）

答：债券期限指从债券发行一直到债券到期的时间间隔。企业通常根据资金需求的期限、未来市场利率走势、流通市场的发达程度、债券市场上的其他债券的期限情况、投资者的偏好等来确定发行债券的期限结构。各种债券有不同的偿还期限，短则几个月，长则几十年，习惯上有短期债券、中期债券和长期债券之分。一般而言，当资金需求量较大，债券流通较发达，利率有上升趋势时，可发行长期债券，否则，应发行短期债券。

2. 利率的期限结构(term structure of interest)

答：利率的期限结构指影响利率的其他因素相同时，期限不同的金融资产收益率之间的关系。它是在一个时点上因期限差异而产生的不同的利率组合，在本章中主要指债券利率期限结构。通常用收益率曲线(又称"回报率曲线")作为描述债券利率期限结构的工具。它是用来刻画债券的期限与利率之间关系的曲线，其横轴为债券期限，纵轴为债券利率。一般来说，收益率曲线有三种可能的形态：水平的曲线代表各种期限的债券利率相同，向上倾斜的曲线代表期限越长的债券利率越高，向下倾斜的曲线则代表期限越长的债券利率反而越低。最常见的是向上倾斜的收益率曲线，因为一般情况下，长期债券的利率高于短期债券的利率。

利率的期限结构表现出两个现象：①各种期限证券的利率往往是同向波动的；②长期证券的利率往往高于短期证券。对这两个现象的研究理论主要有：预期理论、市场分割理论和优先聚集地理论。

3. 套利(arbitrage)

答：从广义上来说，套利指利用不同市场中某一方面(如汇率、利率、价格、风险水平等)的差异来获利的活动。其基本方式是在一个市场购进(或借入)某种资产(如货币、商品、证券等)，同时在另一个市场卖出(或贷出)同种资产。具体来说，套利主要有以下几种形式：①货币套利(currency arbitrage)，又简称为套汇，指利用不同外汇市场中同一种或多种货币的汇率差异，在汇率低的市场买进，同时在汇率高的市场卖出，以套取投机利润的活动。根据我国外汇管理条例的规定，凡在我国境内的企业或个人采取各种方式，用人民币或物资非法换取外宾、侨民或其他个人和团体的外汇的行为，统称为套汇。②利率套利(interest arbitrage)，又简称为套利，指利用不同市场中利率的差异进行牟利的投机活动。③商品套利(commodity arbitrage)，又简称为套购，指利用不同市场中同种商品的价格差异，在价格低的市场买进，同时在价格高的市场卖出，以套取投机利润的活动。④证券套利(arbitrage in securities)，指利用不同的市场中同种证券的价格差异，通过贱买贵卖的方式以获取投机利润的活动。目前，由于电子技术的广泛应用，以及交易信息的及时报道等原因，证券套利已基本不复存在。⑤风险套利，又称之为收购套利。

从狭义上来讲，套利则特指货币套利和利率套利。

4. 期限贴水(term premium)

答：期限贴水指债券到期日的利率低于即期利率。长期利率等于当前短期利率与预期未来短期利率的平均值再加期限贴水。如果投资人不考虑期限贴水，或者流动性贴水，则隐含的远期利率代表市场对于未来利率走势的预期。

期限贴水随时间推移而有较大变化，但长期利率的期限贴水一般要高一些。期限贴水较高在一定程度上反映了长期债券价格不稳定的风险更大。期限贴水大于零表示由于市场投资者偏好高流动性债券(此大多为短期债券)，市场必须对到期期限较长的债券给予较高的报酬率。

5. 期限结构的预期理论(expectations theory of the term structure)

答：期限结构的预期理论是关于确定长期债券利率的一种理论，该理论认为长期债券的利率等于该段期间内预期的未来短期利率的平均值。例如，在当前市场上1年期债券的收益率是7%，预期明年的1年期债券的收益率是8%，后年的1年期债券的收益率是8.5%，那么当前市场上 3 年期债券的收益率应为：(7% +8% +8.5%)/3 =7.83% 。

期限结构的预期理论的假设条件是；第一，具有完善的资本市场，资金的借贷双方能够正确合理地预期短期利率的未来值；第二，不同期限的债券可以完全替代，也就是说，不同期限的债券预期收益率必须相等。

在以上假设下，该理论表明预期未来短期利率高于当前市场短期利率时，收益率曲线向上倾斜，说明将来投资的回报要大于现在的投资；而预期未来短期利率低于当前市场短期利率时，收益曲线向下倾斜；而当预期短期利率不变时，收益率曲线则相应持平。

该预期理论可以说明短期利率和长期利率的同方向变动，也可以说明，收益率曲线向上或者向下倾斜，因为现在的短期收益率低或者高，人们会预期它将来上升或下降，从而带动收益率上升或下降。但它却无法解释收益率曲线往往向上倾斜的原因。

6. 收益曲线(yield curve)

答：收益率曲线又称“回报率曲线”，是用来刻画债券的期限与利率之间关系的曲线，其横轴为债券期限，纵轴为债券利率。一般来说，收益率曲线有三种可能的形态：水平的曲线代表各种期限的债券利率相同，向上倾斜的曲线代表期限越长的债券利率越高，向下倾斜的曲线则代表期限越长的债券利率反而越低。最常见的是向上倾斜的收益率曲线，因为一般情况下，长期债券的利率高于短期债券的利率。

7. 净现值(net present value)

答：净现值指在项目计算期内，按行业基准折现率或其他设定折现率计算的各年净现金流量现值的代数和。净现值是一个折现的绝对值正指标，即在进行长期投资决策分析时，应当选择净现值大的项目。

净现值(NPV) = $\sum$(第 t 年的净现金流量 × 第 t 年复利现值系数)

净现值是进行投资决策分析的一种工具，如果把整个企业的运转和经营看成一项投资的话，那么这一分析方法可应用于企业的全部营业活动和每个环节，从战略规划到管理控制、计划控制，从研究开发、生产、供应、销售、人力资源开发到财务运营，都可以用净现值来判断其是否会为企业创造价值并进行决策。

8. 息票(coupon)

答：息票是附于债券上的利息票据，是债权人按期取息的凭证。息票债券采用分次付息的方法，在每张债券上都按约定的付息次数附有若干张息票，每张息票上都标明该息票付息的日期和金额，到付息日时，持券人将到期息票剪下，到发行人指定的机构办理取息手续。息票债券大多采用固定利率，分为记名和不记名两种。

9. 债券面值(face value of pound)

答：债券面值指债券票面上标明的金额，它是到期日支付给债券持有人的约定价值。企业可根据不同认购者的需要，使债券面值多样化，既有大额面值，也有小额面值。

如果债券的卖价高于面值，称为溢价出售；如果债券的卖价低于面值，则称为折价出售；如果债券的卖价等于面值，称为平价出售。债券共有的特点就是都具有到期日，要求公司在特定的期限内向债券持有者偿还债券面值。债券面值也相当于公司借款的本金。当然，并不是借钱之后只偿还本金就可以了，在借款期间，公司要定期向债权人支付利息，利息额是用债券面值乘以利息率算出的。

零息债券发行时是按低于票面值的价格出售，到期按面值收回，其差价即为投资人的收益。息票债券(分期付息债券)的发行人每年需向债券持有人支付定额的利息(息票利息)直至债券的到期日，并于到期日偿还确定的最后金额，即债券面值。

10. 公债(consol or perpetuity)

答: 公债即公共债务，是政府为了实现宏观经济调控目标，或解决正常财政收入的不足以信用形式筹集资金而形成的债务。政府以公债形式组织财政收入的主要原因是：首先是因为以税收为主的经常性财政收入不能保障政府必要的财政支出；其次，调节和稳定宏观经济的需要；再次，为政府投资筹集必要的资金。公债与其他财政收入相比，具有自身的一些特点：有偿性，自愿性，灵活性。

公债按借款对象的不同，可以分为内债和外债两种。内债是国家向国内居民或工商企业举借的各种债务，通常采用发行附有息票的定额公债券的方式，定期还本付息。外债是国家在本国境外发行的公债，包括国家在国外市场上发行的自由认购的公债和来自外国政府、国际金融组织、其他经济组织以及私人的借款等。公债还可按债务主体的不同，可以分为中央政府发行的国家公债和地方政府发行的地方公债；按借债期限的不同，可以分为长期公债和短期公债；按债务形式的不同，可以分为实物公债、货币公债和折实公债。

11. 随机游走(random walk)

答: 随机游走又称随机变动，指一种随着时间变动而发生的并且无法预测的变动。随机游走对于股市而言指股价的短期变动不可预测，各种投资咨询服务、收益预测和复杂的图形都毫无用处。现在，随机游走理论已发展成三种形式：强式、半强式、弱式。“强式”认为有关公司已知或可知的任何信息都无助于基本分析。无论是已经公布或可能公布的公司的消息都已反映在股价之中。强式理论甚至认为“内幕”消息也不能帮助投资者。“半强式”认为没有一种已公布的信息有助于分析家选出低估价的证券，其论点是股价已将这些因素包含在内。“弱式”则仅仅认为考察过去的股价无助于将来投资。

12. 未抛补的利率平价(uncovered interest parity)

答: 未抛补的利率平价指根据自己对未来汇率变动的预期，在承担一定的汇率风险的情况下进行投资活动，并根据利率的升贴水水平对未来汇率的变动做出预期的汇率决定理论。

在假定投资者采取风险中立即对利率相等而风险不同的资产不加区分的前提下，在不进行远期交易时，投资者是通过对未来汇率的预期来计算投资活动收益的，如果投资者预期一年后的汇率为 Ee_f，则在乙国金融市场投资活动的最终收入为：$\frac{Ee_f}{e}(1+i^*)$。如果在本国市场上进行相应的操作以使两者相同，这样，在市场处于平衡状态时，有下式成立：$1+i=\frac{Ee_f}{e}(1+i^*)$。整理可得：$E_p=i-i^*$，其中，$E_p$ 表示预期的汇率远期变动率，该式即为未抛补利率平价的一般形式。

其经济含义是：预期的远期汇率变动率等于两国货币利率之差。在未抛补利率平价成立时，如果本国利率水平高于外国利率，市场将预期本币在远期升值。再如，如果本国政府提高利率，当市场预期未来的即期汇率不变时，本币的即期汇率将下降。

利用未抛补利率平价的一般形式进行实证检验的并不多见，这是因为预期的汇率变动率是一个心理变量，很难获得可信的数据进行分析，并且实际意义也不大。在经济分析中，对未抛补利率平价的实证研究一般是与对远期外汇市场的分析相联系的。

二、简答题

1. 金融市场在经济中起什么作用？作为宏观经济学家，我们为什么要研究它们？

What role do financial markets play in the economy? Why do we, as macroeconomists, study them?

答：(1)金融市场在经济中的作用

金融市场指资金融通和金融工具交易的场所。金融市场在经济中具有非常重要的作用，具体来讲主要有以下几点：

①有利于提高社会资金使用效率。开放金融市场能有效地从社会各个角落中吸收游资和闲散资金，形成根据货币供求状况在各部门、各地区之间重新分配资金的机制。另外，在资金市场上，资金在追逐利益中自由流动，因而必然流向经济效益高的部门。资金在市场上的融通，也有利于发挥资金的规模效益，而且资金融通能及时满足商品生产和商品流通变化的需要，有效地促进全社会生产要素的合理配置。

②有利于企业成为自主经营、自负盈亏的商品生产者。资金是重要的生产要素，如果没有金融市场，企业就不可能具有对资金的筹集和运用的权力，也就没有对生产要素的选择和运用的权力；同时，金融市场还可以加强对企业的信用约束，增强企业的投资风险观念和时间价值观念，完善企业的自我约束机制，促进企业自主经营和自负盈亏。

③有利于市场机制功能的发挥。完整的市场机制是以价值规律、供求规律等客观规律为基础，通过供求变动、价格变动、资金融通以及利率升降等要素作用的总和而形成的一种综合的客观调节过程。培育和完善金融市场，资金可以顺利流动，信贷机制才能发挥调节作用，利率对企业经济活动才能起自发的调节作用，才能使市场机制发挥作用。

④有利于于全国统一市场的形成和发育。金融市场是现代市场体系中最活跃、最有渗透力的因素。它是商品交易和生产要素交换的媒介，使资金在部门间、地区间、经济单位间流动，因而也是打破封闭、分割，促进全国统一市场形成和发展的有力工具。

(2)宏观经济学家研究金融市场的原因

金融市场将宏观经济的冲击和政府政策直接与人们的日常生活联系起来。简单地说，金融市场主要有聚敛功能，配置功能(资源的配置，财富的再分配和风险的再分配)，调节功能(直接和间接调整宏观经济)和反映功能(微观经济的运行，货币供应量的变动，企业的发展动态和世界经济的发展变化)。

金融市场主要包括货币市场，资本市场，外汇市场和黄金市场。利率的变化影响人们为购买房产或汽车而筹资的能力。股票市场的震荡，决定了许多人养老金的价值。金融市场的收益率，通过影响投资水平与消费水平，也反馈到商品市场上。正因为它如此重要，与人们的生活有如此紧密地联系，宏观经济学家才研究它们，以便使经济更好地发展，更好地服务于人们。

2. 什么是套利？是什么使得套利概念成为我们理解金融市场的核心？

What is arbitrage? What makes the concept of arbitrage so central to our understanding of financial markets?

答：(1)套利的含义参见本章“概念题”第4题。

(2)套利概念成为理解金融市场的核心的原因是：

金融市场上的套利实际上是利用不合理的价格或是由于预期金融工具之间价格关系的异常变化，同时买卖不同的金融工具以获取利润的行为。在理论上，套利过程可以消除市场的不完善因素。当市场价格不均衡时，人们就会进行套利赚取利润，最终导致价格向一个均衡点收敛，在这一点上，任何套利机会都将不存在。所以说，套利是保证金融市场有效率，有效发挥价格杠杆作用，使金融市场处于均衡状态的条件。而且金融市场是有前瞻性的，考虑套利机会，并考虑到不确定性，可以帮助人们了解现在与未来的联系。所以说套利概念是理解金融市场的核心。

3. 假定你注意到短期利率高于长期利率，

(1)对于未来利率，人们应作怎样的预期？

(2)为什么上述关系也许是萧条的信号？或者，为什么它可能不是的？

(3)在这种情况下，收益曲线看上去是什么样子？

Suppose you observe that short-term interest rates are higher than long-term interest rates.

(1) What expectations must people have regarding future interest rates?

(2) Why might the above relationship signal a recession? Why might it not?

(3) What will the yield curve for this problem look like?

答：(1)根据利率的期限结构理论，长期利率等于当前短期利率与预期未来短期利率的平均值。如果短期利率高于长期利率，则预期未来短期利率低于当前短期利率，也就是说人们将会预期未来利率会下降。

(2)短期利率高于长期利率可能是萧条的信号。一般来说，利率在萧条时下降，在繁荣时上升。如果人们预期利率下降，他们就可能认为是萧条的信号。但是并不总是这样。比如，人们可能由于扩张性的货币政策从而预期未来利率下降，但是扩张性的货币政策会使产出增加，并不会把经济引向衰退。

(3)在此情况下，收益曲线是向下倾斜的，表示短期利率高于长期利率。如图 18－2 所示。

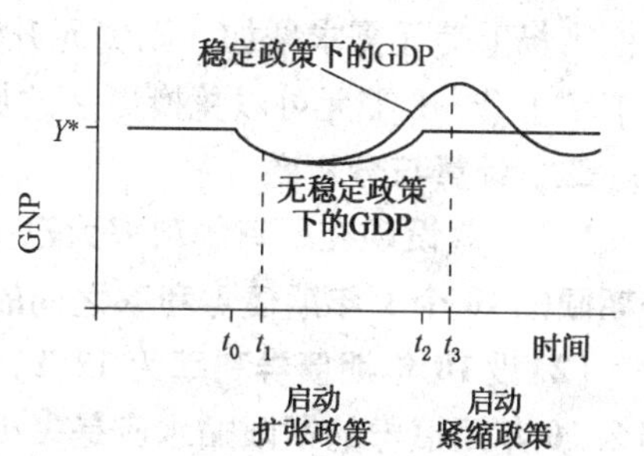

图 18－2　向下倾斜的收益率曲线

4. 为什么股票价格随机游走是股票市场有效率的标志？若股票价格不随机游走会出现什么实际情况呢？

Why is the fact that stock prices follow a random walk a signal of stock market efficiency? What would have to be true if stock prices did not follow a random walk?

答：(1)随机游走指一种随着时间变动而发生的并且无法预测的变动。根据效率市场理论，股票价格是预期红利的净现值，如果股票价格反应了所有相关信息，投资者无法通过某种既定的模式始终如一地获取超额利润，则股票市场是有效的。股票市场的有效表现为股票价格的随机游走，也就是说，在有效的股票市场中，投资者要想获取超额利润只能寄希望于获取新出现的信息，而新信息显然是投资者所无法预知的，所以股票价格随着新信息的不断出现而随机游走。这种情况下的股票市场不存在无风险的套利机会，是有效率的。所以股票价格按随机游走的方式变动是股票市场有效率的标志。

(2)若股票价格不按随机游走的方式变动，则金融投资者可以利用其他人还没有发现的套利机会，来获取巨额收益，此时的股票市场是没有效率的。

5. 在第 18 章第 2 节中，我们看到股票价格反映了对于企业的未来红利支付，以及利率的未来方向的预期。给定这些，股票价格为什么会成为预测萧条的很好的指示器？

We saw in Section 18－2 that stock prices reflect expectations regarding the future dividend payments of firms and the future direction of interest rates. Given this, why might stock prices be a good predictor of recessions?

答：股票价格反映了对于企业的未来红利支付，以及利率的未来方向的预期。给定这些，股票价格会成为预测经济衰退的指示器，原因如下：

股票价格反映了对于企业的未来红利支付，以及利率的未来方向的预期。任何改变未来预期分红的新信息都会影响到股票价格。因此，如果金融投资者预期到经济的衰退，他们就会预期到未来更少的红利支付，相应地大量抛售股票，使得股票价格下跌。股票市场和债券市场是相连的，一旦投资者预期到经济衰退，也会预期未来利率下降，债券价格上升。投资者就会以现在的价格买进债券等到未来债券价格上升时再卖出从中赚取差价收益。这样，如果投资者预期经济衰退，则会把投资从股票转向债券，从而导致股票价格下跌。因此，股票价格经常用作预测经济衰退的指示器。

6. 解释为什么相对于加拿大利率，美国利率的提高会影响美元与加元的汇率？

Explain why an increase in U. S. interest rates relative to Canadian interest rates would affect the U. S. —Canadian dollar exchange rate.

答：汇率是两国货币的相对价格，即一国货币用另一国货币表示的价格。相对于加拿大利率，美国利率提高，会使美国的投资更加有利可图，套利资金会从加拿大流向美国，使得外汇市场上美元需求增加，则美元升值，加元相对贬值。也即在间接标价法下，美元与加元的汇率上升，1 美元可以兑换更多的加元。

三、计算与分析题

1. (1)假设现在所有的利率为已知，因而没有不确定性。那么，10 年期债券的利率与同一期限的 10 个 1 年期债券利率之间的关系是什么？

(2)设 10 年期债券利率为 12%，1 年期债券利率预期在 10 年内可望一直保持为 10%，那么 10 年期债券的期限贴水应是多少？

答：(1)根据期限结构的预期理论，在没有不确定性的情况下，十年期的债券利率等于 10 个一年期债券利率的平均值，即

$$i_{10} = \frac{1}{10}\sum_{t=1}^{10} i_t$$

其中 i_{10} 表示 10 年期债券的利率，i_t 表示第 t 年的 1 年期债券利率。

(2)如果存在不确定性，则：$i_{10} = \frac{1}{10}\sum_{t=1}^{10} i_t + PR$，其中 PR 表示期限贴水。

把已知条件代入，得 $12\% = \frac{1}{10}\sum_{t=1}^{10} 10\% + PR, PR = 2\%$ 。

所以，10 年期债券的期限贴水是 2% 。

2. (1)假设一种 10 年期债券将按票面价值发行，因此其价格等于其 100 美元面值。再假设现行利率为 10%，那么，该债券的息票必须是多大才能吸引人们持有这种债券？

(2)假如就在此债券发行后[其息票现在固定在你在(1)中计算出的利率]，所有 10 年期债券的利率降到 5%，债券价格发生什么变动？如果你刚好持有该种债券，这种情况于你有益，有害，还是无影响？

答：(1)根据现值的计算公式：

$$PV = \sum_{t=1}^{10} c/(1+i)^t + FV/(1+i)^{10} \Rightarrow 100 = \sum_{t=1}^{10} c/(1+0.1)^t + 100/(1+0.1)^{10} \Rightarrow c = 10$$

所以该债券的息票必须大于等于 10 美元才能吸引人们持有这种债券。

(2)因为债券价格与债券的市场利率成反比，若所有10年期债券的利率降到5%，债券价格就会上升。如果我持有该债券，会因为价格的上升而受益，此时可能会抛售该债券以实现收益。

3. 设日本利率增加5个百分点，美国的利率保持不变，这时的美元与日元汇率与下期美元与日元汇率之间的相对价值将发生什么变动？

答：根据未抛补的利率平价：$\frac{e_{t+1}-e_t}{e_t}=i-i^*$，其中 e_t 为当期的汇率，e_{t+1} 为下期的汇率，i 为美国的利率，i^* 为日本的利率。由于日本利率增加5个百分点，即 i^* 增加，而美国的利率保持不变，则根据上面的公式可得 e_{t+1} 下降。所以美元贬值，日元升值。也即在间接标价法下，美元对日元的汇率下降，一美元只能兑换较少的日元。

4. 1992年以来，持有美国普通股的平均收益一直是16%，这是从第二次世界大战结束以来到1991年平均收益的两倍多。给定本章所讨论的股票价格决定模型，这么高的收益意味着怎样的关于美国企业未来赢利性的市场预期？

答：假设股票持有者期望在日期 t，开始接受 k 个时期的红利水平，为 d_{t+k}，d_{t+k+1}，d_{t+k+2}…。在贴现率为 r 的情况下(贴现率 r 要高于国库券利率，以补偿股票投资的风险)；日期 t 的股票价格将等于这些预期红利贴现后的净现值。可将这一关系写为：

$$P_t=\frac{d_{t+k}}{(1+r)^k}+\frac{d_{t+k+1}}{(1+r)^{k+1}}+\frac{d_{t+k+2}}{(1+r)^{k+2}}+\cdots$$

根据股票价格决定模型，股票价格反映了对于企业的未来红利支付，以及利率的未来方向的预期。1992年美国普通股的平均收益达到如此之高说明股票价格上涨，进而说明人们对企业的未来充满信心。因此，股票较高的平均收益意味着金融投资者预期美国企业未来高的盈利性，以及美国经济整体的走好。

第19章　重大事件：萧条经济学、恶性通货膨胀和赤字

19.1　复习笔记

一、大萧条及其不同解释

1. 大萧条的含义

大萧条指1929年至1939年之间发生的全球性经济大衰退，是以商业和经济运营普遍衰退为特征的一种经济状况。这次经济萧条以农产品价格下跌为起点，农业衰退由于金融的大崩溃而进一步恶化，其影响比任何一次经济衰退的影响都更为深远。

在全球范围内，经济衰退造成大规模的持续失业；资本的短缺在所有的工业化国家中都带来了出口和国内消费的锐减；这场灾难还使中欧和东欧许多国家的制度遭到破产。

2. 对于大萧条发生原因的解释

(1)凯恩斯的解释

凯恩斯认为30年代经济增长的崩溃是投资机会的枯竭和投资需求下降的结果，认为私人经济具有内在的不稳定性，如果放任不管，将必然会在运行中陷入萧条。因此，需要积极地运用反经济周期的财政政策，来减少经济的周期性波动。如果衰退显示出有恶化成萧条的迹象，就要实行扩张性财政政策，减少税收和增加政府支出，从而阻止或减缓萧条。

凯恩斯对大萧条的解释的本质，包含在简单的总需求模型中。如图19－1所示，在大萧条中，利率已经低到它可能达到的最低程度，*LM*曲线被认为是十分平缓的；投资需求被认为对利率根本没有反应，这意味着有一条很陡的*IS*曲线。虽然并不必然达到流动性陷阱的极端情况，但在这种情况下，货币扩张在刺激需求和产出方面，相对说来几乎不起作用。

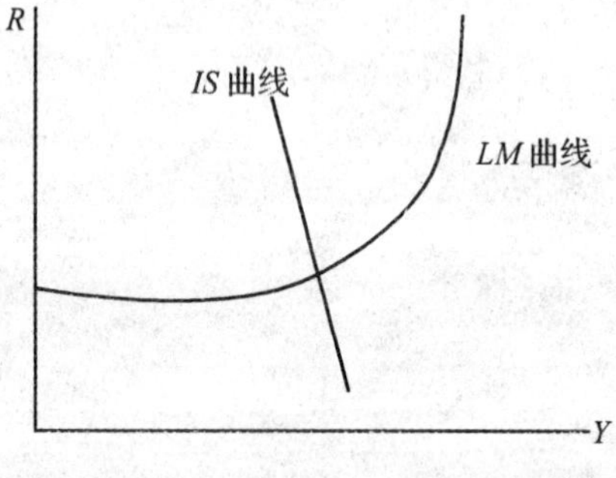

图19－1　大萧条的凯恩斯解释

(2)货币主义的解释

货币主义者强调货币政策在决定产出行为和价格行为中的作用，反对凯恩斯主义者对财政政策的强调和对货币作用的忽视。货币主义者认为大萧条远没有显示出货币政策的无关紧要，美联储防止银行破产的失败，以及从1930年底至1933年货币存量的下降，都应对衰退达到那么严重的程度负主要责任。

(3)综合评论

现在普遍认为，除非政策确有失误，否则大萧条不会再发生。凯恩斯主义者与货币主义者对大萧条的解释都符合现实，对大萧条发生的原因和应对措施都提供了答案。不管是不适当的财政政策，还是不适当的货币政策，都使得大萧条更加严重。如果有迅速而强有力的扩

张性货币政策和财政政策，经济就只是遭受一场衰退而不是创伤。

二、货币、赤字与通货膨胀

1. 常见经济周期中的货币和通货膨胀

(1)货币增长与通货膨胀的关系

根据货币数量论的数量方程，名义收入水平 PY、货币存量 M 及货币流通速度 V 三者之间存在以下关系：

$$MV=PY$$

$$\Rightarrow m+v=\pi+y$$

$$\Rightarrow \pi=m-y+v$$

其中：m 是货币增长率，v 是货币流通速度的变化率，π 是通货膨胀率，y 是产出增长率。

由以上方程可知，通货膨胀率受货币增长率、产出增长率和货币流通速度的变化率影响。因此，通货膨胀可能来源于货币增长或产出增长的变化，也可能来源于货币流通速度的变化。一般而言，更高的货币增长率(根据产出增长进行了调整)与更高的通货膨胀相联系，但这种关系并不是十分精确的，其原因在于货币需求的变动，还可以由金融上的放松管制，影响流通速度的利率的变化，以及货币需求的收入弹性不为 1 等诸多原因所引起。

(2)长期中通货膨胀是一种货币现象

通过对货币需求和长期总供给曲线的研究，可以得到下列观点：

①在长期里进行了所有的调整之后，货币增长率的持续上升，将导致通货膨胀率的同等幅度的提高。在长期中，通货膨胀率等于按实际收入的增长趋势做出调整后的货币增长率。

②货币增长的持续增加对产出水平没有长期影响，在通货膨胀与产出之间也没有长期的权衡替代关系。

因此，在长期中通货膨胀是一种货币现象。没有快速的货币供给增长，较大范围的通货膨胀就不可能发生；快速的货币增长将导致快速的通货膨胀。更进一步讲，任何决定性的保持低货币增长率的政策，都将必定导致低的通货膨胀率。

2. 恶性通货膨胀

(1)恶性通货膨胀概述

①定义

恶性通货膨胀又称“超速通货膨胀”，指物价总水平以极高的、完全失去控制的速率持续上升的现象。恶性通货膨胀较为少见，它往往发生在战争期间或战后初期。对于恶性通货膨胀的划分并没有准确的规定，一个实际使用的定义为，当一国的年通货膨胀率达到每年 1000% 时，一国就处于恶性通货膨胀。有学者认为，物价总水平每月以 50% 以上的速率持续上升时，为恶性通货膨胀。

②发生原因

恶性通货膨胀主要是由于政府大规模地滥发货币造成的，但深层的原因往往是政府巨额财政赤字，因此恶性通货膨胀的治理最终还要依赖于财政政策的改变。

③影响后果

在恶性通货膨胀经济中，通货膨胀现象相当地深入和普遍，以至于完全支配了日常经济生活。货币丧失了贮藏价值功能，而且至少部分地丧失交换媒介的职能，公众尽管不可能完全放弃正在迅速贬值的货币，但要进行代价高昂的努力，以减少货币持有量。

(2)预算赤字与通货膨胀的关系

预算赤字与通货膨胀之间存在着双向互动关系。

①政府为部分弥补赤字而被迫发行货币，巨额的财政预算赤字将引发货币供给量大幅增加，从而导致快速的通货膨胀。

②高通货膨胀反过来也会引起更多的赤字，通货膨胀导致预算赤字的增加主要通过两条渠道：税收的征收效应和增加对国债的名义支付。

a. 税收的征收效应

由于在税收的计税和纳税之间存在时滞，随着通货膨胀率的上升，税收收入的实际价值下降，预算赤字将迅速扩大，失去控制。

b. 对国债的名义支付增加

实际测量到的预算赤字包括支付国债利息。通货膨胀提高了名义利率，通过增加预算中名义利息支付，增加了实际测量到的预算赤字。

③通货膨胀调整的赤字

由于通货膨胀通过增加对国债的名义支付而增加了实测的预算赤字，高通货膨胀国家需要计算经过通货膨胀调整的赤字，以剔除通货膨胀对实测预算赤字的影响，得到更为准确的政府预算状况。

$$通货膨胀调整的赤字 = 总赤字 - (通货膨胀率 \times 国债数量)$$

(3)制止恶性通货膨胀

在恶性通货膨胀中，经济的失控越来越严重，让公众难以忍受，政府也会想办法来改革其预算程序，因此，所有的恶性通货膨胀最终都会结束。制止恶性通货膨胀的方法主要有：

①发行新货币，改革税制

新货币的汇率通常会钉住外国货币汇率，以便为价格和预期提供一个稳定的依据。

②异端的稳定化方法

由于在通货膨胀中存在着众多不稳定因素，特别是当通货膨胀持续时，税制的崩溃以及由通货膨胀造成的经济的极端失控，使得人们相信：以相对小的失业代价，借助于与其他措施协调一致地对通货膨胀实施打击，就有可能制止通货膨胀。这一方法称作稳定化的异端方法，在这种方法中，货币政策、财政政策、汇率政策与收入政策结合在一起，共同打击通货膨胀。

(4)政策的可信性与通货膨胀

①政策可信性对打击通货膨胀的作用

通货膨胀是由总需求与总供给的相对变动所决定的。在恶性通货膨胀中，货币的增长支配了所有的其他基本因素，但是，人们关于未来的预期也影响通货膨胀率。当公众相信政策已经改变，即反对通货膨胀的政策具有可信性时，预期的通货膨胀率下降，并且因此而引起短期的菲利普斯曲线向下移动。因此，在反通货膨胀的战斗中，一种可信任的政策可以有效降低通货膨胀率。

根据预期增加型总供给曲线的方程 $\pi = \pi^e + \lambda(Y - Y^*)$ 可知，如果政策是可信的，当货币增长被调整到一个新的较低水平上时，人们会随之调整他们的通货膨胀预期，短期总供给曲线因而立即下移。相应地，如果政策是可信的，预期是理性的，当政策发生变化时，经济就可以迅速移动到新的长期均衡。换言之，如果政策是可信的，π 就可以因 π^e 的下降而减少，经济则因较低的$(Y - Y^*)$而遭受较低的痛苦。

②可信性政策发挥作用的条件

当经济中的通货膨胀率很高，比如说是恶性通货膨胀，体现当前通货膨胀水平的长期合同就会非常少。在这样的条件下，谈判者将不会签署任何以名义条件规定的合同，于是，长期名义合同就会消失，而工资和价格则经常要重新调整。在这样的情形下，一个可信的政策将会迅速产生效果。但在合同结构尚未被极端通货膨胀摧毁的经济里，可信性政策的效果将会减弱。

③可信性政策失效的可能原因

a. 政策的可信性很难获得

b. 通货膨胀惯性的存在

在任何时候，经济中都存在体现过去通货膨胀预期的长期合同，而重新谈判合同则需要时间。因此，通货膨胀水平不可能迅速降低。

(5)反通货膨胀和牺牲率

牺牲率指作为反通货膨胀政策结果的 GDP 损失的累积百分比与实际得到的通货膨胀的降低量之间的比率。牺牲率的估算差别很大，典型的估算基本在 5 左右，即通货膨胀每下降一个百分点，一年的 GDP 必须牺牲 5%。

通货膨胀的降低几乎总会以经济衰退为代价，牺牲率就是用来衡量降低通货膨胀成本的。由菲利普斯曲线得知，在短期，通货膨胀和失业之间有取舍关系，低通货膨胀率意味着高失业；由奥肯定律得知，失业增加，产出下降，也即降低通货膨胀是有成本的。

3. 赤字、货币增长与通货膨胀税

(1)政府的预算约束

①政府预算约束的定义

政府作为整体，包括财政部与中央银行系统，可以通过发行债券和发行货币两条渠道来弥补预算赤字。政府预算约束指政府在不考虑增税的前提下，以货币融资(增发货币)和债务融资(发行债券)两种融资方式来弥补财政赤字的限度。

政府预算约束为：政府预算赤字 = 债券的销售额 + 基础货币的增加

②政府预算赤字与货币增长之间的联系

a. 在短期中，扩张性财政政策引起的赤字增加将趋向于提高名义利率和实际利率。如果中央银行的目标是以任何方式来控制利率，它可能会提高货币增长率，试图以此来阻止利率上升。

b. 政府会谨慎地增加货币存量，作为在长期中获得政府收入的一种手段。

(2)中央银行的两难处境

①货币化赤字的含义

货币化赤字指用发行货币的形式为政府财政赤字筹资，一般指中央银行在公开市场上购买政府债券。采用这种方法，会使货币供应量增加，易导致通货膨胀。因此，中央银行应根据经济的实际情况来决定是否货币化赤字。

②中央银行的两难处境

中央银行在决定是否货币化赤字时，面临着一个两难处境：

a. 如果不发行货币弥补赤字，则财政扩张由于没有伴随着适应性的货币政策，而将导致利率的提高，从而挤出私人支出。在这种情况下，中央银行可以通过买入债券来防止挤出效应的产生，由此增加货币供给，从而在利率没有上升的情况下导致收入的扩张。

b. 货币化政策存在风险，如果经济接近充分就业状态，货币化政策将助长通货膨胀。

③两难困境的解决方法

中央银行应根据经济的实际情况来决定是否实施货币化赤字。

a. 如果经济萧条，远离充分就业状态，则应该货币化赤字。因为如果失业率较高，根据短期菲利普斯曲线可知，通货膨胀率较低，此时货币化赤字，增加货币供给不会造成大的通货膨胀压力。而且，在经济萧条时，面对高的失业率，轻微的通货膨胀成本较低。

b. 如果经济接近充分就业状态，则不应该货币化赤字。因为此时增加货币供给不会带来产出较大增加，反而会加速通货膨胀，甚至可能引发恶性通货膨胀，对经济社会带来严重后果。

(3)铸币税和通货膨胀税

①铸币税

铸币税指政府由于拥有货币铸造的垄断权而获得的一种净收入，也即一种货币发行收入。在中央银行建立后，垄断了货币发行权，货币的发行收入归属政府，这种收入就被称为“铸币税”。铸币税不是一种真正的税种，只是将政府垄断货币发行收入具体化，使之可以进行实际的操作，在实践上实现货币发行收入归政府所有。

②通货膨胀税及通货膨胀税收入

a. 通货膨胀税的含义

通货膨胀税指政府以通货膨胀政策代替增税，从通货膨胀中获得的收益。

当政府通过发行货币来弥补赤字，公众为了抵消通货膨胀对持有的实际货币余额的影响，而不得不增加其名义货币余额的存量，被迫使支出少于收入，并把这一差额支付给政府以换取额外的货币时，就称为政府以通货膨胀税为自己融资。政府由此产生的收入额可用以下公式表示：

$$通货膨胀税收入 = 通货膨胀率 \times 实际基础货币$$

b. 通货膨胀税收入的变化趋势

当通货膨胀率为零时，政府从通货膨胀中没有获得任何收入。当通货膨胀率上升时，政府获得的通货膨胀税收入也随之上升。但随着通货膨胀率继续上升，基础货币持有成本日益增加，因此，个人减少现金的持有，银行减少其超额准备金，从而使实际基础货币大幅下降，以至于政府获得的通货膨胀税收入总额反而下降。如图19－2所示，其中AA曲线表示了政府从通货膨胀税中获得的收入额。

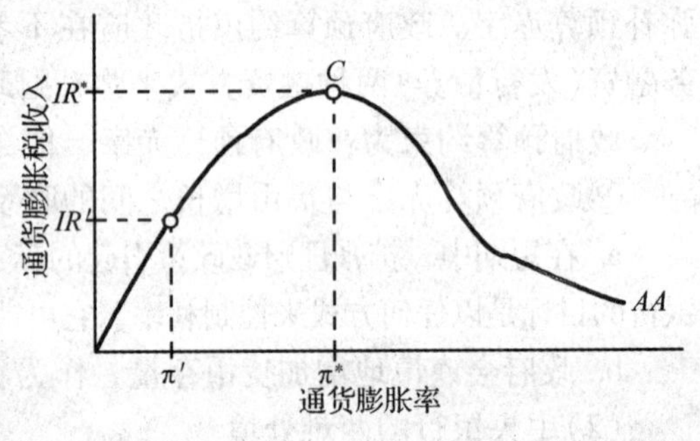

图 19－2　通货膨胀税收入

③政府在通货膨胀过程中的收益

a. 扩大货币供应量能直接增加其收入；

b. 通过单位货币购买力的降低而减少未偿还国家债务的实际价值；

c. 直接增加税收收入，因为通货膨胀会使企业和个人的收入在名义上增加，纳税等级自动上升，政府可获得更多的收入。

三、预算赤字与公共债务

1. 政府财政

(1)财政支出

政府支出包括采购商品和劳务的支出和转移支付。政府支出可以分为强制性支出和相机抉择性支出两种，二者之间存在明显的区别：

①强制性支出

强制性支出指在授权计划下的开支，是由法律规定的，社会成员只要达到某些要求，就自动地有权得到支付。例如医疗补助方案和社会保障方案。

②相机抉择性支出

相机抉择性支出指政府根据经济形势发展的需要，相机选择地支出。相机抉择性开支与强制性开支相反，它是有针对性的、选择性的支出，要经过有关部门批准，包括像国防开支和对外援助等。

(2)财政收入

大多数政府收入来自于税收，包括个人所得税、公司所得税、社会保险税等，其中社会保险税是由雇主和工资获得者所支付的工资税构成。

(3)赤字的衡量

由于大多数赤字是因为支付国债利息所产生的，因此，大多数的赤字不代表现期支出超过收入的部分，而是代表过去遗留下来的赤字。因此需要将预算赤字区分为两个组成部分：基本赤字(或非利息赤字)和公债的利息支付，如以下公式所示：

$$总赤字=基本赤字+利息支付$$

其中，基本赤字(或盈余)代表不包括利息支付在内的全部政府开支减去全部政府收入。基本赤字也可以叫做非利息赤字。

当考虑实际利率和名义利率的差别时，债务的利息支付可以被分解成实际支付和由于通货膨胀所造成的支付。而后者实际上并不耗费政府的任何实际价值，因为它们恰好为名义债务实际价值的减少所抵消。

2. 债务负担

(1)债务负担的含义

①债务对社会不是一个净负担

每个人都有分摊偿还公债的责任，但许多人又通过金融中介机构直接或间接地以持有国库债券的形式拥有国债债权。因此，人们可以将债务所代表的负债，与债务所代表的、属于对政府拥有债权的那些个人资产相抵消。在这样的情况下，债务对社会就不是一个净负担了。

在大部分债权归外国人所有时，归外国人所有的债权部分，代表本国纳税人未来的纳税负担。

②债务负担的主要来源是国债对该国净国民财富的影响

国债的增加可能会降低资本存量与(或者)增加本国的外债。债务融资提高了利率，减少了投资，因而，债务融资下的资本存量要比其他情况下的资本存量低，作为一种为弥补赤字所进行的债务融资的结果，产出也会更低，这是债务负担的主要来源。

(2)债务负担的衡量

债务收入比率指债务与名义国内生产总值的比率，用于衡量债务相对于一国经济规模的大小。其公式如下：

$$债务比率=债务/PY$$

其中，PY 代表名义 GDP。债务因赤字而上升；名义 GDP 的增加是通货膨胀和实际 GDP 两者增长的结果。当名义 GDP 的增长比债务增长更快时，债务收入比率就会下降。

(3) 债务负担的分配——代际核算

①代际核算的含义

代际核算即各代人之间的核算，指评估整个财政系统(税收和支出)对社会中不同年龄组人们的成本和收益的核算。代际核算计算出各代人一生的净税收，即每代人一生要交纳的税收的现值减去其一生能享受的政府支出的现值，并以此衡量财政政策对各代人一生的影响。代际核算对于财政政策如何在各代人之间分配资源提供了重要信息。

②代际核算的缺点

代际核算至少存在两个不易克服的缺点：

a. 在计算不同代人的总税收负担时，需要把未来的税收按照适当的利率贴现为现值，而该利率无法得知。

b. 代际核算的有效性以严格的假设为前提：完全理性的人们没有遗产动机，其行为和福利完全取决于本代人生命周期内的财政政策。但是这个假设过于严格，与现实条件不符。

因此，不论是从实证的角度还是从规范的角度看，代际核算都不可能是一个好的财政政策衡量尺度，不能用以取代财政赤字。

四、社会保障

1. 作为一种代际转移的社会保障

现收现付的(社会保障)制度指通过以支定收，使养老保险收入与支出在年度内大体平衡的财务机制。根据代际转移理论，一代人的社会保障待遇可以由同时期正在工作的下一代人缴费支付，社会保障财务可以实现横向平衡。根据此理论形式的社会保障财务制度就是现收现付制度。

现收现付的社会保障制度，由于人口增长、实际收入增加和政治程序三方面原因，有可能把资金从年轻人转移到老年人。

(1) 由于人口增长而产生的代际转移

如果每一后代的人口是多于其前一代的，则同稳定的人口相比，增长的人口有着更高的青年人对老年人的比率，同时在增长的人口中，退休金—分摊额比率也将非常高。

利用人口增长优势来提高退休金—分摊额比率可理解为是有政治吸引力的，但这种方案的问题在于，当人口增长结束时，要保持预期的退休金，工作一代的分摊额将要大幅度地增加。正如当今世界上大多数工业化国家趋向于人口零增长时所发生的情况。

(2) 由于收入增长而产生的代际转移

在经济增长的前提下，年轻一代比老年一代有更高的生活标准。假定分摊额为收入的某一确定百分比，而不是固定数量的金额。在现收现付的制度中，由于分摊额来源于年轻一代较高的收入，退休工人得到的退休金多于他们自己的分摊额。只要经济增长持续下去，在年轻一代生产率提高的基础上，每一代都可以指望得到额外的退休金。

在生产率增长合理的水平上，这种影响使得退休金比以往别的情况下可能得到的要更多，但是如果长期经济增长不稳定，这种制度将会崩溃。

(3) 由政治程序产生的代际转移

年长的一代至少在某些情况下，通过政治制度可以强制实施代际转移。当前的一代可以为他们的退休金计划投赞成票，而不用考虑将要替他们进行支付的尚未出生的一代。在这种情况下，即使考虑到人口和收入的增长，社会保障仍被设置成支付的退休金多于分摊额水平所能承担的情况。

这种制度有利于早期的受益人，但是可以预料现在的年轻人支付的每一单位分摊额在将来所能够得到的退休金将远远低于当前的退休人员所得到的退休金。

2. 社会保障和经济效率

(1)社会保障制度的低效率问题

①在现收现付的社会保障制度中，由于分摊额立刻被支付出去而没有创造出生产性资本，因此，整个社会没有为未来进行储蓄。

②社会保障强迫某些在另外情况下不储蓄的人去“储蓄”时，对那些无论如何都已储蓄大笔金额进行投资的人来说，则降低了投资效率。

③社会保障分摊额几乎肯定不会1:1地挤出私人(生产性)退休性储蓄，但是被取代的每单位的私人储蓄明显地减少了社会为将来使用而积累的财富的规模。

(2)政策反应

针对社会保障的低自我维持能力和低效率，政府需要对社会保障制度进行改革。

①为解决低维持能力问题，必然要直接或者间接地增加税收或者削减退休金，具体的改革建议包括：

a. 提高有资格接受退休金的年龄；

b. 对领取的退休金超过分摊额的部分征税；

c. 改变计算通货膨胀的方法以减少生活费用的上涨。

②为减少现收现付社会保障制度低效率的改革建议，涉及的是社会保障信托基金进行生产性投资的部分，而不是投向政府借款的债券部分。同投资政府债券(现在支撑着社会保障体系的财务)相比，对私人部门的投资会赚取较高的回报。因此，允许进行生产性投资也有助于解决清偿能力低的问题。两条具体的建议是：

a. 将信托基金部分地投资于多种多样的股票和公司债券；

b. 允许个人以私人退休金账户上的投资来替代其社会保障分摊额。

19.2 课后习题详解

一、概念题

1. 大萧条(Great Depression)

答：大萧条指1929年至1939年之间发生的全球性经济大衰退，是以商业和经济运营普遍衰退为特征的一种经济状况。1929－1933年的萧条——“世界经济衰退”比任何一次经济衰退的影响都要深远得多。这次经济萧条是以农产品价格下跌为起点的，农业衰退由于金融的大崩溃而进一步恶化，尤其在美国，一股投机热导致大量资金从欧洲抽回，随后在1929年10月发生了令人恐慌的华尔街股市暴跌。

在全球范围内，经济衰退造成大规模的持续失业；资本的短缺在所有的工业化国家中都带来了出口和国内消费的锐减；这场灾难还使中欧和东欧许多国家的制度遭到破产。根据凯恩斯的理论，大萧条是因为有效需求不足而产生的，所以政府的任务是扩大有效需求。

2. 新政(New Deal)

答：新政又称“罗斯福新政”，指面对1929－1933年的世界经济大危机，1933年罗斯福接任美国总统后为挽救经济所采取的一系列社会、经济政策的总称。新政主要包括通过国会制定了《紧急银行法令》、《国家产业复兴法》、《农业调整法》等法案，其主旨是强化政府干预，通过采取一系列发展国家垄断资本主义的措施来克服严重的信贷危机及经济衰退。

新政的主要内容包括：

(1)对工商业大量的贷款和津贴，刺激私人投资；

(2)提高物价，减少农业生产，克服农产品过剩；

(3)兴建公共工程，增加就业机会。

(4)对失业者给以最低限度救济。

新政实施的结果使美国逐渐摆脱了危机，为千百万人提供了就业和生活的保障，使经济不平衡状况有所改善。1935年起所有经济指标都稳步上升，失业人数大幅度下降。新政缓和了阶级矛盾，避免了法西斯上台的危险，维护了资产阶级民主制度。新政没有从根本上消除资本主义固有矛盾，大多是应急措施，没有完整的理论依据，但体现了凯恩斯主义国家干预经济的思潮，反映了现代私人垄断资本主义向国家垄断资本主义过渡这一总的趋向，对美国以后历届政府的政策影响很大。

3. 凯恩斯革命(Keynesian revolution)

答：凯恩斯革命指凯恩斯主义本身就是对新古典经济学的一次革命。《就业、利息和货币通论》则使得西方经济学在分析方法上实现了微观分析与宏观分析的分野，凯恩斯本人就成为现代宏观经济学甚至20世纪西方经济学的开山鼻祖，从而在整个20世纪西方经济学的演进与发展中成为一个永恒的主角。

凯恩斯主义的推演逻辑是从充分就业开始的：(1)以往假设的充分就业均衡建立在萨伊定律基础之上，其前提是错误的，因为总供给与总需求函数的分析结果显示，通常情况下的均衡是小于充分就业的均衡。(2)之所以存在非自愿失业和小于充分就业的均衡，其根源在于有效需求不足，因为总供给在短期内不会有大的变化，所以就业量就取决于总需求。(3)有效需求不足的原因在于“三个基本心理因素，即心理上的消费倾向，心理上的灵活偏好，以及心理上对资本未来收益的预期”。(4)政府不加干预就等同于听任有效需求不足继续存在，听任失业与危机继续存在，政府须采取财政政策而非货币政策来刺激经济，增加投资，弥补私人市场有效需求的不足。凯恩斯从宏观的视角对大量的宏观概念进行归纳与整合之后，使经济学的发展开始跳出价格分析的限制，从而翻开了20世纪西方经济学崭新的一页。这是因为资本主义发展到垄断阶段，迫切需要一种全新的角度和全新的理论对腐朽的自由资本主义的缺陷给予解释和弥补。

凯恩斯主义的诞生是20世纪西方经济学得以向前大大推进的一个重要标志，凯恩斯革命是一场方法的革命。凯恩斯之后，无数凯恩斯的追随者们对凯恩斯体系本身存在的种种“空隙”和“硬伤”给予修正、弥补、完善，使之在碰撞中交融，在裂变中整合。凯恩斯主义内部发生的冲突、裂变、整合是凯恩斯主义得以发展、充实的重要前提和体现。例如20世纪50年代后期爆发了持续几十年的“两个剑桥之争”——这场影响很大的学术争论的历史意义和学术价值对20世纪主流经济学的发展与贡献是深远的。

4. 货币数量论(quantity theory of money)

答：货币数量论是关于货币数量与物价水平关系的一种理论。这种理论最早由16世纪法国经济学家波丹提出，现在继承这一传统的是美国经济学家弗里德曼的现代货币数量论。货币数量论用数量方程式作为分析工具。

数量方程式：$MV=PT$，式中，M 为流通中的货币数量，V 为货币的流通速度，P 为一般物价水平，T 为社会总交易额。如果用 Y 代表实际 GDP，P 代表 GDP 缩减指数，而 PY 是名义 GDP，那么数量方程式变成：$MV=PY$。

货币数量论假设货币流通速度 V 不变，那么货币数量 M 的变动必然引起名义 GDP 的同比例变动。货币数量论进一步认为生产要素和生产函数共同决定实际 GDP，这样货币数量论意味着，物价水平和货币供给同比例变动，也即货币增长率决定通货膨胀率。

5. 货币流通速度(velocity of money)

答：货币流通速度是单位货币在一定时期内被周转使用或流通支付的次数，是决定商品流通过程中所需要货币量的重要因素之一，能在一定程度上弥补流通中货币数量的不足。但在确定货币流通速度时，应该是处于流通中不断运动的货币，不包括暂时停止或长期沉淀的那些部分。因此，现实中，无法确定有多少货币正处于流通过程中，有多少停滞不动。所以，对货币流通速度测定，主要根据不同层次货币与相应商品的流通，确定各层次货币的流通速度，如以商品零售额与现金余额的比值，测定这时期现金的流通速度；以国民生产总值与 M_1 或 M_2 的比值，测定 M_1 或 M_2 的流通速度。但无论得出的比值如何，与严格意义上的货币流通速度会有所差异。

6. 恶性通货膨胀(hyperinflation)

答：恶性通货膨胀又称“超速通货膨胀”，指物价总水平以极高的、完全失去控制的速率持续上升的现象。有学者认为，物价总水平每月以 50% 以上的速率持续上升，为恶性通货膨胀。恶性通货膨胀较为少见，它往往发生在战争期间或战后初期。20 世纪的德国和 40 年代末的中国都曾出现这种物价上涨率数以亿计的急剧通货膨胀。

恶性通货膨胀主要是由于政府大规模地滥发货币造成的，但深层的原因往往是政府巨额财政赤字，因此恶性通货膨胀的治理最终还要依赖于财政政策的改变。在恶性通货膨胀中，货币丧失贮藏价值功能，而且至少部分丧失交换媒介的职能，公众尽管不可能完全放弃正在迅速贬值的货币，但要进行代价高昂的努力，以减少货币持有量。恶性通货膨胀理论的代表人物 P·卡甘认为，在恶性通货膨胀时，对货币需求反比地依赖于预期的通货膨胀率。当实际通货膨胀率大于均衡通货膨胀率时，货币流通速度的增加而不一定是货币供给的增加可能使通货膨胀率上升。

7. 通货膨胀调整的赤字(inflation-adjusted deficit)

答：通货膨胀调整的赤字指对通货膨胀影响加以调整后对预算赤字的衡量，它去掉预算赤字中与通货膨胀直接有关的国债付息部分。在实际测量到的预算赤字中包括要支付的国债利息，由于通货膨胀上升时名义利率也随之上升，所以通货膨胀的提高通常都会增加政府的名义付息，从而增加了实测赤字，因此，通货膨胀调整的赤字 = 总赤字 -(通货膨胀率 × 国债数量)

通货膨胀调整的赤字给出了在很低通货膨胀率下，比在实际赤字情况下更准确的预算状况的情景。

8. 稳定的非正统方法(heterodox approach to stabilization)

答：稳定的非正统方法指为降低通货膨胀并使其稳定，在可接受的水平上所采取的以相对小的失业为代价的一种异端方法。由于在通货膨胀中存在着众多不稳定因素，特别是当通货膨胀持续时，税制的崩溃以及由通货膨胀造成的经济的极端失控，往往使得人们沉迷于某种可能性之中，即以相对小的失业代价，借助于其他措施协调一致地对通货膨胀实施打击，就有可能制止通货膨胀。在这种稳定化的异端方法中，货币政策、财政政策、汇率政策与收入政策结合在一起。1985 年在阿根廷和以色列，1986 年在巴西，当政府冻结工资与物价时，就采用了这种方法。

9. 信任奖励(credibility bonus)

答：信任奖励又称信誉红利，指在理性预期下政府政策的可信性所获得的报偿。政府在降低通货膨胀的斗争中，由于公众相信政府的反通货膨胀政策会得到执行从而降低人们的通货膨胀预期，这样即使政策未执行也会使通货膨胀降低，从而避免经济的衰退，政府政策的可信性便获得了报偿。

通货膨胀是由经济的基本方面(总需求与总供给的相对变动)所决定的。在恶性通货膨胀中，货币的增长支配了所有的其他基本因素。但是，人们关于未来的预期也发挥了作用。相信政策已经改变本身就会驱动预期的通货膨胀率下降，并且因此而引起短期的菲利普斯曲线向下移动。所以，在反通货膨胀的战斗中，一种可信任的政策会赢得社会对可信性的褒奖。

从美联储 1979 年 10 月改变其货币政策开始，在美国整个反通货膨胀时期，一直着重强调政策的可信性。理性预期的一些支持者甚至相信只要政策的制定令人可信，就有可能在抑制通货膨胀的同时不产生任何经济衰退。

这一论点是这样考虑的：预期增加型总供给曲线是：$\pi=\pi^e+\lambda(Y-Y^*)$。

如果政策是可信的，当货币增长被调整到一个新的较低水平上时，人们会随之调整他们的通货膨胀预期，短期总供给曲线因而立即下移。相应地，如果政策是可信的、预期是理性的，当政策发生变化时，经济就可以迅速移动到新的长期均衡。换言之，如果政策是可信的，π 就可以因 π^e 的下降而减少，经济则因较低的$(Y-Y^*)$而遭受较低的痛苦。

10. 通货膨胀的惯性(inflationary inertia)

答：通货膨胀的惯性指通货膨胀出现后由于人们对通胀的预期而形成的不断持续下去的趋势。通货膨胀有惯性是因为人们总是根据目前所观测到的通货膨胀来修订他们对将来通货膨胀的预期。比如，若价格水平正在快速上升，人们会预期价格继续急速上涨。而通货膨胀预期又影响了人们在签订将来的合同时对价格的设定。即：如果现在的通货膨胀高，那么人们有理由相信将来通货膨胀仍将继续保持较高水平，因此，在各种合同中都把价格相应提高。这样，表现出来的是物价水平持续上升。

11. 牺牲率(sacrifice ratio)

答：牺牲率指通货膨胀率每降低一个百分点所必须放弃的一年实际 GDP 的百分比。

由菲利普斯曲线得知，在短期，通货膨胀和失业之间有取舍关系，低通货膨胀率意味着高失业；又由奥肯定理得知，失业增加，产出下降，即降低通货膨胀是有成本的。牺牲率就是用来衡量降低通货膨胀成本的。

适应性预期理论认为通货膨胀引发通货膨胀预期，而通货膨胀预期又引发更高的通货膨胀率，因此，降低通货膨胀的成本是巨大的。而理性预期学派则认为，如果政府能够可信地承诺降低通货膨胀，公众相信这种承诺，并相应降低通货膨胀预期的话，那么降低通货膨胀不必经历一个高失业、低产出的时期，牺牲率可以为零的。

尽管对牺牲率的估算差别很大，但典型的估算基本在 5 左右：通货膨胀每下降一个百分点，一年的 GDP 必须牺牲 5%。

12. 政府预算约束(government budget constraint)

答：政府预算约束指政府在不考虑增税的前提下，以货币融资(增发货币)和债务融资(发行债券)两种融资方式来弥补财政赤字的限度。政府预算约束就是：

政府预算赤字 = 债券的销售额 + 基础货币的增加额

在预算赤字和货币增长之间可能有两种联系：第一，在短期中，扩张性财政政策引起的赤字增加将趋向于提高名义利率和实际利率。如果中央银行的目标是控制利率，它可能会增加货币供给维持利率不变；第二，政府会谨慎地增加货币存量，作为在长期中获得政府收入的一种手段。

13. 货币化(monetization)

答：货币化有两种含义：一是财政赤字的货币化，即国家用印钞票的方法来弥补财政赤字；二是经济发展过程中的货币化，即在经济发展中，由于体制变化，产生超额货币需求，从而使货币流通速度减慢。多恩布什的《宏观经济学》中用的是第一个概念。

在本章中货币化就是指财政赤字的货币化，一般是中央银行在公开市场上购买政府债券。采用这种方法，会使货币供应量增加，易导致通货膨胀。独立性高的中央银行可以自主选择是否对赤字实行货币化，但会面临一个两难处境。如果它不弥补赤字，则财政扩张由于没有伴随着扩张性的货币政策，而将导致利率提高，从而挤出私人支出。因此，对中央银行来说，就倾向于通过买入债券来防止挤出效应的产生，由此增加货币供给，会使产出增加。但是如果经济接近充分就业状态，货币化政策将助长通货膨胀。

14. 铸币税(seigniorage)

答：铸币税指政府由于拥有货币铸造的垄断权而获得的一种净收入，也即一种货币发行收入。(1)从历史发展来看，在金属货币时代，货币产生于实体经济，购买力取决于所含金属的重量即内在价值。货币与商品的交换，是一个等价交换的过程。在这一过程中，基本上不存在货币的发行收入。但当货币形式发展到不足值货币，特别是到了信用货币时代，货币发行脱离了实体经济的束缚，货币发行就成为一种特权，能为发行者带来发行收入。西方政府曾对私人银行发行现钞课税，作为允许他们拥有货币发行特权的交换，铸币税就出现了。中央银行建立后，垄断了货币发行权，货币的发行收入归属政府，这种收入也被称为“铸币税”。这时铸币税已不是一种真正的税种，只是将政府垄断货币发行收入具体化，使之可以进行实际的操作，在实践上实现货币发行收入归政府所有。(2)设铸币税为 S，M_t是 t 期的货币发行量，M_{t+1}是 $t+1$ 期的货币发行量，考虑到价格因素，$S=(M_{t+1}-M_t)/P_t$，P_t为 t 期的价格水平。从上述公式中反映出：货币发行收入与价格水平成反比，物价水平越低，中央银行同等数额货币发行的铸币税就越高；货币发行收入与新增货币发行量成正比，新增货币发行量越大，铸币税越高。(3)同时在国际金融中，铸币税是指一国因其货币为他国所持有而得到的净收益。如其他国家持有美元，则意味着美国可以用本国发行的没有内在价值的美元购买他国的商品和金融资产，也就是说美国无偿占有了他国资源。这是由于美元作为国际货币的地位而取得的特权。因此一国因货币输出赚取的物质利益也被称为“铸币税”。

15. 通货膨胀税(inflation tax)

答：通货膨胀税指政府以通货膨胀政策代替增税，从通货膨胀中获得的收益。通货膨胀税的公式为：

$$\text{通货膨胀税收入}=\text{通货膨胀率}\times\text{实际基础货币}$$

通货膨胀税的主要受益者是国家政府，政府在通货膨胀过程中，可以得到三方面的收益：①扩大货币供应量能直接增加其收入；②通过单位货币购买力的降低而减少为偿还国家债务的实际价值；③直接增加税收收入，因为通货膨胀会使企业和个人的收入在名义上增加，纳税等级自动上升，政府可获得更多的收入。

16. 强制性支出与相机抉择性支出(mandatory outlays & discretionary outlays)

答：强制性支出指在授权计划下的开支，是由法律规定的，社会成员只要达到某些要求，就自动地有权得到支付。相机抉择性支出指政府根据经济形势发展的需要，相机选择地支出。相机抉择性开支与强制性开支相反，它是有针对性的、选择性的支出，要经过有关部门批准。

17. 授权计划(entitlement programs)

答：授权计划是指政府的计划财政开支中由法律授权规定的支出计划。授权计划下的支出为强制性支出。在美国，政府的任何一项新的计划，实际上必须经过国会的双重授权：批准该项计划要通过一个授权法案，规定计划的一般目标和手段，并估算为实现计划所需的资金数额；实际拨款还要通过另一个法案，国库要根据拨款法案才能拨付这笔资金。授权法案和拨款法案都要通过复杂的立法程序，政府的开支必须经过国会总审计局核准，证明所开支的款项是否经过国会的立法并符合经国会通过的拨款限额。

18. (政府)采购[(government) purchases]

答：(政府)采购指各级国家机关、实行预算管理的各单位和社会团体使用财政预算内资金和预算外资金等财政性资金，以购买、租赁、委托或雇佣等形式获取货物、工程和服务的行为。在国际上，政府采购是包括政府采购政策、采购方式及采购管理在内的对政府采购行为的总称，亦指公共采购的管理制度。

采购主要有以下特点：(1)采购主体是依靠国家预算资金运作的政府机关、事业单位、社会团体等；(2)采购是非商业性、非盈利性的购买行为；(3)采购以公开竞争招标的方式进行；(4)采购方式多样，范围广泛。采购有利于加强对公共支出资金的管理。竞争招标方式使政府能在购买到较好的产品服务的前提下，尽可能节约资金。同时，也可以避免采购中的腐败行为。

19. 转移支付(transfer payments)

答：转移支付指各级政府之间为解决财政失衡而通过一定的形式和途径转移财政资金的活动，是用于补偿公共物品而提供的一种无偿支出。政府间的财政转移支付实质上是存在于政府间的一种补助。它是以各级政府之间所存在的财政能力差异为基础，以实现各地公共服务水平的均等化为主旨，而实行的一种财政资金转移或财政平衡制度。这种转移支付，实际上是财政资金在各级政府间，特别是在中央政府与地方政府间的一种再分配形式。在上下级政府、同级政府之间普遍存在财政收入能力与其支出责任不对称的情况下，财政转移支付就成了确保各级地方政府都能正常履行其职能的一个必要条件。政府间的转移支付是矫正地方政府提供公共产品过程中的行为扭曲现象，弥补政府间税收分割缺陷，实现政府间的横向均衡和纵向均衡的重要手段。规范的转移支付制度应遵循公平原则、效率原则和法制化原则。

按转移支付的对象分类，可将其分为自上而下的纵向转移、横向转移、纵向转移和横向转移相结合三种模式。按是否带有附加条件及指定资金用途又可将其分为三种形式：一是对称性转移支付，即中央政府在给地方政府转移支付资金时，同时要求地方政府也拿出一部分配套资金；二是一般性转移支付，即既不要求地方政府拿出配套资金，也不规定资金的具体用途和大致投向；三是专向性转移支付，即规定所拨款项必须专款专用。

20. 基本(无利息)赤字[primary(or non-interest) deficit]

答：基本赤字又称“非利息赤字”，指不包括利息在内的全部政府开支减去全部政府收入。用公式表示为：

$$基本赤字 = 总赤字 - 利息支付$$

因为在总赤字中，政府的全部支出项中包含政府为未清偿债务而支付的利息。对以往债务的利息支付，属于过去形成的赤字，而非当期经济活动的结果。如果只衡量当期的财政收支结果，就需要采用基本赤字，即在政府的全部支出项中扣除名义利息支付和全部政府收入。

21. 债务－收入比(debt-income ratio)

答：债务－收入比指债务与名义国内生产总值的比率。债务－收入比率＝债务/PY，其中 PY 代表名义 GDP。当名义 GDP 的增长比债务增长快时，债务与名义 GDP 之比就会下降。作为分子的债务因赤字而上升，作为分母的名义 GDP 的增加是通货膨胀和实际 GDP 两者增长的结果。之所以要考察债务－收入的比率而不考察债务的绝对值，是因为 GDP 是对一国经济规模的衡量，而债务－收入之比则衡量债务相对于一国经济规模的大小。

22. 代际核算(intergenerational accounting)

答：代际核算即各代人之间的核算，指评估整个财政系统(税收和支出)对社会中不同年龄组人们的成本和收益的核算。代际核算计算出各代人一生的净税收，即每代人一生要交纳的税收的现值减去其一生能享受的政府支出的现值，并以此衡量财政政策对各代人一生的影响。代际核算对于财政政策如何在各代人之间分配资源提供了重要信息。代际核算方法是一种研究财政问题的新方法，该方法既能回答在目前的财政体系下，代际平衡能否达到，又能够解决如何调整才能达到代际平衡的问题。

尽管代际核算能提供更多的财政政策代际影响的信息，但并不能用代际核算取代财政赤字。代际核算至少存在两个不易克服的缺点，首先，计算不同代人的总税收负担时，需要把未来的税收按照适当的利率贴现为现值，但是，适当利率是什么，不得而知。其次，代际核算的有效性以下列严格的假设为前提：完全理性的人们没有遗产动机，其行为和福利完全取决于本代人生命周期内的财政政策。但是这个假设过于严格，与现实条件不符，因此，不论是从实证的角度还是从规范的角度看，代际核算都不可能是一个好的财政政策衡量尺度。

23. 现收现付的(社会保障)制度[pay-as-you-go (social security) system]

答：现收现付的(社会保障)制度指通过以支定收，使养老保险收入与支出在年度内大体平衡的财务机制。根据代际转移理论，一代人的社会保障待遇可以由同时期正在工作的下一代人缴费支付，社会保障财务可以实现横向平衡。根据此理论形式的社会保障财务制度就是现收现付制度。现收现付制的优点在于：(1)可保证保险金给付的及时性；(2)有助于实行保险金随物价或收入波动而调整的指数调节机制，从而有助于处置通货膨胀风险，保障退休金的实际货币价值；(3)通过收入调节与再分配，在一定程度上有助于体现养老保险的共济性和福利性。它的缺点在于，由于完全没有储蓄积累，因而在人口老龄化的背景下，生产性人口与退休人口的比重严重失调，抚养系数增大，使得现收现付制的收支平衡已难以实现并使其面临严重的财务困境。

24. 可信的政策(credible policy)

答：可信的政策指人们相信政府将会遵循的政策。可信的政策有利于赢得公众的信心，从而在最大程度上降低政策成本。政府政策的可信度不高，会降低公众对政府的信心，使得政府无法引导公众预期，加大政策执行难度。因此，政府应该努力提高政策的可信性，合理引导公众预期，降低政策成本。

二、简答题

1. (1)“凯恩斯主义者”认为是什么造成大萧条？

(2)“货币主义者”认为是什么造成大萧条？

(3)这些解释是相互排斥的吗?

(4)为什么宏观经济学家对解释大萧条的成因如此感兴趣?

(1) What do "Keynesians" believe caused the Great Depression?

(2) What do "monetarists" believe caused the Great Depression?

(3) Are these explanations mutually exclusive?

(4) Why are macroeconomists so interested in explaining the causes of the Great Depression?

答:(1)凯恩斯主义者认为造成大萧条的原因主要在于总需求不足。20 世纪 30 年代投资支出的枯竭以及总消费需求的萎缩造成了经济总需求的不足,而政府平衡财政预算的企图对总需求更是雪上加霜。他们认为财政政策不当,强调财政政策的作用。

(2)货币主义者认为造成大萧条的原因主要在于货币供应量的下降。他们认为,在 20 世纪 30 年代美联储没能防止大规模的银行破产,而公众又对银行系统失去了信心,这两个因素使得准备金-存款比率和通货-存款比率剧增,货币乘数减小,从而引起货币存量的剧减,最终的结果便是经济的大规模衰退。他们认为货币政策不当,强调货币政策的作用。

(3)这些解释并不相互排斥。二者都承认是总需求不足而不是总供给不足造成了大萧条。凯恩斯主义者强调投资下降使总需求不足,应该加强财政政策;货币主义者则认为货币紧缩使得总需求下降,美联储应该增加货币供给。两种解释都符合现实,如果有迅速而强有力的扩张性的货币政策和财政政策,大萧条的影响就不会那么大。

(4)宏观经济学家对解释大萧条的成因非常感兴趣,是因为大萧条是历史上非常重要的经济事件,目前为止没有一种理论能够很好的解释它。一些经济学家争论说大萧条说明经济本身存在不稳定性,需要很长的调整时间才能恢复到充分就业水平,这给政府干预留下了空间。另一些经济学家争论说大萧条证明了政府政策往往是错误的,政府不应对经济干预,应该让市场手段使经济回到充分就业水平。总之,正因为大萧条的原因是复杂的,不同经济学家可以从不同角度给予某一方面的解释,使得大萧条的成因成为宏观经济学争论的焦点。

2. 通货膨胀是一种货币现象吗?(回答必须区分短期和长期)

Is inflation a monetary phenomenon? Be sure to distinguish, in your answer, between the long run and the short run.

答:通货膨胀是指在一段时期内,一个经济中大多数商品和劳务的价格持续显著的上涨。考察通货膨胀是否为一种货币现象,必须区分短期和长期。

(1)在长期,通货膨胀是货币现象。原因如下:

把货币数量方程式:$M \times V = P \times Y$,写成变量百分比的形式:$m + v = \pi + y$,得 $\pi = m - y + v$,其中 m 是货币增长率,v 是货币流通速度的变化率,π 是通货膨胀率,y 是产出增长率。

在长期,经济处于充分就业水平,真实产出(Y)不变,货币流通速度(V)稳定,因此,v 和 y 可看作为零,这样通货膨胀率就完全取决于货币增长率,只有货币供给量增加才会引起通货膨胀,因此,在长期中,通货膨胀是一种货币现象。

(2)在短期,通货膨胀是否为一种货币现象则并不肯定。原因如下:

在短期,真实产出(Y)和货币流通速度(V)的变化很难预测,通货膨胀率与货币增长率之间的联系并不太确切,产出增长的变化或流通速度的改变都会影响着通货膨胀。具体来说,影响通货膨胀的非货币因素有以下几个:

第一,改变产量水平的非货币性冲击在货币增长率不变的情况下也能使通货膨胀率发生变化;

第二，利率的变化改变了持有货币的机会成本从而影响到了收入对货币的合意比率，货币流通速度就会发生变化，从而通货膨胀率发生变化；

第三，货币需求的变化以及金融创新和西方国家普遍的放松管制，都会引起价格水平变化，从而使通货膨胀率发生改变。

这些原因都解释了货币－通货膨胀关系的短期不稳定性。因此，在短期，通货膨胀并不总是一种货币现象。

3.（1）请评价降低通货膨胀的渐进主义和激进主义策略的优点和缺点。

（2）为什么反通货膨胀政策的信誉是重要的？

（1）Evaluate the strengths and weaknesses of gradual versus cold-turkey strategies of inflation reduction.

（2）Why is the credibility of anti-inflationary policy important?

答：（1）降低通货膨胀的渐进主义和激进主义策略的优缺点

①渐进主义的政策是指政府通过持续小幅度地削减货币增长率来紧缩总需求，在很长的时间内逐步消除通货膨胀的政策。它是温和的失业率与高通货膨胀的搭配。

其优点是：可以保持一个较低而温和的失业率，不易造成大规模的经济衰退。

其缺点是：通货膨胀不会迅速降低，会持续较长时间。

②激进主义的政策是指政府通过大幅度地削减货币增长率从而突然、大规模地紧缩总需求，以国民收入的明显下降和失业率的显著提高为代价，在短时间内消除通货膨胀的政策。它是较高的失业率与低通货膨胀的搭配。

其优点是：可以建立政府政策的可信性，迅速地降低通货膨胀率。

其缺点是：失业率较高，并经常造成经济的大规模衰退。

由于两种政策优劣不同，因此政策制定者在决定采取何种政策时会进行权衡，考虑利益得失，需要判断工资或价格需要多长时间、以多快速度才能调整到均衡水平或者说需要付出什么样的代价。

（2）反通货膨胀政策的信誉之所以重要的原因

反通货膨胀政策的信誉是重要的，其原因主要在于：可信的政策能够影响人们的预期。政府降低通货膨胀的承诺会降低人们的通货膨胀预期，并由此引起短期菲利普斯曲线的下移。具体的讲：

预期增加型总供给曲线是 $\pi=\pi^e+\lambda(Y-Y')$。如果政策是可信的，当货币增长率被调整到一个新的较低水平上时，人们随之调整他们的通货膨胀预期 π^e，π 可以因 π^e 的下降而下降。因此，如果政策是可信的，预期是理性的，当政策有变化时经济可以迅速移动到新的长期均衡，经济就可以避免长时间的大规模的衰退。

归结到具体的政策层面上，激进主义政策与渐进主义政策相比，更能清楚地体现出决定性的政策变化，具有压低通货膨胀的坚定目标。因此，人们形成的理性预期，在激进主义下，比渐进主义，更能相信政策已经变化，也就是说激进主义比渐进主义更为可信。

4. 预算赤字是个问题吗？为什么是？或者为什么不是？

Are budget deficits a problem? Why or why not?

答：预算赤字是在编制预算时支出大于收入的差额，是计划安排的赤字。预算赤字是个问题。原因分析如下：

（1）在短期，扩张性财政政策引起的赤字增加会刺激总需求，使产出增加。但同时利率上升会挤出私人消费和投资。而资本积累的降低意味着未来经济增长的乏力。

(2)在开放经济中，预算赤字增加会提高利率，吸引国外资金流入并使本币升值，减弱了本国商品的竞争力，使国际收支的经常项目恶化。

(3)政府主要是通过发行债券为预算赤字筹资，中央银行在公开市场上购买债券就意味着向流通领域投放基础货币，使货币供应量数倍增加，这样就会加大通货膨胀压力，甚至可诱发恶性通货膨胀，对社会产生极为不利的影响。

(4)在长期，政府为偿还赤字带来的巨大债务本息，不得不依靠财政改革，即削减政府支出和增加税收，这可能引发社会问题，不利于社会稳定。

(5)此外，如果政府通过向外国人发行债券来为预算赤字筹资，还会使外债增加，最终会降低国内的生活水平。

预算赤字尽管是个问题，但也有积极的方面。特别是在经济的衰退时期，积极的预算赤字可以促进经济快速增长，能使经济从衰退中迅速恢复过来。因此适度的预算赤字也并非不可取，只要债务的增长低于 GDP 的增长，那么赤字就不是一个大问题。

5. 美联储在什么时候应该或者不应该货币化赤字。

When should, and shouldn't, the Fed monetize deficits?

答：货币化赤字指用发行货币的形式为政府财政赤字筹资，一般指中央银行在公开市场上购买政府债券。采用这种方法，会使货币供应量增加，易导致通货膨胀。美联储应根据经济的实际情况来决定是否货币化赤字。

(1)如果经济萧条，远离充分就业状态，则应该货币化赤字。因为如果失业率较高，根据短期菲利普斯曲线可知，通货膨胀率较低，此时货币化赤字，增加货币供给不会造成大的通货膨胀压力。而且，在经济萧条时，面对高的失业率，轻微的通货膨胀成本较低。

(2)如果经济接近充分就业状态，则不应该货币化赤字。因为此时增加货币供给不会是产出较大增加，反而会加速通货膨胀，甚至可能引发恶性通货膨胀，给经济社会带来严重后果。

6. 通货膨胀怎样增加政府的收入?

How can inflation create government revenue?

答：通货膨胀税用来衡量政府从通货膨胀政策中获得的收入。

$$通货膨胀税收入 = 通货膨胀率 \times 实际基础货币$$

通货膨胀增加政府收入的途径有：

第一，政府发行货币获得的直接收入。

第二，通货膨胀时期，物价上涨，使实际货币余额减少，人们所持有的等量货币购买力下降，这相当于政府通过通货膨胀政策把这部分购买力从货币持有者手中转移到政府手中。

第三，通货膨胀时期，物价上涨，名义工资也随之上涨，使得纳税人的纳税等级上升到一个更高档次，增加了政府的税收收入。

第四，政府往往是最大的债务人，通货膨胀会使财富从债权人转移到债务人，减轻政府的债务负担。

7. 在德国恶性通货膨胀的高峰期，政府的支出中仅有1%能通过税收予以弥补。

(1)解释德国政府怎样才能弥补剩下的99%的支出。

(2)解释为什么在恶性通货膨胀结束后，德国的名义货币存量可以增加到近20倍却没有再引发通货膨胀。

At the height of the German hyperinflation, the government was covering only 1 percent of its spending with taxes.

(1) How could the German government have financed the remaining 99 percent of its spending?

(2) Explain how, after the end of hyperinflation, it was possible for the nominal money stock in Germany to increase by a factor of nearly 20 without restarting the inflation.

答： (1) 在德国恶性通货膨胀高峰期，德国政府的大部分支出是通过发行货币的方法进行融资的，即获得通货膨胀税来弥补支出。通货膨胀税收收入 = 通货膨胀率 × 实际基础货币。

(2) 当恶性通货膨胀结束之后，人们对通货膨胀的预期降低。由于通货膨胀预期较低，名义利率就会下降，对实际货币余额的需求增加。在此时，政府增加货币供给不会引发通货膨胀。所以，在恶性通货膨胀结束后，德国的名义货币存量可以增加到近 20 倍却没有再引发通货膨胀。

8. 典型的恶性通货膨胀通常发生在战后时期或大的社会动荡之后的一个时期内。在 20 世纪 90 年代初导致俄罗斯高通货膨胀的因素是什么？

The classic hyperinflations have occurred in the aftermath of wars or major social upheavals. What factors lay behind the high rates of Russian inflation in the early 1990s?

答： 恶性通货膨胀又称“超速通货膨胀”，指物价总水平以极高的、完全失去控制的速率持续上升的现象。有学者认为，物价总水平每月以 50% 以上的速率持续上升，为恶性通货膨胀。恶性通货膨胀较为少见，它往往发生在战争期间或战后初期。恶性通货膨胀主要是由于政府大规模地滥发货币造成的，但深层的原因往往是政府巨额财政赤字，因此恶性通货膨胀的治理最终还要依赖于财政政策的改变。

(1) 20 世纪 90 年代初导致俄罗斯恶性通货膨胀的原因

第一，俄罗斯在社会主义时期积累了巨额财政赤字和大规模外债。20 世纪 90 年代从计划经济向市场经济转化时，政局动荡，百废待兴，经济大幅度下滑，产出剧减，而同时许多费用需要政府承担，政府支出大增。

第二，当时社会混乱，制度不健全，黑市交易盛行，征税困难。

在这种情况下，政府不得不通过增发货币来为财政赤字筹资，货币供给大量增加，导致了俄罗斯在 20 世纪 90 年代发生恶性通货膨胀

(2) 俄罗斯为遏制通货膨胀采取的措施

第一，政府大规模地削减企业补贴，加强税收的征收力度；

第二，制定法律保护私人财产和鼓励私人投资；

第三，叶利钦总统在 1998 年发行新的卢布，新旧卢布兑换比例为 1∶1000。

9. (1) 在多大程度上，人们应该担心包括公共债务利息支付在内的总赤字构成呢？（提示：考虑这个构成中，多少是政府的实际成本。）

(2) 在多大程度上，我们必须为国债担心？通过什么方式，或者什么方式会使国债成为社会的负担？

(1) To what extent do we need to worry about the component of our total deficit that consists of interest payments on the public debt? (Hint: Ask yourself how much of this component is a real cost to the government.)

(2) To what extent do we need to worry about the national debt? In what way or ways is it a

burden on society?

答：(1)公共债务的利息支付可以分解为实际支付和由通货膨胀所造成的支付。在高通货膨胀时期，大多数的利息支付都被债务实际价值的减小所抵消，所以必须关注公共债务的利息实际支付部分。当公债利息的实际支付部分很大，政府的实际成本很高时，我们会担心包括公共债务利息支付在内的总赤字构成。

①如果出现大规模的赤字，为对付不断上升的高通货膨胀而采取的紧缩的货币政策提高了利率，但这不会大规模提高政府的实际成本。因为在高通货膨胀时期，大多数的利息支付被通货膨胀所抵消。即使在低通货膨胀时期，几乎一半的利息支付也可以用这种方式所抵消。

②如果出现伴随政治僵局的大规模赤字，则增加税收以及削减开支是不受欢迎的，这有可能大规模提高政府的实际成本。它不会造成通货膨胀，而是使政府收入的增长非常困难，从而使得在出现赤字大规模增加后只能通过举借更多的债务来维持，这对长期的经济增长是有害的。

因此，在关注政府赤字时应主要考虑通货膨胀调整过的赤字(即扣除了赤字中通货膨胀所造成的部分)，或者说应注意政府的实际成本。如果预算中有基本赤字，由于有赤字，在债务增长的同时，总的预算赤字也在不断上升，利息的支出也会由于债务的增长而扩大。如果经济不增长，任何导致债务不断增加的政策都是不可行的，因为相对于经济规模来说债务最终会大得不可收拾。但如果债务的增长低于 GDP 的增长，那么赤字就可以忍受。

(2)①必须为国债担心的情况

如果债务-收入比率大幅度上升，就必须为国债担心。因为如果公债变得太大(相对于收入)，利息支出占了预算的很大部分，挤出变得如此普遍，以至必须采取某种行动来平衡预算了。这可能包括通货膨胀，特别税收或者很不受欢迎的政府支出的大量削减。政府甚至可能减低公债的账面价值，仅支付它所欠的一部分。赤字的融资行为在长期看来要比货币融资更具有通货膨胀性质。这个论点是持续的赤字最终会导致通货膨胀，因为政府会积累债务和利息支付，不能依靠征税和借款来筹资，用以支付的惟一方法就只有发行钞票。

如何判断政府最终是否不得不采取货币融资还是可以一直采用债务融资呢？这就需要判断债务-收入比率的变化。根据 $\Delta b = b \times (r - y) - z$ 可知，如果实际利率高于产出增长率，并且给定一个零(或正的)基本赤字，就无法一直采用债务融资，因为债务占 GDP 的比重越来越大，利息支出也在不断地上升。这样，在某一点，政府就不得不转向货币融资和更高的通货膨胀——或者不得不削减支出和(或者)提高税收。如果实际利率低于产出的增长率，而且基本赤字为零，政府就可以一直采用债务融资的方法，而不会导致债务-收入比率上升。这就说明如果债务相对于 GDP 在增加，那么政府最终在将来的某一天愿意提高税收或通货膨胀率来完成它的还债义务。这种长期的威胁导致人们担心赤字(债务)问题。发生通货膨胀后，由于债务为名义债务，这样政府只须要支付固定数额的货币，从而减轻了政府的实际义务。

②国债成为社会负担的方式

如果人们认为债务并不会导致将来更高的税收，或者债务主要被外国人持有，那么公债就会成为社会的一种负担。随着赤字的增加，国债逐渐累积起来。这样债务就有可能成为负担。大致说来，我们所欠的国债只是欠我们自己的债。人们可以将债务所代表的负债，考虑与债务所代表的、属于政府拥有债权的那些个人资产相抵消。在这样的情况下，债务对社会就不是一个净负担了。不过，在大部分债权归外国人所有时，这种论点就有其局限性了。归外国人所有的债权部分，代表本国纳税人未来的纳税负担。债务可能是一种负担的更为重要的意义是由赤字和债务对资本存量的潜在长期作用来体现的。如果人们不认为债务的增加会引起将来税收的相应增加，人们就会增加消费，提高总需求。这样债务融资会提高利率、减少投资和净出口，较低的投资水平意味着资本存量增长缓慢并且将来的经济增长也会更慢。因此此时的资本存量要比其他情况下低，作为一种为赤字所进行的债务融资的结果，产出也会更慢。所以债务负担的主要来源是国债对该国净国民财富的可能影响：国债的增加可能会降低资本存量与(或者)增加本国外债。同时公债的增加也会对社会中不同年龄组人们产生成本和收益。

10. 需要保持预算平衡吗？请讨论一下。

Should we require that the budget be balanced? Discuss.

答：财政预算平衡指当年国家财政预算收入等于预算支出或预算收入大于预算支出，略有节余。如果当年财政预算收入小于预算支出，出现差额就称出现了预算赤字。由于国家的经济状况是不断变化的，预算也不可能在实现全部财政收入后再做安排，因此，在经济的实际运行中，收支不等的状况是普遍的，而收支完全相等的情况则几乎不存在。所以，是否需要保持预算平衡，要作具体的分析：

(1)在短期，当出现周期性赤字时，政府不需要保持预算平衡，因为这种情况下保持预算平衡就不能充分运用财政政策这一工具。假定经济处于充分就业状态并且预算平衡。如果经济进入衰退期，就会出现周期性赤字，实际赤字就会增加。为了平衡预算，政府或者提高税收或者降低支出来增加盈余。这个财政政策将会造成进一步衰退，增加更多的周期性赤字。

(2)长期中，为防止预算赤字和政府债务过大，政府需要保持预算平衡。保持预算平衡可以防止出现大规模的预算赤字和政府债务。因此硬性规定短期的预算平衡对经济弊大于利，但可以在长期采取预算平衡方法。

(3)不能机械地追求预算平衡，而应从反经济周期的需要来利用预算赤字和预算盈余。当国民收入低于充分就业的收入水平(即存在通货紧缩缺口)时，政府有义务实行扩张性财政政策，增加支出或减少税收，以实现充分就业。如果起初存在财政盈余，政府有责任减少盈余甚至不惜出现更大赤字，坚定地实行扩张政策。反之，当存在通货膨胀缺口时，政府有责任减少支出，增加税收。如果起初存在预算盈余，不应担心出现更大盈余，而宁肯盈余增大也要实行紧缩性政策；如果起初存在预算赤字，就应通过紧缩减少赤字，甚至出现盈余。

根据权衡性财政政策，政府在财政方面的积极政策主要是为实现无通货膨胀的充分就业水平。当实现这一目标时，预算可以是盈余，也可以是赤字。这样的财政称为功能财政。

11. 为什么考察债务-GDP比率比研究债务绝对值更有用？

Why is it more useful to look at the ratio of debt to GDP than at the absolute value of the debt?

答：债务-GDP比率，即债务与名义国内生产总值之间的比率。考察债务-GDP比率比研究债务绝对值更有用，原因如下：

(1)债务与GDP的比率作为一个衡量债务规模的指标，本身具有一定的经济意义，而其运用起来方便。债务-GDP比率=债务/PY，其中PY代表名义GDP。当名义GDP的增长比债务增长更快时，债务与名义GDP之比就会下降。可以分别考虑债务-收入比率中的分子和分母。作为分子的债务因赤字而上升。作为分母的名义GDP的增加是通货膨胀和实际

GDP 两者增长的结果。

(2)之所以要考察债务－GDP 比率而不考察债务的绝对值，是因为 GDP 是对一国经济规模的衡量，债务与 GDP 之比衡量了债务相对于一国经济规模的大小；而债务绝对值仅仅衡量了债务绝对规模的大小，并不能反映出债务规模的相对情况。

债务的增加并不意味着政府预算要失控。如果债务与 GDP 的比率下降就说明增长的预算赤字不会成为大问题。如果债务与 GDP 的比率上升，债务问题最终会成为通货膨胀问题，除非政府采取一些财政政策。而债务绝对值不能用来分析这些问题。

与债务绝对值相比，债务－GDP 比率具有更大的经济意义。所以，考察债务－GDP 比率比研究债务绝对值更有用。

12. 德国统一涉及东部的巨额基础设施开支和对许多先前东德人的转移支付。为这些开支提供资金是否应当通过：(1)货币创造，因为开支的暂时和特殊性；(2)负债；(3)征税？请证明你的答案。

German unification involved massive expenditures for infrastructure in the east as well as transfer payments to many former East Germans. Should such expenditures have been financed by (1) money creation because of their transitory, exceptional nature, (2) debt, or (3) taxes? Justify your answer.

答：德国统一所需的花费巨大，并没有一个简单易行的途径为其融资。德国政府试图解决这个问题，然而过程并不顺利。题中给出的三种途径各有优劣，而且适用于不同的情况。所以，解决题中的问题并没有最优途径，各种方式均有优劣，应根据实际情况权衡，综合使用。原因如下：

(1)巨额资金的提供不能仅仅依赖于提高税收。税收的增加不仅是不受欢迎的，它还会抑制工作、储蓄和投资。这将对德国经济产生明显的副作用。在德国统一刚开始时曾许诺不提高税收，但是随着统一成本的不断增加，这一承诺最终被打破。

(2)通过债务融资来增加支出会使利率上升，挤出一些私人花费(投资和净出口)。另外，它会导致资本流入从而使马克升值。由于欧盟规定各国间的汇率只能在很小的范围内浮动，所以这又产生了一个新问题。德国必须为维持相关的浮动而大量干涉外汇市场，这也给欧盟其他国家造成了麻烦。1992 年的欧洲货币危机就是由于德国通过债务融资的预算赤字大幅增加所造成的。另外由于马克相对于非欧盟国家的货币升值，使德国的经常项目出现赤字。这样二十世纪九十年代早期的德国与八十年代的美国极为相似，大规模的政府借贷(和适度的紧缩货币政策)而产生利率上升以及随后的贸易不平衡。

(3)通过货币创造来支持政府支出的增加不仅会保持低利率从而使公债的利息支出下降，而且也会维持马克的价值以免升值。然而货币创造会提高通货膨胀。由于联邦银行的独立性和对通货膨胀的厌恶，它没有让货币供给以过快的速度增长。结果德国的利率大幅增加，导致了大量资金流入以及较差的经济表现。

13. (1)为什么现收现支型社会保障制度会把资金从年轻人转移到老年人那里？

(2)这样一种制度对经济效率的后果是什么？

(3)有其他的方法来构造社会保障制度，以便减轻这个制度附带的一些问题吗？试解释。

(1) Why might a pay-as-you-go social security system transfer resources from the young to the old?

(2) What are the consequences of such a system on economic efficiency?

(3) Are there other ways to structure a social security system that might alleviate some of the problems associated with this one? Explain.

答：现收现支型(社会保障)制度指通过以支定收，使养老保险收入与支出在年度内大体平衡的财务机制。根据代际转移理论，一代人的社会保障待遇可以由同时期正在工作的下一代人缴费支付，社会保障财务可以实现横向平衡。根据此理论形式的社会保障财务制度就是现收现支制度。

(1)现收现支社会保障制度会把资金从年轻人转移到老年人那里，主要有三个方面的原因：人口的增长、实际收入的增加和政治程序。

第一，由于人口增长而产生的代际转移。同稳定的人口相比，增长的人口有着更高的青年人对老年人的比率。更高比率的产生只是因为每一后代的人口多于其前一代。例如，如果人口每年增长2%，在上述例子中的工作年龄对退休年龄人口的比率将为7:1而不是4:1。这样，同稳定的人口相比，在增长的人口中，退休金－分摊额比率将会非常高。利用人口增长优势来提高退休金－分摊额比率可理解为是有政治吸引力的。这种方案的问题在于，人口增长终将结束。要保持预期的退休金，工作一代的分摊额将要大幅度地增加(本例中增加到7:4)。这恰恰是世界上大多数工业化国家趋向于人口零增长时所发生的情况。

第二，由于收入增长而产生的代际转移。同老年一代相比，年轻一代有更高的生活标准，这完全是经济增长的结果。假定分摊额为收入的某一确定百分比，而不是固定数量的金额。在现收现支制中，由于分摊额来源于年轻一代较高的收入，退休工人得到的退休金多于他们自己的分摊额。在合理的生产率增长水平上，这种影响使得退休金比在别的情况下可能得到的要多得多。如果长期经济增长不稳定，这种制度将会崩溃。不过，只要经济增长持续下去，在年轻一代的生产率提高的基础上，每一代都可以指望得到额外的退休金。

第三，由于政治程序而产生的代际转移。年长的人中投票的人多于年轻的人。当前的一代可以为他们的退休金计划投赞成票，而不用考虑将要替他们进行支付的尚未出生的一代。年长的一代至少在某些情况下，通过政治制度可以强制实施代际转移。

(2)现收现支的社会保障制度的后果是：它造成了一种储蓄替代效应，即整个社会没有为未来进行储蓄，现在收取上来的保障金被立刻支付给退休的人，没有创造出生产性资本(所谓的社会保障信托基金不同于私人退休金计划，没有得到任何真实投资的支持)。整个社会储蓄的减少降低了资本的积累速率，从而会对将来人们的生活水平造成负面影响。因为，当社会保障强迫某些不愿意的人去“储蓄”(交保障金)时，对那些已积累一大笔金额进行投资的人来说，则降低了投资效率。社会保障分摊额虽然不会1:1地挤出私人(生产性)退休性储蓄。但是，被取代的私人储蓄显著减少了社会财富的规模。

(3)现收现支的社会保障制度附带有两个方面的问题：社会保障的低支持能力和低效率。可以采用其他的方法来构造社会保障制度，以便减轻这个制度附带的一些问题。具体来讲，改革应从这两个方面进行。

①解决低支持能力的问题必须要增加税收或者削减退休金，至少间接进行。建议包括：

第一，提高有资格接受退休金的年龄；

第二，对领取的退休金超过分摊额的部分征税；

第三，改变计算通货膨胀的方法以减少生活费用的上涨。

②解决低效率的问题必须要将社会保障信托基金进行生产性投资，而不只是投向政府的

债券。建议包括：

第一，信托基金部分地投资于多种多样的股票和公司债券；

第二，允许个人以私人退休金账户上的投资来替代其社会保障分摊额。

同投资政府债券（现支撑着社会保障体系的财务）相比，对私人部门的投资会赚取较高的回报。因此，允许进行生产性投资也有助于解决第一个问题即低支持能力的问题。

三、计算与分析题

1. 人们有时说，如果大萧条在1931年停止，那它就只是一场严重的衰退，而不是曾有过的一场灾难。

(1)根据表19－1计算1929－1931年的GNP的下降率。

(2)如何将这个比率与1990－1991年衰退中的实际GDP下降率相比较？

(3)你同意本问题的第一句话吗？请解释一下。

说明：题中提到的表19－1如下所示：

表19－1 大萧条的经济统计

年份	(1) GNP 1992年 10亿美元	(2) I/GNP /%	(3) G 1992年 10亿美元	(4) 失业率 /%	(5) CPI 1929 =100	(6) 商业票据利率 /%	(7) AAA 利率/%	(8) 股市指数*	(9) M_1 1929 =100	(10) 充分就业盈余/Y^* /%*
1929	938.1	17.8	121.9	3.2	100.0	5.9	4.7	83.1	100.0	－0.8
1930	850.2	13.5	133.0	8.7	97.4	3.6	4.6	67.2	96.2	－1.4
1931	784.9	9.0	137.7	15.9	88.7	2.6	4.6	43.6	89.4	－3.1
1932	676.1	3.5	131.2	23.6	79.7	2.7	5.0	22.1	78.0	－0.9
1933	662.1	3.8	127.6	24.9	75.4	1.7	4.5	28.6	73.5	1.6
1934	713.7	5.5	145.2	21.7	78.0	1.0	4.0	31.4	87.4	0.2
1935	777.4	9.2	148.5	20.1	80.1	0.8	3.6	33.9	96.6	－0.1
1936	882.7	10.9	174.4	16.9	80.9	0.8	3.2	49.4	110.6	－1.1
1937	923.5	12.8	167.8	14.3	83.3	0.9	3.3	49.2	114.8	1.8
1938	885.7	8.1	182.7	19.0	82.3	0.8	3.2	36.7	115.9	0.6
1939	953.0	10.5	190.2	17.2	81.0	0.6	3.0	38.5	127.3	－0.1

股市指数*是标准普尔合成指数，它包括500种股票，1929年9月＝100。Y^*指充分就业的产出。

答：(1)计算如下：

时期	GNP的变化(%)
1929－1930	(850.2－938.1)/938.1＝－9.37%
1930－1931	(784.9－850.2)/850.2＝－7.68%
1929－1931	(784.9－938.1)/938.1＝－16.33%

可见，1929－1931年期间实际GDP的下降率分别为9.37%、7.68%和16.33%。

(2)1990－1991年的计算结果如下：

时期	实际GDP的变化/%
1990－1991	(6079.0－6138.7)/6138.7 ＝ －0.97%

因此，1990－1991年衰退中实际GDP下降率为0.97%，明显小于1929－1931年期间实际GNP的下降率。

注：1990 年和 1991 年的真实 GDP 的数字来源于 1997 年 2 月的《总统经济报告》。美国在 20 世纪 90 年代以前使用 GNP 作为总产出的度量，后来才改用 GDP，但二者相差不大。

(3)在一定的条件下，问题中的第一句话是正确的。

"衰退"和"严重倒退"之间没有正式的区别，如果 GNP 在 1931 年而不是 1933 年就停止下滑，经济的衰退程度就不会那么严重。从表 19－1 中可以看出，实际 GNP 一直持续下滑至 1933 年的 2221 亿美元，总共下降了 29.42%。而且直到 1939 年 GNP 才恢复到 1929 年的水平。

如果政府迅速采取措施，通过扩张性的财政和货币政策来积极地刺激经济增长，经济大萧条的程度就可能会大大地降低，从这个角度来看，该问题中的第一句话是正确的。但是政府是否能够及时实施扩张性政策还是个问题。

2. 利用表 19－2，来解释为什么将注意力集中在实际的预算赤字上，也许会给人对于 1929—1933 年之间某些阶段的财政政策一个误导的印象。

说明：题中提到的表 19－2 如下所示：

表 19－2　1929－1939 年政府支出和收入

	政府总体		联邦政府		
	(1)	(2)	(3)	(4)	(5)
	支出/GNP	实际盈余/GNP	支出/GNP	实际盈余/GNP	全部政府* 充分就业盈余/Y*
1929	10.0	1.0	2.5	1.2	－0.8
1930	12.3	－0.3	3.1	0.3	－1.4
1931	16.4	－3.8	5.5	－2.8	－3.1
1932	18.3	－3.1	5.5	－2.6	－0.9
1933	19.2	－2.5	7.2	－2.3	1.6
1934	19.8	－3.7	9.8	－4.4	0.2
1935	18.6	－2.8	9.0	－3.6	－0.1
1936	19.5	－3.8	10.5	－4.4	－1.1
1937	16.6	0.3	8.2	0.4	1.8
1938	19.8	－2.1	10.2	－2.5	0.6
1939	19.4	－2.4	9.8	－2.4	－0.1

说明：全部政府包括联邦、州和地方，Y^* 表示潜在的产出。

答：从表 19－2 可以看到，实际预算盈余从 1929 年的占 GNP 的 1.0% 下降到 1931 年的－3.8%，1932 年的－3.1% 和 1933 年的－2.5%。然而，充分就业预算盈余从 1929 年的占潜在 GNP 的－0.8% 下降到 1931 年的－3.1%、1932 年的－0.9%，上升到 1933 年的 1.6%。巨额的实际预算赤字可能会导致人们对财政政策产生一些错误印象，认为财政政策过分扩张了。但实际上，这个巨额的预算赤字应该归因于 GNP 的下降。1933 年的充分就业预算盈余表明当时的财政政策是紧缩性的，而这大大加重了经济衰退的程度。因此，充分就业预算盈余是反映财政政策是扩张性的还是紧缩性的一个更好的指标，而实际预算盈余则误导了人们。

3. 假定基础货币占 GDP 的 10%。假定政府正考虑把年通货膨胀率从目前的 0 提高到 10% 的水平，并相信这样做会使政府的收入增加占 GDP 的 1%。解释为什么这一计算高估了政府将会获得的通货膨胀税收入。

答：通货膨胀税指政府发行货币，通过通货膨胀政策获得的收入。

$$通货膨胀税收收入 = 通货膨胀率 \times 实际基础货币$$

如果实际基础货币保持不变，当通货膨胀率从 0% 提高到 10%，政府通货膨胀税收入占 GDP 的比率就增加 1%。这一计算高估了政府将会获得的通货膨胀税收入，因为随着通货膨胀率的提高，人们会减少货币持有量，银行也会由于持有货币成本的增加而减少准备金。实际货币余额需求的减少，会减少通货膨胀税。

4. 如果债务与 GDP 之比为 30%，年通货膨胀率为 7%，总预算赤字为 GDP 的 4%，请计算受通货膨胀调整的赤字。

答：受通货膨胀调整的赤字 = 总赤字 - 通货膨胀率 × 国家债务

= 4% - 7% × 30% = 4% - 2.1% = 1.9%

所以，受通货膨胀调整的赤字占 GDP 的 1.9%。

5. 表 19-3 显示了美国自从 19 世纪 70 年代以来 M_2 的增长率、通货膨胀和产量增长率每十年的平均数情况。讨论，按产出增长调整过的货币增长在多大程度上有助于解释美国近几年的通货膨胀史。

表 19-3　货币、产出和通货膨胀

	货币增长/%	产出增长/%	通货膨胀/%
1870 - 1879	2.3	5.5	-3.0
1880 - 1889	6.6	1.4	-1.1
1890 - 1899	5.0	3.7	-2.2
1900 - 1909	7.3	4.0	1.9
1910 - 1919	9.8	3.5	6.6
1920 - 1929	3.3	4.2	2.2
1930 - 1939	0.8	1.5	-1.9
1940 - 1949	11.5	3.4	5.6
1950 - 1959	3.8	3.3	2.5
1960 - 1969	7.0	4.4	2.3
1970 - 1979	9.5	3.3	6.6
1980 - 1989	8.0	3.1	4.7
1990 - 1999	4.0	3.1	2.2
2000 - 2005	6.3	2.6	2.4

注意：货币指的是 M_2，通货膨胀则是指 GDP 缩减指数。

答：把货币数量方程式：$M \times V = P \times Y$，写成变量百分比的形式：$m + v = \pi + y$，得 $\pi = m - y + v$，其中 m 是货币增长率，v 是货币流通速度的变化率，π 是通货膨胀率，y 是产出增长率。

通货膨胀(π)是 M_2 增长率(m)与经济增长率(y)之差加上 M_2 流通速度的变化率(v)。用表 19-4 的第二列的货币增长率减去第三列的产出增长率可以得通货膨胀与 M_2 流通速度的变化率(v)之差。也就是说，如果 M_2 流通速度固定不变，第四列的通货膨胀应该等于前两列之差。计算后得 M_2 流通速度的变化从 1880 - 1889 年的 -6.3% 到 1920 - 1929 年的 +3.3%。然而，从 1960 到 1989 年，M_2 流通速度的变化接近于零，这样通货膨胀可以很好地解释为 M_2 增长(m)与经济增长(y)之差 。在 1990 年以后的时期，M_2 流通速度的变化差异再次接近于零。

表 19-4　美国自 19 世纪 70 年代以来 M_2 的增长率、通货膨胀、产量增长率及货币流通速度

	货币增长/%	产出增长/%	通货膨胀/%	流通速度/%
1870 - 1879	2.3	5.5	-3.0	0.2
1880 - 1889	6.6	1.4	-1.1	-6.3
1890 - 1899	5.0	3.7	-2.2	-3.5

续表

	货币增长/%	产出增长/%	通货膨胀/%	流通速度/%
1900 – 1909	7.3	4.0	1.9	–1.4
1910 – 1919	9.8	3.5	6.6	0.3
1920 – 1929	3.3	4.2	2.2	3.1
1930 – 1939	0.8	1.5	–1.9	–1.2
1940 – 1949	11.5	3.4	5.6	–2.5
1950 – 1959	3.8	3.3	2.5	2.0
1960 – 1969	7.0	4.4	2.3	–0.3
1970 – 1979	9.5	3.3	6.6	0.4
1980 – 1989	8.0	3.1	4.7	–0.2
1990 – 1999	4.0	3.1	2.2	1.3
2000 – 2005	6.3	2.6	2.4	–1.3

6. 表 19 –5 表明了美国政府的支出近几十年里是如何变化的。

(1)计算 20 世纪 60 年代以来，总支出在 GDP 中的比重增幅是多少?

(2)在 20 世纪 60 年代，国防开支(大量的支出是为了越南战争)是总支出当中单项最大的部分。从那以后，总支出中最大的开支部分是什么?

(3)该表表明哪些类型的支出是对 20 世纪 60 年代以来总开支增长的反应?

说明：题中提到的表 19 –5 如下所示：

表 19 –5　联邦政府支出　(GDP 的百分比；财政年度；时期平均)

	1962 – 1969	1970 – 1979	1980 – 1989	1990 – 1999	2000 – 2005
国防	8.7	5.9	5.8	4.1	3.5
强制性支出	6.2	9.4	10.8	11.2	11.4
非国防相机抉择性支出	3.8	4.5	4.1	3.6	3.7
净利息	1.3	1.5	2.8	3.0	1.7
总开支*	18.8	20.0	22.2	20.7	19.4

* 总开支一栏并不等于实际的总支出，因为“补偿性收入”和储蓄保险的数字被排除在外了。

答：(1)根据表 19 –5，在 20 世纪 60 年代，政府总开支占 GDP 的 18.8%；在 20 世纪 90 年代，政府总开支占 GDP 的比增加到 20.7%；在 2000 –2005 年该比例为 19.4%，增幅为：(19.4 – 18.8)/18.8 =0.03191 =3.2%。

(2)从那以后，最大的组成部分是强制性支出。

(3)强制性支出以及政府利息支出是对 20 世纪 60 年代以来总开支增长的反映。在过去 30 年，强制性支出几乎增加了一倍(从 6.2% 到 11.2%)，政府利息支出占 GDP 的份额增长了两倍多(从 1.3% 到 3.0%)，但 2000 –2005 年又下降了 1.7%。

7. 表 19 –6 表明了最近几十年间美国政府的收入是如何变化的。

(1)计算从 20 世纪 60 年代以来，总收入增加了多少?

(2)在 20 世纪 60 年代，个人所得税是联邦收入中最大的组成部分，这种情况一直保持到今天。不过，第二大组成部分却发生了戏剧性的变化。在 20 世纪 60 年代，这第二大组成部分是什么?从那以后情况如何?

(3)是哪类收入使得该表对于 20 世纪 60 年代以来作为总收入在 GDP 中所占比例的增长做出了反映?

说明：题中提到的表 19 – 6 如下所示：

表 19 – 6　联邦年总收入的来源（GDP 的百分比；财政年度；时期平均）

	1960 – 1969	1970 – 1979	1980 – 1989	1990 – 1999	2000 – 2005
个人所得税	7.8	8.2	8.4	8.4	8.4
公司所得税	3.8	2.7	1.7	1.9	1.7
社会保险税及互助金	3.5	5.0	6.3	6.6	6.7
其他*	2.7	2.1	1.8	1.6	1.4
总收入	17.9	17.9	18.3	18.6	18.2

其他*包含货物(销售)税、房地产税和赠与税、消费税，以及各种杂税收入。

答：(1)根据表 19 – 6，联邦政府收入从 20 世纪 60 年代占 GDP 的 17.9% 增加到 2000 – 2005 年的 18.2%。增幅为(18.2 – 17.9)/17.9 = 0.01676 = 1.7%。

(2)在 20 世纪 60 年代，第二大的组成部分是公司所得税。从那以后是社会保险税和捐款。

(3)从表中可见，从 20 世纪 60 年代以来，个人所得税仅从 7.8% 增长到 8.4%，而公司所得税从 3.8% 减少到 1.7%，因此政府收入的增长应主要归于社会保险税及互助金的增长，从 3.5% 增长到 6.7%。

8. 运用表 19 – 5 和表 19 – 6 中的数据资料，估算每个十年中，以 GDP 百分比表示的美国预算赤字。自从 20 世纪 60 年代以来，预算赤字增加了多少？

答：预算赤字是政府支出超过收入的部分，计算公式为：

预算赤字 = 政府支出 – 政府收入

从表 19 – 5 和表 19 – 6 中的数据资料得：

1960s：18.8% – 17.9% = 0.9%

1970s：20.1% – 17.9% = 2.1%

1980s：22.2% – 18.3% = 3.9%

1990s：20.7% – 18.6% = 2.1%

由此可知，联邦赤字(以 GDP 百分比表示)从 20 世纪 60 年代到 80 年代增长很快，增长了 4 倍还多。但到了 20 世纪 90 年代开始下降，下降到 20 世纪 60 年代的两倍多。

9. 如果产出增长率平均每年大约为 4%，国债的增长率平均每年为 5%，整段时间中，债务对 GDP 的比率会发生什么变化？为什么？

答：债务 – 收入比率的公式为：债务比率 = 债务/PY

其中 PY 代表名义 GDP，P 为价格，Y 为实际产出。

此题没有明确说明产出增长率是名义 GDP 增长率还是实际 GDP 增长率，因此须要分情况讨论。

如果此处的产出增长率为名义 GDP 的增长率，那么因为债务增长快于名义产出增长，所以债务对 GDP 的比率会增加。

如果此处的产出增长率为实际 GDP 的增长率，那么因为通货膨胀率未知，所以债务 – 收入比率的变化不确定。

附录 1：下列为第 6 版第 18 章属于本章的习题，在第 10 版中已被删除，现补录如下，仅供参考！

1. (1)用图形表示货币供给增长率降低对产量和通货膨胀的影响。

(2)也说明实际利率随时间变化是如何调节的。特别注意你所采用的预期假设。

答：(1)如图 19 – 3 所示，在动态 *AD – AS* 模型和适应性预期的假设下，货币增长率下降后经济向新的长期均衡的调整路径是螺旋型的(表明了经济周期)。当货币供给的增长率下降时，有超额的货币需求使利率上升，私人支出减少，总需求减少并使产出低于充分就业水平。产出下降使得企业劳动力需求减少，工人失业增加，工资和价格有下降的压力，企业成本降低，供给增加，经济开始调整到充分就业水平。在新的充分就业均衡点，通货膨胀率等于新的(较低的)货币增长率。

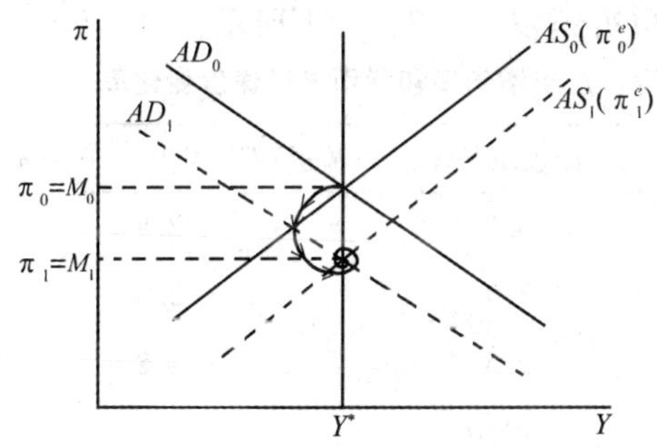

图 19－3　*AD*－*AS* 模型中货币增长率下降的影响

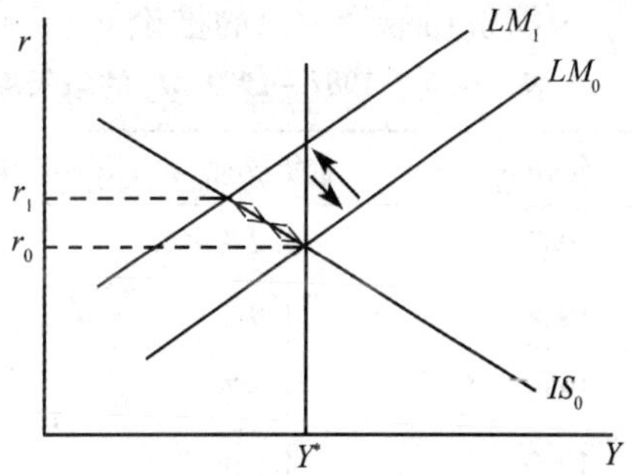

图 19－4　*IS*－*LM* 模型中货币增长率下降的影响

(2)如图 19－4 所示，在 *IS*－*LM* 模型中，货币增长率下降使得 *LM* 曲线左移，实际利率上升，但在长期，物价下降使得实际货币余额增加，*LM* 曲线回到原来位置，实际利率回到初始水平。也即长期货币中性，不会影响实际变量。

2. 在上题的例子中说明名义利率是如何调节的。特别注意你所采用的预期假设。

答：费雪方程为：$i=r+\pi$。其中 i 为名义利率，r 为实际利率，π 为通货膨胀率。

货币增长率下降，名义利率刚开始上升然后下降，反映了实际利率和通货膨胀的变化。在长期，因为实际利率会回到初始水平，并且由于货币增长率下降，使通货膨胀率下降，所以名义利率最终会低于初始水平。名义利率的变化如图 19－5 所示。

3. (1)研究本书封面内页表中前五年货币供给增长率与通货膨胀率的有关数据。它们之间的联系有多紧密?

(2)计算过去两年间国库券的实际利率，并与历史平均数作比较。

(3)如何解释相对于历史平均水平而言 80 年代初期高水平的实际利率?

说明：题中提到的封面内页表中前五年货币供给增长率与通货膨胀率现为下图，如图 19－6 所示。

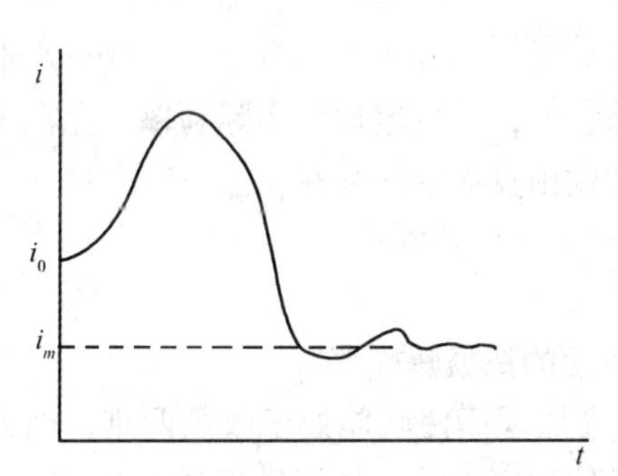

图 19－5　名义利率的变化路径

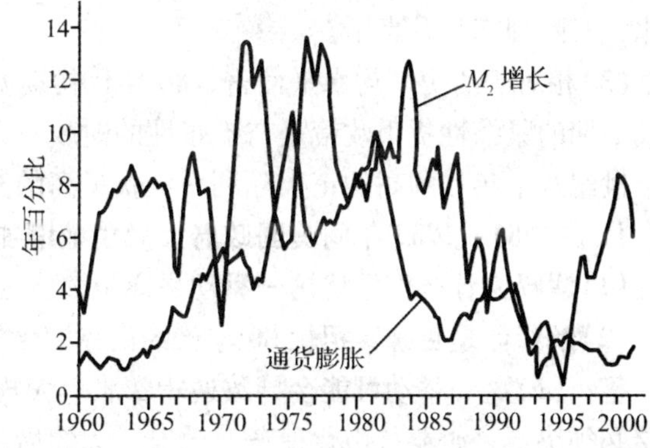

图 19－6　1960－1999 年的货币增长和通货膨胀 *

* 通货膨胀以 GDP 缩减指数来表示，货币增长以 M_2 来表示。

答：(1)前五年货币供给增长率与通货膨胀率没有明确的稳定关系。图 19 - 6 表示了近年的 M_2 的增长率和通货膨胀率。从中可以看出二者的关系相当地松散，但它们或多或少地一起运动。二者关系不准确的原因是产出和流通速度的变化。为了得到二者的稳定关系需要一个稳定的实际货币需求。

在 1992 年 2 月的总统经济报告中可以找到货币总量增长率，GDP 缩减指数和实际 GDP 增长。根据货币数量理论的推论 $v = \pi - m + y$，可以得到表 19 - 7，如下所示：

表 19 - 7　1987 - 1991 M_2 的增长率、通货膨胀率、产出增长率和货币流通速度变化率

年份	通货膨胀 π	M_2 增长 m	产出增长 y	流通速度变化 $v = \pi - m + y$
1987	3.2%	3.5%	3.1	2.8
1988	3.9%	5.5%	3.9	2.3
1989	4.3%	5.0%	2.5	1.8
1990	4.2%	3.2%	-1.0	0
1991	3.6%	2.9%	-0.7	0

从上可以看出通货膨胀和经过产出增长调整的货币增长之间没有紧密的关系。两者的不同之处可以解释为流通速度的变化。

(2)1992 年 2 月的总统经济报告中说明了六个月的国库券利率。如果取五年的值，可以得出过去两年间(截至 1991 年)国库券的实际利率，如表 19 - 8 所示。

表 19 - 8　1987 - 1991 名义利率、通货膨胀率及实际利率

年份	名义利率 i_n	通货膨胀 π	实际利率 r
1987	6.05%	3.2%	2.85%
1988	6.92%	3.9%	3.02%
1989	8.04%	4.3%	3.74%
1990	7.47%	4.2%	3.27%
1991	5.49%	3.6%	1.89%

1926 - 1991 年的国库券实际利率是 0.6%，而各年的实际回报率又各不相同。1969 - 1980 年是 1.4%，而 1980 - 1991 年是 3.5%(查看第 6 版的表 18 - 4)。因此，与历史平均数相比，实际利率是升高了。

(3)相对于历史平均水平而言，80 年代初期实际利率水平是很高的，因为二十世纪八十年代早期的紧缩性货币政策是与扩张性的财政政策相结合的，并且增加了实际利率。存在于二十世纪八十年代的高的正实际利率反映了高的充分就业预算赤字的存在。

4. 在 1981 - 1982 年间美国政府大规模地增加国债。

(1)解释为什么你担忧这一举动是通货膨胀性的。

(2)解释你是否确实担忧 80 年代的高赤字会导致以后的高通货膨胀。

答：(1)这一举动可能会导致通货膨胀。大规模地增加国债使联储处于政策两难，因为联储必须决定是否要货币化债务。政府巨大的借款需求使利率上升，从而造成私人支出的挤出和将来经济增长的降低。这样为了使利率下降，联储就要通过增加高能货币来货币化债务。然而，这使货币供给增加，最终导致通货膨胀。

（2）我会担忧80年代的高赤字导致以后的高通货膨胀。因为政府大规模增加国债，意味着未来更重的债务本息，而且由于现在发行国债提高了利率，使得未来的利息更多。最终，政府可能通过发行货币来偿还债务，由于债务比现在更多，因此发行的货币也更多，使得通货膨胀率也更高。

5.（1）如果债务－GDP 比为30%，名义利率为12%，通货膨胀率为7%，总预算赤字为GDP的4%，计算通货膨胀调整赤字。

（2）假设你发现在一个通货膨胀性经济里通货膨胀修正赤字处于盈余状态，解释如果政府只能找到一种方法把通货膨胀率降到初始水平，那么在这种情况下政府为什么能维持一个低的通货膨胀率。

（3）解释80年代中期政府为制止通货膨胀为什么采取工资和价格控制这一手段。

答：（1）受通货膨胀调整的赤字＝总赤字－通货膨胀率×国家债务

＝4%－7%×30%

＝4%－2.1%

＝1.9%

因此，受通货膨胀调整的赤字占GDP的1.9%。

（2）如果通货膨胀修正赤字处于盈余状态，那么是通货膨胀所引起的债务增加造成了实际预算赤字。这时，如果政府决定降低通货膨胀，则债务会由于通货膨胀的降低而下降，债务－收入比率也将会下降。如果政府没有进一步增加债务融资或货币融资的必要，因而可以维持一个较低的通货膨胀。

（3）采取工资和价格控制一般是为了使通货膨胀下降。如果人们相信这些控制能很好地发挥作用并最终减少通货膨胀，他们将增加货币持有量，并且不用担心货币供给的增加会创造更多的通货膨胀。在有限制的时间内，政府可以通过货币融资而不恢复通货膨胀的方法偿还部分债务。然而，工资和价格控制只有在紧缩性货币政策和财政政策相互配合的情况下在长期才能成功。否则只要工资和价格控制抬高，通货膨胀将会继续加速。因为工资和价格控制是行政成本并导致资源的分配不当，所以通常是在其它反通货膨胀政策都试过并没有什么效果之后才会采用并执行。在二十世纪八十年代中期，包括阿根廷，巴西和以色列在内的一些国家采取过工资和价格控制。以色列在执行工资和价格控制时也采取了紧缩性货币政策和财政政策相互配合，它是三个试图减少快速通货膨胀的国家中惟一成功的国家。

6. 为什么预算赤字是对人们的警告信号？在回答时区分短期和长期。

答：联系到自己的金融状况人们可以推断出即使是政府，也不可能依靠借钱而持续运作，所以人们经常担心预算赤字。然而，围绕预算赤字的实际问题更复杂，并且大部分人并没有充分理解预算赤字实际上在多大程度上影响着经济和他们的日常生活（通过增加利率，增加通货膨胀或增加未来的税率）。所以，预算赤字是对他们的警告信号，具体的原因如下：

（1）在短期，扩张性的财政政策引起的预算赤字会刺激经济。然而，通过政府借款增加的需求会提高利率并挤出私人支出，特别是投资和净出口。但是较低的资本积累率意味着将来较少的经济增长。通过发行外债融资的那部分预算赤字必须用税收偿还，这会降低国内的生活标准。如果联储担心较高的利率而决定货币化债务，会产生一个较高的通货膨胀率。

（2）在长期，为了避免通货膨胀，持续的高预算赤字可能要求更高的税收或预算削减政策以便抵消对累积债务的高额利息支付，这对于政府并不容易。

但是，只要国债的增长比国家产出的增长少，国债融资就不会造成大问题。如果国债－收入比率增加，预算赤字融资就会出现困难。这样人们就会担心债务－收入比率的规模，政府赤字融资的方式，和由于资本积累率下降而引起的将来经济增长下降的可能性。

7. 计算表 19－9 中的各国实际利率。你如何解释国与国之间在实际利率上的差异？记住这些都是开放经济，投资者很在意硬通货的收益。

表 19－9　1991 年的利率与通货膨胀率

国别	利率/%年	通货膨胀率/%
阿根廷	86.5	92.3
巴西	690.0	468.4
加拿大	7.4	5.6
芬兰	13.1	4.1
德国	8.8	3.5
意大利	12.2	6.4
墨西哥	19.3	22.7
英国	11.8	5.9
美国	5.7	4.3

答：表 19－9 显示了下面几个国家 1991 年的名义利率和通货膨胀率。实际利率可以通过名义利率减去通货膨胀率的方法得到，即 $r=i-\pi$，如表 19－10 所示。

表 19－10　实际利率的计算

国家	名义利率/i	通货膨胀率/π	实际利率/r
阿根廷	86.5%	92.3%	－5.8%
巴西	690.0%	468.4%	221.6%
加拿大	7.4%	5.6%	1.8%
芬兰	13.1%	4.1%	9.0%
德国	8.8%	3.5%	5.3%
意大利	12.2%	6.4%	5.8%
墨西哥	19.3%	22.7%	－3.4%
英国	11.8%	5.9%	5.9%
美国	5.7%	4.3%	1.4%

显然，此表格中的数据显示：各国间实际利率的差异非常大。

这种差异是由多种因素造成的，其中包括财政和货币政策的因素，甚至包括货币价值预期的影响。如果资本能够从一国自由地流向另一国，金融投资者可随时将其资金转移到能获取最高实际收益率的国家。然而，他们通常会考虑到税率、通货膨胀率、资金价值的预期变化以及政治的稳定性等因素。

附录 2：第 10 版中未收录的第 6 版第 19 章的课后习题，现补录如下，仅供参考。

1. 联邦政府盈余对于货币存量和债务存量有什么影响？详细解释货币存量和债务存量受影响的机制。

答：(1)联邦政府盈余对于货币存量和债务存量的影响

当联邦政府的税收收入超过支出时，就产生了预算盈余。政府将会用这些盈余来赎回到期的国库券，减少一些现有的国债。因此，公众持有的债券数量就会下降。但是只有在联储想随着预算盈余而改变高能货币时，货币供给才会变化。

(2)货币存量和债务存量受影响的机制

影响机制：假设预算盈余累计到税收和贷款账户(财政部的收入账户)。财政部可以从税收和贷款账户中转移相同的资金到它的联储账户(支付账户)，这将使银行准备金下降(资金从商业银行转移到了联储，但联储又不能进行贷款业务，因此使减少了银行准备金)。但是如果这些资金立即用来支付马上到期的国库券，高能货币将不会受到影响。但是，联储可以决定自己进行公开市场操作以改变银行准备金和高能货币。

2. 假设财政部发行了10亿美元由公众购买的短期国库券，然后联储在公开市场业务中购买了3亿美元。债务实际上是如何进行融资的?

答：假设财政部发行了10亿美元由公众购买的短期国库券，然后联储在公开市场业务中购买了3亿美元。那么财政部实际上是从公众融资了7亿美元，从联储融资了3亿美元。联储是通过商业银行在联储的存款账户(准备金)上增加3亿美元而融资的，这将构成商业银行扩张贷款的基础，联储在此创造了货币，增加了货币存量，因此可以说联储是通过债务货币化来融资的。

3. 在什么情况下，财政政策和货币政策是有关系的，而不仅仅是掌握在政府手中的两个完全无关的工具呢?

答：(1)财政政策和货币政策的含义

财政政策指政府变动税收或支出以便影响总需求进而影响就业和国民收入的政策。变动税收是指改变税率和税率结构；变动政府支出指改变政府对商品与劳务的购买支出以及转移支付。

货币政策指政府通过中央银行变动货币供给量，影响利率和国民收入的政策措施。货币政策的工具有公开市场业务、再贴现率、法定准备率以及道义上的劝告等措施。这些货币政策的工具作用的直接目标是通过控制商业银行的存款准备金，影响利率与国民收入，从而最终实现稳定国民经济的目标。

(2)财政政策和货币政策有关系的情况

当政府向中央银行借款时，财政政策和货币政策就不仅仅是掌握在政府手中的两个完全无关的工具了，而是相关的、可以相互配合的政策工具。

如果中央银行采取了使名义利率固定在一定水平的政策，那么只要政府向公众借款，中央银行就要进行公开市场购买。政府增加的借款需求使利率有了上升的压力，而中央银行的公开市场购买提高了银行准备金并保持了利率。在美国，财政部很少直接向联储借款，并且财政政策和货币政策有很大的独立性。然而在有些国家，政府借款大部分直接来自于央行印发的新货币，这就使财政政策和货币政策高度相关。

政府和中央银行可以根据具体情况和不同目标，选择不同的财政政策和货币政策组合。通过财政政策和货币政策的搭配来对经济进行管理，被称为凯恩斯主义的需求管理政策。即当总需求水平过低，产生衰退和失业时，政府应该采取刺激需求的扩张性财政政策和货币政策，而当总需求过高，产生通货膨胀时，政府应采取抑制总需求的紧缩性财政政策和货币政策。

4. 当政府支出的长久性增加是向公众借款融资时，描述经济运行的轨迹。假定经济在增长中。

答：当政府支出的长久性增加是向公众借款融资时，*AD* 曲线会向右移动(为了简单起见，由于政府赤字增加引起的公众预期将来要支付更高的税收或由于公众持有的债券增加而产生的财富效应而对 AD 曲线的影响将被忽略）。根据动态的 AD－AS 模型，如果货币供给的增长不是预算赤字增加的结果，经济将最终调回到初始的长期均衡。如图 19－7 所示。

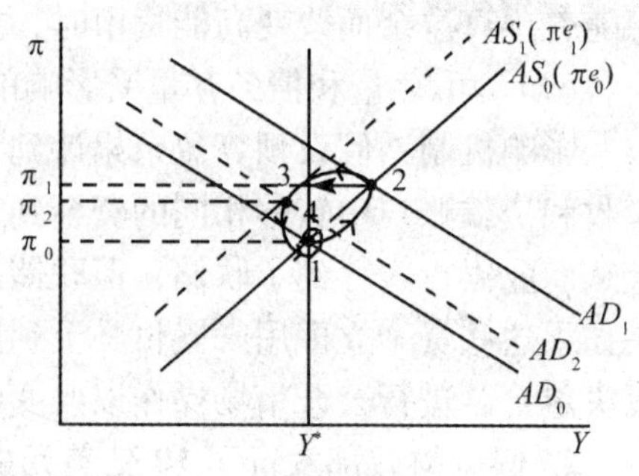

图 19－7　政府向公众借款融资对经济影响的调整过程

政府负债所产生的将来的利息支付要由将来的预算赤字来解决。这样就有可能不会在初始点达到新的均衡，因为 AD 曲线在随后的阶段还要向右移动。如果国民收入增长得够快，预算赤字的长久性增加是可以接受的。如果国民收入的增长快于国债，债务－收入比率将下降，并且更高的赤字将不再是问题。但是如果国民收入增长得不够快，那么预算赤字的增加就会挤出私人支出，并且一些减少预算赤字的措施将会成为必要。如果经济不再增长，那么任何试图通过债务融资的长久性增加赤字的做法都将会失败。债务的利息支付将会持续增加，直到债务支付变得不可接受。

5. 分析由借款与由税收筹集的政府开支的暂时性变动对于利率、投资和价格水平影响的区别之处。明确说明你关于李嘉图等价所做的假设。

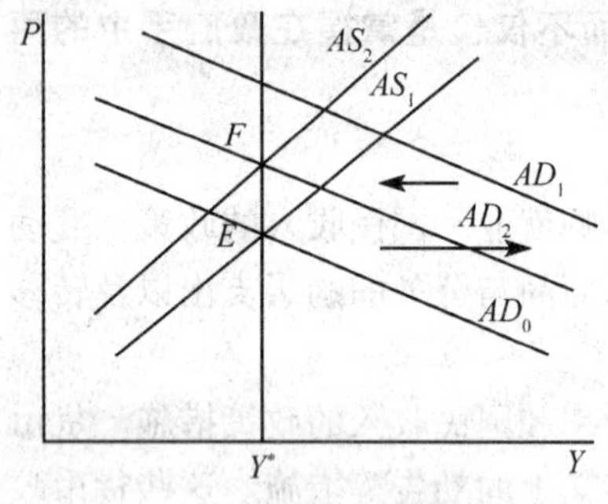

图 19－8　政府借款筹资与税收筹资两者的不同效应

答：（1）如图 19－8 所示，如果由借款筹集的政府开支暂时性增加，那么 AD 曲线刚开始会由 AD_0 向右移动到 AD_1。但是由于支出只是暂时性的，AD 曲线最终会向左回移。与李嘉图等价相反，假设私人部门将会持有更多的政府债券并且由于财富效应消费水平也会增加。这样 AD 曲线将不会回到初始位置 AD_0，而是回到 AD_2。如下图所示，最终的均衡点为 AD_2 与 AS_2 的交点 F，与初始均衡点相比，价格水平将上升。如果名义货币供给保持不变，实际货币余额将会下降，利率上升并减少了投资水平。

如果是由税收筹集的政府开支的暂时性增加，则根据李嘉图等价定理，AD 曲线刚开始会由 AD_0 向右移动到 AD_1。但是由于支出只是暂时性的，AD 曲线最终会向左回移到 AD_0。所以利率、投资和价格水平都不会变动。

（2）在这种情况下，由借款与由税收筹集的政府开支的暂时性变动对于利率、投资和价格水平影响是有区别的。这说明李嘉图等价定理在这种情况下不成立，原因在于该定理有其成立的假设条件，如果假设条件满足不了，则定理不成立。李嘉图等价定理的假设条件有两个：

首先，等价定理的成立，不但要求各代消费者具有利他动机，而且还必须保证消费者遗留给后代的财产为正值。

其次，支撑等价定理的假设是政府对每个消费者减少税负的数额相同，并且每个消费者的边际消费倾向没有差异。

6. 假定实际利率是 3%，产出增长是 7%，债务－收入比率为 50%，基本预算显示赤字是 GDP 的 5%。债务－收入比率要上升还是下降？

说明：在做题之前有必要了解一下评估债务动态化和潜在不稳定性的框架。如果债务－收入比率没有限制地一年年上升，就会产生不稳定性。推导时要用到以下变量：

B：未偿付的名义债务存量　　　i：名义利率

$r \equiv i-\pi$：实际利率　　　P：价格水平

Y：实际产出水　　　Z：非利息，或基本的预算盈余(作为 GDP 的一个份额)

b：债务－收入比率　　　y：产出增长率

债务－收入比率定义为未偿付债务与名义 GDP 的比率：

$$债务－收入比率：b = B/(P\times Y) \tag{1}$$

一段时间后，债务－收入比率变动了 Δb。从等式(1)可知，这种随时间而产生的变化可以计算为：

$$\Delta b = \frac{\Delta B}{P\times Y} - b\times\left(\frac{\Delta P}{P}+\frac{\Delta Y}{Y}\right) = \frac{\Delta B}{P\times Y} - b\times(\pi + y) \tag{2}$$

为了简化，用一个式子代替未清偿名义债务的增加量。从一年到下一年的债务增加量是预算赤字的结果，所以等于利息支出(它又等于未清偿债务乘以利率 $i\times B$)减去非利息的预算盈余 z(可以写为基本预算份额乘以名义 GDP，$z\times P\times Y$)：

$$\Delta B = i\times B - z\times P\times Y \tag{3}$$

最后一步是把(3)代入(2)得到 $\Delta b = i\times b - z - b\times(\pi + y)$。

在这一式子里，债务比率的上升有三个因素：名义利息减去非利息预算盈余对债务稳定化的作用，再减去增长的名义收入的作用。前两项表明等式(1)中分子的增长，后一项则是分母的增长。

该等式更有用的形式是将各项合并后得到 $\Delta b = b\times(r-y)-z$

这里用了实际利率的定义，$r\equiv i-\pi$。在这一常用的式子中，每当实际利率超过增长率或 $r>y$，且基本预算是平衡的或有赤字时，债务比率就上升。但也有一些组合可以保持一个稳定的或下降的债务比，例如，负的实际利率(像 70 年代那样)与非利息赤字结合在一起。

答：根据上面的推导，有债务－收入比率变化的方程：$\Delta b = b\times(r-y)-z$，其中 b 为债务－收入比率，r 为实际利率，y 为潜在产出增长率，z 为基本的预算盈余(作为 GDP 的一部分)。因此将题中所给数据代入得 $\Delta b = 0.5\times(0.03-0.07)-(-0.05) = 0.03 > 0$。即债务－收入比率要上升。

7. 用文字说明为什么较高的产出增长率在其他情况不变时会趋于降低债务－收入比率？你的答案怎样有助于解释图 19－9？

答：(1)债务－收入比率是国家债务除以名义 GDP。只要名义 GDP 增长得比国家债务要快，债务－收入比率将会下降。如果产出增长率较高，而其他情况不变，即国家债务基本不变而名义 GDP 增长很快，则名义 GDP 增长得比国家债务要快。所以较高的产出增长率在其他情况不变时会趋于降低债务－收入比。

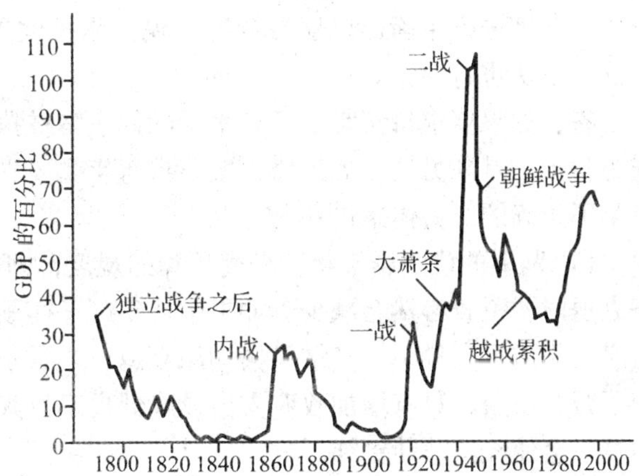

图 19－9　美国债务－收入比率的历史观察

(2)该答案有助于解释图 19－9。图 19－9 表明由于经济增长快于债务增长，所以从二战结束到 1980 年，债务－收入比率迅速下降。但是由于在二十世纪八十年代国家债务上升得比 GDP 要快，债务－收入比率再次增加。

8. 政府为修建一个水坝而增加支出。这笔开支是通过债务筹资的。债券发行产生了债务负担么？如果这是政府为五角大楼购买一批汽车，你的答案会有不同么？

答：(1)如果政府支出的增加是通过销售政府债券来进行融资的，公共债务就会增加。如果资金被用来修建一个水坝，那么就为后代创造了一个长期政府资产。那些通过增加其税收来支付大坝的人们也会因为大坝的存在而受益。

(2)然而，如果这笔资金用于为五角大楼购买一批汽车，将来的后代很可能不会受益。汽车比大坝磨损得更快并且几年内就要被替换。因此政府支出增加用来为五角大楼购买一批汽车会为后代带来负担，而修建大坝就不会。

9. 80 年代初期的肯普－罗斯减税将政府收入从 1980－1982 年的占 GDP 的 19.7%降至 1985 年只占 18.6%。这些减税是对于 20 世纪 80 年代预算赤字问题的主要解释么？

表 19－11　预算赤字的构成(GDP 的百分比；财政年度；统一的预算)

	1960－1969	1970－1979	1980－1989	1990－1992
开支	19.0	20.5	23.1	23.3
利息	1.3	1.7	2.9	3.5
收益	18.2	18.4	19.0	18.8
赤字	0.8	1.9	4.1	4.6
债务	39.4	27.4	35.9	47.8

答：这些减税不是对于 20 世纪 80 年代预算赤字问题的主要解释。原因如下：

表 19－11 表明政府费用从 20 世纪 70 年代占 GDP 的 20.5% 上涨到 20 世纪 80 年代的 23.1%。政府收入从 20 世纪 70 年代占 GDP 的 18.4%上涨到 20 世纪 80 年代的 19.0%(即使收入从 1980－1982 年的 19.7% 降到 1985 年的 18.6%)。因此，20 世纪 80 年代早期的肯普－罗斯减税并不是对于 20 世纪 80 年代预算赤字问题的主要解释。国家债务的高利息支付和政府支出的增加是这些赤字的主要原因。然而，如果没有这些减税，作为 GDP 一部分的税收收入将会更高，并且预算赤字也不会这么多。

10. “80 年代和 90 年代初期的非持续性赤字迫切要求出台财政政策的新方法。预算需要一年一年地进行平衡，以便当今的纳税人承担他们想要政府为其所做的一切的全部费用。”对这一说法进行评论。

答：如果要求每年都要预算平衡的修正案被执行，政府将不能再用相机抉择的财政政策作为稳定工具。另外，如果修正案要求每年都要平衡实际预算，这将会弊大于利。所以该观点是不正确的。具体来讲：

(1)题中的说法属于年度平衡预算的观点，即要求每个财政年度的收支平衡。但是在经济衰退时，税收必然会减少。如果坚持年度平衡预算的观点，那么为了减少赤字，只有减少政府支出或提高税率，其结果会加深衰退；当经济过热、出现通货膨胀时，税收必然增加，为了减少盈余，只有增加政府支出或降低税率，其结果反而会加剧通货膨胀。这样年度平衡预算只会使经济波动更加严重。

(2)政府财政的目的主要应该是实现无通货膨胀的充分就业水平。当这一目标实现时，可以是盈余也可以是赤字。所以在国民收入低于充分就业的收入水平时，政府有义务实行扩张性财政政策，增加支出或减少税收，以实现充分就业水平。反之当存在通货膨胀时，政府有责任减少支出，增加税收，抑制进一步的通货膨胀。这就是凯恩斯主义者的功能财政思想。

(3)政府实际上能否成功地实现平衡预算是值得怀疑的。正因为如此，大部分经济学家并不支持平衡预算修正案。

11. "美国面临财政危机，因为难以支撑的赤字使债务－收入比率高得远远超过这个国家以前的水平。除了通过12年的高税收来偿付债务，是无法走出这些高额债务的。"对这一说法进行评论。

说明：本题要用到第6版第19章的数据附录和第7题中提到的图19－9，数据附录如表19－12所示。

表19－12　1960－1992美国预算赤字情况

年份	总预算赤字	不包括社会保障的赤字	净利息	债务	充分就业下预算赤字	F_1
1960	-0.7	-0.4	1.3	56.1	-1.1	0.0
1961	0.5	0.3	1.2	54.8	-0.3	0.6
1962	0.6	0.7	1.2	52.4	0.4	0.9
1963	-0.2	0.2	1.2	50.9	-0.3	-0.2
1964	0.4	0.8	1.2	48.5	0.8	0.8
1965	-0.2	0.1	1.2	45.4	0.6	0.4
1966	0.2	1.2	1.2	42.1	1.3	1.5
1967	1.6	2.3	1.2	41.1	2.3	1.2
1968	0.5	1.1	1.3	40.7	1.5	0.3
1969	-0.9	-0.1	1.3	39.1	0.0	-0.7
1970	1.3	1.7	1.4	38.6	1.2	-0.2
1971	2.0	2.0	1.3	38.1	1.7	-0.3
1972	1.4	1.6	1.2	36.9	1.5	0.7
1973	0.5	1.2	1.3	35.1	1.0	-0.5
1974	0.8	1.2	1.4	33.7	0.2	-0.1
1975	4.4	3.5	1.4	34.9	2.5	0.6
1976	3.0	2.3	1.5	36.1	2.2	0.1
1977	2.1	1.6	1.5	35.5	1.9	0.1
1978	1.3	1.2	1.6	34.5	1.6	0.2
1979	0.6	0.8	1.7	33.2	0.7	0.1
1980	2.2	1.7	1.9	33.3	1.3	0.1
1981	1.9	1.6	2.4	32.9	0.8	-0.5
1982	4.3	3.3	2.7	35.7	2.0	0.9
1983	5.3	4.3	2.7	39.4	3.4	0.9
1984	4.4	4.5	3.0	41.2	3.7	0.4
1985	4.5	4.8	3.1	45.0	3.9	0.4
1986	4.7	5.1	3.1	49.2	4.1	-0.0
1987	3.3	3.9	3.0	51.5	2.9	0.2
1988	2.8	3.9	3.0	52.9	2.7	-0.1
1989	2.3	3.5	3.1	54.5	2.2	-0.4
1990	3.0	4.2	3.2	58.5	2.6	-0.2
1991	3.7	4.6	3.3	64.1	2.5	-0.3
1992	4.9	5.8	3.1	69.2	3.6	-0.4

答：这一说法不太准确。原因如下：

表 19－12 和图 19－9 表明美国的债务－收入比率在 20 世纪 80 年代实际上是低于 20 世纪 60 年代的水平。因此“使债务－收入比率高得远远超过这个国家以前的水平”的评论是不太准确的。更进一步附录中的数据表明只要 GDP 的增长足够快，美国并不会面临财务危机。然而，在过去的 12 年中债务－收入比率已经是原来的两倍，并且非常清楚地表明没有大的预算赤字该比率不可能增长。为了改变这种情况，增加税收可能比削减支出更容易(至少在某些地区减少支出是很难做到的)。然而，1981－1992 年两倍的债务－收入比率并不意味着必须用同样长的时间来增加税收。并且虽然紧缩性的财政政策一定能帮助减少债务问题，但如果措施采取的过于严厉很容易把经济推到衰退期。

附录 3：第 10 版中未包括的原书第 7 版第 19 章课后习题。

1. 长期合同的存在怎样妨碍了我们快速、无代价地降低通货膨胀?

答：长期合同的存在妨碍了快速、无代价地降低通货膨胀。具体分析如下：

(1)价格(或工资)粘性导致通货膨胀有惯性，通货膨胀惯性出现的条件有二：一是市场不完全，价格有黏性；二是货币发行量超过流通中所需要的金属货币量。在完全竞争市场中，企业是市场价格的接受者，没有定价能力，市场价格随总需求的变动而波动。这时价格总水平有弹性，没有黏性。而在不完全竞争市场中，价格有黏性。价格水平不随总需求的运动而迅速地改变，具有维持原来运动状态或运动趋势的性质，这种性质被称为价格惯性。在通货膨胀盛行时，价格惯性表现为通货膨胀的惯性。然而，在纸币的发行量没有超过流通中所需的金属货币量时，通货膨胀惯性只是一种可能性，难以成为现实。而当货币发行量过多时，这种可能性会迅速转化为现实性，通货膨胀显示出较强的惯性。价格黏性越大，通胀惯性也越大。通胀惯性愈大，物价总水平与总需求的相关性就越小，通货膨胀持续时间就愈长，物价回落也愈缓慢。反之，则相反。通货膨胀惯性在各行业之间有很大的差异：产品替代弹性、需求弹性越大，行业价格黏性越小，通货膨胀惯性也越小；产品替代弹性、需求弹性越小，行业价格黏性越大，通货膨胀的惯性也越大。

(2)长期合同是在过去预期的基础上签订的，因此当经济发生变化，预期进行了调整时，长期合同就会阻碍它们的快速发展。如果进行重新谈判则需要大量的时间，这无形中阻碍了变化的快速发展。这样就会产生通货膨胀的惯性。因此由于通货膨胀惯性的存在，使一个正在经受较高通货膨胀打击的经济不可能迅速回到较低的通货膨胀水平。

2. (1)解释，工资和价格管制是稳定恶性通货膨胀的有效政策吗?

(2)讨论，使用工资和价格管制政策，会有使其自身陷入困境的副作用吗?

答：(1)工资和价格管制可以成为稳定恶性通货膨胀的有效政策，但是必须与货币政策和财政政策协调一致。

工资和价格管制是，政府从控制总供给方面，用控制成本来抑制通胀，即使用各种手段控制工资、利息、租金等收入来抑制通胀的政策。由于降低通货膨胀预期滞后于实际通货膨胀的下降，所以降低通货膨胀引起衰退。换言之，经济沿着短期菲利普斯曲线移动到高失业位置。工资－价格的冻结，迫使公司和工人行动：在某种意义上，好像他们期望低通货膨胀，也就是说，短期菲利普斯曲线向下移动，以便使低通货膨胀与充分就业保持一致。如果总需求政策随后也与低通货膨胀保持一致，一个低通货膨胀和充分就业的均衡就生效了。然后，就有可能解除对工资和价格的管制，不再遭受到通货膨胀的压力。总之，当价格和价格管制与货币政策和财政政策协调一致时，管制就可以在短期生效。

(2)工资和价格管制政策，会有使其自身陷入困境的副作用。

如果在经济中有效地配置资源，那么工资和价格就要灵活变动。反通货膨胀政策必需努力抑制价格上涨的平均比率，但不应妨碍价格在资源配置中起作用。然而以任何直接手段控制通货膨胀的企图都可能陷入困境，因为如果要价格机制起作用，经济中的相对价格和工资确实要变动。所以除非在短暂过渡的时期，否则这些政策不会有效。收入政策很少成功的一个原因，是政府未能同时执行紧缩性总需求政策。而直接控制价格，而不是直接控制总需求的尝试，注定要失败。

3. 关于货币政策的短期效力，货币主义和理性预期学派的信念有何不同？

答：关于货币政策的短期效力，货币主义学派认为短期的货币政策有效，而理性预期学派认为短期未预料到的货币政策才有效，政策一旦被人们知晓便失去作用。

（1）根据货币主义学派的理论：

①把货币政策视作对扰动的反应，政策变化缓慢且有长期和易变的滞后；②在短期改变货币供给会影响实际利率，这样就会影响到投资支出水平进而影响到产出水平；③市场不能迅速出清，会有长期和易变的滞后。

总而言之，财政政策和长期的货币政策无效，而短期的货币政策有效。

（2）根据理性预期学派的理论：

①预期是理性的，市场可以很快出清；②预料到的货币政策只能改变价格水平，而对产出和就业毫无影响；③未预料到的货币政策具有欺骗效应，在短期内会立即影响产出水平，但当人们了解了政策，便会迅速改变预期，因此长期内政策是无效的。

总之，长期的政策是无效的，短期内只有未预料到的货币政策才有效，政策一旦被人们知晓便失去作用。

附录4：下列为第7版第20章属于本章的习题，在第10版中已被删除，补录如下，供参考！

1.（1）什么是结构性赤字？

（2）什么是周期性赤字？

（3）为什么把赤字分成这样两部分是有用的？

答：（1）结构性赤字，又称“充分就业预算赤字”，是指经济处于充分就业的国民收入水平（或潜在产出水平）时所存在的财政赤字。结构性赤字为一个给定的就业水平或国民产出水平提供了一个赤字参照系，它是一个外生变量。

（2）周期性赤字指随经济的周期波动而变化的赤字，它是现实存在的赤字减去结构性赤字之差。它反映了经济波动处于衰退或繁荣的不同阶段时，政府税收和支出的变化。它是一个内生变量。

（3）因为结构性赤字反映了政策的变动但并不反映经济周期的现在阶段，即不受经济周期的影响。结构性赤字为一个给定的就业水平或国民产出水平提供了一个赤字参照系。周期性赤字会随着政府财政政策的变化而变化，它反映了经济波动处于衰退或繁荣的不同阶段时，政府税收和支出的变化。在经济繁荣时，实际赤字与结构性赤字大致相等，经济衰退或萧条时，实际赤字大于结构性赤字，因为经济不景气时，政府的所得税会减少，但支出，尤其是如失业救济金等转移支付会增加，从而实际赤字会上升，超过结构性赤字。而周期性赤字恰好反映了实际赤字与结构赤字之间的变化。它反映了衰退或繁荣对于税收收益以及诸如失业救济金等政府开支的影响。结构性赤字是扩张性财政政策的结果，而周期性赤字是经济衰退的结果和表现。将赤字分为这两部分，对判断赤字产生的主要原因以及对政府的财政决策具有重要的指导意义。

2. (1) 美国政府怎样计算其赤字？

(2) 这种计算怎样使人产生误解？

(3) 我们想要对它进行怎样的调整，为什么？

答：(1)美国政府以前只是简单地从当前的支出中减去收入来计算赤字。现在则考虑政府投资和政府资产的折旧，并且把政府支出分解为“政府投资”和“政府消费支出”两个科目。

(2)这种计算会使人产生误解。由于大多数赤字是因为支付国债利息产生的，因此大多数赤字不代表当期支出超过收入的部分，而是代表过去遗留下的东西。同时利息支付时还要注意真实利率和名义利率，因为名义利率等于真实利率加上通货膨胀率。

(3)可以把预算赤字区分为两部分：基本赤字和公债的利息支付。基本赤字代表不包括利息支付在内的全部政府开支减全部政府收入。

当利息支付非常庞大时，由于要区别真实利率和名义利率，计算赤字的正确方法是复杂的。由于名义利率等于真实利率加上通货膨胀率，债务的支付可以被分解为真实支付和由于通货膨胀导致的支付。后者不耗费政府任何真实价值，因为它们恰好为名义债务真实价值的减少所抵消。在高通货膨胀时期，大多数的利息支付被通货膨胀所抵消。即使在低通货膨胀时期，几乎一半的利息支付也可以用这种方式所抵消。

3. 利用方程(2)说明，在经济周期中，债务对 GDP 的比率会(在任何程度上)发生怎样的变化。为简化起见，你可以假定债务固定于某个数额。

说明：方程(2)就是债务－收入比率，即债务与名义国内生产总值之间的比率。债务－收入比率＝债务/PY，其中 PY 代表名义 GDP。

答：方程(2)为债务比率＝债务/PY。假定债务固定于某个数额。

当经济处于繁荣期时，通常情况是价格上升，利率上升，产出增加。因此 PY 肯定增加。同时由于债务是固定不变的，所以债务对 GDP 的比率会下降。因此当经济处于繁荣期时，债务对 GDP 的比率会下降。

当经济处于衰退期时，通常情况是价格下降，利率下调，产出减少。因此 PY 肯定下降。同时由于债务是固定不变的，所以债务对 GDP 的比率会上升。因此，当经济处于衰退期时，债务对 GDP 的比率会上升。

4. 标准的凯恩斯理论预言：税收的增加将降低总需求，在短期中还减少产出。

(1) 共同得出这个预言的标准理论要素是什么？

(2) 提出赞成李嘉图等价的理由时，我们必须抛弃一些标准理论吗？

(3) 运用 *IS*－*LM* 模型，并假定为巴罗－李嘉图观点，说明当税收增加时，产出会发生什么变化。

答：(1)共同得出这个预言的标准理论要素是凯恩斯消费函数。税收的增加将会使个人的可支配收入减少，根据凯恩斯消费函数可知，消费支出会下降。这样由于消费支出的减少就降低了总需求。由于总需求减少，因此总需求曲线向左移，从而与总供给曲线相交于更低的价格和产出。因此在短期中还减少产出。

(2)提出赞成李嘉图等价的理由时，必须抛弃一些标准理论，如凯恩斯消费理论。应把凯恩斯消费理论改为生命周期－持久收入理论。生命周期－持久收入理论强调人们所做出的一生的决策，认为个人是在长期中计划其消费与储蓄行为的，以便在他们整个一生中，以最优的方式配置其消费。当政府发行债券来融资时，人们会认识到政府将来为了还债必将进一步增加税收，现今获得的债券并不能增加财富，因为它将会被将来增加的纳税所抵消。通过发行债券为债务融资仅仅推迟了税收，因此，在许多具体情况下，它与当前的税收是严格等价的。

（3）按巴罗－李嘉图观点，税收增加意味着政府在进行融资，从而个人收入下降，使 *IS* 向左移动，和 *LM* 曲线交于利率和产出更低的一点。如图19－10所示，IS_1 左移至 IS_2，均衡点由原来的 *E* 点变为 *F* 点，对应的利率和产出更低了。

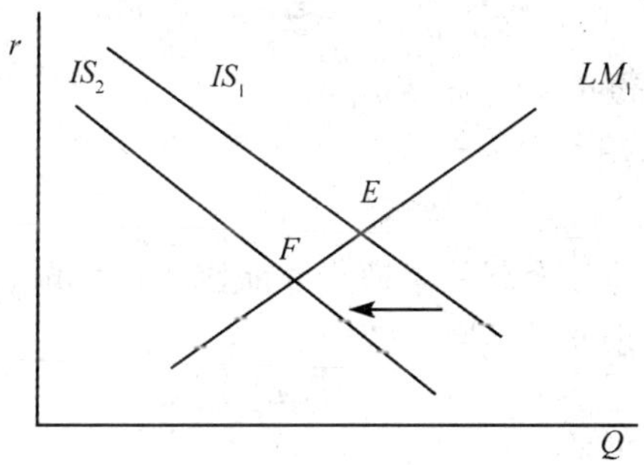

图 19－10　税收增加的效应分析

第 20 章　国际调整与相互依存

20.1　复习笔记

一、固定汇率制下的调整

1. 开放经济中价格的作用

(1)价格与产品竞争力

实际汇率在名义汇率的基础上剔除了通货膨胀因素的影响，是衡量一国国际贸易竞争力的主要指标。实际汇率 R 的定义式为：

$$R=\frac{eP_f}{P}$$

其中，e 是名义汇率，P_f 表示国外价格水平，P 表示国内价格水平。假定汇率和国外价格水平是给定的，而国内价格水平可变，则根据上述公式可知，国内价格水平的变动影响着本国产品在国际贸易中的竞争力，进而影响本国的进出口需求。

(2)开放经济的总需求曲线

开放经济中，总需求等于国内居民的总支出再加上净出口，即 $AD\equiv DS+NX$。在既定的国外价格水平、既定的名义货币供应、既定的财政政策，以及固定汇率的情况下，本国产品的需求曲线 AD 向右下方倾斜，如图 20－1所示。

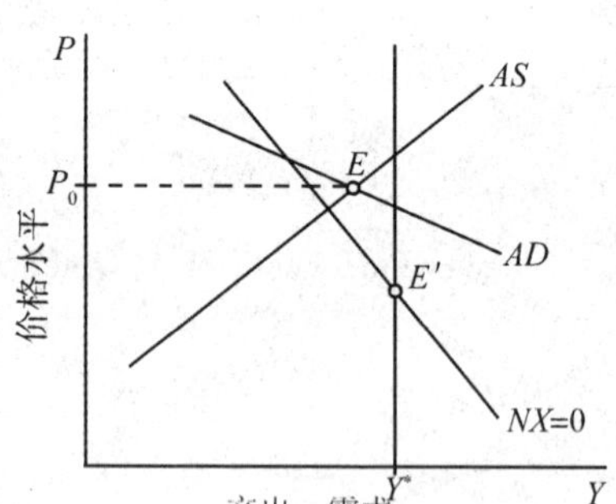

图 20－1　价格调整下的开放经济均衡

在开放经济中，总需求曲线向下倾斜有两种原因：

①本国价格水平提高，使国内产品变得相对昂贵，本国产品在国际贸易中的竞争力下降，导致需求从本国产品转移到进口产品方面，从而也减少了出口，总需求下降。

②与封闭经济情况类似，价格水平提高则实际余额降低，利率提高，支出下降，因此价格水平的上升会减少需求。

(3)贸易差额均衡曲线

贸易差额可以用净出口 NX 表示，即 $NX=X(Y_f,\ R)-Q(Y,\ R)=NX(Y,\ Y_f,\ R)$，贸易差额均衡时进口额与出口额相等，净出口水平为零。因此，贸易差额均衡曲线为 $NX=0$。在国外价格水平给定的条件下，本国收入增加会增加进口从而恶化贸易差额。为恢复贸易差额的均衡，国内价格必须下降以增强本国的竞争力，增加出口而减少进口。因此，贸易差额均衡曲线向下方倾斜，且比国内产品需求曲线更为陡峭，如图 20－1 所示。

2. 融资与调整

开放经济情况下，当一国存在贸易赤字，无法使得出口与进口相平衡时，为了实现贸易差额均衡，必须提高本国产品的竞争力从而增加出口和减少进口，或者降低本国收入水平以减少进口支出。面对国际收支赤字的情况，一国政府可以采取融资和调整两种方式来解决问题，维持经济平稳发展。

(1)融资与经常项目赤字

固定汇率制度下，出现经常项目赤字时，政府可以通过两种方式进行融资：

①中央银行动用其储备为暂时性收支不平衡融资，即在现有汇率下，弥补由于国际收支赤字所产生的对外币的超额需求。

②遭遇国际收支困难的国家从国外借入外国通货为赤字融资。从国外借款融资可能在偿还外债时出现问题。

(2)对赤字的调整

政府不可能无限地或者在很长时期内维持经常项目赤字并且为其融资，因此，需要采取某些方法对赤字进行调整，即消除或者减少赤字。对国际收支平衡问题的调整可以在两种方式上加以实现：一种方式是通过自动调整机制进行；第二种方式是改变经济政策。

①自动调整

a. 总需求方面，国际收支不平衡影响货币供给，从而影响支出。

出现国际收支赤字时，对外汇的需求会大于私人市场的供给数量，固定汇率制度下，中央银行实行钉住汇率，出售外汇以阻止汇率上升。在不通过购买债券抵消其外汇干预的影响的情况下，将减少国内的高能货币，从而减少国内货币存量。此时，总需求曲线随货币存量的减少而向左下方移动，如图 20－2 所示。

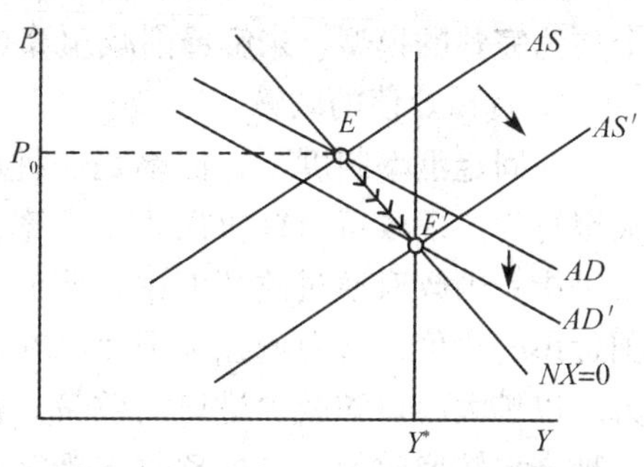

图 20－2　固定汇率下的自动调整过程

b. 总供给方面，失业影响工资和价格，进而影响竞争力。

失业导致工资和成本的下降，总供给曲线向下移动；国内价格水平的下降导致本国产品竞争力增强，引发出口增加进口减少，国际收支均衡点沿着贸易差额均衡曲线右移。如图 20－2 所示。

综合以上两种情况可知，随着时间的流逝，短期均衡点 E 会由于需求曲线和供给曲线同时移动而向点 E'的方向运动，一旦到达点 E'，该国就自动地实现了长期均衡，贸易余额处于均衡状态，产出处于充分就业水平。而这一自动调整过程将是漫长的，并且要经历一次相当长时期的经济衰退。

②恢复平衡的政策——支出转换和支出削减

创造就业的政策通常会恶化外部平衡，而创造贸易顺差的政策会影响就业。一般说来，为了同时实现内部平衡和外部平衡两个目标，有必要将能够在国内产品和进口产品之间转换需求的支出转换政策与支出削减政策(或者增加支出政策)结合起来。具体地，调整国际收支失衡的政策措施主要包括货币政策和财政政策，以及关税或者货币贬值的变动。

a. 征收关税的政策

关税指一国海关根据国家公布的海关税则对进出其关境的物品、货物所征收的税。通过征收进口关税限制进口，增加政府收入，保护本国市场和产业，是一国实行贸易保护政策时常用的手法。对进口商品征收关税，必然会增加进口商品的成本，引起进口商品的国内市场价格或国际市场价格发生变动，从而影响到出口国和进口国在生产、贸易和消费等方面的调整，导致收入的再分配。由于征收关税，大国进口商品的国际市场价格下降，如果同时期进口国出口价格不变，则该国的贸易条件将得到改善。

但是，关税不可能被自由运用来调整贸易差额，部分原因是像世界贸易组织和国际货币基金这样的国际性组织和协议禁止、或者至少不赞成使用关税。

b. 削减支出的政策

根据以下恒等式可知，贸易赤字反映支出超过了收入。

$$NX \equiv Y-(C+I+G)$$

其中，NX 为贸易盈余，I 为投资。因此，减少贸易差额赤字可以采用减少总需求的政策，例如运用紧缩性货币政策和财政政策，来削减相对于收入 Y 的支出$(C+I+G)$。

外部赤字与预算赤字之间的联系可以表示为：

$$NX \equiv (S-I)+[TA-(G+TR)]$$

其中，S 表示私人储蓄，$TA-(G+TR)$为政府预算盈余。如果储蓄和投资保持不变，那么削减预算将会导致外部赤字的等额变化。但是，削减预算会影响储蓄和投资，因此需要一个更为完整的模型，来解释削减预算是如何影响外部平衡的。

c. 货币贬值的政策

在固定汇率制度下，汇率是一种政策工具，中央银行为实现政策目标可以改变汇率。货币贬值政策是指一国政府通过改变汇率，调低本国货币对外国货币的比价，从而增强本国商品在国际上的竞争力，以扩大出口和减少进口的政策。贬值基本上是一种支出转换政策，是处理收支赤字的主要政策工具，它通常必须配合以紧缩性的货币政策和(或者)财政政策。

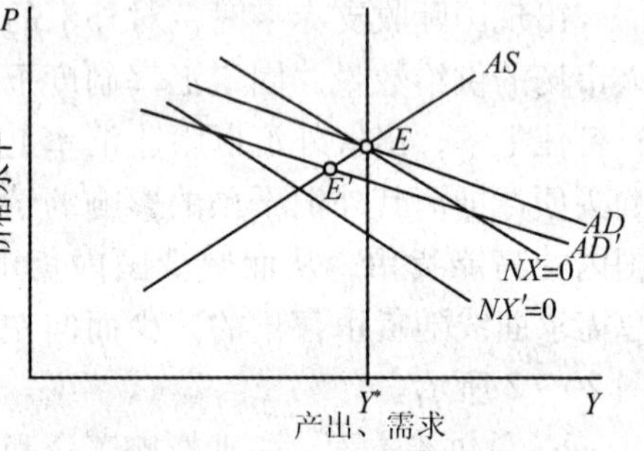

图 20-3　对出口收入外生性下降的贬值调整

贬值政策发挥作用的机制如图 20-3 所示，经济原来处于充分就业的贸易余额均衡状态 E 点，当出口收入外生性下降时，$NX=0$ 曲线向左移动至 $NX'=0$ 位置。汇率固定不变条件下，随着出口需求的减少，产出将会下降，AD 曲线向左移动。较低的收入水平减少了进口，但并不足以补偿出口收入的损失。因此，出口外生减少的净效应就是失业和贸易赤字。

政府实行贬值政策，提高了外国产品的相对价格，增强了本国产品的竞争力，使进口下降而出口上升，推动 $NX'=0$ 曲线返回到充分就业收入水平，同时实现内部和外部平衡。因此，贬值政策可以不通过发生一场漫长的衰退来降低国内成本，迅速进行相应的调整。

3. 汇率与价格

(1)实际贬值与政策调整

①实际贬值的含义

实际贬值又称真正的贬值，指降低了相对于国外产品价格而言的该国自己产品的价格的贬值，是由实际汇率上升所引起的一国货币币值的下降。假定国外价格水平(P_f)是既定的，根据实际汇率的定义 eP_f/P，可知，当 e/P 上升或者说当汇率比价格水平更快地上升时，就会出现实际贬值。

②对外部冲击的调整问题

如图 20-4 所示，假设初始经济位于内部和外部平衡点 E，不利的外部冲击对经济造成扰动时，NX 曲线向左移动到 $NX'=0$ 处，E 点处出现国际收支赤字。

在短期内，一国通过向国外借款来弥补外部赤字，就有可能吸收外部冲击，仍然停留在点 E 上。但在长时间里借款融资难以为继，该国必须以某种方式返回到点 E''。它可以借助自动机制缓慢地完成调整过程，它也可以贬值货币而直接移动到点 E''。

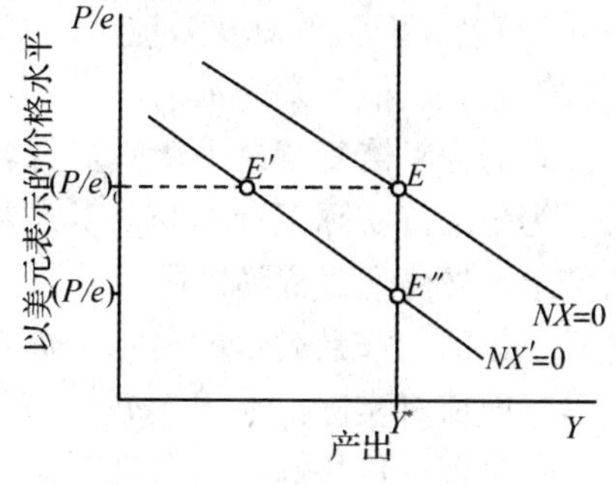

图 20－4　竞争力和调整

但是，如果贬值导致国内价格上升，则贬值的效果将被国内价格的上升所抵消，就不会提高竞争力。只有 e/P 上升，实现实际贬值时，政策才会发生作用，使经济迅速恢复均衡状态，达到 E''点。

(2)蠕动钉住汇率

①蠕动钉住的含义

蠕动钉住又称“滑动平价”或“爬行钉住”，指国家货币当局承担维持一个平价的义务，以使汇率保持在一定限度内，并允许平价进行经常地、小幅度地而非偶然地、跳跃性地变动。在蠕动钉住汇率政策下，汇率按大致上等于本国与其贸易伙伴间通货膨胀差的比率贬值，即按 P/P_f 上升的相同速率提高汇率，以维持实际汇率 $R=e(P_f/P)$ 固定不变。

②蠕动钉住汇率制度的特点

蠕动钉住汇率制度介于可调整的钉住汇率制度与管理汇率制度之间，因而它具有两种制度的特点，主要包括：

a. 规定货币平价；

b. 货币平价可以调整；

c. 区别于可调整的钉住汇率制，该制度中货币平价调整是经常的、有一定时间间隔的；

d. 汇率的波动幅度比较小。

综上所述，由于这种制度兼具约束和自由的特点，较符合许多发展中国家的经济特征，因此它成为发展中国家特有的一种汇率制度。这些国家的政府可以经常地、按照一定时间间隔、以事先宣布的百分比对汇率平价作小幅度调整直至汇率达到均衡汇率为止。

(3)汇率与通货膨胀

①利用汇率可以减缓通货膨胀。

假定外国价格不变，当汇率保持固定不变时，进口的价格就是固定的，某些进入消费者价格指数的产品的价格不会增加，因此会减缓通货膨胀。

②利用汇率抑制通货膨胀的策略通常最终会引发外汇危机，因为这种通货膨胀的下降是通过稳步削弱竞争力换来的。

③汇率政策只能是抑制通货膨胀的一种辅助性工具，而无法承担抑制通货膨胀的主要任务。通货膨胀还必须用货币政策和财政政策加以制止。

二、汇率变动与贸易调整

1. 汇率和相对价格调整

(1)假设条件

①劳动者想要维持工资的购买力不变，因此，以实际标准衡量的工资是不可改变的；

②实际工资是按照包括国内产品和进口品在内的消费价格指数加以固定的，从而使得消费价格指数的变化完全转移到工资上；

③价格是以劳动成本或工资为基础的，因而工资的变化会完全传递过来增加国内价格。

(2) 名义贬值的真实效应

①名义贬值效果的抵消

政府为了恢复贸易平衡而实行名义贬值，贬值提高了进口产品的价格从而提高了消费物价。为了维持实际工资不变，工人要求更高的名义工资，从而使消费价格指数的变化转移到工资上。厂商通过提高产品价格将上涨的工资成本转嫁出去。于是，名义工资与价格同比例上升，以国内产品表示的实际工资固定不变。因此，国内产品的相对价格 e/P 保持不变，从而名义贬值对实际汇率 $R = eP_f/P$ 没有任何影响，名义贬值没有实现真正的贬值效应。

②工资—价格螺旋与名义贬值

工资—价格螺旋指价格变化反馈到工资，并进而由工资作用于价格，从而导致价格水平相当易变的过程。在这种情况下，较小的扰动就能够引发价格水平十分巨大的变化。只有在工资上升时，政府为了避免产生失业而增加货币存量的情况下，才会形成工资—价格螺旋上升。

如果政府没有增加货币供应，较高的价格就会减少实际余额和总需求；随着收入下降，经常项目将会改善。因此，在名义贬值的情况下，如果中央银行想要实现真正的贬值，关键在于对名义价格上升不要采取适应性调节措施。否则将会引起工资价格螺旋上升，抵消名义贬值的效果。

(3) 粘性实际工资与实际扰动

假设出口需求由于国外引用了优越的技术而发生永久性下降。为了恢复充分就业，实行贬值以降低本国产品的相对价格，刺激国外需求。粘性实际工资将造成名义工资与价格螺旋上升，名义贬值的效果被抵消，产品的相对价格就不会改变。于是，减少实际工资的惟一办法只能是持久的失业。

因此，通过汇率变化来改变实际工资和相对价格可能是非常困难的。贬值的国家必须运用紧缩总需求政策，来确保所引致的价格上升，不会完全抵消名义贬值的实际效果。

2. 相对价格和贸易余额：*J* 曲线

(1) *J* 曲线效应

①*J* 曲线效应的含义

J 曲线效应是描述一国产品的相对价格变化对贸易余额的影响效果随时间变化的路径。当一国货币实际贬值后，最初会使贸易收支状况进一步恶化而不是改善，随着时间的推移，贸易收支状况的恶化逐渐得到控制并趋于好转，最终使贸易收支状况得到改善。这个过程用曲线描述出来，与英文字母“*J*”相似，所以实际贬值对贸易收支改善的这一时滞效应被称为 *J* 曲线效应，如图 20－5 所示。

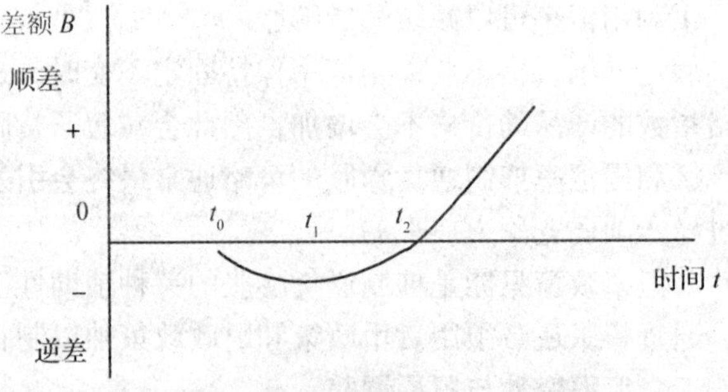

图 20－5　*J* 曲线效应

②*J* 曲线效应的形成原因

以国内产品度量的贸易余额为：$NX = X - (eP_f/P)Q$，其中，X 表示国外对本国产品的需求，即出口；Q 表示本国的进口量；$(eP_f/P)Q$ 表示以国内产品度量的进口产品价值。假定开始时国内价格和国外价格，即 P 和 P_f 保持不变，实行汇率贬值，进口的相对价格 eP_f/P

上升，对贸易余额存在价格效应和数量效应两种影响：

a. 价格效应

如果进口的实物量没有变化，由于价格提高，以本国货币计量的进口产品的价值必然增加，这意味着提高了进口支出，由此导致贸易余额的恶化。

b. 数量效应

由于本国产品的相对价格较低，本国产品的出口量将会上升；由于进口产品的相对价格较高，进口量将会下降。如果对进口和出口的数量效应超过价格效应，则贬值增加了净出口，将会改善贸易余额。

c. 两种效应的比较

由于消费者和生产者适应相对价格变化需要一定的时间，因此数量效应在短期和长期内的影响程度不同。短期的数量效应很微弱，难以超过价格效应，因此贬值造成贸易余额的恶化；长期的数量效应极其显著，足以保证贸易余额按正常的方式对相对价格的变化做出反应，贬值将改善贸易余额。

因此，J 曲线效应产生原因在于在短期内进出口产品的需求量对价格的弹性 $\eta_x + \eta_m < 1$，本币贬值恶化贸易收支，而在中长期 $\eta_x + \eta_m > 1$，本币贬值能使一国国际收支状况得到改善。

(2)货币高估的滞后效应

滞后效应是指经济政策实施后经过较长时间才能表现出其作用，如果一种汇率变动后的确又发生逆转，却给贸易项目留下了长期影响，这种滞后效应就会出现。

当汇率变化的幅度很大并且持续的时间长，就会导致贸易类型发生相对的长久变化，此时，即使汇率回到原来的水平也不会恢复原来的贸易类型。为了恢复原来的贸易类型，汇率就必须在相反的方向过度调整，使得开展出口业务以及与国外进口供应厂商竞争变得有利可图。

三、国际收支的货币分析法

1. 冲销

(1)冲销性干预与非冲销性干预

政府对外汇市场的干预按是否会引起货币供应量的变化可分为冲销性干预与非冲销性干预。各国政府在一般情况下，为避免外汇干预影响国内政策目标，往往采用冲销性干预。

①冲销性干预指政府在外汇市场上进行干预的同时，通过其他货币政策工具(主要是在国债市场上进行的公开市场业务)来抵消前者对货币供应量的影响，从而使货币供应量维持不变的外汇市场干预行为。为抵消外汇市场交易对货币供应量的影响而采取的政策措施被称为冲销措施。

②非冲销性干预则指不存在相应冲销措施的外汇市场干预，这种干预会引起一国货币供应量的变动。

(2)冲销的作用

中止自动调整过程的惟一途径就是通过冲销操作来实现。在冲销作用下，由于外部平衡与平衡货币供应变化之间的联系被破坏，因而，有可能出现持续的外部赤字。在这个意义上，持续的外部赤字是一种货币现象，即通过冲销操作中央银行积极地将货币存量保持在高于外部平衡所需的水平上。

2. 货币分析法作用原理

(1)货币分析法的含义

货币分析法指以保持货币供给与国民收入增长之间的协调来实现国际收支均衡与稳定的理论。该理论认为，国际收支从根本上说是一种货币现象。一国的国际收支不均衡是由国内货币供给和需求失调引起的，同时国际收支不均衡也会直接导致国内货币供应量的变动。因此货币分析法强调货币政策的运用，认为只要保证货币供给的增加与国民收入的实际增长一致，就可以保持国际收支的均衡与稳定。由于在解释外部平衡问题时强调货币原因，该方法被叫做国际收支的货币分析法。

(2)货币分析法原理

表 20－1　货币当局的资产负债表

资产	负债
净国外资产(NFA)	高能货币(H)
国内信贷(DC)	

根据表 20－1 可以得到资产负债表的恒等式：

$$\Delta NFA = \Delta H - \Delta DC$$

其中，ΔNFA 表示国外净资产的变化额，ΔH 表示高能货币的变化额，而 ΔDC 为中央银行的国内信贷的变化额。国内信贷由货币当局持有的对公共部门的债权和对私人部门的债权所组成。而官方储备交易即是国外净资产变化额 ΔNFA，它等于国际收入差额。在一国经济中，由于国际收支差额与高能货币存量都有既定的目标，因此削减国内信贷是改善国际收支的主要渠道。

政府通过制定国内信贷上限，运用紧缩性的货币政策控制国内信贷扩张，以达到改善国际收支的目的。在一个不断增长并存在一定程度通货膨胀的经济中，对名义货币余额的需求是持续上升的。如果国内信用扩张减缓，就会形成超额货币需求，进而造成利率上升而支出下降的情况，从而导致国际收支的改善。

(3)货币分析法中的货币政策与一般紧缩性货币政策的区别

货币分析法依赖于紧缩性的货币政策来控制国际收支，然而，在国内信贷上限和普通的货币紧缩之间存在着微妙的区别。

①固定汇率制下的货币政策

在实行固定汇率制的开放经济中，由于中央银行必须满足由外国货币所产生的任何需求，货币存量具有内生性，在国际收支赤字时货币存量自动收缩，在国际收支盈余时货币存量自动扩张。因此固定汇率制度下货币政策不能单独发挥作用。

②货币分析法中的货币政策

货币分析法中的货币政策通过降低国内信贷增长使得“货币”紧缩，这意味着外汇储备的增加或者国外借款的增加成为货币增长的惟一来源。因而实行这样的货币政策将会直接增加国际收支盈余。但是，该经济必须经受足够的衰退或者利率上升，才能产生国际收支盈余。

3. 货币分析法与贬值

货币分析法认为，汇率贬值除了在短期内有效外，是无法改善国际收支的。贬值在短期中确实提高了国内的竞争地位，并由此产生贸易盈余，因而增加了货币存量。随着时间的推移，不断增加的货币供给提高了总需求，也因此提高了价格，直到经济恢复充分就业和外部平衡为止。因此，贬值对经济只发挥短暂的影响，一旦价格与货币存量已经增加到与较高的进口价格完全一致的程度，该影响就会消失。

四、可变汇率、货币和价格

1. 资本完全流动下汇率与价格的调整

（1）基本假设

①产出超出充分就业水平时，价格将会上升。

②利率总是趋向 *BB* 曲线所表示的世界平均利率水平，而不可能过分偏离这一水平。

（2）调整过程

如图 20－6 所示，资本完全流动的情况下，只有当利率 $i=i_f$ 时，国际收支才处于均衡状态，*BB* 曲线表示所有国际收支平衡的点。

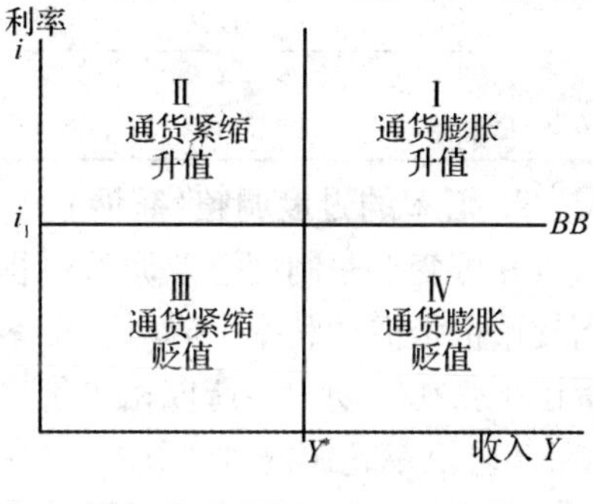

利率 i
Ⅱ 通货紧缩 升值
Ⅰ 通货膨胀 升值
i_f
BB
Ⅲ 通货紧缩 贬值
Ⅳ 通货膨胀 贬值
Y^*
收入 Y

图 20－6　汇率与价格的调整

①汇率调整过程

如果利率下降，则资本就会流出，意味着人们将试图卖出本国货币以购买外国货币，因此本国货币将贬值，出口和收入增加，货币需求上升，而利率也会上升，由此推动经济重新回到 *BB* 曲线。如果利率较高，则会出现净资本流入，本国货币将会升值，这一机制就会以相反的方式发生作用。因此 *BB* 曲线以上的点，会引起资本流入和货币升值；其下方的各点将导致资本流出和货币贬值。此外，由于资本的高度流动性，汇率将会极其迅速地调整，从而使得经济总是接近或者位于 *BB* 曲线上。

②价格调整过程

根据假设，当产出超出充分就业水平时，价格将会上升，引起通货膨胀；反之，当产出尚未达到充分就业水平时，将会引起通货紧缩。因此，在 Y^* 右边的任何地方，价格都将上升，而在 Y^* 左边，价格将会下降。

2. 货币扩张的短期和长期影响

（1）货币扩张的短期效应

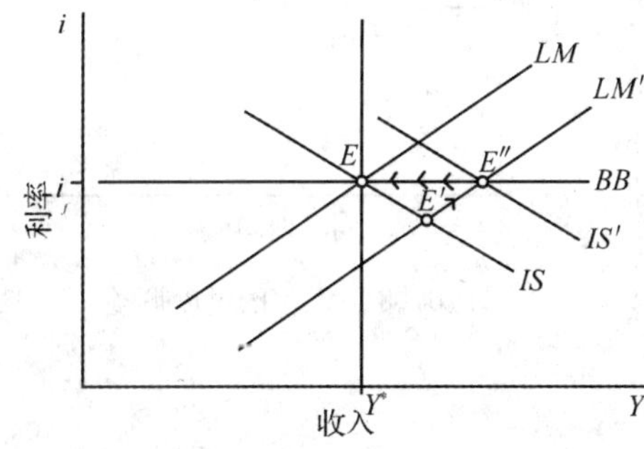

图 20－7　货币扩张的短期和长期效应

短期中，货币扩张推动 *LM* 曲线向右移动，均衡利率下降到低于世界平均利率的水平，从而导致资本流出，可变汇率制度下汇率立即贬值，本国产品竞争力增强，对本国产品的需求增加，从而推动 *IS* 曲线向右移动，经济均衡点相应地迅速由点 *E* 经过点 *E′*运动到点 *E″*。由此可见，货币扩张使产出水平增加，汇率发生贬值，本国产品相对价格降低，经济因而在外部竞争力上有所收益。如图 20－7所示。

（2）货币扩张的长期效应

长期中，考虑到价格调整因素，可变汇率和资本完全流动情况下的货币扩张造成的产出增加只是暂时性的；汇率发生名义贬值，而价格上升则会抵消贬值的效果，不会引起竞争力的变化。因此，在长期中，货币是完全中性的。如表 20－2 所示。

如图 20－7 所示，在点 *E″*上，产出高于充分就业水平，价格将不断上升。实际余额随价格水平持续下降，*LM* 曲线开始向左移动，利率趋于上升，资本趋于流入，由此造成的升值现在会引起竞争力的下降，同时推动 *IS* 曲线返回初始均衡位置，一直持续到重新到达点 *E* 为止。到调整过程结束时，名义货币、价格和汇率都按同一比例上升，从而使得实际货币存量、实际相对价格和实际汇率都不改变。

表 20－2　货币扩张的短期和长期效应

	M/P	e	P	eP_f/P	Y
短期	+	+	0	+	+
长期	0	+	+	0	0

3. 汇率的过度调整(超调)

在可变汇率制度下，调整过程的重要特征就是，汇率与价格并不是按同一比率变动的。当货币扩张推动利率下降时，汇率立即做出调整，但是价格的调整却是逐渐进行的。所以，货币扩张在短期内会造成相对价格和竞争力直接而剧烈的变化。

(1)汇率超调的含义

汇率超调又称汇率的过度调整，指当汇率对某一扰动做出反应时，其最初的变动会超过它最终将达到的均衡，而后，逐渐恢复到长期均衡位置的现象，即汇率调整过度会超过其新的均衡水平。

汇率超调理论认为货币供求状况的变动会引起货币市场失衡，这种失衡最终将会影响到国内资本市场价格(即利率)和商品市场价格。由于商品市场价格具有粘性，因而在短期内货币市场失衡的恢复主要借助于证券市场，所以利率在短期内必然出现超调，其调整的幅度要超过其新的长期水平。如果资本可以在国际间自由流动，利率的变动就会引起大量的套利活动，由此带来相应的汇率变动与利率的超调相适应。汇率的变动幅度会超过新的长期水平，即出现超调的特征。但在长期，商品市场价格水平开始调整，汇率会出现相反方向的变动，逐渐向长期均衡过度，利率也逐渐恢复到长期均衡水平。

(2)汇率超调的图形解析

如图 20－8 所示，在时间 T_0处，货币存量增加并且停留在这个较高的水平上，此时汇率立即贬值，且汇率指数的上升要大于货币指数的上升；相比之下，价格并未迅速移动。由于在时间 T_0时竞争力的增加已经把产量提高到潜在水平以上，现在有了通货膨胀。在以后的时间中，价格持续上升，汇率同时也在不断升值。随着时间的推移，价格上升到与货币增加相称的程度，汇率也将与较高水平的货币和价格相适应。长期中，实际变量没有改变。

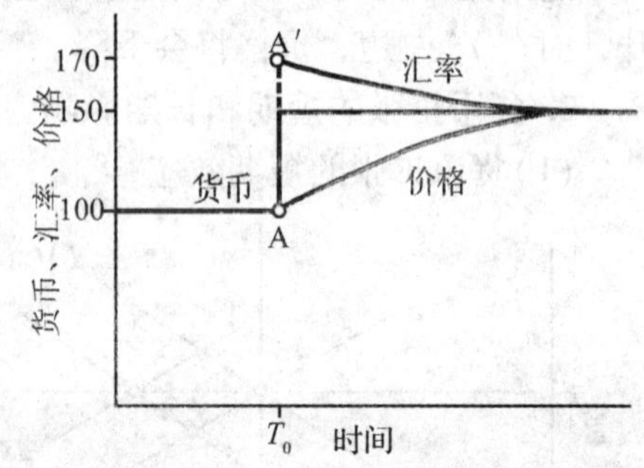

图 20－8　汇率的过度调整

4. 购买力平价(PPP)

(1)购买力平价理论概述

购买力平价是一种历史悠久的汇率决定理论，其基本思想是：货币的价值在于它所具有的购买力，两种货币间的汇率及其变动决定于两国货币各自所具有的购买力之比。购买力平价的理论基础是货币数量论，认为货币数量决定货币购买力和物价水平，从而决定汇率。所以汇率完全是一种货币现象。

购买力平价理论主要分为绝对购买力和相对购买力两种形式。绝对购买力平价认为汇率取决于不同货币衡量的可贸易商品的价格水平之比，即取决于不同货币对可贸易商品的购买力之比。相对购买力平价认为汇率的升值与贬值是由两国的通胀率的差异决定的，认为当 P_f 或 P 发生变化时，e 会以维持 eP_f/P 固定不变的方式来变动。

(2)购买力平价理论成立的限制条件

①货币扰动影响短期实际汇率

相对于价格而言，汇率倾向于以极其迅速的方式发生变动。因此，即便是在汇率变动是由货币政策引起时，在短期中，汇率也会严重偏离 PPP 所暗示的汇率。

②非货币的扰动对汇率的影响

对实际扰动的调整，长期中将影响均衡的实际汇率。在较长的时期内，汇率和价格并非必然一同变动，与此相反，相对价格可能改变，这就和购买力平价的汇率观点背道而驰。

(3)购买力平价与外部竞争力

购买力平价 PPP 的衡量与一国对外贸易的竞争力行为有着密切的联系。一国相对价格水平的下降将使该国产品变得相对便宜，因而更具有竞争力。

五、利率差异与汇率预期

1. 汇率预期

(1)考虑汇率预期的国际收支方程

在一国汇率可能变动并预期到其发生的变动的情况下，资本国际流动将不再是对名义利率差别做出反应，而是受本国利率与经过预期汇率调整的国外利率间的差别所支配。考虑汇率预期的国际收支方程推导过程如下：

投资国内债券的收益率为本国利率 i；而以本国货币衡量的投资国外债券的总收益为 $i_f+\Delta e/e$，其中 i_f 为国外债券的利率，$\Delta e/e$ 为汇率的预期变化。

此时，国际间资本流动由 $i-i_f-\Delta e/e$ 决定。给定本国利率，国外利率的上升或者预期贬值将会导致资本流出。反之，本国利率上升或者预期升值将会引起资本流入。因此，国际收支余额可由以下公式表明：

$$BP=NX(Y,\ \frac{eP_f}{P})+CF(i-i_f-\frac{\Delta e}{e})$$

(2)汇率预期与国际间利率差异

①汇率预期有助于解释资本完全流动下国际间利率差异的存在

当资本完全流动时，均衡国内利率为 $i=i_f+\Delta e/e$，由此可知，汇率预期的调整解释了即便资本可以在各国间自由流动时，利率的国际差别还会持续存在的原因。

②预期贬值有助于解释低通货膨胀和高通货膨胀国家间的利率差别

当通货膨胀率在某一国家较高时，可以预期其汇率将贬值，因为高通货膨胀的国家中名义利率也较高。因此，高通货膨胀的国家往往引起高的利率和货币贬值。这是费雪方程的国际扩展，依据 PPP 认为，通货膨胀的国际差异是与贬值相适应的，其长期关系为：

通货膨胀差异≌利率差异≌贬值率

由于汇率有可能独立于价格而变动，并且由于资本流动的障碍，有可能产生长期的利率差异，因此，这一关系只是近似的，用“约等于号≌”来表示。

2. 投机性的资本流动

(1)预期的自我实现机制

自我实现的预期指可以引起一个变量以预期的方式变化的预期。当人们都预期某一经济状况将出现时，他们会根据这种状况采取行动，从而促使这种状况出现，他们的预期变成一种“自我实现的预期”。

预期影响宏观经济政策的效果，当政策使人们形成与政策目标相一致的预期时，政策目标就更易实现；而当人们的预期与政策目标不相一致，他们的行动可能使经济形势与政策目标背道而驰，从而增加政策执行的难度。

(2)汇率预期的自我实现

汇率预期的变化能够影响实际汇率以及国内利率和产出，具有自我实现的特征。因此，汇率预期通过其对资本流动，进而对实际汇率的冲击，构成了扰动宏观经济均衡的一个潜在来源。

如图 20－9 所示，假设资本完全流动，其中 *BB* 曲线表示给定的国外利率和给定的汇率预期变化率下的国际收支均衡点的组合，*E* 点处同时实现了内部均衡与外部均衡。当市场已经形成了本国货币将要升值的预期时，即便本国利率较低，国内资产也有吸引力，*BB* 曲线因而向下移动，其位移等于汇率的预期升值额。在 *BB* 曲线移动至 *BB'*位置的既定情形下，点 *E* 不再处于均衡状态，而只是一个由升值预期引起的、具有大规模资本流入的盈余情况。位于点 *E* 的盈余引起汇率下降，竞争力损失并最终造成产出和就业的下降。

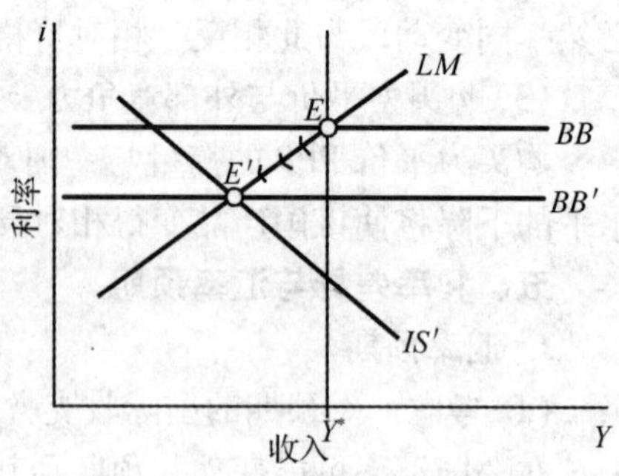

图 20－9　货币预期升值的调整

六、汇率波动与相互依存

1. 外汇市场干预

外汇市场的干预指中央银行买卖外汇以影响汇率的行为。

(1)固定汇率制下的干预

固定汇率制度下，对外汇市场的干预操作类似于其他的价格支持方案，当市场供求一定时，价格的维持者就必须弥补超额需求或吸收超额供给。为了能保证汇率继续固定不变，只要中央银行拥有必需的储备，它就能继续干预外汇市场，保持汇率不变。但是，如果一国的国际收支持续出现赤字，中央银行最终将会用尽外汇储备，无法继续进行干预。

(2)浮动汇率制下的干预

浮动汇率制可分为自由浮动与管理浮动。在自由浮动汇率制度下，中央银行对外汇市场不采取任何干预措施，汇率完全由外汇市场的供求力量自发地决定；在管理浮动汇率制度下，政府对外汇市场进行各种形式的干预活动，主要是根据外汇市场的供求情况售出或购入外汇，以通过对外汇供求的影响来影响汇率。

2. 政府干预的原因

(1)有助于稳定经济波动。许多资本流动可能代表不稳定的预期，而由此产生的汇率变化会造成国内产出不必要的变动。

(2)有助于改善贸易流量。中央银行为了影响贸易流量而试图变动实际汇率。

(3)有助于减缓通货膨胀的影响。中央银行有时干预外汇市场以阻止汇率贬值，其目的在于防止进口价格上升，从而有助于减缓通货膨胀。

3. 冲销和未冲销的干预

政府对外汇市场的干预按是否会引起货币供应量的变化可分为冲销性干预与非冲销性干预。各国政府在一般情况下，为避免外汇干预影响国内政策目标，往往采用冲销性干预。

(1)冲销干预

冲销性干预指政府在外汇市场上进行干预的同时，通过其他货币政策工具(主要是在国债市场上进行的公开市场业务)来抵消前者对货币供应量的影响，从而使货币供应量维持不变的外汇市场干预行为。为抵消外汇市场交易对货币供应量的影响而采取的政策措施被称为冲销措施。

(2)未冲销干预

未冲销性干预则指不存在相应冲销措施的外汇市场干预，这种干预会引起一国货币供应量的变动，变化幅度与干预规模相等。一般认为，未冲销的干预会影响汇率变动。

4. 相互依存

(1)相互依存效应的含义

相互依存效应又称溢出效应，指一国的政策变化或者供求冲击影响到其他国家就业和产出的现象。

如果一国实行货币紧缩政策，则本国利率将会上升，吸引国外资本流入，本国货币升值，从而意味着本国产品竞争力下降，世界需求将从本国产品转移到其他国家的产品上。因此，本国的产出和就业将下降，同时将促进国外就业的增加。由于财政扩张导致升值，进口价格的下降，有助于降低扩张国家的通货膨胀。但是，国外的进口价格将上升，这意味着通货膨胀将会加剧。类似的货币政策和财政政策的影响如表 20－3 所示。

表 20－3　相互依存条件下的货币政策和财政政策效应

	美国货币紧缩		美国财政扩张	
	美国	世界其他地区	美国	世界其他地区
汇率	美元升值		美元升值	
产出	－	＋	＋	＋
通货膨胀	－	＋	－	＋

(2)相互依存效应对政策制定的影响

存在相互依存效应的条件下，一国的政策制定者必须决定是否接受其他国家政策的就业、通货膨胀的影响，或者决定是否应该改变自己的政策。如果国外的通货膨胀已经成为问题，或者，如果世界上其他地区对通货膨胀特别反感，那么对这种输入性通货膨胀政策的反应极有可能就是紧缩货币。

七、汇率制度的选择

1. 目标区

(1)目标区制度的含义

目标区允许汇率在有限的区间内浮动，并在汇率越出该区间界限时，进行政府干预。目标区的命题认为，汇率的广泛波动离基本的均衡汇率水平越远，就越会扭曲贸易流量和增加发生金融危机的风险。为了避免不方便、恶化和人的风险，他们就要求限制汇率的波动范围，政府应当着手建立汇率波动的界限，来保持汇率的偏离程度。该命题认为，这些限制应当给市场足够发挥作用的余地，而任何更多的限制都是表明市场脱离现实的信号，最终将遭遇“硬着陆”问题。

(2)反对观点

①均衡汇率如何决定。均衡的汇率估计值的范围本身就像目标区那么宽，无法准确预测。

②如何按目标区的要求行事。无法确保各国政府协作以确保目标区的实现。

2. 特定的联合干预

特定的联合干预是限制汇率波动的一种很少被构造的方式。当汇率远离历史平均水平时，在一个最佳的时刻，各国政府可以进入市场，通过将购买大量贬值的通货等作为一种主要的方式，成功地拉动价格，从而迫使短期卖家撤离位置，并创造出一种巨大的反向推动力。

但是，对于坚决相信市场本身具有强大力量的人来说，这种干预并不是一种有效的工具。

3. 美元化和货币局制度

(1)货币局制度

货币局制度指一国设立货币委员会机构，由货币委员会提供100%外汇储备支持的地方性通货，从而使中央银行不能权衡干预，不能印制货币来弥补财政赤字，也不再能够进行货币贬值的制度。在大多数功能性的经济中，货币委员会可以成为一种增强政策的可信性，并因此而提高世界经济一体化程度的额外强有力的力量。

(2)美元化

美元化是一种多数情况下被停止使用的使货币坚挺的方式。与完全的国内货币不同，在美元化制度下，一国将采用美元(或者其他货币)作为自己国家的货币。

20.2 课后习题详解

一、概念题

1. 自动调节机制(automatic adjustment mechanisms)

答：自动调节机制指自动起作用消除国际收支失衡问题的机制。在纯粹的自由经济中有货币—价格机制、收入机制及利率机制等国际收支自动调节机制。货币—价格机制，也称“价格—现金流动机制”，其描述的是国内货币供给存量与一般物价水平变动以及相对价格水平变动对国际收支的影响。当一国处于逆差状态时，对外支付大于收入，货币外流，物价下降，本国汇率也下降，由此导致本国出口商品的价格绝对或相对下降，从而出口增加，进口减少，贸易收入得到改善。收入机制的调节作用表现为：当国际收支逆差时，国民收入下降。国民收入下降引起社会总需求下降，从而进口需求也下降，进而改善贸易收支。利率机制的调节作用表现为：当国际收支发生逆差时，本国货币供给存量减少，利率因此上升，这意味着本国金融资产的收益上升，从而对本国金融资产的需求上升，对外国金融资产的需求相对下降。这样，资金外流减少或内流增加，资本与金融项目收支得到改善。当国际收支顺差时，上述的自动调节仍然起作用，只是方向相反而已。

2. 古典调整过程(classical adjustment process)

答：古典调整过程指政府不采取政策措施，经济自动地向着内外均衡调整的过程。它依赖于价格调整和以贸易余额为基础的货币供应的调整。古典调整过程是有效的，但一般需要较长时间，并且经济可能会经历相当长时期的衰退。因此，各国政府在本国出现国际收支不平衡时，经常运用各种政策工具干预经济，消除国际收支不平衡，推动经济更快地趋向平衡。

3. 支出转换政策(expenditure-switching policies)

答：支出转换政策指不改变社会总需求和总支出而只改变总需求和总支出方向的政策，

主要包括汇率政策、补贴、关税政策以及直接管制。狭义的支出转换政策则专指汇率政策。

这种政策的目的在于在实现充分就业，增加国内总产出的同时实现国际收支的均衡。在开放经济条件下，总需求可以分为对国内商品和服务的需求以及对国外商品和服务的需求两种，在总需求水平保持一定时，增加对国内产品和服务的消费并减少对国外产品和服务的消费既可以促进就业增长，增加国内总产出又可以改善国际收支状况。例如，贬值以及旨在促进把对国外的支出转向国内的进口限制都属于支出转换政策的范畴。值得一提的是，与支出转换政策相联系的贸易保护措施往往会招致贸易对方国的报复，引起当事国之间的关系紧张。

4. 支出减少(增加)政策[expenditure-reducing(increasing)policies]

答：支出减少(增加)政策指改变社会总需求或国民经济中支出总水平的政策。这类政策旨在通过改变社会总需求或总支出水平，来改变对外国商品、劳务和金融资产的需求，达到调节国际收支的目的。这类政策主要是指财政政策和货币政策。财政政策是政府利用财政收入、财政支出和公债对经济进行调节的经济政策。货币政策是中央银行通过调节货币供应量与利率来影响宏观经济活动水平的经济政策，它的主要工具是公开市场业务、再贴现以及法定准备金率。财政政策与货币政策都可以直接影响社会总需求，由此调节内部均衡；同时，社会总需求的变动又可以通过边际进口倾向影响进口和通过利率影响资金流动，由此调节外部均衡。紧缩性的财政政策和货币政策具有压低社会总需求和总支出的作用。当社会总需求和总支出下降时，对外国商品、劳务和金融资产的需求也相应下降，从而使国际收支得到改善。反之，扩张性的财政货币政策具有增加社会总需求和总支出的作用。当社会总需求和总支出增加时，对外国商品、劳务和金融资产的需求也相应增加，从而使国际收支逆差增加(或顺差减少)。

5. 内部和外部平衡(internal and external balance)

答：内部平衡指国民经济处于无通货膨胀的充分就业状态。内部均衡时国内产品市场、货币市场和劳动市场同时达到均衡，宏观经济处于充分就业水平上，并且没有通货膨胀的压力，经济稳定增长。内部均衡目标包括经济增长、价格稳定和充分就业。

外部均衡指国际收支平衡，也即贸易品的供求处于均衡状态。当国际收支平衡时，既无国际收支顺差，也无国际收支逆差。

在开放经济中，宏观经济的最终目标是实现内部均衡和外部均衡。英国经济学家詹姆斯·米德开创性地提出了“两种目标、两种工具”的理论模式，即在开放经济条件下，一国经济如果希望同时达到对内均衡和对外均衡的目标，则必须同时运用支出增减政策和支出转换政策两种工具。

6. 关税(tariff)

答：关税指一国海关根据国家公布的海关税而对进出其关境的物品、货物所征收的税。关税是各国对外贸易管制的重要措施。关税分为保护性关税和财政性关税。保护性关税的目的是提高进口商品的价格以保护本国生产，是当前各国对国际贸易实施管制而普遍采取的重要措施；财政性关税，也称收入关税，即以增加财政收入为主要目的而征收的关税。在现代经济中，一般国家基本上只征收进口关税，只有个别发展中国家还保留征收出口关税。征收关税的目的在于增加政府财政收入和保护本国生产。

7. 世界贸易组织(World Trade Organization，WTO)

答：世界贸易组织是独立于联合国的永久性国际贸易组织。1995 年 1 月 1 日正式开始运作，负责管理世界经济和贸易秩序，总部设在瑞士日内瓦莱蒙湖畔。它的前身是1947年订立的关税及贸易总协定。1996年1月1日，它正式取代关贸总协定临时机构。与关贸总协定相比，世界贸易组织管辖的范围除传统的和乌拉圭回合确定的货物贸易外，还包括长期游离于关贸总协定外的知识产权、投资措施和非货物贸易(服务贸易)等领域。世界贸易组织具有法人地位，它在调解成员争端方面具有更高的权威性和有效性。

世贸组织的宗旨是：在提高生活水平和保证充分就业的前提下，扩大货物和服务的生产与贸易，按照可持续发展的原则实现全球资源的最佳配置；努力确保发展中国家，尤其是最不发达国家在国际贸易增长中的份额与其经济需要相称；保护和维护环境。世界贸易组织的目标是建立一个完整的、更具有活力的和永久性的多边贸易体制。世界贸易组织的基本原则是非歧视贸易原则，包括最惠国待遇和国民待遇条款；可预见的和不断扩大的市场准入程度，主要是对关税的规定；促进公平竞争，致力于建立开放、公平、无扭曲竞争的"自由贸易"环境和规则；鼓励发展与经济改革。世贸组织的基本职能有：管理和执行共同构成世贸组织的多边及诸边贸易协定；作为多边贸易谈判的讲坛；寻求解决贸易争端的办法；监督各成员国的贸易政策，并与其他同制订全球经济政策有关的国际机构进行合作。

8. 国际货币基金组织(International Monetary Fund，IMF)

答：国际货币基金组织是二战后为了稳定国际金融关系，重建国际货币体系，与世界银行同时成立的一个全球性金融机构。它是根据1944年7月在美国新罕布什尔州布雷顿森林召开联合国和联盟国家的国际货币金融会议上通过的《国际货币基金协定》而建立起来的。该组织于1945年12月27日正式成立，1947年3月1日开始办理业务。同年11月15日成为联合国的一个专门机构，但在经营上有其独立性。至今，IMF已有182个成员国。

国际货币基金组织是战后国际货币制度的核心，它的各项规定构成了国际金融领域的基本秩序。它对会员国融通资金，在一定程度上维持着国际金融形势的稳定。国际货币基金组织向国际收支赤字国提供短期资金融通，以协助其解决国际收支困难。会员国在需要国际储备时，可用本国货币按规定程序向国际货币基金组织购买一定数量的外汇，将来在规定的时间内再以用黄金和外汇购回本币的方式偿还借用的外汇资金。国际货币基金组织在审查和发放贷款时是很严格的。它要求会员国提供大量的资料，并针对各国的具体情况提出不同的要求。

9. 贬值(devaluation)

答：贬值与"升值"相对，指国内通货价值相对于其他国家通货价值的减少。在直接标价法下，通货贬值时，汇率上升；在间接标价法下，通货贬值时，汇率下降。通货贬值后，本国货币只能兑换数量减少的其他国家的货币，因此用外国货币表示的本国商品劳务的价格下降，使本国商品劳务价格相对于其他国家变得便宜，因此，通货贬值能促进出口抑制进口。一国通货贬值通常是由于国际收支持续逆差，外汇短缺造成的。外汇短缺，外汇汇率会上升，该国为偿付对外债务会减少对本币的需求，使本币汇率下跌，影响币值稳定而发生贬值。

10. 实际贬值(real devaluation)

答：实际贬值指在名义汇率不变的情况下，由实际汇率上升所引起的一国货币币值的下降。两国(A国和B国)货币之间的实际汇率的计算公式为：$\varepsilon_{A/B} = E_{A/B} \times (P_B/P_A)$。式中，$\varepsilon_{A/B}$为A国货币兑换B国货币的实际汇率，$E_{A/B}$为A国货币兑换B国货币的名义汇率，$P_B$为B国的价格水平，$P_A$为A国的价格水平。

当名义汇率不变时，若A国价格水平下降，则实际汇率上升，表明A国货币的币值下降了。例如，人民币对美元的名义汇率是1美元=8元人民币，保持不变。当中国国内价格水平由100下降到90时(下降了10%)，若美国国内价格水平不变，仍为100，则人民币对美元的实际汇率是1美元=8×(100/90)=8.89元人民币，表明人民币实际贬值。当两国价格水平不变，而名义汇率变化时，名义汇率的上升也将引起实际汇率的上升。这样，一国由于名义汇率上升而使本币名义贬值，也意味着本币的实际贬值。

11. 蠕动钉住(crawling peg)

答：蠕动钉住又称"滑动平价"或"爬行钉住"，指国家货币当局承担维持一个平价的义务，以使汇率保持在一定限度内，并允许平价进行经常的、小幅度的而非偶然的、跳跃性的变动。

这种汇率制度介于可调整的钉住汇率制度与管理汇率制度之间，因而它具有两种制度的特点，主要包括：a. 规定货币平价；b. 货币平价可以调整；c. 货币平价调整是经常的、有一定时间间隔的(区别于可调整的钉住汇率制)；d. 汇率的波动幅度比较小(如2%～3%)。由于这种制度兼具约束和自由的特点，较符合许多发展中国家的经济特征，因此它成为发展中国家特有的一种汇率制度。拉丁美洲的一些国家，巴西、智利、阿根廷、哥伦比亚从20世纪60年代起就相继实行了这种汇率制度。这些国家的政府可以经常地、按照一定时间间隔、以事先宣布的百分比对汇率平价作小幅度调整直至汇率达到均衡汇率为止。

12. 工资—价格螺旋(wage-price spiral)

答：工资—价格螺旋指价格变化反馈到工资，并进而由工资作用于价格，从而导致价格水平相当易变的过程。在这种情况下，较小的扰动就能够引发价格水平十分巨大的变化。实现这种螺旋有两个假设：首先，实际工资是按照包括国内产品和进口品在内的消费价格指数加以固定的，从而使得消费价格指数的变化完全转移到工资上；其次，工资的变化会完全传递过来提高国内价格。

13. 黏性实际工资(sticky real wage)

答：黏性实际工资指不能迅速地反应劳动力市场供求的变动，只能缓慢地根据劳动力市场状况改变而调整的工资。工人的名义工资通常不能随着经济条件的变化而迅速调整，在短期内表现为"迟钝的"或"黏性的"。黏性工资模型即阐述黏性名义工资对总供给影响的模型。该模型假设劳动力的需求数量决定就业，以及工人和企业根据目标实际工资和对价格水平的预期来确定名义工资水平。当名义工资是黏性的时候，价格水平提高会降低实际工资，促使企业多雇佣劳动力，从而生产出更多的产品，总供给增加，所以短期总供给曲线是向上倾斜的。新凯恩斯学派提出工资黏性的理由：①合同的长期性；②合同分批到期的性质；③效率工资论；④长期劳动合同论。新凯恩斯主义学派黏性工资论认为，无论是通过合同制还是理性预期机制来稳定工资水平，都会导致通货膨胀和失业并存。因此有必要对工资制度进行改革，努力降低劳动力成本，刺激企业生产和用人的积极性。这就要求建立完整而有效的劳动力市场，工资完全由劳动力市场的供求和劳动者提供劳动的质量来决定，工资是调节劳动力资源配置和流动的惟一手段。

14. J曲线效应(J-curve effect)

答：J曲线效应的含义是：当一国货币贬值后，最初会使贸易收支状况进一步恶化而不是改善，只有经过一段时间以后贸易收支状况的恶化才会得到控制并趋于好转，最终使贸易收支状况得到改善。这个过程用曲线描述出来，与英文字母"J"相似，所以贬值对贸易收支改善的时滞效应被称为J曲线效应。

本币贬值对贸易收支之所以存在J曲线效应是因为贬值对国际收支状况的影响存在时滞。西方经济学家认为，本币贬值对贸易收支状况产生影响的时间可划分为三个阶段：货币合同阶段、传导阶段、数量调整阶段。在货币合同阶段，进出口商品的价格和数量不会因贬值而发生改变，以外币表示的贸易差额就取决于进出口合同所使用的计价货币。如果进口合同以外币计值，出口合同以本币计值，那么本币贬值会恶化贸易收支。在传导阶段，由于存在种种原因，进出口商品的价格开始发生变化，但数量仍没有大的变化，国际收支状况继续恶化。在数量调整阶段，价格和数量同时变化，且数量变化远大于价格变化，国际收支状况开始改善，最终形成顺差。因此，J曲线效应产生原因在于在短期内进出口需求弹性 $\eta_x + \eta_m < 1$，本币贬值恶化贸易收支，而在中长期，$\eta_x + \eta_m > 1$，本币贬值能使一国国际收支状况得到改善。

15. 时滞效应/滞后效应(hysteresis effects)

答：(1)一般性的含义

现代宏观经济理论认为，宏观调控政策对经济的作用不是即时的，而是存在时滞效应。时滞效应包括两种：内部时滞，即着手制定政策所花费的时间；另一种是外部时滞，即政策行为对经济影响的时间。内部时滞可以分为：认识时滞、决策时滞和行动时滞。①认识时滞，是指经济扰动出现的时点和政策制定者认识到必须采取行动的时点之间的那段时间。一般而言，在要求政策扩张时，认识时滞较短，在要求政策紧缩时，认识时滞较长。②决策时滞，是指认识到要采取行动与政策决定之间的时间间隔，货币政策和财政政策的决策时滞长短取决于其决策机制。③行动时滞，是政策制定和实施之间的间隔，当货币政策是公开市场业务和改变再贴现率(或再贷款利率)时，行动时滞为零，财政政策的行动时滞则有长有短。外部时滞是指一旦政策行为被采取，它对经济影响的传递要经历一段时间，这也是通常所说的政策时滞。

各种宏观经济政策的时滞是不同的。从西方国家的情况看，一般来说，财政政策从决策、议会批准到实施，需要经过许多中间环节，内在时滞较长，但其作用比较直接，见效快，外在时滞较短。货币政策由中央银行直接决定，所经过的中间环节少，内在时滞较短，但它作用比较间接，外在时滞较长。缩短政策时滞，使政策更快地发挥作用是十分必要的。但是时滞是客观存在的，无法消除。这样，在决定政策时一定要考虑各种政策的时滞，以免政策无法达到预定的目标。

(2)在本章与汇率变化相关的特别含义

滞后效应在经济政策实施后经过较长时间才能表现出其作用。如果一种汇率变动后的确又发生逆转，却给贸易项目留下了长期影响，这种滞后效应就会出现。

当汇率变化的幅度很大并且持续的时间长，就会导致贸易类型发生相对的长久变化。一旦外国企业在本国建成，消费者也已经习惯于它们的产品，即使汇率逆转回到初始的水平上，也难以使本国企业重新占有其市场份额。与此相类似，当本国企业已经丧失了国外市场份额，甚至已经完全离开一些国外市场时，回复到初始汇率也不足以使本国企业返回原状。为了恢复原来的贸易类型，汇率就必须在相反的方向过度调整，使得开展出口业务以及与国外进口供应厂商竞争变得有利可图。

关于滞后效应的根据仍然是推测性的，不过这一思想确实也有些道理。进口品在本国市场上长期保持较高的份额，而美国外部平衡却无法充分自我校正。

说明：读者在复习该概念时，最好用一般含义来回答。像这样的概念很多，一定要注意回答问题的全面性和准确性，不可盲目地“崇洋媚外”，不应该呆板或固执地套用教材的定义。

16. 国际收支平衡的货币分析法(monetary approach)

答：国际收支平衡的货币分析法指以保持货币供给与国民收入增长之间的协调来实现国际收支均衡与稳定的理论。该理论是随着20世纪70年代货币主义兴起而出现的，代表人物是加拿大经济学家约翰逊、美国经济学家弗兰克尔等。货币分析法认为，国际收支从根本上说是一种货币现象。一国的国际收支不均衡是由国内货币供给和需求失调引起的，同时国际收支不均衡也会直接导致国内货币供应量的变动。因此货币分析法强调货币政策的运用，认为只要保证货币供给的增加与国民收入的实际增长一致，就可以保持国际收支的均衡与稳定。由于在解释外部平衡问题时强调货币原因，该方法被叫做国际收支的货币分析法。

17. 国内信贷(domes credit)

答：国内信贷指国家通过发行公债向国内居民、企业取得信用，筹集资金的一种信贷形式，它形成国家的内债。按信贷资金来源分，国家信贷包括国内信贷和国际信贷两种。国际信贷是指国家向外国政府或国际金融机构借款以及在国外金融市场上发行国外公债，向国外居民、企业取得信用，筹集资金的一种信贷形式，它形成国家的外债。

18. 国内信贷上限(domestic credit ceiling)

答：国内信贷上限指在采用货币分析法制定稳定国际收支平衡的经济政策时，对国内信贷扩张的限制。采用这样的上限，有助于中央银行面临利率上升或政府预算出现赤字时，避免向政府或者私人部门扩大贷款。国内信贷上限的运用是一种粗略但易于理解的改善国际收支的政策。特别是在需要恢复政府政策可信度的情况下，该政策往往成为政策工具的最佳选择。

19. 货币中性(neutrality of money)

答：货币中性指货币对实际经济变量不产生影响。古典经济学把变量分为实际变量和名义变量，认为货币只会对名义变量产生影响，而不会对实际变量产生影响。

实际上，在长期货币中性是成立的，但在短期，货币非中性，即货币对实际经济变量会产生影响。不同学派对货币非中性的解释不同，凯恩斯认为是由于短期价格刚性，而弗里德曼和理性预期学派则认为是由于人们预期的错误或政府的干预，使得短期货币非中性。

20. (汇率)过度调整[(exchange rate) overshooting]

答：(汇率)过度调整又称“汇率超调”，指汇率对货币供给变动的短期反应超过其长期均衡水平的现象。汇率超调理论认为货币供求状况的变动会引起货币市场失衡，这种失衡最终将会影响到国内资产市场价格(即利率)和商品市场价格。由于商品市场价格具有粘性，因而在短期内货币市场失衡的恢复主要借助于证券市场，所以利率在短期内必然出现超调，其调整的幅度要超过其新的长期水平。如果资本可以在国际间自由流动，利率的变动就会引起大量的套利活动，由此带来相应的汇率变动与利率的超调相适应。汇率的变动幅度会超过新的长期水平，即出现超调的特征。但在长期，商品市场价格水平开始调整，汇率会出现相反方向的变动，逐渐向长期均衡过度，利率也逐渐恢复到长期均衡水平。

21. 购买力平价(purchasing power parity，PPP)

答：购买力平价指两种货币在购买相同数量和质量商品时的价格之比。购买力平价学说是一种历史非常悠久的汇率决定理论，其理论渊源可追溯到16世纪，对之进行系统的阐述是瑞典学者卡塞尔于1922年完成的。其基本思想是：货币的价值在于它所具有的购买力，两种货币间的汇率及其变动取决于两国货币各自所具有的购买力之比。购买力平价理论在长期的发展过程中出现了多种形式，主要有绝对购买力平价和相对购买力平价两种形式。绝对购买力平价认为汇率取决于不同货币衡量的可贸易商品的价格水平之比，即取决于不同货币对可贸易商品的购买力之比。相对购买力平价认为汇率的升值与贬值是由两国通胀率的差异决定的。购买力平价的理论基础是货币数量论。在购买力平价理论看来，货币数量决定货币购买力和物价水平，从而决定汇率。所以汇率完全是一种货币现象。

22. 自我实现的预期(self-fulfilling expectation)

答：自我实现的预期指可以引起一个变量以预期的方式变化的预期。如果足够多的人们预期一种通货将贬值，由他们的预期引起的资本流动将使它真的贬值。

当人们都预期某一经济状况将出现时，他们会根据这种状况采取行动，从而促使这种状况出现，他们的预期变成一种"自我实现的预期"。这种现象在外汇市场尤其明显，当投资者预期某种货币将升值，他们就会持有这种货币，从而可能促使其币值上升。既然预期有如此作用，它势必影响宏观经济政策的效果，当政策使人们形成与政策目标相一致的预期时，政策目标就更易实现；而当人们的预期与政策目标不相一致，他们的行动可能使经济形势与政策目标背道而驰，从而增加政策执行的难度。

23. 外汇市场干预(foreign exchange market intervention)

答：外汇市场的干预指中央银行买卖外汇以影响汇率的行为。从第二次世界大战结束到1973年期间，世界经济是在固定的美元汇率体系下运行的。各国的中央银行经常通过买卖外汇等干预措施，使汇率维持在国际协定的水平上。1973年后，西方发达国家实行的是有管理的浮动汇率制。各国的中央银行为了缓和汇率的波动，也往往进行外汇干预。许多发展中国家为了维持某种形式的固定汇率制，也需要外汇干预。

24. 冲销性/非冲销性干预(sterilized /non-sterilized intervention)

答：政府对外汇市场的干预按是否会引起货币供应量的变化可分为冲销性干预与非冲销性干预。冲销性干预指政府在外汇市场上进行干预的同时，通过其他货币政策工具(主要是在国债市场上进行公开市场业务)来抵消前者对货币供应量的影响，从而使货币供应量维持不变的外汇市场干预行为。为抵消外汇市场交易对货币供应量的影响而采取的政策措施被称为冲销措施。非冲销性干预则指不存在相应冲销措施的外汇市场干预，这种干预会引起一国货币供应量的变动。各国政府在一般情况下，为避免外汇干预影响国内政策目标，往往采用冲销性干预。

25. 溢出(相互依赖)效应[spillover (interdependence) effects]

答：溢出(相互依赖)效应指一国的政策变化或者供求冲击影响到其他国家就业和产出的现象。溢出效应实际上是一种外部效应，分为正外部效应和负外部效应。例如，美国的货币升值意味着美国产品竞争力下降，世界需求将从美国产品向其竞争对手的产品转移。因此，美国产出和就业下降。在国外，这些竞争对手从其货币贬值中获益，它们的产品变得更有竞争力，产出和就业因而会上升。

26. 投机泡沫(speculative bubble)

答：投机泡沫指资产的价格过度膨胀，超出由实体经济所决定的理论价格的现象。资产价格受到市场供求、投机心理等因素的影响。当资产价格出现迅速上涨的预期时，吸引大量投机者介入，导致资产价格脱离理论水平而大幅度上涨，形成价格泡沫。一旦价格上涨，预期逆转，便会发生价格暴跌、泡沫破裂，引发金融危机并可能导致经济衰退。

二、简答题

1. 涉及到外部不平衡时，常常要区分应予“调整”的和应予“资助”的不平衡。分别举出扰动引起了需要调整的不平衡和应该更适当地资助的不平衡的例子。

In relation to external imbalance, a distinction is frequently made between imbalances that should be “adjusted” and those that should be “financed”. Give examples of disturbances that give rise, respectively, to imbalances that require adjustment and those that should more appropriately be financed.

答：外部均衡指国际收支平衡，也即贸易品的供求处于均衡状态。当国际收支平衡时，既无国际收支顺差，也无国际收支逆差。外部不平衡可以通过短期筹资加以弥补，在长期中，就需要进行调整。外部平衡的调整政策有支出增减政策和支出转换政策，前者变动支出水平，后者影响国内产品和进出口之间的支出构成。

(1)应予“调整”的例子

当一国遭受了永久性贸易不平衡，央行应予“调整”。因为国际收支的自动调节机制发挥作用需要一定条件，并且作用缓慢；此外，如果央行仅仅动用外汇储备或对外借款来消除不平衡，最终贸易不平衡非但不能消除，反而会造成外汇枯竭和外债的大量累积。在这种情况下，央行必须运用政策来进行调整，推动经济更快地趋向平衡。政策分为支出转换政策和支出增减政策。

(2)应予“资助”的例子

当一国遭受了暂时性贸易不平衡，央行应予“资助”。暂时性的贸易不平衡，央行可通过动用外汇储备或者对外借款来消除，这样可以使外部失衡的影响止于外汇储备阶段，避免对国内经济产生不利影响。

2. 各国应该进行干预以稳定汇率吗？

Should countries intervene to stabilize the exchange rate?

答：政府是否应该对外汇市场干预以稳定汇率要依情况而定。具体来讲：

(1)政府的干预有积极作用，有助于消除汇率的暂时波动，稳定产出。但是必须区分汇率的变动是短期的还是长期的。

如果外汇市场出现了短暂的不平衡，那么，政府可以通过出售本币购入外币来缓解本币升值压力，或者出售外币购入本币来缓解本币贬值压力。这样可以避免大规模的资金流动对本国经济的冲击，有利于本国经济的健康发展。但如果外汇市场出现了持久的不平衡，本国汇率长期存在升值或者贬值压力，这意味着经济基础发生了改变，要求汇率做出变动，这时，政府不应该干预外汇市场抵制强大的市场力量。如对付长期的本币贬值压力会造成外汇储备枯竭和外债大量累积，这时本国经济很容易遭受外部冲击而陷入金融危机，并最终可能引发经济危机。因此，政府应该将对外汇市场的干预局限于短期的外汇市场的失衡，而长期的失衡则应该更多的借助于市场的手段。

(2)对于国内市场的失衡应该更多的借助于国内的财政政策和货币政策，而不是频繁的使用外汇政策。在国内市场失衡的情况下，外汇政策只能作为一种补充的手段。

(3)干预的有效性依赖于政策的可信性。必须有可信政策的支持。非冲销干预可以更有效地影响汇率，因为货币供给的变化等于干预的数量。但如果是冲销干预，国内货币供给仍然不变并且即使是大量干预也不能使汇率达到希望的程度。

3. 什么是工资一价格螺旋上升，贬值怎样引发它？它是不受欢迎的事情吗？试解释怎

样才能避免工资—价格的螺旋上升?

What is a wage—price spiral, and how can a devaluation start one? Is it something undesirable? Explain. How can a wage-price spiral be avoided?

答:(1)工资—价格螺旋上升的含义

工资—价格螺旋指价格变化反馈到工资，并进而由工资作用于价格，从而导致价格水平相当易变的过程。在这种情况下，较小的扰动就能够引发价格水平十分巨大的变化。实现这种螺旋有两个假设：首先，实际工资是按照包括国内产品和进口品在内的消费价格指数加以固定的，从而使得消费价格指数的变化完全转移到工资上；其次，工资的变化会完全传递过来增加国内价格。

(2)贬值引发工资—价格螺旋上升的过程

现在假定本国货币贬值，贬值使得一单位本国货币只能换取较少数量的外国货币，因此进口品价格会上升，带动国内价格普遍上涨。为了维持实际工资不变，工人会要求更高的名义工资，名义工资的提高会引导厂商提高商品价格。这样又会引起国内价格上涨从而进一步提高工资。这样就会产生工资—价格螺旋上升。这一螺旋上升的过程如下：

$$E\uparrow\rightarrow P_{\text{import}}\uparrow\rightarrow P\uparrow\rightarrow W\uparrow\rightarrow P\uparrow\rightarrow W\uparrow\rightarrow\cdots\cdots$$

(3)工资—价格螺旋上升是不受欢迎的事情

工资—价格螺旋上升会引发通货膨胀，通货膨胀会给经济带来很多不利影响，比如菜单成本、皮鞋成本、资源配置无效率、任意再分配社会财富以及给人们生活带来很多不方便等。因此，它是不受欢迎的事情。

(4)避免工资—价格螺旋上升的方法

为了结束工资—价格螺旋，政府必须减少货币供应量。名义价格便会下降，但这会导致高工资。高工资使得厂商减少劳动力需求，工人失业增加，产出减少，经济陷入衰退。在经济衰退时期，工资和价格双双下降，从而工资—价格螺旋终止。上述的过程如下：

$$M\downarrow\rightarrow P\downarrow\rightarrow\frac{W}{P}\uparrow\rightarrow w\uparrow\rightarrow U\uparrow\rightarrow P\downarrow\rightarrow w\downarrow$$

4. 什么是目标区的安排？加入目标区的成本和收益是什么？

What is a target-zone arrangement? What are the benefits and costs of participating in one?

答:(1)目标区的安排的含义

目标区的安排指允许汇率在一定的区间内浮动，并在汇率越出该区间界限时，政府进行干预。它是介于浮动汇率制和固定汇率制的一种汇率安排。

(2)加入目标区的成本和收益

加入目标区的成本：由于目标区要求政策的协调，特别是在有效的目标区约定下，各国政府之间必须使它们的货币和财政政策保持协调，这会使政府失去灵活运用经济政策调控经济的能力。

加入目标区的收益：目标区的安排使各国间的汇率保持基本稳定，本国商品的外汇价格不会发生大幅度的变动，有利于贸易的进行。

5. 可变汇率决定模型的结论是：当资本市场是充分一体化的时候，国与国之间的利率必然相等。但是，国与国之间显然存在利差。怎样才能使事实与理论相协调?

It is a consequence of our model of (flexible) exchange rate determination that, when capital markets are sufficiently integrated, interest rates across countries must be equated. Clearly, however, there are differences across countries. How can we reconcile this fact with our theory?

答：在资本完全流动的情况下，各国的利率完全相等只是在理论上成立。因为这一结论是建立在一系列的假设之上的。如果考虑到各国的一系列制度性差异，则各国之间的利率差异是必然的。可以从以下几个方面来分析国与国之间存在利差的事实与理论之间关系的协调问题。

(1)资本在各国之间完全自由流动的假设不符合现实。在现实中，各国都会对资本的流动施加一定的限制，一旦资本这一要素不能完全自由的流动，则资本的价格——利率肯定是不相等的。

(2)预期的作用。一方面资本流动会影响利率的变化，另一方面利率的变化也会影响到资本的流动，这主要是人们的预期在起作用。当人们预期某国的利率上涨时，大量的资本便会涌入该国，造成利率的现实上涨。汇率预期的调整可以解释即使资本可以在各国间自由流动时，利率的国际差别为什么还会持续存在。

(3)各国的税率的差异。资本流动的目的是收益最大化，必然要大量的避税，并涌向税率最低的国家。这样，各国之间税率的差异也会导致各国之间利率的差异。

(4)国家对资产转移的限制。如果资本进入一国进行投资，将来其收益和资产无法自由的流出该国，则资本的流动性就会大大地受到限制。因此，利率也就会在国与国之间有所不同。

(5)国家之间政局的稳定程度。一国政局的稳定程度直接影响到资本在该国的收益率。如果一国的政局很稳定，则资本便会大量流入，从而利率就会较低。相反，如果一国的政局不稳定，则资本就会大量流出，从而利率就会较高。因此，各国政局稳定程度的不同会直接影响到利率的差异。

6. 第20章第5节中的方程(7)表明通货膨胀的差异、利率的差异和贬值率三者近似相等，与完全相等对比，为什么它们只是近似相等呢？

Equation (7) in Section 20 – 5 tells us that inflation differentials, interest differentials, and depreciation rates are all approximately equal. Why are they only approximately, as opposed to exactly, equal?

说明：题中提到的方程(7)为：通货膨胀差异≌利率差异≌贬值率

答：它们只是近似相等，因为汇率有可能独立于利率而变化，比如外汇市场上人们预期的自我实现功能会使汇率变动；并且由于资本流动的障碍，各国之间有可能产生长期的利率差异。因此，这一关系只是近似的。

7. 在20世纪70年代初期，美国从固定汇率制度改变成浮动汇率制度。现行的浮动汇率制度较少地引发危机吗？或者它对宏观经济的稳定性，提供一个较好的框架了吗？试讨论一下。

In the early 1970s, the United States moved from a system of fixed exchange rates to a system of floating ones. Is the current flexible system less crisis-prone, or does it provide a better framework for macroeconomic stability? Discuss.

答：固定汇率制与浮动汇率制是汇率制度的两大基本类型。浮动汇率制指现实汇率不受平价的限制，随外汇市场供求状况变动而波动的一种汇率制度。固定汇率制指现实汇率受平价制约，只能围绕平价在很小范围内上下波动的汇率制度。

现行的浮动汇率制在一定程度上能减少危机，并对宏观经济的稳定性提供一个较好的框架。因为在浮动汇率制下，汇率是由市场力量决定的，能更好地反映各国货币的真实币值，引导资源在国际间有效配置，不会出现大规模持久性的国际收支不平衡，这有利于宏观经济的稳定。而且在浮动汇率制下，货币政策可以有效发挥作用，干预经济，避免受到各种冲击的不利影响。

但是，现行的浮动汇率制度并不能完全减少危机。在现行浮动汇率制下，政府对外汇市场进行干预，使得汇率朝有利于本国经济的方向浮动，这称为有管理的浮动汇率制。这样的汇率制度存在一些缺点：第一，在浮动汇率制下，仍存在溢出效应(或者说相互依赖效应)，甚至其相互依存度与固定汇率制度相比可能更高；第二，由于汇率是浮动的，而且很容易对政策做出反应，增加了宏观经济政策操作的难度；第三，汇率过度调节不利于国际贸易，有可能以本国竞争力的损失为代价。

因此，现行的浮动汇率制仅仅在一定程度上减少了危机，并对宏观经济的稳定性提供一个较好的框架。

8. 讨论在浮动汇率的情况下，外汇市场干预的诱因和危险。你认为这种干预是个好主意吗?

Discuss the lures and dangers in exchange market intervention when exchange rates are flexible. Do you think such intervention is a good idea?

答：外汇市场的干预可以分为冲销性干预和非冲销性干预。冲销性干预指政府在外汇市场上进行干预的同时，通过其他货币政策工具(主要是在国债市场上进行的公开市场业务)来抵消前者对货币供应量的影响，从而使货币供应量维持不变的外汇市场干预行为。非冲销性干预则指不存在相应冲销措施的外汇市场干预，这种干预会引起一国货币供应量的变动。

(1)外汇市场干预的诱因

第一，现实中不稳定的预期会引发资本流动，导致汇率变动并使国内产出波动。因此，需要外汇市场干预来熨平汇率经常性和大幅的变动，稳定经济。

第二，中央银行干预外汇市场可以使汇率朝有利于本国经济的方向波动，引导本国贸易顺利进行。

第三，外汇市场干预可以阻止本币贬值，防止进口价格上升，减缓通货膨胀。

(2)外汇市场干预的危险

第一，政府并不能准确地区分外汇市场暂时性和持久性的失衡。对于这两种情况，应分别对待。如果是短期的，那么干预有助于消除波动；若是长久的和根本的，干预会造成外汇储备枯竭和外债大量累积，这时本国经济很容易遭受外部冲击而陷入金融危机，并最终可能引发经济危机，并且由于经济的相互依存，它可能会影响到其他国家经济的正常运行。

第二，政府干预外汇市场减少通货膨胀可能会导致外汇危机，最终还得依赖于紧缩性的货币政策抑制通货膨胀。

第三，外汇市场的干预，尤其是一国货币贬值性干预，可能引发贸易伙伴国竞争性贬值，贸易摩擦加剧。

(3)政府干预要视情况区别对待，干预并不总是好主意。

政府的干预有积极作用，有助于消除汇率的暂时波动，稳定产出。但是必须准确区分汇率的变动是短期暂时性的还是长期持久性的。在长期，政府最好不要单独在外汇市场上干预以抵制强大的市场力量。对于长久性外汇市场失衡，政府不能依赖于外汇市场干预，而是应该在国内使用财政政策和货币政策来对宏观经济进行调控。所以，外汇市场干预并不总是好事情，需要视情况区别对待。

9. 与固定汇率制度相比，在浮动汇率制度下，溢出效应的重要性是大还是小？在该制度下，对宏观经济的管理变得容易了吗？

Is the importance of spill over effects larger or smaller under flexible exchange rates, as opposed to fixed ones? Is macroeconomic management easier under one regime than the other?

答：与固定汇率制度相比，在浮动汇率制度下，溢出效应的重要性更大，但是对宏观经济的管理并未变得容易。原因如下：

(1)溢出(相互依赖)效应指一国的政策变化或者供求冲击影响到其他国家就业和产出的现象。溢出效应实际上是一种外部效应，分为正外部效应和负外部效应。

(2)当考虑各国经济的相互影响时，在固定汇率制下，货币政策扩张的效应如下：

第一，它造成本国产出的上升。在一国条件下，货币政策在资金完全流动时是无效的。此时货币政策之所以能发挥效力，是因为它可以通过影响国内利率最终对世界利率产生影响。

第二，它造成外国产出的上升，即国内货币政策对外国经济有正的溢出效应。这一溢出效应通过收入机制与利率机制发挥作用，即本国收入增加通过本国进口的上升造成外国国民收入增加；本国利率降低通过资金流动使外国货币供给增加、利率下降，这也造成外国国民收入的增加。

当考虑各国经济的相互影响时，在固定汇率制下，财政政策扩张的效应如下：

第一，它造成本国产出的上升。与一国条件下相比，此时财政政策对本国产出的扩张效应略低，这是因为此时它会通过对国内利率的影响导致世界利率水平的上升，这对投资产生了一定的挤出效应。

第二，它造成外国产出的上升，即国内财政扩张政策对外国经济有正的溢出效应。这一溢出效应也是通过收入机制与利率机制发挥作用的，即本国收入增加通过本国进口的上升造成外国国民收入增加，而本国更高的利率水平通过资金流动使外国货币供给减少，利率上升，这又抵消了一部分收入的增加。可见财政政策的溢出效应低于同等情况下货币政策的溢出效应。

(3)当考虑各国经济的相互影响时，在浮动汇率制下，货币政策扩张的经济效应如下：

第一，它造成本国产出的上升。与一国条件下相比，此时货币政策对本国产出的扩张效应略低，这是因为本国货币扩张造成了世界利率水平的下降，本国货币贬值幅度减少了。

第二，它造成外国产出的下降，即国内货币政策对外国经济有负的溢出效应。这一负的溢出效应是因为在本国收入增加通过收入机制带来外国国民收入一定增加的同时，本国较低的利率通过利率机制发挥使本国货币贬值、外国货币升值，这使得外国经常项目恶化从而带来外国国民收入更大程度的下降。因此，此时的本国货币扩张是一种典型的“以邻为壑”(beggar-thy-neighbor)政策，本国产出扩张的一部分是以外国产出的相应下降实现的。

当考虑各国经济的相互影响时，在浮动汇率制下，财政政策扩张的经济效应如下：

第一，它造成本国产出的上升。与一国条件下相比，此处财政政策对本国产出存在扩张效应，这是因为此时它会通过对国内利率的影响而导致世界利率水平的上升，这使得财政政策的扩张效应不会完全被本国货币升值而抵消。

第二，它造成外国产出的上升，即国内财政政策对外国经济有正的溢出效应。这一溢出效应也是通过收入机制与利率机制发挥作用，即本国收入增加通过本国进口的上升造成外国国民收入增加，而本国更高的利率通过本币升值使外国出口增加从而进一步提高了外国的国民收入。可见，此时财政政策的溢出效应与货币政策的溢出效应正好相反。

(4)显然，与固定汇率制度相比，在浮动汇率制度下，溢出效应更加强烈，即溢出效应的重要性更大。而且在浮动汇率制度下，存在着与固定汇率制度不相上下的相互依存。再者，由于汇率是浮动的，而且很容易对政策(好的或者坏的)做出反应，宏观经济管理并没有变得更容易些。

三、计算与分析题

1. 假定资本是完全流动的，那么征收关税是如何影响汇率、产出和经常账户的?(提示：在汇率给定的条件下，关税减少了我们的进口需求。)

答: 征收关税会使本币升值，产出和经常账户不变。具体分析如下：

征收关税提高了相关进口产品的价格，减少了进口需求，增加了对国内产品的需求，经常账户盈余增加，使国内产出增加和利率上升。高利率导致资本的流入从而使本币升值。本币升值后会降低相关进口产品的价格，使得进口增多，出口减少，经常项目盈余减少。这就会降低国内的产出水平和利率。在资本完全流动的情况下，本国货币会升值到经常账户的综合变化为零的那一点。最终，国内产出和利率将回到初始水平。

2. 利用中央银行的资产负债表来说明，在固定汇率制下国际收支赤字是如何影响高能货币存量，以及冲销操作如何反映在中央银行的资产负债表上。

答: (1)在固定汇率制下，一国国际收支赤字，使得本币有贬值压力，中央银行为了维持汇率不变，在外汇市场上用外币买进本币，使得外汇储备减少，同时国内货币存量减少。假设发生了10亿美元的国际收支赤字。中央银行的资产负债表如下：

冲销前的中央银行的资产负债表（单位：亿美元）

资产		负债	
外汇	-10	银行存款	-10
其他资产	0	现金	0
货币基础(来源)	-10	货币基础(使用)	-10

(2)冲销性干预指政府在外汇市场上进行干预的同时，通过其他货币政策工具(主要是在国债市场上进行的公开市场业务)来抵消前者对货币供应量的影响，从而使货币供应量维持不变的外汇市场干预行为。在上表中可看出，干预使得基础货币减少10亿美元，为了抵消对货币供应量的影响，中央银行需在公开市场上买进债券，投放基础货币，从而使得基础货币保持不变。冲销后中央银行的资产负债表变为：

冲销后的中央银行的资产负债表（单位：亿美元）

资产		负债	
外汇	-10	银行存款	0
政府债券	+10	现金	0
货币基础(来源)	0	货币基础(使用)	0

3. 考察一个世界，其资本具有一定流动性；当国内利率相对于世界利率上升时，本国资本账户随之改善。开始时，本国处于内部的和外部的平衡状态(画出 *IS*、*LM* 以及 *BB* 曲线)。现在假定国外利率上升，

(1)说明国外利率上升对 *BB* 曲线的影响。

(2)采取什么相应的政策可以立即恢复内部平衡和外部平衡?

(3)如果当局没有采取行动，按照国际收支的货币分析法所描述的方式，调整过程将会是什么样的呢?

答：(1)开始时，本国处于内部和外部平衡状态，那么 *IS*、*LM* 以及 *BB* 曲线在充分就业的产出水平上相交。现在外国利率上升使得资金流出，从而导致本国国际收支赤字。为了恢复外部均衡，利率必须上升否则国民收入水平会下降。也即 *BB* 曲线必须上移。如图 20－10 所示。

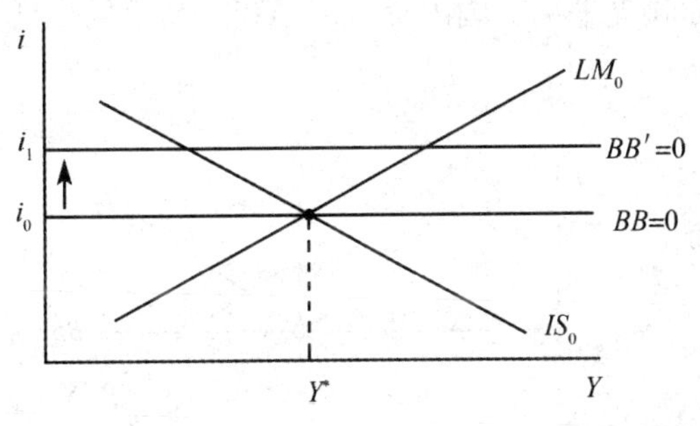

图 20－10　国外利率上升，*BB* 曲线上移

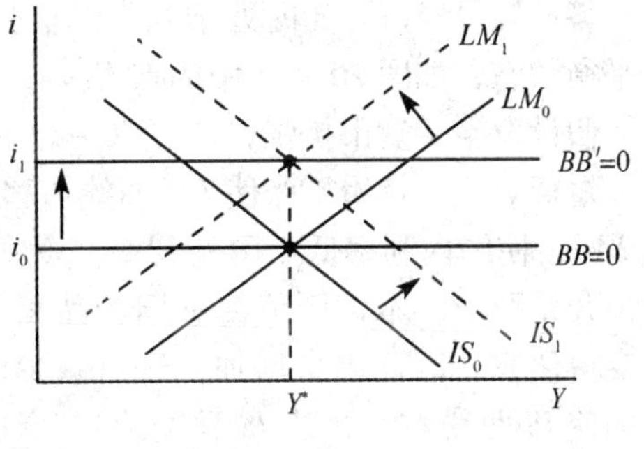

图 20－11　增加政府支出和减少货币供给的影响

(2)增加政府支出的同时减少货币供给将会提高利率，从而恢复内部平衡和外部平衡。这个政策组合会使 *LM* 曲线左移，*IS* 曲线右移。这样就会在充分就业的产出水平上达到新的均衡，此时利率上升。如图 20－11 所示。

(3)如果当局没有采取行动，按照国际收支的货币分析法将会改变货币供给和价格水平。国际收支赤字会导致货币供给量减少，使 *LM* 曲线左移。假设价格是可变的，总需求减少使价格下降。较低的国内价格会使本国产品竞争力增强，净出口增加，从而 *IS* 曲线右移。同时价格下降使实际货币余额增加，*LM* 曲线会部分回移。这样就会在充分就业的产出水平上达到一个新的长期均衡。如图 20－12 所示。

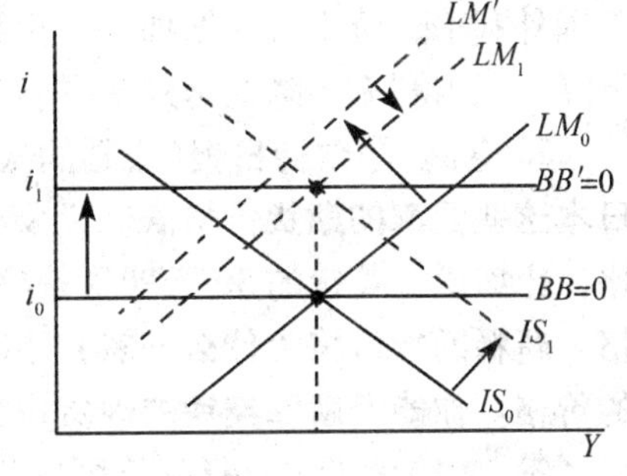

图 20－12　国际收支赤字的自动调节

4. 假定你的国家出口商品永久性地增加。解释收入、价格的调整和对实际货币供给的调整，如何相互影响，促使该国回到充分就业和外部平衡状态。

答：一国出口商品永久性增加会产生贸易盈余，同时国内货币供给增加。假设中央银行没有采取冲销措施，净出口的增加以及货币供给增加会导致总需求增加。总需求增加使国内价格上升，本国产品相对于外国产品变得更加昂贵，从而会导致净出口下降。国内价格会上升到贸易盈余完全消失，从而达到新的内部和外部均衡状态。在长期，劳动力需求增加使工资有上升的压力，使总供给曲线左移，与总需求曲线交于新的均衡点，重新回到充分就业和外部平衡状态，只是价格水平升高。

5. 什么是外汇贬值的短期数量和长期数量效应？经验证据能否表明有足够的数量效应胜过价格效应，因而改善贸易平衡？

答：(1)外汇贬值的短期和长期的数量效应是指外汇贬值所引起的进出口商品数量在短期和长期的变化，从而对国际收支所产生的作用。在短期，进出口数量由合同事先确定，因而数量效应很微弱，难以超过价格效应。但在长期，数量效应很显著，数量调整会超过价格效应，从而对国际收支产生主导性作用。

(2)经验证据表明，货币贬值的初期国际收支可能恶化，即短期数量效应未能超过价格效应。但在长期，数量效应能够明显超过价格效应，使国际收支得到改善。这一过程中，以图形表示的国际收支状况像字母"J"，所以这一调整效应称作 J 曲线效应。

6. 作图表示，当汇率与价格两者可变和资本完全流动时，货币扩张的短期效应和长期效应。在从短期到长期的调整过程中发生了什么？

答： 假设经济开始时处于充分就业水平且国际收支平衡，国内货币市场和产品市场也处于平衡状态，如图 20－13 中的点 E。

假设发生了货币扩张，如图 20－13 所示。

短期效应：货币扩张使 LM 曲线右移，从 LM 移至 LM′，使国内利率低于国外利率。资本流出增加，本币开始贬值。本币贬值使本国产品相对于外国产品变得便宜，因此出口增加，进口减少，净出口的增加使 IS 曲线右移，从 IS 移至 IS′。产出增加并且利率开始回升，直到国内外利率相等。此时，经济处于短期均衡点 E″，产出高于充分就业水平。

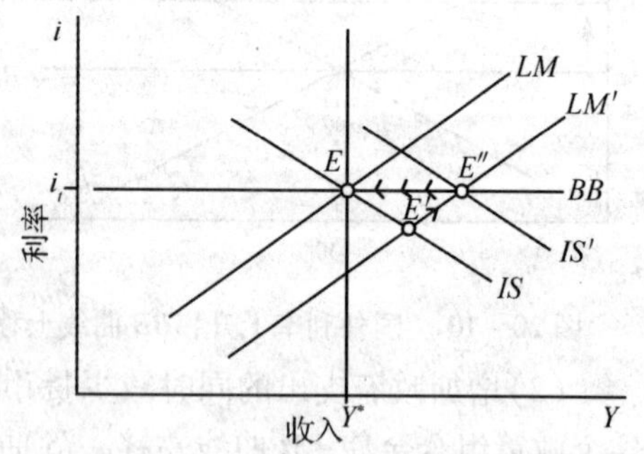

图 20－13　货币扩张的短期和长期效应

长期效应：在长期，高产出使价格上升，实际货币余额减少，LM 曲线开始向左回移。国内利率高于国外利率，资本流入增加，本币价值上升，从而使净出口减少，IS 曲线向左回移，产出下降，国内利率下降至国外水平。最终，经济重新处于充分就业水平，即回到均衡点 E。

7. 查阅《华尔街日报》或别的报纸的金融版上登载的汇率行情表，你应该发现像英国和日本这些国家的期货价格表。期货价格就是为在未来得到一单位外币而在今天所支付的价格，比如说，英镑的 30 天期货价格，就是为得到从现在起 30 天后的 1 英镑今天所支付的价格。解释期货价格为什么一般并不等于现货价格——即，为在今天得到外币而在今天所支付的价格。你能否解释英镑的现货价格与期货价格的关系和日元的有什么不同？

答：（1）读者可自行阅读国内相关报纸杂志找到期货价格表。在《华尔街日报》的金融版上每天都刊登当天的外汇交易行情，现用下面的例子进行说明，如表 20－4 所示。

表 20－4　《华尔街日报》的金融版上刊登的某日外汇交易行情

	Britain (Pound)	Canada (Dollar)	Japan (Yen)
Spot	1.5172	0.6759	0.009432
Forward			
30 days	1.5181	0.6764	0.009489
90 days	1.5160	0.6774	0.009590
180 days	1.5230	0.6791	0.009752

（2）期货价格一般不等于现货价格的原因

期货价格是商品未来的价格，现货价格是商品目前的价格，按照经济学上的同一价格理论，两者间的差距，即基差应该等于该商品的持有成本。基差是某一特定地点某种商品的现货价格与同种商品的某一特定期货合约价格间的价差。基差＝现货价格－期货价格。若不加说明，其中的期货价格应是离现货月份近的期货合约的价格。基差并不完全等同于持仓费用，但基差的变化受制于持仓费用。归根到底，持仓费用反映的是期货价格与现货价格之间基本关系的本质特征，基差是期货价格与现货价格之间实际运行变化的动态指标。虽然期货价格与现货价格的变动方向基本一致，但变动的幅度往往不同，所以基差并不是一成不变的。随着现货价格和期货价格持续不断的变动，基差时而扩大，时而缩小。最终因现货价格和期货价格的趋同性，基差在期货合约的交割月趋向于零。

(3)英镑和日元的现货价格与期货价格关系间的不同

根据利率平价理论，即期与远期汇率的差异(百分比)应该约等于远期合同中具有相同到期日的资产的国内外利率差异。远期可以认为是将来合同到期日时的即期利率的最好预测。外汇的表示方法为1单位外币等于多少美元，也可以逆推1美元等于多少外币。由表20－4可知，1英镑的现货价格是1.5172美元，也就是说，1美元可以购买0.6591英镑(1/1.5172)。

基差的决定因素主要是市场上商品的供求关系。在现货交割地，如果市场供给量大于需求量，现货价格就会低于近期月份合约的价格；如果市场需求量远大于供给量，现货价格就会高于近期月份合约的价格。由表20－4可知，英镑的现货价格与30天期货价格的基差为－0.0009，90天的为＋0.0012，180天的为－0.0058；日元的现货价格与30天期货价格的基差为－0.000057，90天的为－0.000158，180天的为－0.000320。很显然，英镑的现货价格与期货价格的基差变动不大，而日元的基差越来越大，这表明英镑较稳定，而日元趋于升值。

附录1：下列为第10版第20章属于本章的习题，在第8版中已被删除，现补录如下，仅供参考！

1. 假设在第一年的价格水平 $P=100$ 和 $P_f=100$，进而假设在第二年价格水平分别为 $P_2=130$ 和 $P_{2f}=180$。在汇率开始时为每英磅2美元，并且假定国际收支是处于均衡状态的。

(1)如果在第一年和第二年之间没有出现实际扰动，那么在第二年的均衡汇率是什么呢？

(2)如果实际汇率 eP_f/P 已经在第一年和第二年之间恶化50%，那么汇率在第二年将是多少呢？

答：(1)根据实际汇率的公式：$R=e\times(P_f/P)$，得实际汇率 $R=2\times(100/100)=2$ 根据购买力平价理论可知如果没有出现实际扰动，由题 $e_1=2$，即 $e_2=2\times(180/130)=2.77$。

(2)如果实际汇率 eP_f/P 已经在第一年和第二年之间恶化50%，那么汇率在第二年将是 $e_2=2\times(1-50\%)\times(180/130)=1.38$

2. 解释为什么扩张性财政政策导致的外国收入减少要小于中央银行为贬值汇率对外汇市场的直接(即未冲销的)干预的相应结果。

答：扩张性财政政策和本币贬值都会使本国收入增加，但对外国收入的影响不同。扩张性财政政策会使外国收入也增加，但本币贬值会使外国收入减少。分析如下：

扩张性财政政策导致国民收入增加，利率上升。利率上升使资金流入增加，本币升值。本币升值使本国产品竞争力下降，净出口减少。对于外国来说，外国货币相对贬值使得外国产品竞争力增强，对本国的净出口增加，从而收入增加。

而中央银行使本币贬值，会使本国产品竞争力增强，净出口增加，国民收入增加。本币贬值使得外国货币相对升值，外国收入将下降。

附录2：下列为第8版属于本章的习题，在第10版中已被删除，现补录如下，仅供参考！

考察处于充分就业和平衡贸易状况的一国经济，下列扰动的哪些类型可以用标准的总需求稳定工具加以纠正？指出在每种情况下，对外部平衡和内部平衡的冲击以及适当的政策反应。

(1)出口市场损失；

(2)储蓄减少和对国内产品需求的相应增加；

(3)政府支出增加；

(4)需求从进口品向国内产品转移；

(5)进口下降与储蓄的相应增加。

答：(1)根据公式：$NX=Y-(C+I+G)$，可以知道，当出口市场发生损失时，即 NX 下降，这必然要求 Y 下降来使市场重新达到平衡。因此，出口市场的损失不仅会导致外部赤字，而且会降低国民收入。这使得政策陷入两难处境，不能用标准的总需求稳定工具加以纠正，需要支出转换政策和支出增减政策的配合。提高关税使得进口减少，有助于 NX 上升恢复到初始水平，从而有利于外部平衡；而增加政府支出则有利于扩大总需求，刺激产出增加，从而有利于内部平衡。

(2)储蓄减少和对国内产品需求的相应增加会使国民收入增加，而收入增加又会使进口增加，从而使国际收支赤字。这可以通过紧缩性的财政政策恢复内外均衡。紧缩性的财政政策抑制总需求，使产出下降，实现内部市场的平衡；同时，产出下降会减少对进口产品的需求，使进口减少，实现外部市场平衡。

(3)政府支出增加会导致国民收入增加，而收入增加又会使进口增加，从而使国际收支赤字。这可以通过紧缩性的财政政策恢复内外均衡。紧缩性的财政政策抑制总需求，使产出下降，实现内部市场的平衡；同时，产出下降会减少对进口产品的需求，使进口减少，实现外部市场平衡。

(4)需求从进口品向国内产品转移会使国民收入增加并且产生贸易盈余。这使得政策陷入两难处境，不能用标准的总需求稳定工具加以纠正，需要支出转换政策和支出增减政策的配合。降低关税使得进口增加，有助于 NX 减少恢复到初始水平，从而有利于外部平衡；而减少政府支出则有利于抑制总需求，使产出减少，从而有利于内部平衡。

(5)进口下降与储蓄的相应增加不影响国民收入，只会产生贸易盈余。适当的政策是减少个人所得税并降低关税。降低关税增加进口，从而降低 NX 恢复到初始水平，实现外部平衡；降低关税还会使国民收入减少，为了抵消对国民收入的影响，采用降低个人所得税的政策来鼓励消费，从而使国民收入维持不变。

第21章　前沿课题

21.1　复习笔记

一、理性预期理论

1. 基本概念解析

(1)理性预期

理性预期又称合理预期，是指在有效地利用一切信息的前提下，对经济变量做出的从长期来看最为准确的，又与所使用的经济理论、模型相一致的预期。其含义有三个：

① 做出经济决策的经济主体是有理性的。

② 为正确决策，经济主体会在做出预期时力图获得一切有关的信息。

③ 经济主体在预期时候不会犯系统性错误。即使犯错误，他也会及时有效地进行修正，使得在长期而言保持正确。

理性预期与个体利益最大、市场出清和自然率假设共同构成新古典宏观经济理论的基本假设，是新古典宏观经济理论攻击凯恩斯主义的重要武器。

(2)理性预期均衡

理性预期均衡是传统瓦尔拉均衡在信息扩散条件下的扩展，是一种随机均衡。交易者携带不同的信念和信息进入市场，达到理性预期均衡时，他们利用均衡价格反映的信息追求期望效用最大化得到的决策就视同他们拥有全部私人信息时一样；如果没有新的信息进入，交易者就没有重新交易的意愿，均衡处于稳定状态并可以达到资产的帕累托最优配置。

在理性预期均衡中，市场出清，而货币政策不能对产出和就业产生系统性影响。

(3)政策无效性

政策无效性是指在理性预期，价格、工资灵活的情况下，无论被预期到的货币政策还是财政政策实际上都不能影响实际产出或就业。如果政府增加货币供给，人们预期到政府将这样做，就会让工资和物价做相应的增长，结果产出、就业不变，扩张性货币政策只是带来了更高的通货膨胀率，对实际变量不能产生任何影响。如果政府决定增加财政开支来提高产出，纳税人知道政府开支不过是替私人花钱而已，财政开支增加意味着以后要交更多的税，这样政府多花一分钱，私人就少花一分钱，结果形成所谓“挤出效应”，政府政策归于无效。

政策无效性定理意味着，政府宏观调控政策对经济产生实际影响的惟一方法，是让人们对政府政策感到出乎意料，并且引起他们的错觉。

(4)卢卡斯批判

卢卡斯批判是卢卡斯提出的一种认为传统政策分析没有充分考虑到政策变动对人们预期影响的观点。卢卡斯指出，由于人们在对将来的事态做出预期时，不但要考虑过去，还要估计现在的事件对将来的影响，并且根据他们所得到的结果而改变他们的行为。这就是说，他们要估计当前的经济政策对将来事态的影响，并且按照估计的影响来采取政策，即改变他们的行为，以便取得最大的利益。行为的改变会使经济模型的参数发生变化，而参数的变化又是难以衡量的，因此经济学者用经济模型很难评价经济政策的效果。

2. 基本的理性预期模型

(1)简单的总供给—总需求模型

① 模型推导

a. 需求函数

规定一个简单的总需求方程，该方程是货币数量论方程：

$$AD: m + v = p + y$$

其中，m 是货币供给；v 是货币流通速度，假定其为常数；p 是价格水平；y 是 GDP。

b. 供给函数

规定一个简单的短期总供给曲线，它强调了价格预期的作用：

$$p = p^e + \lambda(y - y^*)$$

其中，p 是价格水平，p^e 是预期的价格水平，y 是 GDP，y^* 是潜在 GDP，λ 为总供给曲线的斜率。如果 λ 比较大，产量增加超过潜在产出，则引起价格急剧上涨，高过预期水平；如果 λ 小，价格对产量的短期反应也较小。

c. 均衡产出与价格的决定

联立总需求方程和总供给方程，解出以货币供给与其他变量表示的产出和价格：

$$y = \frac{1}{1+\lambda}m + \frac{1}{1+\lambda}(v - p^e) + \frac{\lambda}{1+\lambda}y^*$$

$$p = \frac{\lambda}{1+\lambda}(m + v - y^*) + \frac{1}{1+\lambda}p^e$$

以上方程决定了模型经济中的均衡产出和价格。由方程可知，如果货币供给增加 1%，则产出增加$\frac{1}{1+\lambda}$%，而价格上涨$\frac{\lambda}{1+\lambda}$%。

② 结论

在一个 $AS-AD$ 模型的简化形式中，用既定的外生价格预期来求解时，除了巧合之外，模型所预测的价格与经济当事人所预期的价格不一致，货币政策乘数相对较大，这也是卢卡斯批判的本质。

(2)完全有预见的模型

① 假设条件

假定当事人具有完全的预见性，即当事人的确在使用 $AS-AD$ 模型预测价格，而且他们拥有进行预测所必需的所有信息。

② 模型推导

根据假设条件，p^e 并非来自于模型之外，而是当事人利用模型本身计算出来的。即当事人根据 m、v、p^e 等来计算 p，然后设定他们的预测价格处于 $p^e = p$ 的条件下。

因此，经济决策者使用如下方程来预测价格并计算 p^e：

$$p^e = p = \frac{\lambda}{1+\lambda}(m + v - y^*) + \frac{\lambda}{1+\lambda}p^e$$

$$p^e = p = m + v - y^*$$

$$y = y^*$$

以上方程决定了模型经济中的均衡产出和价格。由方程可知，货币供给增加 1%，引起价格水平恰好上涨 1%；货币供给增加 1%，完全不会引起产出的增加。因此，价格上涨不仅是货币供给增加的直接结果，而且是由价格预期上升造成的。这种额外的推动力所提高的价格，恰好是被货币供给的增加所完全抵消了。

③ 结论

在一个完全有预见的模型里，假定人们用模型本身的预测来形成他们的价格预期，即价格预期是内生性的，则预料到的货币政策没有实际效应。在完全有预见的情况下，货币政策不仅在长期中，即使在短期内都是中性的，货币政策乘数为零。

④完全有预见的模型两个重要缺点

a. 它要求经济决策者对经济无所不知；

b. 它暗示经济总是处于充分就业的状态。

(3)理性预期模型

① 假设条件

假定经济当事人具有理性预期，即当事人使用该模型来形成价格预期，其预期的形成方式与经济实际运行的方式相一致；当事人可以充分利用他们可以得到的信息，但在形成价格预期时，只拥有部分信息。

② 模型推导

根据假设条件，将当事人预期的货币供给与实际货币供给之差定义为 ε_m，即当事人的货币预测误差：$\varepsilon_m = m - m^e$。

类似地可知，当事人的潜在产出预测误差为：$\varepsilon_y{}^* = y^* - y^{*e}$。

理性预测误差的大小取决于可得信息的质量，对于某一特定的人，预测误差可能是正的，也可能是负的，但理性预测的误差均值为零，即：$(\varepsilon_m)^e = 0$。

在方程 $p = \frac{\lambda}{1+\lambda}(m + v - y^*) + \frac{1}{1+\lambda}p^e$ 中，以 $m^e + \varepsilon_m$ 替代 m，并以 $y^{*e} + \varepsilon_y{}^*$ 替代 y^*，得到：

$$p = \frac{\lambda}{1+\lambda}[(m^e + \varepsilon_m) + v - (y^{*e} + \varepsilon_y{}^*)] + \frac{1}{1+\lambda}p^e$$

假定当事人以上述方程中的价格预测为基础形成他们的预期 p^e，则

$$p^e = \frac{\lambda}{1+\lambda}(m^e + v - y^{*e}) + \frac{1}{1+\lambda}p^e$$

$$p^e = m^e + v - y^{*e}$$

由以上方程可知，理性预期下的预期价格是以所能得到的有限信息为基础来进行预测的，除此之外，理性预期下的预期价格与完全有预见的情况完全相同，价格与产出的均衡解是：

$$y = y^{*e} + \frac{1}{1+\lambda}\varepsilon_m + \frac{\lambda}{1+\lambda}\varepsilon_{y*}$$

$$p = m^e + v - y^{*e}\frac{\lambda}{1+\lambda}(\varepsilon_m - \varepsilon_{y*})$$

③ 结论

理性预期模型结合了 $AS-AD$ 模型和完全有预见模型的假定。预期到的货币供给的增加对产出毫无影响，货币政策乘数等于零；而未预期到的货币供给的增加会使产出增长 $1/(1+\lambda)$，乘数相对比较大。即预期到的货币政策是中性的，而未预期到的政策则具有完全的 $AS-AD$ 效应。

3. 关于理性预期理论的小结

(1)理性预期模型预示，预料到的货币供给变动使总价格水平同比例地变动，而产出则

不会变动。

(2)对于预料到的货币增长来说，理性预期模型的运作，仿佛长期总供给曲线立刻实现，而无需经过长期调整。

(3)尽管理性预期模型在知识界具有强烈的兴趣，但很少得到经验性证据的支持。

(4)理性预期模型中当事人根据不完全信息预测总体价格水平。当事人无法确知单个市场中的价格上涨是由于总需求的增加，还是由于特定市场的需求增长引起的。结果，特定市场的价格上涨部分归因于总体价格水平的上涨，部分归因于实际需求的增加。

(5)未预期到的总体价格水平 p 的上涨，引起预料到的价格水平 p^e 的部分上涨和产出 y 的部分增长。p 与 y 之间的正向联系，构成菲利普斯曲线。

二、GDP 随机游走理论

1. GDP 随机游走的含义

(1)关于 GDP 波动的一般观点

在传统的经济模型中，经济周期表示为 GDP 围绕一条平滑的趋势线上下波动，这些波动持续几个季度直至数年之久，总需求冲击被认定是这些暂时性波动的首要原因，总需求冲击的效应会随时间而逐渐消退。如图 21－1 所示。

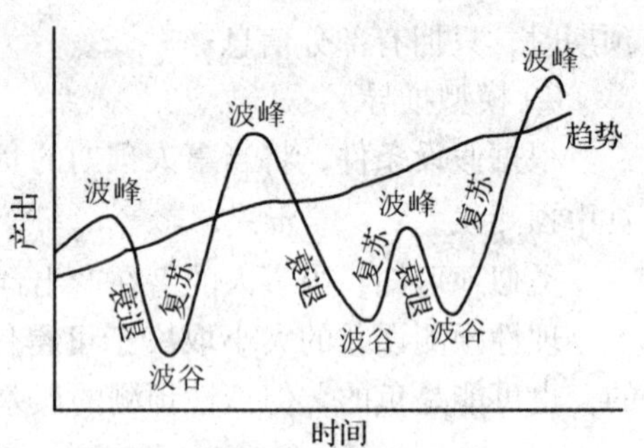

图 21－1　经济周期

(2)GDP 随机游走的含义

GDP 的随机游走是指在 GDP 的变动过程中，永久性冲击起主导作用，GDP 的变动是随机的，即 GDP 围绕经济增长趋势上下随机变动之后，并没有向趋势回归的倾向。根据这种理论，供给方面的冲击在解释经济周期波动时，比需求方面的冲击具有更重要的作用。

2. 对趋势和冲击的两种相同的表达方式

假设产出 y 的趋势可由时间趋势表示，每个时期 y 的增长为 β，公式为：

$$y_t = \alpha + \beta t$$

$$y_t - y_{t-1} = [\alpha + \beta t] - [\alpha + \beta(t-1)]$$

$$y_t = y_{t-1} + \beta \text{ 或者 } \Delta y_t = \beta$$

其中，Δy 被定义为 $y_t - y_{t-1}$。

因此方程 $y_t = \alpha + \beta t$ 与方程 $y_t = y_{t-1} + \beta$ 或者 $\Delta y_t = \beta$ 是关于产出的两个完全相同的表达式。

3. 冲击效应的永久性和暂时性

将产出冲击 u_t 加入到上述两个相同的表达式中，会分别得到：

$$y_t = \alpha + \beta t + u_t \text{ 或者 } \Delta y_t = \beta + u_t - u_{t-1} \quad (1)$$

与

$$y_t = y_{t-1} + \beta + u_t \text{ 或者 } y_t = \alpha + \beta_t + u_t + u_{t-1} + u_{t-2} + \cdots + u_0 \quad (2)$$

方程(1)表明，冲击的影响仅仅持续一个时期，换言之，对 y 变动的冲击在一个时期之后消退，冲击效应是暂时性的。但是方程(2)表明，对 y 的水平的冲击效应是永久性的，即对 y 的冲击随时间的推移而不断累积。

GDP 随机游走理论的倡导者尼尔森和普洛瑟认为，GDP 既包括永久性冲击也包括暂时性冲击，但 GDP 的变动过程则由永久性冲击起主导作用。

4. 趋势静止与差分静止

(1)趋势静止

趋势静止是指变量通过抽出时间趋势能使其静止。当暂时性冲击对变量的水平不具有持久性影响时，变量就趋向于静止，趋势静止过程由暂时性冲击占主导地位。例如，*AD* 的变动只能暂时影响产出。如果产出的变化主要是由需求冲击所引起的，产出将处于趋势静止上。

(2)差分静止

差分静止是指变量通过差分化能使其静止。当发生差分静止时，变量的暂时性冲击会长久性地影响到该变量的水平，差分静态过程由永久性冲击占支配地位。随机游走就是差分静止过程的一个例子。

5. 关于 GDP 随机游走的经验性结论

(1)重要的经验证据表明，具有永久性效应的冲击支配着宏观经济的波动。

既然总需求冲击没有永久性效应，这种证据认为总需求波动不如总供给波动重要。因为总供给冲击，特别是技术冲击引起的变动，很可能是永久性的。

(2)对这种证据的另一种看法是，大而永久性的供给冲击事件是偶然发生的，但在这些事件之间的时期，占主导地位的还是需求冲击。

三、实际经济周期理论

1. 基本概念

(1)闲暇的跨期替代

闲暇的跨期替代是指暂时性的高实际工资会引起工人在当前更努力工作，而在将来享受更多的闲暇，即以将来的工作替代当前的闲暇，从而在工作总量不变的前提下得到更多的总收入。闲暇的跨期替代作为经济波动的有力的传导机制，使得劳动供给对实际工资的暂时性较小波动作出较大的反应；但它并不意味着劳动供给对工资的永久性变动很敏感。

(2)传播机制

传播机制是指扰动赖以在整个经济中蔓延的机制。具体地讲，是一种用来解释为什么对经济的冲击具有长期效应的机制。在实际经济周期理论中，由技术冲击引起的经济波动的核心传播机制是劳动供给的跨期替代。如果发生技术冲击，使得当期的真实工资暂时地高于标准工资，那么劳动者将以工作替代闲暇，提供更多的劳动，于是产量和就业量均上升。另一方面，由于下一期资本边际产品提高，使得家庭认为投资有利，因此储蓄率上升，这就使预期的第二期的消费高于储蓄率不变时的消费增长。反之，当技术发生衰退时，或者技术冲击并未提高实际工资时，家庭会减少第一期的劳动供给，导致当期产量和下期消费的下降。

(3)扰动——生产率冲击

对生产效率的冲击也称为供给冲击，是指由于引起生产能力或成本发生变化的因素的改变，导致总供给曲线产生移动并由此对均衡收入产生影响的冲击。这是经济中的一种扰动，这种扰动决定了资本与劳动力等投入要素转变为产出能力的大小，会改变既定投入下生产出来的产量水平，引起了产出与就业的波动。如果闲暇的跨期替代效应强劲，即使是小规模的生产率冲击，对产出也会有相对大的影响。

(4)深层参数

深层参数是指描述个人和生产企业偏好的参数，它可以被微观经济学的研究所证明。实际经济周期理论认为简单模型应该取决于能描述工人—消费者偏好的参数，以及能描述企业生产函数的参数。因此，在简单模型中 β 与 γ 就是深层参数，如果 $\beta+\gamma$ 接近 1，那么闲暇的跨期替代就会非常强，而产出的总变动方程中的传播机制会将较小的技术冲击转变成较大的产出冲击。

2. 简单的实际经济周期模型

(1)实际经济周期理论的基本观点

实际经济周期理论简称 RBC，该理论认为，产出和就业的波动是经济遭受各种实际冲击的结果，而市场的调整十分迅速，并且总是处于均衡状态。实际经济周期理论是理性预期分析法的理论涵义自然发展的结果，即预料到的货币政策不具有实际的效果；也源于随机游走理论的经验性内涵，即总需求冲击并非波动的重要来源。

RBC 理论家一般使用校准理论技术或定量理论技术对支配模型行为的经济参数进行测度。在实践中，这意味着选择对模型行为起关键作用的少量参数，并从微观经济研究中，而不是通过宏观经济数据本身，来估计各参数的值。

(2)简单的实际经济周期模型

① 假设条件

在实际经济周期模型中，厂商选择最优的投资和雇佣方案，个人做出最优的消费和劳动供给选择，所有的选择都在动态的、不确定的环境中做出。在简单模型中，厂商在许多时期中的每一个时期购买劳动并生产产品；代表性的工人在每个时期中，出售劳动并购买消费品。如果愿意，消费者可以将其消费品省下来留待下期之用。

② 模型的推导

a. 生产函数

在每个时期中，代表性的厂商购买劳动并用它生产产品所根据的生产函数为：

$$Y_t = a_t L_t$$

其中，a_t 是 t 时期劳动的边际产品。在竞争市场中，实际工资率等于劳动的边际产品 a_t，劳动的边际产品的变动是简单模型中实际冲击的根源。

b. 消费者效用函数

在每个时期，代表性的工人共有 $\overline{L}$ 小时的时间可以出售，其闲暇时间为 $\overline{L}-L_t$。每个时期，代表性的工人从闲暇与消费 C_t 中获得效用。因此，假定工人在给定时期中的效用函数为：

$$U(C_t,\ \overline{L}-L_t) = C_t^{\gamma}(\overline{L}-L_t)^{\beta}$$

c. 消费者预算约束

工人一生中的预算约束表示其一生中消费的总和必然等于他一生中收入的总和，用以下公式表达：

$$C_t + C_{t+1} + C_{t+2} + \cdots = w_t L_t + w_{t+1}L_{t+1} + w_{t+2}L_{t+2} + \cdots$$

其中，w_t 是 t 时期的实际工资率。工人在每个时期中，所选择的消费量和闲暇量，将是在预算约束下，使其一生的效用总和达到最大化的量。

d. 跨期的闲暇替代

$$\left.\begin{aligned} MU_{闲暇t} &= \beta C_t^{\gamma}(\overline{L}-L_t)^{\beta-1} = \frac{\beta U_t}{\overline{L}-L_t} \\ MU_{闲暇t} &= (w_t/w_{t+1}) \times MU_{闲暇t+1} \end{aligned}\right\} \Rightarrow \frac{\overline{L}-L_t}{\overline{L}-L_{t+1}} = \left(\frac{w_{t+1}}{w_t}\right)^{\frac{1-\gamma}{1-\gamma-\beta}}$$

令现期闲暇和未来闲暇的边际效用值相等，得到以上工人跨期的闲暇替代方程，该方程表明，如果 $t+1$ 期的工资增长 1%，而其他各期的工资保持不变，$t+1$ 期的闲暇会减少 $(1-\gamma)/(1-\gamma-\beta)$。闲暇对工资率的暂时性变动的反应可能非常强烈，也可能毫无反应，这取决于 β 和 γ 的值。

e. 长期劳动供给函数

假定在整个时间内工资 W^* 保持不变，此时，消费 C^* 和劳动供给 L^* 也会保持不变。从预算约束看，$C^*=W^*L^*$ 成立，将它与工人的消费—闲暇替代关系 $\overline{L}-L_t=(\beta/\gamma)(C_t/w_t)$ 结合在一起，导出长期劳动供给函数为：$\overline{L}-L^*=\dfrac{(\beta/\gamma)(w^*L^*)}{w^*}$ 或者 $L^*=\dfrac{\gamma}{\beta+\gamma}\overline{L}$

长期劳动供给函数表明了劳动对工资率的长期反应为零。

f. 传播机制的推导

把劳动的跨期替代看成是一种传播机制。假定在 t 时期，有暂时性的技术冲击，从而使劳动的边际产品增加 $\Delta a\%$，工资率也随劳动的边际产品的增加而增加，则产出的总变动是：

$$\Delta Y\%=\Delta a\%+\Delta L\%$$

传播机制是对产量的百分比 $L\%$ 的"额外冲击"，此时闲暇将减少 $[(1-\gamma)/(1-\gamma-\beta)]\times\Delta a\%$。由于闲暇的小时数约为劳动小时数的 3 倍，劳动的增长率大约为 $\Delta a\%$，产出的总变动将是：$\Delta Y\%=(1+3\times\dfrac{1-\gamma}{1-\gamma-\beta})\times\Delta a\%$。

根据以上方程可知，如果 $\beta+\gamma$ 接近 1，那么闲暇的跨期替代就会非常强，传播机制会将较小的技术冲击转变成大得多的产出冲击。相反，如果闲暇的跨期替代微弱，传播机制的这种作用就不那么重要了。

3. 实际经济周期理论的小结

(1)实际经济周期理论通过个人工作与消费的最优化决策与厂商的生产最优化决策，来建立宏观经济模型。

(2)实际经济周期理论极力贬低名义波动与货币的作用。

(3)实际经济周期理论试图识别可在微观经济研究中测度的深层参数，闲暇的跨期替代弹性是关键，但是，测度这些参数得到的结论却并非总是有利于 RBC 模型。

四、新凯恩斯主义理论

1. 基本概念

(1)价格黏性

价格黏性是指价格总水平不随总需求的变动而迅速地改变，价格易升难降的现象。新凯恩斯主义的价格黏性论可以分为两类：一是名义价格黏性论；二是实际价格黏性论。名义价格黏性论的代表性理论为：菜单成本和经济周期论；近似理性经济周期模型；实际刚性和货币非中性论等。另外还有交错调整价格论，即认为在不完全竞争市场中，厂商为了实现利润最大化，通常采用交错而不是同步方式调整价格。而实际价格黏性论包括厂商信誉论、需求非对称性论、投入产出表理论、寡头市场和价格黏性论。

(2)菜单成本

菜单成本指企业为改变销售商品的价格，需要给销售人员和客户提供新的价目表所花费的成本。菜单成本包括实际成本和机会成本两部分，实际成本是指研究和确定新价格的成本，重新编印价目表并将新价目表通知销售点的成本，更换价格标签的成本，为新价格作广告等所花费的成本，这些成本是企业调整价格时实际支出的成本；另一类成本是企业调整价格的机会成本，如价格变动的次数过于频繁，会使顾客感到麻烦和不快，有可能减少对此种商品的需求而造成损失，甚至包括处理顾客怨言的成本，这些虽然不是企业实际支出的成本，但同样阻碍着企业调整价格，也被称为菜单成本。菜单成本引起价格的短期黏性是新凯恩斯主义反击新古典主义的批判并证明其所主张的价格黏性的重要理由。

2. 新凯恩斯主义的黏性名义价格模型

(1)新凯恩斯主义理论的主要观点

新凯恩斯主义接受个人理性行为这一前提，但是与理性预期主义不同，认为在经济中市场并不是迅速地达到充分的古典均衡，而价格也并不总是随货币供给的变化而自行调整。其主要的理论观点包括以下几个方面：

① 当经济出现需求扰动时，工资和价格并不能迅速调整到使得市场出清，经济可以处于非充分就业均衡状态，而在长期，经济将调整到充分就业状态。

② 利用菜单成本论、长期合同论、隐含合同论、不对称信息论、局内—局外利益论、效率工资论等来说明货币工资黏性。

③ 在出现货币工资黏性的条件下，总需求的变动会引起非自愿失业，从而出现经济周期。

④为了加速经济向充分就业的调整，政府应采取需求管理政策。

(2)曼昆的名义价格黏性模型

① 假设条件

a. 假定经济处于不完全竞争的市场。在不完全竞争情况下，一个企业能够明显地影响其产品价格的状况，个体决策并不必然导致有效率的社会结果。

b. 假定劳动是惟一的投入要素。

c. 理性人假设。厂商只把私人利益作为决策的基础，要实现利益最大化。

② 模型推导

假定经济中的生产方面包含许多小厂商，在各自的市场中都有一定的垄断力量因素，厂商 i 所面临的需求为：

$$Y_i=\left(\frac{P_i}{P}\right)^{-\varepsilon}\frac{M}{P}$$

其中，P_i 是厂商 i 定的价格，P 是总体价格水平，ε 是需求弹性且 $\varepsilon>1$。

垄断厂商采用成本加成方法定价，厂商 i 的定价为：

$$P_i=\left(\frac{\varepsilon}{\varepsilon-1}\right)\frac{W}{a}$$

其中，劳动边际产品为 a，名义工资为 W，边际成本为 W/a。因此可得到厂商的名义利润为$\left(P_i-\frac{W}{a}\right)Y_i$。

由以上公式可知，当货币供给增加时，M、P 和所有的 P_i 以及名义利润都将上升相同的比例。由于总体价格水平已经上涨，厂商面临的实际需求不变，实际利润不变。因此，在模型中货币是中性的。

③ 价格黏性的说明

假定各家厂商提高价格，必须承担菜单成本 z，则各家厂商将在维持其当前“过低”价所节约的菜单成本与如果将价格提高时潜在利润增长之间进行比较。在以下两个条件成立时，潜在利润可能很小：

a. 如果最优价格与现行价格之间偏差较小，获得利润的机会就是非常小的。

b. 如果厂商的需求弹性较低，利润对于价格的调整相对而言也不太敏感。

在经济中的垄断力量比较强大的情况下，变动价格的私人利益可能远远小于社会利益。而在曼昆的名义价格黏性的模型中，厂商只是以私人利益作为决定价格是否变更的基础。因此，面临需求变动时，即使改变价格的社会利益大于社会成本，各个厂商仍会决定维持定价不变。具体分析如图21－2所示。

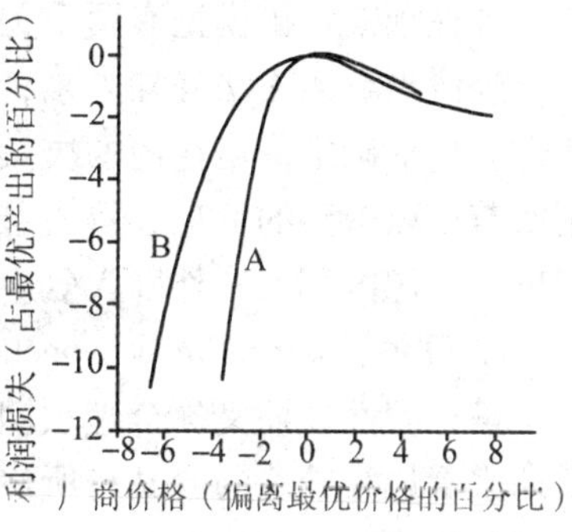

图21－2 曼昆对名义价格黏性的解释

在图21－2中，纵轴以最优产出的百分比来度量，横轴表示价格偏离最优价格的百分比，A线表示的是一个中等程度垄断的厂商的利润损失。假定厂商的当前价格低于位于2%的最优水平价格，则在图21－2中可以看到，厂商放弃了相当于产出0.5%的潜在利润。如果菜单成本大于这个损失，厂商就不会改变价格。其他厂商面临的也是类似的选择，它们也不会改变价格。其净效应就是所有的名义价格保持不变，总体价格水平仍然固定不变，实际货币供给增加，总需求随实际货币供给上升。

3. 关于新凯恩斯主义理论的小结

(1)新凯恩斯主义者试图根据利润最大化行为建立模型，结果是建立在与总供给—总需求相似的行为上。

(2)绝大多数的新凯恩斯主义模型依靠不完全竞争假定。

(3)即使调整的菜单成本相当小，价格仍会是黏性的，因为重新定价所增加的利润更小。

21.2 课后习题详解

一、概念题

1. 理性预期均衡模型(rational expectations equilibrium)

答：理性预期均衡模型指理性预期学派发展的一种关于预期是理性地形成的，而且各种市场总是处于均衡状态的经济模型。该模型研究的是当人们的预期是理性的，经济处于均衡状态时，价格和产出水平的情况。在理性预期均衡中，市场出清，而货币政策不能对产出和就业产生系统性影响。此模型以简单的总供给—总需求模型为基础，并引入了理性预期，得出均衡状态时的价格和产出为：

$$y = y^{*e} + \frac{1}{1+\lambda}\varepsilon_m + \frac{\lambda}{1+\lambda}\varepsilon_{y*}$$

$$P = m^e + v - y^{*e}\frac{\lambda}{1+\lambda}(\varepsilon_m - \varepsilon_{y*})$$

其中，$\varepsilon_m = m - m^e$ 为实际货币供给与当事人预期的货币供给之差；$\varepsilon_{y*} = y^* - y^{*e}$ 为实际潜在产出与当事人预期的潜在产出之差；参数 λ 描述的是总供给曲线的斜率。

通过上述方程可以看到，在理性预期情况下，预期到的货币供给的增加(即 $\varepsilon_m = m - m^e$

为零)对产出毫无影响，而未预期到的货币供给的增加(即 $\varepsilon_m = m - m^e$ 不为零)会使产出增长 $1/(1+\lambda)$。

理性预期均衡模型有两个关键性特点：第一，它强调预期的作用，特别是理性预期的作用。经济当事人无法确知未来，因而不得不根据他们对未来的预测或预期，来制定计划，或者进行包括确定价格在内的决策。如果这些预期以理性方式做出，当事人就会尽可能好地利用所有可以得到的信息，得出可能是最好的预测。第二，理性预期模型坚持均衡：即市场立即出清，像内部人—外部人效应之类的完全不起作用。

2. 理性预期(rational expectations)

答：理性预期又称合理预期，指在有效地利用一切信息的前提下，对经济变量做出的从长期来看最为准确的，又与所使用的经济理论、模型相一致的预期。约翰·穆思在其《合理预期和价格变动理论》(1961 年)一文中首先提出这一概念，其含义有三个：首先，做出经济决策的经济主体是有理性的。其次，为正确决策，经济主体会在做出预期时力图获得一切有关的信息。最后，经济主体在预期时不会犯系统性错误。即使犯错误，他也会及时有效地进行修正，使得在长期而言预期保持正确。它是新古典宏观经济理论的重要假设(其余三个为个体利益最大、市场出清和自然率)，是新古典宏观经济理论攻击凯恩斯主义的重要武器。

3. 政策无效性(policy irrelevance)

答：政策无效性指在理性预期，价格、工资灵活的情况下，被预期到的政府货币或财政政策实际上不能影响实际产出或失业。理性预期学派认为，由于存在“上有政策，下有对策”，政府调控宏观经济的政策往往是徒有其名。比如，政府想通过多发钞票刺激经济增长，人们预期到政府将这样做，就会让工资和物价作相应的增长，结果产出、就业和以前一样，政府多发钞票只不过是带来了更高的通货膨胀率，对实际不能产生任何影响。再比如，政府决定增加财政开支来提高产出，纳税人知道政府开支不过是替私人花钱而已，财政开支增加意味着以后要交更多的税，这样政府多花一分钱，私人就少花一分钱，结果形成所谓“挤出效应”，政府政策归于无效。

政策无效性定理意味着，政府宏观调控政策对经济产生实际影响的惟一方法，是让人们对政府政策感到出乎意外，并且引起他们的错觉。

4. GDP 的随机游走(random walk of GDP)

答：GDP 的随机游走指在 GDP 的变动过程中，永久性冲击起主导作用，GDP 的变动是随机的，并不表现为围绕平滑的趋势产出的上下波动过程。在传统的经济模型中，经济周期表示为 GDP 围绕一条平滑的趋势线而波动，这些波动持续几个季度直至数年之久，总需求冲击被认定是这些暂时性波动的首要原因。GDP 的随机游走理论则认为 GDP 的变动趋势并非如此平滑，而是经常经受大的总供给冲击，而这些冲击对 GDP 水平具有永久性影响。根据这种理论，供给方面的冲击在解释经济周期波动时，比需求方面的冲击具有更重要的作用。

5. 实际经济周期(RBC)理论(real business cycle theory, RBC)

答：实际经济周期理论指把经济波动归因于实际因素(或供给方面的)的冲击，而不是货币因素的一种经济周期理论。实际周期理论是新古典宏观经济学的代表性理论之一，该理论认为经济波动之源是技术冲击，分析了波动传导以及货币与产出的关系。

(1)技术变革是引起经济波动的实际因素中至关重要的一个。实际经济周期理论认为，引起经济波动的实际因素很多，其中技术是一个重要的因素。按照实际经济周期理论，在人口和劳动力固定的情况下，一个经济中所产生的实际收入便取决于技术和资本存量，从而总量生产函数可以表示为 $y=zf(k)$。其中，y 为实际收入，k 为资本存量，z 为技术状况。于是生产中的技术变动便反映在 z 值的变动上，z 值的变动表现为生产函数的变动。由此可知，技术变动能够引起产出、消费、投资及就业等实际变量的波动。各种实际因素对经济的冲击可分为暂时冲击和持久冲击。又由于技术冲击对经济产生的效用最持久，因此技术变动是经济周期性变动的基础。值得注意的是，技术变动主要影响供给，所以实际周期理论等价于供给周期理论。实际周期论认为，技术的冲击具有持续的影响，产出的波动是持续的。技术的随机冲击是负的，经济从较低的水平开始增长；技术的随机冲击是正的，经济从较高的水平上开始增长。产出的变化是永久的，而不是如同自然率假设认定的任何产出的波动都是对自然率水平的暂时偏离。工资和价格的弹性不是使经济回到自然率水平，而是使经济回到稳定增长的路经。

(2)波动的传导。经济的周期变动是经济中所有部门共同变动的综合体现。技术变动同时对经济的各个部门产生冲击是不常见的。整个经济应该存在一个传导机制，它通常发生在某一个特定的部门内，被称为部门性波动源，然后，这个部门的技术变化能够传导到整个经济中去。如果一个部门出现了技术变革，如机械工业出现了机器人，那么，跟随其后，诸如食品制造业、汽车生产企业等从该项技术创新中获利的部门和企业将向生产机器人的企业定货。引起对机器人需求的增长，生产机器人的企业增加，生产扩张，从而部门的冲击引起了整个经济的波动。

(3)货币与实际变量。实际周期论认为，即使在短期内货币也是中性的。名义货币量的变化不能引起产出和就业等实际变量的变化。实际周期论的代表人物金和普洛塞在其模型(简称金—普模型)中引入货币和银行系统，得出了产出决定货币的结论。金—普模型阐明了两点：一是内部货币与产出的关系比外部货币更密切，产出运动引起内部货币变化；二是价格运动主要与外部货币有关，与内部货币关系不大。

6. 传播机制(propagation mechanism)

答：传播机制指扰动赖以在整个经济中蔓延的机制。具体地讲，其目的就是解释为什么对经济的冲击有长期效应。在 RBC 理论中，由技术冲击引起的经济波动的核心传播机制是劳动供给的跨期替代。这一假说认为，劳动供给对真实工资较小的变动会做出很大的反应，如果发生技术冲击，使得当期的真实工资暂时地高于标准工资，那么劳动者将以工作替代闲暇，提供更多的劳动，于是产量和就业量均上升。另一方面，由于下一期资本边际产品提高，使得家庭认为投资有利，因此储蓄率上升，这就使预期的第二期的消费高于储蓄率不变时的消费增长。反之，当技术发生衰退时，或者技术冲击并未提高实际工资时，家庭会减少第一期的劳动供给，导致当期产量和下期消费的下降。

7. 闲暇的跨期替代(intertemporal substitution of leisure)

答：闲暇的跨期替代指暂时性的高实际工资会引起工人在当前更努力工作，而在将来享受更多的闲暇。实际工资从较高的水平向比较低水平转换时，工人们宁愿以闲暇代替劳动。在实际经济周期理论中，为了解释总量经济波动过程中观察到的就业的大幅度的波动，必须假定存在闲暇的跨期替代。闲暇的跨期替代作为经济波动的有力的传导机制，使得劳动供给对实际工资的较小波动作出很大的反应。

8. 生产率冲击(productivity shock)

答：生产率冲击也称为供给冲击，指由于引起生产能力或成本产生等因素的变化，导致总供给曲线产生移动并由此对均衡收入产生的冲击。这是经济中的一种扰动，这种扰动决定了资本与劳动力等投入要素转变为产出能力的大小，会改变既定投入下生产出来的产量水平，引起产出与就业的波动。天气变化和新的生产方法就是这样的例子。假如该时期中出现了一次暂时性有利的生产力冲击，这时人们愿意更努力地工作，以充分利用这次较高的生产效率的优势。在该期中，他们更多地工作，提高了产量。企业也加大投资，因此，通过增加资本存量，使这次生产力冲击扩散到未来时期。如果闲暇的跨期替代效应强劲，即使是小规模的生产力冲击，对产出也会有相对大的影响。

9. 新凯恩斯主义经济学(New Keynesian Economics)

答：新凯恩斯主义经济学指20世纪80年代末在凯恩斯主义理论基础上发展起来的一种有微观理论基础的新凯恩斯主义宏观经济学。新凯恩斯主义是代表当今西方经济学动态的一个流派。这一流派沿袭凯恩斯主义的传统，同时又弥补了凯恩斯主义理论的不足。其主要代表人物有曼昆、萨默斯、布兰查德、罗泰姆·伯格、斯蒂格里茨等。

新凯恩斯主义经济学主要的理论观点包括以下几个方面：

(1)当经济出现需求扰动时，工资和价格并不能迅速调整到使得市场出清，经济可以处于非充分就业均衡状态，而在长期，经济将调整到充分就业状态。

(2)利用菜单成本论、长期合同论、隐含合同论、不对称信息论、局内—局外利益论、效率工资论等来说明货币工资黏性。

(3)在出现货币工资黏性的条件下，总需求的变动会引起非自愿失业，从而出现经济周期。

(4)为了加速经济向充分就业的调整，政府应采取需求管理政策。

新凯恩斯主义的主要政策主张：① 新凯恩斯主义认为，由于价格和工资的黏性，经济在遭受到总需求变动的冲击后，从一个非充分就业的均衡状态恢复到充分就业的均衡状态，是一个缓慢的过程，因此旨在刺激总需求的措施是必要的。② 政府关心整个社会的福利情况，而公众只关心个体的利益，两者之间往往存在冲突，需要妥善处理和协调。

10. 价格黏性(sticky price)

答：价格黏性指价格总水平不随总需求的变动而迅速地改变，价格易升难降的现象。新凯恩斯主义的价格黏性论可以分为两类：一是名义价格黏性论；二是实际价格黏性论。名义价格黏性论的代表性理论为：菜单成本和经济周期论、近似理性经济周期模型、实际刚性和货币非中性论等。另外还有交错调整价格论，即认为在不完全竞争市场中，厂商为了实现利润最大化，通常采用交错而不是同步方式调整价格。而实际价格黏性论包括厂商信誉论、需求非对称性论、投入产出表理论、寡头市场和价格黏性论。

11. 菜单成本(menu cost)

答：菜单成本指企业为改变销售商品的价格，需要给销售人员和客户提供新的价目表所花费的成本，类似于饭馆改变价格重新制作菜单所产生的成本。它是新凯恩斯主义为反击新古典主义的批判并证明其所主张的价格黏性的重要理由。关于菜单成本能否引起价格的短期黏性，经济学家们的观点是不一致的。一部分经济学家认为，菜单成本通常非常小，不可能对经济产生巨大影响。另一部分经济学家却认为，菜单成本虽然很小，但由于总需求外部性的存在，会导致名义价格出现黏性，从而对整个经济产生巨大影响，甚至引起周期性波动。

12. 不完全竞争(imperfect competition)

答：不完全竞争指一个企业能够明显地影响其产品价格的状况。不完全竞争并不是指某一个企业对其产品的价格具有绝对的控制力。决定价格的自由程度在不同行业之间也有差异。在某些行业，比如计算机零售行业，价格上几个百分点的差异就往往足够影响其销售量。而在电力行业，价格变动十个百分点以上，在短期内往往也不会对其销售量有太大的影响。一般来说，不完全竞争分为以下三种情况：(1)完全垄断，指一家厂商控制一个行业的全部供给的市场结构。(2)垄断竞争，又称不完全竞争，是介于完全竞争与完全垄断之间的一种市场结构。它是一种既有垄断因素又有竞争因素的市场结构，介于完全竞争与完全垄断之间。(3)寡头垄断市场，是介于完全竞争与完全垄断之间的另一种比较现实的混合市场。它是指少数厂商完全控制一个行业的市场结构。

13. 卢卡斯批判(Lucas critique)

答：卢卡斯批判是卢卡斯提出的一种认为传统政策分析没有充分考虑到政策变动对人们预期影响的观点。卢卡斯在发表的《计量经济学的政策评价：一个批判》这篇文章中指出：由于人们在对将来的事态做出预期时，不但要考虑过去，还要估计现在的事件对将来的影响，并且根据他们所得到的结果而改变他们的行为。这就是说，他们要估计当前的经济政策对将来事态的影响，并且按照估计的影响来采取政策，即改变他们的行为，以便取得最大的利益。行为的改变会使经济模型的参数发生变化，而参数的变化又是难以衡量的。因此经济学者用经济模型很难评价经济政策的效果。

14. 完全预见(perfect foresight)

答：完全预见指假定人们知道所有相关变量的未来值，或者他们的预期总是正确的。正确的预见并不像人们在有些时候所理解的那样是达到均衡所必须满足的一项前提条件。实际上，正确的预见不必是完全的，即这种预见并不是必须扩展至无止境的未来或者每个人都必须正确地预见每一件事情。这说明：第一，只要预见被证明是正确的，那么均衡就会持续下去；第二，只是在与个人决策相关的那些问题上，这些预见才必须是正确的。

15. 不完全信息(imperfect information)

答：不完全信息又称不完备的信息，指市场上的供求双方对于所交换的商品不具有充分的信息。在不完全信息基础上进行预测，尽管并不一定产生偏差，但将是不太准确的。在现实经济中，信息常常是不完全的，称为非完全信息。这里的信息不完全，不仅是指那种绝对意义上的不完全，即由于认识能力的限制，人们不可能知道在任何时候、任何地方发生的或将要发生的任何情况；而且是指“相对”意义上的不完全，即市场经济本身不能够生产出足够的信息并有效的配置它们。这是因为，作为一种有价值的资源，信息不同于普通的商品。信息的交换只能靠买卖双方的并不十分可靠的相互信赖，卖者让买者充分了解信息的用处，而买者则答应在了解信息的用处之后购买它。这样，市场的作用在这里受到了很大的限制。信息非完全带来了许多问题，市场机制本身可以解决其中的一部分。但是在很多情况下，市场的价格机制并不能够解决或者至少是不能够有效的解决不完全信息问题，从而导致市场失灵。

16. GDP 的趋势(长期)成分[trend(secular) component of GDP]

答：GDP 的趋势(长期)成分指 GDP 在扩张和收缩交替反复出现的过程中呈现出的长期增长趋势，即经济增长。可以将产出(GDP)看作是由一个趋势(trend)，即长期成分(secular component)与一个周期成分(cyclical component)所构成。前者就是经济增长过程的结果，而周期成分代表了经济周期。

17. GDP 的周期性因素(cyclical component of GDP)

答：GDP 的周期性因素指产出围绕其增长趋势的波动，即经济波动或经济周期。经济增长的过程就是总体经济活动的扩张和收缩交替反复出现的过程。一个完整的经济周期包括繁荣、衰退、萧条、复苏(也可以称为扩张、持平、收缩、复苏)四个阶段。在繁荣阶段，经济活动全面扩张，不断达到新的高峰。在衰退阶段，经济短时间保持均衡后出现紧缩的趋势。在萧条阶段，经济出现急剧的收缩和下降，很快从活动量的最高点下降到最低点。在复苏阶段，经济从最低点恢复并逐渐上升到先前的活动量高度，进入繁荣。

18. 趋势静止(trend stationary)

答：趋势静止指变量通过抽出时间趋势能使其静止。当暂时性冲击对变量的水平不具有持久性影响时，变量就趋向于静止，趋势静止过程由暂时性冲击占主导地位。例如，*AD* 的变动只能暂时影响产出。如果产出的变化主要是由需求冲击所引起的，产出将处于趋势静止上。

19. 差分静止(difference stationary)

答：差分静止指变量通过差分化能使其静止。当发生差分静止时，变量的暂时性冲击会长久性地影响到该变量的水平，差分静态过程由永久性冲击占支配地位。随机游走就是差分静止过程的一个例子。

20. 间断性趋势静止(trend stationary with breaks)

答：间断性趋势静止指在产出增长过程中，产出偶尔发生永久性的变化，而在两次永久性变化之间，产出的增长是趋势静止。佩龙认为产出最好是被描述成间断性趋势静止。如果产出被描述成间断性趋势静止，即认为在产出增长过程中，产出会偶尔发生永久性的变化，则在两次永久性变化之间，产出的增长是趋势静止。这就是说，存在大而永久、但极为罕见的总供给冲击，在这些冲击的间隔之中，总需求冲击支配着一年接一年的波动。很明显这种观点承认了冲击对总需求的重要性，在认可总供给冲击的同时强调了总需求的重要性。

21. 深层参数(deep parameters)

答：深层参数指描述个人和生产企业偏好的参数，它可以被微观经济学的研究所证明。实际经济周期模型的参数 β 和 γ 就是实际经济周期文献中称为深层参数的例子。实际经济周期的理论家认为简单模型应该取决于能描述工人—消费者的偏好，以及能描述企业生产函数的参数。这些参数可以通过微观经济研究加以识别。在简单模型中，如果 $\beta+\gamma$ 接近 1，那么闲暇的跨期替代就会非常强，而产出的总变动方程中的传播机制会将较小的技术冲击转变成较大的产出冲击。相反，如果闲暇的跨期替代微弱，传播机制的这种作用就不那么重要了。以微观经济数据为基础的经验性证据支持跨期替代相对较微弱这种观点。

22. 新古典经济学(Neoclassical Economics)

答：新古典经济学是 19 世纪 70 年代由“边际革命”开始而形成的一种经济学流派。它在继承古典经济学经济自由主义的同时，以边际效用价值论代替了古典经济学的劳动价值论，以需求为核心的分析代替了古典经济学以供给为核心的分析。新古典经济学形成之后，代替了古典经济学成为当时经济理论的主流。新古典学派主要包括奥地利学派、洛桑学派、剑桥学派。新古典学派认为边际效用递减规律是理解经济现象的一个根本基础，利用这一规律就能解释买主面对不同价格时所采取的购买行为、市场参与者对价格的反应、各种资源在不同用途之间的最佳配置等各种经济问题。洛桑学派的瓦尔拉斯对新古典学派的特殊贡献是：他没有局限于论证对个人利益的追求会自然导致市场均衡，而是致力于研究为什么会如此，以及市场均衡是如何产生的，重点是从理解和解释个人行为出发去理解和解释群体的经济行为，从而建立了一般均衡论。剑桥学派的马歇尔运用并改造了古典学派的理论，创立了一整套分析方法，特别是坐标图分析法。这些方法不仅便于理解，而且论证了瓦尔拉斯理论中的一些未详之处。新古典学派的主要创新表现在数学方法的运用上，并通过引入"边际效用"概念，重点转向对消费、需求和效用的分析。

二、简答题

1. 本章覆盖四大类研究——理性预期理论、产出的随机游走理论、实际经济周期理论以及力图解释产出为什么在短期中会偏离充分就业水平的模型。这些模型相互补充或相互抵触到什么程度？试讨论之。

This chapter covers four broad classes of research-rational expectations theory, random walk in output, real business cycle theory, and models that endeavor to explain why output can diverge, in the short run, from its full-employment level. To what extent do these models complement or contradict each other? Discuss.

答：(1)四种模型的主要观点

① 在理性预期模型中，人们会形成与经济运行方式相一致的预期。无论是在短期还是长期中，预料到的政策变动并没有实际效应。在理性预期均衡中，市场出清，而政策不能对产出和就业产生系统性影响。

② GDP 的随机游走理论认为，与暂时性的高涨和衰退相反，大多数的产出变动都是永久性的，而总需求的变动与总供给的变动相比，则显得无足轻重。

③ 实际经济周期理论认为，货币无足轻重，经济波动在很大程度上是由于技术变革产生的。均衡的实际经济周期理论声称，产出和就业的波动，是经济遭受各种实际冲击的结果，而市场的调整十分迅速，并且总是处于均衡状态。

④力图解释产出为什么在短期中会偏离充分就业水平的模型指新凯恩斯主义模型。新凯恩斯主义的价格黏性模型提供了新的"微观基础"，解释了价格水平为什么并不总是随着货币供给的变化而迅速做出调整。

(2)四种模型之间的相互补充或相互抵触

四种模型之间的相互补充或相互抵触体现在：这些模型有互相联系之处，但是也有明显的分歧。

① 分歧

前三个属于新古典学派的理论，均认为市场出清。它们相互补充，互相支持，认为总供给重要，否认总需求，认为政策无效。

最后一个属于新凯恩斯主义的理论，认为市场不能迅速出清。它认为存在工资黏性，尽管它也承认理性预期，强调总需求，认为经济政策是有效的。

② 联系

都承认理性预期的重要，都认为宏观经济理论必须符合微观经济学的假设条件，特别是个人利益最人化的假设条件。

实际经济周期理论是在理性预期和随机游走理论的基础上发展而来；新凯恩斯主义是在吸收了理性预期假设的基础上对凯恩斯主义的发展。

2. 什么是理性预期？理性预期与完全预见有什么不同？在这两种假定下，货币政策都是中性的吗？

What are rational expectations? How do rational expectations differ from perfect foresight? Is monetary policy neural under both assumptions?

答：(1)理性预期又称合理预期，是现代经济学中的预期概念之一，指在有效地利用一切信息的前提下，对经济变量做出的从长期来看最为准确，又与所使用的经济理论、模型相一致的预期。实际上，这一假设包含三个含义：①做出经济决策的经济主体是有理性的；②为了做出正确的预期，经济主体在做出预期时会力图得到有关的一切信息，其中包括对经济变量之间因果关系的系统了解和有关的资料与数据；③经济主体在预期时不会犯系统性错误。

由于这一原因，即从整体上看，在长期中，它对某一经济变量的未来预期与未来的实际值仍然是一致的。换句话说，理性预期的意思是：在长期中，人们会准确地或趋向于准确地预期到经济变量所应有的数值。

(2)完全预见假定人们知道所有相关变量的未来值，或者他们的预期总是正确的。二者的不同在于理性预期只是以所得到的有限信息为基础来进行预测，而完全预见则拥有进行预测所必需的所有信息。

(3)在完全预见的假定下，货币政策不仅在长期中，即使在短期内都是中性的。在理性预期的假定下，预期到的货币供给的增加对产出毫无影响，而未预测到的货币供给的增加会使产出增长。即预测到的变动与完全预见的预测一样，而未预测到的变动与外生价格预期的 *AS－AD* 模型预期的一样。事实上，预期到的货币政策是中性的，而未预期到的货币政策不是中性的，即具有完全的 *AS－AD* 效应。

3. 描述一个用于实际经济周期理论的传播机制。简要解释它是如何发挥作用的。

Describe a propagation mechanism used in real business cycle theory. Explain, briefly, how it works.

答：传播机制就是扰动赖以在整个经济中蔓延的机制。一个与真实经济周期理论联系最紧密的传播机制是闲暇的跨期替代。它常用来解释为什么人们在某些时候比其他时间工作的更多些。例如，假设经济发生了一次负面的冲击，对生产技术造成了不好的影响，边际劳动产品暂时性地降低，实际工资也降低。工人意识到在一段时间内，他们的工资会低于平时，因此他们会选择在这段时间内少工作，等冲击过后工资恢复正常再更多的工作加以补偿。这样，技术的一次暂时性冲击所导致的工资较小变化就可能造成经济产出的一个大变动，尽管在长期内劳动供给对工资变动的反应很可能是微弱的。

但经验证据并不支持这种解释。实际工资的劳动供给弹性很小，而在经济周期中，实际工资的变化也很小。因此，即使闲暇的跨期替代可以用来说明在经济周期中，工资少量的变化会同时发生巨大的产量效应，但这种观点并未得到有力的经验支持。

4. 曼昆的总供给菜单成本模型与卢卡斯的不完全信息模型有何相似？有何不同？按新凯恩斯主义或新古典主义对它们进行分类。

What are the similarities and differences between Mankiw's menu-cost model of aggregate supply and Lucas's imperfect-information one? Classify each as New Keynesian or New Classical.

答：曼昆认为，经济中的垄断企业是价格的决策者，能够选择价格，而菜单成本的存在阻碍了企业调整价格，所以价格具有黏性。因为产品价格的变动如同餐馆的菜单价目表的变动，所以曼昆将这类成本称为菜单成本，并将其定义为调整价格的成本。曼昆依据不完全竞争来说明，一家保留“错误”价格的厂商的损失，可能相当于有着正确价格的社会价值的极小部分。这意味着菜单成本与产出波动相比，可能微不足道，但仍然大得足以使单独一家厂商不愿承受这种成本，从而不愿意改变价格。因此名义货币供给的增加可能不会改变价格，由此引起的实际货币的增加提高了产量。

卢卡斯的不完全信息模型不但论证了预期中的宏观经济政策的无效性，而且它还是传统西方宏观经济学的研究范式向当代西方宏观经济学研究范式转变的一个重要标志。卢卡斯通过其著名的岛屿模型，从典型生产者的微观行为推导出宏观总供给曲线——卢卡斯供给曲线。卢卡斯供给曲线的推导打破了从宏观总量上直接推导的研究范式，是转向从严格的微观基础上推导宏观经济关系的现代研究范式的一个重要尝试。

曼昆的总供给菜单成本模型与卢卡斯的不完全信息模型之间既有相似之处，又存在不同，两者可以按新凯恩斯主义或新古典主义进行分类。

(1)相似之处

二者均以微观经济学的假设为基础，以理性人假设为前提，考虑到了理性预期的作用。而且它们研究的都是名义变量的不完美性。

(2)不同之处

曼昆想证明总供给菜单成本，即工资黏性和价格黏性，从而证明非市场出清，并最终证明政策的有效性。卢卡斯证明了在不完全信息的情况下总供给曲线的微观经济学，即在此情况下的总供给以及政策的效用。

曼昆充分应用了在不完全竞争的情况下，需求曲线向下倾斜以及其弹性的应用，最终推导出小量的菜单成本很可能大于潜在利润的变动。卢卡斯证明的是当事人是如何根据不完全信息预测总体价格水平。通过充分考虑理性预期，最终能得到菲利普斯曲线。

(3)两者按新凯恩斯主义或新古典主义进行的分类

曼昆的总供给菜单成本模型属于新凯恩斯主义，而卢卡斯的不完全信息模型属于新古典主义。因为曼昆认为存在失业即非市场出清，并且政策是有效的，这与新凯恩斯主义一致。而卢卡斯则认为失业总是处于自然失业率上，产出总是处于充分就业水平上，任何失业都完全是摩擦性失业，即市场出清，并且政策是无效的，这与新古典主义一致。

5. 曼昆的总供给菜单成本模型的基本假定是什么?

What is the key assumption in Mankiw's menu-cost model of aggregate supply?

答: (1)曼昆的总供给菜单成本模型的内容

菜单成本论是新凯恩斯主义学者们提出的解释经济周期的新理论，它又被称为有成本的价格调整论。因为产品价格的变动如同餐馆的菜单价目表的变动，所以曼昆将这类成本称为菜单成本，菜单成本包括实际成本和机会成本两部分，实际成本是指研究和确定新价格的成本，重新编印价目表并将新价目表通知销售点的成本，更换价格标签的成本，为新价格作广告等所花费的成本，这些成本是企业调整价格时实际支出的成本；另一类成本是企业调整价格的机会成本，如价格变动的次数过于频繁，会使顾客感到麻烦和不快，有可能减少对此种商品的需求而造成损失，甚至包括处理顾客怨言的成本，这些虽然不是企业实际支出的成本，但同样阻碍着企业调整价格，也被称为菜单成本。企业只有在调整价格后的利润增量大于菜单成本时，才会调价。否则，企业将保持价格不变，由于有菜单成本的存在，使企业不愿意经常地变动价格，所以价格存在着黏性。

在价格有黏性的情况下，各厂商对需求变动的反应是改变产出，因此，总产出随总需求的变动而变动，经济出现大的波动。曼昆依据不完全竞争来说明，一家保留“错误”价格的厂商的损失，可能相当于有着正确价格的社会价值的极小部分。这意味着菜单成本与产出波动相比，可能微不足道，但仍旧大得足以使单独一家厂商不愿承受这种成本，从而不愿意改变价格。因此名义货币供给的增加可能不会改变价格，由此引起的实际货币的增加提高了产量。

(2)曼昆的总供给菜单成本模型的基本假定

① 不完全竞争，即有许多小厂商并在各自的市场有一定的垄断力量，厂商是价格的制定者，从而有向下倾斜的需求曲线；

② 名义价格只按主观规定的计量单位进行量度，从而价格的变化非常缓慢；

③ 理性人假设。厂商只把私人利益作为决策的基础，他们要实现利益最大化。

变动价格的私人利益可能远小于社会利益，而且也可能低于菜单成本，因此在不完全竞争的情况下，即使决策者是理性的，也可能造成对整个社会来说不利的后果。

6. 什么是实际经济周期理论拥护者所使用的深层参数?

What are deep parameters, in the sense used by proponents of real business cycle theory?

答：深层参数指描述个人和生产企业偏好的参数，它可以被微观经济学的研究所测度。课本中简单的实际经济周期模型的参数 β 和 γ 就是实际经济周期文献中称为深层参数的例子。

这些深层参数对于实际经济周期理论拥护者而言具有一定的意义。RBC 的理论家认为简单模型应该取决于能描述工人—消费者的偏好，以及能描述企业生产函数的参数。这些参数可以通过微观经济研究加以识别。在简单模型中，如果 $\beta+\gamma$ 接近 1，那么闲暇的跨期替代就会非常强，而产出的总变动方程中的传播机制会将较小的技术冲击转变成大得多的产出冲击。相反，如果闲暇的跨期替代微弱，传播机制的这种作用就不那么重要了。以微观经济数据为基础的经验性证据支持这种跨期替代相对较微弱的观点。

7. 卢卡斯的总供给不完全信息模型中，总体冲击(即对整个经济而非一个特定区域或市场的冲击)何时对产出具有最强的效应? 试解释之。

In Lucas ' s imperfect-information model of aggregate supply, when will aggregate shocks (shocks to the economy at large, rather than to particular regions or markets) have the strongest effect on output? Explain.

答：卢卡斯的总供给不完全信息模型中，当总体冲击(即对整个经济而非一个特定区域或市场的冲击)是罕见的，而且没有被预期到时，对经济的影响最大。原因如下：

(1)总体冲击指对整个经济而非一个特定区域或市场的冲击。在卢卡斯的总供给不完全信息模型中，未预料到且罕见的总体冲击对经济的影响最大，它影响经济的各个方面，而一般的冲击只影响经济的某些部分。大多数的厂商只关注自己市场的价格，因此当总体冲击影响所有的价格时，厂商认为它影响的只是部分市场的价格，厂商对价格的预期就会产生大的偏差，并且厂商据此调整自己的产出，此时产出的波动机会很大。

(2)根据卢卡斯的总供给不完全信息模型，当 $\beta=0$ 时(β 衡量的是总体冲击与各自独有的冲击之间的相对重要性，其值决定了总供给曲线的斜率)，总体冲击对产出具有最强的效应。因为对价格 p 的最好猜测是：$E(p/p_i)=k_0+\frac{1}{\alpha}\beta p_i$，其中：$\alpha$ 是一个常数，反映供给曲线与需求曲线的斜率。如果当地价格 p_i 的大部分变动来源于总体价格水平 p 的变动，那么，β 将接近于 1；如果大部分的变动来自于当地的需求冲击，那么，β 将接近于零。进一步讲，总供给曲线的最终表达式为 $p=\frac{1}{\alpha(1-\beta)}\times(\gamma\times\alpha k_0)$，则总供给曲线的斜率取决于单个市场供给曲线的斜率，以及总体冲击与各自独有的冲击之间的相对重要性β。如果对总价格水平的冲击起支配性作用，β将接近1，而总供给曲线相对陡峭。因此，如果绝大多数价格冲击是由于总体的价格水平变动引起的，价格冲击将在很大程度上是中性的，对产出没有多大的影响。因此在$\beta=1$时为完全信息情况，此时货币是中性的；在$\beta=0$时，表示无信息，即理性的人不依附于p_i的值而独立猜想p。所以在$\beta=0$时未预料到的冲击最大，因此总体冲击此时对产出具有最强的效应(预料到的信息对产出无影响)。

8. (1)趋势静止过程和差分静止过程之间有何区别?

(2)这为什么是一个重要的区别，以及对于哪一种过程最恰当地说明了产出的特征的看法，是如何影响预测策略?

(3)佩龙提出，产出最好是描述成间断性趋势静止。这对解决冲击对总需求的重要性问题有何帮助?

(1) What is the difference between trend-stationary and difference-stationary processes?

(2) Why is this an important distinction, and how does our belief regarding which of these best characterizes output affect our forecasting strategy?

(3) Perron suggested that output might best be characterized as trend stationary with breaks. How does this help resolve the question of the importance of shocks to aggregate demand?

答：(1)趋势静止指一个变量通过抽出时间趋势能使其静止。差分静止是指一个变量通过差分化能使其静止。其区别为差分静态过程由永久性冲击占支配地位；趋势静止过程由暂时性冲击占主导地位。

(2)这个区别是重要的，因为这个区别击中了总需求理论是否贴切的要害问题。根据$AS-AD$模型，由总需求波动引起的经济周期相对持续时间较短。与此相反，对总供给的冲击，如果来自永久性的生产率进步，这种冲击可能是永久的。因此，如果产出是趋势静止，那么暂时性冲击占主导地位，则可以推断冲击是来自于总需求；反之，如果是差分静止，那么永久性冲击占支配地位，则可以推断冲击很可能来自于供给方面，而总需求的冲击不是很重要。

(3)佩龙提出，产出最好是描述成间断性趋势静止。如果产出描述成间断性趋势静止，即认为在产出增长过程中，产出会偶尔发生永久性的变化，而在两次永久性变化之间，产出的增长是趋势静止。这就是说，存在大而永久、但极为罕见的总供给冲击，在这些冲击的间隔之中，总需求冲击支配着一年接一年的波动。很明显这种观点承认了总需求冲击的重要性，在认可总供给冲击的同时强调了总需求的重要性。

三、计算与分析题

1. (1)使用方程(3)和(4)来预测由第21章第2节简单$AS-AD$模型决定的价格水平和产出水平。你可假定总供给曲线的斜率为2/3，而货币供给、流通速度和潜在GDP的值分别是9、8和7，预期价格水平是5。

(2)以卢卡斯批评的角度，评价你的预测。

(3)这个预测与完全预见模型的结果有何不同?

(4)这个预测是好一些，还是差一些的呢?试解释之。

答：题中提到了方程(3)和(4)，先进行简单的推导。

规定一个简单的总需求方程：

$$AD:\ m+v=p+y \tag{1}$$

方程(1)是货币数量论方程：m 是"货币供给的对数"；v 是"流通速度的对数"，假定其为常数；p 是"价格水平的对数"；y 是"GDP 的对数"。这是由数量方程 $M\times V=P\times Y$ 推导出来的。对 $M\times V=P\times Y$ 两边取对数，得 $\ln(M\times V)=\ln(P\times Y)$，即 $\ln(M)+\ln(V)=\ln(P)+\ln(Y)$。令 $m=\ln(M)$，$v=\ln(V)$，$p=\ln(P)$，$y=\ln(Y)$，则可以得到方程(1)。

接下来规定一个简单的短期总供给曲线，它强调了价格预期的作用：

$$p=p^e+\lambda\times(y-y^*) \tag{2}$$

其中：p 是价格水平，p^e是预期价格水平，y 是 GDP，而 y^*是潜在 GDP。参数 λ 给出了总供给曲线的斜率。如果 λ 比较大，产量增加超过潜在产出，则引起价格急剧上涨，高过预期水平。如果 λ 小，价格对产量的短期反应也是小的。

总需求方程和总供给方程可以联立在一起，解出以货币供给与其他变量表示的产出和价格：

$$y=\frac{1}{1+\lambda}\times m+\frac{1}{1+\lambda}\times(v-p^e)+\frac{\lambda}{1+\lambda}\times y^* \tag{3}$$

$$p=\frac{\lambda}{1+\lambda}\times(m+v-y^*)+\frac{1}{1+\lambda}\times p^e \tag{4}$$

方程(3)和(4)给出了简单 $AS-AD$ 模型决定的价格水平和产出水平。如果货币供给增加1%，产出增加$\frac{1}{1+\lambda}$%，而价格上涨$\frac{\lambda}{1+\lambda}$%。

(1)根据方程(3)：

$$y=[1/(1+\lambda)]m+[1/(1+\lambda)](v-p^e)+[\lambda/(1+\lambda)]y^*$$
$$=[1/(1+2/3)]\times 9+[1/(1+2/3)]\times(8-5)+[(2/3)/(1+2/3)]\times 7=10$$

根据方程(4)：

$$p=[\lambda/(1+\lambda)](m+v-y^*)+[1/(1+\lambda)]p^e=7$$

(2)预期价格7，而输入模型得预期价格 $p^e=5$，这说明标准的总供给—总需求模型假定经济当事人对经济做出的预测与模型本身做出的预测不一致，而真正的理性预期应是一致的。

(3)完全预测模型下，$p=m+v-y^*=10$，$y=y^*=7$。完全预测模型假定价格预期是内生形成的。特别地，预期形成与模型的预测相一致，而总供给—总需求模型假定价格预期外生给定。所以二者的差别很大。

(4)这个预测差一些。有两个缺陷：第一，它要求决策者知道所有相关信息，显然这是不现实的，因为有些信息是不可能得到的，只能进行预测，比如货币供给 m；第二，它暗示经济总是处于充分就业的状态，这与现实情况并不符。

2. 用方程(11)和方程(12)检验预期到的和未被预期到的供给冲击对产出水平的效应。当它们是预期到的时候，它们将像是在完全预见模型中那样起作用；当其是未预见到的，它们将像是在标准的 $AS-AD$ 模型中那样起作用。

答：题中的方程(11)是：$y=y^{*e}+[1/(1+\lambda)]\varepsilon_m+[\lambda/(1+\lambda)]\varepsilon_{y*}$，

方程(12)是：$p=m^e+v-y^{*e}+[\lambda/(1+\lambda)](\varepsilon_m-\varepsilon_{y*})$。

假设发生了供给冲击，使潜在产出 y^* 增加。如果冲击是预期到的，则预期的潜在产出 y^{*e}也随之增长，从方程(11)和(12)知产出 y 相应增加，价格 p 相应下降，预期到的冲击的变化系数为1，如同完全预见模型；如果冲击是未预期到的，从方程(11)和(12)知，产出 y 增加，价格 p 下降，未预期到的冲击的变化系数为$[\lambda/(1+\lambda)]$，如同标准的 $AS-AD$ 模型那样起作用。

3. 经验证据支持理性预期理论关于预见到的货币政策对产出无影响这一结论吗？试解释之。

答：经验证据不太支持理性预期理论关于预料到的货币政策对产出无影响这一结论。原因如下：

(1)用经验证据来检验理性预期理论关于预见到的货币政策对产出无影响的结论，应该有两个步骤。首先必须估计预料到的货币增长。第二，要将预料到的货币增长与产出变动进行比较。图 21－3 显示了 1960～2005 年 M_2的季度增长。实际增长率分成预料到的增长和未预料到的增长两部分，即 $m=m^e+\varepsilon_m$。预料到的货币增长是以前面四个季度货币增长为基础的统计预测。未预测到的增长是预测的和实际发生的增长之间的差额。

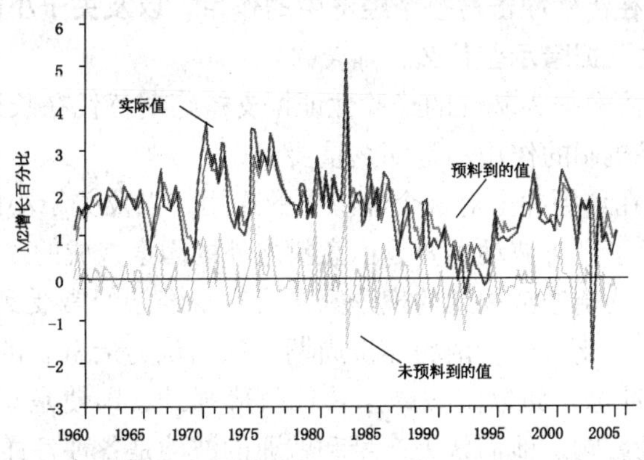

图 21－3　实际的、预料到的和未被预料到的 M_2的增长

(2)在图 21－4 中对应于预料到的货币增长，画出了产量增长线，也显示出这条线与数据最为匹配。该图有两个方面十分显著：①预料到的货币增长绝不能解释所有的产出增长(因为许多数据点远离直线)；②预料到的货币增长与产出增长之间有较强的正向关系(因为直线斜率为正)，对产出增长与预料到的货币增长之间的关系估计为：$\Delta y=-0.25+0.34\Delta m^e$。这意味着货币增长 1% 会导致产出增长约 0.3%。因此，统计证据不太支持理性预期模型的严格解释。对美联储记录进行的仔细的历史性研究，支持了这个观点：克里斯蒂那·罗默和大卫·罗默发现了 6 次试图降低通货膨胀的货币政策转变，并发现每次这样的紧缩性货币政策之后，都有衰退接踵而至。

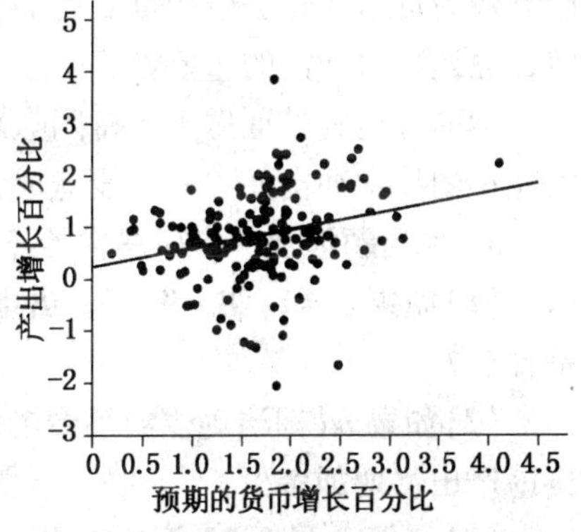

图 21－4　预期的货币增长和产出的增长

4. (1)假定在简单的 RBC 模型中，$\gamma=0.35$，$\beta=0.05$，给定这些参数的值，劳动的边际产品增加 10%，将发生多大的产出增加？[提示：使用方程(35)]

(2)使用(1)中给定的参数，是否存在闲暇的较强的跨期替代？为什么？

答：简单的 RBC 模型为：

$$\Delta Y\%=(1+3\times\frac{1-\gamma}{1-\gamma-\beta})\times\Delta a\% \tag{35}$$

(1)将 $\gamma=0.35$，$\beta=0.05$，$\Delta a\%=10\%$ 代入方程(35)，得 $\Delta Y\%=(1+3\times\frac{1-\gamma}{1-\gamma-\beta})\times\Delta a\%=(1+3\times\frac{1-0.35}{1-0.35-0.05})\times10\%=0.425=42.5\%$。所以产出将增加42.5%。

(2)因为 $\gamma+\beta$ 越接近1，闲暇的跨期替代就会越强，方程(35)中的传播机制会将较小的技术冲击转变为较大的产出冲击。而题中 $\gamma=0.35$，$\beta=0.05$，则 $\gamma+\beta=0.4<1$。所以在给定的参数下，闲暇的跨期替代不是很强，上一问计算出技术冲击使劳动边际产品增加10%，产生了42.5%的产出冲击，产出冲击并不比技术冲击大得多。因此不存在闲暇的强跨期替代。

5. (1)关于人们在一段时期内闲暇替代的程度，经验性证据暗示些什么？

(2)关于跨期替代在传播冲击对整个经济中的作用，以及关于小的技术冲击产生大的产出冲击的能力，经验性证据暗示些什么？

答：(1)以微观经济数据为基础的经验性证据支持跨期替代在长期相对较弱的观点，所以经验性证据暗示传播机制的作用不是那么重要。

(2)关于跨期替代在传播冲击对整个经济中的作用，以及关于小的技术冲击产生大的产出冲击的能力，又暗示了经济波动主要是由意料之外的因素造成的。它们实际上暗示了均衡经济周期理论的观点。均衡经济周期的理论家认为宏观经济经常受到一些实际因素的冲击，从而造成产出和就业的变化，即所谓的经济周期。他们认为最重要的扰动是供给冲击(生产效率冲击)和政府支出冲击。如果闲暇跨期替代效应强劲，即使是小规模的生产效率冲击，对产出也会有相当大的影响。他们认为产量和就业的波动是各种各样的实际冲击扰动经济的结果，它们使得市场迅速调整且总是处于均衡状态。他们将货币存量变动与产出变化的相关性解释为货币变化适应产量变化的结果。他们的结论是货币是中性的，工资和价格具有伸缩性，强调技术冲击的重要性。

然而，经验性证据不支持闲暇跨期替代效应强的观点，传播机制的作用并不那么重要，因此小的技术冲击并不一定能造成大的产出变化。

6. 本问题涉及卢卡斯总供给不完全信息模型中的预期形成。

(1)如果 $\alpha=1$，$\beta=0.75$，当地价格上升为原有水平的4倍时，总价格水平的期望变动是什么？

(2)如果 α(即当地供给函数的斜率)在一个特定区域是1/2，作为当地价格增加的结果，当地产出将增加多少？

(3)如果 β 是0.25而非0.75，这种结果变动了多少，β 值如此之小，意味着什么？

(4)β 如果为1，将有什么样的变动？

答：参考教材本章的相关内容，对 p 的最好猜测是：

$$E(p/p_i)=k_0+\frac{1}{a}\beta p_i,\ 0<\beta<1$$

其中：$E(p/p_i)$ 表示作猜想时使用的惟一信息是当地价格 p_i，而 a 是一个常数，反映供给曲线与需求曲线的斜率。如果当地价格 p_i 的大部分变动来源于总体价格水平 P 的变动，那么，β 将接近于1；如果大部分的变动来自当地的需求冲击 z_i，那么，β 将接近于零。β 的值是决定总供给曲线的斜率的关键部分，如果 $\beta=1$，那么，总供给曲线将是垂直的。

(1)在 $\alpha=1$，$\beta=0.75$，当地价格 p_i 上升为原有水平的4倍时，

$\Delta E(p/p_i) = E_1(p/p_i) - E_0(p/p_i) = (1/\alpha)\beta(\Delta p_i) = (1/1) \times 0.75 \times 3p_i = 2.25\ p_i$

因此，人们预期价格总体水平将增加到原来的2.25倍。

(2)根据教材本章的方程 $y_i = \alpha[p_i - E(p \mid pi)]$，$\Delta y_i = \alpha[\Delta p_i - \Delta E(p \mid p_i)]$。代入 $\Delta p_i = 3\ p_i$，$\Delta E(p \mid p_i) = 2.25p_i$，$\alpha = 1/2$，得 $\Delta y_i = 1/2 \times (3p_i - 2.25p_i) = 0.375\ p_i$，产出增长0.375倍。

注：$\Delta E(p \mid p_i) = 2.25p_i$，由上一问得出(当时 $\alpha = 1$)，在此问中 $\alpha = 1/2$(为当地的一个区域)，注意其不同。

(3)如果 $\beta = 0.25$，则 $\Delta E(p \mid p_i) = (1/\alpha)\beta(\Delta p_i) = (1/1) \times 0.25 \times 3\ p_i = 0.75\ p_i$。

$\Delta y_i = \alpha[\Delta p_i - \Delta E(p \mid p_i)] = (1/2) \times (3 - 0.75)p_i = 1.125\ p_i$，产出增长1.125倍。

β 值如此之小，意味着扰动大部分来自于需求冲击 z_i，并且对产出有较大影响。

(4)如果 $\beta = 1$，则 $\Delta E(p \mid p_i) = (1/\alpha)\beta(\Delta p_i) = (1/1) \times 1 \times 3\ p_i = 3\ p_i$，

$\Delta y_i = \alpha[\Delta p_i - \Delta E(p \mid p_i)] = (1/1) \times (3 - 3)p_i = 0$，产出变化为0。

因此 $\beta = 1$ 时，价格变化而产出没有变化，即价格冲击是由于总体的价格水平变化引起的时，价格冲击是中性的，对产出没有影响。

附录：下列为第6版第9章属于本章的习题，在第10版中已被删除，现补录如下，仅供参考。

1. 在无摩擦的新古典模型中，假定资本存量增加，劳动力生产率提高，劳动力需求曲线向上方移动。

(1)这种变化对就业和产量的充分就业水平有何影响？

(2)对充分就业的实际工资有何影响？

(3)假如劳动力供给曲线是垂直的，对(1)和(2)的答案将受到怎样的影响？

答：(1)如果资本存量增加，劳动力生产率提高，那么劳动的边际产出曲线(MPN曲线)将向右移动。换句话说，在既定的实际工资率下，劳动需求的数量将会增加。如果假定劳动力曲线是向上倾斜的，实际工资率将会和就业水平一起上升。充分就业的产出水平也会增加，因为：首先是更多的工人被雇佣，其次是每个工人更有生产效率了。

(2)从劳动部门框架可以看出，由于劳动力需求曲线向右移动，提高了均衡的实际工资率。这也可以在 $AD - AS$ 模型中推导出来。由于垂直的 AS 曲线向右移动，价格水平将会下降，又由于名义工资率保持不变，实际工资率将会上升。

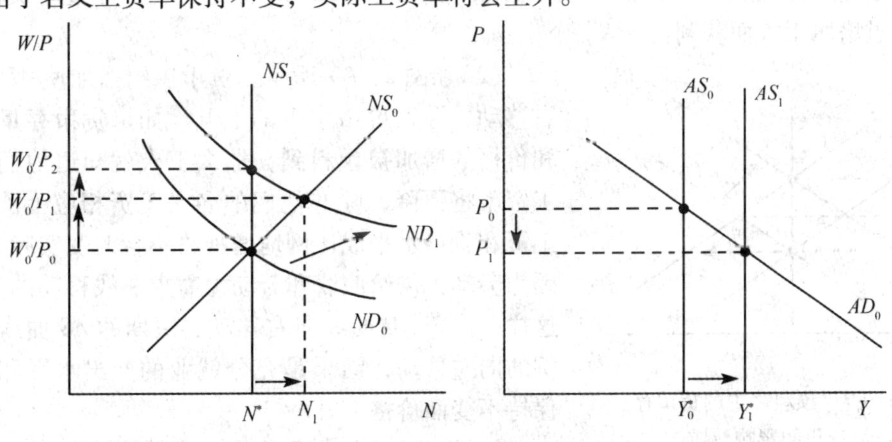

图21－5

(3)如果劳动力供给曲线是垂直的，劳动力需求函数的向右移动将不会影响均衡的就业水平。然而，实际工资率会比劳动力供给曲线是向上倾斜的时候增加的要多。即使就业水平没有增加，但由于劳动生产率已经提高，产出水平也会增加。这样充分就业的产出水平将会增加并且垂直的*AS*曲线向右移动。但是由于雇佣工人的数量没有变化，*AS*曲线的向右移动，产出的增加会比(1)中的幅度小，价格水平的下降会比(2)中的幅度小。

2. (1)解释为什么短期总供给曲线在理性预期均衡学派和契约学派两种场合都是向上倾斜的。

(2)请解释为什么在这些模型中货币存量的预料之中的变化对产出没有影响。

答：(1)理性预期均衡学派建立在不完全信息的基础之上。工厂和工人都会对价格水平进行预测，工厂在预测实际价格水平时总是正确的而工人则不是。所以当价格水平增加时，工厂知道实际工资率已经下降，它们开始需要更多的劳动力(劳动力需求曲线向右移动)。另一方面，工人刚开始对实际价格水平不确定并且他们的价格预期没有立即改变。这样劳动力供给曲线保持不变，劳动力需求曲线的移动导致名义工资率的增加。工人假定他们的实际工资增加并且愿意提供更多的劳动量，使市场出清。这就产生了更高的就业和产出。但是只要工人修改他们的价格预期，劳动供给曲线和*AS*曲线就会向左移动，使就业和产出回到充分就业水平。因此，在短期内，价格的上升伴随着产量的增加，总供给曲线是向上倾斜的。

契约学派假定工资合同在一段时间是固定的并且只能在不同的时间间隔重新协议。另一方面，价格水平在任何时候都是可以变化的。如图21－6所示，一旦名义工资被固定，工厂视名义劳动力成本固定。但是如果价格上涨，实际工资率下降，并且由于劳动的边际生产率减少，工厂要雇佣更多的工人。在较高的价格水平上将会有更多的产出，即短期的*AS*曲线向上倾斜。在下一阶段的工资合同协商中，名义工资将被固定在预期的劳动力市场均衡水平上，并且达到充分就业的产出水平。

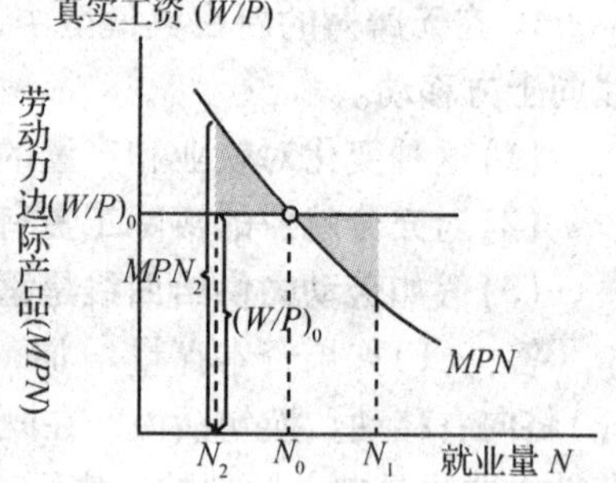

图21－6　既定实际工资下的最优就业

说明：由于报酬递减，劳动力边际产品MPN是就业水平的递减函数。给定实际工资$(W/P)_0$，N_0就是最优的就业选择。在就业量为N_1时，劳动力边际产品小于实际工资，因此厂商可以通过降低就业量而节省成本。相反，在就业量为N_2时，边际产品超过了实际工资，厂商将通过增雇工人而获利。

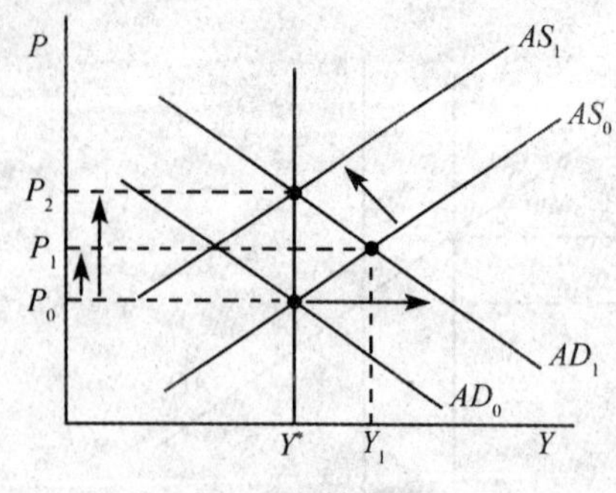

图21－7　预料之中的货币存量变化的影响效应

(2)如图21－7所示，货币供给增加使*AD*曲线向右移动，导致价格水平的上升。如果货币存量的增加和价格的增加被预料到，那么工人就知道他们的实际工资率将下降，除非他们的名义工资相应上涨。名义工资和价格水平成比例地增加将不会改变实际工资率，因为劳动力供给曲线和劳动力需求曲线移动的量相等。这样，由于*AD*曲线向右移动，短期的*AS*曲线将成比例的向左移动，结果是充分就业的产出水平和就业将保持不变而价格上升。

3. 考虑卢卡斯模型中有一次财政扩张。

(1)它对产量和价格有什么短期效应？为什么产量会上升？

(2)其长期效应如何?

答:(1)在短期,卢卡斯模型中财政扩张的效应与货币扩张相类似。政府支出的增加提高了总需求,导致价格水平的上升,产出也将会增加。

工厂预期到了价格的上升而工人刚开始没有预期到,这样劳动力需求曲线向右移动,而劳动力供给曲线刚开始不受影响。这样就使名义工资率增加,而工人假定这意味着实际工资的增加。他们愿意更多地工作,增加了产出水平。换句话说,财政扩张的短期效应是*AD*曲线向右移动,而向上倾斜的*AS*曲线保持稳定(因为它的位置由预期的价格水平决定)。这样价格水平和产出将会增加。

(2)在长期,工人认识到价格已经增加,并且名义工资的增加并不意味着实际工资的增加。他们将不再乐意更多地工作,因此劳动供给曲线和短期的*AS*曲线将会向左移动。最终,充分就业的产出水平和实际工资率将保持不变,但价格水平和名义工资率将同比例的增加。

4. 假定货币的预料之外的变化有两种情形。一种情形是政府持久性地增加了货币存量。另一种情形是政府在某一期增发了货币,然后(同样是出乎意料)又持久性地使之降低。在每种情形中,产量在时期1、时期2和长期有何变化?

答:(1)假定美联储持久性地增加了货币存量并且是预料之外的变化。如图21-8左图所示。

时期1:因为*AD*曲线立即向右移动(由于货币扩张),而短期的向上倾斜的*AS*曲线保持稳定直到价格预期变化,所以在短期产出和价格水平增加。

时期2:工人修改他们的价格预期,认识到名义工资的增加实际上并没有提高他们的实际工资率。产量开始下降,而价格水平继续增加。

长期:长期中短期的*AS*曲线也向左移动,并且建立了新的长期均衡,此时产出水平不变而价格水平上升。

(2)现在假设美联储在某一期增发了货币,然后(同样是出乎意料)在下一阶段又持久性地使之降低。如图21-8右图所示。

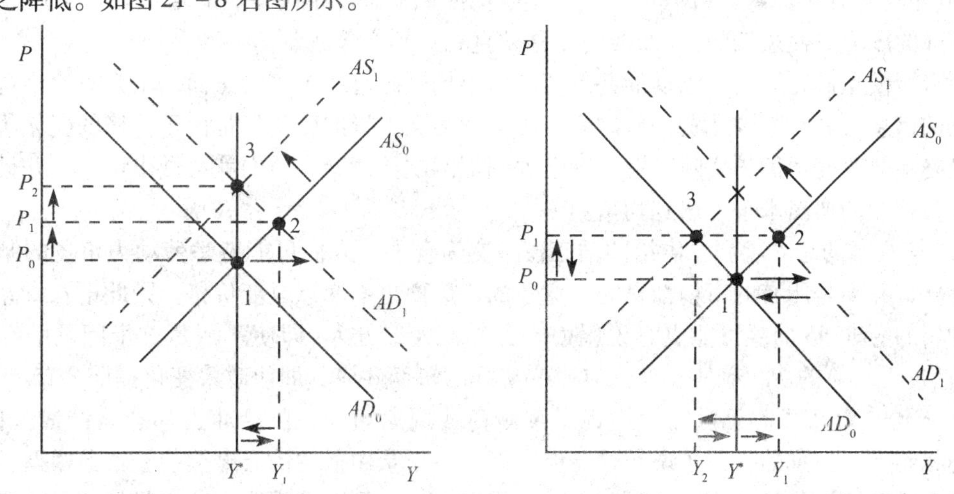

图21-8 货币供给意料外变化的影响效应

时期1:此阶段与上面的结果一样,即产出和价格水平增加,*AD*曲线向右移动而*AS*曲线保持不变。

时期2:工人调高了他们的价格预期,并假定货币供给是持久性地增加,这时短期的*AS*

曲线向左移动。然而，由于美联储出人意料的再次减少了货币供给，*AD* 曲线又回移到初始位置。结果是就业和价格的下降，产量现在低于充分就业的水平。

长期：认识到了相反的政策后，工人现在调低他们的价格预期，*AS* 曲线又回移到初始位置。最后，回到了初始的产量和价格水平。

5.（1）假定货币存量在现期增加了10%，而且这种增加是完全被预期到的。产量和价格水平将会有何变化？

（2）与上面相反，假定公众预期货币存量有10%的上升，但事实上是上升了20%。这对产量和价格有何影响？特别是，它们是上升10%，20%还是介于10% －20%之间的某个比例？请解释你的回答。

答：（1）如果货币供给增加10%被完全预期到，那么工人会预期价格上升10%。为了避免实际工资的下降，他们会立即要求名义工资增加10%。这样 *AD* 曲线和 *AS* 曲线都会向上移动并达到新的均衡，此时为充分就业的产出水平和更高的价格水平。名义货币供给、名义工资和价格水平都会增加10%。

（2）如果货币供给增加20%，而工人预期只增加10%，那么价格预期就会出错。*AD* 曲线向右移动，*AS* 曲线向左移动，但并不能在充分就业的产出水平处达到均衡。此时，产量和价格的上升介于10% －20%之间的某个比例。然而，最终工人会调高他们的价格预期，使 *AS* 曲线进一步左移。在长期，会再次达到充分就业的产出水平，并且价格、名义工资和名义货币供给将增加20%。

6.（1）你认为第八章的总需求和总供给的动态模型与卢卡斯模型的核心差异是什么？

（2）说明哪一种模型更为合理以及你为什么这样认为。

答：（1）第八章的总需求和总供给的动态模型与卢卡斯模型的核心差异为：工资和价格在短期是不是具有黏性，劳动力市场是否总能迅速出清。

第八章的 *AD* - *AS* 模型假设劳动力市场对于总需求的变化调整缓慢，因为在短期工资是刚性的(不论是什么原因)。因此，任何总需求的下降都会导致失业的增加。这会产生名义工资下降的压力，使短期的 *AS* 曲线向左移动直到达到充分就业。

卢卡斯模型假定工资是浮动的并且劳动力市场因此总能出清。然而，工人对价格行为有不完全的信息，并且需要花费一些时间来弄清楚名义工资的变化只是由于价格的变化所引起的且最终不会改变他们的实际工资。一旦他们把问题搞清楚，他们就会做出调整，并且经济会在充分就业的产出水平上达到均衡。

（2）第八章的总需求和总供给的动态模型更为合理。人们可能熟悉劳动力市场的制度安排并且知道并不是所有的市场都是完全竞争的，厂商也不愿意改变价格。因此第八章介绍的向上倾斜的短期 *AS* 曲线可能更有说服力。另外，大部分人(即使不清楚这个问题的经验研究)相信货币政策的变化确实对产出有一些实际的短期效应，即使政策变化提前公布。

7. 无论在第八章的总供给模型还是实际商业周期模型，供给冲击都影响产量。但是，其中的机制是不一样的，为了说明这一点，请运用附录中描述的无摩擦的新古典模型，并假定一次生产率扰动将移动生产函数和劳动力需求曲线，用图说明这次冲击是如何影响产量水平的。

答：根据无摩擦的新古典模型，如图21 －9所示，劳动生产率的下降使劳动力需求曲线向左移动，导致实际工资和失业(如果劳动力供给曲线向上倾斜)下降。因为在无摩擦的新古典模型中工资是能够浮动的，*AS* 曲线总是垂直的。由于劳动生产率下降，垂直的 *AS* 曲线会向左移动，并且使实际产出永久性地下降而价格水平上升。然而不会造成失业，因为工资会立即调整以使劳动力市场达到均衡。所以。如果一次生产率扰动能够移动生产函数和劳动力需求曲线，则这次冲击将会导致产量水平下降和价格水平的上升。

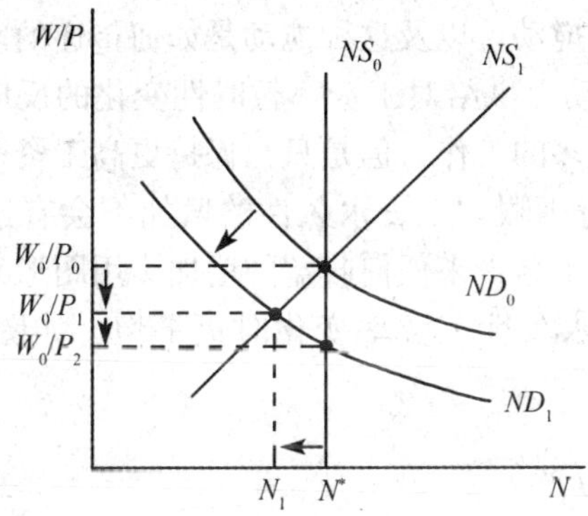

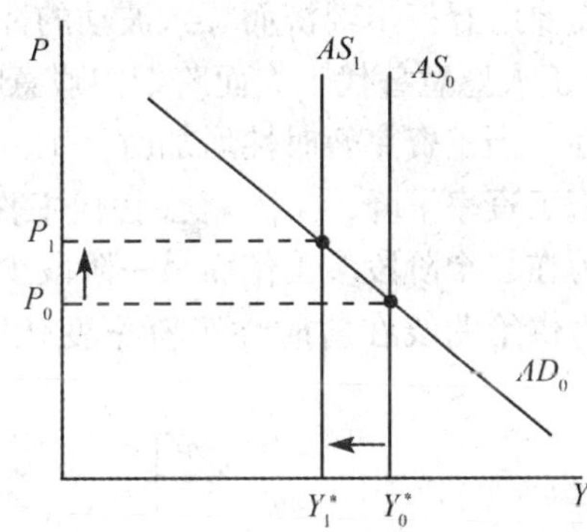

图 21－9　生产率冲击对产出的影响

8. 现在回到第 8 章关于供给冲击的分析，解释这种分析与你对习题 7 的解答如何不同。

答：第 8 章的分析假设工资调整非常缓慢并且有向上倾斜的短期 *AS* 曲线。如图 21－10 所示，劳动生产率的下降意味着工厂要花费更多的成本才能达到相同的产量。供给冲击使短期 *AS* 曲线向左移动，导致价格水平上升而产出水平下降。因为工资调整非常缓慢，供给冲击导致失业增加并最终产生名义工资下降的压力。短期 *AS* 曲线向右移动，并使经济最终回到充分就业均衡的产出水平。

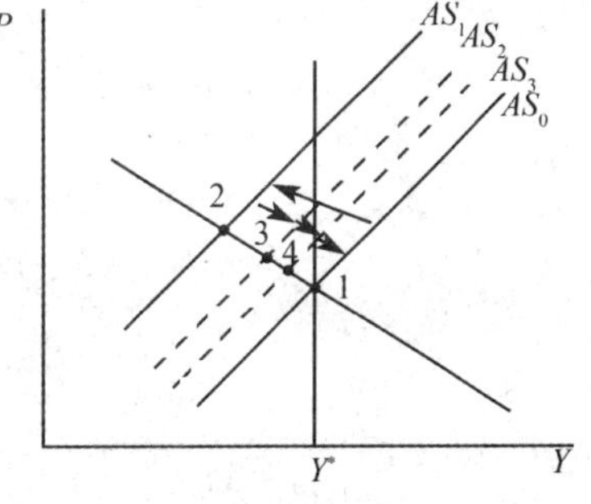

图 21－10　供给冲击的影响

这种分析与习题 7 的解答是不同的，在第八章中假设潜在产出不受供给冲击的影响并且短期的 *AS* 曲线最终会回到它的初始水平。然而，如果假设供给冲击对产出造成负面影响，那么长期的 *AS* 曲线也会向左移动(不会回到初始位置)并且造成价格水平的永久性增加和充分就业产出水平的下降，这正是习题 7 中无摩擦的新古典模型中供给冲击的结果。

9. (1)解释宏观经济学中实际经济周期理论的宗旨。

(2)请用标准的劳动力市场图 21－11 说明：根据消费者愿意跨期替代闲暇的观点，劳动力供给曲线对于工资的暂时变动和持久变动如何呈现不同的形状。

说明：劳动力供给曲线 *NS* 显示了随实际工资增加而不断增加的劳动力供给数量。沿着 *ND*，实际工资的降低导致劳动力需求数量的增加。劳动力市场处于均衡点 *E*，实际工资为 $(W/P)^*$，就业量为 N^*。对应于劳动力供给 N^* 的是充分就业的产量水平 Y^*。

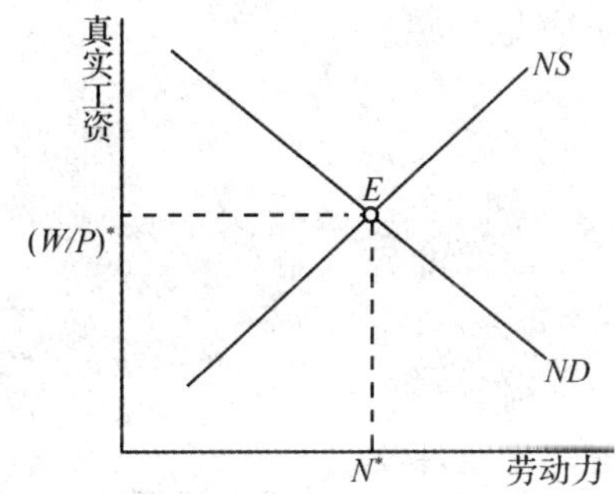

图 21－11　劳动力市场均衡与充分就业

答：(1)第二代新古典经济学就是以实际经济周期理论而闻名的。实际经济周期理论的宗旨为：经济波动的根源是实际因素，其中特别值得注意的是技术冲击，至于传播机制则不惟一。实际经济周期理论声称货币存量的变动和产量的变动没有关系，产量和就业的波动是各种各样的实际冲击搅动经济的结果，它们使得市场迅速调整且总是处于均衡状态。尽管有相当数量的实际经验表明货币存量的变动和产量的变动相关联，实际经济周期经济学家把这种相关性解释为货币变化适应产量变化的结果，而不是导致产量变化的原因。他们的依据是当产量上升时，银行系统扩张货币以便为更高水平的支出融资。因此货币数量的变动并没有导致经济周期，虽然它们与此是相联系的。实际经济周期在排除了经济周期的货币原因之后，还需要解释打击经济而导致波动的冲击或者搅动，以及这种搅动是如何传递的。

(2)工人愿意替代工作而跨期闲暇意味着劳动力供给对工资率暂时性变化的反应具有较高的弹性。当工资率暂时性增加时，工人可能更多的工作，但是只与保持更高工资率的时间相等。当工资率下降，工人就会替代工作而进行闲暇。工资永久性的增加不会有这样的效果，因为在一个阶段多工作而另一阶段少工作并不会带来任何收益的增加。用图形来表示就是劳动力供给曲线在暂时性工资率变化时比在永久性工资率变化时更平坦。如图 21 - 12 所示。

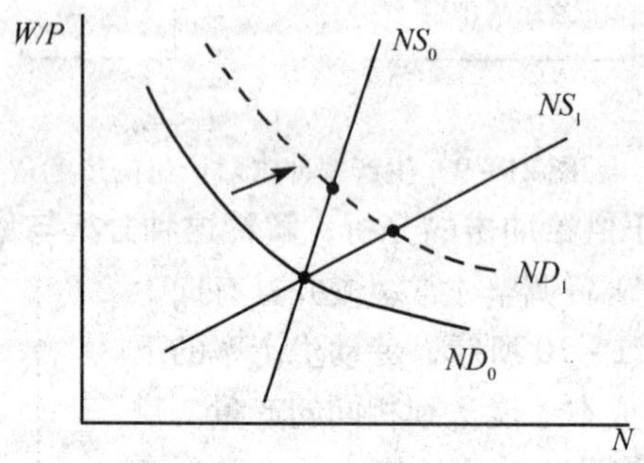

图 21 - 12　劳动力供给曲线对于工资率暂时性与持久性变化

附录　国内外经济学(政治经济学)经典教材简评

国内外经济学的经典教材可以分为入门教材、中级微观经济学、中级宏观经济学和高级微观经济学、高级宏观经济学等。初级的入门教材一般是针对初学者，所以大多举案例和现象，加以文字解释，偶尔添加二维图案。高级教材注重数理逻辑，而二维图案及文字已难以表达、解决所说明的问题，故多用数学证明或代数方程，夹杂现代数学工具。中级教材则介乎其中，界定甚为模糊。教材难度不同，跨度也相差很大。越是高级，则越多分歧，也越追求数理逻辑之严谨，反不如低级实用。对于政治经济学来说，国内教材显然比国外教材更为通用，在各类考试中，指定教材基本上都是采用国内版本。下面主要对在考硕、考博中常用的国外和国内教材进行简要说明。

一、西方经济学入门教材

1. 曼昆《经济学原理》(第5版中文版为北大版)

曼昆属于新古典凯恩斯主义学派，研究范围偏重宏观经济分析。

《经济学原理》为大学低年级学生而写，主要特点是行文简单、说理浅显、语言有趣。文中引用大量的案例和报刊文摘，与生活极其贴近；复杂的数学用得很少，而且自创归纳出“经济学十大原理”，非常方便几乎没有接触过经济学的人阅读。通过此书，读者可了解经济学的基本思维、常用的基本原理，并用于分析生活中的经济现象，非常值得一读。

2. 萨缪尔森《经济学》(多家版本)

萨缪尔森是新古典综合学派的代表人物，研究范围横跨经济学、统计学和数学多个领域，对政治经济学、部门经济学和技术经济学有独到的见解。目前经济学各种教科书所使用的分析框架及分析方法，多采用由他1947年的《微观经济分析》，发展糅合凯恩斯主义和传统微观经济学而成的“新古典综合学派”理论框架。他一直热衷于把数学工具运用于静态均衡和动态过程的分析，以物理学和数学论证推理方式研究经济。

全书结构宏伟，篇幅巨大，可谓博大精深。读完该书，可了解经济学所探讨问题在经济学体系中之位置及分析框架，对经济学有一个完备的认识。

3. 斯蒂格利茨《经济学》及系列辅助教材(人大版)

斯蒂格利茨在信息经济学成就甚高，此书可作为对前两者的补充，前两者所涉及经济学内容主要是以价格理论及边际分析为基础，不包括不对称信息经济学、不确定性分析部分。斯蒂格利茨之《经济学》可填充前二者之空白。

尽管上述三位作者政策倾向不同，但教材体现凯恩斯主义的特征稍多一点。总体上讲，教材相当客观和公允，很适宜做入门教材。

4. 高鸿业《西方经济学》(人大版)

众多院校考研指定参考书，该书通俗易懂，很合中国人的胃口，必读。

5. 黎诣远《西方经济学》(高教版)

该书内容较为简单，多为管理类院校考研指定参考书，也值得参考！

此外，我国宋承先、尹伯成、梁小民等编著的经济学教材，可以选读。

二、中级微观经济学教材

1. 平狄克《微观经济学》(人大版)

该书是标准的中级微观教材，在美国多个大学供MBA采用。此书内容适中，主题广泛，均是各部分理论之要点，不旁及其他分歧内容，其中定价部分较为详细。图形清晰，语言流畅。所采用数学工具甚浅，有函数但不涉及微分，只用差值。曲线只用标准严格凹性曲线，不涉及拟凹部分、线性仿射内容，成本函数也均为线性。自然地，这本书对于背景迥异的学生来说应该都是适用的。建议此书应通读，可作进阶之用。

2. 范里安《微观经济学：现代观点》(三联版)

此书是极规范的中级微观教材(美国哈佛、伯克利等大学经济学本科指定教材)。内容易懂而深刻，相当关注技术细节问题，比平狄克《微观经济学》要更深一些。要求读者有一定的数学造诣，但此书刻意避免大量应用数学公式，大部分数学推导作为附录，微分运用相当少，适宜学完平狄克《微观经济学》后重点阅读。可作平狄克中各部分理论内容之拓展。

3. 曼斯菲尔特《微观经济学》(人大版)

该书内容、难度与平狄克《微观经济学》相仿，惟编排次序不同。体系稍显庞杂，不如平狄克《微观经济学》之明晰，但也为国外通行教材。若修习平狄克《微观经济学》有不明之处，则可先参照此教材，或先修学其他国内出版之书籍，如北大系列教材之周惠中《微观经济学》，北大版朱善利之《微观经济学》等。

4. 尼克尔森的《微观经济理论－基本原理与扩展》

北京大学出版社提供了中译版(第9版)和北京大学出版社引进了英文版(第9版)。

该书是全美几部最新、最好的微观经济学中级教材之一，是一部全面、易懂、能达到微观经济理论发展前沿的教科书。该书反映了现代微观经济理论的最新进展，并运用了最新的经济学分析工具。书中附有大量例题和习题，每章都附有扩展部分，供有兴趣的学生进一步学习研究之用。

三、中级宏观经济学教材

微观的特点是精深，宏观则是驳杂，因为宏观流派很多，观点各不相同。

1. 曼昆《宏观经济学》(人大版)

此书秉承曼昆《经济学原理》之优点，以简单、浅显为特点。虽然只用到很少量的数学知识，但对原理及内容均提炼得甚为简洁。前半部分写得相当清晰。可读完萨缪尔森《经济学》，并略懂一点微观后直接学习。适宜一个循环学习，即以此书入手，修完《全球视角的宏观经济学》后，再回头重修此书，有提纲挈领之用。其缺点是作者似乎限于门户之见，对真实周期学派、奥地利学派等其他学派提得很少。

2. 多恩布什《宏观经济学》(人大版或其他版)

此书是标准的中级宏观教材，属正统教材。体系清楚，描述准确，通行于美国各大学多年。此书采用凯恩斯 *IS－LM* 体系为框架，对各个流派评价及描述相当公平。推荐必读。

中国财政经济出版社隆重推出最新的第8版新版，不仅保持了该教材的上述特点，作者还进行了精心的修改、补充。

3. 萨克斯《全球视角的宏观经济学》(三联版)

萨克斯成功处理了南美高通货膨胀的问题，整本书注意细节而有条理，很适宜读完多恩布什《宏观经济学》后进一步阅读，以拓展知识。

4. 克鲁格曼《国际经济学》(人大版)

此书是一本讨论开放宏观经济的经典教材，包括国际贸易和国际金融两个部分，渗透克鲁格曼的经济思想，所采用框架为 *AS－AD* 框架，可作 *IS－LM* 框架的补充。推荐阅读。

此外，布兰查德《宏观经济学》(清华大学出版社)通俗易懂，推荐参考。罗伯特·霍尔《宏观经济学》(人大版)，整本书显得有点凌乱，适宜读过其他中级宏观再做印证之用，不属必读范围。巴罗《宏观经济学》(清华影印英文版)，巴罗的宏观经济学造诣很深，主要研究领域在经济增长理论，不属必读范围。

四、高级微观经济学教材

1. 范里安《微观经济学(高级教程)》(经济管理出版社)

这是范里安在《微观经济学：现代观点》的基础上的标准高级教材。每章均相当简短但精要，阅读时需要对中级教材有比较深入的学习。接近研究生一年级水平。推荐阅读。

2. 马斯－科莱尔《微观经济学》(中国社会科学出版社中译本2001年版，上海财经大学出版社2005年英文影印版)

本书是最近十余年来欧美经济学界最具影响力的高级微观经济学教科书。原著由牛津大学出版社出版以来，受到了经济学界的广泛关注和好评。全书系统全面地介绍了高级微观经济理论的各个方面，涉及的论题丰富、信息量大，是公认的微观经济理论的"圣经"。本书被国外几乎所有的一流大学采用，是经济学专业研究生的必读书籍。本书逻辑脉络清晰、写作风格严谨、分析方法精湛，以空前的深度和广度阐述了微观经济学所有重要的论题，不仅对经典理论进行了充分论述，而且对最新理论也给予了深入的分析，并展示了一些前沿论题的研究现状和发展趋势。

3. 平新乔的《微观经济学十八讲》(北大版)

本书包括了消费者选择、企业行为、市场产业组织、博弈论、信息经济学与公共经济学等基本内容，反映了微观经济学在世纪之交的最新研究成果，是作者在大量阅读近三十年来经济学文献，并联系中国实际后所写出的一份讲稿。其内容涉及微观领域较多，引入大量的数学运算，除文字内容外，强调逻辑推理。在国内中高级教材中属中上之作，接近国外大学本科高年级水平。最大的优点是书后附有大量需要运算的习题，均需花时间阅读和思考才能解决，很适宜学习训练，对从中级到高级过渡有帮助。

此外，还有张定胜《高级微观经济学》(武大版)、蒋殿春《高级微观经济学》(北大版)等。

五、高级宏观经济学教材

1. 罗默《高级宏观经济学》(商务版第1版，上财第2、3版)

目前通用的研究生宏观经济学教材之一，是做经济理论研究的较好参考书，其特色是大幅增加了对内生增长理论、真实经济波动理论和后凯恩斯学派的市场微观调节理论的介绍。严格地说，这是一本介于中级与高级之间的教材，技术难度不是很高(只是用到了拉格朗日方法)，但结构清晰，叙述简明清楚，并且和前沿接轨，是一本相当不错的宏观经济学，特别是新凯恩斯主义宏观经济学的教材。全书深入浅出，清楚明了，尤其是技术方法运用恰当，适合于经济学、管理学各专业研究生的宏观经济学教学。对不同观点、不同材料能够做到恰当处理，自成体系，被国内许多院校指定为考博参考书。

2. 布兰查德、费希尔《宏观经济学(高级教程)》(经济科学出版社)

即使在目前的英文世界也是最优秀的宏观经济学教材之一，虽说出版于1989年，但现在读来仍是相当前沿。此书难度很高，并且引进较早，市面已经难觅踪迹。有精力可以读一读。

此外，萨金特《动态宏观经济理论》(中国社会科学出版社)、龚六堂《高级宏观经济学》(武大出版社)等适合于作为高年级本科生、研究生的宏观经济学教材，同时也可以作为专门研究经济学的专业人员的参考书。

六、政治经济学教材

很多学校在考试和教学中，一般选用国外西方经济学教材，但政治经济学教材基本采用国内版。通用的政治经济学教材主要有以下几个版本：

1. 逄锦聚《政治经济学》(高等教育出版社)

逄锦聚等主编的《政治经济学》(第3版)是普通高等院校"十一五"国家级规划教材。其体系设计完整，内容简明易懂，是目前在考硕、考博中最优秀、最为通用的政治经济学经典教材。

此外，逄锦聚主编的《政治经济学热点难点争鸣》是以《政治经济学》(第2版)教科书为基础编写的辅助教材。可以补充阅读。

2. 于良春《政治经济学》(经济科学出版社)

于良春主编的《政治经济学》(第3版)是普通高等院校"十一五"国家级规划教材。本书在《政治经济学》体系、内容等方面的创新成果得到了社会各界的认同。全国已有50多所高校采用本书作为基础课教材。第3版是基于前两版尚存不足之处和各方面建议进行认真分析并制定详细的修订方案形成的，满足了《政治经济学》教学改革的需要，更好地反映当代经济学发展的新成果。

3. 吴树青《政治经济学》(中国经济出版社)

这本《政治经济学》教科书分为"资本主义部分"和"社会主义部分"两册。

"资本主义部分"主要论述资本主义经济制度的基本特征及其运动规律。在分析过程中，既注意坚持列宁关于帝国主义理论的基本精神，同时又着重分析列宁逝世以来当代资本主义的变化，力求把对当代资本主义新现象、新情况和新问题的分析提到理论的高度。"社会主义部分"主要分析我国社会主义初级阶段的基本经济制度、经济体制和经济运行。全部论述着眼于巩固和发展社会主义经济制度，建立和完善社会主义市场经济体制，改善经济资源配置效率，促进生产力的发展，实现全体人民的共同富裕。

有点遗憾的是，吴老的《政治经济学》很长时间没有修订了，一些新内容没有得到补充。

4. 宋涛《政治经济学教程》(中国人民大学出版社)

《政治经济学教程》最初是1981年由教育部政教司和中共北京市委大学工作部委托中国人民大学经济学系编写的，由资深经济学教授宋涛担任主编，作为高等院校马克思主义理论课以及财经类专业的教材。

该书重视对马克思主义政治经济学基本理论的分析，着重阐明社会经济发展的规律性，理论体系完整，结构合理，重点明确。该书第7版根据党的十六大精神，特别是党的十六大以来党中央委员会历次会议的精神作了全面修订，着力阐述了以科学发展观指导我国经济社会的发展，推进社会主义和谐社会的建设。

该书的科学性、理论性、现实性相统一，理论体系和教学体系相统一，适宜作为高等院校、成人教育高校、各级党校以及党政干部培训的教材。

5. 程恩富《政治经济学》(高等教育出版社)

程恩富主编的《政治经济学》(第3版)是普通高等院校"十一五"国家级规划教材。该教材的主要特点是：以马克思主义经济学的基本原理和建设有中国特色社会主义理论为指导，以中外市场经济为主线来建立体系，并遵循历史唯物论和唯物辩证法的科学方法，坚持理论和实际相结合，以资本主义和社会主义生产关系和经济运行质的规定性分析为主，阐述现代市场经济的运动规律，力图讲清基本概念和基本原理。

6. 蒋学模《政治经济学教材》(上海人民出版社)

本书是一本经典的大学本、专科的公共课教材，全书分为基本理论、资本主义和社会主义三个部分。第13版根据近年来中央一系列重要会议、重要文献的精神，根据第12版的授课老师和学生的意见和建议，根据最新的一系列经济数据作了全面的修订，使该教材更精练、更实用，始终紧跟时代的步伐。

此外，蒋学模主编的《高级政治经济学：社会主义本体论》、《高级政治经济学：社会主义总论》(复旦大学出版社)适合经济学专业本科高年级学生及研究生阅读。有时间可以读一读。

圣才学习网图书目录

（说明：详细书目参见圣才图书网 www.1000book.com）

☞国内外经典教材习题详解系列

【经济类】

1. 高鸿业《西方经济学（微观部分）》（第4版）笔记和习题详解
2. 高鸿业《西方经济学（宏观部分）》（第4版）笔记和习题详解
3. 逄锦聚《政治经济学》（第4版）笔记和习题详解
4. 黎诣远《西方经济学》（第2版）笔记和习题详解（附厉以宁《西方经济学》课后习题答案）
5. 宋承先《现代西方经济学》（第3版）笔记和课后习题详解
6. 尹伯成《西方经济学简明教程》（第5版）笔记和课后习题详解
7. 《政治经济学》（程恩富版、蒋学模版）课后习题详解
8. 《政治经济学》（于良春版、宋涛版）课后习题详解
9. 曼昆《经济学原理》（第5版）笔记和课后习题详解
10. 萨缪尔森《经济学》（第18版）笔记和课后习题详解
11. 斯蒂格利茨《经济学》（第3版）笔记和课后习题详解
12. 范里安《微观经济学：现代观点》（第7版）笔记和课后习题详解
13. 平狄克《微观经济学》（第7版）笔记和课后习题详解
14. 范里安《微观经济学（高级教程）》（第3版）课后习题和强化习题详解
15. 平新乔《微观经济学十八讲》课后习题和强化习题详解
16. 尼克尔森《微观经济理论－基本原理与扩展》（第9版）笔记和课后习题详解
17. 曼昆《宏观经济学》（第4和5版）笔记和课后习题详解
18. 多恩布什《宏观经济学》（第6、7和8版）笔记和课后习题详解
19. 布兰查德《宏观经济学》（第2版）笔记和课后习题详解
20. 萨克斯《全球视角的宏观经济学》笔记和课后习题详解
21. 罗默《高级宏观经济学》（第1和2版）课后习题详解
22. 巴罗《宏观经济学》（第5版）笔记和课后习题详解
23. 帕金《经济学》（第8版）笔记和课后习题详解

【金融类】

1. 黄达《金融学》（第2版）笔记和习题详解
2. 博迪《金融学》（第2版）笔记和课后习题详解
3. 博迪《投资学》（第7版）笔记和课后习题详解
4. 米什金《货币金融学》（第8版）笔记和课后习题详解
5. 赫尔《期权、期货和其他衍生品》（第7版）笔记和课后习题详解
6. 罗斯《公司理财》（第8版）笔记和课后习题详解
7. 罗森《财政学》（第8版）笔记和课后习题详解
8. 《金融学（货币银行学）》课后习题详解
9. 《国际金融学》课后习题详解

【管理类】

1. 周三多《管理学》笔记和习题详解
2. 罗宾斯《管理学》（第7版）笔记和课后习题详解
3. 罗宾斯《组织行为学》（第10版）笔记和课后习题详解
4. 德斯勒《人力资源管理》（第9版）笔记和课后习题详解
5. 科特勒《营销管理》（第11版）笔记和课后习题详解
6. 科特勒《市场营销原理》（第11版）笔记和课后习题详解

【公共管理类】

1. 张国庆《公共行政学》（第3版）笔记和课后习题详解
2. 《公共管理学》经典教材课后习题详解

【贸易类】

1. 《国际贸易》经典教材课后习题详解
2. 《国际经济学》经典教材课后习题详解
3. 克鲁格曼《国际经济学》（第6版）笔记和课后习题详解

【心理类】

- **心理学公共课**（师范类院校的必修课，通常为考查）

1. 《心理学（修订本）》（人教版）笔记和习题详解
   适用教材：《心理学（修订本）》高等学校文科教材，人民教育出版社师范教材中心，人民教育出版社
2. 《心理学》（人教版）笔记和习题详解
   适用教材：《心理学（第三版）》全国高等师范院校公共课教材，人民教育出版社
3. 《心理学基础》（教科版）笔记和习题详解
   适用教材：《心理学基础（第2版）》十一五教材、高等师范院校公共课心理学教材，全国十二所重点师范大学联合编写，教育科学出版社

- **普通心理学**

1. 彭聃龄《普通心理学》（修订版）笔记和习题详解
   适用教材：彭聃龄主编的《普通心理学》（修订版），北京师范大学出版社
2. 《普通心理学》（华东师大版）笔记和习题详解
   适用教材：《普通心理学（第三版）》，梁宁建，华东师范大学出版社
3. 《心理学导论》（人教版）笔记和习题详解
   适用教材：《心理学导论（第二版）》，黄希庭，人民教育出版社，国家级精品课程
4. 津巴多《心理学与生活》笔记和习题详解
   适用教材：《心理学与生活》（第16版），【美】理查德·格里格著，王垒、王甦等译，人民邮电出版社

- **教育心理学**

1. 《发展与教育心理学》笔记和习题详解
   适用教材：林崇德主编的《发展心理学》（人民教育出版社）、冯忠良等著的《教育心理学》（人民教育出版社）、陈琦和刘儒德主编的《当代教育心理学（修订版）》（北京师范大学出版社）
2. 《教育心理学》笔记和习题详解

适用教材：《教育心理学》(冯忠良等著，人民教育出版社)、陈琦和刘儒德主编的《当代教育心理学》(北京师范大学出版社)、皮连生主编的《教育心理学(第三版)》(上海教育出版社)

• **实验心理学**

1.《实验心理学》笔记和习题详解

适用教材：《实验心理学》(朱滢，北京大学出版社)、《实验心理学》(张春兴主编、杨治良著，浙江教育出版社)、《实验心理学》(孟庆茂、常建华编著，北京师范大学出版社)、《实验心理学纲要》(张学民、舒华编著，北京师范大学出版社)

2. 坎特威茨《实验心理学－掌握心理学的研究》笔记和习题详解

适用教材：《实验心理学－掌握心理学的研究》(坎特威茨等著，华东师范大学出版社)

• **心理测量与统计**

1.《心理与教育测量学》笔记和习题详解

适用教材：戴海琦主编的《心理与教育测量(修订本)》(暨南大学出版社)、金瑜主编的《心理测量》(华东师范大学出版社)

2.《心理与教育统计学》笔记和习题详解

适用教材：《现代心理与教育统计学》，张厚粲、徐建平著，北京师范大学出版社

【教育类】

• **教育学**

1.《教育学原理》笔记和习题详解

适用教材：王道俊、王汉澜主编《教育学(新编本)》(人民教育出版社)、全国12所重点师范大学联合编写的《教育学基础》(教育科学出版社)、孙喜亭著的《教育原理》(北京师范大学出版社)

2.《教育学基础》(教科版)笔记和习题详解

适用教材：全国十二所重点师范大学联合编写《教育学基础(第2版)》，教育科学出版社

3.《教育学》(人教版)笔记和习题详解

适用教材：王道俊、郭文安《教育学(第6版)》，人民教育出版社

4.《当代教育学》(教科版)笔记和习题详解

适用教材：袁振国《当代教育学(2004年修订版)》，教育科学出版社

• **中外教育史**

1.《中国教育史》笔记和习题详解

适用教材：以考研大纲为蓝本，参考多种《中国教育史》的经典教材

2.《中国教育史》(华东师大版)笔记和习题详解

适用教材：孙培青《中国教育史(第三版)》，华东师范大学出版社

3.《简明中国教育史》(北师大版)笔记和习题详解

适用教材：王炳照《简明中国教育史(第四版)》，北京师范大学出版社

4.《外国教育史》笔记和习题详解

适用教材：以考研大纲为蓝本，参考多种《外国教育史》的经典教材

5.《外国教育史教程》(人教版)笔记和习题详解

适用教材：吴式颖《外国教育史》，人民教育出版社

6.《外国教育史》(北师版)笔记和习题详解

适用教材：王天一、夏之莲、朱美玉《外国教育史(修订本 上、下册)》，北京师范大学出版社

• **教育研究方法**

1.《教育研究方法》笔记和习题详解

适用教材：《教育科学研究方法导论》(裴娣娜著，安徽教育出版社)、《教育科学研究方法》(李秉德主编，人民教育出版社)、《教育研究方法》(杨小微主编，人民教育出版社)等

【新闻传播类】(6本)

☞**考硕考博辅导大系列**

• **考研专业课辅导系列**(43本)

1. 西方经济学(微观部分)考研真题与典型题详解
2. 西方经济学(宏观部分)考研真题与典型题详解
3. 全国名校经济学考研真题详解(北京院校)
4. 全国名校经济学考研真题详解(非北京院校)
5. 微观经济学考研模拟试题详解
6. 宏观经济学考研模拟试题详解
7. 政治经济学考研真题与典型题详解
8. 金融学考研真题与典型题详解
9. 金融联考大纲详解
10. 金融联考真题与模拟试题详解
11. 货币银行学考研真题与典型题详解
12. 财务管理学(含公司财务)考研真题与典型题详解
13. 会计学考研真题与典型题详解
14. 国际贸易考研真题与典型题详解
15. 管理学考研真题与典型题详解
16. 全国名校管理学考研真题详解(北京院校)
17. 全国名校管理学考研真题详解(非北京院校)
18. 考研、MPA、MBA管理学经典案例真题详解
19. 行政管理学考研真题与典型题详解
20. 心理学(基本理论)考研真题与典型题详解
21. 心理学(研究方法)考研真题与典型题详解
22. 教育学考研真题与典型题详解
23. 中外教育史考研真题与典型题详解
24. 心理学专业基础综合考试大纲详解
25. 心理学专业基础综合考试模拟试题详解
26. 教育学专业基础综合考试大纲详解
27. 教育学专业基础综合考试模拟试题详解
28. 英语专业基础英语考研真题详解

29. 全国名校外语学院二外英语考研真题详解
30. 英语专业语言学考研真题详解
31. 英语专业英汉互译考研真题与典型题详解
32. 题解英语专业考研过关必备3000词
33. 经济法学考硕考博历年名校真题汇编与疑难解析
34. 物理化学精讲与考研真题详解
35. 历史学专业基础综合考试大纲详解
36. 历史学专业基础综合考试模拟试题详解
37. 新闻传播学笔记与考研真题详解
38. 考研西医综合应试指南
39. 考研西医综合历年真题解析
40. 考研西医综合过关必做3000题
41. 考研中医综合应试指南
42. 考研中医综合历年真题解析
43. 考研中医综合过关必做3000题

- **全国名校考研专业课真题题库系列**(10本)
- **考研数学辅导系列**(6本)
- **教育硕士考试辅导系列**(2本)
- **考博英语辅导系列**

1. 考博英语全国名校真题详解
2. 考博英语词汇突破
3. 考博英语词汇重难点20天冲刺
4. 题解考博英语词汇核心词汇8000
5. 考博英语阅读理解150篇详解
6. 考博英语翻译及写作真题解析与强化练习
7. 考博英语全真模拟试题详解
8. 考博英语听力真题解析与强化练习
9. 考博英语历年词汇试题解析
10. 考博英语阅读理解试题分类解析
11. 北京大学考博英语真题解析与专项练习
12. 清华大学考博英语真题解析与专项练习
13. 中国人民大学考博英语真题解析与专项练习
14. 复旦大学考博英语真题解析与专项练习
15. 武汉大学考博英语真题解析与专项练习
16. 中国科学院考博英语真题解析与专项练习
17. 全国医学考博英语历年真题及模拟题详解
18. 题解医学考博英语过关必备3000词

- **考博专业课辅导系列**(7本)
- **同等学力考试辅导系列**(11本)

☞**外语类考试辅导大系列**

- **全国大学生英语竞赛辅导系列**

1. 全国大学生英语竞赛A类(研究生)真题及模拟试题详解
2. 全国大学生英语竞赛B类(英语专业)真题及模拟试题详解
3. 全国大学生英语竞赛C类(本科生)真题及模拟试题详解
4. 全国大学生英语竞赛D类(专科生)真题及模拟试题详解
5. 题解全国大学生英语竞赛过关必备3000词

证券、金融、保险名师面授班与网络班

中国银行业从业人员认证资格考试

• 2010 年面授冲刺班

课程名称	类型	主讲老师	课时	价格/门
公共基础	冲刺班	卢海君/聂利君	7 小时	500 元
风险管理	冲刺班	杨栋/谭英平	7 小时	500 元
个人理财	冲刺班	卢海君/周世民	7 小时	500 元
公司信贷	冲刺班	郑宏韬	7 小时	500 元
个人贷款	冲刺班	郑宏韬	7 小时	500 元

• 2010 年网络精讲班

课程名称	类型	主讲老师	课 时	价格/门
公共基础	精讲班	卢海君/聂利君	15 小时	160 元
风险管理	精讲班	王志诚/杨栋	16 小时	160 元
个人理财	精讲班	卢海君/周世民	20 小时	200 元
公司信贷	精讲班	郑宏韬	20 小时	200 元
个人贷款	精讲班	郑宏韬	20 小时	200 元

证券业从业人员资格考试

• 2009－2010 年面授冲刺班

课程名称	类型	主讲老师	课 时	价格/门
证券市场基础知识	冲刺班	聂利君/汤明旺	7 小时	400 元
证券发行与承销	冲刺班	邢会强	7 小时	400 元
证券交易	冲刺班	张莼萍	7 小时	400 元
证券投资分析	冲刺班	李学峰	7 小时	400 元
证券投资基金	冲刺班	汤明旺	7 小时	400 元

• 2009－2010 年网络精讲班

课程名称	类型	主讲老师	课 时	价格/门
证券市场基础知识	精讲班	郑宏韬	16 小时	160 元
证券发行与承销	精讲班	邢会强/聂利君	25 小时	260 元
证券交易	精讲班	张莼萍	15 小时	160 元
证券投资分析	精讲班	聂利君/罗来军	13 小时	160 元
证券投资基金	精讲班	汤明旺	15 小时	150 元

基金销售人员从业考试

• 2010 年面授冲刺班

课程名称	类型	主讲老师	课 时	价格/门
证券投资基金销售基础知识	冲刺班	汤明旺	6 小时	400 元

• 2010 年网络精讲班

课程名称	类型	主讲老师	课 时	价格/门
证券投资基金销售基础知识	精讲班	汤明旺	12 小时	150 元